Wilhelm Weissenborn

Ab urbe condita libri

Neunter Band

Wilhelm Weissenborn

Ab urbe condita libri
Neunter Band

ISBN/EAN: 9783744718967

Hergestellt in Europa, USA, Kanada, Australien, Japan

Cover: Foto ©ninafisch / pixelio.de

Weitere Bücher finden Sie auf **www.hansebooks.com**

TITI LIVI
AB URBE CONDITA
LIBRI.

ERKLÆRT

VON

W. WEISSENBORN.

NEUNTER BAND:

BUCH XXXIX—XXXXII.

BERLIN,
WEIDMANNSCHE BUCHHANDLUNG.
1864.

TITI LIVI
AB URBE CONDITA
LIBER XXXIX.

Dum haec, si modo hoc anno acta sunt, Romae aguntur, consules ambo in Liguribus gerebant bellum. is hostis velut natus ad continendam per magnorum intervalla bellorum Romanis militarem disciplinam erat, nec alia provincia militem magis ad virtutem acuebat. nam Asia et amoenitate urbium et copia terrestrium maritimarumque rerum et mollitia hostium regiisque opibus ditiores quam fortiores exercitus faciebat. praecipue sub imperio Cn. Manlii solute ac neglegenter habiti sunt. itaque asperius paulo iter in Thracia et exercitatior hostis magna clade eos castigavit. in Liguribus omnia erant, quae militem excitarent,

39-41. Ereignisse zwischen dem syrischen und dem dritten macedonischen Kriege.
39, 1-3, 3. Krieg in Etrurien, die Cenomanen. Diod. Sic. 29, 17.
1-4. *si modo - sunt*, weist auf die 38, 56 ausgesprochenen Zweifel zurück. Die Bemerkung findet sich nur in der Mainzer Handschrift, und die Ungewissheit betraf allerdings nicht blos das Jahr, sondern vieles Andere. — *consules*, s. 38, 44, 9. *Ligurib.*, 38, 42, 8. — *natus ad*, 24, 42, 6. — *Romanis*, für die R., 1, 5, 6. — *discipl.*, militärische Haltung, Geist; Tac. Agr. 16. Die Wortstellung ist freier, *erat* weit von *natus* getrennt, s. § 7; 10, 39, 7: *intentior - erat*; zur Sache s. Mommsen

röm. Gesch. 1, 666; zum Gedanken 9, 30 a. E.; 34, 1, 1. — *Asia*, den verderblichen Einfluss Asiens hat L. schon 34, 4, 3; vgl. 38, 17, 18, berührt, s. c. 6, 7. — *ditiores q. f.*, s. 28, 22, 13; 30, 15, 8. — *exercit.*, bis jetzt ist erst eins dort gewesen, es ist also entweder auch an die spätere Zeit gedacht, s. Sall. C. 11, 5, oder der Plural, wenigstens in Rücksicht auf *habiti*, wie 30, 41, 1; 6, 30, 7 gebraucht. — *solute e. m.*, c. 6, 5; 23, 37, 6. — *asp. paulo*, s. 36, 43, 12, mehrfach *post paulo u. ä. — castig.*, hat sie gezüchtigt, ihnen eine Lehre gegeben, vgl. Tac. Germ. 37: *admonuere*; zur Sache 38, 40 f.
5-6. *Ligurib.*, s. 34, 48, 1; For-

loca montana et aspera, quae et ipsa capere labor erat et ex praeoccupatis deicere hostem, itinera ardua, angusta, infesta insidiis, hostis levis et velox et repentinus, qui nullum usquam tempus, nullum locum quietum aut securum esse sineret, obpugnatio necessaria munitorum castellorum, laboriosa simul periculosaque, inops regio, quae parsimonia adstringeret milites, praedae haud multum praeberet. itaque non lixa sequebatur, non iumentorum longus ordo agmen extendebat; nihil praeter arma et viros omnem spem in armis habentes erat. nec deerat umquam cum iis vel materia belli vel causa, quia propter domesticam inopiam vicinos agros incursabant; nec tamen in discrimen summae rerum pugnabatur.

biger alte Geogr. 3, 544 ff. — *quae* vor *et* gehört der Construct. nach nur zum ersten, dem Sinne nach erst auch zum zweiten Satze, s. 31, 45, 13; 34, 62, 2: *agrum maritimum*, unten c. 40, 9. — *ipsa*, an sich schon, das hdsch. *ipsis* führt vielleicht auf *ipsa iis*; *ipsis* allein würde einen Gegensatz: *et hostibus defendere facile erat* erwarten lassen, schwerlich ist ein verkürzter Gedanke anzunehmen. — *labor er.*, s. 22, 57, 12; Ov. A. A. 1, 37. — *erat*, der Relativsatz konnte diese Beschaffenheit als eine wirkliche, selbständige an *loca mont. e. asp.* anknüpfen, während die folgenden Conjunctive, die dort erwähnten als nähere aus den adjectivischen Attributen folgende Eigenthümlichkeiten bezeichnen: *qui – sineret; quae – adstringeret*. — *infesta ins.*, wo (durch leicht zu legenden Hinterhalt) das Heer Angriffen ausgesetzt ist. — *levis et velox*, Diod. Sic. 5, 39: ὁπλισμὸν ἔχουσιν οἱ Λίγυες ἐλαφρότερον τῶν Ῥωμαίων τῇ κατασκευῇ; ib. 4, 20: ἐλαφροὶ ταῖς εὐκινησίαις εἰσίν. — *repentin.*, unerwartet erscheinend, vgl. 3, 4, 11. — *secur.*, Tac. Agr. 30: *ac ne mare quidem securum*. — *castell.*, 35, 3, 6 u. a. — *simul – quo*, 28, 15, 4. — *parsim. astr.*, durch Sparsamkeit straff anziehen, zu einem sparsamen, kargen Leben nöthigen, scheint gesagt wie *cupiditate incitare*, *gloria incendere*, wo wir nicht den Grund, sondern das Ziel, die Bestimmung bezeichnen. 7–8. *non lixa*, s. Sall. I. 45, 2. — *iument.*, wie 38, 40. — *in arm. hab.*, vgl. 21, 44, 8; Sall. I. 51, 4: *in armis omnia sita*. — *erat*, war da, fand sich. — *materia*, die einzelnen Vorfälle, welche den Zündstoff zum Kriege enthielten, Plünderungen, Einfälle, die, wenn sie gerücht werden sollen, Veranlassung zum Kriege (*causa*) wurden, Beides hier wenig verschieden, daher *vel – vel*, man mochte es als dieses oder jenes betrachten. Doch scheint *quia – incurs.* sich zunächst auf *causa* zu beziehen, *nec tamen* etc. auf *materia*; weil es nie zur Entscheidung kam, die Kriege nicht so weit geführt wurden, dass die eine oder andere Partei unterlegen, die Existenz derselben in Gefahr gekommen wäre, konnten die Ligurer immer wieder Feindseligkeiten ausüben, so dass der Stoff zum Kriege nicht ausgieng, vgl. 28, 2, 13: *nequaquam tantum iam conflatum bellum, quanta materia belli*. — *cum iis* gehört zu *belli*. — *in discr.* etc., vgl. Plut. Aemil. 6, 4: οὐ γὰρ ἦν βουλομένοις τοῖς Ῥωμαίοις παντάπασιν ἐκκόψαι τὸ Λιγύων ἔθνος ὥσπερ ἔρκος ἢ πρόβολον κείμενον τοῖς Γαλατικοῖς κινήμασιν ἐπαιωρουμένοις ἀεὶ περὶ τὴν Ἰταλίαν, vgl.

LIBER XXXIX. CAP. 2.

C. Flaminius consul, cum Friniatibus Liguribus in agro 2
eorum pluribus proeliis secundis factis, in deditionem gentem
accepit et arma ademit. ea quia non sincera fide tradebant, cum 2
castigarentur, relictis vicis in montem Auginum profugerunt. con- 3
festim secutus est consul. ceteri effusi rursus, et pars maxima
inermes, per invia et rupes deruptas praecipitantes fugerunt, qua
sequi hostis non posset. ita trans Apenninum abierunt. qui castris
se tenuerant, circumsessi et expugnati sunt. inde trans Apen- 4
ninum ductae legiones. ibi montis, quem ceperant, altitudine
paulisper se tutati, mox in deditionem concesserunt. tum conquisita
cum intentiore cura arma et omnia adempta. translatum 5
deinde ad Apuanos Ligures bellum, qui in agrum Pisanum Bononiensemque
ita incursaverant, ut coli non posset. his quoque 6
perdomitis consul pacem dedit finitimis. et quia a bello quieta
ut esset provincia effecerat, ne in otio militem haberet, viam a
Bononia perduxit Arretium. M. Aemilius alter consul agros Li- 7
gurum vicosque, qui in campis aut vallibus erant, ipsis montes
duos Ballistam Suismontiumque tenentibus deussit depopulatus-

---

jedoch 40, 38, 2; ib. 41, 3; 53, 3.
2. 1–4. *Friniat.*, nur hier und
§ 9 erwähnt, nach der Folg. in Verbindung
mit § 3 wohnten die meisten
an der Südseite des Apenninus, nur
ein Theil, § 9, an der Nordseite.
Die Construct. *Friniatibus – eorum
– gentem*, wobei zu *ademit* doch
noch *ei* oder *iis* gedacht werden
muss, ist etwas schwerfällig; über
arma adimere s. c. 54, 8; 40, 16, 6;
34, 17, 5; 28, 34, 9. — *quia tradeb.*
enthält die Veranlassung von *cum
– castig.*, wofür das Particip. stehen
könnte, weniger das Object von *castigare*,
s. 41, 16, 1; 34, 23, 10. —
Auginum, nur hier erwähnt. — *ceteri*,
proleptisch in Bezug auf *qui
castris*, s. 24, 21, 4; 22, 51, 1: *cum
ceteri – Maharbal* u. a., es wird dafür
celerrimi eff., oder *celeriter
fusi* vermuthet; *rursus* geht auf
§ 2. — *pars m.*, 37, 20, 4 u. a. —
per inv., 38, 23, 1; 23, 17, 6. —
praecipit., wir drücken die Thätigkeit
reflexiv aus, s. 2, 51, 5; 25, 11,
5 vgl. 38, 2, 14. — *castris*, auf dem
Auginus. — *mox* wie *inde*, *deinde*,

tum, s. 37, 31, 7; 21, 50, 9 u. a., nach
einem Partic., jedoch seltner, — *in
dedit. conc.*, s. 28, 7, 9; 42, 53, 7
vgl. 40, 39, 1: *ad deditionem venire*,
gewöhnlich *in ded. venire* = *se dedere*,
vgl. 33, 27, 4; 28, 22, 1. —
cum intent., s. c. 14, 6; 41, 6; 32,
5, 8.
5–6. *Apuanos*, an der Westseite
des Apenninus bis an die Mündung
der Macra, s. c. 32, 2; 40, 41,
3; nach u. St. auch nach Bononia
hin, s. § 4 *trans.* - *Pisan.*, 35, 2. —
in otio, Tac. Ann. 1, 35: *otium castrorum*;
zur Sache Marq. 3, 2,
434. — *viam* etc., wahrscheinlich
sollte sie in die § 10 erwähnte münden
und eine nähere Verbindung
mit Rom herstellen, als die via Flaminia
darbot. — *Arret.*, bis dahin
führte von Rom wol schon eine
Strasse, welche, später neu angelegt,
via Cassia genannt wurde, s. 42, 32;
Paul. Diac. p. 48 *Cassia via a Cassio
strata*; Mommsen 1, 665; vgl.
Marquardt 3, 1, 47.
7–11. *ipsis*, s. 36, 25, 8. — *Ballistam*,
nach § 9 noch diesseits des

1*

8 que est. deinde eos, qui in montibus erant, adortus primo levibus proeliis fatigavit, postremo coactos in aciem descendere iusto **9** proelio devicit, in quo et aedem Dianae vovit. subactis cis Apenninum omnibus tum transmontanos adortus — in his et Friniates Ligures erant, quos non adierat C. Flaminius — omnes Aemilius subegit armaque ademit et de montibus in campos multi- **10** tudinem deduxit. pacatis Liguribus exercitum in agrum Gallicum duxit, viamque a Placentia, ut Flaminiae committeret, Ariminum **11** perduxit. proelio ultimo, quo cum Liguribus signis conlatis conflixit, aedem Iunoni reginae vovit. haec in Liguribus eo anno gesta.

3 In Gallia M. Furius praetor insontibus Cenomanis, in pace **2** speciem belli quaerens, ademerat arma. inde Cenomani conquesti Romae apud senatum reiectique ad consulem Aemilium, cui, ut cognosceret statueretque, senatus permiserat, magno certamine

---

Apenninus, vgl. 40, 41, 1; 41, 18, 1, wo das Heer von Parma aus an denselben gelangt. — *Suismont.* auch 40, 41 neben dem *Ballista* erwähnt. — *primo - postr.*, c. 9, 1; 22, 43, 3; 32, 36, 3. — *et aed.*, ausser Anderem, was er that. — *omnib.*, es sind wol nur alle Apuaner gemeint. — *tum*, s. zu 22, 11, 1. — *transmont.*, nördlich und östlich vom Apennin, vgl. § 4. — *Friniat.*, der Zusatz *quos - Flamin.* scheint sich auf den § 4 erwähnten, gegen Friniaten gerichteten Zug zu beziehen, da man sonst keinen Zweck der Bemerkung sähe, und L. andeuten zu wollen, dass ein Theil der Friniaten, s. § 1, nördlich vom Apennin gewohnt habe. Wie der Zusammenhang zeigt, ist dasselbe Volk wie § 1 gemeint, wol nicht verschieden von den *Briniates* 41, 19. — *omnes*, es bleibt unbestimmt, welche Völker ausser den angedeuteten gemeint sind, vgl. *omnibus*. — *in campos*, dass sie daselbst wohnen sollen, wie 40, 53, 3. — *agr. Gall.*, das früher von den Boiern oder Anamaren besessene Gebiet, s. 36, 38; 37, 57, 8, nicht das speciell *ager Gallicus* genannte Land nördlich von Picenum. - — *viam a Plac.* etc., die via Aemilia, s. Inscriptt. lat. ant. von Mommsen n° 535—537; Strabo 5, 1, 11, nach der später auch ein Theil des an derselben liegenden Landes genannt wurde, s. Martial. 3, 4, 2; Marq. 3, 1, 60; Mommsen 1, 665. — *Flamin.*, von dem gleichnamigen Vater des Consuls dieses Jahres in seiner Censur angelegt, s. Periocha, 20, nicht, wie Strabo l. l. berichtet, von dem Consul dieses Jahres, vgl. Lange 2, 216. — *commit.*, zusammenstiesse, s. 38, 7, 10.— *aed. Iun.*, er gelobt also in dem unbedeutenden Feldzuge zwei Tempel, s. 40, 52; vgl. 36, 36.

3. 1—3. *Furius*, 39, 42; bei Diod. l. l. *Fulvius*. — *insont.*, sie sind seit langer Zeit ruhig gewesen, s. 31, 10; 32, 30; 33, 23. — *spec. b.*, so dass es den Anschein hatte, als ob ein Krieg stattfände; Diod. παρελθὼν εἰς τοὺς - Κενομανοὺς ὡς φίλος παρείλετο τὰ ὅπλα, μηδὲν ἔχων ἔγκλημα. — *inde*, in Folge davon, 6, 40, 1; 27, 42, 9.— *conquesti*, 35, 12, 4. — *apud sen.* wie 38, 43; 39, 54; s. Rein Criminalr. 607. — *reiect.*, s. 5, 36, 10 vgl. 40, 16, 6. — *statueretq.*, häufig wird die Vollmacht zur Entscheidung zugleich in dem *cognoscere*

cum praetore habito tenuerunt causam. arma reddere Cenoma- 3
nis, decedere provincia praetor iussus.
Legatis deinde sociorum Latini nominis, qui toto undique 4
ex Latio frequentes convenerant, senatus datus est. his querentibus magnam multitudinem civium suorum Romam commigrasse et ibi censos esse, Q. Terentio Culleoni praetori negotium datum 5
est, ut eos conquireret, et quem C. Claudio M. Livio censoribus postve eos censores ipsum parentemve eius apud se censum esse

begriffen. — *tenuere caus.*, sie hielten ihre Sache aufrecht, behielten Recht; Cic. Caec. 29, 67: *Scaevolam dixisti – causam non tenuisse;* Suet. Dom. 9; dagegen L. 8, 21, 10: *causam obtinuere* u. a., häufiger bezeichnet *tenere*, absolut gebraucht: „etwas durchsetzen, behaupten", s. 42, 11, 8. — *reddere*, s. c. 54, 11; die jüngeren Hss. haben *reddita*. — *decedere pr.*, wie 32, 7, 7; aber an u. St. handelt der Consul im Auftrag des Senates; Diod. ὁ δὲ ὕπατος πυθόμενος τὸ γεγονός, - τὸν Μάρκον ἐζημίωσε χρήμασιν, viell. nach Polybius.

3, 4–6. Ausweisung der latinischen Bundesgenossen aus Rom.
4. *soc. Lat. nom.*, die noch nicht in das volle Bürgerrecht aufgenommenen altlatin. Staaten und die lat. Colonien; doch hat L. viell. an das alte Latium selbst gedacht, wenigstens liegt es näher *ex Latio* als localen Begriff zu nehmen, denn als Bezeichnung einer Classe von politisch Gleichberechtigten; dagegen schliesst dieser Ausdruck die weitere Bedeutung von *socii lat. nom.* aus, s. 40, 19, 7. Die lat. Staaten waren nach ihrem foedus, die Colonien nach ihrer formula zu gewissen Leistungen gegen den röm. Staat verpflichtet, diese mussten um so drückender werden, je mehr sich die Zahl der Bürger solcher Staaten verringerte, s. 41, 8, 7. — *commigr. - esse*, bis dahin hatten die lat. Bundesgenossen entweder alle, s. Mommsen 1, 332; 410; 797, neben dem conubium, commercium, dem Klagrecht, s. 35, 7, 3, auch das Recht gehabt, als Passivbürger, ohne passives Wahlrecht, in verbündeten Städten, folglich auch in Rom ihren Wohnsitz zu nehmen und sich abschätzen zu lassen, s. 25, 3, 16; oder es war dieses wenigstens den 41, 8, 9 bezeichneten, obgleich Andere die 41, 8 erwähnte Bestimmung erst nach dem an u. St. berichteten Vorfalle eintreten lassen, gestattet gewesen, s. Lange 2, 111; 192; 202ff., 238. Jetzt wird nicht den Latinern, die rechtmässig das röm. Bürgerrecht erlangt haben, sondern denen, welche, obgleich sie selbst oder ihre Väter in die Censusrolle einer lat. Stadt eingetragen sind, doch in Rom sich haben schätzen lassen, wenn sie nach dem Census im J. 550 a. u., s. 29, 37, auf diese Weise nach Rom übergesiedelt sind, aufgegeben in ihre Heimath zurückzukehren, s. Marq. 2, 3, 50; 3, 1, 43, Voigt das ius naturale 2, 204.

5–6. *Terent.*, 38, 55, 1. — *negot. dat.*, eine ausserordentliche quaestio, die einer besonders zu dem Zwecke gewählten Commission unter dem Vorsitze des Prätors überwiesen wird, und zwar in diesem Falle, da es Bundesgenossen betrifft, vom Senate, s. c. 14, 6; 38, 55, 4. Die so getroffene Maassregel ist also eine vorübergehende, nur für jenes Jahr die Verhältnisse ordnende, anders 41, 9. — *ipsum par. eius*, vgl. *ipsi maioresve eorum* 41, 9, 9. Wenn einer sui iuris war, so war er auch selbst verpflichtet und berechtigt sich abschätzen zu lassen; die Söhne

6 probassent socii, ut redire eo cogeret, ubi censi essent. hac conquisitione duodecim milia Latinorum domos redierunt, iam tum multitudine alienigenarum urbem onerante.

4 Priusquam consules redirent Romam, M. Fulvius procon-
2 sul ex Aetolia redit; isque ad aedem Apollinis in senatu cum de rebus in Aetolia Cephalleniaque ab se gestis disseruisset, petit a patribus, ut aequum censerent ob rem publicam bene ac feliciter gestam diis inmortalibus honorem haberi [iuberent], et sibi tri-
3 umphum decernerent. M. Aburius tribunus plebis, si quid de ea re ante M. Aemilii consulis adventum decerneretur, interces-
4 surum se ostendit: cum contradicere velle, proficiscentemque in

waren in der *patria potestas, alieno iuri subiecti*, und wurden nicht selbst geschätzt, sondern die Angaben über sie machte der, in dessen Gewalt sie standen. Diese beiden Classen scheinen auch an u. St. geschieden zu werden, wie 43, 14, 8, während es 41, 9, 9 *maiores*, nicht *parentes* heisst; vgl. Becker 2, 2, 204. — *censum esse*, die latinischen Städte hatten damals, wie Rom selbst, Censoren, s. 29, 37, 7, früher nicht, s. die Stadtrechte von Salpensa und Malaga von Mommsen S. 431. — *socii* ist nach § 4 zu deuten, vgl. zu 41, 8, 8. — *redire cog.*, solche Ausweisungen sind mehrmals erfolgt, s. 41, 9; Cic. Sest. 13, 30; Offic. 3, 11, 47; Lange 2, 579. — *censi ess.*, n. selbst oder inbegriffen in dem Census dessen, in dessen Gewalt die Einzelnen standen, natürlich mit ihren Familien. — *hac conquis.*, in Folge, auf Grund u. s. w., s. 2, 52, 7: *quibus*; 1, 12, 10: *strepitu* u. a. — *iam tum*, wie zu L.'s Zeit; s. Sall. C. 37, 7 ff.

4-5. Triumph des M. Fulvius, Gell. 5, 6, 24.

1-2. *consules - procons.*, wol absichtlich gegenübergestellt; die jüngeren Hss. haben nur *M. Fulvius priusquam consules Roman rediit*; in der Mz. Hs. ist viell. die Wortstellung geändert. — *Apoll.*, s. 37, 58, 3, sonst in dem Tempel der Bellona, s. 26, 21; 39, 29 u. a. — *ut aequum cens.*, gewöhnlich bezeichnet *aequum censere* bei L. den Willen selbst, ohne dass ein Verbum, wie *iuberent*, denselben noch besonders andeutet, vgl. c. 19, 6; 21, 4; 30, 24, 2: *senatum aequum censere - reverti eum*; 40, 16, 6; 3, 53, 5; 6, 18, 11; 9, 14, 5 u. a., vgl. S. C. de Bacch. in Inscript. lat. ant. 196 l. 27; de Ascl. ib. 203 l. 11; auch nicht so, dass *si* zugesetzt und eine Bedingung für den Willen ausgesprochen würde, s. Terent. Adelph. 4, 3, 10; Gronov. und Hertz halten deshalb *iuberent* für unächt; Drakenb. verm. *ut - haberi iuberent*; Madvig: ut, *si aequum censerent - iuberent*. Aber auch wenn diese Veränderungen mit der hds. Lesart (die Mz. Hds. hatte *haberi iuberent*, die jüngeren *haberi iubere*) vorgenommen werden, weicht der Ausdruck an u. St. doch von der Form ab, deren sich L. sonst bei der Bezeichnung des Gesuches um den Triumph bedient; er braucht dann gewöhnlich nur *postulavit, ut triumphanti sibi invehi in urbem liceret* oder ähnliche Wendungen, s. 26, 21, 2; 28, 9, 9; 31, 20, 1; 33, 22, 1; 36, 39, 5; 38, 44, 10; ib. 48, 15; 42, 21, 7, vgl. 39, 38, 5; selten *petere*, 10, 37, 6, vgl. 41, 6, 4; *iuberent* wäre gebraucht wie 42, 9, 4: *a patribus postulare, ut senatusconsultum tolli iuberent, supplicationemque decernerent*.

3-7. *Aburius*, s. 41, 14, 5; 42, 35, 7. — *contradic.*, s. 8, 2, 2. —

provinciam ita sibi mandasse, uti ea disceptatio integra in adventum suum servaretur. Fulvium temporis iacturam facere; senatum etiam praesente consule quod vellet decreturum. *tum* Fulvius: si aut simultas M. Aemilii secum ignota hominibus esset, aut quam is eas inimicitias inpotenti ac prope regia ira exerceret, tamen non fuisse ferendum, absentem consulem et deorum inmortalium honori obstare et meritum debitumque triumphum morari, imperatorem rebus egregie gestis victoremque exercitum cum praeda et captivis ante portas stare, donec consuli ob hoc ipsum moranti redire Romam libitum esset. verum enimvero cum sint nobilissimae sibi cum consule inimicitiae, quid ab eo quemquam posse aequi expectare, qui per infrequentiam furtim senatus consultum factum ad aerarium detulerit Ambraciam non videri vi captam, quae aggere ac vineis obpugnata sit, ubi incensis operibus alia de integro facta sint, ubi circa muros supra subterque terram per dies quindecim pugnatum, ubi a prima luce, cum iam transcendisset muros miles, usque ad noctem diu anceps proelium tenuerit, ubi plus tria milia hostium sint caesa. iam de deorum inmortalium templis spoliatis in capta urbe qua-

temporis, nur Zeit, 36, 40, 5: *senes puerosque.* — *tum* ist wahrscheinlich ausgefallen. — *simultas*, s. Lange 2, 207. — *quam* etc., nicht ohne Härte von *inpotenti* getrennt, der Satz von einem zu denkenden *ignotum esset* abhängig, vgl. 38, 57, 8. — *prope reg.*, s. Naegelsbach Stilist. § 117 S. 327. Der Sinn ist: auch wenn man voraussetzen dürfe, dass nicht Feindschaft, sondern bessere Motive ihn bestimmten. — *ante p. st.*, 37, 58, 6.

8–10. *verum enimv.*, s. 29, 8, 7. — *nobiliss.*, 40, 45, 7; 27, 35, 6. — *quid* etc., so lasse sich ein billiges Verfahren nicht erwarten, da der Consul schon durch die That gezeigt habe u. s. w. — *per infreq.*, 38, 44, 6. — *furtim*, Cic. Att. 10, 4, 9: *ex senatus consulto surrepto.* — *ad aerar. detul.*, wie früher in den Cerestempel, s. 3, 55, 13, so wurden später Gesetze, s. Schol. Bob. zu Cic. Sest. 64, p. 310: *leges in aerario condebantur*, Senatsbeschlüsse und andere öffentliche Urkunden in

dem aerarium am Saturnustempel, welches zugleich das Staatsarchiv wurde, niedergelegt, Lange 2, 364; der Punkt ist deshalb gerade erwähnt, weil die Senatsbeschlüsse dadurch, dass sie dort niedergelegt wurden, erst volle Gültigkeit erhielten, s. Tac. Ann. 3, 51; 13, 28; Suet. Caes. 28; Aug. 94. — *supra s. t.*, 38, 39, 17; 25, 5, 6 u. a., zur Sache 38, 6 ff. — *a prima l.* etc., ein solcher Kampf ist 38, 9, wo L. Polybius folgt, nicht erwähnt worden, sondern die Stadt hat sich nach längerer Belagerung dem Consul ergeben; es ist viell. ein Kampf während der Belagerung gemeint, den auch Ennius Annal. XV geschildert zu haben scheint, s. Priscian 6, 95, p. 725: *obcumbunt multi letum ferroque lapique Aut intra muros aut extra praecipe casu*, vgl. Macrob. 6, 3, 3; Brandstäter die Gesch. des ätol. Landes 476.

11–13. *iam*, 40, 8, 14; 23, 5, 15; 31, 12, 6. — *in capta u.* ist, wie im Folg. noch zweimal, absichtlich ber-

12 lem calumniam ad pontifices adtulerit? nisi Syracusarum ceterarumque captarum civitatium ornamentis urbem exornari fas fue-
13 rit, in Ambracia una capta non valuerit belli ius. se et patres conscriptos orare et ab tribuno petere, ne se superbissimo ini-
5 mico ludibrio esse sinant. Undique omnes alii deprecari tribunum, alii castigare. Tiberii Gracchi collegae plurimum oratio
2 movit: ne suas quidem simultates pro magistratu exercere boni exempli esse, alienarum vero simultatum tribunum plebis cognitorem fieri turpe et indignum collegii eius potestate et sacratis

vorgehoben, theils gegen 38, 44, 6, theils weil in einer eroberten Stadt nach dem zu 25, 40, 2 angef. Grundsatze: *cum loca capta sunt ab hostibus, omnia desinunt religiosa vel sacra esse*, von geplünderten Tempeln gar nicht die Rede sein konnte. Da dieses Aemilius wohl wusste, so wird im Folg. sein Antrag (denn nur nach diesem hatte der Senat den Beschluss gefasst) als ein böswilliger bezeichnet, *calumniam* etc.: er habe mit Vorbedacht in böswilliger Absicht die Entscheidung den Priestern übertragen, ob von ihm (Fulvius) ein Tempelraub begangen worden sei, vgl. Gaius 4, 178: *calumniae iudicio – nemo damnatur, nisi qui intelligit non recte se agere, sed vexandi adversarii gratia actionem instituit*, — *calumnia enim in adfectu est*; Digest. 48, 16, 1, 1: *calumniari est falsa crimina intendere*; vgl. 33, 47, 5; 6, 16, 1; dass es heimlich geschehe, ist nicht nothwendig; *qualem* ist hinzugefügt um anzudeuten, dass der Antrag ganz unbegründet gewesen sei, da eine *calumnia* wenigstens auf scheinbare Gründe gestützt werden kann. — *adtulerit*, der Redner wendet sich, nachdem er § 9–10 nachgewiesen hat, dass die Stadt *vi capta* sei, in einer wirklichen, nicht rhetorischen Frage (*adtulisse*) an die Senatoren: sie möchten selbst entscheiden, urtheilen, was für eine nichtige Anschuldigung er böswillig vorgebracht habe, s. 36, 40, 7; *adtulerit* scheint § 8: *detulerit* zu entspre-

chen; über *adferre* s. Cic. Mur. 32, 67: *quid adfers ad iudicium*. Der Satz *iam* etc. kann wegen *qualem* nicht auf das entfernte *qui* bezogen werden. — *nisi = nisi forte*, 40, 12, 17; 35, 17, 7, führt einen sich selbst aufhebenden Grund ein: man müsste denn annehmen, dass, während in allen anderen eroberten Städten — gerade wie in Ambracia u. s. w.; die Form der Beweisführung wie sonst oft mit *an*, s. 5, 4, 7; ib. 42, 6; 31, 29, 4 u. s. w. Die Rede wie viele ähnliche bei Triumphen gehaltene, s. 31, 48; 33, 22ff. 36, 39; 38, 43ff. ist wol der Hauptsache nach den Annalisten entlehnt, von L. rhetorisch umgestaltet, s. Einleit. 44.
5. 1–2. *castigare*, vgl. 39, 53, 7. — *ne su. q.*, s. § 5. — *pro mag.*, in seiner Eigenschaft als u. s. w., 6, 38, 9; 38, 36, 4; 9, 26, 15. — *cognitor*, der Bevollmächtigte, Vertreter, s. Ascon. Cic. Div. in Caec. § 11: *qui defendit alterum — aut patronus dicitur, si orator est, — aut procurator, si absentis negotium suscipit, aut cognitor, si praesentis causam novit et sic tuetur ut suam*; Gaius, 4, 83: *cognitor certis verbis in litem coram adversario substituitur – procurator vero nullis certis verbis in litem substituitur, sed ex solo mandato et absente et ignorante adversario constituitur*; Rudorff Rechtsgesch. 2, S. 71; L. hat also *cognitor* gebraucht, wo *procurator* genauer gewesen wäre. — *sacrat. leg.*, 5, 11, 3; Schwegler 2, 252.

legibus esse. suo quemque iudicio et homines odisse aut diligere 3
et res probare aut inprobare debere, non pendere ex alterius
vultu ac nutu nec alieni momentis animi circumagi, adstipularique
irato consuli tribunum plebei et, quid privatim M.
Aemilius 4 mandaverit, meminisse, tribunatum sibi a populo Romano mandatum oblivisci, et mandatum pro auxilio ac libertate privatorum,
non pro consulari regno. ne hoc quidem cernere eum fore, ut 5
memoriae ac posteritati mandetur eiusdem collegii alterum e
duobus tribunis plebis suas inimicitias remisisse rei publicae,
alterum alienas et mandatas exercuisse. his victus castigationi- 6
bus tribunus cum templo excessisset, referente Ser. Sulpicio
praetore triumphus M. Fulvio est decretus. is cum gratias patri- 7
bus conscriptis egisset, adiecit ludos magnos se Iovi optimo
maximo eo die, quo Ambraciam cepisset, vovisse; in eam rem sibi
centum pondo auri a civitatibus conlatum; petere, ut ex ea pe- 8
cunia, quam in triumpho latam in aerario positurus esset, id
aurum secerni iuberent. senatus pontificum collegium consuli 9
iussit, num omne id aurum in ludos consumi necesse esset. cum 10
pontifices negassent ad religionem pertinere, quanta inpensa in

---

3–5. *non*, näml. *debere*; von diesem *non debere* hängt im Folg. *adstipularique, meminisse, oblivisci* ab, so dass alle Sätze als eng zusammengehörend, ein Ganzes bildend erscheinen, s. 37, 53, 8; Hor. Ep. 1, 6, 21. Lucan. 2, 234, weshalb auch *et*, nicht *nec* oder *aut* gebraucht ist, s. 22, 2, 6 u. a., wie es heissen würde, wenn *non pendere* zu verbinden und von *debere* abhängig wäre. — *nutu*, 38, 51, 4. — *momentis*, Bestimmungs-Entscheidungsgründe. — *adstipul.*, Prisc. 8, 21 p. 792: Livius in XXXIX ab urbe condita: *nec alieni momentis animi circumagi stipularique irato consuli tribunum plebei*, wo *stipulari* eine förmliche verpflichtende Angelobung bezeichnen könnte, aber das Object fehlen würde. — *quid priv.*, bei - statt untergeordnet: während er sich u. s. w., s. c. 4, 12. — *et mand.*, s. 35, 46, 6. — *pro auxil.*, für dasselbe, um es zu gewähren, scheint nur wegen der gleichen Construct. mit *pro libertate* etc.: um die Freiheit zu schützen, verbunden zu sein; zum Ausdruck vgl. c. 32, 11; zur Sache 2, 33, 1; Becker 2, 2, 264. — *cons. regno*, s. 3, 9, 3; 38, 51, 3. — *fore ut* nur Umschreibung des inf. fut. pass., 36, 7, 7 u. o. — *memor. ac post.*, hendiadyoin; zur Sache 38, 52, 9; ib. 60, 4. — *remisisse*, vgl. 9, 38, 12. — *mandatas*, das Wort zum fünftenmale wiederholt, s. 4, 55, 4; ib. 61, 8 u. a. —
6–10. *templo*, 1, 30, 2. — *triumph. - decret.*, durch diesen Beschluss und die Feier der gerade wegen der Einnahme Ambracias gelobten Spiele wird der frühere 38, 44, 6, dass Ambracia nicht *vi capta* sei, indirect aufgehoben. — *lud. magn.* etc., s. c. 22, 1. — *a civitat.*, dieses geschieht jetzt oft, damit dem Aerarium die Kosten nicht zur Last fallen, s. c. 22, 8; Lange 1, 628; Marq. 4, 474. — *secerni*, s. 31, 9, 7. — *necesse*, die Form *necessum* ist hier noch unsicherer als

ludos fieret, senatus Fulvio, quantum inpenderet, permisit, dum
11 ne summam octoginta milium excederet. triumphare mense
Ianuario statuerat; sed cum audisset consulem M. Aemilium
litteris M. Aburii tribuni plebis acceptis de remissa intercessione
12 ipsum ad inpediendum triumphum Romam venientem aegrum in
via substitisse, ne plus in triumpho certaminum quam in bello
13 haberet, praetulit triumphi diem. triumphavit ante diem deci-
14 mum kal. Ianuarias de Aetolis et de Cephallenia. aureae coronae
centum duodecim pondo ante currum latae sunt, argenti pondo
milia octoginta tria, auri pondo ducenta quadraginta tria, te-
15 trachma Attica centum octodecim milia, Philippei nummi duodecim milia quadringenti viginti duo, signa aenea septingenta octoginta quinque, signa marmorea ducenta triginta, arma tela cetera
16 spolia hostium magnus numerus, ad hoc catapultae balistae
tormenta omnis generis, duces aut Aetoli et Cephallenes aut regii

34, 5, 2. — *inpender.*, n. wollte, s.
35, 45, 4; 6, 42, 9. — *octog. mil.*
ist die hds. Lesart, die Geldsorte
sestertium oder *aeris* (*gravis*, so
dass der As dem Sesterz gleich
steht) ist viell. ausgefallen, vgl. 40,
38, 6; s. 1, 43, 4; 5, wo indess *aeris* vorausgeht. Die Angabe der
Geldsorte dem Goldpfunde gegenüber setzt voraus, dass dem Goldpfunde eine bestimmte Anzahl Mün-
zen jener Geldsorte, im 4000 Sesterze oder 1000 Denare, s. 38, 55,
9, gleich gesetzt war. Die Summe
betrug, wenn Sesterze oder *aes
grave* gemeint ist, 20 Pfd. Gold.
Der geringe Betrag derselben würde
zu 40, 52, 2, vgl. 25, 12, 12, passen,
so wie auch 40, 44, 10 keine grosse
Summe angenommen ist. Für die
regelmässigen grossen Spiele waren
50000 Denare bestimmt, vgl. auch
22, 10, 7, und wenn die Spiele des
Fulvius, welche c. 22 geschildert
werden, nicht mit der verwilligten
Summe ausgerichtet werden konnten, so war wol darauf gerechnet,
dass er selbst das Fehlende zu-
schiessen werde; es ist daher bedenklich mit Anderen *octingentum
mil.* zu lesen, obgleich diese Summe,
wenn leichte As gerechnet werden, gerade 50000 Denare betragen
würde.
12–16. *praetulit*, er hielt ihn
früher, als er bestimmt hatte; die
sonst nicht leicht vorkommende Bedeutung des Wortes ist wol aus
der ähnlichen 7, 9, 4: *comitia bello
praeferre* hervorgegangen; die Juristen brauchen *praelato die* vom
Vorausdatiren. — *aureae - pondo*
hat wahrscheinlich den Sinn: gol-
dene Kr., 112 Pfund an Gewicht,
so dass *cent. d. pondo* Apposit.
ist, s. § 16; 44, 14, 8 u. a.; doch ist
pondo viell. unächt, s. c. 7, 1; Crevier verm. *aur. c. centum, duodena
pondo*, zur Sache vgl. 38, 9, 13. —
tetrach. Att. etc., s. 37, 59, 4; die
Zahl ist auch hier als Apposit. zu
nehmen, vgl. zu 38, 38, 13, Hultsch
Metrol. 222; im Folg. *Philippei*, s.
c. 7, 1, schliesst sich der Nominat.
an die kleinere Zahl (*numerus ex-
currens*) an; an der ersten Stelle
wird gewöhnlich *tetrachmum Atticum* nach Gronovs Conjectur gelesen. — *ducenta*, davor haben die
späteren Hss. *duxit* oder *dixit*, viell.
eine Andeutung des Prädicats, das
bei *duces* fehlt. — *numerus* Apposit., vgl. 1, 37, 5: *spoliis ingenti
cumulo accensis*. — *Cephallenes*, s.

ab Antiocho ibi relicti ad viginti septem. multos eo die, prius- 17
quam in urbem inveheretur, in circo Flaminio tribunos, praefectos, equites, centuriones, Romanos sociosque, donis militaribus
donavit. militibus ex praeda quinos vicenos denarios divisit, duplex centurioni, triplex equiti.

Iam consularium comitiorum adpetebat tempus; quibus 6
quia M. Aemilius, cuius sortis ea cura erat, obcurrere non potuit,
C. Flaminius Romam venit. ab eo creati consules Sp. Postumius
Albinus Q. Marcius Philippus. praetores inde facti T. Maenius 2
P. Cornelius Sulla C. Calpurnius Piso M. Licinius Lucullus C. Au-
relius Scaurus L. Quinctius Crispinus.

Extremo anni, magistratibus iam creatis, ante diem tertium 3
nonas Martias Cn. Manlius Vulso de Gallis qui Asiam incolunt
triumphavit. serius ei triumphandi causa fuit, ne Q. Terentio 4
Culleone praetore causam lege Petillia diceret et incendio alieni
iudicii, quo L. Scipio damnatus erat, conflagraret, eo infensiori- 5
bus in se quam in illum iudicibus, quod disciplinam militarem

Sil. It. 15, 305: *saxa Cephallenum.*
— *ibi* ist auf das durch *Aetoli* angedeutete Aetolia zu beziehen, von
Cephallenia ist nichts der Art erwähnt, s. 38, 28 f.

17. *donavit*, vgl. c. 7, 3. Es lässt
sich nicht erkennen, ob auf frühere
Schenkungen oder auf diese der Tadel Catos sich beziehe Gell. 5, 6,
24: *M. Cato obicit M. Fulvio Nobi-
liori, quod milites per arbitium coro-
nis de levissimis causis donasset. de
qua re verba ipsa apposui Catonis:
iam principio quis vidit corona do-
nari quemquam, cum oppidum captum non esset aut castra hostium non
incensa essent*, vgl. Cic. Tusc. c. 1,
2, 3; de or. 2, 63, 256; bezieht er
sich auf die an u. St. erwähnten, so
kann die Rede gegen Fulvius erst
später gehalten sein, nicht bei den
Verhandlungen c. 4 und 39, 44,
Rein Criminalr. 662. — *quin. vicen.*,
s. 37, 59, 6. Die Stiftung des Tempels des Hercules Musarum, s.
Becker 1, 612 f.; Preller Mythol.
656, und die Aufstellung der Fasten
in demselben hat L. hier und bei
der Censur des Fulvius übergangen,
vgl. 36, 3, 13; Macrob. 1, 12, 16:

*Fulvius Nobilior in fastis, quos in
aede Herculis Musarum posuit*;
Charis I p. 138 ed. Keil, Mommsen
Chronol. 41.

6. Magistratswahlen; Triumph
des Manlius.

1—5. *comit. adp. t.,* 25, 2, 3. —
sortis, die Besorgung der Wahlen
gehörte zu dem ihm zugefallenen
Geschäftskreise, 35, 6, 2; Marq. 2, 3,
53. — *occurrere*, 35, 15, 1. —
creati, 25, 2, 4. — *Postum.*, 37, 47;
50; *Marc.*, 38, 35. — *serius*, als man
hätte erwarten können, da ihm der
Triumph schon seit längerer Zeit
bewilligt war, s. 38, 41, 15; ibid.
50, 3. — *Terent.*, die Prätur desselben in diesem Jahre wird also
auch hier bezeugt, s. 38, 56, 2. —
lege Pet., 38, 54, 3; 6 f.; 42, 21, 8.
— *ne - diceret*, so lange er als Proconsul das imperium hatte und die
Stadt nicht betrat, wurde er als *rei-
publicae causa absens* betrachtet,
und konnte nicht belangt werden;
in den 10 Tagen vom 5. bis 14. März
hätte das Gericht, in dem er wie L.
Scipio verurtheilt zu werden fürch-
tete, nicht beendigt werden können.

severe ab eo conservatam successorem ipsum omni genere licen-
6 tiae corrupisse fama adtulerat. neque ea sola infamiae erant,
quae in provincia procul ab oculis facta narrabantur, sed ea
7 etiam magis, quae in militibus eius quotidie aspiciebantur. luxuriae enim peregrinae origo ab exercitu Asiatico invecta in urbem
est. ii primum lectos aeratos, vestem stragulam pretiosam, plagulas et alia textilia et, quae tum magnificae supellectilis habe-
8 bantur, monopodia et abacos Romam advexerunt. tunc psaltriae
sambucistriaeque et convivalia [alia] ludorum oblectamenta addita

— *conr. fama adt.*, wenn die Lesart richtig ist, die jüngeren Hss. haben *corrumperat*, wie es scheint auch die Mz. *successor ipse*, so hat schon das Gerücht von dem Verfahren des Manlius den, der das Gesetz beantragte, s. 38, 54, 7, und auch die Richter bestimmt; daher wird im Folg. an das gerüchtweise Vernommene als etwas Bedeutenderes das angeknüpft, was man in der Nähe der Stadt sah: *sed etiam*; zur Sache s. Sall. C. 11, 4.
6–8. *magis* erhöht noch die Steigerung des zweiten Gliedes; Cic. de or. 2, 47, 197; 3, 25, 100: *non aurium solum, sed animi iudicio etiam magis* u. a. — *in mil. q. asp.*, an den S. sichtbar wurde; die jüngeren Hss. haben das nicht minder passende *conspiciebantur*, s. 5, 23, 5; 21, 4, 8. — *luxur.* etc., von Sallust C. 9 ff. wird der Anfang des Sittenverderbens später gesetzt, vgl. L. 39, 1, 3; praef. 12: *nuper*; Hermann Culturgesch. 82. — *lectos aer.*, Speisesophas von Bronze oder mit Füssen und Gestellen aus kunstreich gearbeiteter Bronze, Plin. 34, 3, 14: *triclinia aerata abacosque et monopodia Cn. Manlium Asia devicta primum invexisse triumpho suo, quem duxit anno urbis DLXVII L. Piso auctor est*, s. ib. § 9; Koner 2, 183; Becker Gallus 2, 302. — *veste str.*, 21, 15, 2; 34, 7, 3. — *plagulas*, Nonius de gen. vest. p. 537: *plagae grande linteum tegmen, quod nunc torale vel lectuariam sindonem dicimus, quarum deminutivum est*

plagulae; id. de var. sign. verb. p. 378: *plaga aliquando pars lecti, aliquando omnis*, gewöhnlich werden so die Vorhänge der *lectica* genannt; zwar steht es nicht fest, ob in der hier besprochenen Zeit (2, 36, 7 ist wol anticipirt oder *lectica* nur Tragbahre, vgl. 24, 42, 5) schon die lectica in Gebrauch gewesen sei, aber L. scheint es angenommen zu haben, Becker a. a. O. 3, 7; 2; Andere verstehen *plagulae* von den kostbaren Vorhängen an Wänden und Betten. — *alia text.*, Plin. 37, 1, 12: *victoria – mores inclinavit, sicut L. Scipionis et Cn. Manlii ad caelatum argentum* (bei L. *supellectilis*) *et vestis Attalicas et triclinia aerata*; ib. 33, 11, 148; Plaut. Stich. 2, 2, 54: *lectos eburatos, aeratos – tum Babylonica peripetasmata consutaque tapetia.* — *monop.*, Tische von kostbarem Holze, oft mit Füssen von Elfenbein; *abacos* Schenktische zum Ausstellen des Silbergeschirrs, Cic. Verr. 4, 17, 37; Becker und Koner a. a. O. — *psaltr.*, Macrob. Sat. 2, 1, 5: *psaltriam intromitti, ut puella ex industria supra naturam mollior canora dulcedine et saltationis lubrico exerceret inlecebris philosophantes.* — *sambucistr.*, von *sambuca*, einem harfenähnlichen Instrumente, Athenaeus p. 633: ἔφη – ὀξύφθογγον εἶναι ὄργανον τὴν σαμβύκην. Das nach dem Griech. s. Plut. Cleom. 35, 2, gebildete Wort scheint nur hier vorzukommen; Plaut. Stich. l. 1. 57: *sambucinas advexit.* — *alia*

epulis; epulae quoque ipsae et cura et sumptu maiore adparari 9
coeptae. tum coquus, vilissimum antiquis mancipium et aestimatione et usu, in pretio esse et, quod ministerium fuerat, ars haberi coepta. vix tamen illa, quae tum conspiciebantur, semina erant futurae luxuriae.

In triumpho tulit Cn. Manlius coronas aureas ducentas duo- 7
decim [pondo], argenti pondo ducenta viginti milia, auri pondo
duo milia centum tria, tetrachmum Atticum centum viginti septem milia, cistophori ducenta quinquaginta, Philippeorum aure-
orum nummorum sedecim milia trecentos viginti; et arma spo- 2
liaque multa Gallica carpentis travecta; duces hostium duo et
quinquaginta ducti ante currum. militibus quadragenos binos
denarios divisit, duplex centurioni, triplex *equiti*, et stipendium
duplex in pedites et in equites dedit; multi omnium ordinum 3
donati militaribus donis currum secuti sunt. carminaque a mi-

---

scheint nur Wiederholung der letzten Sylben des vorherg. Wortes; es würde sonst, wenn auch der Gleichklang sich entschuldigen lässt, s. 40, 8, 8, der Bedeutung wegen wol vor *convivalia* stehen. — *ludor. obl.*, Tänzer, Mimen, Gaukler, Possenreisser, Becker 3, 262; Koner 2, 279.
9. *ipsae*, im Gegensatze zu der Unterhaltung bei denselben. — *viliss.*, Plin. 18,11, 108 : *nec cocos vero habebant in serviliis, eosque ex macello conducebant*; Becker 3, 223; indess findet sich schon in älteren plautinischen Stücken die Einrichtung, wie sie L. angiebt, Mommsen 1, 871. — *aestim.*, 37, 59, 2; 26, 16, 4. — *conspicieb.*, in die Augen fiel, § 6. — *semina*, nur schwache Anfänge, vgl. 7, 2, 13: *parva principia*; die gegen diesen Luxus gerichtete lex Orchia hat L. übergangen, Lange 2, 226. Zur Sache s. Dio Cass. frg. 64: τὴν ἀσωτίαν αὐτῶν (τῶν ἡττηθέντων) διὰ βραχέος ἐζήλωσαν καὶ τὰ πάτρια ἔθη οὐ διὰ μακροῦ κατεπάτησαν.
7. 1—2. *ducent. duod.*, wie c. 29, 6; 42, 3; 40, 34, 8; ib. 43, 6; in der Mz. Hds. steht nach *duodecim* noch *pondo*, s. c. 5, 14. — *tetrach.*, c. 5, 14. — *cistoph.*, 37, 46, 3. —

Philipp., 34, 52, 7; Mommsen G. d. Münzw. 52. — *carpent.*, 31, 21, 17, im gallisch. Kriege sind sie nicht erwähnt. — *milit.*, den gemeinen Soldaten, s. 33, 23, 9; 36, 40, 13; 40, 43, 7; sonst auch *pedites*, s. 33, 37, 12; 45, 40, 5 u. a. — *triplex* findet sich in den Hss. hinter *duplex inpedit.*; allein sonst spricht L. nur von einem *duplex stipendium*, s. zu 5, 4, 7; 23, 20, 2; 29, 3, 5; 30, 16, 12; 37, 59, 6; 40, 43, 7: *militibus — dedit, duplex centurionibus triplex equiti — et stipendium omnibus duplex*, während wie an dieser Stelle die Reiter gewöhnlich das dreifache Geschenk der pedites erhalten, s. jedoch zu 33, 23, 7; deshalb schlägt Drak. vor die Worte *tripl. in eq.* nach *centurioni* zu setzen, mit gleichem Wechsel der Construct. wie 34, 52, 11: *in pedites — centurioni*; 45, 34, 5. Doch kann es auch *triplex equiti* und im Folg. *stip. in pedites et in equites* geheissen haben, da *in pedites* allein nicht richtig, und es eben so bedenklich ist, dasselbe mit Madvig zu tilgen als es mit Drak. in *militibus*, da *milites* in anderer Bedeutung vorhergeht, (eher erwartet man *omnibus*) zu verändern.

litibus ea in imperatorem dicta, ut facile adpareret in ducem indulgentem ambitiosumque ea dici, triumphum esse militari
4 magis favore quam populari celebrem. sed ad populi quoque
5 gratiam conciliandam amici Manlii valuerunt, quibus adnitentibus senatus consultum factum est, ut ex pecunia, quae in triumpho translata esset, stipendium conlatum a populo in publicum, quod eius solutum antea non esset, solveretur. vicenos quinos et semisses in milia aeris quaestores urbani cum cura et fide solverunt.
6 Per idem tempus tribuni militum duo ex duabus Hispaniis cum litteris C. Atinii et L. Manlii, qui eas provincias obtinebant,
7 venerunt. ex iis litteris cognitum est Celtiberos Lusitanosque in armis esse et sociorum agros populari. de ea re consultationem integram senatus ad novos magistratus reiecit.
8 Ludis Romanis eo anno, quos P. Cornelius Cethegus A. Postumius Albinus faciebant, malus in circo instabilis in signum
9 Pollentiae procidit atque id deiecit. ea religione moti patres et diem unum adiciendum ludorum celebritati censuerunt et signa

3—5. *populari*, das Volk gab zu erkennen, dass es keine Freude an dem Betragen der Soldaten habe. Der Gedanke bildet nur den Uebergang zum Folg. — *stipend.* hier statt *tributum, tributum in stipendium datum*, s. 2, 9, 6; 29, 15, 7. Da das tributum keine regelmässige Steuer, sondern eine, wenn die Mittel der Staatscasse nicht ausreichten, vom Volke gegebene gezwungene Anleihe von 1 pro mille, s. c. 44, 3; 29, 15, 9, war, so musste diese, wenn das aerarium es vermochte, wie ein Darlehen zurückgezahlt werden. Nach dem Folg. viell. noch aus der Zeit des punischen Krieges (die Zahlung 33, 47 betraf eigentliche Darlehen von Privaten), 25½ tributum dem Volke noch nicht zurückgezahlt worden und werden jetzt erst abgetragen, s. Huschke Serv. Tull. 504 f.; 489; Mommsen die Tribus 29; Gesch. 1, 794; Nitzsch die Gracchen 121. — *quod eius*, c. 45, 7; 31, 4, 2; 38, 54, 4. — *antea*, die übrigen tributa waren bereits zurückgezahlt, Lange 2, 175; 377.
6 – 7. *Atin. et Manl.*, 38, 35,

2. — In ähnlicher Weise werden nicht selten Berichte der Magistrate aus den Provinzen erwähnt, die L. wol bei den Annalisten als Quelle ihrer Nachrichten angegeben fand, s. c. 21, 1; 40, 1, 3; ib. 25, 7; 28, 8; 35, 3; 53, 3; 41, 5, 10; ib. 10, 5; 12, 2 u. a., ebenso Anfragen 40, 16, 6; ib. 17, 7 u. s. w. — *Celtib.*, 35, 7; *Lusit.* 37, 46; ib. 57; wahrscheinlich war der Zweck der Sendung nur Verstärkung der Heere zu fordern. — *reiect*, s. c. 3, 2.
8–10. *Cornel. - Post.*, dass sie Curulädilen waren, ist aus dem Folg. ersichtlich, s. 27, 6, 19; 28, 10, 6 u. a. — *malus*, viell. eine der Stangen, an welchen Tücher über den Circus ausgespannt wurden, um Regen und die Sonnenhitze abzuhalten; nach Anderen dagegen ein in der Mitte des Circus, wo später Augustus den Obelisk aufrichten liess, immer stehender Mastbaum, Marq. 4, 502. — *instab.*, nicht feststehend. — *Pollentiae*, der Name scheint sonst nicht vorzukommen, die Göttin nicht verschieden zu sein von der *Potentia*, deren Bild im Circus aufgestellt war, Preller 581.—*diem*

duo pro uno reponenda et novum auratum faciendum. et plebeii 10
ludi ab aedilibus C. Sempronio Blaeso et M. Furio Lusco diem
unum instaurati sunt.
 Insequens annus Sp. Postumium Albinum et Q. Marcium 8
Philippum consules ab exercitu bellorumque et provinciarum
cura ad intestinae coniurationis vindictam avertit. praetores 2
provincias sortiti sunt, T. Maenius urbanam, M. Licinius Lucullus inter cives et peregrinos, C. Aurelius Scaurus Sardiniam, P.
Cornelius Sulla Siciliam, L. Quinctius Crispinus Hispaniam citeriorem, C. Calpurnius Piso Hispaniam ulteriorem. consu- 3
libus ambobus quaestio de clandestinis coniurationibus decreta
est. Graecus ignobilis in Etruriam primum venit nulla cum
arte earum, quas multas ad animorum corporumque cultum
nobis eruditissima omnium gens invexit, sacrificulus et vates,

unum adi., da L. nicht wie sonst, wenn die Spiele in Folge von Störungen um einen oder mehrere Tage verlängert werden, *instaurare* braucht, s. 2, 36, 1; 23, 30, 16; 40, 59, 6; 30, 26, 11; 31, 50, 2: *ludos Romanos – diem unum instaurarunt*, sondern *adicere* wie 6, 42, 12, so ist es wenigstens wahrscheinlich, dass er eine bleibende Verlängerung der Spiele um einen Tag bezeichnen will, vgl. 24, 43, 6; Marq. 4, 476; Preller 199; nicht ganz sicher ist dieses, weil durch das folg. *et* das *instaurare* dem *adicere* gleichgestellt zu werden scheint, wenn dieses nicht der weniger genauen Ausdrucksweise L'.s zuzuschreiben ist. — *celebritati* fehlt in den Hss., ausser, wie es scheint, der Mz. (nur eine hat *ca = causa*); viell. ist es nur erklärend zugesetzt. — *et nov.*, und zwar das neue vergoldet, das zweite ist also das alte, welches wieder aufgestellt wird. — *Luscus* scheint sich sonst als Beiname der Furier, vgl. 45, 17, 2, nicht zu finden; die den Namen führende Familie musste, da der hier genannte plebejischer Aedil ist, eine plebejische gewesen sein.

8-19. Die Bacchanalien in Rom und in Italien, Val. Max. 1, 3, 1; 6,
3, 7; Cic. Legg. 2, 15, 37.
 1-2. *coniurat.*, Complott, Verschwörung, § 3; c. 17, 6; 18, 3, weil die zunächst gegen die Religion und Sittlichkeit gerichtete Verbindung auch den Staat bedrohte. Wahrscheinlich bezog sich auf diese, nicht auf die 32, 26 erwähnten Verhältnisse eine Rede Catos, s. Festus p. 242: *praecem singulariter Cato in ea, quae est de coniuratione.* — *Hispaniam* vor *ulteriorem* will Gronov tilgen, s. jedoch c. 38, 3; 37, 50, 8; 34, 55, 6; das Genauere über die Heere folgt erst c. 20, 2.
 3-4. *quaestio* s. c. 14, 6; die Untersuchung wird, wie 25, 1; 4, 30, von dem Senate, als der höchsten Aufsichtsbehörde über den Cultus, s. Lange 2, 383, den politischen Magistraten, nicht den Priestern, übertragen, s. Marq. 4, 244. — *Graecus*, generell, ein Grieche, s. c. 14, 3: *clientem.* — *primum*, das durch *deinde* Einzuführende folgt c. 9, 1, vgl. § 6: *corruptelae primum.* — *nulla c. a. earum* statt *cum nulla earum artium*, ohne eine – mitzubringen, vgl. 30, 14, 5: *nulla earum virtus est*; Cic. Inv. 2, 5, 18: *horum in genus alterutrum*; ib. 1, 50, 94: *horum aliquo in vitio.* — *corporum*, körperliche Uebungen, Tanz u. ä. — *nobis* freier Dativ. — *erudit. om.*

4 nec is, qui aperta religione, propalam et quaestum et disciplinam profitendo, animos errore imbueret, sed occultorum
5 et nocturnorum antistes sacrorum. initia erant, quae primo paucis tradita sunt, deinde vulgari coepta per viros mulieresque. additae voluptates religioni vini et epularum, quo plurium animi
6 inlicerentur. cum vinum animos * et nox et mixti feminis mares, aetatis tenerae maioribus, discrimen omne pudoris exstinxissent, corruptelae primum omnis generis fieri coeptae, cum ad id quisque, quo natura pronioris libidinis esset, paratam vo-
7 luptatem haberet. nec unum genus noxae, stupra promiscua ingenuorum feminarumque erant, sed falsi testes falsa signa testi-

g., vgl. Vell. 1, 8: *clarissimum omnium ludicrum certamen*; *gens* erklärt sich aus *Graecus*. — *invexit*, s. praef. 12: *divitiae avaritiam – invexere*. — *sacrif.*, (sondern nur) ein Winkelpriester, s. 1, 25, 3; 36, 19, 10; *sacrif. et vates* wie c. 16, 8 vgl. 25, 1, 8. — *aperta* ohne Geheimnisskrämerei; im Folg. *prop. - profitendo* umschrieben; wahrscheinlich hat L. die als Bettelpriester in Griechenland herumziehenden Orpheotelesten oder die Cybelepriester, s. zu 29, 14, 10, im Auge. — *quaestum*, s. 4, 30, 9. — *discipl.*, seine Wissenschaft (Gewerbe) zu sühnen und wahrzusagen — *errore* das unmittelbare Object zu *imbuere*, während *aperta – profit.* das Verfahren und Mittel bezeichnet; *error* umfasst die verkehrten, von den vaterländischen abweichenden Ansichten über die Religion, s. 25, 1, 7 f.

5–6. *initia*, was vorher *occulta et nocturna sacra* genannt ist, s. 31, 14, 7; 22, 34, 8; nicht die Cic. Legg. 2, 14, 36 erwähnten Dionysosmysterien, sondern orgiastische, s. § 6, und ekstatische, wie sie besonders in Thracien und Kleinasien gefeiert wurden, s. c. 13, 12; Preller 715 f. — *per vir. mul.*, die dem Priester als Mittelspersonen dienten. — *animos* kann hier nicht Besonnenheit oder gute Gesinnung bedeuten oder durch ein Zeugma erklärt werden,

sondern wahrscheinlich ist das regierende Zeitwort: *inflammasset, incendisset* oder ein ähnl. ausgefallen, vgl. Tac. A. 4, 14: *ubi nocte et laetitia incaluisse videt*. — *aetatis tenerae* ohne Bezeichnung der Person, weil *minoribus natu* nicht passte, vgl. c. 15, 13; 26, 25, 11: *ab quindecim ad LX annos missis*; 21, 62, 5: *hominum specie – candida veste visos*. — *corruptelae*, § 7: *stupra – erant*; c. 9, 3; 10, 6; Tac. G. 19: *corrumpere et corrumpi*; Cic. Tusc. 4, 35, 75: *stupra dico et corruptelas et adulteria*. — *ad id*, dem entsprechend, Sall. C. 14, 6: *uti cuiusque studium – flagrabat* etc. — *quisque*, s. 24, 45, 4 könnte man nach *quo* erwarten. — *pronior. lib.* freierer genit. qual. = *pronior*, wonach mehr Neigung war, nicht: je.

7–8. *nec unum* etc., es blieben nicht blos Orgien, sondern es folgten Verbrechen gegen die Gesetze des Staates; *noxae*, s. 2, 54, 10. — *sed*, statt *sed etiam alterum* oder *plura* folgt sogleich das Specielle. — *falsi testes – testimonia*, Quint. 5, 7, 32: *saepe inter se collidi solent inde testatio hinc testes – haec enim per se pars iure iurando*, *illa consensu signantium tuetur*; Sall. C. 16, 2: *ex illis testes signatoresque falsos commodare*; Madvig hält *falsi testes* für unächt, statt *testimoniaque* wird *testamentaque*, s. c.

LIBER XXXIX. CAP. 8. 9.

moniaque et indicia ex eadem officina exibant, venena indidem 8
intestinaeque caedes, ita ut ne corpora quidem interdum ad sepulturam exstarent. multa dolo, pleraque per vim audebant.
occulebat vim quod prae ululatibus tympanorumque et cymbalorum strepitu nulla vox quiritantium inter stupra et caedes exaudiri poterat.
  Huius mali labes ex Etruria Romam veluti contagione morbi 9
penetravit. primo urbis magnitudo capacior patientiorque talium
malorum ea celavit; tandem indicium hoc maxime modo ad
Postumium consulem pervenit. P. Aebutius, cuius pater publico 2
equo stipendia fecerat, pupillus relictus, mortuis deinde tutoribus sub tutela Duroniae matris et vitrici T. Sempronii Rutili

18, 4, vermuthet. — *indicia*, zu
denen man sich verabredete. — *officina* in übelem Sinne, wie c. 10, 6,
vgl. Cic. Legg. 1, 13, 36; Fin. 5, 3,
7. — *indidem* findet sich mehrfach
bei L., s. 23, 46, 12; 25, 15, 7 u. a.
— *intest.*, in den Familien; *caedes*
in Bezug auf *venena* Mordthaten anderer Art, Beides noch gesteigert
durch *ita ut* etc., so dass den Ermordeten nicht einmal die letzte
Ehre erwiesen werden konnte. —
audebant, das Subject ergiebt der
Sinn des Satzes. — *occuleb. - exaudiri pot.* hat von der Mz. Hs.,
es wäre an Mordthaten in den Versammlungen zu denken, während
so eben in *venena - caedes* nur die
Vorbereitungen zu den Verbrechen
als in den Versammlungen gemacht,
s. § 7, bezeichnet sind, und c. 9, 1
andere Gründe der Verborgenheit
angeführt werden, an der vorliegenden Stelle nur die Art der Orgien
geschildert werden soll; auch ist
die Zusammenstellung *per vim - vim*
nicht ohne Härte; es ist daher nicht
unwahrscheinlich, dass die Worte
aus c. 10, 7 hierher gekommen sind.
— *tympan. - cymb.* wurden besonders bei der Verehrung der Cybele
gebraucht, s. Lucret. 2, 618; Verg.
G. 4, 64; Ov. Fast. 5, 183f., dann
auch bei dem Bacchuscultus, s.
Strabo 10, 3, 13 p. 469; Ov. Met. 4,
19ff. — *quirit.*, 33, 28, 3; 40, 9, 7.
Tit. Liv. IX.

9. 1. *labes*, s. 40, 8, 7; 2, 44, 8;
da *velut* erst vor *contagio* steht, so
ist die Lesart späterer Hss. *tabes*
weniger passend, vgl. 2, 23, 6; 7,
22, 5; Sall. C. 36, 5; 10, 6 *vis morbi
uti tabes*. Nicht ohne Absicht scheint
L. an die c. 7 erwähnten Anfänge
der Sittenverderbniss die hier geschilderten Vorgänge angeknüpft zu
haben. — *capac. patient.*, als Etrurien oder überhaupt andere Orte.
— *celav.*, nach c. 10, 7; 13, 8; 12;
15, 6 wird die Feier als nicht so
verborgen dargestellt, nur die wahre Beschaffenheit und der Zweck
derselben war nicht bekannt. — *ea*
nach *malorum* und dieses nach *mali*
ist nicht ohne Härte. — *tandem*
nach *primo* s. c. 2, 8. — *maxime*,
38, 17, 1.
 2 - 3. *equo*, er hatte als Ritter gedient und war vermögend gewesen, s.
c. 44, 1; 27, 11, 14f., Becker 2, 1, 251;
267f., ein besonderer Census der
Ritter soll nicht gerade bezeichnet
werden. — *tutorib.*, die von dem
Vater oder dem Magistrate eingesetzten (*tutela legitima*). — *sub tut.
- educ. f.*, L. scheint damit andeuten zu wollen, dass nach dem Tode
der *tutores* die Vormundschaft auf
die Mutter und den Stiefvater: *quia
tutelam ita gesserat*, übergegangen,
ein neuer Vormund nicht bestellt
worden sei; indess kann auch die
der Mutter (oder anderen Verwand-

2

3 eductus fuerat. et mater dedita viro erat, et vitricus, quia tutelam ita gesserat, ut rationem reddere non posset, aut tolli pupillum aut obnoxium sibi vinculo aliquo fieri cupiebat. via una
4 corruptelae Bacchanalia erant. mater adulescentulum adpellat: se pro aegro eo vovisse, ubi primum convaluisset, Bacchis eum se initiaturam, damnatam voti deum benignitate exsolvere id velle. decem dierum castimonia opus esse; decimo die cenatum, deinde
5 pure lautum in sacrarium deducturam. scortum nobile libertina Hispala Fecenia, non digna quaestu, cui ancillula adsuerat, etiam

ten) obliegende von den *tutores* nicht geleitete Erziehung (*eductus*), in Rücksicht auf den Stiefvater, der auch Cic. Phil. 2, 7, 18 als bei der Erziehung thätig erwähnt wird, zugleich die negotiorum gestio für den Stiefsohn, nicht die *tutela* im strengen Sinne gemeint sein, vgl. 4, 9; Senec. ad Marc. 24, 1: *pupillus relictus sub tutorum cura usque ad quartum decimum annum fuit, sub matris tutela semper*, Rein Röm. Privatrecht 523. — *Rutil.* sonst ein Zuname der *Nautii* und *Marcii*. — *ut ration. - poss.*, der Mündel kann, wenn er mündig geworden ist, Rechenschaft über die Verwaltung der Vormundschaft fordern und diese gerichtlich erzwingen, s. Gaius 1, 191: *ubi pupillorum - negotia tutores tractant, eis post pubertatem tutelae iudicio rationem reddunt*, Rein a. a. O. 529; der Stiefvater will also Aebutius durch das Bewusstsein einer Schuld abhalten gerichtliche Rechenschaftsablegung zu fordern. — *corruptelae*, ihn sittlich zu Grunde zu richten, zu Verbrechen zu verführen und so abhängig (*obnoxium*) zu machen, s. Cic. Deiot. 11, 30. — *erant* hat sich an *Bacchanalia* angeschlossen, welches auch als Subject betrachtet werden kann, s. 45, 39, 12; eine andere Lesart ist *Bacchanalium*, bei der aber *via* = Mittel dieses zu erreichen, den Sohn abhängig zu machen, bezeichnen müsste, was nicht wohl in dem Wort liegen kann.
4-7. *adpellat = adpellans dicit,*

vgl. 40, 9, 2. — *Bacchis - init.*, der Sinn ist: sie wolle ihn in die Bacchusmysterien einweihen lassen; aber *Bacchis* scheint der dat. plur. von *Baccha* zu sein, vgl. c. 13, 12, SC. de Bacch.: *Bacas vir ne quis adiese velet*, vgl. c. 10, 2; 13, 8; 14, 8: für die B., den B. einweihen, da ursprünglich nur Frauen aufgenommen wurden, c. 13, 8, s. Cic. Legg. 2, 15, 37: *initientur eo ritu Cereri, quo Romae initiantur;* dagegen ist c. 10, 6 der Ort bezeichnet, u. c. 11, 7: *sacris initiari.* — *castim.*, aus c. 10, 1 zu erklären. — *purel.*, Paul. Diac. p. 248: *pure lautum, aqua pura lautum*, s. 1, 45, 6. — *sacrar.*, ein besonderes Heiligthum, eine Capelle, s. 25, 1, 12 a. E. — *scort. nob.*, bekannt, s. Doederlein Synonym. 5, 242. — *non digna* hat nur die Mz. Hs., die übrigen *nomine digna*, und allerdings ist *non digna* auffallend, da sogleich folgt: *eodem - tuebatur*, was erwarten lässt, dass L. eine Aenderung in dem Leben der Hispala angedeutet habe, wie es sich in den spätern Hss. findet: *adsuerat libera huic uni adolescenti animum applicuit*. Doch haben diese an d. St. eine Lücke, die viell. schon in einer älteren Hs. sich fand und auch in der Mz., der die Lesart im Texte entnommen ist, nicht genau ausgefüllt war. Wenigstens ist *iuxta vicinitatem* erst nach späterem Sprachgebrauch = in Folge usw. gesagt, nur Aehnliches hat L. 27, 27, 12: *circa*, vgl. 35, 37, 4; s. Iustin. 1, 7, 1; 12, 3, 11; Heerwagen

postquam manumissa erat, eodem se genere tuebatur. huic con- 6
suetudo iuxta vicinitatem cum Aebutio fuit, minime adulescentis
rei aut famae damnosa; ultro enim amatus adpetitusque erat et
maligne omnia praebentibus suis meretriculae munificentia sus-
tinebatur. quin eo processerat consuetudine capta, ut post pa- 7
troni mortem, quia in nullius manu erat, tutore ab tribunis et
praetore petito, cum testamentum faceret, unum Aebutium institueret heredem. Haec amoris pignora cum essent, nec quic- 10
quam secretum alter ab altero haberent, per iocum adulescens
vetat eam mirari, si per aliquot noctes secubuisset: religionis se 2
causa, ut voto pro valetudine sua facto liberetur, Bacchis initiari
velle. id ubi mulier audivit perturbata „dii meliora!" inquit:
mori et sibi et illi satius esse, quam id faceret, et in caput
eorum detestari minas periculaque, qui id suasissent. admi- 3
ratus cum verba tum perturbationem tantam adulescens par-
cere exsecrationibus iubet: matrem id sibi adsentiente vitrico
imperasse. „vitricus ergo" inquit „tuus — matrem enim insi- 4
mulare forsitan fas non sit — pudicitiam famam spem vitam-

---

verm. *iuncta vicinitate. — manum.*,
s. c. 12, 6; c. 10, 5: *liberam. —
damnosa,* Plaut. Cist. 1,1,51: *multis
damnosa eris,* wie oft erwähnt wird,
dass die meretrices ihre Liebhaber
ausplündern, s. ib. Menaech. 1,3,11;
Truc. 1, 2, 9 u. a. — *ultro - erat*
scheint den Grund zu *non damnosa
famae,* vgl. über die Beurtheilung
solcher Verhältnisse bei den Römern Becker Gallus 3, 59f., dagegen *maligne* etc. Gegensatz und Begründung von *non damnosa rei* zu
enthalten. — *patroni,* der die Vormundschaft über sie gehabt hätte.
— *in n. m. erat,* sie war nicht ver-
heirathet und hatte keinen Ver-
wandten, der Vormund hätte sein
können, s. 34,2,11. — *tutore - pet.,*
nach der lex Atilia, s. Gaius 1, 185:
*si cui nullus omnino tutor sit, ei da-
tur in urbe Roma ex lege Atilia a
praetore urbano et maiore parte
tribunorum plebis, qui Atilianus tutor vocatur* Rein 517; 520; Mommsen 1, 870. — *testam. fac.,* sie
konnte über ihr Vermögen verfügen,
aber ihre Anordnung wurde erst
rechtsgültig durch die von dem Vormunde gegebene Bekräftigung, *auctoritas,* 34, 2, 11: *sine tutore auctore.*
10. 1-2. *amor. pign.*, das Testament und das vorher Erwähnte
gaben dem Verhältnisse ein Unter-
pfand (der Dauer), anders als sonst
bei solchen Liebschaften. — *alter a.
all.,* das mascul. ist das genus potius. — *per ioc.,* er weiss also von
der ganzen Sache noch nichts, c. 9,
1. — *liberaretur,* durch das Gelübde
der Mutter ist auch er, als unter
ihrem Schutze stehend, gebunden.
— *Dii mel.,* 9, 9, 6. — *quam i.f.,*
28, 22, 10. — *in cap. - detestari,*
verwünschend, durch Verwünschun-
gen (ab und auf das Haupt derer)
— wenden; der Ausdruck ist ungewöhnlich, da es sonst heisst *detestari aliquem,* aber nach der Analogie von *exsecrari in caput* c. 51, 12;
26, 25, 12; *exsecrationem in popularis*; 1, 51, 1: *increpare in aliquem*
u. ä. gebildet, daher im Folg. *exsecrationibus,* vgl. 10, 38, 10f. — *minas per.,* 2, 36, 6.

5 que tuam perditum ire hoc facto properat. eo magis mirabundo
quaerentique, quid rei esset, pacem veniamque precata deorum
dearumque, si coacta caritate eius silenda enuntiasset, ancillam
se ait dominae comitem id sacrarium intrasse, liberam numquam
6 eo accessisse: scire corruptelarum omnis generis eam officinam
esse, et iam biennio constare neminem initiatum ibi maiorem
7 annis viginti. ut quisque introductus sit, velut victimam tradi
sacerdotibus; eos deducere in locum qui circumsonet ululatibus
cantuque symphoniae et cymbalorum et tympanorum pulsu, ne
vox quiritantis, cum per vim stuprum inferatur, exaudiri possit.
8 orare inde atque obsecrare, ut eam rem quocumque modo dis-
cuteret, nec se eo praecipitaret, ubi omnia infanda patienda pri-
9 mum, deinde facienda essent. neque ante dimisit eum, quam
11 fidem dedit adulescens ab his sacris se temperaturum. Postquam
domum venit, et mater mentionem intulit, quid eo die,-quid
deinceps ceteris, quae ad sacra pertinerent, faciendum esset, negat eorum se quicquam facturum nec initiari sibi in animo esse.
2 aderat sermoni vitricus. confestim mulier exclamat Hispalae
concubitu carere eum decem noctes non posse, illius excetrae
delenimentis et venenis imbutum nec parentis nec vitrici nec
deorum verecundiam habere. iurgantes hinc mater, hinc vitricus
3 cum quattuor eum servis domo exegerunt. adulescens inde ad
Aebutiam se amitam contulit causamque ei, cur esset a matre
eiectus, narravit, deinde ex auctoritate eius postero die ad con-

---

4-9. *properat.*, so schnell als
möglich, er nimmt sich nicht einmal
Zeit dazu. — *quid r. es.* 3, 4, 5. —
pac. ven., 1, 31, 7; 23, 11, 1. — *silenda = quae silenda essent*, wie *vi-
senda*, *optanda* u. ä., s. 38, 15, 5.
— *vel vict.*, 10, 38, 9. — *deducer.*,
allgemein, das Object wird leicht
aus dem Zusammenhang genommen,
die Wiederholung von *is* vermieden.
— *cantu symph.*, Cic. Verr. 5, 13,
31: *mulierum vocibus cantuque
symphoniae*; S. Rosc. 46, 134: *cantu vocum et nervorum et tibiarum*,
oft auch nur *symphonia. — quirit.*,
s. c. 8, 8. — *nec*, 40, 9, 5.
11. 1-3. *quae - pertinerent* kann
als frei hinzugefügter Satz betrachtet werden, der den in *quid-facien-
dum esset* liegenden Begriff genauer
begrenzt; *eorum* davor zu denken

scheint nicht nöthig, vgl. c. 16, 13.
— *initiari*, sich einweihen lassen.
— *excetrae*, nach Servius Verg.
Aen. 6, 287: *hydra serpens imma-
nis magnitudinis, quae fuit in Ler-
na, Argivorum palude*, häufiger tro-
pisch von bösen, verderblichen
Frauen. — *delenim.*, 30, 13, 12:
*illam furiam pestemque omnibus
delenimentis animum suum avertisse*, ebenso *venena*, Zaubermittel,
Zaubertränke, an u. St. bildlich,
θελκτήρια. — *hinc – hinc*, 1, 13,
2. — *a matre*, s. § 7. — *ad cons. -
det.*, nach dem Folg. macht er nicht
allein von dem ihm widerfahrenen
Unglück, sondern besonders von den
Bacchanalien Anzeige; eine Anklage
vor dem Prätor kann er als unmün-
dig und ohne Vormund nicht erhe-
ben.

sulem Postumium arbitris remotis rem detulit. consul post diem 4
tertium redire ad se iussum dimisit, ipse Sulpiciam gravem feminam, socrum suam, percunctatus est, ecquam anum Aebutiam
ex Aventino nosset. cum eam nosse probam et antiqui moris fe- 5
minam respondisset, opus esse sibi ea conventa dixit: mitteret
nuntium ad eam, ut veniret. Aebutia accita ad Sulpiciam venit, 6
et consul paulo post, velut forte intervenisset, sermonem de Aebutio fratris eius filio infert. lacrimae mulieri obortae, et mise- 7
rari casum adulescentis coepit, qui spoliatus fortunis a quibus
minime oporteret apud se tunc esset, eiectus a matre, quod pro-
bus adulescens — dii propitii essent — obscenis, ut fama esset,
sacris initiari nollet.

Satis exploratum de Aebutio ratus consul non vanum auc- 12
torem esse, dimissa Aebutia socrum rogat, ut Hispalam indidem
ex Aventino libertinam, non ignotam viciniae, arcesseret ad sese:
eam quoque esse quae percunctari vellet. ad cuius nuntium 2
perturbata Hispala, quod ad tam nobilem et gravem feminam
ignara causae arcesseretur, postquam lictores in vestibulo tur-
bamque consularem et consulem ipsum conspexit, prope exani-

4—7. *gravem*, ehrwürdig, c. 12,
2; 13, 3 vgl. 38, 24, 11. — *ex
Avent.*, attributiv, s. c. 12, 1; 30,
38, 5: *commeatus ex Sardinia*; 45,
43, 10; vgl. 1, 50, 3: *Herdonius ab
Aricia*, 2, 28, 1: *in Aventino*. —
eam n. pr., Cic. de or. 2, 6, 25: *Lae-
lium, quem cognovimus virum bonum*; Fam. 11, 22, 1: *cum fortissimus cognitus sis.* — *ant. moris*, 42,
47, 4: *veteres et antiqui moris memores.* — *relut*, 2, 36, 1; 40, 12, 1
u. oft; warum der Schein des Zu-
fälligen gesucht wird nach dem § 3
Bemerkten ist nicht klar. Der Consul befolgt um die Sache im Senate
als eine sichere zur Sprache bringen
zu können, das damals, anders in
früherer Zeit, s. Mommsen 1, 139,
in Criminaluntersuchungen sonst
nicht gewöhnliche inquisitorische
Verfahren, s. c. 14, 3. — *spol.*, da
die Eltern sein ganzes Vermögen
zurückbehalten haben. — *a quib.-
oport.*, s. c. 24, 11; 31, 3, 2; 29,
30, 11, vgl. 42, 37, 8; Cic. Fam. 5,
1, 1: *video illum circumventum* —

a quibus minime conveniebat. u. a.
— *dii pr. es.*, um ihren Zorn über
die folg. Aeusserung abzuwenden,
vgl. 9, 19, 15.

12. 1. *de Aebutio* hat sich an
exploratum angeschlossen, statt
dass es in dem abhängigen acc. c.
inf. stehen sollte, vgl. Cic. Brut. 15,
57: *de quo sit memoriae proditum
eloquentem fuisse*; ib. 28, 109; Fin.
1, 2, 5: *de quo Licinius ferreum
scriptorem*; es ist dieselbe Attraction wie 42, 40, 1: *expectari nos
arbitror* etc.; 23, 10, 3: *eum postulare ut*; etwas verschieden sind die
Fälle, wo *is* folgt, s. Cic. Verr. 4,
18, 38: *de hoc Verri dicitur habere
eum*, vgl. zu 29, 21, 8. — *indid.*, c.
8, 8; die nähere Bestimmung, wie
25, 15, 7; Cic. S. Rosc. 27, 74: *in-
didemne Ameria*, Gell. 7 (6), 10:
Euclides indidem Megaris erat, vgl.
41, 17, 8. — *non ign.*, s. c. 9, 5:
nobilo. — *quoque* gehört zu *eam*,
wie die Aebutia, in or. recta: *sunt
quae eam quoque* etc.

3 mata est. in interiorem partem aedium abductam socru adhibita consul, si vera dicere inducere in animum posset, negat per-
4 turbari debere: fidem vel a Sulpicia, tali femina, vel ab se acciperet; expromeret sibi, quae in luco Similae Bacchanalibus in
5 sacro nocturno solerent fieri. hoc ubi audivit, tantus pavor tremorque omnium membrorum mulierem cepit, ut diu hiscere
6 non posset. tandem confirmata puellam admodum se ancillam initiatam cum domina ait; aliquot annis, ex quo manumissa sit,
7 nihil quid ibi fiat scire. iam id ipsum consul laudare, cum initia-
8 tam se non inftiaretur; sed et cetera eadem fide expromeret. neganti ultra quicquam scire, non eandem dicere, si coarguatur ab alio, ac per se fatenti veniam aut gratiam fore: eum sibi omnia
1S exposuisse, qui ab illa audisset. Mulier haud dubie, id quod erat, Aebutium indicem arcani rata esse, ad pedes Sulpiciae procidit
2 et eam primo orare coepit, ne mulieris libertinae cum amatore

2-4. *ad*, 31, 37, 9. — *lictores*,
s. 6, 34, 6 ff. — *vestib.*, 2, 49, 3. —
turb. consul., die Umgebung, das
Gefolge des Consuls. — *inter. part.*
wahrscheinlich ein Zimmer hinter
dem atrium, am cavaedium, s. Becker
Gallus 2, 225. — *induc. in an.*, s. 2,
5, 7. — *fidem*, die Zusage, dass sie
sicher sein, ohne Gefahr die Eröffnung machen könne, wie *fides publica*, 34, 19, 5; 40, 49, 5. — *exprom.*, § 7; 37, 52, 10. — *Similae* scheint die ältere Aussprache
von *Semelae*, wie auch an u. St. gelesen wird, zu sein, welche mit der
latin. *Stimula* identificirt wurde, s.
Ov. Fast. 6, 497: *lucus erat; dubium
Semelae Stimulaene vocetur*; da sie
die Mutter des mit Liber gleichgestellten Bacchus war, so lag es nahe,
in ihrem Haine die Mysterien zu
feiern. Dieser selbst lag in der
Nähe der Tiber am Aventinus, daher c. 13, 12: *decurrere*; Ov. l. l.
512; 496: *verticibus densi Tibridis ora tenent.* - *clamor Aventini
saxa propinqua ferit*; weniger
wahrscheinlich ist, dass er an der
Mündung selbst den über 3 Meilen vom Rom entfernten Ostia zu
suchen sei, s. Preller 581; 717. —
Bacchan. in sacr. noct., das erste
ist wie *ludis* u. a. gesagt, *in s. noct.*
wie nähere Bestimmungen zu Städtenamen im Ablat. zugesetzt, s. Cic.
Verr. 2, 66, 110: *Leontinis, misera
in urbe*, Z. § 399, vgl. zu 3, 5, 8;
Voss. verm. *Bacchanalium.* — *sacro*,
die Feier, *sollemne.*
5-8. *cepit* ist auch auf das mit
pavor, wozu es zunächst passt, verbundene *tremor omn. membr.* bezogen. — *puellam adm.*, s. 31, 28, 5,
steht mit *se*, *ancillam* mit dem Prädicat in näherer Beziehung; das
letztere deutet den Grund an. —
cum - infitiar. ist hier Epexegese
zu *id*, vgl. 34, 6, 15, während *cum*
sonst bisweilen unmittelbar das Object von Verben des Gefühls einführt, s. 8, 33, 10; 34, 7, 5; Cic.
Fam. 15, 7, 1: *maxima laetitia sum
affectus, cum audivi*; ib. 9, 14, 3;
13, 24; Att. 14, 17 A, 3; Mil. 36, 99
u. a. — *per se*, s. 38, 26, 1. — *veniam a. gr.*, sie würde nicht so leicht,
in gleicher Weise usw., *gratia* in
Bezug auf c. 19, 3 ff.
13. 1-4. *haud dub. - rata e.*,
36, 24, 2. — *id q. erat*, 30, 12, 11.
— *mul. libert.*, die ungebundener
lebten, noch jetzt: Libertin; die
Verbindung ist wie *homo adulescens*; Sall. I. 12, 4: *mulier ancilla.*

sermonem in rem non seriam modo, sed capitalem etiam verti
vellet: se terrendi eius causa, non quod sciret quicquam, ea locutam esse. hic Postumius accensus ira, tum quoque ait eam 3
cum Aebutio se amatore cavillari credere, non in domo gravis-
simae feminae et cum consule loqui; et Sulpicia adtollere paven-
tem, simul illam adhortari, simul iram generi lenire. tandem 4
confirmata, multum incusata perfidia Aebutii, qui optime in eo
ipso meritae talem gratiam rettulisset, magnum sibi metum deo- 5
rum, quorum occulta initia enuntiaret, maiorem multo dixit
hominum esse, qui se indicem manibus suis discerpturi essent.
itaque hoc se Sulpiciam, hoc consulem orare, ut se extra Italiam 6
aliquo ablegarent, ubi reliquum vitae degere tuto posset. bono 7
animo esse iubere eam consul, et sibi curae fore dicere, ut Romae tuto habitaret. tum Hispala originem sacrorum expromit:
primo sacrarium id feminarum fuisse, nec quemquam eo virum 8
admitti solitum; tres in anno statos dies habuisse, quibus interdiu Bacchis initiarentur, sacerdotes in vicem matronas creari
solitas. Pacullam Anniam Campanam sacerdotem omnia, tam- 9
quam deum monitu, inmutasse; nam et viros eam primam filios
suos initiasse, Minium et Herennium Cerrinios, et nocturnum

— *primo* ohne *deinde*, vieli. in Beziehung zu *tandem* § 4, vgl. c. 9, 1.
capital., 3, 13, 4 u. a., hier: höchst
gefährlich. — *hic*, da, bei dieser
Aeusserung. — *cavill.*, ihren Scherz
treibe. — *et* fügt einen neuen, verschiedenen Umstand hinzu: andererseits. — *simul - simul*, s. 31,
42, 1; 29, 2, 12 u. oft, die Sätze
stehen asyndetisch. — *multum*,
vielfach, s. 30, 30, 27. — *in eo ipso*,
gerade in der Sache, um die es sich
handele, dass sie den Aebut. auf die
Gefahr aufmerksam gemacht habe,
vgl. Quint. 10, 5, 11: *in hoc optime
facient infinitae quaestiones.* Da die
Mz. Hs. *optimi - meriti* hat, was
aber nicht richtig sein kann, weil
optimum meritum nicht leicht gesagt und eben so ungewöhnlich *gratiam referre* mit dem Genitiv verbunden wäre, so ist an der Richtigkeit der Stelle zu zweifeln.
5-6. *occulta initia*, s. 37, 54, 21:
medium umbilicum, oder es ist: geheime Weihen, vgl. 1, 31, 8, oben

c. 10, 5: *silenda*; wahrscheinlich
musste jeder, der aufgenommen
wurde, geloben, über Alles Still-
schweigen zu beobachten, vgl. c.
18, 3; 10, 38, 9. — *discerpt.*, wie
den Lycurgus, s. Ov. Fast. 6, 484 ff.,
das vorhergeh. *indicem* ist bedingt,
wenn sie werden würde. — *ablegarent*, nur die Mz. Hs. hat *amanda-
rent*, was L. sonst nicht, Cicero in
anderer Bedeutung braucht.
8-11. *in anno* wie § 9; Cic. S.
Rosc. 40, 132: *ter in anno.* — *stat.
dies*, s. 23, 35, 3; die jüngeren Hss.
haben *statutos*, Tage, die jedesmal
vorher angesagt, festgesetzt werden, s. 23, 25, 3, was hier auch
richtig sein könnte. — *Pacullam* von
Pacus, Paccius, s. 10, 38; 27, 13,
vgl. Sil. It. 11, 58; 313: *Pacullus*,
vgl. zu 26, 33, 8; Mommsen Unterital. Dial. 284. — *Anniam* scheint
sich nur hier als Name zu finden.
— *Camp.*, vgl. c. 17, 6, vgl. 38, 36,
5. — *Minium* wäre hier c. 17 u. 19
Vorname, wie sonst *Minacius*, s. zu

sacrum ex diurno et pro tribus in anno diebus quinos singulis
10 mensibus dies initiorum fecisse. ex quo in promiscuo sacra sint
et permixti viri feminis, et noctis licentia accesserit, nihil ibi
facinoris, nihil flagitii praetermissum. plura virorum inter sese
11 quam feminarum esse stupra. si qui minus patientes dedecoris
sint et pigriores ad facinus, pro victimis inmolari. nihil nefas
12 ducere, hanc summam inter eos religionem esse. viros velut
mente capta cum iactatione fanatica corporis vaticinari; matronas
Baccharum habitu crinibus sparsis cum ardentibus facibus
decurrere ad Tiberim demissasque in aquam faces, quia vivum
13 sulphur cum calce insit, integra flamma efferre. raptos a diis
homines dici, quos machinae inligatos ex conspectu in abditos
specus abripiant; eos esse, qui aut coniurare aut sociari facino-
14 ribus aut stuprum pati noluerint. multitudinem ingentem,
alterum iam prope populum esse, in his nobiles quosdam viros
feminasque. biennio proximo institutum esse, ne quis maior
viginti annis initiaretur; captari aetates et erroris et stupri pa-
14 tientes. Peracto indicio advoluta rursus genibus preces easdem,
2 ut se ablegaret, repetivit. consul rogat socrum, ut aliquam partem aedium vacuam faceret, quo Hispala inmigraret. cenaculum
super aedes datum est scalis ferentibus in publicum obseratis,
3 aditu in aedes verso. res omnes Feceniae extemplo translatae
et familia arcessita; et Aebutius migrare ad consulis clientem
iussus.

10, 20, 13, Gron. verm. *Ninnium*,
was 23, 8, 1 Name ist, und vorher
Ninniam statt *Anniam*; s. Mommsen a. a. O. 279. — *Herenn.*, 9, 3;
23, 44. — *Cerrin.*, c. 17; anders
23, 46. — *ex - pro*, der Wechsel
der Präposs. war nothwendig, vgl.
4, 56, 4; 10, 39, 7; die Stellung der
Begriffe chiastisch. — *viri*, c. 8, 6:
mares. — *facinor*. hier allgemein:
Frevelhaftes, Gesetzwidriges, vgl. c.
16, 1; pro *vict.*, s. c. 10, 7.
12—14. *mente* wie 8, 18, 11. —
fanat., 37, 9, 9; 38, 18, 9. — *decurrere a. T.*, s. c. 12, 4; zu c. 13, 2.
— *viv. sulph.*, Plin. 35, 15, 174 ff.:
in Italia quoque invenitur (sulphur)
— genera quattuor, vivom, quod
Graeci apyron vocant, nascitur so-
lidum, hoc est glaeba. solum—vivom
effoditur tralucetque et viret, vgl.
Non. Marc. p. 112 aus Varro: con-
fluit mulierum tota Roma: quae noctu initia fieri solita etiam nunc pi-
nea fax indicat.—machinae inl., wie
auf dem Theater. — *coniur.*, c. 8, 3;
sociari, die wirklichen Theilnehmer, vgl. c. 18, 3. — *alter.*, ein
zweites, dem römischen gleich zu
stellendes, s. c. 16, 4.—*bien. prox.*,
wie c. 12, 6: *aliquot annis* oder:
nach; c. 10, 6: seit usw. — *mai.
vig. an.*, 22, 11, 9. — *aetates* statt
der Menschen auf den früheren Al-
tersstufen.
14. 1—3. *cenacul.*, Paul. Diac.
p. 54: *cenacula dicuntur, ad quae
scalis ascenditur*, also Räume im
oberen Stockwerke, wo auch sonst
Aermere wohnten; die Treppe gieng,
wie u. St. zeigt, von der Strasse
hinauf, s. 21, 62, 3, konnte aber nach
innen verlegt (*aditu - verso*) werden, Becker Gallus 2, 238. — *fa-*

LIBER XXXIX. CAP. 14. 25

Ita cum indices ambo in potestate essent, rem ad senatum Postumius defert, omnibus ordine expositis, quae delata primo, quae deinde ab se inquisita forent. patres pavor ingens cepit, cum 4 publico nomine, *ne* quid eae coniurationes coetusque nocturni fraudis occultae aut periculi inportarent, tum privatim suorum quemque vicem, ne quis adfinis ei noxae esset. censuit autem 5 senatus gratias consuli agendas, quod eam rem et cum singulari cura et sine ullo tumultu investigasset. quaestionem deinde de 6 Bacchanalibus sacrisque nocturnis extra ordinem consulibus

mil., ihre Sclaven, die hier von *res* geschieden werden, wie sonst auch *familia et pecunia* sich findet. — ad c. *client.*, s. c. 8, 3, um ihn wie die Hispala sicher zu stellen und in seiner Gewalt zu haben.

3-4. *in potest.*, die Person zu bezeichnen war nicht nöthig, s. 8, 15 8 u. a., eher könnte man dieselbe § 1 bei *genibus* vermissen. — *defert - delata*, s. 2, 28, 2, er bringt die Sache zur Anzeige, hier aber weiter von *referre*, s. c. 39, 6, verschieden, da eine Berathung und Beschlussfassung beabsichtigt wird, s. Lange 2, 351 ff., Becker 2, 2, 423. — *ab se* zeigt, dass *omnibus* etc. nicht, wie es früher geschah, mit *patres - cepit* verbunden werden kann; *omnib. ord. expositis* ist also zu nehmen wie 21, 1, 5; 27, 5, 5; 4, 10, 7 u. a. — *inquisita*, s. c. 11, 7, die jüngeren Hss. haben *investigata*. — *publ. nom.*, in Rücksicht auf den Staat, den der Senat vertritt. — *quemque* ist unsicher, da die Hss. *quisque* haben, was aber, da *cepit* nicht darauf bezogen werden kann, ohne Prädicat sein würde; eben so wenig kann, da *pavor cepit* vor *cum - tum* steht, ein zweites Prädicat, das zu *quisque* gehörte, ausgefallen sein, Doering und Madvig verm. *cuiusque*, wornach aber, wenn auch *ne* nicht stört, s. c. 12, 1; 29, 21, 8, *quis* im Folg. nicht erwartet würde; der Gedanke erscheint in anderer Form c. 16, 5. — *vicem*, 40, 9, 8. — *affinis*, 43, 16, 2.

5-7. *censuit*, nachdem die relatio beendigt ist § 3; das folg. *mandant* u. *iubent*, s. c. 33, 4; 36, 39 9 u. a., geht auf die Einzelnen. — *quaestion.*, nach der Darlegung der Verhältnisse geht die Erzählung auf c. 8, 3 zurück; zur Sache s. 38, 54, 4, doch hat L. an *.* St. einen Volksbeschluss nicht erwähnt und selbst nicht angenommen, sonst hätte das Volk schon vor der contio c. 16 von der Sache Kenntniss haben müssen, und der Consul nicht wie c. 16, 12 sprechen können; ebenso wenig ist c. 17, 1; 4; 18, 7; 19, 1; 38, 3; 41, 5; 40, 37, 4; *ex senatus consulto* ein Volksbeschluss erwähnt, wohl aber c. 19, 7; 42, 21, 8, s. 4, 50, 4. Entweder hat L. denselben übergangen, oder der Senat hat die Sache als eine die Religion und viele Bundesgenossen betreffende allein entschieden, ohne einen Antrag an das Volk gelangen zu lassen die quaestio eingesetzt, und die Zustimmung des Volks ist von den Tribunen nicht gefordert worden, s. Becker 2, 2, 451 f., Marq. 2, 3, 180; Lange 2, 383; da immer nur eine *quaestio* erwähnt wird, so ist es weniger wahrscheinlich, dass den Cons. der Auftrag: *videant consules* etc. sei gegeben worden. — *sacrisq. n.*, eine allgemeinere Bestimmung, da *Bacchanal.* nicht auszureichen schien. — *extraord.*, die Processe werden nicht in der Volksversammlung verhandelt, s. 26, 33, 10; die Consuln üben so ihr sonst ruhendes richterliches imperium aus, Becker

mandant; indicibus Aebutio ac Feceniae ne fraudi ea res sit curare et alios indices praemiis invitare iubent; sacerdotes eorum
7 sacrorum, seu viri seu feminae essent, non Romae modo, sed per omnia fora et conciliabula conquiri, ut in consulum potestate essent; edici praeterea in urbe Roma et per totam Italiam edicta
8 mitti, ne quis, qui Bacchis initiatus esset, coisse aut convenisse sacrorum causa velit neu quid talis rei divinae fecisse; ante omnia ut quaestio de iis habeatur, qui coierint coniuraverintve, quo
9 stuprum flagitiumve inferretur. haec senatus decrevit. consules aedilibus curulibus imperarunt, ut sacerdotes eius sacri omnes conquirerent, comprehensosque libero conclavi ad quaestionem servarent; aediles plebis viderent, ne qua sacra in operto fie-
10 rent. triumviris capitalibus mandatum est, ut vigilias disponerent per urbem servarentque, ne qui nocturni coetus fierent, utque ab incendiis caveretur, adiutores triumviris quinqueviri uti cis Tiberim suae quisque regionis aedificiis praeessent.

2, 2, 107. — *curare* Zusammenstellung mit dem inf. pass. — *conquiri* 3, 51, 2; 25, 9, 17 u. a. Uebrigens sind die Worte *alios – iubent* unsicher, da die Mz. Hs. *iubet* hat, die übrigen meist *et alios illicere praemiis invitari iubent*, so dass leicht *iudices* und *invitare* Glossem, das letztere zur Erklärung des seltoneren *inlicere*, s. 5, 33, 3; 10, 17, 6, gesetzt sein kann. — *sed* ohne *etiam*, s. 41, 5, 4; 31, 22, 7; über die *fora et conciliabula*, in denen hier ausnahmsweise Gericht gehalten wird, s. 7, 15, 13; 29, 37, 3; 40, 19, 3; ib. 37, 3. — *per tot. It.*, der Senat verfügt über die Bundesgenossen und greift in ihre Gesetzgebung ein, weil Religion und Staat in Gefahr sind, s. jedoch 35, 7, 5. Dass das Edict nur ein Verbot, nicht die Anordnung von Untersuchungen durch die betreffenden Behörden der Bundesgenossen enthält, zeigt das folg. *ne* etc., vgl. zu c. 18, 7.

8. *ne – coisse – velit*, s. 32, 21, 32; der inf. wie in dem sogen. SC. de Bacch. l. 11 ff. *neve posthac inter se coniourase neve comvovise neve conspondise – velet. – sacra in oquoltod ne quisquam fecise velet*

etc. — *ante omn.*, Worte des Senatsbeschlusses, nicht des zu erlassenden Edictes; über den Wechsel der Construct. s. 33, 31, 11 u. a.

9 – 10. *aedil. curul.*, diese, wie im Folg. die *aediles pl.* erscheinen als Organe, Gehülfen der Consuln, vgl. 4, 30, 11; 25, 1, 10. — *sacri*, c. 12, 4. — *libero concl.*, wahrscheinlich: in Gewahrsam wie und wo sie wollten, nach ihrem Ermessen, verschieden von *libera custodia*, 24, 45, 8, Donat zu Ter. Eun. 3, 5, 35: *conclave est separatior locus in interioribus tectis*, von *clavis*. — *viderent ne*, das hds. *videre ne* ist wol nicht richtig, da *imperare*, nach dem nicht leicht der inf. act. mit dem accus. folgt, vorangebt, nicht *iubere*, nach dem der Wechsel der Construct. eintritt. — *triumv. cap.*, es sind nach dem Folg. die auch *triumviri nocturni* genannten, vgl. c. 16, 12; 17, 5; 25, 1, 10; 32, 26, 17; 9, 46, 3. — *servar. = observarent*, 3, 36, 3. — *utque = et ut – caveretur, mandatum est, uti.* — *adiutores* mit *triumviris* verbunden, s. 41, 15, 6, wie *legatus alicui*, 38, 58, 8; *amicus, hostis* u. ä. Die *quinqueviri* selbst werden sonst in früherer Zeit nicht leicht er-

Ad haec officia dimissis magistratibus consules in rostra 15
escenderunt, et contione advocata cum sollemne carmen preca-
tionis, quod praefari solent priusquam populum adloquantur
magistratus, peregisset consul, ita coepit. „nulli umquam con- 2
tioni, Quirites, tam non solum apta, sed etiam necessaria haec
sollemnis deorum comprecatio fuit, quae vos admoneret hos esse
deos, quos colere, venerari precarique maiores vestri instituissent,
non illos, qui pravis et externis religionibus captas mentes velut 3
furialibus stimulis ad omne scelus et ad omnem libidinem agerent. equidem nec quid taceam nec quatenus proloquar invenio. 4
si aliquid ignorabitis, ne locum neglegentiae dem, si omnia nu-
davero, ne nimium terroris obfundam vobis, vereor. quidquid 5
dixero, minus quam pro atrocitate et magnitudine rei dictum
scitote esse; ut ad cavendum satis sit, dabitur opera a nobis.
Bacchanalia tota iam pridem Italia et nunc per urbem etiam 6

wähnt und scheinen nur in besonderen Fällen den *triumviri* als Gehülfen beigegeben zu sein, s. Becker 2,
2, 363; Lange 1, 652; vgl. auch 25,
7; anders später, s. Digest. 1, 2, 31:
*quia magistratibus vespertinis tem-
poribus in publico esse inconveniens
erat, quinqueviri constituti sunt cis
Tiberim et ultra Tiberim, qui possint
pro magistratibus fungi*; nach dieser Stelle verm. Crevier *uls et cis*
statt *uti cis*. — *suae q. reg.* der ihm
angewiesenen, sonst ist die Stadt in
vier Regionen, s. 1, 43, 13, von
Augustus.in 14 getheilt.
15. 1. *consules*, obgleich nur
einer der Consuln spricht, so stehen
doch beide auf den rostra, s. 8, 33,
9. — *adloquantur*, s. 1, 17, 9: *priusquam – ineat*; 22, 39, 6; 23, 3, 6; 3,
53, 7 u. a. — *soll. carmen pr.*, ein
feierliches, jedesmal gesprochenes
Gebet, in welchem nach § 2 mehrere Götter angerufen wurden, s. 6,
35, 7; Plin. Paneg. 63: *perpessus
es longum illud carmen comitiorum*, Gell. 13, 23, welches von dem
vor den Contionen gesprochenen wol
nicht wesentlich verschieden war,
s. Becker 2, 1, 361; 2, 3, 93; Lange
2, 604. — *praefari – mag. sol.*, dass
es der pontifex max., wie 5, 41, 3
u. a., s. 22, 1, 6, vorgesprochen habe,

ist nicht angedeutet, s. Cic. Mur. 1,
1: *quae precatus sum* etc., wenn
auch Augurn bei der Handlung zu-
gegen waren, s. Dion. Hal. 10, 32;
57; Preller 125. — *pereg.*, 1, 24, 9.
2. *tam*, absolut, wie oft, kann hier
nicht wohl fehlen, obgleich es die
Mz. Hs. nicht hat; getrennt von dem
Adjectiv ist es auch 7, 8, 4: *neque
tam vires pares*; 44, 6, 9: *tam
suapte natura infestus*, vgl. 26, 18,
9: *omnes non centuriae modo*; 38,
32, 4 u. a. — *compreс.*, Gell. 13, 23
(22), 1: *comprecationes deorum
immortalium, quae ritu Romano
fiunt, expositae sunt in libris sacer-
dotum p. R.* — *colere* allgemein, *venerari* durch Geberden, *precari*
durch Worte, vgl. Cic. N. D. 1, 42,
119: *colere precari venerarique*,
dieselbe Wortstellung haben mehrere spätere Hss. an u. St. — *insti-
tuiss.*, für die öffentliche Verehrung;
die Religion ist eine Institution des
Staates. — *exter.*, s. 25, 1, 12: *externo ritu.* — *furialib.*, die Einwir-
kung der den Geist bethörenden Ra-
chegöttinnen, 1, 59, 13. — *si aliq.*,
24, 8, 15; 42, 37, 2. — *obfund.* 28,
29, 9 u. a.
6—7. *tota—It.*, in Grossgriechen-
land, besonders in Tarent, in Cam-
panien, Etrurien war der Bacchus-

multis locis esse, non fama solum accepisse vos, sed crepitibus etiam ululatibusque nocturnis, qui personant tota urbe, certum
7 habeo, ceterum, quae ea res sit, ignorare; alios deorum aliquem cultum, alios concessum ludum et lasciviam credere esse et,
8 qualecumque sit, ad paucos pertinere. quod ad multitudinem eorum adtinet, si dixero, multa milia hominum esse, ilico ne-
9 cesse est exterreamini, nisi adiunxero, qui qualesque sint. primum igitur mulierum magna pars est, et is fons mali huiusce fuit; deinde simillimi feminis mares, stuprati et constupratores, fanatici, vigiliis vino strepitibus clamoribusque nocturnis adtoniti.
10 nullas adhuc vires coniuratio, ceterum incrementum ingens vi-
11 rium habet, quod in dies plures fiunt. maiores vestri ne vos quidem, nisi cum aut vexillo in arce posito comitiorum causa exercitus eductus esset, aut plebi concilium tribuni edixissent,

dienst in der c. 8, 5 bezeichneten, orgiastischen Weise wol schon lange gefeiert worden, daher auch schwerer auszurotten, s. c. 41, 6; 40, 19, 9. — *nunc p. t. urb.*, die früher gefeierten Liberalien waren einfach und national gewesen, ohne Verbindung und Aehnlichkeit mit dem jetzt eingerissenen Dionysosdienste. — *accepisse* ist in verschiedener Bedeutung zu *fama* und zu *crepitib.* etc. zu nehmen. — *crepitib.*, von Metallinstrumenten, hier wie c. 8, 6, wo aber *strepitu* steht, von den *cymbala* u. *sambucae*, s. § 9. — *person.*, s. Cic. S. Rosc. 46, 134; wenn die Schilderung genau wäre, bliebe es sehr auffallend, dass man das Unwesen so lange geduldet hätte, vgl. c. 9, 1. — *concess.*, Tac. Germ. 9. — *lud. lasc.*, s. 1, 5, 2; 24, 16, 14, wie die comisatio.

8-10. *illico* findet sich ausser bei den Komikern selten im Nachsatze, L. hat sonst *extemplo*, s. 23, 44, 7; der Satz erläutert *ad paucos*; dagegen *qui qualesque - attoniti* bezieht sich auf *ludum lasciv.*, während *ceterum* etc. wieder auf das Erstere zurückgeht. — *primum* etc., ähnlich Cic. Cat. 2, 2, 5; ib. 5, 10; 8. — *mulier.*, besteht aus. — *fanat.*, c. 13, 12, wird besser für sich genommen als mit dem Folg. verbun-

den. — *vigiliis*, das hds. *vigiles* scheint nicht passend am etwa nächtliche Schwärmer oder schwärmerische Nachtwacher zu bezeichnen, vgl. c. 8, 6. — *clamorib.* hat nur die Mz. Hs., es kann das laute Geschrei, c. 8, 8; 10, 7: *ululatus*, neben dem verworrenen und dem Getön der Instrumente bezeichnen. — *attoniti*, ihres Verstandes nicht mächtig, verstört.

11. *maiores v.* etc., vgl. zum Gedanken und Ausdruck 34, 2, 11 ff. — *vexillo* etc., Dio Cass. 37, 28: πολλῶν τὸ ἀρχαῖον πολεμίων τῇ πόλει προσοικούντων φοβούμενοι, μή ποτε ἐκκλησιαζόντων σφῶν κατὰ τοὺς λόγους ἐπιθῶνταί τινες τῇ πόλει τὸ Ἰανίκουλον καταλαβόντες, ἐνόμισαν, μὴ πάντες ἅμα ψηφίζεσθαι, ἀλλά τινας ἀεὶ ἐνόπλους τὸ χωρίον ἐκεῖνο ἐκ διαδοχῆς φυλάττειν; aus der alten Zeit war die Sitte beibehalten; die *arx* ist also nicht die capitolinische, sondern das Ianiculum, s. 2, 10, 3; Becker 1, 654; 2, 3, 93; Lange 1, 410 ff. — *exercit.*, die Centuriatcomitien, in denen das Volk ursprünglich als Kriegsheer erschien, s. 1, 43, 6; Lange 2, 451. — *plebi conc.*, genau genommen Versammlungen der Plebs allein, hier aber wol Versammlungen des ganzen Volkes in

aut aliquis ex magistratibus ad contionem vocasset, forte temere
coire voluerunt; et ubicumque multitudo esset, ibi et legitimum
rectorem multitudinis censebant debere esse. quales primum 12
nocturnos coetus, deinde promiscuos mulierum ac virorum esse
creditis? si quibus aetatibus initientur mares sciatis, non mise- 13
reat vos eorum solum, sed etiam pudeat. hoc sacramento ini-
tiatos iuvenes milites faciendos censetis, Quirites? iis ex obsceno
sacrario eductis arma committenda? hi cooperti stupris suis 14
alienisque pro pudicitia coniugum ac liberorum vestrorum ferro
decernent?"

„Minus tamen esset, si flagitiis tantum effeminati forent — 16
ipsorum id magna ex parte dedecus erat —, a facinoribus manus,
mentem a fraudibus abstinuissent; numquam tantum malum in 2
re publica fuit nec ad plures nec ad plura pertinens. quidquid
his annis libidine, quidquid fraude, quidquid scelere peccatum
est, ex illo uno sacrario scitote ortum esse. necdum omnia, in 3
quae coniurarunt, edita facinora habent. adhuc privatis noxiis,
quia nondum ad rem publicam obprimendam satis virium est,

Tributcomitien, *s.* 2, 56, 15; 3, 71, 3; Lange 2, 404, die also, wie die centuriata durch ein Edict berufen wurden. — *contion.*, Gell. 13, 16 (15), 2: *aliud esse cum populo agere aliud contionem habere.* nam *cum populo agere est rogare quid populum, quod suffragiis suis aut iubeat aut vetet, contionem autem habere est verba facere ad populum sine ulla rogatione*, Becker 2, 1, 358; Lange 2, 390 ff.; 602. — *forte tem.*, s. 41, 2, 7; 25, 38, 12; es kann in Rom keine Versammlung für politische Zwecke gehalten werden, die nicht von einem Magistrat berufen und geleitet wird, (*legitim. rectorem*), s. c. 16, 4; 2, 28, 3.

12—14. *primum*, Zusammenkünfte, die zuerst nächtliche sind, dann usw. — *mares*, die Personen männlichen Geschlechtes, § 9; c. 10, 6. — *hoc sacram.*, da sie im Jünglingsalter bereits durch einen Eid zu Schändlichkeiten sich verpflichtet haben, s. c. 18, 3, so sind sie zum Fahneneide gar nicht zuzulassen. — *pro pudic.* etc., dass sie nicht von Feinden gemisshandelt werden.

16. 1—2. *minus t. es.*, es wäre etwas Geringeres, Unbedeutenderes, vgl. Cic. Fam. 15, 10, 2: *si mihi tecum minus esset.* — *flagitia — ipsorum* bezeichnet scharf die *flagitia* als den Fehlenden selbst schädend, s. Tac. Germ. 12, von den *facinora* u. *fraudes*, offenen oder verborgenen schlechten Handlungen, durch welche Andere verletzt werden, s. c. 13, 11; 17, 7. — *erat*, als sie das Schändliche thaten, und wäre es jezt noch. — *a facinor.*, davor ist wieder *si* zu denken, s. 38, 48, 15; vor *numquam* wie § 3 vor *crescit* dagegen *sed.* — *quidq. - scelere* p. e., s. Cic. Cat. 1, 7, 18; 2, 2, 7; *libidine* geht auf *flagitiis*, im Folg. ist *facinora* statt *scelera* gesetzt.

3—4. *edita — habent* eine eigenthümliche Verbindung, obgleich L. *habere* nicht selten mit dem part. praet. verbindet, s. c. 29, 9; 31, 42, 1; 25, 28, 5; 9, 20, 2 u. a. — *privat. nox.*, Vergehen in Privatverhältnissen, gegen Privatleute; *privata fort.*, Privatverhältnisse, ge-

coniuratio sese inpia tenet. crescit et serpit quotidie malum.
iam maius est, quam ut capere id privata fortuna possit, ad sum-
4 mam rem publicam spectat. nisi praecavetis, Quirites, iam huic
diurnae, legitime ab consule vocatae, par nocturna contio esse
poterit. nunc illi vos, singuli universos contionantes timent; iam
ubi vos dilapsi domos et in rura vestra eritis, illi coierint, consulta-
bunt de sua salute simul ac vestra pernicie; tum singulis vobis
5 universi timendi erunt. optare igitur unusquisque vestrum debet,
ut bona mens suis omnibus fuerit. si quem libido, si furor in
illum gurgitem abripuit, illorum eum, cum quibus in omne fla-
6 gitium et facinus coniuravit, non suum iudicet esse. ne quis
etiam errore labatur vestrum quoque, non sum securus. nihil
7 enim in speciem fallacius est quam prava religio. ubi deorum
numen praetenditur sceleribus, subit animum timor, ne fraudibus
humanis vindicandis divini iuris aliquid inmixtum violemus. hac
vos religione innumerabilia decreta pontificum, senatus consulta,
8 haruspicum denique responsa liberant. quotiens hoc patrum
avorumque aetate negotium est magistratibus datum, uti sacra
externa fieri vetarent, sacrificulos vatesque foro circo urbe prohiberent, vaticinios libros conquirerent comburerentque, omnem

genüber der Existenz oder Wohl-
fahrt des Staates: *summam remp.*
— *diurnae,* dazu wird leicht aus dem
Folg. *contio* gedacht, s. 23, 37, 2:
*adversus ligneam − aliam turrem −
excitavit*; 25, 10, 10: *discrimen pa-
catae ab hostili domo*; Vellei. 2,
88: *aequetur praedictae iam Anti-
stii Servilia Lepidi uxor.* — *illi vos*
stehen einander ebenso entgegen
wie *singuli univ.*, vgl. Cic. Sest. 1,
2: *per vos nobis, per optimos viros
optimis civibus*; im Folg. *singulis
vobis universi* findet nur ein einfacher Gegensatz statt. — *contionant.,*
während ihr in der contio anwesend
seid. — *in rura*, die Bürger vom
Lande gegenüber den Stadtbewoh-
nern: *domos,* vgl. 4, 36, 3.
5-9. *bona mens*, vernünftiger
Sinn, im Gegensatze zu *furor.* —
fuerit eigentliches Perfectum, wie
abripuit. — *ne quis* von *non sum
securus* abhängig, wie von einem
Verbum der Furcht, s. 38, 7, 7. —
etiam bezieht sich auf *errore*; nicht
allein aus Liebe zu den Seinen, sondern auch durch eine falsche Ansicht
von der Sache; *quoque* auf *quis vestrum*, ausser den bereits Verirrten
auch ihn, Cic. Tusc. 4, 1, 3: *quin
etiam arbitror − Numam quoque,*
doch ist die Zusammenstellung an
u. St. etwas anders und härter; da
die meisten Hss. *quidem* statt *quoque* haben, so ist viell. dafür *Quirites*
zu lesen. — *innumerab.*, L. hat nur
zwei erwähnt 4, 30; 25, 1, und denkt
wol zugleich an die spätere Zeit.
Das Folg. zeigt, dass neben den
geistlichen auch die weltlichen Behörden und besonders der Senat, s.
5, 50, 8, die Aufsicht über den Cultus hatten. — *patrum av.*, c. 42, 6.
— *externa,* nämlich dann, wenn sie
den gesetzlichen röm. Cultus stör-
ten, oder sonst verderblich waren,
Privatgottesdienst war erlaubt, s.
25, 1; Marq. 4, 37. — *sacrif. vat.,*
c. 8, 3. — *circo*, wo sich, wie auf
dem forum, viele Menschen versammelten und herumtrieben. *urbe*

disciplinam sacrificandi praeterquam more Romano abolerent! iudicabant enim prudentissimi viri omnis divini humanique iuris 9 nihil aeque dissolvendae religionis esse, quam ubi non patrio, sed externo ritu sacrificaretur. haec vobis praedicenda ratus 10 sum, ne qua superstitio agitaret animos vestros, cum demolientes nos Bacchanalia discutientesque nefarios coetus cerneretis. om- 11 nia diis propitiis volentibusque ea faciemus; qui quia suum numen sceleribus libidinibusque contaminari indigne ferebant, ex occultis ea tenebris in lucem extraxerunt, nec patefieri, ut inpunita essent, sed ut vindicarentur et obprimerentur, voluerunt. senatus quaestionem extra ordinem de ea re mihi collegaeque 12 meo mandavit. nos, quae ipsis nobis agenda sunt, inpigre exsequemur; vigiliarum nocturnarum curam per urbem minoribus magistratibus mandavimus; vos quoque aequum est, quae vestra 13 munia sunt, quo quisque loco positus erit, quod imperabitur, inpigre praestare et dare operam, ne quid fraude noxiorum periculi aut tumultus oriatur."

Recitari deinde senatus consulta iusserunt indicique prae- 17 mium proposuerunt, si quis quem ad se deduxisset nomenve absentis detulisset; qui nominatus profugisset, diem certam se 2 finituros, ad quam nisi citatus respondisset, absens damnaretur;

steigerndes Asyndeton. — *vaticinios*, diese Form deuten mehrere Hss. an, wie 25, 1, 12, gewöhnlich wird *vaticinos* gelesen. — *discipl. sacrif.*, Opferritus. — *praeterq.* kurz st. pr. eam, quae — *fieret*, mit Ausnahme usw. — *iudicab.* etc., s. 43, 13, 2. — *dissolv. rel.*, s. 40, 29, 11. — *quam ubi* etc. statt eines abstracten Begriffes.
10—13. *superst.*, § 6: *error*. — *demol. Bacch.*, die Cultusstätten, *sacraria*, dann der ganzen Cultus, s. c. 18, 7; 34, 3, 5: *si quod cuique — officiet ius, id destruet ac demolietur*. — *ea* ist zwar hart von *omnia* getrennt, kann aber nicht wol zu *volentib.* gezogen werden, da *diis prop. volentibusque* eine stehende Formel ist, s. 1, 16, 3; 7, 26, 4 u. a.; Manche wollen *ea* tilgen. — *numen*, s. Einl. S. 20; zur Sache vgl. Cic. Cat. 3, 8; 2, 13. — *senatus* etc., s. c. 14, 6. — *minor. mag.*, zu denen hier nach c. 14, 10 nur die

triumviri und *quinqueviri* gerechnet werden, s. 32, 26, 17; 36, 3, 3; die Aedilen sind nicht damit beauftragt für die Ruhe und Sicherheit während der Nacht zu sorgen. — *quae vestra m. s.* und *quo — erit* scheinen freie Relativsätze, s. c. 11, 1, zu sein, die das nächste Object von *praestare* n. *quod imperabitur* nur vorbereiten: so weit sich euere Obliegenheiten erstrecken; obgleich auch *quae — sunt* wie *quod imper.* unmittelbar auf *praestare* bezogen und *quod imperab.* als Bestimmung betrachtet werden könnte.
17. 1—3. *senatus cs.*, die c. 14, 5; 6; 7 erwähnten; s. Cic. Cat. 3, 6, 13 f., § 4 scheint das die Untersuchung oder das die Aufhebung der Bacchanalien anordnende Senatscons., c. 14, 8, gemeint zu sein. — *indici*, allgemein: Jedem, der eine Anzeige machen würde, wie *si quis* etc: zeigt. — *nominat.* als schuldig, bei den Bacchen betheiligt. — *fini-*

si quis eorum, qui tum extra terram Italiam essent, nominaretur, ei laxiorem diem daturos, si venire ad causam dicendam vellet. 3 edixerunt deinde, ne quis quid fugae causa vendidisse neve emisse vellet; ne quis reciperet, celaret, ope ulla iuvaret fugientes. 4 Contione dimissa terror magnus urbe tota fuit; nec moenibus se tantum urbis aut finibus Romanis continuit, sed passim per totam Italiam litteris hospitum de senatus consulto et 5 contione et edicto consulum acceptis trepidari coeptum est. multi ea nocte, quae diem insecuta est, quo in contione res palam facta est, custodiis circa portas positis fugientes a triumviris comprehensi et reducti sunt; multorum nomina delata. quidam 6 ex iis viri feminaeque mortem sibi consciverunt. coniurasse supra septem milia virorum ac mulierum dicebantur. capita autem coniurationis constabat esse M. et C. Atinios de plebe Romana et Faliscum L. Opiternium et Minium Cerrinium Cam- 7 panum: ab his omnia facinora et flagitia orta, eos maximos sacerdotes conditoresque eius sacri esse. data opera, ut primo quoque tempore comprehenderentur. adducti ad consules fas- 18 sique de se nullam moram indicio fecerunt. Ceterum tanta fuga ex urbe facta erat, ut, quia multis actiones et res peribant, coge-

tur., 42, 47, 5. — *ad quam*, so dass, wenn er an (bis zu) diesem usw. — *citat. resp.*, 38, 51, 5. — *terr. It.*, 25, 7, 4. — *laxiorem*, 38, 52, 1: *longiorem.* — *si venire* etc. enthält die Bedingung zu dem ganzen Satze *si quis - nominar.*, *ei - daturos*: für den Fall, dass er usw. — *vendidisse - em. vel.* altertbümlich, s. c. 14, 8. — *ne quis rec.*, vieil. *et ne quis r.*, oder *neve q. r.* — *recip. cel.* etc., das Asyndeton wie 38, 34, 6; 8, 33, 19 u. a.; in dem vorlieg. Falle wird das Verheblen ausdrücklich verboten, der Hebler kann bestraft werden, was sonst in der früheren Zeit selten geschieht, s. Rein Criminalr. 348.

4–7. *nec – contin.*, s. 1, 10, 1. — *hospit.*, die sie zu Rom hatten. — *diem* ist durch *ea nocte* bestimmt, wir würden *nocte – eam diem* erwarten. — *est – est*, 35, 1, 12. — *triumv.*, c. 16, 10, sie handeln im Auftrage der höheren Magistrate, s.

c. 14, 9. — *sept. m.*, c. 13, 14. — *Atinios*, s. c. 21, 2; 34, 46; 47; 33, 22 u. a. — *de plebe* soll wol nur den Stand, die Abkunft angeben, s. 2, 36, 2, entsprechend *Faliscum*, *Campanum*, nicht dass sie der *infima plebs* angehört haben, s. 2, 55, 4; 8, 33, 12 u. a. — *Min. Cerr.*, c. 13, 9. — *max. sac.*, wie 27, 6, 17 vgl. 37, 51, 1. — *indicio* haben die meisten Hss.: das Geständniss über die ganze Angelegenheit und andere Theilnehmer; Andere haben *iudicio*, was bedeuten würde: durch ihr Geständniss machten sie es möglich, dass sogleich das Urtheil über sie gefällt werden konnte, wie es c. 19, 2 vgl. c. 19, 2 vorausgesetzt wird. 18. 1–2. *tanta = tam multorum.* — *fuga – facta er.*, s. 8, 9, 12. — *actiones et res perib.*, sie verloren die *actio*, wenn es ihnen nicht möglich war eine Klage zu rechter Zeit anzustellen, z. B. wenn der Prozess in einer bestimmten Zeit entschie-

rentur praetores T. Maenius et M. Licinius per senatum res in diem tricesimum differre, donec quaestiones a consulibus perficerentur. eadem solitudo, quia Romae non respondebant nec in- 2 veniebantur, quorum nomina delata erant, coegit sonsules circa fora proficisci ibique quaerere et iudicia exercere. qui tantum 3 initiati erant et ex carmine sacro praeeunte verba sacerdote precationes fecerant, in quibus nefanda coniuratio in omne facinus ac libidinem continebatur, nec earum rerum ullam, in quas iure iurando obligati erant, in se aut alios admiserant, eos in vinculis relinquebant; qui stupris aut caedibus violati erant, qui 4

den werden musste, damit die Forderung nicht verjähre, da nach der lex Furia die Haftpflicht der Bürgen nicht über zwei Jahre dauerte, s. Rudorff Rechtsgesch. 1, 51; sie verloren die *res*, Rechte und Gegenstände (*res corporales et incorporales*), wenn der Beklagte sein Versprechen vor dem Richter zu erscheinen nicht erfüllte, *vadimonium deserebat*, vgl. c. 41, 7; Rudorf. a. a. O. 2, 250 u. lex Acilia p. 531: *actionis duplici via exire diem constat: una, si temporalis actio sit, velut honoraria, aut sponsoris et fidepromissoris obligatio, qui lege Furia biennio liberantur; altera, si absens actor ad vadimonium non occurrit. itaque illo quidem modo actiones, hoc vero res periturae erant.* — *per senat.*, die Massregel wird durch ein Senatsconsult, Cic. Legg. 2, 15: *senatus vetus auctoritas de Bacchanalibus*, das also in die Rechtspflege eingreift, angeordnet. — *res* - *differ.*, die Gerichtsverhandlungen verschieben, aussetzen, bis usw., ein dreissigtägiges iustitium; ebenso wird die Vertagung der Verhandlungen, die den Staat betreffen, *res proferre* od. *differre* genannt, s. Cic. Mur. 13, 28; ad Q. fr. 3, 8, 4; Att. 7, 12, 2; Tac. Ann. 2, 35 u. a. — *diem trig.*, eine Frist, die sich auch sonst bei rechtlichen Verhältnissen findet, so bei der manus iniectio nach den 12 Tafeln, Gell. 15, 13; 20, 1; bei der legis actio per condictionem, Gai. 4, 18, der

legis actio sacramento, Gai. 4, 15 u. a., ebenso in anderen Beziehungen, vgl. c. 44, 4; 1, 32, 9. — *donec* etc., wahrscheinlich hoffte man, dass bis dahin die Consuln die Untersuchungen würden beendigen können. — *eadem*, die *solitudo* veranlasste auch, gleichfalls die folg. Massregel. — *respond.*, c. 17, 2. — *nomen del.*, 38, 55, 4. — *fora* sind hier allein genannt, es sind aber wol nach c. 14, 7 auch die *conciliabula* zu denken. Die in beiden lebenden Schuldigen hätten nach der ang. St. nach Rom gebracht werden sollen, dieses ist nicht geschehen; doch scheint durch die Verbindung, in welche das Folg. mit *solitudo*, vgl. § 1: *tanta fuga*, gesetzt ist, angedeutet zu werden, dass auch Bewohner Roms, an die bei *Romae non resp.* zunächst zu denken ist, sich geflüchtet haben.

3–5. *carm. sac.*, die Schwurformel, s. c. 15, 1; 10, 38, 10. — *praeeunte v. s.*, s. 8, 9, 4; 31, 16, 8. — *precationes*, eigentlich die Bitte, dass die Götter den strafen mögen, der den Eid nicht hält, dann auch das eidliche Gelöbniss, s. 9, 5, 3; 21, 45, 8; es ist der Inhalt des *carmen*, daher im Folg. *coniuratio* und *iureiurando obligatio*. — *coniurat.*, s. c. 8, 3; erst hier wird die Bedeutung des Wortes klar. — *ullam*, die Mz. Hs. hat *ulla res*, viell. hatte L. einen anderen Begriff hinzugefügt. — *violati er.*, entehrt waren, sich hatten entehren lassen, s. c. 15, 9; 1,-58, 7: *violatum*, wie sogleich

falsis testimoniis, signis adulterinis, subiectione testamentorum,
5 fraudibus aliis contaminati, eos capitali poena adficiebant. plures
necati quam in vincula coniecti sunt. magna vis in utraque
6 causa virorum mulierumque fuit. mulieres damnatas cognatis
aut in quorum manu essent tradebant, ut ipsi in privato animadverterent
in eas; si nemo erat idoneus supplicii exactor, in
7 publico animadvertebatur. datum deinde consulibus negotium
est, ut omnia Bacchanalia Romae primum, deinde per totam
Italiam diruerent, extra quam si qua ibi vetusta ara aut signum
8 consecratum esset. in reliquum deinde senatus consulto cautum
est, ne qua Bacchanalia Romae neve in Italia essent; si quis tale

contaminati. — fals. test. etc., c. 8,
7. — *subiect. test.*, Tac. Ann. 14,
40: *subdidit testamentum*; dagegen
Cic. Legg. 1, 16, 43: *testamenta
falsa supponere. — capit. poena,*
als quaestores, wie 4, 51, 3; die
provocatio ist bei diesen ausgeschlossen.
— *utraq. causa,* die beiden
eben in *plures — coni. sunt* bezeichneten
Verhältnisse.
6—7. *damnatas,* sie werden nicht
in dem Familienrathe verurtheilt,
sondern nur die Execution ist demselben
überlassen, Val. Max. 6, 3,
7: *in omnes (damnatas) cognati intra
domus animadverterunt* etc.,
Tac. Ann. 13, 32; 2, 50; Rudorff
Rechtsgesch. 2, 326. — *cognatis,*
diese bilden das Familiengericht, s.
Periocha 48; die Stelle aus Val.
Max.; Rein Privatr. 416f. — *in quorum
m. ess.,* so allgemein gesagt,
wie 34, 2, 11; s. Rein a. a. O. 372.
— *in priv.,* s. 9, 7, 17; *in publico*
geschieht es durch die Behörden, s.
Tac. l. l. — *datum deinde* etc., L.
erwähnt hier u. § 8 das *Non. Octobr.*
abgefasste Senatsconsult. Dieses
scheint wie das c. 14, 7 vgl. c. 17, 4
erwähnte Edict, von den Consuln in
Abschrift und mit der Anweisung
versehen, wie es bekannt gemacht
werden solle, an die einzelnen verbündeten
Staaten (*quei foideratei
esent*) geschickt worden zu sein.
Ein Exemplar dieser Zuschrift hat
sich erhalten in dem sogenannten

senatusconsultum de Bacchanalibus,
welches an die Magistrate *in agro
Teurano* geschickt, bei Tirioli, in
dem alten Bruttierlande zwischen
Catanzaro und Nicastro 1640 gefunden
worden ist und jetzt in Wien
aufbewahrt wird, s. Mommsen Inscriptt.
lat. ant. 196 p. 44f. —
Bacch. diruer., s. c. 16, 10. — *primum
deinde* absichtlich neben einander
gestellt. — *extra quam si,* in
der Anweisung der Consuln heisst
es: *utei ea Bacanalia, sei qua sunt,
extrad quam sei quid ibei sacri est,
ita utei suprad scriptum est, in diebus
X — faciatis utei dismota sient
in agro Teurano;* so dass *ibi* passend
auf den im Folg. genannten
ager Teuranus bezogen werden
kann, während es bei L. nach *per
totam Italiam* unklar ist; früher
wurde *extraq. sicubi* gelesen; über
extra quam si s. 38, 38, 9. — *vetusta
ara,* des Bacchus oder Liber, s.
c. 12, 4, sowol diese Worte als *aut
-esset* scheint L. zugesetzt zu haben.
— *in rel.,* s. 3, 21, 2; 23, 20, 6.
8—9. *senatus c.,* L. giebt aus demselben
nur einen Auszug, berührt
aber die wichtigsten Punkte. — *in
Ital.,* vgl. c. 20, 1, das SC. greift
also auch in die Verhältnisse der
Bundesgenossen ein, wie 35, 7, 5;
vgl. Becker 2, 2, 451; 3, 1, 30; 4,
158; 50. — *ne-essent,* im SC. heisst
es: *nei quis eorum (foideratorum)
Bacanal habuise velet,* dann: *Bacas*

sacrum sollemne et necessarium duceret, nec sine religione et piaculo se id dimittere posse, apud praetorem urbanum profiteretur, praetor senatum consuleret; si ei permissum esset, cum in senatu centum non minus essent, ita id sacrum faceret, dum ne plus quinque sacrificio interessent, neu qua pecunia communis neu quis magister sacrorum aut sacerdos esset.
Aliud deinde huic coniunctum referente Q. Marcio consule senatus consultum factum est, ut de iis, quos pro indicibus consules habuissent, integra res ad senatum referretur, cum Sp.

vir ne quis adiese velet ceivis Romanus neve nominus Latini neve socium quisquam nisei pr. (praetorem) urbanum adiesent etc. — *sollemne*, als regelmässige Feier. — *necessar.*, *sei ques esent, quei siboi deicerent necesus ese Bacanal habere, eeis utei ad pr. urbanum Romam venirent deque eeis rebus, ubei eorum verba audita esent, utei senatus noster decerneret, dum ne minus senatorbus C. adesent, quom ea res consoleretur*; dann weiter hin: *sacra in oquoltod ne quisquam fecise velet — nisei pr. urbanum adieset isque de senatuos sententiad, dum ne minus senatoribus C. adesent, quom ea res consoleretur, iousiset. censuere,* die Worte *nec - posse* hat also L. oder sein Gewährsmann zugezetzt; *piaculo*, ein Vergehen, das eine Sühne nöthig macht, s. 40, 13, 4. — *profiter.* im SC. nur *adiesent* und *venirent*. — *ei*, dem Petenten. — *cum - non minus*, während im SC. *dum ne minus* steht, weil bei L. keine Willensrichtung in dem Satze liegt wie bei dem folg. *dum ne minus*, vgl. jedoch 38, 24, 5; über die Nachstellung von *non minus* s. c. 41, 9; 42, 28, 9; die Zahl der zu einem Beschlusse erforderlichen Senatoren war in den einzelnen Fällen verschieden, s. 42, 28; Becker 2, 2, 442; Lange 2, 340. — *dum ne p. quinq.* etc. Nach dem das SC. schliessenden *censuere*, s. o., folgt: *homines plous V oinvorsi virei atque mulieres sacra ne quisquam fecise velet* etc. — *neu qua*

pec. - esset, keine gemeinschaftliche Kasse, wie sie die Collegien und andere Societäten haben. — *magister sacror.* u. *sacerdos* scheinen nicht wesentlich verschieden, jener der Vorsteher, Leiter der heiligen Handlungen, dieser der Priester, der sie verrichtet, vgl. 23, 24, 12: *sacerdoti ac templi antistitibus*; im SC. dagegen heisst es: *sacerdos ne quis vir eset*, vgl. c. 13, 8 f., *magister neque vir neque mulier quisquam eset. neve pecuniam quisquam eorum comoinem habuise velet neve magistratum, neve promagistratud neque virum neque mulierem quiquam fecise velet*; es ist also neben dem *sacerdos* der Vorsteher der religiösen Gemeinschaft, der dieselbe vertritt, mit *magister* bezeichnet, wie der *magister Saliorum*, *mag. fratrum Arvalium* und anderer Collegien, nicht, wie es L. verstanden hat, eine Art Oberpriester. Das Verbot der *coniuratio* hat L. übergangen. Dass die Bacchanalien ungeachtet dieser Anordnungen doch fortbestanden zeigt c. 41, 6; 40, 19, 9, vgl. die Stelle aus Nonius zu c. 13, 12; Mommsen 1, 866.
19. 1–2. *Marcio*, dieser wird in dem SC. de Bacch. zuerst genannt; hier erscheint er allein, da Postumius nach dem Folg. abwesend ist; der Senatsbeschluss ist also nicht unmittelbar nach dem vorher erwähnten gefasst worden. — *pro indic.*, da sie, wenigstens Hispala, die Anzeige nicht gerade von selbst ge-

2 Postumius quaestionibus perfectis Romam redisset. Minium
Cerrinium Campanum Ardeam in vincula mittendum censuerunt
magistratibusque Ardeatium praedicendum, ut intentiore eum
custodia adservarent, non solum ne effugeret, sed ne mortis con-
3 sciscendae locum haberet. Sp. Postumius aliquanto post Romam
venit; eo referente de P. Aebutii et Hispalae Feceniae praemio,
quod eorum opera indicata Bacchanalia essent, senatus consul-
4 tum factum est, uti singulis his centena milia aeris quaestores
urbani ex aerario darent; utique consul cum tribunis plebis
ageret, uti ad plebem primo quoque tempore ferrent, ut P. Aebutio emerita stipendia essent, ne invitus militaret neve censores
5 equum publicum adsignarent; utique Feceniae Hispalae datio

macht hatten, s. § 3. — *Post.-
rediss.*, Marcius hat seine Gerichte
früher beendigt, s. c. 18, 2; 7. — *in
vinc.*, wahrscheinlich als Strafe, s.
c. 18, 5; 34, 44, 6; Sall. C. 51, 43,
nicht um ihn bis zum Gerichte, das
wol schon gehalten war, in Gewahrsam zu haben; doch ist es auffallend,
dass er nicht bereits, wie so viele
Andere, s. c. 18, 4, hingerichtet ist.
— *magistrat.*, 24, 45, 9. — *prae-
dic.*, c. 51, 11; 2, 10, 4. — *intent.
e. c.*, 32, 16, 17; 23, 19, 11: *intentiore cura cautum*. — *adservare*, s.
40, 23, 4; 4, 55, 3.
3-4. *Postum. - venit*, s. c. 20,
1. — *singulis*, obgleich nur zwei
sind, und *utrique* hätte gesetzt werden können; da die späteren Hss.
ut in singulis haben, kann L. auch
ut in singulos, s. c. 7, 2 geschrieben
haben. — *cent. mil. aer.*, s. 32, 26,
14, es sollen wol Liberalasse verstanden, also der Census der ersten
Classe bezeichnet werden, s. 1, 43,
1; Mommsen, Gesch. des röm. Münzwes. 302f., Lange 1, 360. — *utique
- uti - ut*, s. 42, 28, 7; Cic. Att. 9,
7, 3 u. a. — *primo q. t.*, sobald als
möglich. — *consul*, der den Antrag
gestellt hat. — *plebem*, auch sonst
werden bisweilen in dieser Weise
Belohnungen durch einen Volksbeschluss ertheilt, s. Lange 2, 600;
obgleich auch durch den Senat,
Marq. 2, 3, 177; hier erfolgt das
Erstere, weil Aebutius von dem
Kriegsdienste, der gesetzlich bestimmt war, befreit werden soll, s.
10, 13, 9. — *emer. stip.*, es soll so
angesehen werden, als ob er alle
gesetzlichen Feldzüge gemacht
hätte, d. h. er soll vom Kriegsdienste frei sein, wenn er nicht freiwillig dienen will (*invitus*), Marq. 3, 2,
289. — *censores* haben nur die späteren Hss., die Mz. *censor Licinius*,
wofür Hertz verm. *censor ei inscio*,
Madvig *censor ei ullus* oder *ei civi*.
— *eq. public.*, dieser wird also hier,
wie vorher der Kriegsdienst, als eine
Last bezeichnet, bei den Senatoren
und deren Söhnen erscheint er als
Ehre, s. c. 44, 1; vgl. 1, 43, 10;
Suet. Aug. 38; Becker 2, 1, 251 ff.;
Lange 1, 405; 2, 18; 255. Dass der
equus publicus wegen des census
von 100000 As sei gegeben worden, sagt L. nicht; auch hatte schon
der Vater des Aebutius denselben,
s. c. 9, 2; Mommsen 1, 784.
5—7. *datio deminut.*, das Recht
ihr Vermögen zu veräussern, ver-
schenken, wovon in *deminutio* die
Folge angegeben ist, wie Aehnliches
in dem Stil der Gesetze vorkommt.
Da sonst *datio* nicht leicht ohne Object wie *datio dotis*, *pignoris* u. a.,
oder im Gegensatz, s. Digest. 35, 1,
82: *in datione — in facto*, gebraucht
wird, so vermuthet Huschke *capitis
deminutio*, nämlich die *cap. dem.*

deminutio gentis enuptio tutoris optio item esset, quasi ei vir testamento dedisset, utique ei ingenuo nubere liceret; neu quid ei, qui eam duxisset, ob id fraudi ignominiaeve esset, utique 6 consules praetoresque, qui nunc essent, quive postea futuri

minima, welche durch den Austritt aus einer Familie und den Uebergang in eine andere z. B. in Folge einer Heirath, die mit *in manum conventio* geschlossen wurde, eintrat; also das Recht ein iustum matrimonium durch die coemptio einzugehen; doch ist zu bezweifeln, dass dieses so dunkel und unbestimmt, da die *capitis dem. min.* nicht allein jenen Grund, sondern auch andere haben konnte, s. Gaius 1, 162: *minima capitis deminutio est, cum civitas et libertas retinetur, sed status hominis commutatur, quod accidit in his, qui adoptantur, item in his qui coemptionem faciunt.* — *gentis enuptio*, vgl. über *enubere* 4, 4, 7; 10, 23, 4; 26, 34, 3: die Erlaubniss aus der gens zu heirathen wird gewöhnlich darauf beschränkt, dass dieses Recht nur den Libertinen nicht zugestanden habe; doch findet sich dafür sonst kein Beispiel oder Beweis, s. Becker 2, 1, 130; Lange 1, 195; Rein 402, auch erhält Fecenia in den übrigen genannten Punkten Rechte, die in der Regel freigeborene Frauen nicht hatten, es lässt sich daher wol nicht annehmen, dass sie in dem einen nur vor den Libertinen sei ausgezeichnet worden. Wahrscheinlicher ist daher die Annahme von Th. Mommsen Röm. Forschungen 1, 9f., dass überhaupt den Frauen die Ausheirathung aus der gens nicht gestattet gewesen sei, und dieses Hinderniss nur durch einen Beschluss der Gentilen oder auf die hier bezeichnete Weise sei aufgehoben worden. — *tutoris optio* das Recht, welches eine Wittwe, die in der Gewalt (*manus*) ihres Mannes gestanden hatte, durch das Testament desselben erhält, sich selbst einen Vormund zu wählen,

tutor optivus, im Gegensatze zu einem in dem Testamente bestimmten, s. Gaius 1, 150: *in persona uxoris, quae in manu est, recepta est etiam tutoris optio, id est, ut liceat ei permittere quem velit ipsa tutorem sibi optare* etc., Lange 1, 177, 198; Rein 537; da übrigens der Fecenia freie Verfügung über ihr Vermögen gestattet war (*datio deminutio*), so könnte dem Vormunde nur die Verbindlichkeit obgelegen haben seine Clientin zu vertreten und die Verhandlungen für sie vor Gericht oder sonst zu führen, s. 34, 2, 11; Rein 541; ob der früher bestellte Vormund, s. c. 9, 7, dadurch entlassen wird, ist nicht zu erkennen. — *item - quasi* alterthümlich, s. Plaut. Rud. 3, 4, 27; Poen. 1, 2, 31. Der Satz *item* – *dedisset* ist wol nicht auf den zuletzt genannten Punkt, die *tutoris optio*, allein, sondern auf alle zu beziehen, wenigstens liegt ein Grund jener Beschränkung nicht in der Zusammenstellung der Sätze. — *vir = maritus*. — *ingenuo n. l.* etc., ein iustum matrimonium mit einem Freigeborenen eingehen, ohne dass usw., da das conubium mit ingenuis den Libertinen wol nicht gerade verboten war, aber in der öffentlichen Meinung als für den ingenuus entehrend angesehen wurde, s. Cic. Sest. 52, 110; Phil. 2, 2, 3; Plut. Cat. m. 24; comp. Arist. 6 u. a., so liegt der Nachdruck auf dem Zusatze: *neu - esset*, so dass Fecenia einer ingenua gleichgestellt wird, s. Becker 2, 1, 197; Lange 1, 195, 380; Rein 402. — *utique* zum viertenmale. — *qui nunc - essent* eine in Gesetzen und Senatsbeschlüssen nicht seltene Formel, s. 41, 9, 11; Fest. sacramentum p. 347 u. a., um

essent, curarent, ne quid ei milieri iniuriae fieret, utique tuto
7 esset. id senatum velle et aequum censere, ut ita fieret. ea omnia lata ad plebem factaque sunt ex senatus consulto; et de ceterorum indicum inpunitate praemiisque permissum est consulibus.
20 Et iam Q. Marcius quaestionibus suae regionis perfectis in
Ligures provinciam proficisci parabat, tribus milibus peditum
Romanorum, centum quinquaginta equitibus et quinque milibus
Latini nominis peditum, ducentis equitibus in supplementum
2 acceptis. eadem provincia, idem numerus peditum equitumque
et collegae decretus erat. exercitus acceperunt, quos priore
3 anno C. Flaminius et M. Aemilius consules habuerunt. duas
praeterea legiones novas ex senatus consulto scribere iussi sunt,
et viginti milia peditum sociis et nomini Latino imperarunt et
equites octingentos, et tria milia peditum Romanorum, ducentos
4 equites. totum hunc exercitum praeter legiones in supplementum Hispaniensis exercitus duci placebat. itaque consules, dum
ipsi quaestionibus inpediebantur, T. Maenium dilectui habendo
5 praefecerunt. perfectis quaestionibus prior Q. Marcius in Ligu-
6 res Apuanos est profectus. dum penitus in abditos saltus, quae
latebrae receptaculaque illis semper fuerant, persequitur, in prae-
7 occupatis angustiis loco iniquo est circumventus. quattuor milia
militum amissa, et legionis secundae signa tria, undecim vexilla
socium Latini nominis in potestatem hostium venerunt et arma

die Dauer der Bestimmung über das
laufende Jahr hinaus zu bezeichnen.
— *iniuriae*, s. c. 12, 3. — *tuto*, Cic.
Att. 14, 12, 2; ib. 8, 11 A. u. a., dagegen 3, 45, 9: *in tuto sit*. — *indicum*, s. c. 14, 6, wo der Erfolg
nicht angegeben ist. — *inpunit.*, s.
c. 17, 1: *praemia*.
20–21. Krieg in Ligurien und
Hispanien.
1–4. *quaest. - perf.*, dieses war
wol schon c. 19, 1 geschehen. —
suae reg., erst hier sieht man, dass
die Consuln verschiedene Gegenden
Italiens bereist haben, s. c. 18, 7. —
Ligur. gebt auf c. 2 zurück. — *Flamin.*, c. 2. — *decret. erat*, ehe die
Untersuchungen begannen. — *equites octing.* haben die späteren Hss.,
und dieses Verhältniss zwischen der
Reiterei und den Fusssoldaten der
socii findet sich mehrfach, s. 35, 20,
4; ib. 41, 7; vgl. zu 40, 36, 6; die
Mz. Hs. hat *mille trecentos*, eine
Zahl, die nicht leicht vorkommt,
wohl MCC, s. 38, 35, 9. — *tria -
Rom. - eq.* kann, da Bürger gemeint
sind, nicht von *imperarunt* abhängen, s. 36, 1, 6, sondern geht auf
scribere iussi sunt zurück. — *Hispaniensis*, 23, 28, 8. — *itaque*, die
Gedanken sind zusammen gezogen:
*consules iussi erant dilectum ha-
bere; interim quaestiones iis man-
datae sunt, itaque* oder *sed ipsi
propter quaestiones non potuerant,
itaque* etc. — *Maenium*, den praet.
urbanus, c. 8, 2; der also auch von
den Consuln beauftragt werden
kann, s. c. 38, 10; 42, 35, 4; vgl.
32, 8, 5; 33, 43, 7; Becker 2, 2,
187.
5–10. *perfectis - prof.*, nachdem
L. das Nöthige über die Vertheilung

multa, quae quia inpedimento fugientibus per silvestres semitas erant passim iactabantur. prius sequendi Ligures finem quam 8 fugae Romani fecerunt. consul ubi primum ex hostium agro 9' evasit, ne, quantum deminutae copiae forent, adpareret, in locis pacatis exercitum dimisit. non tamen oblitterare famam rei male 10 gestae potuit; nam saltus, unde eum Ligures fugaverant, Marcius est adpellatus.

Sub hunc nuntium ex Ligustinis vulgatum litterae ex Hi- 21 spania mixtam gaudio tristitiam adferentes recitatae sunt. C. 2 Atinius, qui biennio ante praetor in eam provinciam profectus erat, cum Lusitanis in agro Astensi signis conlatis pugnavit; ad sex milia hostium sunt caesa, ceteri fusi et fugati castrisque exuti. ad oppidum deinde Astam obpugnandum legiones ducit; id 3 quoque haud multo maiore certamine cepit quam castra, sed,

der Heere und die Aushebung, was c. 8 übergangen ist, nachgeholt hat, geht er ohne eine Partikel wie *igitur* u. a. auf § 1 zurück, vgl. 40, 7, 9 u. a. — *prior* bezieht sich nicht auf *in Apuanos*, sondern nur auf das Prädicat. L. scheint bei *prior* gedacht zu haben, dass Postumius folgen werde, was nach c. 23, 9 nicht geschehen ist. — *Apuan.*, s. c. 2, 5. — *signa - vexilla* werden hier so geschieden, wie 25, 14, 4 u. 7, sonst haben die Cohorten, d. h. die *socii* auch *signa*, s. 27, 12, 17; ib. 13, 11: 9; 14, 3 u. a.; wie umgekehrt, s. 8, 8, 10, die Legionssoldaten *vexilla*, die besonders den Reitern angehören, s. 4, 38, 3; 8, 39, 6; Marq. 3, 2, 269. — *prius*, davor hat die Mz. Hs. noch *nec*, viell. *ac* od. *et*. — *sequendi - fugae*, s. 1, 14, 9. — *dimisit*, wenn es richtig ist, bedeutet wol nicht, dass er das Heer entlassen habe, was er, da er seine Aufgabe nicht erfüllt hatte (*provincia confecta*) und die Feinde in der Nähe waren, ohne Senatsbeschluss nicht durfte, vgl. 36, 40, 6; 40, 17, 7; ib. 28, 8; 39, 56, 3, sondern: er entliess es an verschiedene Orte, was besser durch *divisit* ausgedrückt wäre, wie Duker lieber lesen wollte und eine Hs. bietet. —

saltus - Marc., wo dieser gewesen sei, lässt sich nicht ermitteln. 21. 1-5. *sub h. n.*, s. 35, 31, 13; 29, 15, 4. — *ex Ligustinis* u. *ex Hisp.* sind wol attributiv, nicht mit den Verben zu verbinden. *Ligustini* braucht L. bisweilen, s. 31, 10, 1: *ceteris Ligustinis populis*; 32, 31, 4 u. a., wie Polybius meist, s. 34, 10 extr., Λιγυστινοί sagt, gewöhnlich aber *Ligures*, aber *bellum Ligustinum, hostis, ager Ligustinus* u. a., s. 34, 8, 6; 40, 27, 13. — *Hispan.*, das folg. *Lusitani* und § 6 zeigen, dass *ulteriore* zu denken oder ausgefallen ist. — *mixta*, s. 10, 16, 3: *mixtis terrore precibus*, dagegen 9, 22, 10: *mixto cum dolore laetitia*, vgl. 4, 25, 12. — *recitat. s.*, im Senate, die Mz. Hs. hat *venerunt*, 23, 48, 4. — *Atin.*, 38, 35, 2; 10. — *Astensi*, (die Mz. Hs. hat das bekanntere, aber hier nicht passende *Oscensi*) in Baetica, östlich von Gades, s. Plin. 3, 1, 11: *inter aestuaria Baetis coloniae Asta, quae Regia appellatur* etc., Uckert. 2, 1, 356. — *Lusit.*, diese scheinen nach Süden vorgedrungen zu sein. — *legiones*, nach 38, 36, 3 steht nur eine Legion dort. — *quoque haud*, 22, 42, 8. — *haud m. m.*, (und zwar) unter nicht viel grösserem u. s. w.,

dum incautius subit muros, ictus, ex vulnere post dies paucos
4 moritur. litteris de morte propraetoris recitatis senatus censuit
mittendum, qui ad Lunae portum C. Calpurnium praetorem consequeretur nuntiaretque senatum aequum censere, ne sine im-
5 perio provincia esset, maturare eum proficisci. quarto die, qui
missus erat, Lunam venit; paucis ante diebus Calpurnius pro-
6 fectus erat. et in citeriore Hispania L. Manlius Acidinus, qui
eodem tempore quo C. Atinius in provinciam ierat, cum Celtibe-
7 ris acie conflixit. incerta victoria discessum est, nisi quod Celtiberi castra inde nocte proxima moverunt, Romanis et suos se-
8 peliendi et spolia legendi ex hostibus potestas facta est. paucos
post dies maiore coacto exercitu Celtiberi ad Calagurrim oppi-
9 dum ultro lacessiverunt proelio Romanos. nihil traditur, quae
causa numero aucto infirmiores eos fecerit. superati proelio
sunt; ad duodecim milia hominum caesa, plus duo capta, et
10 castris Romanus potitur. et nisi successor adventu suo inhibuisset inpetum victoris, subacti Celtiberi forent. novi praetores
ambo exercitus in hiberna deduxerunt.

22 Per eos dies, quibus haec ex Hispania nuntiata sunt, ludi
Taurii per biduum facti religionis causa. [decem] adparatos

da *quoque* auf *id* nicht auf das Folg.
sich bezieht. — *ictus* ist von *ex
vulnere* zu trennen. — *Luna ep.*, 34,
8, 4. — *aeq. cens.*, c. 4, 2. — *matur.
prof.*, 40, 26, 4; 34, 46, 5 u. a.
6—10. *Manlius*, 38, 35, 2; das
Folg. schliesst sich an c. 7, 6 an. — *citer.*, zu dem nach der Theilung
32, 28, 11 Celtiberien gehört. — *paucos p. d.*, dagegen § 5: *paucis a. diebus* ohne wesentlichen Unterschied.
— *Calagurrim*, nördlich von dem
Gebiete der Celtiberer, im Lande der
Basken, Pamplona; Strabo 3, 4, 10
p. 161: ἐν Καλαγούρι Οὐασκώνων;
Plin. 3, 24 erwähnt *Calagurritanos*, *qui Nassici* (j. Calahorra) und
Calag., *qui Fibularenses cognominantur*; Liv. frg. l. 91: *ad Calagurrim Nasicam*, Val. Max. 7, 6 Ext.
3; Oros. 4, 20; Caes. B. C. 1, 60;
welche der beiden Städte an u. St.
gemeint sei, lässt sich nicht entscheiden. — *ambo* kann auf *praetores* und *exercitus* bezogen werden.
22—23, 4. Spiele, religiöse Angelegenheiten, die Gallier, Colonien.
Plin. 33, 10, 138.
1—2. *ludi Taurii* ist die hs. Lesart, nicht *ludi Taurilia*, vgl. 29, 14,
14: *ludi fuere*, *Megalesia adpellata*,
zur Sache s. Paul. Diac. p. 350: *Taurii appellabantur ludi in honorem
deorum inferorum facti. instituti
—regnante Tarquinio*, nach Servius
ex libris fatalibus; Varro L. L.
5, 154: *ibi quoque (in circo Flaminio) ludis Tauriis equi circum
metas currunt*; Marq. 4, 340. —
relig. causa, aus einer besonderen
religiösen Veranlassung, also nicht
regelmässig, s. Preller 478, auch
nicht blos zur Belustigung. — *adpar. d. lud.*, vor *adparatos* haben
die Hs. noch *decem*, weshalb Sigonius verm. *per dies decem adpar.
deinde*, wodurch aber *deinde* an eine
unpassende Stelle käme; ob *decem*,
denn 10 Tage dauerten damals regelmässig die Votivspiele, s. § 8;
36, 2, 4; ib. 36, 2; 40, 45, 6; 42,
20, 3; ib. 28, 9; Marq. 4, 474,

a. Ch. 186.   LIBER XXXIX. CAP. 22.   41

deinde ludos M. Fulvius, quos voverat Aetolico bello fecit. multi 2
artifices ex Graecia venerunt honoris eius causa. athletarum
quoque certamen tum primo Romanis speçtaculo fuit, et venatio
data leonum et pantherarum, et prope huius saeculi copia ac
varietate ludicrum celebratum est. novemdiale deinde sacrum 3
tenuit, quod in Piceno per triduum lapidibus pluverat, ignesque
caelestes multifariam orti adussisse complurium levi adflatu vestimenta maxime dicebantur., addita et unum diem supplicatio 4
est ex decreto pontificum, quod aedis Opis in Capitolio de caelo
tacta erat. hostiis maioribus consules procurarunt urbemque
lustraverunt. sub idem tempus et ex Umbria nuntiatum est 5
semimarem duodecim ferme annos natum inventum. id prodigium abominantes arceri Romano agro necarique quam primum
iusserunt.
    Eodem anno Galli Transalpini transgressi in Venetiam sine 6

457, richtig und etwas ausgefallen
ist, lässt sich nicht sicher entscheiden. — *adpar.*, 32, 7, 14: *ludi Romani magno adparatu facti.* —
Aetol. b., s. c. 5, 7. — *artific.*,
Schauspieler, § 10; 41, 20, 10; 7, 2,
6; auch wol Tänzer, Musiker u. a.,
Tac. 14, 21; Mommsen 1, 607 f. —
athlet., griech. Ringer; Mommsen 1,
874; Marq. 4, 481; dieses wie die
vorher angedeuteten musischen
Spiele und die Erbauung des Tempels des *Hercules Musarum*, c. 5,
17, zeigen die griech. Bildung des
Fulvius, vgl. zu 36, 3, 13. — *venatio* etc., auch darauf scheint sich
primo, 42, 22, 7, zu beziehen; zur
Sache s. 42, 27, 6; Mommsen s.
O., Marq. 4, 522; 566. — *huius
saec.*, vgl. praef. 10; 7, 2, 13.
    3—5. *novemd. s.*, 1, 31, 4. —
pluverat haben mehrere Hss., andere
pluerat; Iul. Obs. 3 (56): *quod in
Piceno lapidibus pluit ignesque caelestes multifariam orti levi adflatu
complurium vestimenta usserunt.*
— *levi adfl.*, leichte Berührung durch
die Flamme; 28, 23: 4: *ambusti adflatu vaporis.* — *unum d. supp.*, =
quae unum diem fuit: auf einen
Tag, eintägig, der Accusat. ist mit
dem Subst. verbunden, wie Caes. B.

G. 2, 35, 4: *dies quindecim supplicatio decreta est*, sonst gehört derselbe gewöhnlich zum Verbum, besonders *esse*, s. 27, 37, 4; 40, 45, 5;
41, 9, 7; ib. 13, 3; 21, 11. — *Opis*,
der Gemahlin des Saturnus, weshalb der Tempel eigentlich aedis
opis et Saturni hiess; er stand auf
dem Capitolium nach dem Forum zu,
s. Cic. Phil. 1, 7, 17; Becker 1, 404;
Inscriptt. latt. p. 409. — *host. maior.*,
33, 26, 9; 37, 47, 4. — *procur.*, das
Subject sind die *prodigia*; über die
lustratio urbis s. 42, 20, 2; 21, 62,
7; 35, 9, 5. — *semimar.*, 31, 12, 8.
— *Rom. agro*, 27, 5, 15; 28, 11, 4.
— *iusserunt* könnte wie *procurarunt – lustraverunt* sich nur auf die
Consuln beziehen, die auch dieses
im Auftrage der pontifices hätten
vollziehen lassen, da es aber bei Iul.
Obs. heisst: *aruspicum iussu necatus*, so ist es nicht unwahrscheinlich, dass *aruspices* ausgefallen sei,
wie Drakenb. vermuthet.
    6—7. *Galli* etc., der erste Ver-
such von Galliern an der Ostseite
der Alpen in Italien einzudringen, s.
Strabo 4, 6, 12 p. 209, vgl. unten c.
45, 6; 40, 53, 5; 43, 5, 2; 7; nach
§ 7; c. 54, 5; 55, 1 scheint L. anzunehmen, dass sie aus dem eigentli-

populatione aut bello haud procul inde, ubi nunc Aquileia est, locum oppido condendo ceperunt. legatis Romanis de ea re trans Alpes missis responsum est neque profectos ex auctoritate gentis eos nec in Italia, quid facerent, sese scire.

L. Scipio ludos eo tempore, quos bello Antiochi vovisse sese dicebat, ex conlata ad id pecunia ab regibus civitatibusque per dies decem fecit. legatum eum post damnationem et bona vendita missum in Asiam ad dirimenda inter Antiochum et Eumenem reges certamina Valerius Antias est auctor; tum conlatas ei pecunias congregatosque per Asiam artifices, et quorum ludorum post bellum, in quo votos diceret, mentionem non fecisset, de iis post legationem demum in senatu actum.

23 Cum iam in exitu annus esset, Q. Marcius absens magistratu abiturus erat; Sp. Postumius quaestionibus cum summa fide curaque perfectis comitia habuit. creati consules sunt Ap. Claudius Pulcher M. Sempronius Tuditanus. postero die praetores facti P. Cornelius Cethegus A. Postumius Albinus C. Afranius Stellio

---

chen Gallien gekommen seien, obgleich es näher liegt anzunehmen, dass sie ihre Wohnsitze in der Donaugegend und Illyrien gehabt haben, s. Tac. Germ. 28; Zeuss die Deutschen 172 ff. — *in Venet.*, 41, 27, 3; Plin. 2, 72, 182: *in parte Italiae, quae Venetia appellatur*, gewöhnlicher wird der Volksname gebraucht, s. 1, 1, 3; die Veneter sind schon lange mit den Römern verbündet, s. 41, 27; Polyb. 2, 23 f., die letzteren betrachten sich als die Oberherren des Landes, wie alles dessen, was südlich von den Alpen liegt, s. c. 54, 12, Mommsen 1, 548. Da nicht lange vorher die Gallier in Italien unterworfen worden sind, s. 36, 39, so sollen sich nicht neue Stämme daselbst ansiedeln, viell. nahm man auch Rücksicht auf die Pläne Philipps, s. c. 35, 4. — *trans Alp.*, es ist an eine Sendung in das eigentliche Gallien zu denken; zur Sache s. Mommsen 1, 663.

8-10. *conlata* etc., wie c. 5, 7. — *per dec.*, § 1. — *post damn.*, 38, 54; 60. — *dirim.*, die Veranlassung zu Streitigkeiten ist schon 38, 39, 17 erwähnt. — *artific.*, wie § 2. —

in senatu, Scipio war also nach seiner Verurtheilung und Verarmung noch im Senate und nach c. 44, 1 noch in den Rittercenturien, selbst die nächsten Censoren scheinen ihn nicht ausgestossen zu haben. — *mention. non fec.* etc., dieses Verfahren weicht von dem gewöhnlichen ab; die Spiele selbst erwähnt auch Plinius 33, 10, 138, aber nicht die Gesandtschaft: *populus Romanus stipem spargere coepit Sp. Postumio Q. Marcio coss., tanta abundantia pecuniae erat, ut eam conferret L. Scipioni, ex qua is ludos fecit.*

23. 1-2. *absens*, er scheut sich nach der Niederlage c. 20 als Consul in Rom zu erscheinen. — *quaestion.*, diese haben ihn also vom October, s. c. 18, 8, bis in den Februar in Anspruch genommen. — *Claudius*, 38, 42; 36, 10; 22; 30. — *Semprun.* 37, 47; 35, 7. — *Cornel.*, s. c. 32, 14. — *Stellio*, s. c. 55, 9, findet sich als Zuname eben so selten als *Tempsanus*, ob dieser nach der Colonie *Tempsa* so genannt worden sei, ist nicht zu ermitteln, da 34, 45, 5 die Hss. lückenhaft sind; es wird nach 34, 47,

LIBER XXXIX. CAP. 23.

C. Atilius Serranus L. Postumius Tempsanus M. Claudius Marcellus. extremo anni, quia Sp. Postumius consul renuntiaverat peragrantem se propter quaestiones utrumque litus Italiae desertas colonias Sipontum supero, Buxentum infero mari invenisse, triumviri ad colonos eo scribendos ex senatus consulto ab T. Maenio praetore urbano creati sunt L. Scribonius Libo M. Tuccius Cn. Baebius Tamphilus.

Cum Perseo rege et Macedonibus bellum quod inminebat,

2 *Tympanus* vermuthet. — *Serran.,* 35, 10, 11. — *Marcellus*, andere Hss. haben *Marcellinus*, dann aber müsste angenommen werden, dass er, von einem plebejischen Claudier adoptirt, nicht, wie es Sitte war, das nomen gentile in *Claudianus*, sondern den Zunamen *Marcellus* verändert habe, wie ein *Cn. Cornelius Lentulus Marcellinus* erwähnt wird Cic. Fam. 15, 10, vgl. Marq. 4, 17 f. Ob der hier genannte der c. 45 oder der 38, 35 erwähnte sei, ist nicht zu entscheiden. Die Vertheilung der Provinzen und Heere hat L., da er sich sogleich zu den Verhältnissen in Macedonien wendet, übergangen, s. c. 20, 1; c. 33, 1; Einzelnes lässt sich aus c. 29; 32; 41 abnehmen.

3—4. *peragr.*, er hat also nicht allein die fora und conciliabula, sondern die ganze Südseite Italiens, s. c. 20, 1, bereist. — *Sipont.* - *Buxent.*, beide erst 560 gegründet sind schon verödet, s. Lange 2, 183. — *supero - inf. mari*, freier Gebrauch des locativen Ablativs. — *eo scrib.*, vgl. 31, 49, 6. — *praet. urb.*, in Tributcomitien. — *Libo* 35, 10; 20; *Tuccius* 37, 50; *Baebius* 32, 1.

23, 5—29, 2. Ursachen des Krieges mit Perseus. Polyb. 22, 22ª; 23, 4; 6; Diod. Sic. 29, 19; Appian. Maced. 9.

5. *Cum Perseo*, die folgende Erörterung ist ohne alle Verbindung angereiht und von L. so gestellt, dass es nicht zu erkennen ist, in welches Jahr er die erwähnten Ereignisse gesetzt hat. Sie werden erzählt, ehe der Beginn des neuen Consulatsjahres 569 gemeldet ist, scheinen also noch in das Jahr 568 gerechnet zu werden; aber c. 29, 4 u. 8 spricht er so, als ob das von c. 23, 5 an Erzählte bereits in das Jahr 569 falle. Wahrscheinlich hat er den Amtsantritt der Consuln zu bemerken vergessen, wie 40, 44, 3; an anderen Stellen, wo ähnliche Unterbrechungen vorkommen, ist derselbe angegeben, vgl. 39, 33, 1 und 38; ib. 46, 6 u. 54, 1; 8, 1 u. 16; 40, 2, 5 u. 16; 4: ib. 20, 3 u. 25 u. a. Das zuletzt aus Griechenland Berichtete, 38, 30—35 war im J. 566, in der 6. Strategie Philopoemens geschehen; darauf haben die Lacedämonier Gesandte nach Rom geschickt, welche vom Consul M. Aemilius Lepidus, s. 38, 42, also im Jahre 567 Bescheid erhalten, s. Polyb. 23, 1, dann heisst es bei ihm εὐθέως ὁ Φιλοποίμην (also als Strateg) πρεσβευτὰς καταστήσας τοὺς περὶ τὸν Νικόδημον — ἐξέπεμψεν εἰς τὴν Ῥώμην; wenn diese 7. Strategie Philopoemens unmittelbar an die sechste, s. 38, 33, sich angeschlossen hätte, so hätte L. die Verhandlungen 23—29 u. 33 f. je ein Jahr zu spät 569 u. 570 statt 568 u. 569 gesetzt, wie Nissen Crit. Unters. 231 ff. annimmt. Allein es wäre ungewöhnlich, wenn Philop., was nur bei Aratus vorgekommen war, dreimal nach einander Strateg gewesen wäre; dann wird Polyb. 23, 10ª: Φιλοποίμην πρὸς Ἄρχωνα τὸν στρατηγὸν λόγοις τισὶ διεφέρετο, Archon, s. c. 9; 28, 3; L. 41, 24, 1,

non unde plerique opinantur, nec ab ipso Perseo causas cepit: inchoata initia a Philippo sunt, et is ipse, si diutius vixisset, id
6 bellum gessisset. una eum res, cum victo leges inponerentur, maxime angebat, quod qui Macedonum ab se defecerant in bello,
7 in eos ius saeviendi ademptum ei ab senatu erat, cum, quia rem integram Quinctius in condicionibus pacis distulerat, non despe-
8 rasset impetrari posse. Antiocho rege deinde bello superato ad Thermopylas, divisis partibus, cum per eosdem dies consul Aci-
9 lius Heracleam, Philippus Lamiam obpugnasset, capta Heraclea quia iussus abscedere a moenibus Lamiae erat Romanisque oppi-
10 dum deditum est, aegre eam rem tulerat. permulsit iram eius consul, quod ad Naupactum ipse festinans, quo se ex fuga Aetoli

als Strateg genannt; eine zweite Strategie desselben, welche Polyb. 28, 6 anzudeuten scheint, die also nach dem Tode Philopoemens fallen würde, kann nicht gemeint sein; während die 23, 10 a erwähnte, da die Strategen vor und nach 567-568 bekannt sind, am einfachsten zwischen die 6. u. 7. Strategie Philopoemens gesetzt würde. In diese wäre dann die von Polyb. 23, 1 bezeichnete Gesandtschaft, in das nächste Jahr 568-569; Ol. 148, 3/4 das von L. c. 23 ff. Erzählte zu setzen und ein Irrthum desselben nicht anzunehmen, vgl. zu c. 50, 10; Schorn Gesch. Griechenlands S. 414; Manso 3, 420; Merlecker Achaica 352; 394; Clinton zum J. 187. — *inmineb.*, (aus der Ferne) drohte, denn der Krieg beginnt erst 14 Jahre später, s. 42, 28; auf denselben, als das nächste wichtige Ereigniss, bereitet L., Polyb. folgend, schon hier vor; doch ist die folgende Darstellung ohne Beziehung auf das Vorhergeh. — *unde = inde*, *unde.* — *causas cep.* wird nicht oft verbunden, s. Terent. Andr. 1, 3, 8; vgl. ib. 4, 1, 19; Eun. 5, 5, 30. Die von Anderen angenommenen Ursachen sind wahrscheinlich die von L. selbst 42, 13; 40 vgl. 17; 25; 28 nach den röm. Annalen angegebenen. — *inchoat. in.*, ein häufiger Pleonasmus, s. praef. 12; 1, 46, 7; zur Sache 40,

16, 3. — *et is ipse*, s. 40, 26, 4; die späteren Hss. haben *et ipse*, was hier, wo Philipp. eben genannt ist, nicht verwerflich scheint, s. zu 36, 8, 4; 5, 43, 4. 6-7. angeb., 21, 1, 5; 39, 53, 5 u. a. — *leges imp.*, 31, 11, 17; 33, 30. — *qui Maced.*, da an die Macedonien unterworfenen griech. Staaten nicht gedacht werden kann, so sind die Oresten gemeint, s. c. 28, 2; 42, 38, 1; 33, 34, 6; Polyb. 18, 30: Ὀρέστας καλουμένους διὰ τὸ προσχωρῆσαι σφίσι κατὰ τὸν πόλεμον αὐτονόμους ἀφεῖσαν. — *ab se defecer.*, ungenau ausgedrückt, da man *defecissent* oder *eum* erwartet, s. 2, 43, 6; 24, 33, 6; Sall. I. 61, 1: *Marcellus – in urbibus, quae ad se defecerant*; Cic. S. Rosc. 2, 6; Verr. 5, 49, 128. — *in condicionib.*, bei der Verhandlung über denselben; doch ist das hier Erwähnte weder 33, 12 noch 33, 30 erwähnt; für andere Verhältnisse ist 33, 13, 15; ib. 35, 12 die Verweisung an den Senat erwähnt.
8-13. *ad Therm.*, 36, 19. — *divis. part.*, 25, 30, 6; zur Sache 36, 25. — *quia – erat*, s. 34, 23, 10. — *dedit. e.*, 36, 25. — *Naupact.*, 36, 33. — *permisit*, vgl. c. 28, 4; 36, 33, 1; als der Consul nach Naup. zog, hatte Phil. Athamanien, s. 36, 14, und mehrere Städte in Thessalien, s. c. 25, 3, vgl. 36, 14, bereits einge-

contulerant, Philippo permisit, *ut* Athamaniae et Amynandro bellum inferret et urbes, quas Thessalis Aetoli ademerant, regno adiceret. haud magno certamine et Amynandrum Athamania expulerat et urbes receperat aliquot. Demetriadem quoque, urbem validam et ad omnia opportunam, et Magnetum gentem suae dicionis fecit. inde et in Thracia quasdam urbes, novae atque insuetae libertatis vitio seditionibus principum turbatas, partibus, quae domestico certamine vincerentur, adiungendo sese cepit. His sedata in praesentia regis ira in Romanos est. numquam tamen remisit animum a colligendis in pace viribus, quibus, quandoque data fortuna esset, ad bellum uteretur. vectigalia regni non fructibus tantum agrorum portoriisque maritimis auxit, sed metalla etiam et vetera intermissa recoluit et nova multis locis instituit. ut vero antiquam multitudinem hominum, quae belli cladibus amissa erat, restitueret, non subolem tantum stirpis parabat cogendis omnibus procreare atque educare liberos, sed Thracum etiam magnam multitudinem in Macedoniam traduxerat quietusque aliquamdiu a bellis omni cura in augendas regni opes intentus fuerat.

nommen, nach der berührten Zusammenkunft nimmt er Magnesien, Dolopien, Aperantia und einige Städte in Perrhäbien, 36, 33, 1; 7; wenn er auf dem Zuge nach Dolopien Athamanien auch wieder berührt haben sollte, so hat er es doch auf demselben nicht eingenommen, s. Nissen 223. — *ut* würde hier weniger passend fehlen als 33, 45, 3; 40, 26, 6, es kann ausgefallen oder *inferre – adicere* geschrieben gewesen sein. — *recep.*, s. 36, 10, 2. — *opport.*, c. 25, 9. — *in Thrac.*, c. 24, 6. — *novae a. ins.*, sie waren lange Königen, früher denen von Aegypten, s. 31, 16, 4, dann den macedonischen unterworfen gewesen. — *vitio*, ein Uebelstand, der mit der Freiheit, wenn sie noch neu ist, verbunden erscheint, vgl. Tac. Germ. 11: *illud ex libertate vitium*. — *sedit.*, Erklärung von *vitio*. — *cepit*, das war später geschehen als das § 11 Erwähnte.

24. 1–4. *in praes.* in Bezug auf § 5: *de integro*. — *quandoque* = *quandocumque*, 1, 31, 4; ib. 24, 3.

— *fruct. agr.*, nach der Verbindung mit *portoriis* können Abgaben von dem erhöhten Bodenertrag, der erhöhte Betrag des Zehnten, den Worten nach auch der höhere Ertrag der Domäne verstanden werden. — *portor. marit.*, Abgaben in den Häfen, Ein = und Ausgangszölle; *portoria* allein hat meist eine weitere Bedeutung, s. 32, 7, 3, vgl. 40, 51, 8; Schlosser Gesch. d. alt. Welt 2, 2, 131. — *metalla*, s. 42, 12, 9; ib. 52, 12; 45, 18, 3: *metalli quoque Macedonici, quod ingens vectigal erat*; ib. 29, 11. — *vetera int.*, alte, aber aufgegebene Bergwerke. — *subol. stirp.*, Nachwuchs aus dem Stamme, gleichsam neue Zweige, s. 42, 11, 6; Schorn 327. — *procreare*, L. hat wahrscheinlich an Gesetze wie die Papia Poppaea u. ä. gedacht. — *quietusque* etc. fügt den Umstand hinzu, durch den die Ausführung der Massregeln möglich wurde; die Kriege sind wol die gegen Thraker, Dardaner u. a., s. 42, 52, 11. — *in - augend. intentus*, sonst *ad* oder der dativ. gerundivi.

5 rediere deinde causae, quae de integro iram moverent in Roma-
6 nos. Thessalorum et Perrhaeborum querellae de urbibus suis ab
  eo possessis et legatorum Eumenis regis de Thraciis oppidis per
  vim occupatis traductaque in Macedoniam multitudine ita auditae
7 erant, ut eas non neglegi satis adpareret. maxime moverat senatum, quod iam Aeni et Maroneae adfectari possessionem audierant;
8 minus Thessalos curabant. Athamanes quoque venerant legati,
  non partis amissae, non finium iacturam querentes, sed totam
9 Athamaniam sub ius iudiciumque regis venisse; et Maronitarum
  exules — erant pulsi, quia libertatis causam defendissent ab regio
  praesidio —, ii non Maroneam modo, sed etiam Aenum in pote-
10 state narrabant esse Philippi. venerant et a Philippo legati ad purganda ea, qui nihil nisi permissu Romanorum imperatorum fa-
11 ctum adfirmabant: civitates Thessalorum et Perrhaeborum et Magnetum et cum Amynandro Athamanum gentem in eadem causa
12 qua Aetolos fuisse; Antiocho rege pulso occupatum obpugnandis
  Aetolicis urbibus consulem ad recipiendas eas civitates Philippum
13 misisse; armis subactos parere. senatus ne quid absente rege statueret, legatos ad eas controversias disceptandas misit Q. Caeci-

5-7. *rediere*, es traten wieder ein. — *non negl.*, kaum ist der Krieg mit Antiochus beendigt, so wird Phil. wieder geschwächt, s. 36, 34, 9 f.; Mommsen 1, 750 ff. — *Aeni-Maron.*, c. 27 f., wichtige Küstenpunkte in Thracien, wohin der König seine Macht nicht ausdehnen sollte, s. 38, 41, 4. — *adfectari*, 28, 18, 10.
8-9. *partis* n. *agri sui*. — *sed tot.*, s. c. 14, 7; 2, 52, 2; 31, 22, 7; zur Sache c. 25, 17. — *sub ius iudic.*, 36, 39, 9: *illi cogantur in ius iudiciumque populi R.*; 41, 22, 4. — *et Mar.* - *ii* haben die meisten Hss., *ii* wiederholt dann nach der Parenthese das Subj. zu *nuntiabant*, s. 1, 49, 9; 40, 56, 4; 42, 3, 7; da jedoch einige Hss. *qui erant* st. *ii erant* haben, so ist wahrscheinlich, dass L. *venerant* geschrieben habe, wie Crevier u. Drak. vermuthen. — *libert. caus.*, sie traten für die Unabhängigkeit und republikanische Verfassung in die Schranken, c. 27, 9. — *causam def. ab reg. pr.*, s. 9, 4,

13; 32, 21, 9 und so gewöhnlich nicht allein L. sondern auch Cicero und Caesar. — *Aenum*, Polyb. l. l.: συνέβαινε δὲ τοὺς Αἰνίους πάλαι μὲν στασιάζειν, προσφάτως δὲ ἀπονεύειν τοὺς μὲν πρὸς Εὐμένη τοὺς δὲ πρὸς Μακεδονίαν.
10-14. *purganda*, 27, 20, 12, vgl. 41, 19, 5. — *imperator.*, des Baebius § 13 und Acilius 36, 33, vgl. 35, 31, 5; ib. 37, 3 a. E. — in *eadem - qua*, s. c. 11, 7; Cic. Fin. 4, 20, 56: *eadem esse in causa, qua tyrannum Dionysium.* — *Aetol.*, da sie wie diese zu Antiochus übergegangen waren. — *armis sub.*, nach Kriegsrechte. — *absente r.* etc., Polyb.: ἔδοξε τῇ συγκλήτῳ παραυτίκα καταστῆσαι πρεσβείαν τὴν ἐπισκεψομένην τὰ κατὰ τὸν Φίλιππον καὶ παρέξουσαν ἀσφάλειαν τοῖς βουλομένοις κατὰ πρόσωπον λέγειν τὸ φαινόμενον καὶ κατηγορεῖν τοῦ βασιλέως. — *discept.*, c. 25, 1. — *Caecil.*; 35, 8; 28, 45. *Baebius*, mit dem zusammen Philipp. eine Zeit lang Krieg geführt hatte, 36,

lium Metellum M. Baebium Tamphilum Ti. Sempronium. quo- 14
rum sub adventum ad Thessalica Tempe omnibus iis civitatibus,
quibus cum rege disceptatio erat, concilium indictum est.

Ibi cum Romani legati disceptatorum loco, Thessali Per- 25
rhaebique et Athamanes haud dubii accusatores, Philippus ad au-
dienda crimina tamquam reus consedissent, pro ingenio quisque
eorum, qui principes legationum erant, et gratia cum Philippo 2
aut odio acerbius leniusve egerunt. in controversiam autem ve- 3
niebant Philippopolis, Tricca, Phaloria et Eurymenae et cetera
circa [eas] oppida, utrum Thessalorum iuris, cum vi ademptae 4
possessaeque ab Aetolis forent — nam Philippum Aetolis ademisse
eas constabat —, an Aetolica antiquitus ea oppida fuissent: ita 5

13 ff., — *Sempron.* kann der 38, 52
oder der 29, 38 genannte sein. —
Thessal. T., s. 33, 35, 7; Plin. 16,
44, 244; Hor. Carm. 1, 7, 4: *Thes-
sala Tempe.*
25. 1—2. *discept.*, vgl. 38, 32, 7;
40, 17, 1. — *consed.* von den Richtern auf die *disceptatores* übergetragen, die hier, wie *accusatores —
reus* zeigt, als Richter auftreten. —
et gratia fügt an *ingenio* einen zweiten Grund der verschiedenen Aeusserungen an, und die Ablative *gratia
— odio* geben entweder die Motive
an, wie 35, 12, 9: *conscientia*; 29,
29, 9: *invidia*; 6, 36, 2: *verecundia*
u. a.; so dass es auch *et aut gratia*
etc. heissen könnte, oder es ist zu
grat. od. wieder *pro* zu denken, vgl.
c. 27, 4; *et* zu tilgen oder *aut* dafür
zu lesen wäre nicht passend, da das
ingenium nicht der Grund der *gratia* und des *odium* ist, sondern neben denselben wirkt, nicht durch
dieselben ausgeschlossen wird; zum
Gedanken s. 35, 17, 3f.; 5, 8, 13.
3—5. *Philipp.* ist 36, 13f. nicht
erwähnt, vgl. 28, 7, 12; Polyb. 5,
100: γενόμενος δὲ κύριος (Φίλιππος) τῶν Θηβῶν τοὺς μὲν ὑπάρχοντας οἰκήτορας ἐξηνδραποδίσα-
το, Μακεδόνας δ᾽ εἰσοικίσας Φιλίππου τὴν πόλιν ἀντὶ Θηβῶν κα-
τωνόμασεν; doch scheint der Name
nicht in Aufnahme gekommen zu
sein. — *veniebant*, s. 42, 40, 1: *expectari nos. — Tricca Phal.* hat
Phil. mit Baebius erobert, 36, 13, 6.
— *et Eurym.*, s. 29, 4, 6; *Eurymenae* wird von Plin. 4, 9, 32 neben
Meliboea in Magnesia (am östlichen
Abhange des Ossa) erwähnt, s. Bursian 1, 98; 36, 13 ist die Stadt nicht
genannt. — *circa [eas]* nach Crevier,
s. 36, 14, 12; im Folg. ist viell.
nach der Andeutung der Mz. Hds.
ademisse ea zu lesen. — *iuris* wie
potestatis dicionis esse u. ä. gesagt:
gehörig zu dem Kreise, in dem die
Thessaler Recht haben, herrschen,
s. 6, 10, 3; 38, 11, 9, vgl. c. 24, 8:
ius iudiciumque. — possessaeq. wie
§ 6; c. 24, 6, von *possido*; dieses
und *ademptae* ist gesagt als ob *urbes* vorhergienge. — *antiquitus*, von
welcher Zeit an gerechnet wird, ist
nicht klar, da die Aetolier erst nach
Alexander des Gr. Zeit angefangen
haben sich auszubreiten. — *ea oppida* und *fuissent* gehören auch zu
Thessalorum iuris, es handelte sich
darum, ob die Städte immer ätolisch
oder früher im Besitze Anderer gewesen, diesen aber von den Aetolern genommen seien, nicht darum,
ob sie immer den früheren Be-
sitzern gehört haben, es war also
genügend nachzuweisen, dass die
Thessaler gerade, nicht Andere, damals im rechtmässigen Besitze derselben waren, als die Aetoler sie an
sich rissen, sie gerade diesen, nicht

enim Acilium regi concessisse, si Aetolorum fuissent, si voluntate,
6 non si vi atque armis coacti cum Aetolis essent. eiusdem formulae disceptatio de Perrhaeborum Magnetumque oppidis fuit:
omnium enim iura possidendo per occasiones Aetoli miscuerant.
7 ad haec, quae disceptationis erant, querellae Thessalorum adiectae,
quod ea oppida, si iam redderentur sibi, spoliata ac deserta red-
8 diturus esset: nam praeter belli casibus amissos quingentos principes iuventutis in Macedoniam abduxisse et opera eorum in servilibus abuti ministeriis, et quae reddiderit coactus Thessalis, inu-
9 tilia ut redderet curasse. Thebas Phthias unum maritimum emporium fuisse quondam Thessalis quaestuosum et frugiferum; ibi

Anderen genommen wurden, vgl. c. 23, 10. Ob L. die Stelle genau nach Polybius wiedergegeben habe, ist zu bezweifeln, da der folg. Satz, der den vorhergeh. begründen soll: *ita enim*, eine ganz andere Norm aufstellt, indem es nach dieser nur darauf ankommt, ob die Städte, wenn sie den Aetolern gehörten, sich von freien Stücken (*voluntate*), wovon vorher nicht die Rede ist, an sie angeschlossen haben, s. 33, 13, 8; Uebereinstimmung beider Sätze würde auch nicht gewonnen, wenn man mit Madvig: *Thess. iuris cum essent, vi ademptae* lesen wollte. — *si volunt.* etc. fügt zu dem schon bedingten Satze: *concessisse, si-fuissent* eine zweite die vorhergeh. noch enger begrenzende, s. c. 17, 2; 42, 7; Cic. Fin. 2, 34, 112: im Falle, dass usw., Andere lesen *et si volunt.*, doch steht nicht fest, ob *et* sich in Hss. finde. — *coacti*, weil dieses nur von den Bewohnern der Städte nicht von diesen selbst ausgesagt werden konnte, s. 31, 16, 5. 6–10. *eiusd. form.*, s. c. 26, 14; 40, 12, 20, wahrscheinlich dem Formularprocess entlehnt, die dem Richter von dem Magistrate gegebene Anweisung, nach welcher derselbe in einem Processe untersuchen und entscheiden soll, s. Rein 907; an u. St. ist der Sinn: dass das Folg. unter dieselbe Kategorie falle wie das Vorhergeh., bei der Verhand-

lung und Entscheidung (*disceptatio*) dieselbe Norm, derselbe Grundsatz in Anwendung komme. — *omnia* etc., eine deutliche Bezeichnung der Politik der Aetoler, nach Polybius, s. Brandstäter die Gesch. des ätol. Bundes 280ff., *omnia iura* hängt nicht von *possidendo* ab. — *quae disc. er.*, was erst untersucht werden musste. — *si iam*, wenn ja, wirklich, 34, 2, 6; Cic. Tusc. 1, 22, 50. — *praeter b. c. amiss.*, vgl. 27. 36, 2; 1, 59, 4; 40, 4, 13. — *Thebas Pht.*, nach dem Zusammenhange wird Theben als ein Beispiel für *quae reddiderit - curasse* angeführt, also vorausgesetzt, dass die Thessaler die streitige Stadt, s. 33, 13, 6; ib. 34, 7, ebenso wie Pharsalus, s. 36, 10, 9, nach der 33, 34 bezeichneten Zeit wiederbekommen haben; doch bleibt es dann unklar, wie § 3 Philippopolis noch unter den Städten, um die es sich handelt, genannt werden kann, da sich kaum annehmen lässt, dass dort von einer anderen Stadt die Rede sei, oder Philippus sie den Thessalern gegeben, dann wieder genommen habe. — *maritim. emp.*, Theben lag auf einer vorspringenden Höhe des Krokiougebirges am Meere; Polyb. 5, 99: ἡ δὲ πόλις αὕτη κεῖται μὲν οὐ μακρὰν ἀπὸ τῆς θαλάττης, ἐπίκειται δὲ εὐκαίρως τῇ τε Μαγνησίᾳ καὶ Θετταλίᾳ etc. — *quondam*, bevor sie die Aetoler und dann Philippus

navibus onerariis comparatis regem, quae praeter Thebas Demetriadem cursum derigerent, negotiationem maritimam omnem eo avertisse. iam ne a legatis quidem, qui iure gentium sancti sint, 10 violandis abstinere: insidias positas euntibus ad T. Quinctium. itaque ergo in tantum metum omnes Thessalos coniectos, ut non 11 in civitatibus suis, non in communibus gentis conciliis quisquam hiscere audeat. procul enim abesse libertatis auctores Romanos; lateri adhaerere gravem dominum, prohibentem uti beneficiis populi Romani. quid autem, si vox libera non sit, liberum esse? nunc se fiducia et praesidio legatorum ingemiscere magis quam 12 loqui. nisi provideant aliquid Romani, quo et Graecis Macedoniam adcolentibus metus et audacia Philippi minuatur, nequiquam et illum victum et se liberatos esse. ut equum tenacem, non paren- 13 tem frenis asperioribus castigandum esse. haec acerbe postremi, 14 cum priores leniter permulsissent iram eius petentes, ut ignosceret pro libertate loquentibus, et ut deposita domini acerbitate 15 adsuesceret socium atque amicum sese praestare et imitaretur populum Romanum, qui caritate quam metu adiungere sibi socios

in Besitz genommen hatten. — *ibi nav.* — *eo avertisse*, er hätte also in Theben selbst eine Handelsflotte gebaut um so den Handel nach Demetrias zu leiten; doch sieht man nicht, wie das Letztere durch das Erstere erreicht werden konnte, während ein einfaches Verbot in Theben zu landen näher lag; wahrscheinlich soll nur gesagt werden, dass Phil. Theben als Werfte benutzte, die dort erbauten Schiffe die an anderen Orten genommene Ladung in Demetrias habe landen lassen; doch bleibt der Gedanke dunkel, nur etwas würde gewonnen, wenn man statt *ibi navibus* läse *inde nav.* — *regem* ist hart durch den Relativsatz von dem Prädicat getrennt; doch finden sich bei L. ähnliche Härten in der Wortstellung, s. 28, 2, 15; ib. 12, 6; 31, 46, 2; 35, 31, 13; 36, 12, 6 u. a. — *iure gent.*, 1, 14, 1. — *abstinere* in der Bedeutung: sich enthalten, s. c. 36, 10; 40, 20, 6 u. a., häufiger ohne die Präposition. — *ad P. Quinct.*, das Factum scheint sonst nicht bekannt zu sein, es müsste geschehen sein, als Quinctius an der Spitze des Heeres stand, s. 32, 9 ff., oder als er Gesandter in Griechenland war, 35, 25 ff. 11—13. *itaque ergo*, 1, 25, 2. — *in met.* – *coni.*, 34, 28, 3. — *comm. g. concil.*, 36, 8, 2. — *hiscere*, 6, 16, 3. — *lateri adh.*, 34, 41, 4. — *fiduc. et praes.*, verschiedene Ablative: im Vertrauen auf, unter dem Schutze der usw. — *provid.*, Vorkehrungen treffen, 23, 48, 3. — *ut equum — esse* finden sich nur in der Mz. Hs., die Beziehung von *non parentem* ist nicht klar, weshalb die Worte für ein Glossem zu *tenacem* gehalten oder für dieses *sternacem* verm. wird; sind die Worte ächt, so ist *non parent*. etc. am einfachsten auf Philippus zu beziehen. — *frenis asper.*, es ist wol an eine Kette mit Stacheln am Gebiss des Zaumes zu denken, vgl. 4, 33, 7. 14—17. *permulsiss.*, vgl. 26, 32, 8. — *et ut*, um die zweite Bitte als ein besonderes Moment zu bezeichnen ist *ut* wiederholt, s. 43, 11, 3; 22, 1, 15. — *caritate*, 33, 31, 8. —

16 mallet. Thessalis auditis Perrhaebi Gonnocondylum, quod Philippus Olympiadem adpellaverat, Perrhaebiae fuisse, et ut sibi restitueretur, agebant, et de Malloea et Ericinio eadem postulatio
17 erat. Athamanes libertatem repetebant et castella Athenaeum et Poetneum.

26   Philippus, ut accusatoris potius quam rei speciem haberet, et ipse a querellis orsus Menelaidem in Dolopia, quae regni sui fuisset, Thessalos vi atque armis expugnasse questus est, item
2 Petram in Pieria ab iisdem Thessalis Perrhaebisque captam; Xynias quidem, haud dubie Aetolicum oppidum, sibi contribuisse eos, et Paracheloida, quae sub Athamania esset, nullo iure Thessa-

---

Gonnocondyl. ist 36, 13 nicht genannt, der Ort viell. in der Nähe von Gonni und Tempe zu suchen, wo auch *Condylon* erwähnt wird, wie Andere auch an u. St. *Gonnos et Condylon* schreiben wollen, s. Bursian 1, 60, vgl. Kriegr. Tempe 70. — *agebant*, suchten in ihrer Verhandlung nachzuweisen, sonst wol selten mit dem acc. c. inf. und mehr in Beziehung auf *ut — restit.* gebraucht. — *Malloea* bat nach 36, 13, 4 Philippus unter Baebius, *Eritium* der letztere erobert. — *libertat.*, politische Unabhängigkeit, Selbständigkeit, vgl. c. 24, 8; wo die Athamanen gleichfalls zu sagen scheinen, dass Philippus ihr Land wieder unterworfen habe, obgleich L. nach der Befreiung desselben 38, 1 ff. und den Klagen Philipps 38, 10, 3 nichts davon erzählt hat. Da jedoch Phil. selbst c. 28, 4 nur von einzelnen Orten spricht, ebenso Polyb. 23, 6: ἅμα δὲ τούτοις Ἀθαμᾶνες Περραιβοὶ Θετταλοὶ φάσκοντες κομίζεσθαι δεῖν αὑτοὺς τὰς πόλεις, ἃς παρείλετο Φίλιππος αὐτῶν κατὰ τὸν Ἀντιοχικὸν πόλεμον, so ist wol anzunehmen, dass sowol an u. St. *libertatem* als c. 24, 8: *sub ius iud.* rhetorische Uebertreibung sei, und die Athamanen nur sagen wollen, dass Phil. im Besitze der genannten Castelle, welche den Zugang nach Athamanien beherrschten, ihre Unabhängig-

keit bedrohe, und deshalb die Rückgabe derselben fordern; über *Athenaeum* s. 38, 1; 2; *Poetneum* scheint sonst nicht bekannt zu sein; selbst der Name ist unsicher, da die Hss. *Penneum* u. ä. haben.
26. 1–2. *et ipse a quer.*, c. 24, 6; die Thessaler hatten nach c. 25, 7 auch mit *querellae* geschlossen. — *Menelaid.*, der Ort scheint sonst nicht vorzukommen, s. Bursian 1, 87. — *Petram*, nördlich von Perrhaebia, in der Schlucht an der Nordwestseite des Olympus, welche den östlichen Pass über den Olympus nach Macedonien bildet, vgl. 42, 53; 44, 9, 10; ib. 20, 3; 32, 9; 45, 41, 4; ein anderes Petra ist 40, 22, 12 erwähnt. — *Thess. Perrhaeb.*, wahrscheinlich ist besonders an die letzteren zu denken, an deren Grenzen die Stadt lag. — *Xynias* an dem gleichnamigen See, südlich von Thaumaci, s. 32, 13, 13; Bursian 87. — *quidem*, erst. — *Aetolic.* nach Philipps Ansicht, in dem c. 25, 4 bezeichneten Sinne. — *contrib.*, 32, 19, 4; 36, 35, 7. — *Parachel.*, durch den Zusatz *quae s. Ath. est* soll die Landschaft von der gewöhnlich Παραχελωῖτις genannten, fruchtbaren Landschaft am unteren Laufe des Achelous unterschieden werden, s. Strabo 9, 5, 10 p. 434; 10, 2, 19 p. 458; vielleicht wurde der Landstrich an der Nordwestseite Thessaliens so genannt, in welchem *Pha-*

LIBER XXXIX. CAP. 26.

lorum formulae factam. nam quae sibi crimina obiciantur de in- 3
sidiis legatorum et maritimis portubus frequentatis aut desertis,
alterum ridiculum esse, se reddere rationem, quos portus merca- 4
tores aut nautici petant, alterum mores respuere suos. tot annos 5
esse, per quos numquam cessaverint legati nunc ad imperatores
Romanos nunc Romam ad senatum crimina de se deferre: quem
umquam verbo violatum esse? semel euntibus ad Quinctium insi- 6
dias dici factas, sed quid iis acciderit, non adici. quaerentium,
quod falso obiciant, cum veri nihil habeant, ea crimina esse. in- 7
solenter et inmodice abuti Thessalos indulgentia populi Romani,
velut ex diutina siti nimis avide meram haurientes libertatem, ita- 8
que servorum modo praeter spem repente manumissorum licen-
tiam vocis et linguae experiri et iactare sese insectatione et con-
vitiis dominorum. elatus deinde ira adiecit nondum omnium die- 9
rum solem occidisse. id minaciter dictum non Thessali modo in
sese sed etiam Romani acceperunt. et cum fremitus post eam 10
vocem ortus et tandem sedatus esset, Perrhaeborum inde Atha-

loria u. *Eurymenae* lagen, die hier
ebenso wenig genannt sind, als c.
25, 3 Parachelois. — *formulae f.*,
sei ein Theil ihrer Herrschaft geworden; *formula* eigentlich ein
Verzeichniss, κατάλογος, also ein
Verzeichniss der zu einem Staate
gehörenden Orte, Gegenstände usw.,
s. 38, 9, 10; anders § 14.
3-5. *nam*, über die Klagen, c. 25,
7; *querellae*, sei gar nichts zu sagen, sie seien ganz haltlos, c. 27, 6;
29, 8, 9; 28, 41, 11. — *alterum* —
alterum nach *quae*, s. 26, 33, 8; *ex
iis, quae* ist wol nicht zu denken, s.
c. 11, 1; die Anordnung ist chiastisch. — *ridic.*, nur die Mz. IIs. hat
deridicul., und es findet sich sonst in
dieser Zeit, auch bei Cicero u. Caesar nicht, s. c. 30, 5. — *reddere*,
wir sagen: dass ich ablegen soll; 26,
15, 9 u. a., vgl. c. 28, 12. — *nautici* 37, 28, 5. — *tot annos*, es ist
wol die Zeit seit dem Frieden 33,
30 gemeint, doch ist nur c. 24 eine
Gesandtschaft erwähnt und L. hat
mehr an die folg. Zeit gedacht. —
verbo, auch nur mit usw., 3, 14,
6: *ne voce quidem*; ebenso *semel*:
nur ein einziges mal.

7—9. *ex diut. siti*, vgl. zu 34, 49,
8; Plat. de rep. 8, 14 p. 562: ὅταν
δημοκρατουμένη πόλις ἐλευθερίας
διψήσασα κακῶν οἰνοχόων προ-
στατούντων τύχῃ καὶ - μεθυσθῇ,
τοὺς ἄρχοντας - κολάζει etc. —
haurient., s. Tac. Agr. 4: *studium
philosophiae acrius — hausisse. —
licent. — exper.*, eine Probe machen,
wie sie die neu erlangte Freiheit in
ungezügelten Reden brauchen könnten. — *lingua*, s. 21, 44, 7. — *nondum — occid.*, Diod. l. l.: οὐκ εἰδό-
τες ὅτι οὔπω πᾶς αὐτοῖς ὁ ἥλιος
δέδυκε; sprüchwörtlich, s. Theo-
crit. I, 102: ἤδη γὰρ φράσδῃ πάνθ᾽
ἅλιον μμι δέδυκειν. — *in sese
sed* wie *inter sese sed* 21, 1, 2. —
acceper., sie fassten es so auf, als
ob er eine Drohung ausgesprochen
habe, 22, 26, 5: *eam rogationem —
in contumeliam eius latam acceperunt*; aber an u. St. gehört *in* zu
dictum, in sese auch zu *Romani*;
Diod. ὑπόνοια τοῖς ἀκούουσιν εἰσ-
έπεσεν ὡς Φιλίππου διαπολεμή-
σοντος πρὸς Ῥωμαίους, καὶ - ἐκρι-
ναν μηδεμίαν πόλιν τῶν κατὰ Μακεδονίαν οὐσῶν ἔχειν Φίλιππον.
10-14. *inde* im Nachsatze, s. 4,

manumque legatis respondit eandem, de quibus illi agant, civita-
11 tium causam esse: consulem Acilium et Romanos sibi dedisse
12 eas, cum hostium essent; si suum munus, qui dedissent, adimere
velint, scire cedendum esse; sed meliori et fideliori amico in gra-
13 tiam levium et inutilium sociorum iniuriam eos esse facturos. nec
enim ullius rei minus diuturnam esse gratiam quam libertatis,
14 praesertim apud eos, qui male utendo eam corrupturi sint. causa
cognita pronuntiarunt legati, placere deduci praesidia Macedonum
ex iis urbibus et antiquis Macedoniae terminis regnum finiri. de
iniuriis, quas ultro citroque inlatas querantur, quo modo inter eas
gentes et Macedonas disceptetur, formulam iuris exsequendi con-
stituendam esse.

27   Inde graviter offenso rege Thessalonicen ad cognoscendum
2 de Thraeciae urbibus proficiscuntur. ibi legati Eumenis, si libe-
ras esse Aenum et Maroneam velint Romani, nihil sui pudoris
esse ultra dicere quam ut admoneant, re, non verbo eos liberos
3 relinquant, nec suum munus intercipi ab alio patiantur; sin autem
minor cura sit civitatium in Thraecia positarum, multo verius esse,

---

47, 2; 21, 43, 1. — *Acil. et Rom.*, 35, 34, 1; *Romani* zunächst der Senat. — *causam*, c. 24, 11. — *cum h. ess.*, als oder weil sie den Feinden (Antiochus u. den Aetolern) damals angehörten, auf deren Seite standen. — *dedissent - velint*, s. 27, 10, 1. — *scire se*, nur die Mz. Hs. hat *se*, s. 38, 8, 6. — *in gratiam*, s. 40, 17, 2; 35, 2, 6, s. zu 28, 21, 3; 8, 22, 4. — *praesertim* steht so allein nicht oft bei L., s. 7, 20, 5; 25, 36, 2; 26, 50, 5; 45, 23, 18. — *causa cog.*, als Richter, c. 25, 1; eben so sind *pronuntiarunt, placere, formulam iuris*, s. c. 25, 6, dem Gerichtswesen entlehnt. — *antiquis*, ein sehr dehnbarer Begriff; es ist wol an die Grenzen zu denken, die Maced. hatte, bevor Philipp. II seine Macht in Griechenland ausbreitete. —*finiri*, beschränkt, begrenzt werde. — *ultro citroq.* etc., für Streitigkeiten — solle, müsse eine bestimmte Norm, ein Statut aufgestellt werden, nach dem zu entscheiden sei, s. 41, 24, 16: *commercium iuris prae-bendi repetendique sit*; es sind Gerichte gemeint, in welchen von beiden Parteien gewählte Richter entscheiden, Recuperatorengerichte, s. 38, 38, 17; durch dieselben erhalten die Bürger der beiderseitigen Staaten (unter der Aufsicht der Römer) Rechtsschutz.

27. 1-4. *inde* könnte auch causal genommen werden, doch liegt die locale Auffassung näher. — *Thessalonicen*, wie 45, 30, 4; dagegen 40, 4, 10; 42, 67, 3 *Thessalonicam.* — *legati*, das verbum dicendi fehlt hier um so leichter, da sogleich *dicere* folgt, sonst häufiger bei L. vor oratio recta. — *nihil*, zu *dicere* gehörig, ist mit Nachdruck vorangestellt. — *pud. sui esse*, ihr Ehrgefühl gebiete ihnen, sie wollten daher. — *nihil dicere*, vgl. 31, 15, 2. — *verbo*, anders als c. 26, 5, vgl. 35, 46, 6. — *eos*, 38, 29, 9. — *minor*, als für die eigentlich griechischen; *civitatium* kurz *libertatis civitatium.* — *verius*, s. 40, 16, 6; 2, 48, 2 vgl. c. 28, 5: *aequius esse.* —

quae sub Antiocho fuerint, praemia belli Eumenem quam Philippum habere vel pro patris Attali meritis bello, quod adversus Philippum ipsum gesserit populus Romanus, vel suis, quod Antiochi bello terra marique laboribus periculisque omnibus interfuerit. habere eum praeterea decem legatorum in eam rem praeiudicium, qui cum Chersonesum Lysimachiamque dederint, Maroneam quoque atque Aenum profecto dedisse, quae ipsa propinquitate regionis velut adpendices maioris muneris essent. nam Philippum quidem quo aut merito in populum Romanum aut iure imperii, cum tam procul a finibus Macedoniae absint, civitatibus his praesidia inposuisse? vocari Maronitas iuberent; ab iis certiora omnia de statu civitatium earum scituros. legati Maronitarum vocati non uno tantum loco urbis praesidium regium esse, sicut in aliis civitatibus, dixerunt, sed pluribus simul, et plenam Macedonum Maroneam esse. itaque dominari adsentatores regios; his solis loqui et in senatu et in contionibus licere, eos omnes honores et capere ipsos et dare aliis. optimum quemque, quibus libertatis, quibus legum cura sit, aut exulare pulsos patria aut inhonoratos et deterioribus obnoxios silere. de iure etiam finium pauca adiecerunt: Q. Fabium Labeonem, cum in regione ea fuisset, direxisse finem Philippo veterem viam regiam, quae ad Thraeciae Paroreiam

praemia allgemein statt: sie als usw.
— *vel suis*, ohne *pro*, s. 42, 57, 9; Cic. Or. 3, 25, 100: *vel ex poetis vel oratoribus*. — *quod Antiochi*, ist nicht sicher, da die Hss. *quo* haben, was *quoniam* sein kann; es wird auch *qui* vermuthet.
5—6. *praeiudic.*, 3, 40, 11, der vorläufige Bescheid soll jetzt von den Commissaren bestätigt werden.
— *qui cum*, 21, 6, 4; ib. 41, 8. — *dederint*, dazu, wie zu *dedisse* kann *ei* aus *eum* gedacht werden. — *dedisse*, in orat. recta *cum dederunt – dederunt*: indem sie das Eine gegeben hätten, hätten sie auch das Andere gegeben, da so es sich von selbst verstehe, sei es nicht besonders erklärt; allerdings lag dieses in dem Ausspruch 38, 39, 14: *quibus finibus tenuerat Antiochus*, da dieser auch Aenus u. Maronea besetzt gehabt hatte, s. 37, 60 vgl. ib. 54, 11.
— *adpendic.*, 21, 5, 11. — *nam* wie c. 26, 3. — *Phil. quid.*, Ph. we-

nigstens, erst habe gar keinen Anspruch. — *aut mer.*, vgl 24, 47, 5.
— *scit.*, 35, 38, 14.
7—10. *urbis – civit.*, nur um zu wechseln, praef. 11. — *adsent.*, 31, 25, 10. — *senatu – cont.*, nach röm. Vorstellung. — *legum* im Gegensatze zu der königlichen Willkür, vgl. 2, 1, 1. — *deteriorib. obn.*, 38, 34, 9. — *iure fin.*, die gesetzlich bestimmten Grenzen. — *Fabium*, bei der 37, 60, 7 erwähnten Expedition. — *veterem viam reg.* etc., die jüngeren Hss. haben *veterem regiam*, *quae – ad mare ferentem*, was Gron. billigt. — *Thraec. Paror.*, 42, 51, 5: *Paeones et ex Paroria et Parastrymonia (sunt autem ea loca subiecta Thraciae) et Agrianes*; Plin. 4, 10, 35: *Paeoniae gentes Paroraei*, es scheint also die Berggegend an der Westgrenze Thraciens nach dem Strymon zu gewesen zu sein; *Thraeciae*, da auch in Epirus, s. zu 38, 4, 3, eine *Parorea* erwähnt

subeat, nusquam ad mare declinantem; Philippum novam postea deflexisse viam, qua Maronitarum urbes agrosque amplectatur.

28 Ad ea Philippus longe aliam quam adversus Thessalos Perrhaebosque nuper ingressus disserendi viam „non cum Maronitis" inquit „mihi aut cum Eumene disceptatio est, sed iam vobiscum, Romani, a quibus nihil aequi me impetrare iam diu
2 animadverto. civitates Macedonum, quae a me inter indutias defecerant, reddi mihi aequum censebam, non quia magna accessio ea regni futura esset — sunt enim et parva oppida et in finibus extremis posita —, sed quia multum ad reliquos Macedonas con-
3 tinendos exemplum pertinebat. negatum est mihi. bello Aetolico Lamiam obpugnare iussus a consule M'. Acilio cum diu fatigatus ibi operibus proeliisque essem, transcendentem me iam muros a capta prope urbe revocavit consul et abducere copias inde coegit.
4 ad huius solacium iniuriae permissum est, ut Thessaliae Perrhaebiaeque et Athamanum reciperem quaedam castella magis quam urbes. ea quoque ipsa vos mihi, Q. Caecili, paucos ante dies ade-
5 mistis. pro non dubio paulo ante, si diis placet, legati Eumenis sumebant, quae Antiochi fuerunt, Eumenem aequius esse quam

---

wird, vgl. c. 26, 2. — *Paroreia* scheinen an u. St. die Hss. zu haben, wie oft *Elateia* u. a., anders 42, 51. — *subeat*, sich nähere, hinziehe, Curt. 7, 14, 19: *mare quod Ciliciam subit* u. a. — *nusquam* kann sich nur auf Thracien beziehen, da sonst Macedonien das Meer berührte; der Sinn ist also, dass östlich vom Strymon wie in früherer Zeit und dann die spätere via Egnatia die Grenze nördlich vom Meere sich hingezogen habe. — *deflex.*, von der Richtung ab, welche der angegebene Grenzweg gehabt habe. — *qua*, vermittelst dessen usw., der Weg muss also östlich von Aenus erst das Meer erreicht und Phil. erklärt haben, dass alles von demselben südlich liegende Land zu seinem Reiche gehöre.

28. 1-4. *aliam, quam*, 1, 56, 7; 31, 35, 7; u. a. Sall. I. 82, 3: *alii, quam Mario* u. a. — *discept.*, c. 24, 14. — *animadverto*, das Präsens bei *iam diu* wie 27, 17, 13: *iam pridem esse*; Cic. Cat. 1, 5, 12: *iam diu hortor*; oft bei *olim*. — *civit. Maced.*, Phil. scheint hier und § 11, anders als c. 23, 6, mehrere Städte zu verstehen; mehr übereinstimmend mit 31, 40, wo nur Celetrum erwähnt ist. — *per indut.*, es scheint der 32, 36 geschlossene Waffenstillstand zu sein, obgleich weder L. noch Polybius berichtet hat, dass in dieser Zeit der Abfall erfolgt sei. Uebrigens wird der Umstand, dass es gerade während eines Waffenstillstandes geschehen sei, da die Städte von den Römern dann nicht hätten angenommen werden dürfen, nicht ohne Absicht betont. — *accessio*, 31, 7, 9. — *pertineb.*, war von Bedeutung für. — *Lamiam*, c. 23, 8. — *operib.*, s. 36, 25, 5: *Romani supra terram operibus, subtus Macedones cuniculis oppugnabant*. — *ad h. solac.*, vgl. zu c. 23, 10 f. — *vos - Caecili*, weil der letzte der princeps legationis ist.

5-9. *fuerunt*, s. 36, 39, 10; 9, 25, 5; ib. 42, 3. — *aequius*, c. 27,

me habere. id ego longe aliter iudico esse. Eumenes enim non, nisi vicissent Romani, sed, nisi bellum gessissent, manere in regno suo non potuit. itaque ille vestrum meritum habet, non vos illius. mei autem regni tantum aberat ut ulla pars in discrimine fuerit, 6 ut tria milia talentum et quinquaginta tectas naves et omnes Graeciae civitates, quas antea tenuissem, pollicentem ultro Antiochum in mercedem societatis sim aspernatus; hostemque ei me esse 7 prius etiam, quam M'. Acilius exercitum in Graeciam traiceret, praetuli et cum eo consule belli partem, quamcumque mihi delegavit, gessi. et insequenti consuli, L. Scipioni, cum terra statuisset 8 ducere exercitum ad Hellespontum, non iter tantum per regnum nostrum dedi, sed vias etiam munivi, pontes feci, commeatus praebui, nec per Macedoniam tantum, sed per Thraeciam etiam, 9 ubi inter cetera pax quoque praestanda a barbaris erat. pro hoc 10 studio meo erga vos, ne dicam merito, utrum adicere vos, Romani, aliquid et amplificare et augere regnum meum munificentia vestra oportebat, an quae haberem aut meo iure aut beneficio vestro eripere, id quod nunc facitis? Macedonum civitates, quas regni mei 11 fuisse fatemini, non restituuntur. Eumenes, tamquam ad Antio-

3: *verius.* — *non*, *nisi* sind nicht zusammen zu nehmen, sondern *non* zu *potuit*, wie *sed non potuit* im Folg.: *non potuit manere, nisi - sed non pot. manere, nisi* etc., s. 38, 22, 9; 23, 5, 7; 21, 41, 16, der Gedanke ist zusammengezogen: Eumenes konnte, ich will nicht sagen wenn — gesiegt, sondern schon in dem Falle, dass — nicht geführt hätten, sich — nicht behaupten. — *tantum aberat ut - fuerit*, 40, 19, 6: *tanta erat, ut - renuntiarerint*; 45, 43, 8; 44, 6, 16; vgl. 7, 4, 4; Cic. Verr. 2, 1, 30, 75 u. a.; *tantum abest ut - ut* 6, 15, 5; ib. 31, 4: *ut - ut contra*; dagegen *ab eo ut - ut* 25, 6, 11; mit einfachem *ut* 4, 58, 2; 6, 32, 4; 26, 31, 5. — *tria m.* etc., diese Verhandlungen hat L. 35, 47; 36, 7 nicht erwähnt, vgl. 36, 8, 4. — *in merced.*, so dass sie der Lohn wären, vgl. 42, 39, 7: *in pignus fidei obsides desiderati*; Iustin. 7, 3, 2; 22, 3, 4; ib. 11, 12, 2: *in pretium regnum dedit*; 38, 5, 3: *in dotem dare*; *in supplementum* und *supplementum scribere*; *in praemium* und *praemio dare*; etwas anders Seneca Benef. 4, 1, 2: *honesta in mercedem colunt*; L. 21, 43, 7; vgl. 32, 39, 3; Madvig will *in* tilgen. — *prius*, s. 36, 8, 6. — *praetuli*, s. 42, 14, 5; 37, 37, 3; 3, 12, 9. — *terra*, s. 24, 40, 17; 36, 41, 3; 37, 9, 6 u. a. — *nostrum - munivi*, vgl. 40, 9, 2 ff.; Cic. Lig. 7, 20: *omittam - nostram*, anders 8, 7, 16; 22, 50, 7. — *vias*, s. 37, 7, 15. — *inter cet.*, 36, 39, 4. — *praest. a barb.* s. *mihi*, ein Missverständniss war nicht zu besorgen, s. 9, 20, 7, vgl. 40, 34, 14; *pax*: zu bewirken, dass sie nicht angegriffen wurden. 10-14. *ne dic.*, um nicht ein unpassendes, zu viel sagendes Wort zu brauchen; hier nicht ohne Ironie. — *fatemini*, es ist 33, 34, 6, vgl. zu c. 23, 6, bestimmt ausgesprochen. — *Eumenes* durch seine Gesandten. — *tamquam — spol. me venit* wird von Madvig erklärt *ad me, tamquam ad Ant.*, spoliandum venit, da die Präposition im Griech., s. Krüger

chum spoliandum me venit et, si diis placet, decem legatorum decretum calumniae inpudentissimae praetendit, quo maxime et
12 refelli et coargui potest. disertissime enim planissimeque in eo scriptum est Chersonesum et Lysimachiam Eumeni dari. ubi tandem Aenus et Maronea et Thraeciae civitates adscriptae sunt? quod ab illis ne postulare quidem est ausus, id apud vos, tamquam
13 ab illis impetraverit, obtinebit? quo in numero me apud vos esse velitis, refert. si tamquam inimicum et hostem insectari propositum est, pergite ut coepistis facere; sin aliquis est respectus mei ut socii atque amici regis, deprecor, ne me tanta iniuria di-
29 gnum iudicetis." Movit aliquantum oratio regis legatos. itaque medio responso rem suspenderunt: si decem legatorum decreto
2 Eumeni datae civitates eae essent, nihil se mutare; si Philippus bello cepisset eas, praemium victoriae iure belli habiturum; si neutrum eorum foret, cognitionem placere senatui reservari et, ut omnia in integro manerent, praesidia, quae in iis urbibus sint,
3 deduci. Hae causae maxime animum Philippi alienaverunt ab Romanis, ut non a Perseo filio eius novis causis motum, sed ob has a patre bellum relictum filio videri possit. Romae nulla Macedonici belli suspicio erat.

Griech. Gr. § 69, 8, in Vergleichungen bisweilen nur einmal, bei dem zur Vergleichung herbeigezogenen Begriffe, gesetzt, nicht bei dem, auf welchen die Vergleichung sich bezieht, wiederholt wird, wie Cic. Tusc. 5, 32, 90: *quare ut ad quietum me licet venias*, wo nach dem Griech. übersetzt ist; sonst ist diese Form im Lat. sehr selten, und ohne dass ein Verbalbegriff, wie an u. St. *spoliandum* hinzutritt, der auch zu *ad Antiochum* zu nehmen wäre. Es ist deshalb wenigstens nicht sicher, dass die Stelle ganz richtig sei; Gron. verm.: *ad me tamq. Ant. spoliandum*; eine Hs. hat *ad spol. me.* — *calumn.*, Verdrehung des Rechtes, der Verhältnisse, s. c. 4, 11. Vor dem Worte haben die Hss. *peccine, pecunie, plenum.* — *praetend.*, c. 16, 7; 37, 54, 13. — *disert.*, 42, 23, 4; 36, 28, 2. — *dari*, vgl. c. 26, 4: *reddere*; zur Sache c. 27, 5. — *et Thraec.*, und überhaupt Thr. — *quo in num.*, s. 25, 22, 12; über *quo num.*, s. c. 36, 15. — *refert*, darauf kommt es an, darum handelt es sich, 29, 17, 1; c. 36, 16; 8, 39, 11. — *respect.*, 26, 1, 4; 42, 37, 2.
29. 1—3. *medio*, s. 3, 13, 6. — *decem leg. d.*, welches sicher den Richtern eben so gut bekannt war, als dass Phil. die Städte nicht im Kriege (es ist wol der mit Antiochus gemeint) genommen habe; die Form soll nur die Entscheidung weniger schroff machen. — *cognit.*, hier: die letzte Entscheidung. — *in integro* etc., d. h. wie sie vor der Besitznahme Philipps gewesen waren, daher *deduci*, vgl. c. 33, 4; 34, 1. — *relictum*, 41, 23, 11; *bellum* gehört auch zu *motum*, durch *ob has* etc. wird übrigens weniger das *relinqui* als der spätere Ausbruch des Krieges motivirt, vgl. Pol. 23, 4 a. E. — *Romae* etc. bildet nur den Uebergang zum Folg.

L. Manlius proconsul ex Hispania redierat. cui postulanti 4
ab senatu in aede Bellonae triumphum rerum gestarum magnitudo
impetrabilem faciebat, exemplum obstabat, quod ita comparatum 5
more maiorum erat, ne quis, qui exercitum non deportasset, triumpharet, nisi perdomitam pacatamque provinciam tradidisset successori. medius tamen honos Manlio habitus, ut ovans urbem iniret. tulit coronas aureas quinquaginta duas, auri praeterea pon- 6
do centum triginta duo, argenti sedecim milia trecenta, et pronun- 7
tiavit in senatu decem milia pondo argenti et octoginta auri Q.
Fabium quaestorem advehere: id quoque se in aerarium delaturum.

Magnus motus servilis eo anno in Apulia fuit. Tarentum 8
provinciam L. Postumius praetor habebat. is de pastorum con- 9
iuratione, qui vias latrociniis pascuaque publica infesta habuerant,
quaestionem severe exercuit. ad septem milia hominum condemnavit; multi inde fugerunt, de multis sumptum est supplicium.
consules diu retenti ad urbem dilectibus tandem in provincias 10
profecti sunt.

29, 4-10. Triumph des Manlius; Sclavenverschwörung.
4 - 7. *Manlius*, c. 21, 5; er heisst *proconsul*, obgleich er als Prätor in die Provinz gegangen ist, 33, 25, 9; 35, 22, 6; 37, 46, 7 u. a. — *Bellonae*, 41, 6. — *ita-ne*, s. 38, 4, 3; in früherer Zeit, als die Feldzüge kurze Zeit dauerten, wurde dem mit dem Heere zurückkehrenden Feldherrn der Triumph gestattet; als dieselben sich in die Länge zogen, namentlich in Provinzen, wo stehende Statthalterschaften eingerichtet waren, wie in Spanien, wurde oft nur die mit *nisi - successori* bezeichnete Beschränkung geltend gemacht, doch nicht immer, s. 31, 49; 34, 10, 6, vgl. 26, 21; Becker 2, 2, 79. — *perdomit.*, vgl. 40, 35, 13. — *medius*, die Mitte zwischen welchen Ehren gemeint sei, ist nicht deutlich, wenn nicht das schon als Ehre galt, dass der siegreiche Feldherr, wenn auch als Privatmann, die Beute in das Aerarium bringen durfte, s. 28, 38, 5; 32, 7, 4; 33, 27, 4; bei einer ähnlichen Verhandlung, 26, 21, 4, heisst es: *medium visum*, zwischen der Gestattung und Verweigerung des Triumphes, vgl. 31, 20, 5. — *ovans* wie 36, 39, 1; 34, 10, 3. — *coron.*, c. 7, 1. — *delatur.*, findet sich neben *referre* u. *inferre* gebraucht, s. 28, 39, 1; 38, 55, 12.
8-10. *Tarent.*, s. c. 41, 6; 38, 42, 6; 35, 20, 11. — *pastorum*, Sclaven, welche die Heerden (in den Abruzzen) beaufsichtigten, s. Cic. Sest. 5, 12; die Viehzucht wird jetzt in grösserem Masse als der Ackerbau getrieben, s. Mommsen 1, 834; Nitzsch die Gracchen 124f., ein grosser Theil des *ager publicus* wurde als Weideland, *saltus*, im Folg. *pascua publica*, benutzt, auf diesen hatte sich wol die Verschwörung gebildet. — *infesta hab.*, immer unsicher machten, s. c. 16, 3; 34, 36, 3. — *inde* kann sein: von diesen, s. c. 31, 13; 36, 19, 12; oder deshalb, 37, 28, 6; c. 27, 1; auch: darauf; Crevier will das W. tilgen, vgl. 22, 30, 1. — *dilectib.*, die Anordnung derselben hat L. c. 23, mit den Ursachen des macedonischen Krieges beschäftigt, ebenso wenig angegeben als die Provinzen, vgl. c. 20, 5. Die Verzögerung der

30 Eodem anno in Hispania praetores C. Calpurnius et L. Quinctius, cum primo vere ex hibernis copias eductas in Baeturia iunxissent, in Carpetaniam, ubi hostium castra erant, progressi sunt **2** communi animo consilioque parati rem gerere. haud procul Dipone et Toleto urbibus inter pabulatores pugna orta est, quibus dum utrimque subvenitur a castris, paulatim omnes copiae in **3** aciem eductae sunt. in eo tumultuario certamine et loca sua et genus pugnae pro hoste fuere. duo exercitus Romani fusi atque **4** in castra compulsi sunt. non institere perculsis hostes. praetores Romani, ne postero die castra obpugnarentur, silentio proxi- **5** mae noctis tacito signo exercitum abduxerunt. luce prima Hispani acie instructa ad vallum accesserunt vacuaque praeter spem castra ingressi, quae relicta inter nocturnam trepidationem erant, diripuerunt, regressique in castra sua paucos dies quieti in stativis **6** manserunt. Romanorum sociorumque in proelio fugaque ad quinque milia occisa, quorum se spoliis hostes armarunt. inde ad **7** Tagum flumen profecti sunt. praetores interim Romani omne id tempus contrahendis ex civitatibus sociis Hispanorum auxiliis et reficiendis ab terrore adversae pugnae militum animis consum- **8** pserunt. ubi satis placuere vires, et iam miles quoque ad delendam

Aushebung ist wol durch den Mangel an kriegstüchtiger Mannschaft veranlasst, s. Mommsen 1, 856. — *provincias*, nach c. 32, 1, vgl. c. 45, 3, sollte man *provinciam* erwarten. **30-32**, 4. Krieg in Hispanien und Ligurien.
1-4. *Calpurn.*, c. 21, 5. *Quinct.* c. 8; die Erzählung knüpft an c. 21, 10 an. — *Baetur.*, zwischen Anas, Baetis und dem Meere, s. Plin. 3, 1, 13. — *Carpet.*, das Heer der provincia citerior wäre also zuerst weit westlich, dann nach Osten zurückgegangen. — *Dipone*, so oder *Dypone*, *Dippone* haben die Hss., nicht *Hippone*, wie gewöhnlich gelesen wird; *Hippo* wird in dieser Gegend nicht erwähnt, wol aber in einem Itinerarium *Dipo* oder *Dipone* in der Nähe von Emerita Augusta, s. Ukert 392; in Baetica von Plinius ein *Hippo Nova*. — *sua*, s. 42, 43, 3, entspricht, kurz ausgedrückt statt *et loca, ubi hostis constiterat, sua erant, pro hoste*, s. 28, 33, 9. —

duo exerc., die beiden Legionen mit ihren Hülfstruppen. — *tacito s.*, mit der Parole durch die tessera angeordnet, s. 21, 48, 4; 5, 36, 7; 7, 35, 1; Sil. It. 15, 478: *tacitum dat tessera signum*; der nicht mit der bucina angezeigte Abzug galt nicht für ehrenvoll, 21, 47, 2.
5-10. *relicta*, nur die Mz. Hs. hat *derelicta*, was sich sonst bei L. nicht zu finden scheint, vgl. c. 26, 4: *deridiculum*. — *qui. in stativis*, ohne etwas gegen den Feind zu thun, die Mz. Hs. hat *quietis hi stativis*, gewöhnlich wird *quieti stativis* gelesen: da von dem Feinde nichts zu besorgen war, wie 37, 15, 3; vgl. 7, 26, 1: *cum quieti stationibus tempus tererent*; 1, 57, 4; es wird *quieti his stativis* od. *quieti isdem stativis*, s. 33, 36, 7, vermuthet. — *spoliis se arm.*, vgl. 22, 46, 4. — *ex civ. soc.*, was aus der provincia citerior nicht so schnell zu bewerkstelligen war. — *reficeret*, vgl. 33, 36, 7. — *satis pl.*, 33, 31, 6; Vell.

priorem ignominiam hostem poscebat, profecti, duodecim milia
passuum ab Tago flumine posuerunt castra. inde tertia vigilia 9
sublatis signis quadrato agmine principio lucis ad Tagi ripam pervenerunt. trans fluvium in colle hostium castra erant. extemplo, 10
qua duobus locis vada nudabat amnis, dextra parte Calpurnius,
laeva Quinctius exercitus traduxerunt quieto hoste, dum miratur
subitum adventum consultatque, qui tumultum inicere trepidantibus in ipso transitu amnis potuisset. interim Romani inpedimen- 11
tis quoque omnibus traductis contractisque in unum locum, quia
iam moveri videbant hostem, nec spatium erat castra communiendi, aciem instruxerunt. in medio locatae quinta Calpurnii legio 12
et octava Quinctii; id robur toto exercitu erat. campum apertum
usque ad hostium castra habebant, liberum a metu insidiarum.
Hispani postquam in citeriore ripa duo Romanorum agmina con- 31
spexerunt, ut, priusquam se iungere atque instruere possent, oc-
cuparent eos, castris repente effusi cursu ad pugnam tendunt.
atrox in principio proelium fuit et Hispanis recenti victoria fero- 2
cibus et insueta ignominia milite Romano accenso. acerrime me- 3
dia acies, duae fortissimae legiones, dimicabant; quas cum aliter
moveri loco non posse hostis cerneret, cuneo institit pugnare; et
usque plures confertioresque medios urgebant. ibi postquam la- 4

Paterc. 2, 112: *placebat barbaris numerus suus*; Tac. Germ. 12. — *ubi-plac. - poscebat*, s. c. 53, 10; 23, 18, 7. — *host. posc.*, vgl. 2, 45, 6: *poscunt pugnam*. — *profecti* haben die späteren Hss., s. 22, 30, 1; 24, 41, 9; 27, 40, 1 u. a. — *quadr. agm.*, 31, 37, 1. — *vada nud.*, liess sichtbar werden, 35, 32, 2. — *exercitus* liegt hier näher als die andere Lesart *exercitum*, § 3; c. 31, 1; anders § 12. — *dum miratur*, praef. 2; 9, 9, 12. — *potuiss.*, während er — wenn er zu rechter Zeit angegriffen hätte usw.
11-12. *nec spat. - communi.*, ganz gegen das gewöhnliche Verfahren wird kein Lager aufgeschlagen, s. 44, 39, 2. — *in med.*, die Hülfstruppen scheinen auf den Flügeln gestanden zu haben, c. 31, 18. — *quinta Calp.*, die fünfte, die des Calp., ebenso *octava Q.* — *id rob.*, 22, 2, 3. — *toto exerc.*, s. zu 26, 38, 12: *fortissimi equites toto Pu-nico exercitu erant*; die Lesart der Mz. Hs. *totius exercitus* scheint Erklärung zu sein. — *apert.*, 31, 2, 6.

31. 1-3. *occupar.*, vorher in Anspruch nehmen, beschäftigten. — *in princip.*: während der ersten Zeit des Kampfes, s. Cic. Or. 1, 48, 209: *quod in principio fieri in omnibus disputationibus oportere censeo*; sonst mehr *principio*, c. 33, 1. — *feroc.*, 1, 7, 5: *Cacus viribus ferox*; Plaut. Mil. 4, 9, 13: *forma ferox*; die Mz. Hs. hat *inflatis*, s. 37, 12, 4. — *Romano* chiastisch zu *Hispanis*. — *duae fort.*, die beiden so tapferen, s. c. 30, 12; 33, 26, 3; 38, 36, 3; doch sind c. 20, 3 20000 M. Bundesgenossen für Spanien ausgehoben, welche L. nicht erwähnt, zu c. 38, 11. — *cuneo*, 40, 40, 7. — *instit.* 35, 11, 3. — *usque plur.*, die hinteren Reihen des cuneus wurden immer breiter, vgl. 10, 2, 8: *longius usque*; Marq. 3, 2, 33; es scheint

borare aciem Calpurnius praetor vidit, T. Quinctilium Varum et
L. Iuventium Thalnam legatos ad singulas legiones adhortandas
5 propere mittit, docere et monere iubet in illis spem omnem vin-
cendi et retinendae Hispaniae esse: si illi loco cedant, neminem
eius exercitus non modo Italiam, sed ne Tagi quidem ulteriorem
6 ripam usquam visurum. ipse cum equitibus duarum legionum
paululum circumvectus in cuneum hostium, qui mediam urgebat
7 aciem, ab latere incurrit. Quinctius cum suis equitibus alterum
hostium latus invadit. sed longe acrius Calpurniani equites pugna-
8 bant, et praetor ante alios : nam et primus hostem percussit et
ita se inmiscuit mediis, ut vix, utrius partis esset, nosci posset;
9 et equites praetoris eximia virtute et equitum pedites accensi sunt.
pudor movit primos centuriones, qui inter tela hostium praetorem
conspexerunt. itaque urgere signiferos pro se quisque, iubere
10 inferre signa et confestim militem sequi. renovatur ab omnibus
clamor, inpetus fit velut ex superiore loco. haud secus ergo quam
torrentis modo fundunt sternuntque perculsos, nec sustineri alii
11 super alios inferentes sese possunt. fugientes in castra equites
persecuti sunt et permixti turbae hostium intra vallum penetrave-
runt, ubi ab relictis in praesidio castrorum proelium instauratum;
12 coactique sunt Romani equites descendere ex equis. dimicanti-

nur ein cuneus gedacht zu werden,
s. § 6.
4–9. *Quinct. - Iuvent.*, c. 38, 4.
— *singul.*, je einen an eine. — *illi*,
s. c. 26, 10, an u. St., weil die Legaten die Worte des Prätors wiederholen sollen. — *usquam*, viell.
ist *umquam* zu lesen. — *in cun.*,
die Schlachtordnung der Feinde, die
als Keil usw. — *cum suis equit.*, vgl.
§ 18; da die Reiter der Legionen
so eben erwähnt sind, so muss hier
an die der *socii* gedacht werden, c.
20, 3: *sociis - imperarunt octingentos equites*, vgl. 26, 5, 8. — *Calpurn.*, 2, 18, 4. — *ut-posset*; s.
Hom. Il. 5, 85: Τυδείδην δ' οὐκ ἂν
γνοίης ποτέροισι μετείη. — *exim.
virt.* gehört auch zu *equitum*, s. 10,
19, 18. — *pudor*, 27, 12, 15. — *primos cent.*, vgl. 26, 5, 12: *primores
centurionum*; 42, 32, 7. Zur Situation vgl. 6, 8, 2. Die Ausmalung
gehört wahrscheinlich den Annalisten, die besonders manche Kämpfe

in Spanien, s. 40, 30 ff.; ib. 39;
47 ff.; aber auch in Ligurien, s. 39,
2; 40, 25 ff.; 42, 7; in Histrien, 41,
1 ff.; 10 ausgeschmückt, andere nur
mit wenigen Worten erwähnt hatten, s. 39, 7, 6; ib. 21, 2; 31, 1 ff.
u. a. — *urgere* etc., sonst von der
Beschleunigung des Marsches, hier
vom rascheren Vordringen bei dem
Angriff in geschlossenen Colonnen,
wo die Fahnen vorangehen, s. 35,
5, 12 u. a. — *inferre* n. *signiferos*,
ebenso hängt *militem sequi* wieder
von *iubere* ab.
10–16. *renov.*, 4, 37, 9. — *tor-
rent. m.*, 24, 10, 8: *velut impetu
torrentis*, zur Sache 40, 40, 5. —
sustineri, 3, 5, 8; 24, 16, 1. — *intra*, 36, 15, 5. — *in praes.*, 37, 43,
2. — *coactique*, nur Gelen. hat *que*,
viell. ist es nicht nöthig; eher sollte
man *instauratum est* oder *instaura-
tur* erwarten, s. jedoch 29, 10, 1.
— *descend. ex*, 24, 44, 10; 2, 20,
10, vgl. 35, 34, 10: *desilire ex equis*,

bus iis legio quinta supervenit, deinde, ut quaeque potuerant, copiae adfluebant. caeduntur passim Hispani per tota castra, nec plus quam quattuor milia hominum effugerunt. inde tria milia fere, qui arma retinuerant, montem propinquum ceperunt, mille semiermes maxime per agros palati sunt. supra triginta quinque milia hostium fuerant, ex quibus tam exigua pars pugnae superfuit. signa capta centum triginta duo. Romani sociique paulo plus sexcenti et provincialium auxiliorum centum quinquaginta ferme ciceiderunt. tribuni militum quinque amissi et pauci equites Romani cruentae maxime victoriae speciem fecerunt. in castris hostium, quia ipsis spatium sua communiendi non fuerat, manserunt. pro contione postero die laudati donatique a C. Calpurnio equites phaleris, pronuntiavitque eorum maxime opera hostes fusos, castra capta et expugnata esse. Quinctius alter praetor suos equites catellis ac fibulis donavit. donati et centuriones ex utriusque exercitu permulti, maxime qui mediam aciem tenuerunt.

dagegen *descendere de* 5, 46, 2; 6, 18, 9; mit *a* vgl. 40, 38, 3. — *ut quaeq.*, weil *copiae* in dieser Bedeutung plurale tantum ist, s. 1, 9, 8, vgl. 40, 5, 6. — *potuerant*, s. 4, 33, 8; ib. 56, 7; 22, 6, 2; 23, 27, 5 u. a. — *plus quam*, adverbielle Quantitätsbestimmung zu *quatt. milia*, vgl. 39, 38, 8. — *hominum*, 38, 47, 6. — *trig. mil.*, dann wäre das Heer kaum so stark gewesen als das römische, in dem ausser den beiden Legionen und den 20000 socii Lat. nominis auch spanische Hülfstruppen dienten, s. § 15; c. 30, 7; wahrscheinlich hatten die Annalisten eine grössere Zahl angegeben, da die Mz. Hs. *centum triginta tria m.* hat, oder das röm. Heer überschätzt, vgl. 40, 30, 1, Nissen 95. — *pugnae sup.*, s. 41, 26, 5: *superfuere proelio*; 31, 41, 3. — *equit. Rom.*, die Verbindung mit *trib. mil.* zeigt, dass *equites illustres* gemeint sind, s. 30, 18, 15; 33, 25, 9, vgl. 33, 22, 8; 38, 41, 3. — *maxime* gehört zu *speciem fec.*, nicht die Zahl der Gefallenen, sondern der Verlust so angesehener Männer liess besonders den Sieg blutig erscheinen, dagegen § 13: vorzüglich, grösstentheils, s. 42, 55, 10.
17–18. *pro cont.*, 38, 23, 11. — *phaleris*, Polyb. 6, 39: τῷ καταβαλόντι καὶ σκυλεύσαντι (πολέμιον δωρεῖται) τῷ μὲν πεζῷ φιάλην τῷ δ' ἱππεῖ φάλαρα; an u. St. wol Pferdeschmuck, nicht die von den Kämpfern selbst, Reitern und Fussgängern, getragenen Ehrenzeichen, s. 9, 46, 12, vgl. 30, 17, 13; 43, 5, 8; 22, 52, 5; dass dieselben von Silber gewesen und nur den nobiles seien gegeben worden, sagt weder L. noch Polyb., s. Lange 2, 296 f. Die Ritter waren, wie der Gegensatz *Quinctius suos* vgl. § 6 zeigt, römische; die Reiter der socii erhalten, weil sie sich weniger ausgezeichnet haben oder als Nichtrömer, geringere Geschenke, *catellas ac fibulae*, s. 30, 17, 13; 27, 19, 12, vgl. Rich Illustrirtes Wörterb. der röm. Alterth. u. d. W., vgl. *phalerae*. — *maxime q. med. ac.*, was ausser dieser auf den Flügeln geschehen ist, wird nicht erwähnt. — *tenuer.*, 42, 59, 1; zur Sache s. Mommsen 1, 678.

32   Consules dilectibus aliisque, quae Romae agendae erant, per-
2 actis rebus in Ligures provinciam exercitum duxerunt. Sempronius a Pisis profectus in Apuanos Ligures vastando agros uren-
doque vicos et castella eorum aperuit saltum usque ad Macram
3 fluvium et Lunae portum. hostes montem, antiquam sedem maiorum suorum, ceperunt, et inde superata locorum iniquitate proe-
4 lio deiecti sunt. et Appius Claudius felicitatem virtutemque collegae in Liguribus Ingaunis aequavit secundis aliquot proeliis. sex
praeterea oppida eorum expugnavit, multa milia hominum in iis
cepit, belli auctores tres et quadraginta securi percussit.
5   Iam comitiorum adpetebat tempus. prior tamen Claudius
quam Sempronius, cui sors comitia habendi obtigerat, Romam
6 venit, quia P. Claudius frater eius consulatum petebat. competi-
tores habebat patricios L. Aemilium Q. Fabium Ser. Sulpicium
Galbam, veteres candidatos, et ab repulsis eo magis debitum, quia
7 primo negatus erat, honorem repetentes. etiam quia plus quam

32. 1-4. *dilect.*, s. c. 29, 10. —
Lig. prov., dass die Consuln diese
Provinz haben, wird erst nachträglich hier bemerkt; die Erzählung
geht auf c. 20, 6 zurück. — *castella*,
c. 1, 6. — *aperuit*, machte den Ge-
birgspass gangbar; bis dahin hätte
man also den Weg zur See wählen
müssen, s. c. 21, 4; 34, 8, 1. —
Macram, am Ausflusse desselben lag
Lunae portus, vgl. 40, 43, 1; 34, 56,
2. — *antiquam*, es ist auffallend,
dass der Berg nicht genannt ist;
Auginum, s. c. 2, 2 oder ein ähnlicher Name konnte leicht ausfallen
oder in das neben *maiorum* pleona-
stische *antiquam* verdorben werden. — *locor. iniq.*, c. 1, 5. — *et*
fügt, wenn nicht *sed* zu lesen ist,
das Folg. als etwas Gleichartiges
an. — *felic. aeq.*, vgl. 10, 19, 18.
— *Ingaunis*, an der Westseite des
ligustischen Meerbusens, s. 31, 2,
11, wo ein Bündniss geschlossen
wird, welches bis jetzt gehalten zu
sein scheint. — *oppida*, es gab hier
mehrere Seestädte; sonst haben die
Ligurer mehr Castelle, § 2.
32, 5-15. Wahlen in Rom.
5-7. *comit. adpet.*, 35, 8, 1;
Decker 2, 2, 122; 2, 3, 53. — *P.*
Claud., 38, 35 ist er Prätor. —
Aemilius, der 37, 2 ff., 58 oft genannte, vgl. c. 56; Lange 2, 217. —
Fabius, § 9; *Sulpic.*, 38, 35; 42. —
veter. cand., die sich schon mehrmals beworben haben, daher *repe-*
tentes, sich wieder bewerbend, oder
nach 4, 3, 5: als ihnen zukommend,
in Anspruch nehmend, s. d. Stelle
aus Sallust im Folg. — *ab repuls.*,
in Folge usw. — *debitum*, so betrachtet die Nobilität die Sache, dass
ihr die Ehrenstellen um so mehr
gebühren, je länger sie auf dieselben hat warten müssen, Sall. I. 85,
37: *nobilitas - honores non ex me-*
rito, sed quasi debitos a vobis repe-
tit. — *etiam* gehört zu *artior*, dieses ist auf *petitio*, die nicht beschränkt war, bezogen, statt auf
den Erfolg derselben: die Aussicht
gewählt zu werden war bei der
Menge der Bewerber noch mehr beschränkt, als wenn nicht so viele
sich beworben hätten, oder wenigstens beide Consuln aus den Patric.
hätten gewählt werden können; der
Gedanke ist gesucht und nicht recht
klar, vgl. 35, 10. — *plus q. un.*, der
Grundsatz, s. 27, 34, 9; 23, 31, 13,
wurde also noch befolgt, vgl. 42,

unum ex patriciis creari non licebat, artior petitio quattuor petentibus erat. plebeii quoque gratiosi homines petebant, L. Porcius 8
Q. Terentius Culleo Cn. Baebius Tamphilus; et hi repulsis in
spem impetrandi tandem aliquando honoris dilati. Claudius unus
ex omnibus novus candidatus erat. opinione hominum haud dubie 9
destinabantur Q. Fabius Labeo et L. Porcius Licinus. sed Claudius 10
consul sine lictoribus cum fratre toto foro volitando, clamitantibus adversariis et maiore parte senatus, meminisse eum debere 11
se prius consulem populi Romani quam fratrem P. Claudii esse:
quin ille sedens pro tribunali aut arbitrum aut tacitum spectatorem
comitiorum se praeberet? — coerceri tamen ab effuso studio nequit. magnis contentionibus tribunorum quoque plebis, qui aut 12

9, 8.
8–10. *Porcius*, 34, 54. — *Terent.*, 38, 55 erst Prätor, vgl. c. 6, 4. — *Baeb.*, 36, 8; 22. — *repulsis*, so oder *repulsi et in* scheint gelesen werden zu müssen, denn das hdsch. *repulsi*, s. Cic. Harusp. resp. 26, 56, müsste sehr hart als Bestimmung zu *dilati* genommen werden: durch Abweisung verschoben, s. 40, 28, 3, da ein Asyndeton kaum anzunehmen ist; ebenso wenig lässt sich *dilati* passend mit (*inpetrandi*) *honoris* verbinden. *differre* von Personen s. 41, 8, 5; 26, 51, 10; *in spem*: sie waren zurückgestellt auf die Hoffnung hin, so dass sie Hoffnung künftig gewählt zu werden hegen durften, vgl. 44, 25, 10; 10, 6, 11; 27, 27, 3. — *haud dub.*, s. 35, 14, 10; es wird *h. dubii* verm. — *sine lict.*, die sonst immer den Consul begleiten; er tritt also als Privatmann und suffragator für seinen Bruder auf, s. c. 41, 3; Becker 2, 2, 43; Lange 1, 519. — *toto f. vol.*, 3, 35, 5: *in foro volitare*; *volitando* steht ohne Beziehung auf das Hauptverbum, wahrscheinlich wollte L. fortfahren mit: *commendabat* oder etwas Aehnlichem, hat aber dann diesen Begriff durch *effuso studio* ausgedrückt; das Anacoluth fällt weniger auf bei der nahen Verwandtschaft des abl. gerund. mit dem parf. praes., s. c. 33, 7; 2, 34,

4 vgl. 40, 54, 7; 3, 12, 8: *iterando laudes orabat*, Drak. verm. *volitare* od. *volitabat*. — *maiore p.*, mit Ausschluss der Partei des Claudius, vgl. c. 39.

11. *meminisse*, s. c. 5, 4. — *prius*, eher, mehr; Andere lesen *prius se*, wo *prius* auch zu *meminisse* genommen, und dieses nach *quam* wiederholt werden könnte; zum Gedanken vgl. 24, 8, 11. — *quin ille*, 4, 43, 11. — *pro trib.*, vorn auf, auf usw., 26, 22, 3 vgl. 38, 54, 9; auf dem Tribunal, das für die Wahlhandlung auf dem Marsfelde aufgestellt war, s. Marq. 2, 3, 67, sass der die Comitien haltende Magistrat, und, wie u. St. zeigt, auch dessen College, wenn er wollte, beide auf der sella curulis, vgl. c. 15, 1; 10, 15, 9. — *arbitrum*, der die Comitien leitende Magistrat ist Schiedsrichter über Alles, was dabei vorkommt, und hat dieses nach seinem Ermessen zu ordnen, s. 22, 35, 2; 37, 47, 7; Andere erklären *arbiter*: Zeuge, doch ist zu bezweifeln, dass so nahe verwandte Begriffe wie *arbiter* in dieser Bedeutung und *tacitus spectator* durch *aut* — *aut* würden einander entgegengestellt sein, vgl. Marq. 2, 3, 95.

12–15. *trib. pleb.*, sie scheinen zum Theil intercedirt, die übrigen die Intercession bestritten zu ha-

contra consulem aut pro studio eius pugnabant, comitia aliquoticns turbata, donec pervicit Appius, ut deiecto Fabio fratrem traheret.
13 creatus P. Claudius Pulcher praeter spem suam et ceterorum. locum suum tenuit L. Porcius Licinus, quia moderatis studiis,
14 non vi Claudiana inter plebeios certatum est. praetorum inde comitia sunt habita: C. Decimius Flavus P. Sempronius Longus P. Cornelius Cethegus Q. Naevius Matho C. Sempronius Blaesus
15 A. Terentius Varro praetores facti. haec eo anno, quo Ap. Claudius M. Sempronius consules fuerunt, domi militiaeque gesta.
33   Principio insequentis anni P. Claudius L. Porcius consules, cum Q. Caecilius M. Baebius Ti. Sempronius, qui ad disceptandum inter Philippum et Eumenem reges Thessalorumque civitates missi
2 erant, legationem renuntiassent, regum quoque eorum civitatiumque legatos in senatum introduxerunt. eadem utrimque iterata,
3 quae dicta apud legatos in Graecia erant. aliam deinde novam

ben, s. c. 39, 3; 37, 51, 3f. — *turbata*, wegen der Einsprache der Tribunen mag es in den Comitien nicht zur Abstimmung gekommen sein. — *deiecto*, 38, 35, 1; Becker 2, 2, 45. — *Fabius*, die Nichtwahl desselben erklärt sich aus dem Vorhergeh. hinreichend, ohne dass man als Grund das dolose Verfahren des Fabius 38, 39, 3; ib. 47, 5; Cic. Off. 1, 10, 33 anzunehmen genöthigt ist. Aehnliche Scenen, welche die steigende Aemtersucht beurkunden, kommen in dieser Zeit schon mehrere vor, vgl. c. 39; 41; 41, 28; 35, 10; 36, 45; 37, 47; 57, vgl. 40, 19, 11; Plaut. Trin. 4, 3, 29: *strenuos nunc praeterire moro fit*; Lange 2, 228. — *traheret*, mit Anstrengung, Gewalt (*vi Claudiana*) fort, emporzog, vgl. 22, 34, 2: *extrahere*. — *Claudiana*, ein so gewaltthätiges Verfahren, wie es Cl. angewendet hatte, wol mit der Andeutung, dass dieses in dem claudischen Geschlechte gewöhnlich gewesen sei, s. 3, 35, 5; 9, 33 u. a. — *Cornel. Ceth.*, wahrscheinlich ein Verwandter des c. 23, 2 erwähnten.
33. Gesandtschaften an den Senat und nach Macedonien. Polyb. 23, 11 ff.; Pausan. 7, 9.

1—2. *inseq.* — *renuntiass.*, die Lesart ist nicht sicher, da die späteren Hss. *insequentis*, *cum* nicht, dann *renunciarunt* haben; auch ist die Beziehung von *quoque* nicht klar, da keine anderen Gesandten eingeführt sind; L. müsste dasselbe, wenn die Lesart richtig ist, gebraucht haben, weil doch im Vorhergeh. von einer *legatio* die Rede ist, vgl. 35, 39, 1; 23, 21, 6; Polyb.: τῶν περὶ Καικίλιον — διασεσαφηκότων περί τε τῶν κατὰ Μακεδονίαν καὶ τῶν κατὰ Πελοπόννησον εἰσῆγον (die Consuln wol, wie es Sitte war, s. 34, 59, 4) εἰς τὴν σύγκλητον τούς περὶ τούτων γεγονότας πρεσβευτάς. — *discept.*, c. 24, 13. — *renunt.*, 23, 6, 3. — *civitat.*, darunter sind auch die aus dem Peloponnes zu verstehen, dagegen Polyb. μετὰ δὲ τούτους εἰσῆγον τοὺς ἀπὸ Πελοποννήσου παραγεγονότας. — *in Graecia* umfasst Alles, was in Thessalien, Thessalonich und im Peloponnes, s. § 5, verhandelt worden ist. Da L. den Bericht des Caecilius sogleich im Anfang des Jahres erwähnt, so ist anzunehmen, dass derselbe noch im J. 569 zurückgekehrt ist, vgl. zu c. 23, 5. Wie dort, s. c. 29, a. E., vgl. c.

legationem patres, cuius princeps Ap. Claudius fuit, in Graeciam et
Macedoniam decreverunt ad visendum, redditaene civitates Thessalis et Perrhaebis essent. iisdem mandatum, ut ab Aeno et Ma- 4
ronea praesidia deducerentur maritimaque omnis Thraciae ora
a Philippo et Macedonibus liberaretur. Peloponnesum quoque 5
adire iussi, unde prior legatio discesserat incertiore statu rerum,
quam si non venissent: nam super cetera etiam sine responso
dimissi nec datum petentibus erat Achaeorum concilium. de qua 6
re querente graviter Q. Caecilio et simul Lacedaemoniis deplorantibus moenia diruta, abductam plebem in Achaiam et venumdatam, ademptas, quibus ad eam diem civitas stetisset, Lycurgi 7
leges, Achaei maxime concilii negati crimen excusabant recitando
legem, quae, nisi belli pacisve causa et cum legati ab senatu cum

32, 1, u. c. 8 u. 20, 5, so hat L. auch
an u. St. die Vertheilung der Provinzen und Heere am Anfang des
Jahres, mit den Angelegenheiten
Griechenlands und Macedoniens beschäftigt, übergangen und erst c.
38, 1 nachgeholt. Da er auch die
ang. Stelle mit *principio eius anni*
beginnt, so scheint er hier nicht weniger über die chronologische Anordnung ungewiss gewesen zu sein
als c. 23, 5.

3—6. *Claud.*, der Consul des vorhergeh. Jahres. — *in Maced.*, Pol.
c. 11: ἔδοξε τῇ συγκλήτῳ πέμπειν
πάλιν ἄλλους πρεσβευτὰς πρὸς
τὸν Φίλιππον τοὺς ἐπισκεψομένους; ib. c. 12 nach der Verhandlung mit den Achäern: ἢ σύγκλητος
ἔκρινε — καὶ κατέστησε πρεσβευτὰς ἐπὶ τὴν Ἑλλάδα τοὺς περὶ Ἄππιον Κλαύδιον. Bei L. folgt die
Erklärung nach. — *praesid. deduc.*,
was die Gesandten c. 29, 2 bereits
angeordnet haben, wird bestätigt,
oder der Ausdruck an der ang. St.
ist nicht genau, s. Pol. c. 11: πρεσβευτὰς — τοὺς ἐπισκεψομένους
πρῶτον μὲν, εἰ παρακεχώρηκε τῶν
ἐν Περραιβίᾳ πόλεων — εἶτα τοὺς
ἐπιτάξοντας αὐτῷ τὰς φρουρὰς
ἐξάγειν ἐξ Αἴνου καὶ Μαρωνείας.
— *prior leg.*, es sind die § 1 genannten Gesandten, welche aus Macedonien sich in den Peloponnes be-

geben haben; s. Polyb. u. Paus. a.
a. O.; L. hat dieses vorher übergangen und holt es hier nach. —
incert. st., sie hatten die Verhältnisse nicht besser geordnet, sondern
noch mehr verwirrt. — *sine resp.*,
Polyb. c. 10: ὁ δὲ Καικίλιος ἐπὶ
τοσοῦτον ὠργίσθη — ὥστ᾽ οὐδὲ
τὴν ἀπόκρισιν ἠβουλήθη δέξασθαι παρὰ τῶν ἀρχόντων, ἀλλ᾽
ἀναπόκριτον ἀπῆλθεν, als man ihm
die Berufung einer Versammlung
der Achäer verweigert hatte, Pol.
l. l.: πολλὰ ἐπὶ τῆς βουλῆς καὶ οὐ
πάντα τὰ ἀληθῆ κατηγόρουν τῶν
Ἀχαιῶν (Καικίλιος). — *moenia
dir.*, 38, 34. — *abd. plebem*, Pol. c.
12: καταλελύσθαι τὴν τῆς πόλεως
δύναμιν ἐξηγμένου τοῦ πλήθους
μετὰ βίας; zur Sache s. 38, 34,
1; 5.

7—8. *conc. neg.*, der darin bestehe, dass usw.; 36, 10, 3. — *nisi*
etc., Pol. c. 12: νόμον εἶναι παρὰ
τοῖς Ἀχαιοῖς μὴ συγκαλεῖν τοὺς
πολλούς, ἐὰν μὴ περὶ συμμαχίας ἢ πολέμου δέῃ γίγνεσθαι
διαβούλιον, ἢ παρὰ τῆς συγκλήτου τις ἐνέγκῃ γράμματα,
dann μήτε γράμματα φέρειν αὐ-

litteris aut scriptis mandatis venirent, vetaret indici concilium.
8 ea ne postea excusatio esset, ostendit senatus curae iis esse debere,
ut legatis Romanis semper adeundi concilium gentis potestas fieret, quem ad modum et illis, quotiens vellent, senatus daretur.
34 Dimissis iis legationibus, Philippus a suis certior factus cedendum civitatibus deducendaque praesidia esse, infensus omni-
2 bus in Maronitas iram effundit. Onomasto, qui praeerat maritimae orae, mandat, ut partis adversae principes interficeret. Ille
per Casandrum quendam, unum ex regiis iam diu habitantem Maroneae, nocte Thracibus intromissis velut in bello capta urbe cae-
3 dem fecit. Inde apud legatos Romanos querentes tam crudeliter adversus innoxios Maronitas, tam superbe adversus populum Romanum factum, ut, quibus libertatem restituendam senatus censuisset, ii pro hostibus trucidarentur, abnuebat quicquam eorum

τὸν (Caecilius) παρὰ τῆς συγκλήτου μήτε τὰς ἐντολὰς ἐγγράπτους ἐθέλειν δοῦναι τοῖς ἄρχουσιν; der letzte Artikel ist wol erst nach dem Bündniss mit Rom hinzugesetzt; s. 31, 25, 9: *non licere legibus Achaeorum de aliis rebus referre, quam propter quas vocati essent,* vgl. Polyb. 24, 5, 17.
— *literis,* nur eine Anmeldung, Beglaubigung oder einen bestimmten Antrag. — *ostendit,* Pol. τοῖς πρεσβευταῖς τοῖς ἀεὶ παρ' ἑαυτῶν ἐκπεμπομένοις παρῄνει προσέχειν τὸν νοῦν καὶ ἀποδοχὴν ποιεῖσθαι τὴν ἁρμόζουσαν etc.
34-35, 5. Philipps Abzug aus den thraeischen Städten. Pol. 23, 13 f.; App. Mac. 9.
34, 1-2. *legat.,* die c. 33, 2 erwähnten. — *a suis,* Pol.: διαπεμψαμένων πρὸς αὐτὸν ἐκ τῆς Ῥώμης τῶν ἰδίων πρεσβευτῶν etc. — *inf. omn.,* gegen alle Welt aufgebracht, βαρέως φέρων ἐπὶ τῷ δοκεῖν πανταχόθεν αὐτοῦ περιτέμνεσθαι τὴν ἀρχήν. — *effund.,* ἐναπηρείσατο τὴν ὀργήν. — *Onomasto - interf.,* nicht genau, s. Pol. μεταπεμψάμενος γάρ Ὀνόμαστον τὸν ἐπὶ Θρᾴκης τεταγμένον ἐκοινολογήθη τούτῳ περὶ τῆς πράξεως. ὁ δὲ Ὀνόμαστος - εἰσαπέστειλε Κάσανδρον εἰς Μαρώνειαν.

— *adversae,* c. 24, 9: *quia libertatis causam defendissent.* — *regiis,* ἅτε τοῦ Φιλίππου πάλαι τοὺς αὐλικοὺς ἐγκαθεικότος εἰς τὰς πόλεις ταύτας. — *velut* scheint zu *capta urbe* zu gehören, s. 2, 12, 13; ib. 31, 11; 30, 13; 8, 17, 4 u. a., in *bello* zu bedeuten: im Kriege, während des Krieges, c. 23, 6; 35, 6; 40, 6 u. oft; weniger wahrscheinlich ist, dass *velut in capta urbe* zu verbinden, und *bello,* wie c. 25, 8, zwischengestellt sei, weil es mit *capta* einen Begriff bildet; wie in einer eroberten Stadt, L. sagt dann gewöhnlich nur *capta* oder *vi capta,* s. 26, 32, 2; 2, 17, 6; 37, 32, 12: *fuga - qualis captis urbibus fieri solet;* 38, 44, 6; 39, 4, 9; 11, vgl. 8, 33, 2; ib. 31, 7: *velut in capto exercitu dominantem;* Polyb. sagt nur: ἐγένετο μεγάλη σφαγὴ καὶ πολλοὶ τῶν Μαρωνιτῶν ἀπέθανον.
3-8. *inde,* das hs. *id* würde sehr hart durch *apud - querent.,* von dem als Epexegese zu betrachten den *tam crudeliter* etc. getrennt, vgl. 22, 36, 5; 36, 26, 3; 10, 6, 10 u. a.; nach Madvig ist *id* zu entfernen; schwerlich könnte es zu *abnuebat* gezogen werden. — *leg. Rom.,* s. c. 35, 5. — *querent.-fact.,* Polyb.: τῶν περὶ Ἄππιον-τῷ Φι-

ad se aut quemquam suorum pertinere: seditione inter ipsos dimi- 4
catum, cum alii ad se, alii ad Eumenem civitatem traherent; id
facile scituros esse; percunctarentur ipsos Maronitas, haud dubius 5
perculsis omnibus terrore tam recentis caedis neminem hiscere
adversus se ausurum. negare Appius rem evidentem pro dubia 6
quaerendam; si ab se culpam removere vellet, Onomastum et Casandrum, per quos acta res diceretur, mitteret Romam, ut eos
senatus percunctari posset. primo adeo perturbavit ea vox regem, 7
ut non color, non vultus ei constaret; deinde conlecto tandem
animo Casandrum, qui Maroneae fuisset, si utique vellent, se missurum dixit: ad Onomastum quidem quid eam rem pertinere, qui 8
non modo Maroneae, sed ne in regione quidem propinqua fuisset?
et parcebat magis Onomasto, honoratiori amico, et eundem indi- 9
cem haud paulo plus timebat, quia et ipse sermonem contulerat
cum eo et multorum talium ministrum et conscium habebat. Ca- 10
sander quoque missis, qui per Epirum ad mare prosequerentur
eum, ne qua indicium emanaret, veneno creditur sublatus. Et le- 35
gati a Philippi conloquio ita digressi sunt, ut prae se ferrent, nihil
eorum sibi placere, et Philippus minime, quin rebellandum esset, 2
dubius, quia tamen immaturae ad id vires erant, ad moram inter-
ponendam Demetrium minorem filium mittere Romam simul ad
purganda crimina, simul ad deprecandam iram senatus statuit,
satis credens ipsum etiam iuvenem, quod Romae obses specimen 3

λίππῳ μεμψιμοιρούντων ἐπὶ τού-
τοῖς. — *aut quemq.*, s. c. 27, 4: *vel*;
42, 57, 9. — *scitur. esse* ist unsicher,
es kann auch *scituros si* oder *scitu
esse si* geheissen haben, wie einige
Hss. haben, vgl. c. 27, 6; vgl. 39, 47,
11. — *hiscere*, c. 12, 5. — *evident.*,
s. 44, 41, 6, da es - wäre; σαφῶς
εἰδέναι τὰ γεγονότα. — *non color*
etc., von L. ausgemalt, Polyb. c. 13:
εἰς ἀπορίαν ἐνέπιπτεν ὁ Φίλιππος u. c. 14: ὁ δὲ βασιλεὺς διατρα-
πεὶς ὡς ἔνι μάλιστα καὶ ἀπορήσας
ἐπὶ πολὺν χρόνον. — *constare*, 8,
19, 6: *sana constare mens*; 44, 20,
7; 5, 42, 3. — *si utiq.*, dafür hat die
Mz. Hs. *quem utique si*, viell. *eum
utiq. si*, s. 1, 19, 1; ib. 58, 11 u. a.,
42, 19, 7: *hos utique*; 45, 23, 18 u.
a. — *quidem* adversativ.
9–10. *honorat. am.*, 31, 28, 5;
zu 2, 22, 7.—*multa tal.*, vgl. 35, 15,

8: *omnium externorum.*—*ministr.*,
42, 15, 3; ib. 41, 4; 35, 15, 4: *talium ministeriis facinorum*, Pol.
πολλῶν ἔργων αὐτῷ κεχοινωκη-
κώς. — *cred. subl.*, von L. gemildert, Pol. φαρμάκῳ διέφθειρεν.
35. 1–4. *prae se fer.*, kein Hehl
daraus machten, vgl. c. 28, 7. —
quia tamen ist unsicher, da die Hss.
tamen nicht, die späteren *qui dum
quia* haben, viell. *tum*, *quia* oder
tum quidem, quia; Pol. πρὸς ἔνια
δὲ τῶν ἐπινοουμένων ἀπόχειρος
ὢν ἐπεβάλετο πῶς ἂν ἐπιγένοιτό
τις ἀναστροφὴ καὶ λάβοι χρόνον.
— *minorem*, Pol. νεώτατον, der
dritte Sohn Philipps, s. 42, 52, 5;
44, 45, 8, ist weder hier noch 40, 6
beachtet. — *obses*, s. 34, 52; Appian.: κεχαρισμένος μὲν ἐκ πάλαι
Ῥωμαίοις ἀπὸ τῆς ὁμηρίας. —
specim., 38, 59, 6; 35, 15, 3. —

4 indolis regiae dedisset, aliquid momenti facturum. interim per speciem auxilii Byzantiis ferendi, re ipsa ad terrorem regulis Thracum iniciendum profectus, perculsis iis uno proelio et Amadoco duce capto in Macedoniam rediit missis ad adcolas Histri fluminis barbaros, ut in Italiam inrumperent, sollicitandos.
5 Et in Peloponneso adventus legatorum Romanorum, qui ex Macedonia in Achaiam ire iussi erant, expectabatur; adversus quos ut praeparata consilia haberent, Lycortas praetor concilium indixit.
6 ibi de Lacedaemoniis actum: ex hostibus eos accusatores factos, et periculum esse, ne victi magis timendi forent, quam bellantes fuissent. quippe in bello sociis Romanis Achaeos usos; nunc eosdem Romanos aequiores Lacedaemoniis quam Achaeis esse,
7 ubi Areus etiam et Alcibiades, ambo exules, suo beneficio restituti, legationem Romam adversus gentem Achaeorum ita de ipsis meritam suscepissent, adeoque infesta oratione usi essent, ut pulsi
8 patria, non restituti in eam viderentur. clamor undique ortus, referret nominatim de iis; et cum omnia ira, non consilio gereren-

aliq. mom. f., 29, 35, 12; Pol. *ἐπέπειστο διὰ τούτου πᾶν τὸ προτεθὲν ἀνύεσθαι. — Byzant.*, erst 42, 13, 8 wird erklärt, dass das gegen das Bündniss 33, 30, 6 gewesen sei, vgl. 42, 52, 10. — *re ipsa*, d. jüng. Hss. haben *retro*, viell. *re vera*. — *regulis*, die Thracier waren in viele kleine Stämme getheilt, s. 38, 40 f., Pol.: τοὺς τῶν Θρᾳκῶν δυνάστας τῶν ὑπὲρ τὴν Προποντίδα κατοικούντων. — *Amadoc.*, der bei Polyb., viell. weil die Erzählung abgebrochen ist, nicht vorkommende Name findet sich bei den Odrysen, deren Land wol auch jetzt, wie c. 53, 12, betreten wurde. — *missis* wie oft absolut: Gesandte geschickt hatte. — *adcol. H. flum.*, wahrscheinlich sind schon hier die Bastarner gemeint, s. 40, 5, 10; ib. 57, 2.
35, 5-37. Verhandlungen mit den Achäern. Polyb. 23, 5; Pausan. 7, 9, 3 ff.
5-8. *qui ex Maced.*, ebenso wie die vorige Gesandtschaft, s. c. 33, 5. — *praepar. hab.*, vgl. 3, 51, 1. — *Lycortas*, 38, 32, er ist jetzt zum erstenmale Strateg, c. 36; wenn Arco 567; Philopoemen 568; Aristaenus 569, s. Polyb. 23, 7, diese Würde bekleidete, im Jahr 570. — *indixit*, 31, 29, 8; eine ausserordentliche Versammlung. — *timendi for.*, s. 37, 51, 10; 29, 24, 4, vgl. zu 5, 30, 1. — *nunc*, die meisten Hss. haben *tunc*, was hier wegen des folg. *ubi* weniger angemessen zu sein scheint. — *etiam* bezieht sich auf die beiden Genannten, weil man von ihnen gerade am wenigsten etwas der Art erwartet hatte, weshalb es auch nicht *legationem etiam* heisst; doch ist die Stellung von *etiam* zwischen den beiden verbundenen Begriffen ungewöhnlich; man würde es vor denselben erwarten. *legat. Rom.*, 40, 54, 9; 35, 49, 9. *ambo ex.*, Polyb. c. 11: οὗτοι δ' ἦσαν τῶν ἀρχαίων φυγάδων (Nabis hatte sie verbannt) τῶν ὑπὸ τοῦ Φιλοποίμενος καὶ τῶν Ἀχαιῶν νεωστὶ κατηγμένων εἰς τὴν οἰκείαν, Pausan. 7, 9, 1, vgl. 38, 34, 5; 34, 26, 12. — *referret*, die Mz. Hs. hat *referri*, was nicht statt haben kann, wenn nicht *iubentium* oder ein ähnliches Wort ausgefallen ist; *nominatim*, einen sie namentlich betreffenden Antrag stelle, s. 32, 22, 3.

tur, capitis damnati sunt. paucos post dies Romani legati venerunt. his Clitore in Arcadia datum est concilium. Priusquam **36** agerent quicquam, terror Achaeis iniectus erat et cogitatio, quam non ex aequo disceptatio futura esset, quod Areum et Alcibiadem 2 capitis ab se concilio proximo damnatos cum legatis videbant; nec hiscere quisquam audebat. Appius ea, quae apud senatum 3 questi erant Lacedaemonii, displicere senatui ostendit, caedem primum ad Compasium factam eorum, qui a Philopoemene ad causam dicendam evocati venissent; deinde cum in homines ita 4 saevitum esset, nec ulla parte crudelitas eorum cessaret, muros dirutos urbis nobilissimae esse, leges vetustissimas abrogatas inclutamque per gentes disciplinam Lycurgi sublatam. haec cum 5 Appius dixisset, Lycortas, et quia praetor et quia Philopoemenis, auctoris omnium, quae Lacedaemone acta fuerant, factionis erat, ita respondit:

„Difficilior nobis, Ap. Claudi, apud vos oratio est, quam Romae nuper apud senatum fuit. tunc enim Lacedaemoniis accusantibus respondendum erat; nunc a vobis ipsis accusati sumus. apud quos causa est dicenda. quam iniquitatem condicionis subimus illa spe, iudicis animo te auditurum esse posita contentione, qua paulo ante egisti. ego certe, cum ea, quae et hic antea apud Q. Caecilium et postea Romae questi sunt Lacedaemonii, a te paulo ante relata sint, non tibi, sed illis me apud te respondere credam. caedem obicitis eorum, qui a Philopoemene praetore evocati ad 9 causam dicendam interfecti sunt. hoc ego crimen non modo a vobis, Romani, sed ne apud vos quidem nobis obiciendum fuisse

— *capit. d. s.*, die allgemeine Versammlung verfährt als oberster Gerichtshof, vgl. Paus. 7, 9, 2f.; die Gesandtschaft, welche nicht einmal ohne Anordnung der Bundesbehörden hätte nach Rom gehen dürfen, war überdiess gegen den Bund gerichtet gewesen. — *Clitore*, im Norden von Arkadien, vgl. 38, 30, 2.
36. 1-4. *quam non*, c. 47, 6; 33, 27, 7. — *ex aeq.*, 42, 39, 7. — *hiscere*, c. 34, 5. — *ad Compas.*, nach Pol. 23, 1: μετὰ τὴν ἐν Κομπασίῳ τῶν ἀνθρώπων ἀναίρεσιν; ib. 7, bei L. ist die Stelle verdorben; 38, 33 der Ort nicht erwähnt. — *ulla p.*, 37, 18, 5. — *nobiliss.*, 34, 22, 11; zur Sache 38, 34.
5-8. *Philop. - factionis*, praef.

3; zur Sache 38, 32, 8. — *respond.*, die Rede ist wol aus Polyb. genommen, dessen Darstellung dieser Verhandlung verloren gegangen ist. — *a vobis - apud vos*, so dass ihr Ankläger und Richter zugleich sind; *apud* wie § 8; *iudicis*, c. 25, 1. — *iniquit.*, Cic. Deiot. 2, 4: *re enim iniquum est - dicere apud eum de facinore, contra cuius vitam consilium facinoris inisse arguare - grave est. — illa spe - te aud. e.*, 25, 26, 2; 3, 2, 3. — *content.*, die Heftigkeit des Anklägers, vgl. 8, 33, 5. — *paulo a.*, in Beziehung auf die Gegenwart, 21, 43, 2. — *non tibi*, obgleich du dieselben Anklagen vorgebracht hast.
9-12. *evocati*, 38, 33. — *quid*

arbitror. quid ita? quia in vestro foedere erat, ut maritimis ur-
10 bibus abstinerent Lacedaemonii. quo tempore armis captis urbes,
a quibus abstinere iussi erant, nocturno impetu occupaverunt, si
T. Quinctius, si exercitus Romanus, sicut antea, in Peloponneso
11 fuisset, eo nimirum capti et obpressi confugissent. cum vos procul essetis, quo alio, nisi ad nos, socios vestros, quos antea Gytheo
opem ferentes, quos Lacedaemonem vobiscum simili de causa ob-
12 pugnantes viderant, confugerent? pro vobis igitur iustum pium-
que bellum suscepimus. quod cum alii laudent, reprehendere ne
Lacedaemonii quidem possint, dii quoque ipsi comprobaverint,
qui nobis victoriam dederunt, quonam modo ea, quae belli iure
acta sunt, in disceptationem veniunt? quorum tamen maxima pars
13 nihil pertinet ad nos. nostrum est, quod evocavimus ad causam
dicendam eos, qui ad arma multitudinem exciverant, qui expugna-
verant maritima oppida, qui diripuerant, qui caedem principum
14 fecerant; quod vero illi venientes in castra interfecti sunt, vestrum
est, Areu et Alcibiade, qui nunc nos, si diis placet, accusatis, non
15 nostrum. exules Lacedaemoniorum, quo in numero hi quoque
duo fuerunt, et tunc nobiscum erant, et, quod domicilio sibi dele-
gerant maritima oppida, se petitos credentes, in eos, quorum
opera patria extorres ne in tuto quidem exilio posse consenescere
16 se indignabantur, impetum fecerunt. Lacedaemonii igitur Lacedae-

---

ita, 41, 24, 4; 27, 34, 13. — *vestro*, das ihr mit den Lacedämoniern oder Nabis geschlossen habt, 34, 35. — *ut marit.* etc. ist vorher nicht so bestimmt als ein Artikel des Vertrages bezeichnet, s. 35, 13, 2. — *noctur. imp.*, 38, 30. — *nimir.*, ohne Ironie: selbstverständlich. — *quo*, die locale Beziehung, obgleich sogleich die persönliche folgt. — *Gytheo*, 35, 13, 3. — *simili* etc., 34, 28 ff. — *iust. piumq.* 42, 23, 6. — *repreh.* etc. Prisc. 7, 5, 16 p. 737, der auch § 2 Arcus und Alcibiades erwähnt, scheint die Stelle nicht genau citirt zu haben: *quod Arcum et Alcibiaden ne Lacedaemonii possint reprehendere.* — *belli iure*, weil die Achäer indirect angegriffen waren. *quorum* etc., Uebergang zum zweiten Theile: wir sind an dem Morde unschuldig.

13-16. *expugnav.-fecerant* bezieht sich nur auf das 3S, 30 Erzählte, wo jedoch das Einzelne nicht angegeben ist, nicht auf ein feindliches Entgegenziehen der Laced. bei Gelegenheit des mit *evocavimus* § 3; 38, 33, 10, angedeuteten Zuges der Achäer, Schorn 304 A. 2. — *vestrum*, da sie gleichsam Vertreter der Verbannten sind, die den Mord begangen haben, der freilich durch die Hinrichtungen 38, 33, 11 und die Anordnungen 38, 34 von den Achäern gut geheissen schien. — *Areu,* 40, 12, 9: *Perseu*, mehrfach bei Dichtern. *Alcibiade*, Cic. Tusc. 5, 21, 61: *o Damocle*; Off. 1, 40, 144: *Pericle*. — *quo in num.*, s. 29, 6, 4; 33, 24, 9; die Mz. Hs. *quo ex n.* 24, 31, 14; in anderer Bedeutung c. 28, 13. — *quor. op.*, 34, 6, 9. — *ext. patr.*, 2, 6, 2. — *con-*

monios, non Achaei interfecerunt; nec iure an iniuria caesi sint argumentari refert."

„At enim illa certe vestra sunt, Achaei, quod leges discipli- 87 namque vetustissimam Lycurgi sustulistis, quod muros diruistis. quae utraque ab iisdem obici qui possunt, cum muri Lacedaemonis 2 non ab Lycurgo, sed paucos ante annos ad dissolvendam Lycurgi disciplinam exstructi sint? tyranni enim nuper eos arcem et muni- 3 mentum sibi, non civitati paraverunt; et si exsistat hodie ab inferis Lycurgus, gaudeat ruinis eorum et nunc se patriam et Spartam antiquam agnoscere dicat. non Philopoemenem expectare nec 4 Achaeos, sed vos ipsi, Lacedaemonii, vestris manibus amoliri et diruere omnia vestigia tyrannidis debuistis. vestrae enim illae de- 5 formes veluti notae servitutis erant, et, cum sine muris per octingentos prope annos liberi, aliquando etiam principes Graeciae fuissetis, muris velut compedibus circumdatis vincti per centum annos servistis. quod ad leges ademptas adtinet, ego antiquas 6 Lacedaemoniis leges tyrannos ademisse arbitror, nos non suas ademisse, quas non habebant, sed nostras leges dedisse nec male 7

senesc., 35, 34, 7. — *refert*, c. 28, 13.
37. 1-2. *At en.*, wenn ihr auch den Mord nicht veranlasst habt, so ist es doch euer Werk (*vestra*), dass usw., Uebergang zu einem neuen Theile der Rede. — *utraq.*, 27, 22, 2, hier fast: beides zugleich. — *ab iisd.*, da sich beides widerspricht. — *qui*, 26, 3, 3; 35, 16, 3; 2, 4, 4: *aliter qui credituros esse.* — *Lacedaemonis* scheint hier passender als *Lacedaemoniis*, § 3: *Spartam antiquam; munimentum sibi.* — *paucos a. a.*, § 5 sind es 100 Jahre; an beiden Stellen wol nur rhetorisch gesteigert, s. 34, 38, 2.
3-5. *tyranni*, nach 34, 26, 14 ist Cleomenes 236-222 a. Ch. der erste, also kaum 40 Jahre früher, wahrscheinlich aber denkt L. hier an Nabis 206-192, da dieser die Stadt erst eigentlich befestigte. — *si exist.*, 26, 32, 4; 31, 31, 15. — *agnoscer.*, als das alte, wahre Sp. — *debuist.*, es war euere Pflicht, sie sogleich nach dem Sturze der Tyrannen einzureissen. — *notae*, Cic. Off. 3, 18, 74: *o turpem notam temporum illorum* u.

oft; die Mz. Hs. hat *velut cicatrices*, was aber mehr eine schon geschlossene, verharrschte Wunde wäre, während an u. St., wie *erant* zeigt, an die Zeit der Befreiung Spartas zu denken ist, die Wunde also eine frische gewesen wäre, Cic. Tusc. 3, 22, 54: *nec — aliquot annis post — volneribus mederetur, sed cicatricibus.* — *per octing.*, die Zeit, bis zu welcher L. gerechnet hat, lässt sich eben so wenig bestimmen, s. 34, 38, 2, als die, von welcher an er die 800 Jahre zählt; nach der Zeit der Verbandlung an rückwärts gerechnet, und die Lesart richtig ist; so würde die Zeit Lycurgs in die Mitte des 11. Jahrhunderts vor Ch., s. Xenoph. de rep. Laced. 10, 3, gesetzt, während gewöhnlich das 9. Jahrh. als die Zeit Lycurgs angenommen wird, s. Schoem. Griech. Alterth. I, 229; im Vergleich mit 38, 34, 9 wird sie an u. St. um 100 Jahre weiter hinaufgerückt. — *centum*, s. § 2; über *comped.* 32, 37, 4.
6-8. *tyrannos*, 34, 31, 18; Schoemann I, 301f. — *arbitror*, s. 4, 41, 6; ib. 40, 6. — *nostras ded.*, bei

consuluisse civitati, cum concilii nostri eam fecerimus et nobis miscuerimus, ut corpus unum et concilium totius Peloponnesi 8 esset. tunc, ut opinor, si aliis ipsi legibus viveremus, alias istis 9 iniunxissemus, queri se iniquo iure esse et indignari possent. scio ego, Ap. Claudi, hanc orationem, qua sum adhuc usus, neque sociorum apud socios neque liberae gentis esse, sed vere servorum 10 disceptantium apud dominos. nam si non vox illa vana praeconis fuit, qua liberos esse omnium primos Achaeos iussistis, si foedus ratum est, si societas et amicitia ex aequo observatur, cur ego quid Capua capta feceritis Romani non quaero, vos rationem repo-11 scitis, quid Achaei Lacedaemoniis bello victis fecerimus? interfecti aliqui sunt; finge a nobis; quid? vos senatores Campanos 12 securi non percussistis? muros diruimus; vos non muros tantum, 13 sed urbem agrosque ademistis. specie, inquis, aequum est foedus; re apud Achaeos precaria libertas, apud Romanos etiam imperium 14 est. sentio, Appi, et, si non oportet, non indignor; sed oro vos,

dem unfreiwilligen Eintritt in den achäischen Bund scheint dieses immer geschehen zu sein, 38, 34, 1, vgl. Plut. Arat. 36, 1, hier wird das Verleihen gleicher Gesetze als eine Auszeichnung und Wohlthat betrachtet, s. § 15; 23, 5, 9, während sonst ein Staat *suas leges* zu haben berechtigt und dieses ein Zeichen seiner Autonomie ist, s. 37, 32, 14. — *concil.*, zu einem Theile. — *corpus*, 38, 34, 3. — *tunc*, 28, 19, 3. — *iniquo iure*, in einem unbilligen, ungünstigen Rechtsverhältnisse, vgl. Cic. Arch. 4, 6: *civitas aequissimo iure ac foedere*; L. 3, 34, 3: *iura aequasse*. — *tot. Pelop.*, gerade das wollten die Römer nicht.

9—12. *vere*, s. 25, 33, 6; 38, 17, 9: *Gallograeci vere*; 37, 7, 2: in Wahrheit, vollständig; 40, 27, 10: *latrones verius*, wie früher auch an u. St. gelesen wurde. — *servor.*, die ihre Händel, Zänkereien von dem Herrn schlichten lassen müssen, vgl. 24, 37, 6. — *vox illa*, 33, 32. — *prim. Ach.*, diese sind an der ang. St., mit Ausnahme der Corinthier, gar nicht genannt, da sie, wenigstens der Theorie nach, frei waren, s. 33, 34, 5; 9. — *ex aequo*, s.

§ 13; c. 36, 1, scheint zu *societ. et amic.* zu gehören, s. 8, 4, 3: *si societas, si aequatio iuris est.* — *cur ego*, vgl. 2, 34, 9. — *Cap. capta*, 31, 29, 11; ib. 31, 15. — *Romani* nicht Vocativ, wie *Achaei* zeigt. — *rat. reposc.*, Caes. B. G. 5, 30: *abs te rationem reposcent.* — *senatores*, 26, 15. — *sed*, 38, 22, 9.

13—15. *inquis*, die Widerlegung einleitend, kann an Appius gerichtet, aber auch allgemein gesagt sein, s. 34, 3, 9. — *precar. lib.*, eine aus Gnade verliehene, die immer wieder zurückgenommen werden kann, s. 37, 56, 4; ib. 32, 13; Marq. 3, 1, 251; 249; so wurde den dediticiis die Freiheit und ihr Besitzthum von den Römern zurückgegeben; aber die Achäer waren bisher nicht in diesem Verhältniss, sondern freie Bundesgenossen der Römer gewesen und jetzt noch factisch und rechtlich frei. — *etiam*, nicht allein wirkliche Freiheit, sondern auch Oberherrlichkeit über die Staaten, denen sie die Freiheit geschenkt haben, Lange 2, 237. — *sentio*: ich fühle es wohl. — *si non oport.* scheint, wenn die Lesart richtig ist (Hertz will *non* tilgen), zu beden-

quantumlibet intersit inter Romanos et Achaeos, modo ne in aequo hostes vestri nostrique apud vos sint ac nos socii, immo ne meliore iure sint. nam, ut in aequo essent, nos fecimus, cum leges 15 iis nostras dedimus, cum, ut, Achaici concilii essent, effecimus. parum est victis, quod victoribus satis est; plus postulant hostes, quam socii habent. quae iure iurando, quae monumentis littera- 16 rum in lapide insculptis in aeternam memoriam sancta atque sacrata sunt, ea cum periurio nostro tollere parant. veremur quidem 17 vos, Romani, et, si ita vultis, etiam timemus; sed plus et veremur et timemus deos inmortales."

Cum adsensu maximae partis est auditus, et locutum omnes 18 pro maiestate magistratus censebant, ut facile adpareret molliter agendo dignitatem suam tenere Romanos non posse. tum Appius 19 suadere se magnopere Achaeis dixit, ut, dum liceret voluntate sua facere, gratiam inirent, ne mox inviti et coacti facerent. haec vox 20 audita quidem cum omnium gemitu est, sed metum iniecit imperata recusandi. id modo petierunt, ut Romani quae viderentur de 21 Lacedaemoniis mutarent nec Achaeos religione obstringerent irrita

ten: wenn ich nicht (durch euer Verfahren, eueren Uebermuth) dazu genöthigt werde, bin ich nicht unwillig darüber; doch ist der Gedanke und Ausdruck gesucht, vgl. 37, 54, 25. — *sed* etc., ihr würdet mich aber zwingen unwillig zu werden, wenn ihr unsere gemeinschaftlichen Feinde uns gleich stelltet. — *in aequo*, praef. 3. — *immo*, das wäre noch zu wenig, vielmehr, s. c. 40, 7; 35, 49, 13. — *Achaici*, § 7 *nostri*. Die Form *Achaei* wäre ungewöhnlich. — *parum e.*, 38, 14, 11.

16-17. Sogar unseren Eid sollen wir brechen. — *monum.* etc., wahrscheinlich ist das Document des Bündnisses, durch welches Sparta in den achäischen Bund aufgenommen wurde, gemeint; dieses war wohl auf eine Säule eingegraben, s. Polyb. 5, 93 extr., 25, 3 τὴν πρὸς Μεσσηνίους στήλην, ib. 2: στήλης προγραφείσης; 24, 4 u. a., und in dem Tempel zu Aegium aufgestellt, daher *sancta*, den Göttern empfohlen, unter ihren Schutz gestellt, *sacrata*, geweiht, unantast-

bar, 3, 19, 10. — *cum per n.*, so dass wir dabei — uns zu Schulden kommen lassen. — *veremur*, Anerkennung der Hoheit, 33, 31, 8; *timem.*, c. 25, 15.

18-21. *maiest.*, wie die *maiestas* der Consuln u. a., s. 26, 31, 1. — *dignitas*, das Ansehen in der Durchführung ihrer Forderungen, milderer Ausdruck für *imperium*; § 13. — *volunt. s.*, 36, 12, 6. — *grat. inir.*, sich den Dank erwerben, die Römer freundlich gegen sich stimmen. — *quidem* gehört zu dem ganzen Begriffe: *audita cum om. gem. est*, besonders aber zu *omn. gemitu*, wie der Ggs. zeigt. — *metum ini.*, die jüngeren Hss. haben *metu iniecto*, was mit *petierunt* verbunden werden könnte. — *recus.*, von *metum* abhängig, wie 21, 35, 3; Sall. I. 35, 9. — *viderent.* n. *mutanda esse* oder *ipsis*, die Aufhebung der Rechtsgleichheit, Herstellung der lycurg. Verfassung, überhaupt eine Revision des Vertrages mit Sparta. — *relig. obst.*, ihr Gewissen nicht belästigen dadurch, dass sie den Schwur, § 16f., brechen; der Gewalt wollen

ea, quae iure iurando sanxissent, faciendi. damnatio tantum Arei
et Alcibiadis, quae nuper facta erat, sublata est.

38 Romae principio eius anni, cum de provinciis consulum et
praetorum actum est, consulibus Ligures, quia bellum nusquam
2 alibi erat, decreti. praetores C. Decimius Flavus urbanam, P. Cor-
3 nelius Cethegus inter cives et peregrinos sortiti sunt, C. Sempronius Blaesus Siciliam, Q. Naevius Matho Sardiniam et ut idem
quaereret de veneficiis, A. Terentius Varro Hispaniam citeriorem,
4 P. Sempronius Longus Hispaniam ulteriorem. de iis duabus provinciis legati per id fere tempus L. Iuventius Thalna et T. Quin-
5 ctilius Varus venerunt, qui quantum bellum iam profligatum in
Hispania esset senatu edocto postularunt simul, ut pro rebus tam
prospere gestis diis inmortalibus haberetur honos et ut praetori-
6 bus exercitum deportare liceret. supplicatio in biduum decreta
est; de legionibus deportandis, cum de consulum praetorumque
7 exercitibus ageretur, rem integram referri iusserunt. paucos post
dies consulibus in Ligures binae legiones, quas Ap. Claudius et
8 M. Sempronius habuerant, decretae sunt. de Hispaniensibus exercitibus magna contentio fuit inter novos praetores et amicos ab-
9 sentium, Calpurnii Quinctiique. utraque causa tribunos plebis,
utraque consulem habebat. hi se intercessuros senatus consulto,

sie weichen. Wie Philippus so werden auch die Achäer nach dem Siege
in Asien gedemüthigt und geschwächt.
38. Vertheilung der Provinzen
und Heere.
1–3. *princ. anni*, s. c. 33, 1; das
dort Uebergangene wird hier erst
nachgeholt, wie c. 20, 1; 41, 5; 32, 1,
nur Prodigien werden nicht erwähnt. — *actum-est*, s. 28, 27, 14;
22, 14, 12. — *quia* etc., s. 40, 1, 1;
es wird also vorausgesetzt, dass
beide Consuln regelmässig in den
Krieg ziehen, und das Verbleiben
derselben in Rom, nach Sullas Einrichtung das Regelmässige, war damals noch Ausnahme, s. c. 8, 1;
20, 1. Dass beide, nachdem die Gallier unterworfen sind, nach Ligurien geschickt werden, ist c. 20, 2; 32,
1 ohne weitere Bemerkung berichtet,
vgl. 38, 42, 8 ff., über den Krieg in
Ligurien s. 40, 34, 4. — *et ut id.*,
schon vor der Einsetzung der quaestiones perpetuae werden quaestiones de veneficiis bisweilen angeordnet, speciell gegen die Frauen, s. 8,
18; 40, 37, 5, die an u. St. erwähnten bezogen sich auf die röm. Bürger überhaupt, s. c. 41, 5; s. Rein
Criminalr. 406. Wahrscheinlich ist
es nur Kürze des Ausdrucks, dass
die Uebertragung dieser Funktion
durch das Volk nicht erwähnt wird;
doch heisst es auch 40, 37, 4 nur
ex senatus consulto, und dasselbe
wird 40, 44, 6 vorausgesetzt, s. c.
14, 6.
4–9. *Iuvent.-Var.*, c. 31, 4. —
proflig., 35, 6, 3. — *hab. honos.*,
41, 6, 4. — *paucos*, c. 37, 2. — *App.
et Sempr.*, c. 32. — *Hisp.*, c. 20, 4.
— *tribun. pl.*, c. 32, 12. — *consulem*, dass so, nicht *consules* zu lesen sei, zeigt *utraque*; die Consula
konnten ebenso, wie die Tribunen,
gegen Senatsbeschlüsse Einsprache
thun, s. 38, 42, 10; 30, 43, 1 u. o.,
Becker 2, 2, 111. — *hi* die, welche

si deportandos censerent exercitus, denuntiabant; illi, si haec intercessio fieret, nullam rem aliam se decerni passuros. victa 10 postremo absentium gratia est, et senatus consultum factum, ut praetores quattuor milia peditum Romanorum scriberent, trecentos equites, et quinque milia peditum sociorum Latini nominis, quingentos equites, quos secum in Hispaniam portarent. cum 11 eos *in* legiones quattuor discripsissent, quo plus quam quina milia peditum, treceni equites in singulis legionibus essent, dimitterent, eos primum, qui emerita stipendia haberent, deinde ut cuiusque 12 fortissima opera Calpurnius et Quinctius in proelio usi essent.

Hac sedata contentione alia subinde C. Decimi praetoris morte 39 exorta est. Cn. Sicinius et L. Pupius, qui aediles proximo anno 2 fuerant, et C. Valerius flamen Dialis et Q. Fulvius Flaccus — is,

die neuen Prätoren, *illi* die, welche die abgehenden unterstützen, nicht die Tribunen einer- die Consuln andererseits. — *deportand.* ist der gewöhnliche Ausdruck, 34, 52, 10; 37, 2, 6: *deducere*, die späteren Hss. haben *reportandos*, was sich bisweilen findet, s. 38. 42, 12; ib. 50, 3; ebenso *reducere*, 36, 31, 6, und an u. St. um abzuwechseln, s. § 5 u. 6, wol statt haben konnte. — *nullam rem* etc., s. 30, 40, 8; 42, 10, 10; Lange 2, 362.

10–12. *absent. gr.*, die Gegner der Prätoren geben nach. — *praetor.* – *scrib.*, c. 20, 4. — *cum eos in* nach Gron. Die hdsch. Lesart *cum oas leg.* könnte künstlich erklärt werden wie 1, 42, 5: *populum – descripsit*, so dass *eas* die Stelle von *ita* verträte, allein der Ausdruck wäre unklar und aus der geringen Truppenzahl auch in Verbindung mit dem alten Heere c. 31, 3 konnten nicht 4 Legionen von je 5000 Mann (schwerlich ist auch an Legionen der Bundesgenossen zu denken, 37, 39, 7) gebildet werden; es wird auch *eas copias in* vermuthet. — *quattuor*, wenn L. so geschrieben hat, so ist der Vorgang und die Anordnung nicht genau erzählt, denn bisher hat Hispanien regelmässig (nur ausnahmsweise war unter Cato ein zweites Heer von 2 Legionen daselbst, 33, 43, 3, wurde aber von ihm zurückgeführt 34, 46, 3) zwei Legionen, s. zu c. 31, 3; von jetzt an scheinen die beiden Prätoren je zwei Legionen gehabt zu haben, s. 40, 32, 5; ib. 36, 10; 40, 3; 49, 1 usw.; diese neue Einrichtung müsste jetzt getroffen worden sein; doch ist die Anknüpfung der Vermehrung des Heeres an die Forderung, dass alle Truppen aus der Provinz abgeführt werden sollen, sehr auffallend. — *discrips.*, s. 31, 34, 8; 34, 56, 6. — *quo* nach Madvig, die Hss. haben *quod* aber *essent*, was wol beibehalten und auf *milia*, oder die einzelnen Soldaten in den Legionen bezogen werden kann, vgl. 40, 36, 10; 24, 40, 5: *quod naves militum capere non poterant impositis*. — *emerita st.*, die Truppen haben wahrscheinlich einen grossen Theil ihrer Dienstzeit in Spanien gestanden, s. Mommsen I, 676 f., Lange 2, 248.

39. Streit um die Besetzung einer Prätur.

1–4. *subinde*, nach dem abl. absol., wie sonst *deinde*, *inde*, *tum*, 22, 30, 1; 5, 39, 10; 4. 34, 5. — *morte*, in Folge usw. — *aedil.*, 24, 9, 4. — *flam. dial.*, c. 45, 2; es ist wahrscheinlich der 27, 8 erwähnte, der 554, s. 31, 50, 7, Aedil war, und sich jetzt um die Prätur

quia aedilis curulis designatus erat, sine toga candida, sed maxima
ex omnibus contentione — petebant; certamenque ei cum flamine
3 erat. et postquam primo aequare, mox superare etiam est visus,
4 pars tribunorum plebis negare rationem eius habendam esse, quod
duos simul unus magistratus, praesertim curules, neque capere
posset nec gerere; pars legibus eum solvi aequum censere, ut
5 quem vellet praetorem creandi populo potestas fieret. L. Porcius
6 consul primo in ea sententia esse, ne nomen eius acciperet, deinde, ut ex auctoritate senatus idem faceret, convocatis patribus
referre se ad eos dixit, quod nec iure ullo nec exemplo tolerabili
liberae civitati aedilis curulis designatus praeturam peteret, sibi,
nisi quid aliud iis videretur, in animo esse e lege comitia habere.

bewirbt, erst 41, 28, 7 ist er
gestorben. — *quia* etc., dieser Umstand ist also der Grund, warum er
die toga candida, die sonst als damals gebräuchlich vorausgesetzt
wird, s. 4, 25, 13; Becker 2, 2, 39;
Lange 1, 518, nicht anlegt; dass er
seine Bewerbung nicht dem Consul
anzuzeigen hatte, geht aus den
Folg. hervor. — *ex omnib.*, n. *reliquis*, ist eigenthümlich gesagt und
auf die Personen bezogen, statt
maiore quam omnes. Ebenso ist
certamenq. ei er., wenn nicht vorher
petebat gelesen wird, nicht ohne
Härte, da die Person, auf die *ei* zurückweist, nicht aus dem Hauptsatze, sondern nur durch die Beziehung auf das in der Parenthese
Gesagte deutlich wird, vgl. 31, 46,
7; Tac. Ann. 2, 6 extr. — *aequare
- super.*, beide absolut gebraucht.
— *ration. hab.*, s. 8, 15, 9; Becker
2, 2, 38. — *duos s. un. mag.*, gegen
das Gesetz 7, 42, 2, s. Vell. Pat. 2,
92: *Egnatium sperantem, ut praeturam aedilitati, ita consulatum
praeturae se iuncturum* (*Sentius*)
*vetuit, et cum id non obtinuisset,
iuravit, etiamsi factus esset consul
suffragiis populi, tamen se eum non
renuntiaturum*; Mommsen 1, 302 f.,
Lange, 1, 515. — *capere*, dieses
schliesst das *gerere* noch nicht ein,
s. § 9, vgl. Sall. I. 85, 12. — *leg. sol.*,
s. 10, 13, 9. — *ut quem v.*, 32, 7,
11; 24, 8, 1 u. a.
5-6. *in ea - ne*, Tac. Ann. 1, 77:
dioebantur sententiae, ut etc., L. 38,
52, 1: *certo consilio, ne.* — *nom. ei.
acc.*, s. 9, 46, 2; der Consul will
sein Recht einen ihm missfälligen
Candidaten zurückzuweisen, Becker
a. a. O. 34; Lange 1, 511 mit grösserem Nachdruck geltend machen,
wenn er sich auf einen Senatsbeschluss (*ex. auct. sen.*) stützen
kann; ähnlich Ascon. p. 90: *Volcatius consul consilium habuit, an rationem Catilinae habere deberet, si
peteret consulatum*; vgl. auch 32,
7, 11; Marq. 2, 3, 96; 93; L. 22, 35,
3. — *referre*, in dem Vortrage über
den Gegenstand der Verhandlung
spricht hier der Consul, gegen die
Gewohnheit, s. 8, 13, 18; ib. 20, 12,
seine Ansicht aus, s. Becker, 2, 2,
423. — *quod - peteret* ist nicht Object von *referre*, sondern der Grund,
der den Vortragenden bestimmt in
der durch *sibi in animo esse* etc.
bezeichneten Weise zu verfahren,
der wie oft, s. § 14, vorangestellt
ist, oder es bedeutet: was das betreffe, dass; Crevier verm. *referre
de eo dixit, quod.* — *exemplo*, 42,
8, 6; 25, 4, 7. — *sibi* etc. ist der
von *referre* abhängige Gedanke. —
nisi etc., er will sich dem Beschlusse
des Senates unterwerfen. — *e lege*,
entweder nach dem 7, 42 erwähnten, oder überhaupt: gesetzlich,

patres censuerunt, uti L. Porcius consul cum Q. Fulvio ageret, 7
ne inpedimento esset, quo minus comitia praetoris in locum C.
Decimi subrogandi e lege haberentur. agenti consuli ex senatus 8
consulto respondit Flaccus nihil quidem, se quod indignum esset,
facturum. medio responso ad voluntatem interpretantibus fecerat
spem cessurum patrum auctoritati esse. comitiis acrius etiam 9
quam ante petebat criminando extorqueri sibi a consule et senatu
populi Romani beneficium et invidiam fieri geminati honoris, tamquam
non adpareret, ubi designatus praetor esset, extemplo aedilitate
se abdicaturum. consul cum et pertinaciam petentis crescere 10
et favorem populi magis magisque in eum inclinari cerneret, dimissis
comitiis senatum vocavit. censuerunt frequentes, quoniam
Flaccum auctoritas patrum nihil movisset, ad populum cum Flacco
agendum. contione advocata cum egisset consul, ne tum quidem 11
de sententia motus gratias populo Romano egit, quod tanto studio,
quotienscumque declarandae voluntatis potestas facta esset,
praetorem se voluisset facere; ea sibi studia civium suorum destituere
non esse in animo. haec vero tam obstinata vox tantum ei
favorem accendit, ut haud dubius praetor esset, si consul accipere
nomen vellet. ingens certamen tribunis et inter se ipsos et cum 13

§ 14: *e legibus.*
7-9. *ageret*, es wird erst ein gelinderes Mittel versucht, nicht sogleich öffentlich eingeschritten. — *quo min.* steht hier nach dem negirten *impedim. esse*, wo L. sonst gewöhnlich *ne* braucht, § 14, weil *ne* schon vorausgeht. — *praetoris s.*, § 14; 41, 17, 5; 3, 19, 2; 6, 39, 5; 10, 11, 3 u. a., sonst auch der Dativ. — *se* wird, da *esse* fehlt, s. 41, 10, 7; 28, 23, 6, besser zu *indignum* genommen. — *medio = ancipiti*, anders c. 29, 1. — *ad vol.* n. *suam*, wie *ex voluntate*. — *comitiis,* 31, 50, 6, ohne *sed*. — *invid. gem. hon.*, wegen der doppelten Ehrenstelle werde Hass gegen ihn erregt. — *designat.*, da die Wahl nach gehaltenen Auspicien vollzogen ist, so muss das Amt, obgleich noch nicht angetreten, förmlich niedergelegt werden; der Fall scheint sonst nicht vorgekommen zu sein, Becker 2, 2, 50; Lange, 1, 521. — *extemplo* nach *ubi* wie 22, 60, 1. Das hier

Erzälte ist in Contionen vor dem Wahltage oder Wahlacte geschehen, 31, 7, 1; auf das letztere weist *dimissis* hin.
10-15. *dimiss. com.* soll wol nur heissen, dass zu den Comitien berufene Volk wurde nach der contio wieder entlassen, nicht dass die Abstimmung schon begonnen hat; nachdem der Senat befragt ist, wird eine neue contio gehalten. — *ad pop.*, vor dem Volke, was nicht ohne Härte zu *egisset* wieder zu denken ist; etwas Anderes wäre *cum populo agere.* — *ne tum q.* schliesst sich sonst eher an den abl. abs. oder das Partic. an, hier an den der Participialconstruct. folgenden Nebensatz, vgl. 37, 24, 11; ib. 32, 7. — *quotiensc. decl.* etc., vgl. Cic. Mil. 35, 96. — *obstin.*, aus der seine Hartnäckigkeit hervorgieng. — *haud dub.*, 4, 53, 13. — *nom. accip.*, am entscheidenden Tage, dem Wahltage Stimmen für ihn annähme. — *inter se ips.*, s. c. 40, 4; 2, 42, 9:

consule fuit, donec senatus a consule est habitus decretumque,
14 quoniam praetoris subrogandi comitia ne legibus fierent, pertinacia Q. Flacci et prava studia hominum inpedirent, senatum cen-
15 sere satis praetorum esse; P. Cornelius utramque in urbe iurisdictionem haberet Apollinique ludos faceret.
40 His comitiis prudentia et virtute senatus sublatis alia maioris certaminis, quo et maiore de re et inter plures potentioresque
2 viros, sunt exorta. censuram summa contentione petebant L. Valerius Flaccus P. et L. Scipiones Cn. Manlius Volso L. Furius Purpurio, patricii, plebeii autem, M. Porcius Cato M. Fulvius No-
3 bilior Ti. et M. Sempronii, Longus et Tuditanus. sed omnes patricios plebeiosque nobilissimarum familiarum M. Porcius longe
4 anteibat. in hoc viro tanta vis animi ingeniique fuit, ut, quocumque loco natus esset, fortunam sibi ipse facturus fuisse videretur.

inter semet ipsos certando; 1, 10, 2: *ipsi inter se*; 3, 61, 1: *sibimet ipsis victuros*; 83, 17, 10 u.a., Gron. verm. *in. se ipsis*, s. c. 40, 4; 2, 19, 5. — *donec* etc., anders verfuhr Sentius nach Vellei., zu § 4. — *satis pr. esse*, der Senat bestimmt, dass Comitien nicht gehalten werden sollen, was sonst nicht leicht geschehen ist, s. Lange 2, 458. Durch den Abgang eines Mitgliedes aus einem Collegium wird dieses selbst nicht aufgehoben, da die Amtsgewalt nicht dem Einzelnen, sondern dem Collegium als solchem zusteht, und von jedem einzelnen Mitgliede in der gesetzlichen Ausdehnung geübt wird. — *iuris dic.*, 28, 38, 13; 25, 41, 13 u. a. — *Apoll. lud.*, 25, 12; 27, 23, die Abhaltung derselben gehörte zu den Funktionen des praet. urbanus, der gestorben war.

40—44, 10. Catos Charakter, seine Censur; Verhältnisse in Italien und Spanien; Triumphe; Colonien. Cic. Cat. m. 6; Brut. 15; Plin. 7, 27, 100; 14, 4, 45; Nep. Cato 2; Val. Max. 2, 9, 3; 3, 7, 7; 4, 5, 1; Plut. Cato 15; 17; Flamin. 18.

1—3. *maioris certam.* ohne *eo* findet sich mehrfach bei L., s. zu 2, 19, 10; 25, 38, 23; 26, 20, 5, ib. 38, 10, vgl. 40, 22, 6. — *quo — viros*, um den Gedanken vollständig zu machen kann auch dazu *exorta sunt* wiederholt werden; *erant* zu denken ist nicht nothwendig, s. 22, 20, 6; ib. 52, 5. — *exorta*, brachen an, passt mehr auf die bei Gelegenheit der Comitien entstandenen Kämpfe, als auf die Comitien selbst. — *Valer.*, 36, 17, 1. — *P. Scip.*, Nasica, 38, 58; *L. Scipio* ungeachtet seiner Verurtheilung, 38, 60; vgl. c. 22, 8; 44, 1; 56, 7. *Manlius*, c. 7; *Furius*, 31, 49; 37, 55; 38, 54. — *Fulv.*, c. 5; *Ti. Sempr.*, 34, 42; 35, 5. *M. Sempr.*, c. 23. — *nobil. fam.*, denselben angehörten, aber als genit. qualit. zu betrachten: von hohem Adel, s. Cic. Sest. 56, 120; S. Rosc. 6, 17; vgl. 22, 35, 2; Sall. I. 85, 10: *hominem — multarum imaginum.*

4—5. *in hoc* etc., die Charakteristik ist vor der Wahl zu dem höchsten Amte, passend eingefügt, s. Einleit. 16. — *animi ingen.*, 38, 50, 12; 34, 18, 3. — *ipse*, ohne alle Unterstützung, durch eigene Kraft; zum Gedanken vgl. Cic. Parad. 5, 1, 34: *cuius omnia consilia - ab ipso proficiscuntur — cui etiam — fortuna ipsa cedit*; L. 1, 34, 11: *ipse*

nulla ars neque privatae neque publicae rei gerendae ei defuit; urbanas rusticasque res pariter callebat. ad summos honores alios 5 scientia iuris, alios eloquentia, alios gloria militaris provexit; huic versatile ingenium sic pariter ad omnia fuit, ut natum ad id unum diceres, quodcumque ageret; in bello manu fortissimus multisque 6 insignibus clarus pugnis, idem postquam ad magnos honores pervenit, summus imperator, idem in pace, si ius consuleres, peritissimus, si causa oranda esset, eloquentissimus; nec is tan- 7 tum, cuius lingua vivo eo viguerit, monumentum eloquentiae nullum exstet, vivit immo vigetque eloquentia eius sacrata scriptis

fortunam - adiuvabat; bei Anderen wirkt das Glück mit, s. 30, 1, 4: *congestis omnibus humanis ab natura fortunaque donis*; 3, 12, 6; Cato muss sich das Glück erst erringen. — *fuisse* hat nur die Mz. IIs., vgl. Cic. Att. 11, 6, 5: *tanta desperatio - occuparat, ut, quocumque venisset, hoc putarem futurum*; L. 24, 5, 12. — *privatae - publ. rei*, 40, 51, 2; 4, 5, 6: *nec in re publica - nec in privata*; Cic. Lael. 4, 15: *cura de publica re et de privata*. — *urban. rustic.* scheint die *res privatae* zu umfassen, die in der Stadt und auf dem Lande zu besorgen sind, im Folg. *ad summos* etc. folgen die *res publicae*; Plin. 14, 4, 44: *Cato ille - optimus ac sine aemulo agricola*. — *scientia* etc., die drei Wege, auf denen man in Rom gewöhnlich zu den höchsten Staatsämtern gelangte, s. 30, 1, 5, vgl. Plin. 7, 25, 100: *Cato tris summas in homine res praestitisse existimatur, ut esset optimus orator, optimus imperator, optimus senator*. — *sic pariter*, in solcher Weise gleichmässig, vgl. Cic. C. m. 8, 26: *sic avide*; Brut. 53, 197: *ita breviter*, doch ist die Verbindung und Wortstellung ungewöhnlich. — *ageret* als von *diceres* abhängig.

6-7. *in bello*, in den Verhältnissen des Krieges, c. 34, 2. — *pugnis*, s. 34, 8 ff.; 36, 17 f. — *ius cons.* n. *eum*, wenn man ihn über Rechtsverhältnisse, Processe um Rath fragte; auf solche Anfragen gaben die Rechtskundigen, *iurisconsulti* oder *prudentes*, daher sogleich *prudentissimus*, ihr Gutachten: *respondebant*; Quint. 12, 3, 9: *Cato cum in dicendo praestantissimus tum iuris idem fuit peritissimus*; Cic. Off. 2, 19, 65; Mur. 9, 19; Gaius 1, 7: *responsa prudentium sunt sententiae et opiniones eorum, quibus permissum est iura condere*. — *oranda*, 30, 1, 5. — *cuius - vivo eo*, s. 38, 54, 1; 42, 36, 7. — *riguer.*, 22, 44, 7. — *monument.*, Cic. Br. 16, 63: *Catonis autem orationes non minus multae sunt, quam Attici Lysiae* (dem 425 beigelegt, 230 für ächt gehalten wurden); 17, 65: *orationes CL* (Catos), *quas quidem adhuc invenerim et legerim*; es finden sich noch Fragmente von etwa 80 Reden. — *vivit* steht absichtlich nach *vivo*. — *vigetq.*, ist noch jetzt wirksam, seine Reden und andere Schriften wurden immer noch gelesen und als Denkmäler des alten Römersinnes betrachtet, vgl. Cic. Br. 85; Corn. 3, 1; über die Nachstellung von *immo* s. 35, 49, 13; 38, 43, 6. — *sacrata*, geweiht, verewigt, c. 37, 16. — *omnis gen.*, ausser den Reden u. den Origines, s. 34, 5, 7, dem Werke de re rustica noch Schriften de re militari, de rhetorica, de medicina, Epistolae u. a., s. Plin. 14, 4, 44: *Catonum ille primus triumpho et censura super cetera insignis, magis tamen etiamnum claritate litterarum praeceptisque omnium rerum expetendarum datis generi*

8 omnis generis. orationes et pro se multae et pro aliis et in alios:
nam non solum accusando, sed etiam causam dicendo fatigavit
9 inimicos. simultates nimio plures et exercuerunt eum et ipse exercuit eas; nec facile dixeris, utrum magis presserit eum nobilitas
10 an ille agitaverit nobilitatem. asperi procul dubio animi et linguae
acerbae et inmodice liberae fuit, sed invicti a cupiditatibus animi,
11 rigidae innocentiae, contemptor gratiae, divitiarum. in parsimonia, in patientia laboris, periculi, ferrei prope corporis animique,
12 quem ne senectus quidem, quae solvit omnia, fregerit, qui sextum
et octogesimum annum agens causam dixerit, ipse pro se oraverit
scripseritque, nonagesimo anno Ser. Galbam ad populi adduxerit
41 iudicium. Hunc, sicut omni vita, tum prensantem premebat nobilitas; coierantque praeter L. Flaccum, qui collega in consulatu

Romano, inter prima vero agrum colendi etc.
8—9. *orationes*, nomin. absol.; *esse* = vorhanden sein wird nicht ausgelassen. — *pro se* als ob es hiesse *a Catone pro se habitae*. — *nam* führt *in alios* aus. — *caus. dicen.*, wenn er selbst sich vertheidigen musste, reus war; Plin. 7, 27, 100: *itaque sit proprium Catonis quater et quadragiens causam dixisse, nec quemquam saepius postulatum et semper absolutum*, vgl. Plut. c. 15: λέγεται ὀλίγον ἀπολιπούσας τῶν πεντήκοντα φυγεῖν δίκας; Val. Max. 3, 7, 7. — *nimio pl.*, 1, 2, 3. — *eas* ist absichtlich *simultates* und *eum* gegenüber gestellt, wie *exercuit exercuerunt*; im Folg. *eum ille*. — *presser.*, c. 41, 1; 3, 13, 1: *premebat reum — crimen*; 23, 1, 1; 22, 12, 12: *premendo superiorem*.
10—12. *procul. dub.*, sonst sagt L. *haud dubie*, s. 2, 36, 6. — *immodic. lib.*, s. 4, 41, 1; 42, 15, 10.
— *a cupid.*, Habsucht, s. 33, 11, 7; Wollust 34, 4, 1 ff., vgl. 37, 57, 15.
— *rigid.*, unbeugsam, starr, 3, 11, 7. — *gratiae*, der Mächtigen. — *divitiar.*, s. Cic. Off. 2, 25, 89. — *in parsim.*, Tac. H. 2, 77. — *laboris*, vgl. 34, 18, 3; 42, 34, 7; Plut. c. 1.
— *sext. et oct.*, ebenso Valer. Max. 8, 1, 1. — *caus. dixer.*, wie § 8;

ipse pro se or., er selbst die Vertheidigungsrede hielt. — *nonages. anno*, ebenso Plutarch c. 15; dagegen nach Cic. Cat. m. 4, 10: *anno post consul primum fuerat* (*Q. Fabius Maximus*) *quam ego* (*Cato*) *natus sum* (521 v. c.), ist er nur 85 Jahre alt geworden, worauf auch das Zeugniss Catos selbst führt, Plut. 1, 10: φησὶ γὰρ αὐτὸς ἑπτακαίδεκα γεγονώς ἔτη τὴν πρώτην στρατεύσασθαι στρατείαν, περὶ ὃν Ἀννίβας χρόνον εὐτυχῶν ἐπέφλεγε τὴν Ἰταλίαν, s. Corn. 1, da, wenn Cato nach Liv. im J. 605 (149 a. Ch.) 90 Jahr alt gestorben wäre, in seinem 17. Jahre Hannibal noch nicht in Italien den Krieg geführt hätte; dass er aber 605 starb, bezeugen auch Cic. Brut. 15, 61; Plin. 29, 8, 15; Vell. 1, 15 vgl. Cornel. 2, 4; Drumann Gesch. Roms 5, 98; Nissen 225. — *Ser. Galb.*, s. Periocha 49; Val. Max. 8, 1, 2; Cic. Or. 1, 53, 227: *cum M. Cato, Galbae gravis atque acerbus inimicus, aspere apud populum et vehementer esset locutus, quam orationem in Originibus suis exposuit ipse*; Tac. Ann. 3, 66; Gell. 1, 12, 17; 13, 25 (24), 15: *Cato ex originum VII. in oratione, quam contra Ser. Galbam dixit*.
41. 1—2. *omni v.*, s. 2, 33, 10.
— *tum* ohne *ita*, s. 24, 3, 13. — *coi-*

LIBER XXXIX. CAP. 41.

fuerat, candidati omnes ad deiciendum honore eum, non solum 2
ut ipsi potius adipiscerentur, nec quia indignabantur novum hominem
censorem videre, sed etiam quod tristem censuram periculosamque
multorum famae et ab laeso a plerisque et laedendi
cupido expectabant. etenim tum quoque minitabundus petebat, re- 3
fragari sibi, qui liberam et fortem censuram timerent, criminando.
et simul L. Valerio subfragabatur: illo uno collega castigare se 4
nova flagitia et priscos revocare mores posse. his accensi homines
adversa nobilitate non M. Porcium modo censorem fecerunt,
sed collegam ei Valerium Flaccum adiecerunt.

Secundum comitia censorum consules praetoresque in pro- 5
vincias profecti praeter Q. Naevium, quem quattuor non minus
menses, priusquam in Sardiniam iret, quaestiones veneficii, quarum
magnam partem extra urbem per municipia conciliabulaque
habuit, quia ita aptius visum erat, tenuerunt. si Antiati Valerio cre- 6
dere libet, ad duo milia hominum damnavit. et L. Postumius praetor,
cui Tarentum provincia evenerat, magnas pastorum coniurationes

erantq., s. zur Sache 3, 35, 9; es sind die Anhänger der Scipionen; die Mz. Hs. hat *consenserantq.*, wol eine Erklärung von *coierant*, vgl. c. 14, 6. — *collega*, 33, 43. — *deiciend.*, c. 32, 12. — *non sol. - nec*, 41, 5, 3. — *nec quia indign.*, vgl. 40, 33, 2 u. zu 10, 41, 12. Der Wechsel von *quia* und *quod* ist auch bei L. nicht selten, s. 34, 23, 10; 5, 41, 4. — *nov. hom.*, 37, 57, 12; Plut. c. 16: τοὺς μὲν γὰρ εὐπατρίδας ὁ φθόνος ἐλύπει παντάπασιν οἰομένους προπηλακίζεσθαι τὴν εὐγένειαν ἀνθρώπων ἀπ᾽ ἀρχῆς ἀδόξων εἰς τὴν ἄκραν τιμὴν καὶ δύναμιν ἀναβιβαζομένων etc. — *tristem*, pedantisch-streng, 1, 18, 4.
3-4. *qui - timer.*, vgl. 6, 27, 6: *fugere senatum testes tabulas publicas.* — *suffrag.*, c. 32, 10. — *illo uno* etc., von den Censoren besonders wurde gefordert, dass sie in Eintracht das Amt verwalteten, s. 29, 37; 40, 46; Plut. l. l.: μετ᾽ ἐκείνου γὰρ οἴεσθαι μόνου τὴν τροφὴν καὶ τὴν μαλακίαν, ὥσπερ ὕδραν τέμνων καὶ ἀποκαίων προὔργου τι ποιήσειν, τῶν δ᾽ ἄλλων ὁρᾶν ἕκαστον ἄρξαι κακῶς βιαζόμενον, Tit. Liv. IX.

ὅτι τοὺς καλῶς ἄρξοντας δέδοικεν, Lange 2, 219. — *adversa nob.*, c. 39, 9; 6, 42, 9; 42, 22, 2; 33, 23, 3.

5-7. *secundum* etc., die kurze Unterbrechung wie 38, 28, 1 ff. — *comit. cens.*, diese mussten von einem der Consuln gehalten werden, s. 24, 10, 2; 27, 11, 7. — *quaest.*, c. 38, 3. — *per munic. conc.*, vgl. c. 14, 7; 18, 2; ob alle municipia oder nur die, welche die civitas cum suffragio haben, gemeint seien, lässt sich nicht erkennen. — *so zu* verfahren, als dass alle nach Rom gefordert wären, s. c. 14, 7. — *duo m.*, nur die Zahl scheint L. zu gross. — *praetor*, da Postumius im Jahr vorher, s. c. 23, Prätor war, so sollte es *propraetor* heissen; der Zusatz *cui - evenerat* ohne *anno superiore* deutet an, dass L. selbst weniger genau geschrieben, nicht die Abschreiber geirrt haben. Vielleicht ist die Sache keine andere als die bereits c. 29, 8 aus einer anderen Quelle berichtete, und von L., oder von Valerius, dem auch diese Notiz entlehnt scheint, in ein ande-

vindicavit et reliquias Bacchanalium quaestionis cum cura exsecutus est. multos, qui aut citati non adfuerant aut vades deseru-
7 erant, in ea regione Italiae latentes partim noxios iudicavit, partim comprehensos Romam ad senatum misit. in carcerem omnes a P. Cornelio coniecti sunt.
42 In Hispania ulteriore fractis proximo bello Lusitanis quietae res fuerant, et in citeriore A. Terentius in Suessetanis oppidum Corbionem vineis et operibus expugnavit, captivos vendidit; quieta
2 deinde hiberna et citerior provincia habuit. veteres praetores
* C. Calpurnius Piso et L. Quinctius Romam redierunt. utrique
3 magno patrum consensu triumphus est decretus. prior C. Calpurnius de Lusitanis et Celtiberis triumphavit; coronas aureas tulit
4 octoginta tres et duodecim milia pondo argenti. paucos post dies L. Quinctius Crispinus ex iisdem Lusitanis Celtiberisque triumphavit; tantundem auri atque argenti in eo triumpho translatum.
5 Censores M. Porcius et L. Valerius metu mixta expectatione senatum legerunt; septem moverunt senatu, ex quibus unum in-

res Jahr gesetzt. — *reliq. Bacch. quaestionis*, die Verbindung, s. c. 46, 2, und Wortstellung ist hart, c. 14, 6 heisst es: *quaestionem de Bacchanalibus*; 40, 19, 9; eine Hs. hat *reliquas Bacch. quaestiones. — citati*, zu Rom, wie aus *latentes* hervorzugeben scheint. — *vades des.*, sie hatten in Civilprocessen Bürgen statt des *vadimonium* gestellt, dass sie an einem folgenden Gerichtstage *in iudicio* erscheinen wollten, und durch ihr Wegbleiben die Bürgen in die Nothwendigkeit versetzt, das *vadimonium* zu erlegen, vgl. c. 18, 1; 23, 32, 4; 3, 13, 8; häufiger heisst es *vadimonium deserere, ad vadimonium non venire. — in ea reg.*, in der Nähe von Tarent, wo schon früher Bacchanalien begangen worden waren, s. Dio Cass. frgm. 39, 5; 10. Oben c. 29 sind solche Untersuchungen nicht erwähnt. — *noxios iudic.*, verurtheilte und bestrafte sie; dass auch die, welche nach Rom geschickt werden, schuldig waren, zeigt: *in carcerem*, s. c. 18, 5, viell. sind diese die, welche das vadimonium im Stich gelassen hatten, jene die, welche in dem Bacchanalienprocesse nicht erschienen waren. — *Cornel.*, c. 38, 2; 39, 15.
42. 1-4. *in Hisp.* knüpft an c. 31 an. — *Terent.*, c. 32, 14. — *Suesset.*, s. 34, 20, 1; 25, 34, 6. — *Corbio*, nur hier erwähnt. — *magno p. cons.*, vgl. c. 29, 5; 33, 37, 9. — *coron. aur.*, c. 7, 1. — *ex iisd.*, vorher *de Lusit.* mit etwas verschiedener Anschauung. — *translat.*, s. 37, 58, 4; die Mz. Hs. hat *praelatum*, was sich auch bisweilen findet, s. 31, 49, 3; 4, 10, 7; wahrscheinlich begleiteten die ausgedienten Soldaten die Triumphirenden, vgl. 40, 43, 7.
5-7. *censores* geht auf c. 41, 4 zurück; die *lectio senatus* und *recognitio equitum* werden als die Strenge der Censoren besonders beurkundend vorangestellt, s. 29, 37, 8. — *senat. leg.* ib. 37, 1; Becker 2, 2, 240; die Wahl des *princeps senatus* wird erst c. 52, 1 beiläufig, wahrscheinlich nach einer anderen Quelle, berichtet. — *mover. sen.*, solche, die von früheren Censoren bereits in den Senat aufgenommen waren, anders *praeterire*, 38, 28, 2; Becker 2, 2, 396; Lange

signem et nobilitate et honoribus, L. Quinctium Flamininum consularem. patrum memoria institutum fertur, ut censores motis 6
e senatu adscriberent notas. Catonis et aliae quidem acerbae orationes exstant in eos, quos aut senatorio loco movit, aut quibus
equos ademit; longe gravissima in L. Quinctium oratio est, qua 7
si accusator ante notam, non censor post notam usus esset, retinere L. Quinctium in senatu ne frater quidem T. Quinctius, si tum
censor esset, potuisset. inter cetera obiecit ei, Philippum Poenum, 8

1, 586. Im Folg. haben die Hss. *motis e senatu*, was weniger gebräuchlich ist, doch sagt Cic. Cluent. 43, 122: *de senatu movere* und bei L. findet sich Aehnliches auch sonst, s. 24, 18, 12; 45, 15, 8. — *consul.*, 35, 10. — *patrum mem.* scheint von der Zeit Catos ausgesagt zu sein, vgl. c. 16, 8; 31, 12, 10; 25, 6, 3; 37, 51, 1; 32, 22, 10; 36, 7, 10; dafür spricht das folg. *fertur*, was von einer seit nicht gar langer Zeit, wie die Beziehung auf die Lebenszeit des Liv. voraussetzen würde, bestehenden und oft erwähnten Einrichtung nicht gebraucht wäre, ebenso Gell. 4, 20, 6; 8; vgl. Ascon. p. 84: *Antonium — censores senatu moverunt causasque subscripserunt*; der Sinn scheint also zu sein: schon früher war es Sitte, die Gründe der Rüge beizuschreiben; Cato motivirte die Ausstossung durch Reden, und nicht allein bei den aus dem Senate Entfernten, sondern auch bei denen, welchen der equus publicus genommen wurde; dass durch diese Einrichtung das Recht Unwürdige auszustossen gesetzlich beschränkt worden sei, liegt wenigstens in L.'s Worten nicht, s. Lange 2, 164; 317; Rudorff 2, 417. — *motis*, den Namen derselben in dem Album der Senatoren. — *adscrib.*, gewöhnlich *subscribere*, s. Cic. Cluent. 42, 119. — *Catonis*, von C. dagegen, s. 38, 54, 10; 45, 25, 2. — *et aliae*, das entsprechende *et* konnte nicht wol stehen. Es finden sich noch Bruchstücke einer Rede gegen L. Furius, wahrscheinlich L. Furius Purpurio, s. Charis. II p. 216 ed. Keil; ib. 212; 208; Serv. ad Verg. Aen. 4, 244: *ut est apud Catonem in L. Furium de aqua*, vgl. c. 44, 4, und gegen Claudius Nero Prisc. 6, 36, p. 694, ebenso gegen L. *Veturius*, s. Fest. p. 344: *Cato in ea, quam scripsit de L. Veturio, de sacrificio commisso, cum ei equum ademit*, ib. 234; Gell. 17, 2, 20; Prisc. 6, 3, 16 p. 684; 6, 7, 40 p. 696; 789. Die Reden wurden wahrscheinlich gehalten, als die Censoren die neue Liste der Senatoren bekannt machten oder die Musterung der Ritter hielten, nachdem die Ausstossung erfolgt und etwa vorgebrachte Gründe der Betheiligten gehört waren, s. 24, 18, 3; daher *post notam*, vgl. § 5. — *quos aut — aut quibus*, 7, 39, 10, vgl. 2, 27, 2. — *accusat.*, vor den Censoren durften auch von Anderen zu rügende Thaten oder Reden zur Anzeige gebracht werden; Val. Max. 4, 1, 10: *centurias recognoscens equitum — dixit se scire illum verbis conceptis peierasse. proinde si quis eum accusare vellet, usurum testimonio suo*; Ascon. p. 9; Lange 1, 583. — *si tum* etc. bezieht sich auf den ganzen vorhergeh. Bedingungssatz: *si — retinere — potuisset*, und enthält zu demselben eine zweite Voraussetzung: im Falle er usw., s. c. 25, 5, welche durch *tum* als der Vergangenheit angehörend bezeichnet ist. — *potuiss.*, 36, 24, 9.

8—12. *Philippum*, Isid. de different. verb. § 5: *aliud est, inquit Cato, Philippe, amor, longe aliud*

carum ac nobile scortum, ab Roma in Galliam provinciam spe-
9 ingentium donorum perductum. eum puerum, per lasciviam cum
cavillaretur, exprobrare consuli persaepe solitum, quod sub ipsum
spectaculum gladiatorium abductus ab Roma esset, ut obsequium
10 amatori venditaret. forte epulantibus iis, cum iam vino incaluis-
sent, nuntiatum in convivio esse nobilem Boium cum liberis trans-
fugam venisse; convenire consulem velle, ut ab eo fidem praesens
11 acciperet. introductum in tabernaculum per interpretem adloqui
consulem coepisse. inter cuius sermonem Quinctius scorto „vis
tu" inquit, „quoniam gladiatorium spectaculum reliquisti, iam hunc
12 Gallum morientem videre?" et cum is vixdum serio adnuisset,
ad nutum scorti consulem stricto gladio, qui super caput pende-
bat, loquenti Gallo caput primum percussisse, deinde fugienti fidemque populi Romani atque eorum, qui aderant, inploranti latus
43 transfodisse. Valerius Antias, ut qui nec orationem Catonis legisset et fabulae tantum sine auctore editae credidisset, aliud argu-
2 mentum, simile tamen et libidine et crudelitate peragit. Placen-

est cupido; Val. Max. 2, 9, 3. —
Poenum, Volksname. — *in Gall.*, 35,
21; Cic. Cat. m. 12, 42: *cum esset
consul in Gallia (C. Flamininus).*
— *spe ingent. don.*, natürlich wollte
derselbe Rom nicht verlassen. —
cavill., c. 13, 3. — *pers. solit.*, pleonastisch. — *sub ips. spec. gl.*, gerade bei dem Beginn des Spieles,
an dem er soviel verloren habe. —
venditar., 3, 35, 5: *se plebi vendi-
tare (Appium)*; 44, 25, 5; die Mz.
Hs. allein hat *iactaret*, vgl. c. 43, 2,
woher es an u. St. gekommen zu
sein scheint.— *incal.*, s. Tac. H. 4, 14.
— *Boium c. lib.*, Plut. Tit. 18: ὁ δὲ
Αἴβιος ἐν λόγῳ Κάτωνος αὐτοῦ
γεγράφθαι φησὶν, ὡς Γαλάτην αὐ-
τόμολον ἐλθόντα μετὰ παίδων
καὶ γυναικὸς ἐπὶ τὰς θύρας δε-
ξάμενος εἰς συμπόσιον ὁ Λεύκιος
ἀπέκτεινεν ἰδίᾳ χειρὶ τῷ ἐρωμένῳ
χαριζόμενος, wornach Köhler vermuthet, dass L. geschrieben habe:
cum coniuge et liberis, wie es sich
oft findet, 38, 15, 5 u. a., Plut. Cat.
m. 17 sagt nur: Γαλάτην αὐτόμο-
λον. — *transfug.*, vgl. c. 43, 2 f.
— *fidem praes.*, vgl. 25, 16, 13; 40,

49, 5. — *Gallum*, mit Anspielung
auf die Gladiatorenkämpfe, Fest. p.
285: *retiario pugnanti adversus
murmillonem cantatur: non te peto,
piscem peto, quid me fugis Galle?
quia murmillonicum genus armaturae Gallicum est, ipsique murmil-
lones ante Galli appellabantur.* —
vixdum ser., als er kaum noch im
Ernste. — *super cap.*, wol nur zufällig, nicht Andeutung seiner Macht
über Leben und Tod. — *percuss.*,
Cic. Cat. m. 12, 42: *exoratus a
scorto, ut securi feriret aliquem*
etc.
43. 1-2. *nec or. Cat.* etc., durch
dieses Urtheil, so wie § 5, zeigt L.,
dass er selbst die Rede Catos gelesen habe, vgl. 38, 56, 6; Nissen 38.
— *legiss.-credid.*, von L. gedachte
und als solche bezeichnete Gründe.
— *fabulae*, Erzählung, 40, 12, 9.
— *sine auct.*, 33, 41, 1, für die er
keinen Gewährsmann anführt. —
argument., wie bei einem Schau-
spiele, 38, 56, 8. — *libidine et cr.*, die
Mz. Hs. hat *libidini s. crudelitati*,
was wie 8, 18, 11; 9, 10, 3 u. ä.
gesagt wäre. — *peragit*, 1, 24, 6.

tiae famosam mulierem, cuius amore deperiret, in convivium accersitam scribit; ibi iactantem sese scorto inter cetera rettulisse, quam acriter quaestiones exercuisset, et quam multos capitis damnatos in vinculis haberet, quos securi percussurus esset. tum 3 illam infra eum adcubantem negasse umquam vidisse quemquam securi ferientem et pervelle id videre. hic indulgentem amatorem unum ex illis miseris adtrahi iussum securi percussisse. facinus, 4 sive eo modo, quo censor obiecit, sive, ut Valerius tradit, commissum est, saevum atque atrox; inter pocula atque epulas, ubi libare diis dapes, ubi bene precari mos esset, ad spectaculum scorti procacis, in sinu consulis recubantis, mactatam humanam victimam esse et cruore mensam respersam! in extrema oratione 5 Catonis condicio Quinctio fertur, ut, si id factum negaret ceteraque, quae obiecisset, sponsione defenderet sese; sin fateretur,

— *mulier.*, Plut. Tit. l. l. *Οὐαλλέ-ριος δὲ Ἀντίας οὐκ ἐρωμένῳ φησίν, ἀλλ' ἐρωμένῃ τοῦτο χαρίσασθαι τὸν Λεύκιον*; Val. Max. 2, 9, 3: *mulierculae.*
3-4. *infra accub.*, Cic. Fam. 9, 26, 1: *accubueram - et quidem supra me Atticus*; Hor. Sat. 2, 8, 20; Becker Gallus 3, 268; Plut. Cat. l. l.: *ἐν συμποσίῳ τινὶ τὸ μειράκιον - συγκατακείμενον.* — *numquam - videre*, Plut. *θέας οὔσης οἶκοι μονομάχων οὐ τεθεαμένος πρότερον ἐξώρμησα πρὸς σὲ, καίπερ ἐπιθυμῶν ἰδεῖν ἄνθρωπον σφαττόμενον,* vgl. Val. Max. l. l. — *ferientem* scheint *securi percussisse* zu entsprechen, Gron. verm. *feriri.* — *ex illis miseris*, ebenso Cic. l. l. *ut securi feriret aliquem eorum, qui in vinculis essent damnati rei capitalis* und Plut. Cat. 17, 5; Tit. 18, 5; Aurel. Vict. 47, die im Uebrigen mit Liv. übereinstimmen; die jüngeren Hss. haben *ex damnatis*, Plut. Tit. *καὶ κελεύσας ἕνα τῶν ἐπὶ θανάτῳ κατακρίτων εἰς τὸ συμπόσιον ἀχθῆναι,* dann: *ὅτι δὲ οὐκ αὐτόμολος ἦν, ἀλλὰ δέσμώτης ὁ ἀναιρεθεὶς καὶ ἐκ τῶν καταδίκων - Κίκερων - αὐτῷ Κάτωνι τὴν διήγησιν ἀναθεὶς εἴρηκεν.* — *facinus - atrox*, die jüngeren Hss. haben *facinus atrox, sive*

- *commissum est*, viell. richtiger. — *quo* aus dem Hauptsatze zu ergänzen. — *libare dap.*, den Göttern wurde Wein libirt und etwas von den Speisen vorgesetzt, Verg. Aen. 3, 354: *aulai medio libabant pocula Baccho impositis auro dapibus*; Tibull. 1, 1, 37; Sil. It. 7, 184: *ac primum Vestae decerpsit honorem*; Plut. de fort. R. 19: *ἀπάρχματα* (Dion. Hal. 4, 2: *ἀπαρχάς*) *καὶ λοιβὴν λαμβάνουσιν ἀπὸ βασιλικῆς τραπέζης καὶ - τῷ πυρὶ ἐπιβάλλουσιν.* — *bene prec.*, den übrigen Gästen alles Gute wünschen. — *adspect.*, 38, 33, 8. — *in sinu*, oben *infra.* — *humanam* ist zu betonen, *victim.*, hier allgemein: als Opfer geschlachtet, hingeopfert, 22, 57, 6 heisst es *hostiis humanis*, weil es Sühnungsmittel sind. Der acc. c. inf. ist Apposition zu dem als Ausruf ausgesprochenen Urtheil: *facinus atrox*, dennoch erzählt Plut. Cat. l. l.: *θέας δ' οὔσης ἐν θεάτρῳ τὴν ὑπατικὴν χώραν παρελθὼν* (Flamininus) — *οἶκτον ἔσχε παρὰ τῷ δήμῳ καὶ βοῶντες ἠνάγκασαν μετελθεῖν,* vgl. Val. Max. 4, 5, 1. Mommsen 1, 793.
5. *spons. def.*; als Flaminius bei der Bekanntmachung der Rüge widerspricht, s. c. 42, 7, und die That läugnet, macht Cato ihm den An-

ignominiane sua quemquam doliturum censeret, cum ipse vino
et Venere amens sanguine hominis in convivio lusisset?
44   In equitatu recognoscendo L. Scipioni Asiageni ademptus
equus. in censibus quoque accipiendis tristis et aspera in omnes
2 ordines censura fuit. ornamenta et vestem muliebrem et vehicula,
quae pluris quam quindecim milium aeris essent, *deciens pluris*

trag (*condicio*) eine Wette einzugehen, Flamininus hätte versprechen müssen, im Falle er das ihm Vorgeworfene gethan habe, eine gewisse Geldsumme zu bezahlen, so dass, wenn der *iudex* oder *arbiter* gegen ihn entschied, in der Entscheidung über die Geldsumme zugleich das Urtheil lag, ob er den Frevel begangen habe, vgl. 3, 24, 5; ib. 56, 4; 40, 46, 14; Plut. l. l.: προκαλουμένου δὲ τοῦ Κάτωνος εἰς ὁρκισμὸν ἀνεδύετο, Rein Privatr. 661; 913; was Plutarch über die Verhandlung vor dem Volke und die Berufung an dasselbe von Seiten der Quinctier erzählt, ist wahrscheinlich Missverständniss, s. c. 42, 7; 29, 37, 17; Becker 2, 2, 226; Jordan Cato LXXVIII. — *ignom.*, 4, 24, 8. — *sua* auf das Hauptsubject in *censeret* zu beziehen. — *amens*, c. 8, 6; 3, 48, 1. — *sanguine* etc., das ist also der wichtigste Vorwurf, der zugleich den Missbrauch der Amtsgewalt einschliesst, nicht der schlechte Umgang, den jedoch der Censor auch gerügt haben wird, Cic. l. l.: *mihi vero – probari non potuit tam flagitiosa et tam perdita libido, quae cum probro privato coniungeret imperii dedecus.*
44. 1–2. *equit. rec.*, 29, 37, 1. *Asiageni* mit gräcisirender Endung, vgl. Diod. 34, 60: ἐξ ἐκείνου γὰρ ἦν τοῦ γένους, ἐξ οὗ τοὺς Ἀφρικανοὺς καὶ τοὺς Ἀσιαγενεῖς ὀνομάζεσθαι ξυμβέβηκεν u. a.; mit lateinischer auf einer Inschrift, s. Mommsen 36 p. 20: *Asiagenus*, vgl. 403 p. 135; dagegen haben die *fasti Capit.*, wie Liv. selbst 37,

58, 6; Eutrop. 4, 4; Zonar. 9, 20 *Asiaticus*. Die bei Festus p. 286 erwähnte Rede scheint sich nicht auf den vorliegenden Fall zu beziehen, sondern eine gerichtliche gewesen zu sein. — *equus ad.*, dass Consularen das Ritterpferd gelassen wurde, s. 29, 37, 10, vgl. Mommsen 1, 784; Plut. c. 18: ἔδοξε οἶον ἐμβριζῶν Ἀφρικάνῳ Σκιπίωνι τοῦτο ποιῆσαι. — *accipiend.*, weil die Bürger selbst vor den Censoren erscheinen und ihr Vermögen abschätzen mussten. — *tristis*, c. 41, 2, vgl. Cic. or. 2, 64, 260. — *aspera in*, anders 22, 59, 7: *asperrimos illos ad condiciones*. — *ornamenta* etc., was Cato durch den Widerstand gegen die Abrogation der lex Oppia 34, 1 ff. nicht hat durchsetzen können, sucht er jetzt auf andere Weise zu erreichen; eine bei dieser Gelegenheit von Cato gehaltene Rede wird erwähnt Prisc. 6, 7, 36 p. 694: *Cato in censura de vestitu et vehiculis*, ib. 16 p. 717 u. a., vgl. Fest. p. 262 Ruscum: *Cato originum l. VII: mulieres opertae auro purpuraque – coronas aureas rusceas fascias, galbeas, lineas, pelles, redimicula.* — *quindec. m. aer.*, schwere, dem Sesterzen gleiche As, s. 45, 15, 2; 22, 10, 7. — *deciens plur.* sind wahrscheinlich ausgefallen, da das folg. *ea quoque dec. f.* voraussetzt, dass die gleiche Erhöhung des Schatzungspreises bereits bezeichnet ist. Der Genitiv hängt von dem in *in cens. referre*, 26, 36, 11, angedeuteten Begriff des Schätzens ab, vgl. Gell. 7, 11, 9: *quam quanti omne instrumentum in censum dedicavisti*; Plut. c. 18: ἠνάγ-

in censum referre iuratores iussi; item mancipia minora annis 3
viginti, quae post proximum lustrum decem milibus aeris aut
pluris eo venissent, uti ea quoque deciens tanto pluris, quam quanti
essent, aestimarentur, et his rebus omnibus terni in milia aeris
adtribuerentur. aquam publicam omnem in privatum aedificium 4
aut agrum fluentem ademerunt et, quae in loca publica inaedifi-

κασεν ἐσθῆτος, ὀχήματος, κόσμου γυναικείου, σκευῶν τῶν περὶ δίαιταν, ὧν ἑκάστου τὸ τίμημα δραχμὰς χιλίας καὶ πεντακοσίας ὑπερβάλλειν, ἀποτιμᾶσθαι τὴν ἀξίαν εἰς τὸ δεκαπλάσιον; Nitzsch die Graechen 127 f. — *iurator.* scheinen Gehülfen der Censoren zu sein, vereidigte Taxatoren, oder die, welche die eidliche Abschätzung des Vermögens durch die Besitzer annahmen und in die Listen eintrugen, Plaut. Trin. 4, 2, 38: *census quom sum, iuratori recte rationem dedi*; Poenul. prol. 58; Gron. verm. *iuratos*, allein dann würde es *deferre* heissen, nicht *referre*, eintragen in die Censuslisten, s. Mommsen d. Tribus 21; 29. Becker 2, 2, 201ff.; Lange 1, 579; gewöhnlich wird unpassend *riatores* gelesen. Dass Cato zuerst diese Gegenstände in die Schatzung aufgenommen habe, folgt nicht aus Corn. Cat. 2, 3: *multas res novas in edictum addidit, quare luxuria reprimeretur*, da er den Preis schon 10fach erhöht; wann dieselben zuerst als *res mancipi* betrachtet worden sind, ist nicht bekannt, s. Rein 242f. — *iussi*, das bds. *iussit* würde nicht ohne Härte auf Cato bezogen werden müssen, der, wenn er die Bestimmungen auch veranlasste, sie doch nicht allein anordnen konnte, weshalb auch *iussere* verm. wird; zur Sache s. Mommsen 1, 870.

3—4. *mancipia*, diese waren *res mancipi*, aber die *minora annis vig.* wurden nicht zur Arbeit, sondern als Luxusgegenstände angeschafft, s. Polyb. 31, 24: Κάτων - ἐδυσχέραινε ὅτι τινὲς τὰς ξενικὰς τροφὰς εἰσήγαγον εἰς τὴν Ῥώμην -

ὠνησάμενοι μειράκια εὔμορφα ὑπερβαλλούσης ἄγρων τιμῆς. Das Recht der Censoren Gegenstände mit Steuern zu belegen wird nicht in Zweifel gezogen, s. 4, 8, 2. — *reniss.*, man hielt sich, um den Preis zu erfahren, an die Verkäufer. — dec. *tanto pl.*, s. die St. aus Gell. § 2; 42, 12, 10; Cic. Verr. 3, 97, 225: *reperietis quinquies tanto amplius istum, quam quantum - ei licitum sit, - imperasse.* — *terni* n. *asses*, was durch *aeris* angedeutet ist. Sonst beträgt das *tributum* 1 pro mille, s. c. 7, 5; die erwähnten Gegenstände werden bei 10fach erhöhtem Preise mit 3 pro mille besteuert. — *adtribuer.*, zu = aufgelegt (als Steuer), eigentlich wol (dafür) zu zahlen angewiesen, wie sonst *adtribui* von dem gesagt wird, auf den man als den zahlenden angewiesen wird, s. 1, 43, 9; lex Iul. munic. Mommsen p. 120 l. 40: *ei - tamtas pecuniae eum eosve adtribuito; si is quei adtributus erit - ei, quoi adtributus erit, non solverit* etc. — *aquam publ.*, s. Frontin. de aquis u. R. 94: *aqua in usus publicos erogabatur, et cautum ita fuit: ne quis aliam ducat, quam quae ex lacu humum accidit - et haec ipsa non in alium usum, quam in balnearum aut fullonicarum dabatur, eratque vectigalis statuta merceda, quae in publicum erogabatur*, ib. 95; 97. Die Sache scheint in der zu c. 43, 6 erwähnten Rede gegen Furius, der wol unrechtmässiger Weise dem Staate gehörendes Wasser in seine Besitzungen geleitet hatte, behandelt gewesen zu sein, s. Plut. c. 19; Lange 2, 219. — *in loc. p.*, auf öffentlichen Grund und

cata inmolitave privati habebant, intra dies triginta demoliti sunt.
5 opera deinde facienda ex decreta in eam rem pecunia, lacus sternendos lapide detergendasque, qua opus esset, cloacas, in Aventino
6 et in aliis partibus, qua nondum erant, faciendas locaverunt. et separatim Flaccus molem ad Neptunias aquas, ut iter populo es-
7 set, et viam per Formianum montem, Cato atria duo Maenium et Titium in lautumiis et quattuor tabernas in publicum emit basili-

Boden gebaut oder vorgerückt, so dass dieser überbaut war; *inmol.*, passiv; doch ist der Unterschied von *inaedificata* nicht klar, viell. deutet *moles* darauf, dass schwere Massen oder Bauten, *moles*, gemeint sind, vgl. lex Iul. munic. l. 71: *neiquis in ieis loceis – quid inaedificatum inmolitumve habeto*; so verm. an u. St. Duker *in loco publico*, Plut. c. 19: ἀνατρέπων δὲ καὶ καταβάλλων ὅσα προὔβαινεν εἰς τὸ δημόσιον οἰκοδομήματα scheint nur von den in die Strassen überragenden Vorbauten, Balkons zu sprechen. — *dies trig.*, c. 18, 1. — *demol. sunt*, vgl. 40, 51, 8; 43, 16, 4. Die Censoren sind verpflichtet über die Erhaltung des Staatsgutes zu wachen, daher jeden Eingriff in dasselbe zurückzuweisen, s. 4, 8, 3.
5. *opera*, öffentliche Bauten. — *pecunia*, der Senat hatte den Theil der Staatseinnahmen, der so verwendet werden sollte, zu bestimmen, s. 40, 46, 16. — *lacus*, Bassins, 37, 3, 7: *labra*. — *deterg.* – *cloac.*, ob sich auf diese Ausbesserung und Erweiterung der Cloaken bezieht, was Dion. Hal. sagt 3, 67 extr.: ὃς (Γάϊος Ἀκύλιος) φησὶν ἀμεληθεισῶν ποτε τῶν τάφρων καὶ μηκέτι διαῤῥεομένων τοὺς τιμητὰς τὴν ἀνακάθαρσιν αὐτῶν καὶ τὴν ἐπισκευὴν χιλίων μισθώσαι ταλάντων, ist aus dem, was L. mittheilt, nicht zu ersehen, s. Mommsen 1, 796. — *partib.* n. *urbis*.
6–7. *molem*, s. 40, 51, 2. — *aquas Nept.*, wo diese gewesen seien, ist nicht sicher; nach Vitruv.

8, 3 war bei Terracina eine *Neptunius fons* genannte Quelle, die gemeint sein kann. — *ut iter* etc., viell. bildete der Damm einen Quai; doch ist der allgemeine Ausdruck *populo* sehr auffallend, und würde eher an Rom denken lassen, als an Terracina; wahrscheinlich ist die Stelle nicht richtig; Duker verm.: *et ut iter – esset, viam.* — *viam* ein gebahnter Weg, *iter* jeder Weg, oder das Gehen; *iter ess.*, dass man dort gehen könne. — *Form. m.*, nach Caieta zu vgl. 22, 16: *saxa Formiana*. — *per*, wol nicht durch, sondern: über denselben hin, s. 1, 48, 7. — *atria*, hier Hallen, die zu Privatgebäuden gehören; ob mit dem *atrium Maenian*. die *columna Maeniana* in Beziehung stand, ist nicht sicher, s. Becker 1, 322; 300. — *in lautum.*, s. 37, 3, 8, vgl. Varro L. L. 5, 151. — *tabernas*, s. 26, 27, 3, von denen vor Erbauung der basilicae das Forum umgeben war, s. Becker 1, 296. — *basilic.* etc., sie stiess an die Curie, s. Ascon. arg. in Cic. Mil. § 8: *populus – corpus Clodii in curiam intulit, cremavitque, – quo igne et ipsa curia flagravit et item Porcia basilica, quae erat ei iuncta*; Plut. c. 19: ὑπὸ τὸ βουλευτήριον τῇ ἀγορᾷ παρέβαλε, sie reichte also wol bis an das forum, s. Becker 1, 267; 300; Reber Ueber die Lage der curia Hostilia 13. Die basilicae waren länglich viereckige Gebäude, mit breitem Mittelraum, Säulengängen auf beiden Seiten, und Gallerien versehen; eine der Seiten endigte in eine halbrunde Nische, in der später Gericht

camque ibi fecit, quae Porcia adpellata est. et vectigalia summis 8
pretiis, ultro tributa infimis locaverunt. quas locationes cum senatus precibus et lacrimis victus publicanorum induci et de integro locari iussisset, censores edicto submotis ab hasta, qui ludificati priorem locationem erant, omnia eadem paululum inminutis pretiis locaverunt. nobilis censura fuit simultatiumque plena, quae 9
M. Porcium, cui acerbitas ea adsignabatur, per omnem vitam exercuerunt.

Eodem anno coloniae duae, Potentia in Picenum, Pisaurum 10
in Gallicum agrum, deductae sunt. sena iugera in singulos data.

---

gehalten wurde, während die Hallen und Säulengänge, wie überhaupt ursprünglich die basilicae, für Handel und Wandel eine Art Bazar bildeten, s. Becker 1, 300; 2, 2, 238. Ueber die Erbauung der basilica hielt Cato eine Rede, s. Prisc. 8, 14, 78 p. 828: *Cato in oratione, quae inscribitur, ut basilica aedificetur.*
8. *vectigal.*, die Staatseinnahmen mit Ausschluss des tributum, Lange 1, 589. — *ultro trib.*, der Gegensatz der *vectigalia* u. des *tributum*, diese werden an den Staat gezahlt, die *ultro tributa* zahlt der Staat aus an die, welche Leistungen für ihn unternehmen, s. Becker 2, 2, 232; 237. — *locaver.*, sie gaben die herzustellenden Bauten u. s. w. und die beizutreibenden Einnahmen so in Verding, dass sie diese den meist Bietenden, jene den mindest Fordernden überliessen. — *senatus* etc., die Censoren sind also in dieser Beziehung der Controle des Senates unterworfen, Lange 1, 577; über den Beschluss s. Plut. c. 19: οἱ δὲ περὶ τὸν Τίτον συστάντες ἐπ' αὐτὸν ἐν τῇ βουλῇ τὰς γεγενημένας ἐκδόσεις καὶ μισθώσεις τῶν ἱερῶν καὶ δημοσίων ἔργων ἔλυσαν ὡς γεγενημένας ἀλυσιτελῶς etc. — *induci*, von den Wachstafeln entlehnt, überstreichen, tilgen. — *edicto* hier ein specieller Erlass, verschieden von dem zu § 2 erwähnten *edictum censorium*. — *ab hasta*, sie liessen sie nicht zum Bieten; der Verkauf von Staatsgütern erfolgte bei einer aufgestellten hasta, vgl. 23, 48 f.; Philol. 16, 240. — *prst.*, 41, 20, 13.
9. *nobilis*, berüchtigt. — *simult. plena*, Plut. Titus. c. 19: πολλὰς καὶ μεγάλας δίκας κατ' αὐτοῦ παρεσκεύασεν (*Τίτος*); auf alle die genannten Verhältnisse bezog sich wol die Rede Catos Fest. p. 242: *Cato ait in ea oratione, quam scripsit ad litis censorias.* — *adsignab.*, s. 29, 37, 4. — *exercuer.*, s. c. 40, 9, die Stelle aus Plutarch; da er sich so viele Mitglieder der Nobilität zu Feinden gemacht hatte, vgl. Plin. 7, 28, 100; Val. Max. 3, 7, 7. Andere Anträge Catos gehören nicht in die Censur, wie über die *aera equestria* Prisc. 7, 8, 38 p. 750; *de dote* Gell. 10, 23 u. a.
10—11. *coloniae*, die Gründung der Colonien stand wol mit der Censur in Verbindung, vgl. 34, 45; 35, 9; die hier genannten sind Bürgercolonien, vgl. Nitzsch 129. — *Potentia* in Picenum am Meere, südlich von Ancona, s. Vell. 1, 14; 15; L. 41, 27, 11. — *Pisaurum*, j. Pesaro, zwischen Ancona und Ariminum. — *Gallic. agr.*, das den sennonischen Galliern abgenommene Gebiet, s. 23, 14, 3; zu 32, 1, 5; Plin. 3, 14, 112: *ab Ancona Gallica ora incipit Togatae Galliae cognomine —nunc in ora—Pisaurum*; Cic. Brut. 14, 57; Cat. m. 4, 11 u. a., Mommsen 1, 665. — *sena iugera*, s. c. 55,

diviserunt agrum coloniasque deduxerunt iidem tres viri, Q. Fabius Labeo et M. et Q. Fulvii, Flaccus et Nobilior. consules eius
anni nec domi nec militiae memorabile quicquam egerunt. In insequentem annum crearunt consules M. Claudium Marcellum Q.
Fabium Labeonem.

M. Claudius Q. Fabius idibus Martiis, quo die consulatum
inierunt, de provinciis suis praetorumque rettulerunt. praetores
creati erant C. Valerius flamen Dialis, qui et priore anno petierat,
et Sp. Postumius Albinus et P. Cornelius Sisenna L. Pupius
L. Iulius Cn. Sicinius. consulibus Ligures cum iisdem exercitibus,
quos P. Claudius et L. Porcius habuerant, provincia decreta est.
Hispaniae extra sortem prioris anni praetoribus cum suis exercitibus servatae. praetores ita sortiri iussi, uti flamini Diali utique
altera iuris dicendi Romae provincia esset; peregrinam est sortitus. Sisennae Cornelio urbana, Sp. Postumio Sicilia, L. Pupio
Apulia, L. Iulio Gallia, Cn. Sicinio Sardinia evenit. L. Iulius maturare est iussus. Galli Transalpini per saltus ignotae antea viae,

9; 40, 29, 1, vgl. dagegen 40, 34, 2;
Marq. 3, 1, 346. — *iidem*, dieselben
beide Colonien. — *Fabius*, s. c.
32; *Q. Fulv.*, da der 40, 42, 7 erwähnte nicht bestimmt den Zunamen *Nobilior* hat; aber *M. Fulvius
Nobilior*, s. c. 5; 40, 2 vgl. 40, 41,
7 u. Q. Fulvius Flaccus, s. c. 39,
mehrfach erwähnt werden, so sind
entweder von L. oder den Abschreibern, entweder die Vornamen statt *Q.
et M.* oder die Zunamen umgestellt.
Dass Q. Fulvius Aedil war und
Fabius Consul wird hinderte nicht,
dass sie Triumvirn wurden, vgl. c. 55,
8. Nach Cic. Brut. 20, 79 hat Ennius von dem Sohne des M. Fulvius,
Q. Fulvius Nobilior, bei der Gründung einer Colonie das röm. Bürgerrecht erhalten.

44, 11-46, 5. Magistrats- und
Priesterwahlen; Leichenspiele.
11. *nec mil.*, s. c. 38, 1, stimmt
nicht zu 40, 34, 4.
45. 1-4. *crearunt*, obgleich nur
einer die Wahl leitet, ist viell. gesagt wie *retulerunt* 24, 11, 1; 26,
29, 3 u. a., obgleich nur einer den
Vortrag hält, oder weil sie so
eben beide genannt sind; *creati* oder

creantur zu ändern ist wol nicht
nöthig. — *Claud. Marc.*, wahrscheinlich der c. 23, 2 genannte; doch
steht es nicht fest, ob nicht der 38,
35; 42 erwähnte gemeint sei, vgl.
Drumann, 2, 392. — *idib. Mart.*, s.
38, 35, 7. — *Valerius*, s. c. 39;
dass ein Anderer für ihn den Eid
geleistet habe wie 32, 50, wird
nicht erwähnt. — *Pupius* etc., bei
Aufzählung Mehrerer werden bisweilen nur die ersten verbunden,
die folg. stehen asyndetisch, s. 29,
24, 3 u. a. — *Ligur.*, c. 38, 1. —
extra sort., vgl. 35, 20, 7; da die
Magistrate mit dem Senate ein-
verstanden sind, so kommt die Sache nicht vor das Volk, s. 28, 38;
40; 38, 58 u. a., Lange 2, 595. —
flam. Dial. etc., weil derselbe keine
Nacht ausserhalb der Stadt sein
durfte, s. 5, 52, 13; es wird also nur
um die beiden städtischen Präturen
allein geloost und von Valerius ein
Loos gezogen, s. Marq. 4, 72.
5-7. *Apulia*, s. 35, 20, 11. —
maturare, c. 21, 4. — *per salt.* etc.,
schon c. 22, 6 erwähnt; die Gesandtschaft c. 22 scheint ohne Erfolg gewesen zu sein, vgl. c. 54, 5.

LIBER XXXIX. CAP. 45.

ut ante dictum est, in Italiam transgressi oppidum in agro, qui
nunc est Aquileiensis, aedificabant. id eos ut prohiberet, quod 7
eius sine bello posset, praetori mandatum est; si armis prohibendi
essent, consules certiores faceret; ex his placere alterum adversus
Gallos ducere legiones.

Extremo prioris anni comitia auguris creandi habita erant; 8
in demortui Cn. Cornelii Lentuli locum creatus erat Sp. Postumius

— *id eos* wie *quod dii prohibeant*;
doch ist die Zusetzung des persönlichen Objectes nicht häufig, Plaut.
Pseud. 1, 1, 11: *id te Iuppiter prohibessit*, vgl. Menaech. 5, 1, 34:
istuc — patrem arcessam; Terent.
Eun. 1, 2, 70: *id amabo adiuva me*;
Cic. Rep. 1, 2, 3: *id cogit omnis*; *id*
vertritt *id agere*; die Zusammenstellung *id eos* ist wol beabsichtigt,
s. Cic. Fam. 3, 1, 3: *id eum ne fallat*. — *quod eius*, s. c. 7, 5; 42, 8,
7; 5, 25, 7; ib. 34, 5; au u. St.
adverbiell.

8. *extremo — a.* etc. holt nach, was
im vorhergeh. Jahre geschehen ist,
um etwas Verwandtes anzuknüpfen,
s. 29, 38, 6; 26, 23, 8. — *comitia*
etc. ist die Lesart der Mz. Hs., die
jüngeren Hss. haben *comitia habita
erant in demortui Cn. Cornelii locum auguris sufficiendi*, wahrscheinlich sind beide Versionen verdorben oder interpolirt, wenn man
nicht annehmen will, dass L., obgleich er so oft die Cooptation durch
das Collegium der Augurn, s. 40,
42, 13; 45, 44, 3; vgl. 25, 2, 2;
27, 6, 16; 29, 38, 7; 30, 26, 10 u.
a., und sogleich c. 46, 1 ganz richtig die Priesterwahl berichtet, hier
geirrt und lange vor der lex Domitia 650. a. u., welche auch die
Wahl der Augurn dem Volke übertrug, *comitia auguris creandi* oder
sufficiendi erwähnt habe, s. Marq.
2, 3 n. 561; 4, 181. Schwerlich ist
anzunehmen, dass *comitia calata*
gemeint seien, da in diesen nicht
gewählt wurde, Becker 2, 1, 368;
2, 3, 140; oder dass die Versammlung der Augurn *comitia* genannt
werde, Götting Geschichte der röm.
Staatsverf. 200, da L. sich so nicht
ausdrückt (anders Tac. A. 1°, 14),
und nicht andeutet, dass wie sonst
der als pontif. max. oder curio max.
zu wählende vom Volke bezeichnet
worden sei, oder Postumius als Vorstand nennt, s. 40, 42, 13; Rubino
1, 336; Lange 2, 463. Nicht wahrscheinlicher ist, dass ein Streit der
Augurn die Berufung an das Volk
veranlasst habe, da L. dieses erwähnt hätte, s. 27, 8, 2; 37, 51.
Nicht passend scheint es mit Merklin
die Cooptation S. 134 zu interpungiren *habita erant. in demortui* etc.,
da kein Grund vorliegt die so eben
§ 1 u. 2. erwähnten (c. 32 sind die
des vorhergeh. Jahres) Comitien so
nachdrücklich wieder hervorzuheben, oder *extremo pr. an.* so schroff
zu betonen, besonders da diese
Worte vielmehr dem c. 46, 1 *huius
pr. a.* gegenüberstehen, und der
Ausdruck so wie die Construct.
creatus in locum auguris sufficiendi ganz ungewöhnlich wäre. In
der Lesart der jüngeren Hss. ist die
Nebeneinanderstellung von *sufficiendi* und *creatus*, wenn L. auch
sonst *sufficere* statt des genaueren
cooptare braucht, s. 40, 42, 13; 25,
2, 2; 26, 23, 7 u. a., auffallend, vgl.
10, 9, 2; 25, 2, 2; 27, 36, 5; 29, 38,
6 u. a.; Drakenb. verm.: *postquam
comitia habita er., oder post com.
habita in dem.* etc., man erwartet
indess nur: *extr. pr. anni in demortui L. C. L. auguris locum creatus erat* etc.

46 Albinus. Huius principio anni P. Licinius Crassus pontifex maximus mortuus est, in cuius locum M. Sempronius Tuditanus pontifex est cooptatus; pontifex maximus est creatus C. Servilius
2 Geminus. P. Licinii funeris causa visceratio data et gladiatores centum viginti pugnarunt et ludi funebres per triduum facti, post
3 ludos epulum. in quo cum toto foro triclinia strata essent, tempestas cum magnis procellis coorta coegit plerosque tabernacula
4 statuere in foro; eadem paulo post, cum undique disserenasset, sublata, defunctosque volgo ferebant, quod inter fatalia vates ceci-
5 nissent, necesse esse tabernacula in foro statui. hac religione levatis altera iniecta, quod sanguine per biduum pluvisset in area Volcani; et per decemviros supplicatio indicta erat eius prodigii expiandi causa.
6 Priusquam consules in provincias proficiscerentur, legationes

46. 1. *Licinius*, er ist pontif. m. seit 542 a. u., s. 25, 5, 3, vgl. 30, 1, 4 ff. — *coopt.*, 40, 42, 11; 13; erst wird durch die Wahl des Priestercollegiums dieses vollzählig gemacht, dann durch die Wahl des Volkes der als pont. max. zu ernennende bezeichnet, Marq. 2, 3, 141. — *Gemin.* 27, 6, 15.
2–3. *Licin. f. c.*, s. 41, 28, 11: *mortis causa patris sui*. — *viscer.*, s. 8, 22, 2; Marq. 4, 257. — *centum v.*, da es 41, 28, 11 heisst: *magni tamen muneris ea summa fuit, ut per triduum LXXIIII hominum pugnarint*, vgl. 23, 30, 15; 31, 50, 4, so verm. Lipsius, dass statt *CXX* zu lesen sei *LXX*, doch lässt sich darüber nicht sicher entscheiden. Die Gladiatorspiele, wahrscheinlich auf dem Forum gegeben, s. Becker 1, 325, werden wie 31, 50; 41, 28: *ludi scenici* von den *ludi funebres* geschieden, Marq. 4, 555. — *foro*, der Senat wol auf dem Capitol, Becker 1, 325; 4, 294. — *tabernacula* ein sicherer Beweis dass das Forum, von dem hier das comitium nicht zu trennen ist, ein freier, unbedeckter Platz war, s. Becker 2, 2, 413.
4–5. *disseren.*, durch Zerstreuung der Wolken sich aufgeheitert hatte, selten gebraucht; die Mz. Hs. hat *consorenasset*, was sich sonst wol nicht findet. — *defunctos*, absolut, s. 10, 29, 3; 5, 11, 12, doch kann das *quod* entsprechende Correlativ. leicht gedacht werden, s. 40, 26, 8; 23, 15, 4; 29, 6, 6 u. a. Man hatte geglaubt, man werde im Kampfe mit Feinden oder sonst in grosser Noth Zelte auf dem Forum aufschlagen müssen, dieses Geschickes war man jetzt ledig. — *fatalia*, s. 5, 15, 4; 11: *vates*, etwa wie die Marcier 25, 12. — *levatis*, 21, 62, 11 u. a. — *area Volc.*, 40, 19, 1. — *per dec. - indicta er.*, wie 40, 37, 3; 45, 16, 6, vgl. zu 38, 36, 4; gewöhnlich erfolgt die *supplicatio* nur *decreto, ex decreto, ex responso decemvirum* u. ä., s. 40, 19, 5; ib. 45, 5; 41, 21, 11; 34, 55, 3; 43, 13, 7; vgl. Iul. Obs. 22: *per decemviros supplicatum*. Das Plusqperf. scheint in Bezug auf das Folg. gebraucht, 39, 36, 4: *priusquam in provincias novi magistratus proficiscerentur, supplicatio per triduum pro collegio decemvirorum fuit.*
46, 6–48. Gesandtschaften aus Griechenland und Macedonien, Polyb. 24, 1 ff.; Pausan. 7, 9; App. Maced. 9; Iustin. 32, 2.
6–9. *priusquam* etc. Die Gesandtschaften sind wenigstens nach L. Darstellung schon im Jahr vor-

transmarinas in senatum introduxerunt. nec umquam ante tantum regionis eius hominum Romae fuerat. nam ex quo fama per 7 gentes, quae Macedoniam adcolunt, vulgata est, crimina querimoniasque de Philippo non neglegenter ab Romanis audiri, multis operae pretium fuisse queri, pro se quaeque civitates gentesque, 8 singuli etiam privatim — gravis enim adcola omnibus erat — Romam aut ad spem levandae iniuriae aut ad deflendae solacium venerunt. et ab Eumene rege legatio cum fratre eius Athenaeo 9 venit ad querendum, simul quod non deducerentur ex Thracia praesidia, simul quod in Bithyniam Prusiae bellum adversus Eumenem gerenti auxilia missa forent. Respondendum ad omnia 47 iuveni tum admodum Demetrio erat, cum haud facile esset aut ea, quae obicerentur, aut quae adversus ea dicenda erant, memoria

her angelangt, aber erst jetzt vorgelassen. Die Zeit der von denselben verhandelten Dinge wäre also das Jahr 570, s. zu c. 23, 5; 33, 1; 35, 5; Nissen 232; nach Polyb. l. l. müssten die Consuln schon in die Provinz abgegangen sein, da nach ihm c. 1 u. 2 der Prätor die Gesandtschaften in den Senat einführt. — *transmar.*, 26, 24, 4; ib. 37, 5 — *region. eius* ist durch *transmarinae* bestimmt, vgl. 38, 47, 9; ib. 15, 9; 32, 37, 2; Polyb. πρέσβεων πλῆθος ἀπὸ τῆς Ἑλλάδος. — operae p. f., s. praef. 1; Polyb. ὅτι πρόνοιαν ποιοῦνται (Ῥωμαῖοι) τῆς ἀσφαλείας τῶν πρὸς αὐτὸν ἀμφισβητούντων, den von diesem angef. Grund: τοῦ Φιλίππου συγκλεισθέντος εἰς τὴν κατὰ τὸ σύμβολον δικαιοδοσίαν hat L. übergangen. — *pro se quaeq.* vorangestellte Appos. zu *civitates etg.*, Verg. 12, 552: *pro se quisque viri - nituntur*; 9, 14, 10: *pro se quisque — memorantes caedunt*; 6, 8, 2; 34, 37, 4, vgl. 10, 14, 19: *pro se quisque miles - fremunt*; an sich könnte *quaeque* auch mit *civitates* verbunden werden, s. 41, 25, 8; Pol. οἱ μὲν κατ' ἰδίαν οἱ δὲ κατὰ πόλιν οἱ δὲ κατὰ τὰς ἐθνικὰς συστάσεις. — *deflendae sol.*, den Trost in der Klage, oder sie beklagen zu können. — *Thracia*, genauer c. 23,

13 u. Pol. 24, 6: ἀπὸ τῶν ἐπὶ Θρᾴκης Ἑλληνίδων πόλεων. — *Prusiae b.*, s. c. 51, 1; 37, 25; die Darstellung desselben ist bei Polyb. ausgefallen; die Sache aber wird 3, 3; 23, 18; 24, 1 erwähnt; vgl. Corn. Hann. 12; u. a.; der Krieg fällt in das Jahr 174 v. Ch.
47. 1–2. *respond.* etc. Pol. ἧκε δὲ καὶ Δημήτριος ὁ τοῦ Φιλίππου πρὸς πάντας τούτους ἀπολογησόμενος, ἔχων Ἀπελλῆ καὶ Φιλοχλῆ μεθ' ἑαυτοῦ τοὺς τότε δοκοῦντας εἶναι πρώτους φίλους τοῦ βασιλέως. — *iuv. t. aem.*, νέον ὄντα κομιδῇ, nach 40, 6, 4 war er etwa 25 J. alt. — *haud fac. ess.*, Iustin. l. l.: *turba querellarum confusus adulescens repente obticuit.* — *obicer.*, als Vorstellung des Demetr., *dicenda er.*, einfache Aussage L's. Der Satz *cum — complecti* scheint in enger Beziehung zu *iuveni tum admod.* zu stehen: er sollte als ganz junger Mann — obgleich usw., vgl. 40, 7, 1; 12, 2. Diese Beziehung wird aufgehoben, wenn mit Madvig interpungirt wird *erat. cum . . . . complecti* (*nec enim - iudicatis*), *nihil horum* etc., auch würde *horum* nur durch die Parenthese deutlich werden, vgl. c. 39, 4, und in *senatus cum* etc. folgt ein anderer Gedanke als der, auf welchen nach der Parenthese ohne *igi-*

2 complecti. nec enim multa solum, sed etiam pleraque oppido quam parva erant, de controversia finium, de hominibus raptis pecoribusque abactis, de iure aut dicto per libidinem aut non dicto,
3 de rebus per vim aut per gratiam iudicatis. nihil horum neque Demetrium docere dilucide nec se satis liquido discere ab eo senatus cum cerneret posse, simul et tirocinio et perturbatione iuvenis moveretur, quaeri iussit ab eo, ecquem de his rebus com-
4 mentarium a patre accepisset. cum respondisset accepisse se, nihil prius nec potius visum est quam regis ipsius de singulis responsa accipere. librum extemplo poposcerunt, deinde ut ipse recitaret
5 permiserunt. erant autem de singulis rebus in breve coactae causae, ut alia fecisse se secundum decreta legatorum doceret, alia non per se stetisse, quo minus faceret, sed per eos ipsos, qui accusarent.
6 interposuerat et querellas de iniquitate decretorum et quam non ex aequo disceptatum apud Caecilium foret indigneque sibi nec ullo
7 suo merito insultatum ab omnibus esset. has notas irritati eius animi conlegit senatus; ceterum alia excusanti iuveni, alia recipienti
8 futura ita, ut maxime vellet senatus, responderi placuit, nihil patrem

tur übergegangen wäre. — *oppido quam*, s. 36, 25, 3; L. deutet durch die Bemerkung an, dass der Senat dem König nur Verlegenheiten bereiten will. Polyb.: τῆς εἰσόδου τούτων γενομένης ἐπὶ τρεῖς ἡμέρας. — *de iure-dicto*, Pol.: ἔνιοι περὶ συμβολαίων καὶ τῶν εἰς αὑτοὺς ἀδικημάτων, τινὲς μὲν οὗ ᾑ ἀσκοντες δύνασθαι τυχεῖν τοῦ δικαίου κατὰ τὸ σύμβολον (Schiedsgerichte, c. 26, 14) διὰ τὸ Φίλιππον ἐκκόπτειν τὴν δικαιοδοσίαν, τινὲς δ' ἐγκαλοῦντες τοῖς κρίμασιν ὡς παραβεβραβευομένοις διαφθείραντος τοῦ Φιλίππου τοὺς δικαστάς; dieses hat L. kurz und frei wiedergegeben, schwerlich aber passend *per vim - iudicatis* verbunden, vgl. 1, 49, 3; Cic. Sest. 42, 92; auch scheint er vom König gehaltene, nicht Recuperatorengerichte zu denken.

3-6. *docere*, wie man sagt *iudicem docere*, Digest. 33, 1, 7; *veluti si praetor doctus sit*; im Folg. entspricht *discere*. — *cum* weit zurückgestellt, s. 1, 26, 7. — *comment.*, ὑπομνηματισμόν, ein Memoire; es wird vorausgesetzt, dass der König Klagen über alle diese Dinge bei dem Senate erwartet habe. — *librum* s. pop., προτείναντός τι βιβλίδιον οὐ μέγα, λέγειν αὐτὸν ἐκέλευσεν ἥνπερ τὰ ὑπομνήματα περιεῖχε πρὸς ἕκαστον τῶν κατηγορουμένων ἀπόφασιν κεφαλαιώδη. — *docer.*, vieil. ist hier nach einigen Hss. *diceret* zu lesen. — *per se non st.*, 6, 33, 2. — *interpos.* etc., προσέκειτο δὲ — „καίτοι οὐκ ἴσως χρησαμένων ἡμῖν τῶν πρεσβευτῶν, τῶν περὶ Καικίλιον ἐν τούτοις", καὶ πάλιν „καίτοιγε οὐ δικαίως ἡμῶν ταῦτα πασχόντων" etc.

7-11. *has-senatus*, ebenso *excusanti - vellet senatus*, hat L. zugesetzt; *reciper.*, s. 7, 14, 1; 40, 35, 11. — *respons. pl.* entspricht wieder Polyb. ἡ σύγκλητος μίαν ἐποιήσατο περὶ πάντων διάληψιν· ἀποδεξαμένη γὰρ τὸν Δημήτριον μεγαλοπρεπῶς διὰ τοῦ στρατηγοῦ, πολλοὺς καὶ παρακλητικοὺς πρὸς αὐτὸν διαθεμένη λόγους -, ἀπόκρισιν ἔδωκε. — *nihil -nec-fecisse-Roman.* scheint eine

eius neque rectius nec magis, quod ex voluntate senatus esset, fe- cisse, quam quod, utcumque ea gesta essent, perDemetrium filium satisfieri voluisset Romanis. multa et dissimulare et oblivisci et pati 9 praeterita senatum posse, et credere etiam, Demetrio credendum esse: obsidem enim se animum eius habere, etsi corpus patri 10 reddiderit, et scire, quantum salva in patrem pietate possit, amicum eum populo Romano esse, honorisque eius causa missuros 11 in Macedoniam legatos, ut, si quid minus factum sit, quam debuerit, tum quoque sine piaculo rerum praetermissarum fiat. velle etiam sentire Philippum integra omnia sibi cum populo Romano Demetrii filii beneficio esse. Haec, quae augendae amplitudinis eius 48 causa facta erant, extemplo in invidiam, mox etiam in perniciem adolescenti verterunt.

Lacedaemonii deinde introducti sunt. multae et parvulae dis- 2

freiere Ausführung von παρακλητικοὺς λόγους. Bei dieser freien Behandlung der Darstellung des Polyb. kann wenigstens daraus, dass dieser blos sagt: Δημητρίῳ πιστεύει διότι τὰ μὲν γέγονε etc. nicht geschlossen werden, dass L. *credere* nur einmal geschrieben habe und *credendum esse* zu tilgen sei, ebenso wenig daraus, dass *credere* in verschiedener Bedeutung gesagt ist, s. 32, 21, 29. Auch in *nec magis quod* etc. ist die Wortstellung freier; über *et-etiam* s. 35,14,5. — *obsidem*, 40, 5, 12; auch diesen Gedanken hat L. zugesetzt, wenn er nicht in dem Excerpte des Polyb. übergangen ist. — *honor. ei. c.*, c. 46, 2; 50, 2; die Worte beziehen sich nicht sowol auf *missuros - leg.*, denn das geschah in keiner Weise um ihn zu ehren, als auf *ut si quid* etc., deutlicher Polyb.: ἐξαποστελεῖν ἔφη πρεσβευτὰς ἐποψομένους, εἰ γίγνεται πάντα κατὰ τὴν τῆς συγκλήτου βούλησιν ἅμα δὲ διασαφήσοντας τῷ βασιλεῖ, διότι τῆς συμπεριφορᾶς τυγχάνει ταύτης διὰ Δημήτριον; den Gedanken διότι etc. hat L. in *tum quoque*, auch jetzt noch, obgleich es eigentlich zu spät sei, umschrieben. — *velle et. sent.*, Pol. ἵνα δὲ Φίλιππος εἰδῇ διότι τὴν χάριν ταύτην ἡ σύγκλητος Δημητρίῳ δίδωσιν.

48. 1. *Haec* etc., die Freundlichkeit des Senates gegen Demetr. ist in so grellen Farben geschildert, weil so die Hinweisung auf das Unglück desselben passend angeknüpft werden konnte. Das von Polyb. c. 3 schon hier berührte Verhältniss des T. Quinctius Flamininus zu Demetr., vgl. Appian. c. 9, erwähnt L. erst 40, 11, 1 beiläufig, wol um Quinctius nicht blos zu stellen, s. Einleit. 35. — *extemplo - mox*, 40, 48, 6, vgl. 36, 9, 7; Iustin. l. l.: *quae res Demetrio non gratiam legationis sed odium obtrectationis comparavit.* Die Gesandtschaft des Eumenes und den harten Beschluss über die thracischen Städte Pol. c. 3: ἐὰν μὴ καταλάβωσιν οἱ πρεσβευταὶ - τὰς πόλεις εἰς τὴν Εὐμένους πίστιν ἐγκεχειρισμένας, οὐκ ἔτι δυνήσεται φέρειν (ἡ σύγκλητος) — παρακουομένη περὶ τούτων hat L. ebenso, wol als zu sehr im Contrast mit c. 47, 11 stehend, übergangen.

2—4. *multae e. p.* bezieht sich mehr auf die Gegenstände der Verhandlungen als auf diese selbst; L. deutet mit den Worten den Grund an, warum er die ausführliche Verhandlung Pol. c. 4 abkürzt, Nissen

ceptationes iactabantur; sed, quae maxime rem continerent, erant,
utrum restituerentur, quos Achaei damnaverant, nec ne; inique an
3 iure occidissent, quos occiderant. vertebatur et, utrum manerent
in Achaico concilio Lacedaemonii an, ut ante fuerat, secretum
4 eius unius in Peloponneso civitatis ius esset. restitui iudiciaque
facta tolli placuit, Lacedaemonem manere in Achaico concilio scri-
bique id decretum et consignari a Lacedaemoniis et Achaeis.
5   Legatus in Macedoniam Q. Marcius est missus, iussus idem
in Peloponneso sociorum res aspicere. nam ibi quoque et ex veteribus discordiis residui motus erant, et Messene desciverat a
6 concilio Achaico. cuius belli et causas et ordinem si expromere
velim, immemor sim propositi, quo statui non ultra adtingere ex-
49 terna, nisi qua Romanis cohaererent rebus. Eventus memorabilis
est, quod, cum bello superiores essent Achaei, Philopoemen praetor eorum capitur ad praeoccupandam Coronen, quam hostes

82. — *sed*, abgesehen davon, obgleich
— waren, so war doch das, was die
wichtigsten Gegenstände des Streites enthielt, Folgendes. — *damnav.*
etc., Pol. 4: ἀπὸ δὲ τῶν τεθανα-
τωμένων καὶ τῶν ἐκπεπτωκότων
κατὰ τὰ τῶν Ἀχαιῶν δόγματα
παρῆσαν οἱ περὶ Χαίρωνα κάθο-
δον αὑτοῖς ἀξιοῦντες συγχωρηθῆ-
ναι; wahrscheinlich sind bei den
38, 33 f. erwähnten Ereignissen viele
aus Sparta verbannt worden, obgleich es L. an a. O. nicht berichtet
hat, vgl. Paus. 8, 51: τριακοσίους
— ἐξέβαλεν ἐκ Πελοποννήσου (Φιλοποίμην); die früheren Exulanten
waren nach 38, 34, 5 nach Sparta
zurückgeführt, vgl. jedoch Pol. 24,
5, 18. — *occid.*, s. c. 36, 9. — *vertebatur* müsste bedeuten: es wurde
verhandelt, wie aber das Wort nicht
gebraucht wird, es wird *certabatur*
verm., am leichtesten wäre das Ver-
ständniss, wenn es entfernt würde,
dann wäre auch nicht nöthig mit
Madvig zu lesen: *continerent, hae*
(oder *hae II*) *erant.* — *secretum* —
ius, ihr abgesondertes, besonderes
Rechtsverhältniss, ähnlich *suas leges*; unabhängig, selbständig, dem
Rechte des Bundes nicht unterworfen wären. — *restitui* n. *damnatos*,

§ 2: *utrum rest.*, der Satz ist etwas abgerissen, um mit der Sache
schnell abzuschliessen. Dass die
Zustimmung zu dem Beschluss durch
Ueberraschung von den griech. Gesandten erlangt, Pol. l. l., und wie
derselbe ausgeführt wurde, hat L.
nicht berichtet, s. Schorn 312 f. —
consign., 29, 12, 15.
  48, 5—50. Philopoemens Tod;
Polyb. 24, 4; 8 b; 9; 12; Plut. Philop. 18 f.; Diod. 29, 21; Iustin. 32,
1; Paus. 4, 29, 5; 8, 51, 2.
  5—6. *Marcius*, c. 20. — *aspicere*,
s. 42, 5, 8; ib. 6, 4; 21, 6, 3 u. a.
Messene, vgl. c. 50, 9; 32, 18, 9:
Elatia clausit portas; 38, 29, 9
u. a.; zur Sache 36, 31. — *ordin.*,
40, 13, 1. — *exprom.*, c. 12, 4; der
Grundsatz wie 35, 40, 1.
  49. *Eventus*, nur der Ausgang
als besonders merkwürdig, und um
die c. 50, 10 f. angeführte Vergleichung anzustellen, soll erzählt werden; der Krieg und die Zänkereien
der Griechen erscheinen L. unbedeutend. — *Philop.*, er ist zum achten-
male Strateg. — *Coron.*, an der Ostseite der messenischen Halbinsel,
Plut.: κώμην τὴν καλουμένην Κο-
λωνίδα, weiter südlich gelegen,
Κολωνίδες, nach Paus. 4, 34, 5. —

petebant, *profectus atque ibi* in valle iniqua cum equitibus paucis obpressus. ipsum potuisse effugere Thracum Cretensiumque au- 2 xilio tradunt; sed pudor relinquendi equites, nobilissimos gentis, ab ipso nuper electos, tenuit. quibus dum locum ad evadendas 3 angustias cogendo ipse agmen praebet, sustinens impetus hostium, prolapso equo et suo ipse casu et onere equi super eum ruentis haud multum afuit, quin exanimaretur, septuaginta annos iam natus et diutino morbo, ex quo tum primum reficiebatur, viribus 4 admodum adtenuatis. iacentem hostes superfusi obpresserunt; 5 cognitumque primum a verecundia memoriaque meritorum haud secus quam ducem suum adtollunt reficiuntque et ex valle devia in viam portant, vix sibimet ipsi prae necopinato gaudio credentes; pars nuntios Messenen praemittunt, debellatum esse, Philo- 6 poemenem captum adduci. primum adeo incredibilis visa res, ut 7 non pro vano modo, sed vix pro sano nuntius audiretur. deinde ut super alium alius idem omnes adfirmantes veniebant, tandem facta fides; et priusquam adpropinquare urbi satis scirent, ad spe- 8 ctaculum omnes simul liberi ac servi, pueri quoque cum feminis, effunduntur. itaque clauserat portam turba, dum pro se quisque, nisi ipse oculis suis credidisset, vix pro comperta tantam rem

petebant, darnach ist in den Hss. eine Lücke, *profectus* ist von Gelen., *atque ibi* um die Härte des Asyndeton zu mildern von Hertz zugesetzt. — *in valle in.*, wahrscheinlich zog er auf der Strasse, die von Megalopolis, s. Plut. c. 18, über das Gebirge zwischen Arkadien und Messene in das letztere führt, und wurde hier überrascht, nach Plut.: περὶ τὸν Εὐάνδρου λόφον, Paus. 4, 31, 4; Curtius Peloponnes 2, 136; 190. — *paucis*, Paus. 4, 29, 5: ὀλίγοις; Plut. ἱππεῖς, οἵπερ ἦσαν ἐνδοξότατοι, im Folg. *nobilissimos*. — *Thrac. Cret.*, dagegen Paus. 8, 51, 2: ἱππεῖς καὶ πέλτας ἦγεν ὅσον ἑξήκοντα; ausführlich schildert Plut., wahrscheinlich nach der Lobschrift des Polybius auf Philop., den Kampf. — *nobiliss.*, 32, 25, 9. — *cogendo ipse*, s. 40, 23, 1; 41, 24, 2; 38, 17, 8; zu 24, 4, 9; 2, 38, 6; 4, 31, 2; 25, 23, 11; 26, 39, 5; 27, 27, 6; vgl. 41, 10, 13; Plut. αὐτὸς οὐραγῶν -

ἀφιστάμενος πολλάκις διὰ τοὺς νεανίσκους καὶ καθ' ἕνα παραπέμπων ἔλαθεν ἐν πολλοῖς ἀπομονωθεὶς πολεμίοις. — *prol. eq.*, Iustin. l. l. *in transitu fossae praecipitatus.— septuag.*, ebenso Polyb. 24, 8 b; Plut. c. 18. — *morbo*, Pol. διαβιασάμενος τὴν ἀσθένειαν τῇ συνηθείᾳ τῇ πρὸ τοῦ; Plut. ἔτυχε ἐν Ἄργει πυρέσσων.
5—8. *superf.*, in Menge über ihn herstürzend, etwas anders 7, 3, 2; 45, 9, 5. — *a verec.*, 38, 52, 4; 37, 51, 9. — *refic.* sich stärken, erholen lassen, 37, 24, 6.— *vano — sano*, gesuchter Gleichklang, s. 22, 30, 4; 36, 29, 6. — *sup. al. al.*, 6, 10, 8. — *ad spect.*, § 10, vgl. c. 43, 4. — *pueri q.*, viell. ist mit einigen Hs. *puerique* zu lesen, s. 28, 19, 13; *femin.*, 22, 7, 7. — *turba*, § 9; 36, 33, 4, mehrere Hss. haben *clauserant.*, vgl. 9, 23, 16: *multitudo semet ipsa turba impediens*, vgl. 6, 8, 7. — *dum - vider.*, 10, 18, 1; 1, 40, 7.

9 habiturus videretur. aegre submoventes obvios intrare portam, qui adducebant Philopoemenem, potuerunt. aeque conferta turba
10 iter reliquum clauserat; et cum pars maxima exclusa a spectaculo esset, theatrum repente, quod propinquum viae erat, compleverunt et, ut eo in conspectum populi adduceretur una voce omnes ex-
11 poscebant. magistratus et principes veriti, ne quem motum misericordia praesentis tanti viri faceret, cum alios verecundia pristinae maiestatis conlatae praesenti fortunae, alios recordatio ingentium meritorum motura esset, procul in conspectu eum statu-
12 erunt, deinde raptim ex oculis hominum abstraxerunt praetore Dinocrate dicente esse, quae pertinentia ad summam belli percunctari eum magistratus vellent. inde abducto eo in curiam et senatu
50 vocato consultari coeptum. Iam invesperascebat, et non modo cetera, sed ne in proximam quidem noctem ubi satis tuto custo-
2 diretur, expediebant. obstupuerant ad magnitudinem pristinae eius fortunae virtutisque, et neque ipsi domum recipere custodiendum audebant nec cuiquam uni custodiam eius satis credebant.
3 admonent deinde quidam esse thensaurum publicum sub terra,

9-12. *submov.*, nach röm. Ausdruck, 25, 3, 18. — *theatr.*, 33, 28, 4; 24, 39. — *miser.*, Plut. ἠλέησαν οἱ πλεῖστοι - ὥστε καὶ δακρῦσαι, - οὕτω ἐχώρει λόγος, ὡς μνημονευτέον εἴη τῶν πρόσθεν εὐεργεσιῶν καὶ τῆς ἐλευθερίας, ἣν ἀπέδωκεν αὐτοῖς Νάβιν ἐξελάσας τὸν τύραννον, s. zu 36, 31, 1. — *veresc.*, Iustin: *verecundia dignitatis*, das hds. *conlata* würde sehr hart auf *verecundia* statt auf *maiestatis* bezogen werden, da diese gerade der *praesens fortuna* entgegengestellt werden soll. — *proc. in consp.*, so dass er von fern her gesehen werden konnte. — *ex oc. abstrax.*, Cic. Sull. 3, 9; sonst hat L. bei *abstrahere* nicht *ex* sondern *a*, 24, 26, 12; 23, 8, 3 u. a. — *Dinocrate*, er stand an der Spitze der Aristokraten in Messene, hatte aus Erbitterung über Philopoemen, durch den daselbst eine demokratische Verfassung eingeführt worden war, den Abfall der Stadt vom achäischen Bunde bewirkt und durch Schmeichelei mehrere röm. Grosse für sich gewonen, s. Pol. 24, 5, Plut. u. Paus. II. II.

— *praet.*, in Messene, wie wohl jede Bundesstadt einen στρατηγός als obersten Beamten hatte, nicht der Strateg des Bundes. — *summam b.*, 31, 37, 5. — *esse, q.*, c. 12, 1. — *senatu*, die Gerusia.
50. 1-4. *invesperasc.*, findet sich viell. nur hier. — *cetera*, wie oft proleptisch: alles Uebrige, was bei der Angelegenheit in Betracht kam. — *obstup.*, s. 34, 27, 9; *ad* wie 31, 37, 10; 21, 61, 4 u. oft, Ovid. Met. 5, 509: *mater ad auditas stupuit - voces*. — *et - neque - nec*, 10, 29, 2; 29, 24, 10, vgl. 36, 22, 10: *et cum - tum.* — *cuiq. uni*, nicht einem Einzelnen, irgend einem für sich, s. 3, 45, 4; ib. 55, 15; 32, 20, 7; 32, 20, 7, vgl. 28, 35, 8; 38, 50, 8. — *thens.*, 6, 14, 11; 29, 18, 8; 31, 21, 1; Plut. c. 19: οὐ μὴν ἀλλὰ κομίσαντες αὐτὸν εἰς τὸν καλούμενον Θησαυρὸν, οἴκημα κατάγειον οὔτε πνεῦμα λαμβάνον οὔτε ᾧ ὡς ἔξωθεν οὔτε θύρας ἔχον, ἀλλὰ μεγάλῳ λίθῳ περιαγομένῳ κατακλειόμενον, ἐνταῦθα κατέθεντο, ähnlich dem Tullianum in Rom, s. 1, 33, 8, ein spitzzulaufen-

saxo quadrato saeptum. eo vinctus demittitur, et saxum ingens, quo operitur, machina superinpositum est. ita loco potius quam 4 homini cuiquam credendam custodiam rati lucem insequentem expectaverunt. postero die multitudo quidem integra, memor 5 pristinorum eius in civitatem meritorum, parcendum ac per eum remedia quaerenda esse praesentium malorum censebant; sed de- 6 fectionis auctores, quorum in manu res publica erat, in secreto consultantes omnes ad necem eius consentiebant, sed utrum maturarent an differrent ambigebatur. vicit pars avidior poenae; 7 missusque qui venenum ferret. accepto poculo nihil aliud locutum ferunt quam quaesisse, si incolumis Lycortas — is alter imperator Achaeorum erat — equitesque evasissent. postquam dictum 8 est incolumes esse, „bene habet" inquit, et poculo inpavide exhausto haud ita multo post exspiravit. non diuturnum mortis 9 eius gaudium auctoribus crudelitatis fuit. victa namque Messene bello exposcentibus Achaeis dedidit noxios, ossaque reddita Philopoemenis sunt et sepultus ab universo Achaico est concilio, adeo

der oben nur mit einer Oeffnung versehener Steinbau; solche Thesauren, Schatzhäuser, werden mehrfach erwähnt, s. Guhl u. Koner das Leben der Griech. u. Röm. 75f., Philolog. 19, 7. — *saxo quad.*, 1, 26, 14. — *quo oper.*, der Stein wird jedesmal, wenn der Behälter geschlossen werden soll, darauf gelegt; oder das Präs. ist von Polyb. entlehnt. — *machina*, Hebel, Hebemaschine, Plut.: τὸν λίθον ἐπιρράξαντες ἄνδρας ἐνόπλους κύκλῳ περιέστησαν. — *superimp.*, 21, 1, 5.
5—8. *integra*, s. 9, 46, 13. — *memor.*, s. zu c. 49, 11. — *remed.* - *praes. mal.*, zunächst ist der Abfall von den Achäern, aber auch wol die Herrschaft der Aristokraten (*quorum - erant* im Folg.) gemeint, vgl. Pol. 24, 12. — *pars av. p.*, Plut. c. 20: ὁ δὲ Δεινοκράτης - ἐπεὶ νὺξ ἐπῆλθε, καὶ τὸ πλῆθος ἀπεχώρησε τῶν Μεσσηνίων, ἀνοίξας τὸ δεσμωτήριον εἰσέπεμψε δημόσιον οἰκέτην φάρμακον κομίζοντα. — *ferret*, 23, 9, 5; 6, 3, 2. — *locutum* würde man nicht vermissen und

Gron. will es tilgen, doch vgl. *agere* 41, 23, 12. — *quaes.*, *si*, 40, 49, 6; 34, 3, 5. — *alter imp.* ist wol ungenauer Ausdruck statt Hipparch, da die Achäer bereits seit langer Zeit einen Strategen hatten, s. Pol. 2, 43; Strabo 8, 7, 3 p. 385. — *bene h.*, 6, 35, 8; Plut.: εὖ λέγεις, εἰ μὴ πάντα κακῶς πεπράχαμεν.
9. *mort. ei.*, c. 47, 10. — *gaud.*, vgl. 2, 42, 1. — *victa*, die Achäer zwangen unter Lycortas Anführung die Messenier sich wieder zu unterwerfen, Pol. 24, 12; Dinocrates tödtete sich selbst, Plut. c. 21. — *Messene* wie c. 48, 5; im Folg. haben die Hss. *noxios*, sonst könnte man *dediti noxii* erwarten. — *ab univ. A. c.*, die Magistrate, das Heer und viele Andere gaben der Leiche das Geleite nach Philopoemens Geburtsstadt Megalopolis, vgl. Plut. *adeo*: sie giengen in den menschlichen Ehrenbezeugungen so weit, dass sie, nach Erschöpfung derselben, nicht einmal usw., doch ist die Form ungewöhnlich, zum Gedanken vgl. Iustin. 5, 4, 13: *omnibus non humanis tantum verum et*

omnibus humanis congestis honoribus, ut ne divinis quidem abs-
10 tineretur. ab scriptoribus rerum Graecis Latinisque tantum huic
viro tribuitur, ut a quibusdam eorum, velut ad insignem notam
huius anni, memoriae mandatum sit, tres claros imperatores eo
11 anno decessisse, Philopoemenem Hannibalem P. Scipionem. adeo
in aequo eum duarum potentissimarum gentium summis imperatoribus posuerunt.
51   Ad Prusiam regem legatus T. Quinctius Flamininus venit;
quem suspectum Romanis et receptus post fugam Antiochi Han-
2 nibal et bellum adversus Eumenem motum faciebat. ibi seu quia
a Flaminino inter cetera obiectum Prusiae erat hominem omnium,
qui viverent, infestissimum populo Romano apud eum esse, qui

divinis eum honoribus onerant. —
divinis, Diod. 29, 21: ὥσπερεί τινι
θείᾳ προνοίᾳ τὰς ἰσοθέους τιμὰς
ἠλλάξατο. — χωρὶς δὲ τῶν κοινῇ
τοῖς Ἀχαιοῖς καταψηφισθέντων
εἰς τιμὴν τἀνδρὸς στήλην ἡ
πατρὶς ἱδρύσατο, καὶ τοῦ βουθυ-
τεῖν αὐτῷ κατ' ἐνιαυτὸν καὶ τῆς
ἀρετῆς ἐγκώμιά τε καὶ ὕμνους
κατέδειξεν ᾄδειν τοὺς νέους; die
Inschrift des hier erwähnten Denk-
mals ist wahrscheinlich erhalten
auf einem zu Megalopolis gefundenen Stein, s. Boeckh Corp. insc. n.
1536, Keil Analect. p. 9; zur Sache
s. L. 31, 14, 12. ib. 44, 4f., Paus.
8, 52, 3.
   10 – 11. *Graec. Lat.*, s. 42, 11, 1,
Nissen 41; L. denkt bei den ersten
wol nur an Polyb. 24, 8ᵇ, 9, und Rutilius c. 52, 1; vgl. Diod. 29, 21 ff.;
Zon. 9, 21; Iustin. 32, 4, 9; Oros.
4, 20. — *eo anno*, nach L. 571 a. u.,
dasselbe scheint Plutarch, wol nach
Polyb., angenommen zu haben, wenn
er c. 21 sagt: ὡς οὖν περὶ τελευ-
τῆς λόγος ἦκεν εἰς τοὺς Ἀχαιούς,
- οἱ ἐν ἡλικίᾳ – οὐδ' ἡντινοῦν
ἀναβολὴν ἐποιήσαντο ἀλλ' –
εἰς τὴν Μεσσηνίαν ἐνέβαλον;
vgl. Paus. 8, 51 s. f.: μετ' οὐ πο-
λύ, denn da die Strafe nach Polyb.
c. 12 vgl. c. 10: τὸ κατὰ τὸ δεύ-
τερον ἔτος (Olymp. 149, 2 = Jul.
571–572) erfolgte, so lässt sich
nicht annehmen, dass Philopoemen

nach Nissen 232 im August od.
September 570 gefallen und die
Rache erst nach Jul. 571, fast ein
Jahr später, genommen worden sei,
sondern er scheint im Sommer 571
zu Ende Ol. 149, 1 den Tod gefunden zu haben und bald darauf unter
Lycortas Messene bezwungen worden zu sein; auch damit würde Paus.
4, 29, 5 stimmen, dass der Einfall
Philopoemens in Messenien περὶ
ἀκμὴν σίτου geschehen sei, vgl. c.
23, 5. — *in aequo*, s. 5, 28, 5; praef.
3. — *duarum*, bei Carthago ist an
die frühere Zeit gedacht, s. 21, 1;
23, 31, 3; 30, 32, 2, wie 38, 50, 7;
viell. ist *duobus duarum* zu lesen,
vgl. c. 52, 7.
   51 – 52. Tod Hannibals und
Scipios.
   51. 1–3. *Quinctius* wird auch
von Polyb. 24, 5, Plut. Tit. 20,
App. Syr. 11 allein genannt, nach
Anderen, s. c. 56, 7, Corn. Hann. 12,
Iust. 32, 4, Zon. l. l., waren mehrere Gesandte vom Senat geschickt.
— *quem*, der Zusammenhang hebt
die Undeutlichkeit. — *post f. An.*,
nach dieser hatte sich Hannibal nach
Creta, dann zu Prusias begeben,
Corn. H. 9 sq., Iust. l. l., nach Plut.
war er längere Zeit umhergeirrt,
zuletzt zu Prus. gekommen. — *recept. H.*, 1, 34, 4; 3, 50, 3. — *bellum*, s. c. 46, 9, in diesem war nach
Cornel., vgl. Frontin. Strat. 4, 7,

patriae suae primum, deinde fractis eius opibus Antiocho regi
auctor belli adversus populum Romanum fuisset, seu quia ipse 3
Prusias, ut gratificaretur praesenti Flaminino Ramanisque, per se
necandi aut tradendi eius in potestatem consilium cepit, a primo
conloquio Flaminini milites extemplo ad domum Hannibalis custodiendam missi sunt. semper talem exitum vitae suae Hannibal 4
prospexerat animo et Romanorum inexpiabile odium in se cer-
nens et fidei regum nihil sane fretus, Prusiae vero levitatem etiam
expertus erat; Flaminini quoque adventum velut fatalem sibi horru-
erat. ad omnia undique infesta, ut iter semper aliquod prae- 5
paratum fugae haberet, septem exitus e domo fecerat, et ex iis
quosdam occultos, ne custodia saepirentur. sed grave imperium 6
regum nihil inexploratum, quod vestigari volunt, efficit. totius
circuitum domus ita custodiis complexi sunt, ut nemo inde elabi
posset. Hannibal, postquam est nuntiatum milites regios in vesti- 7
bulo esse, postico, quod devium maxime atque occultissimi exitus erat, fugere conatus, ut id quoque obcursu militum obsae- 8
ptum sensit et omnia circa clausa custodiis dispositis esse, vene-

10, Hann. besonders thätig gewesen.
— *seu - seu*, L. lässt die Sache un-
entschieden, nach Plut.: *δι' ἑτέρας
δή τινας πράξεις πρεσβευτής* u.
Appian. ist Flamin. der Urheber des
Frevels; nach § 11; Val. Max. 9,
2 Ext. 2; Aurel. Vict. 42; 51, 5 geschieht derselbe im Auftrag des Senates; nach Corn. u. Iustin. soll
Flamin. nur die Auslieferung H'.s
fordern. — *auct. belli*, nach der oft
erwähnten Angabe der Römer, s.
33, 47, 6; 35, 19, 1. — *ut gratif.*,
21, 9, 4; da *ut* in den Hss. fehlt, ist
viell. *gratificaturus* zu lesen. —
a pr. coll. Flam., unmittelbar nach
- mit Flam., 30, 36, 1. — *domum*,
bei Corn. *castellum*; nach Plut. c.
20; Paus. 8, 11, 6; Aur. Vict. l. l.;
Eutrop. 4, 5 lag dasselbe bei einem
Orte Libyssa in Bithynien, s. Plin.
5, 32, 148: *fuit Libyssa oppidum,
ubi nunc Hannibalis tantum tumulus*, und durch seinen Tod daselbst
wurde der Orakelspruch erfüllt:
*Λίβυσσα κρύψει βῶλος Ἀννίβου
δήμας*, s. App. Syr. 11.
4-6. *inexpiab.*, 2, 17, 2; 33, 47
9 u. a. — *fidei*, 1, 14, 3. — *nihil s.*,

22, 19, 12: *haud sane*: durchaus
nicht, 21, 2, 4; 22, 40, 1 u. a. —
vero - etiam, Versicherung und
Steigerung; bei welcher Gelegenheit H. dieselbe kennen gelernt
habe, ist nicht bekannt, Plut.: *ἀεί
ἀπιστῶν τῇ τοῦ Προυσίου μαλα-
κίᾳ*; über die niedrige Gesinnung
des Prus. s. 45, 44; Polyb. 37, 2. —
quoq., ein neuer Grund. — *horruer.*,
vgl. 30, 28, 11: *fatalem eum ducem - horrebant*; 38, 40, 4. — *ad
omn. u. inf.*, gemäss den von allen
Seiten drängenden feindlichen Verhältnissen, wegen, c. 12, 2; 1, 7,
7, oder auch: gegen dieselben, s.
Cic. Rosc. 40, 116. — *sept. ex.*,
ebenso Corn. u. Plut. — *nihil - efficit*, macht nichts zu etwas Uner-
forschtem und Unerforschlichem,
lässt nichts usw., 40, 13, 6; 2,
60, 4; 24, 5, 2. — *vestig.*, s. 31, 19,
2, hat die Mainzer Hs., die übrigen
investigari.
7-12. *vestib.*, 2, 49, 3. — *postico*, 45, 6, 4; 42, 2, 2, vgl. 23, 8, 9.
— *occursu*, 5, 41, 5; 9, 13, 10. —
obsaep., 22, 50, 8. — *praep. hab.*,
hier hat *habere* seine volle Bedeu-

num, quod multo ante praeparatum ad tales habebat casus, po-
9 poscit. „liberemus" inquit „diuturna cura populum Romanum,
10 quando mortem senis expectare longum censent. nec magnam
nec memorabilem ex inermi proditoque Flamininus victoriam feret.
mores quidem populi Romani quantum mutaverint, vel hic dies
11 argumento erit. patres horum Pyrrho regi, hosti armato, exercitum in Italia habenti, ut a veneno caveret, praedixerunt; hi legatum consularem, qui auctor esset Prusiae per scelus occidendi
12 hospitis, miserunt." exsecratus deinde in caput regnumque Prusiae et hospitales deos violatae ab eo fidei testes invocans, poculum exhausit. hic vitae exitus fuit Hannibalis.
52   Scipionem et Polybius et Rutilius hoc anno mortuum scri-

tung. — *poposc.*, 30, 15, 4. — *inquit* findet sich in den meisten Hss.
nicht und könnte fehlen, oder aus
proposcit ergänzt werden. — *senis*,
30, 30, 10; ib. 28, 4; 35, 19, 3; er
war etwa 68 J. alt, s. zu Cornel.
Hannibal 3; 13. — *longum*, 3, 2, 10.
— *censent* nach *populum*, s. c. 50,
5; 53, 2 u. a. — *nec mag. - feret*,
Plut. *Λίβιος* (*Πολύβιος* nach Nissen) *δέ φησι φάρμακον ἔχοντα
κεράσαι καὶ τὴν κύλικα δεξάμενον
εἰπεῖν· „ἀναπαύσωμεν ἤδη πο-
τὲ τὴν πολλὴν φροντίδα Ῥωμαίων —· οὐ μὴν οὐδὲ Τίτος ἀξιοζή-
λωτον ἀποίσεται νίκην"* etc., s.
Lange 2, 224. — *inermi pr.*, s. 2,
3, 4: *inopi.* — *mutav.*, 3, 10, 6. —
vel h. d., schon dieser T., um Anderes gar nicht zu erwähnen. — *patr.
hor.*, s. c. 42, 6; 25, 6, 3; zur Sache
s. Perioch. 13; 24, 45, 3. — *prae-
dixer.*, vorher gewarnt, vgl. 2, 10, 4;
21, 10, 3. — *hi - miser.*, s. zu § 2:
seu - seu. — *exsecrat. in*, c. 10, 2;
30, 20, 7. — *hospit. deos*, die Gast-
freunde standen zunächst unter dem
Schutze des *Ζεὺς ξένιος*. — *ex-
haus.*, c. 50, 8; vgl. 30, 15, 7. —
hic v. f., ebenso wie L. berichten
den Tod H.'s Varro frg. ed. Bip. 283;
301; Iustin. l. l.; Eutrop. 5, 2; Aurel. l. l.; Oros. 4, 20; Plut., der auch
noch andere Todesarten erwähnt
fand; Appian. Syr. 11 wol nur nach
verkürzter Darstellung: *Φλαμινῖ-*

*νος - ἔκτεινε διὰ τοῦ Προυσίου
φαρμάκῳ*; eine abweichende, un-
wahrscheinliche Darstellung giebt
Paus. 8, 11, 6; L. setzt nach der
vorhergeh. Erzählung den Tod H.'s
in das J. 571, wie nach Corn. Haan.
13, 1 Atticus in seinem annalis und
wol auch Polyb., s. c. 50, 10; Iustin;
dagegen bemerkt er es als etwas
Auffallendes c. 56, 7, dass Valerius
Antias denselben in eben diesem
Jahre berichtet habe, ohne dort oder
an u. St. zu behaupten, dass er selbst
den Tod nicht in das J. 571, sondern nach Anderen 572 od. 573, s.
Cornel. l. l. u. Nipperdey daselbst,
setze, also wol aus Unachtsamkeit.
Die That des Flamininus wurde nach
Plut. c. 21 vom Senate im Allgemeinen getadelt, nur von Einigen
gelobt § 5; Val. Max. 9, 2 Extr. 2;
Mommsen 1, 747.
52. 1–5. *Scipion.*, c. 50, 10. —
Polyb., der 24, 9; 9ᵃ den Ausgang
der drei Männer zusammen behandelt, scheint sie auch ziemlich in
gleiche Zeit gesetzt zu haben, wenn
gleich der Tod Scipios viell. etwas
früher eingetreten war, und L. durch
die Zusammenstellung derselben
sich hat verleiten lassen weniger
genau auch für Scipio dasselbe Jahr
anzugeben, s. § 5; Nissen 51; 231,
während er 38, 53, 8 richtiger sagt:
uno prope tempore. — *Rutil.*, s.
Sall. I. 50, Consul 649, dann ver-

bunt. ego neque his neque Valerio adsentior, his, quod censoribus M. Porcio L. Valerio L. Valerium principem senatus ipsum lectum invenio, cum superioribus duobus lustris Africanus fuisset, quo vivo, nisi ut ille senatu moveretur, quam notam nemo memo- 2 riae prodidit, alius princeps in locum eius lectus non esset. Antia- 3 tem auctorem refellit tribunus plebis M. Naevius, adversus quem oratio inscripta P. Africani est. hic Naevius in magistratuum 4 libris est tribunus plebis P. Claudio L. Porcio consulibus, sed iniit tribunatum Ap. Claudio M. Sempronio consulibus ante diem quartum idus Decembres. inde tres menses ad idus Martias sunt, 5 quibus P. Claudius L. Porcius consulatum inierunt. ita et vixisse 6 in tribunatu Naevii videtur diesque ei dici ab eo potuisse, decessisse autem ante L. Valerii et M. Porcii censuram.

bannt, schrieb er eine Selbstbiographie, *de vita sua*, Tac. Agr. 1, die, oder nach Athenaeus eine *Ῥωμαϊκὴ Ἱστορία*, von Plut. Marius 28; Pomp. 37; vgl. Cic. N. D. 3, 32; Vell. Pat. 2, 13, Gell. 6, 14, 10 rühmlich erwähnt wird; L. scheint ihn nur hier benutzt zu haben; s. Nissen 43. — *Valerio* v. Antiati. — *his* um dieselbe Bezeichnung wie vorher: *his*, zu brauchen, obgleich dieselben früher erwähnt sind. — *censorib.* etc., wenn nicht *a* ausgefallen ist, soll nur die Zeit bestimmt werden, schwerlich ist es als Dativ zu nehmen. — *L. Valerium* fehlt in den Hss., über die Wahl des einen Censor durch den andern s. 27, 11, 9. — *duobus* haben die Hss., was, da Scipio dreimal princ. senatus war, s. 34, 44, 4; 38, 28, 2, ein Irrthum L.'s wäre, der die erste Wahl nur beiläufig 34, 44 erwähnt hat. — *nisi ut*, ausser in dem Fall, dass, wenn man annimmt, dass, 21, 52, 7; 23, 27, 12: *cui ut*, anders 21, 29, 5; nach Th. Mommsen ist es nie vorgekommen, dass an die Stelle des einmal gewählten princeps sen. ein anderer ernannt worden sei, s. röm. Forsch. 1, 92; Nissen 51; der Umstand, dass Scipio die letzte Zeit im Exil gelebt hatte, nimmt wol dem Argumente nichts von seiner Bedeutung, da es ein freiwilliges

war. — *Antiat.*, dessen Angabe, dass Scipio schon 567 gestorben L. selbst 38, 50, 5; ib. 54 gebilligt hat, hier aber in einer nachträglichen Bemerkung seine Ansicht, wenn auch nicht über den Process des L. Scipio, doch über den des P. Scipio und dessen Todesjahr berichtigt, s. c. 1, 1. — *trib. pl. M. Naev.*, nicht er selbst, sondern der Umstand, dass er als Volkstribun in jenem Jahre erwähnt wird. Indess hat L. selbst 38, 56, 6 erklärt, dass in der Rede der Name des Naevius nicht vorkomme und darauf, dass er auf dem Titel genannt war, kein Gewicht gelegt, während er hier darauf seinen Beweis zu gründen scheint, vgl. Gell. 4, 18. — *in mag. lib.*, s. 4, 20, 8; 9, 18, 12, Valerius hatte also diese eben so wenig als L. selbst nachgesehen, oder wie Andere, s. Gell. l. l. § 6, die Rede für unächt gehalten, Nissen 47; 43. — *P. Claud.* etc., also im J. 570, s. c. 33; *App. Claud.* etc., 569, c. 23. — *a. d. qu.* etc., nach alter Sitte; der Tag des Antritts der Tribunen war nicht verändert worden, s. Schwegler 2, 239.

6. *ita*, unter solchen Verhältnissen. — *vixisse*, am Leben gewesen sein, noch gelebt haben, s. 33, 41, 4; 9, 38, 10 u. a — *diesq. d.* etc., L. ist also jetzt der Ansicht, dass

7   Trium clarissimorum suae cuiusque gentis virorum non tempore magis congruente comparabilis mors videtur esse, quam quod nemo eorum satis dignum splendore vitae exitum habuit.
8   iam primum omnes non in patrio solo mortui nec sepulti sunt, veneno absumpti Hannibal et Philopoemen; exul Hannibal, proditus ab hospite, captus Philopoemen in carcere et in vinculis exspiravit;
9   Scipio etsi non exul neque damnatus, die tamen dicta, ad quam non adfuerat reus, absens citatus, voluntarium non sibimet ipse solum, sed etiam funeri suo exilium indixit.

53 Dum ea in Peloponneso, a quibus devertit oratio, geruntur, reditus in Macedoniam Demetrii legatorumque aliter aliorum ad-
2   fecerat animos. vulgus Macedonum, quos belli ab Romanis inminentis metus terruerat, Demetrium ut pacis auctorem cum ingenti favore conspiciebant, simul et spe haud dubia regnum ei
3   post mortem patris destinabant. nam etsi minor aetate quam

der Process Scipios nicht vor dem seines Bruders 567, sondern zwei Jahre nach demselben statt gehabt habe, vgl. 38, 50; ib, 56, 8. — *decess.*, noch in dem Consulatsjahre 569 zwischen dem 10. December u. 15. März, oder im Anfang 570, wenn, wie gewöhnlich, die Censoren bald nach dem Antritt der Consuln gewählt waren und nicht lange nachher die lectio senatus vorgenommen hatten; das erstere giebt auch Cicero an Cat. m. 6, 19: *anno ante me censorem mortuus est (Africanus), novem annis post meum consulatum*, und wahrscheinlich auch Polyb., s. Nissen 51; 217; 219; 233; es lagen also zwischen dem Tode des Africanus und Philopoemen etwa 14 Monate; Hannibal war wahrscheinlich nicht lange vor Philop. gestorben, vgl. Merlecker 369 f.
7. *cuiusque* kann hier Apposit. zu *clariss. virorum* sein, anders 24, 3, 5. — *non t. mag.*, zwar auch deshalb – aber noch mehr; da auch L. keinen so grossen Zeitraum zwischen dem Tode des Scipio und der beiden anderen annimmt, schwerlich ist *non magis = non tam* gesagt, vgl. 2, 5, 6; 1, 44, 5 u. a. — *iam prim.*, ohne eine entsprechende Partikel, wie 35, 18, 4, bildet nur den Uebergang zur Ausführung des Speciellen, s. 40, 3, 3. — *in patr. s.*, in Bezug auf *sepulti* bei Philopoemen nicht genau, s. zu c. 50, 9; in Bezug auf Scipio § 9. — *exul*, factisch, s. 38, 50, 7; ein bestimmter Beschluss ist von L. nicht erwähnt, s. 33, 49; 34, 61; 35, 19, 4, aber s. Corn. Ham. 7. — *die d.*, § 6. — *abs. cit.*, 38, 52, 3. — *volunt.* etc., er lebte also factisch im Exil, vgl. Sen. ad Pol. cons. 14 (33), 4. — *ipse s.* 2, 19, 5; 30, 30, 24. — *funeri*, s. 38, 56, 3.
53. 1-4. Verhältnisse in Macedonien. Polyb. 24, 6 f.
in Pelop. L. hat c. 48, 6 erklärt die Verhältnisse im Pelop. übergehen zu wollen, und nur den Tod Philopoemens erzählt; der Uebergang ist wahrscheinlich nach Polybius, der die Vergleichung der drei grossen Männer an die Darstellung der Ereignisse im Pelop. geknüpft hatte, in dieser Weise vermittelt. — *devert.*, 35, 40, 2; Cic. Fam. 12, 25, 4: *redeamus illuc, unde devertimus.* — *legat.*, die mit Demetrius geschickten, c. 47, 1. — *quos - terruer.*, in Folge der Zerwürfnisse hatte man jetzt schon den Ausbruch des Krieges gefürchtet. — *destinab.*, 35, 20, 1. — *minor aet.*, s. c.

Perseus esset, hunc iusta matre familiae, illum paelice ortum esse; illum ut ex vulgato corpore genitum nullam certi patris notam habere, hunc insignem Philippi similitudinem prae se ferre; ad 4 hoc Romanos Demetrium in paterno solio locaturos, Persei nullam apud eos gratiam esse. haec vulgo loquebantur. itaque et 5 Persea cura angebat, ne parum pro se una aetas valeret, cum omnibus aliis rebus frater superior esset; et Philippus ipse, vix sui 6 arbitrii fore, quem heredem regni relinqueret credens, sibi quoque graviorem esse, quam vellet, minorem filium censebat. offen- 7 debatur interdum concursu Macedonum ad eum, et alteram iam se vivo regiam esse indignabatur. et ipse iuvenis haud dubie in- 8 flatior redierat, subnisus erga se iudiciis senatus concessisque sibi, quae patri negata essent; et omnis mentio Romanorum quan- 9 tam dignitatem ei apud ceteros Macedonas, tantam invidiam non apud fratrem modo, sed etiam apud patrem conciliabat, utique 10 postquam legati alii Romani venerunt, et cogebatur decedere Thracia praesidiaque deducere et alia aut ex decreto priorum legatorum aut ex nova constitutione senatus facere. sed omnia maerens quidem et gemens, eo magis quod filium frequentiorem prope cum 11

35, 2; *aetate* wie 2, 50, 11; gewöhnlich *natu*, vgl. 40, 11, 7. — *illum - hunc* entsprechen den gleichen Pronom. im Vorhergeh. um die gleiche Bezeichnung derselben Personen beizubehalten, s. c. 52, 1: *his*; 22, 39, 4: *hic adversarius - ille hostis, cum illo - cum hoc*, vgl. 29, 33, 10. — *vulg. corp.*, s. 1, 4, 7; zur Sache s. 40, 9, 2; 41, 23, 10; Plut. Aem. 8: λέγεται μηδὲ γνήσιος φῦναι, λαβεῖν δ' αὐτὸν ἡ συνοικοῦσα τῷ Φιλίππῳ νεογνὸν ἀκεστρίας τινὸς Ἀργολικῆς Γναθαινίας τοὔνομα τεκούσης καὶ λαθεῖν ὑπολαβομένη, Arat. 54; Ael. Var. h. 12, 43. — *certi p.*, 4, 3, 12; 1, 4, 2. — *Roman.-locat.* von dem Begriffe in *destinabant* abhängig.
5-10. *cura a.*, c. 23, 6. — *pro se* zu seinen Gunsten, c. 30, 3. — *super.*, Polyb. c. 7: ὁ δὲ Περσεὺς - περὶ τἆλλα πάντα καθυστερῶν καὶ τῇ φύσει καὶ τῇ κατασκευῇ etc. — *sui arb.*, 37, 52, 8; 25, 29, 4. — *grav.*, s. c. 51, 6; 35, 15, 4: *gravem successorem.* — *censeb.*, die Mz. Hs. hat *aiebat*, Polyb. l. l.: οὐ μὴν ἀλλ' ὁ μὲν Φίλιππος ἐπεκρύπτετο τὴν ἐπὶ τούτοις δυσαρεστίαν. — *et ipse*, die gleiche Form mit dem entsprechenden Gedanken § 6 ist wol nicht beabsichtigt. — *inflat.*, 37, 45, 6. — *concess.*, Polyb. hebt diesen Punkt besonders hervor: τῷ δοκεῖν τοὺς Ῥωμαίους αὐτῶν μὲν μηθένα λόγον ποιεῖσθαι, τῷ δὲ Δημητρίῳ πᾶσαν ἀνατιθέναι τὴν ἐξ αὐτῶν χάριν. — *conciliab.* konnte auch auf *invidiam* bezogen werden, s. Cornel. 15, 5, 3: *servitutem.* — *alii* in Bezug auf c. 33, es ist *Marcius*, c. 48, 5; 47, 11. — *postq. vener.*, — *cogeb.*, s. c. 30, 8; das Subject zu *cogebatur* giebt der Zusammenhang. — *Thracia*, c. 46, 9. — *constitut.*, hier eine Anordnung, wie vorher *decretum*, Quintil. 7, 4, 6: *constitutio est in lege, more, iudicato, pacto.*
11-16. *maerens* etc., 30, 20, 1, wiederholt das vorher schon bezeichnete Unangenehme in anderer Weise um es als Einräumung dem Folg. gegenüber zu stellen, vgl. 5,

illis quam secum cernebat, oboedienter tamen adversus Romanos
12 faciebat, ne quam movendi extemplo belli causam praeberet. avertendos etiam animos a suspicione talium consiliorum ratus, mediam
in Thraciam exercitum in Odrysas et Dentheletos et Bessos duxit;
13 Philippopolin urbem fuga desertam oppidanorum, qui in proxima
montium iuga cum familiis receperant sese, cepit, campestresque
14 barbaros, depopulatus agros eorum, in deditionem accepit. relicto
inde ad Philippopolin praesidio, quod haud multo post ab Odrysis
expulsum est, oppidum in Deuriopo condere instituit — Paeoniae
15 ea regio est —, prope Erigonum fluvium, qui ex Illyrico per Paeoniam fluens in Axium editur amnem haud procul Stobis, vetere
16 urbe; novam urbem Perseida, ut is filio maiori haberetur honos,
adpellari iussit.

54 Dum haec in Macedonia geruntur, consules in provincias pro-
2 fecti. Marcellus nuntium praemisit ad L. Porcium proconsulem,
3 ut ad novum Gallorum oppidum legiones admoveret. advenienti
consuli Galli sese dediderunt. duodecim milia armatorum erant,
4 plerique arma ex agris rapta habebant; ea aegre patientibus iis

48, 6; 33, 17, 12. — *adversus* gehört zu dem Begriff in *oboedienter*,
29, 8, 2: *ob egregiam fidem adversus Romanos. — ne quam* etc., s. c.
35, 2. — *mediam in Thr.*, s. 34,
5, 8, im Gegensatze zu dem Küsten-
lande; der Kriegszug wird ohne
den Senat zu befragen unternom-
men, wie c. 35, 4. — *Odrysas*,
42, 51, 10: *Cotys, Seuthis filius,
rex gentis Odrysarum*; s. Strabo
7, 48 Ὀδρύσας δὲ καλοῦσιν ἔνιοι
πάντας τοὺς ἀπὸ Ἕβρου καὶ Κυ-
ψέλων μέχρι Ὀδήσσου τῆς πα-
ραλίας ὑπεροικοῦντας; Plin. 4, 11,
40: *Odrysarum gens fundit He-
brum*; Herod. 4, 92. — *Denthel.*,
weiter westlich am oberen Laufe
des Strymon, Plin. l. l.: *amnem
Strymonem adcolunt dextro latere
Denseletae - laevo Bigerrae et Bes-
sorum multa nomina*, ebenso Cic.
Pison. 34, 84; Strabo 7, 5, 12:
Δανθηλητῶν. — *Philipp.*, Plin. l.
l. § 41: *sub Rhodope Poneropo-
lis antea, mox a conditore Philippopolis, nunc a situ Trimontium
dicta*, am Hebrus, wol noch im Gebiete der Odrysen; ein anderes s.

c. 25, 3. — *ad Philipp.*: in der Stadt,
s. 42, 12, 6. — *Deuriopo*, 31, 39, 4.
— *Paeon.*, 33, 10, 3; 40, 3, 3, ist
hier in weiterem Sinne genommen,
so dass es auch die angrenzende
Landschaft Deuriopus umfasst, ebenso im Folg. — *ex Illyr.*, der Erigon, j. Ergeno, entspringt auf dem
Grenzgebirge von Illyrien u. Päo-
nien. — *Axium*, j. Vardar, der
Hauptstrom jener Gegend, im nördlichen Theile des Scardus entsprin-
gend, westlich von Thessalonich
mündend. — *edit.*, 38, 13, 7. —
Stobis, 33, 19, 3. — *Perseida*, der
Name scheint sich sonst nicht zu
finden. Die Interpunktion der Stelle
ist ungewiss, da *prope Erigon.* etc.
auch zu *Paeoniae e. reg. e.* gezogen
werden könnte; doch ist es wahrscheinlicher, dass die Lage der Stadt
dreifach bestimmt ist: *in Deur.,
prope Erig., haud proc. St.*

54-55. Ausweisung der Gallier
aus Italien; Colonien.

1-4. *consules* etc., es wäre so
spät geschehen wie c. 32, 1; 20,
1; doch s. c. 46, 6. — *Porc.*, ob-

adempta quaeque alia aut populantes agros rapuerant aut secum
adtulerant. de his rebus qui quererentur legatos Romam miserunt.
introducti in senatum a C. Valerio praetore exposuerunt se supe- 5
rante in Gallia multitudine inopia coactos agri et egestate ad quaerendam sedem Alpes transgressos, quae inculta per solitudines
viderent, ibi sine ullius iniuria consedisse; oppidum quoque aedi- 6
ficare coepisse, quod indicium esset nec agro nec urbi ulli vim
adlaturos venisse. nuper M. Claudium ad se nuntium misisse bellum se cum iis, ni dederentur, gesturum. se certam etsi non spe- 7
ciosam pacem quam incerta belli praeoptantes dedidisse se prius
in fidem quam in potestatem populi Romani. post paucos dies 8
iussos et urbe et agro decedere sese tacitos abire, quo terrarum
possent, in animo habuisse. arma deinde sibi et postremo omnia
alia, quae ferrent agerentque, adempta. orare se senatum popu- 9
lumque Romanum, ne in se innoxios deditos acerbius quam in
hostes saevirent. huic orationi senatus ita responderi iussit: ne- 10
que illos recte fecisse, cum in Italiam venerint oppidumque in
alieno agro nullius Romani magistratus, qui ei provinciae praeesset, permissu aedificare conati sint, neque senatui placere deditos
spoliari. itaque se cum iis legatos ad consulem missuros, qui, 11
si redeant, unde venerint, omnia iis sua reddi iubeant quique pro-

gleich ihm c. 45 das imperium nicht
verlängert ist, s. 35, 1, 3, und c. 45,
5 der Prätor Julius den Auftrag erhalten hat die Gallier zu entfernen.
— *adempta*, als dediticiis, 28,
34, 1.
5-9. *Valerio*, c. 45, 2. — *super.
mult.*, wie 5, 34, 2, vgl. c. 22, 6. —
ibi = in iis. — *ullius*, § 13: *cuiusquam*, 6, 15, 10; 24, 47, 10. — *incerta b.*, 30, 2, 6; 25, 15, 20, zum
Gedanken s. 30, 30, 19. — *prae-
opt.*, das Verbum, welches den Com-
parativbegriff enthält, wird so mehrfach nachgestellt, s. 28, 40, 11; 22,
34, 11. — *prius* etc., sie hätten
sich durch ihre deditio eher, s. c.
32, 11; 22, 34, 6 u. a., mehr in den
Schutz der R. begeben als ihrer Gewalt unterworfen, diese müssten sie
daher mehr als supplices denn als
bello victi, ib. 28, 7 u. nachher § 9,
behandeln; auch hier ist, wie bei
den Aetolern 36, 27, 8, das Missverständniss durch die Formel *in fidem*

se dedere, s. 38, 31, 2; 37, 6, 6,
veranlasst. — *tacitos*, in aller Ruhe,
ohne sich zu widersetzen. — *ferre
ag.*, 38, 18, 15. — *innox. dedit.*,
Unschuldige, die sich in den Schutz
begeben hätten.

10-12. *recte fec.*, sonst mehr
von Magistraten und Feldherrn gesagt, 24, 31, 7; 28, 39, 18. —
venerint, in orat. recta: *fecistis —
cum venistis*, die jüngeren Hss.
haben *venirent*, was *faciebatis —
veniebatis*, s. Cic. Fam. 1, 9, 5;
ad Brut. 1, 15, 8; Att. 3, 10, 2 u.
a., voraussetzen aber an u. St. weniger passend sein würde. — *ei
prov.*, das Land der Veneter wird
als zur Provinz Gallien gehörend
betrachtet, s. c. 55, 2; 45, 5; 7; 40,
34, 2, vgl. 32, 1, 2; Mommsen 1,
553. — *neq. sen. plac.*, mildernd
statt: *nec proconsulem* u. *recte fecisse.* — *dedit. sp.*, vgl. 40, 16, 6;
42, 8, 6. — *protinus*, s. 28, 13, 4;

tinus eant trans Alpes et denuntient Gallicis populis, multitudinem suam domi contineant: Alpes prope inexsuperabilem finem
in medio esse; non utique iis melius fore, *quam* qui eas primi
pervias fecissent. legati missi L. Furius Purpurio Q. Minucius
L. Manlius Acidinus. Galli redditis omnibus, quae sine cuiusquam
iniuria habebant, Italia excesserunt. Legatis Romanis Transalpini
populi benigne responderunt. seniores eorum nimiam lenitatem
populi Romani castigarunt, quod eos homines, qui gentis iniussu
profecti occupare agrum imperii Romani et in alieno solo aedificare oppidum conati sint, inpunitos demiserint; debuisse gravem
temeritatis mercedem statui; quod vero etiam sua reddiderint,
vereri, ne tanta indulgentia plures ad talia audenda inpellantur.
et exceperunt et prosecuti cum donis legatos sunt.

32, 13, 4. — *trans Alp.*, c. 22, 7. — *inexsup.*, könnte auch zu Alpes gezogen sein, s. 5, 34, 6; 21, 30, 7; 43, 18, 1, wie eine Hs. *inexsuperabiles* hat; doch ist es nicht nothwendig, vgl. Serv. Verg. Aen. 10, 13: *Alpes — quae secundum Catonem et Livium muri vice tuebantur Italiam.* — '*quam* fehlt in den Hss., doch würde ohne dieses der Gedanke unklar sein, da vor *qui* noch *illis* zu denken wäre, oder nach der Auffassung Crevier's: *malum habituros, qui primi postea Alpes transissent*, sowol *postea* hinzugedacht als *pervias facere = transire* und *non melius erit = malum habebunt*, vgl. 4, 49, 11 u. 3, 48, 3, genommen werden müsste. Da in der bds. Lesart die Beziehung von *iis* nicht klar ist, (man erwartet *illis*), so ist mit *quam* viell. noch mehr ausgefallen, etwa der Gedanke: *iis, qui postea transierint*, da auch *primi* nicht wohl auf die 5, 34 ff. erwähnten bezogen werden könnte, wenn man nicht an die Vernichtung derselben 5, 49 bis 36, 38 denken soll. — *pervias fec.*, s. 21, 30, 7.

13. *Furius*, s. 38, 54, 6; 33, 24; also ungeachtet der nota censoria, s. zu c. 42, 6; 44, 4. — *Minuc.*, 34, 54; also beide Consularen. *Man-*

lius, c. 21, gewesener Prätor c. 55, 6. — *redditis omn.*, die Handlung geht nicht von dem Subjecte des Hauptsatzes aus: nachdem ihnen — zurückgegeben war, s. 21, 5, 4; ib. 55, 1; 5, 25, 7; 40, 27, 9 u. a. Anders Piso bei Plin. 3, 19, 131: *deletum oppidum etiam invito senatu a Claudio Marcello L. Piso auctor est.*

55. *Transalp.*, wie c. 54, 5 das transalpinische Gallien, s. Mommsen 1, 663. — *senior.*, 35, 22, 4. — *gentis*, es wird eine Gesammtheit des Volkes, s. c. 22, 7, vorausgesetzt, und in *agrum imp. R.* das besetzte Land als ein Theil des röm. Gebietes betrachtet, c. 54, 2. — *dimiser.*, die meisten Hss. haben *dimisissent*, wie in der orat. obl. nicht selten der Standpunkt gewechselt wird, s. c. 26, 12; 27, 10, 1; 23, 15, 4; 22, 32, 8; 3, 72, 2 u. a. — *merced.*, 2, 36, 4, wie *meritum*, 31, 31, 13. — *excep.*, man sollte dazu ein *cum donis* entsprechendes Adverbium *comiter* oder *benigne* oder ein ähnl. erwarten, das viell. die Mz. Hs., die *ita prosecuti* hat, andeutet. — *cum donis*, so dass sie dabei — gaben, vgl. 21, 24, 5: *cum bona pace*; ib. 32, 6; 25, 18, 13: *cum vulnere.*

LIBER XXXIX. CAP. 55.

M. Claudius consul Gallis ex provincia exactis Histricum bel- 4
lum moliri coepit litteris ad senatum missis, ut sibi in Ilistriam
traducere legiones liceret. id senatui placuit. illud agitabant, uti 5
colonia Aquileia deduceretur, nec satis constabat, utrum Latinam
an civium Romanorum deduci placeret. postremo Latinam potius
coloniam deducendam patres censuerunt. triumviri creati sunt 6
P. Scipio Nasica C. Flaminius L. Manlius Acidinus.
    Eodem anno Mutina et Parma coloniae civium Romanorum 7
sunt deductae. bina milia hominum in agro, qui proxime Boio-
rum, ante Tuscorum fuerat, octona iugera Parmae, quina Mutinae
acceperunt. deduxerunt triumviri M. Aemilius Lepidus T. Aebu- 8
tius Carus L. Quinctius Crispinus. et Saturnia colonia civium Ro- 9
manorum in agrum Caletranum est deducta. deduxerunt triumviri Q. Fabius Labeo C. Afranius Stellio Ti. Sempronius Gracchus.
in singulos iugera data decem.

4—6. *Histric.*, gegen die Grenz-
nachbarn der Veneter, s. 40, 18;
41, 1. — *id sen. plac.*, da es c. 56,
3 heisst *revocatus — rediit*, so verm.
Madvig *id sen. haud placuit*; aber
auch dieses müsste den Senat ge-
reut haben, da 40, 1, 6 Marcellus in
Gallien das Commando verlängert
und Verstärkung geschickt wird,
und 40, 26, 2, vgl. c. 18, 4, der Krieg
begonnen hat. Es scheint daher
eher c. 56, 3 nicht richtig, der Fehler aber oder der Irrthum L.'s nur
in *dimisso exercitu* zu liegen, da
die Berufung zu der Abhaltung der
Comitien nur eine vorübergehende
war; ist die hds. Lesart richtig, so
liegt in dem Folg.: *illud agitabant*
etc. der Grund, warum der Senat
das Vorgehen des Consuls billigt.
— *Aquil.*, 40, 34, 2. — *an civ.
Rom.*, s. Lange 2, 223. — *Scip.*,
38, 58; *Flamin.*, c. 2., *Manlius*, s.
c. 54; Inscriptt. lat. n. 539: *L. Manlius L. f. Acidinus triu. vir Aquileiae coloniae deducundae*, s. Mommsen p. 147.

7—9. *Mutina*, schon vor dem
zweiten punischen Kriege war die
Gründung dieser Colonie begonnen,
aber durch denselben unterbrochen,
s. 21, 25, 6, Mommsen 1, 665. Mit
der Anlage der beiden Colonien
steht die Erbauung der Strassen
c. 2 in Verbindung. — *proxime*, in
der nächsten, letzten Zeit, Cic.
Phil. 2, 5, 12 u. a., zur Sache 36,
39, 3. — *Tusc.*, 5, 35, 2. — *onton. -
quina*, s. c. 44, 10; 40, 29, 2; Marq.
3, 1, 346. — *Aemil.*, c. 2. *Aebut.*,
s. Insc. latt. n. 638: *Diovei Victore
T. Aebuti. M. f. IIIvir restituit*,
s. Mommsen p. 187. — *Quinct.*, c.
6. — *Saturnia* in Etrurien, nördlich von Vulci. — *Caletran.*, Plin.
3, 5, 52: *Saturnini, qui antea Au-
rini vocabantur.* — *in eadem parte
oppidorum veterum nomina reti-
nent agri Crustuminus, Caletranus*
etc. — *Fabius Lab.*, 34, 45, 2 ist
ein triumvir col. ded. zum Consul
gewählt und giebt den früheren Auftrag nicht auf; vgl. 32, 29, 4, ib.
27, 8; die zu 40, 29, 1 angef. Inschrift; ebenso konnte der Consul
(am Ende seines Amtes) zum triumvir gewählt werden, oder schon
vor dem Antritt desselben ernannt
sein, vgl. c. 44, 10, so dass nicht
nöthig ist anzunehmen, der hier erwähnte sei von dem Consul verschieden, oder Buteo zu lesen oder
anzunehmen, die Colonie sei später
gegründet. — *Afran.*, c. 23. *Gracch.*,

56 Eodem anno A. Terentius proconsul haud procul flumine Hibero in agro Ausetano et proelia secunda cum Celtiberis fecit 2 et oppida quae ibi communierant aliquot expugnavit. ulterior Hispania eo anno in pace fuit, quia et P. Sempronius proconsul diutino morbo est inplicitus et nullo lacessente peropportune quie- 3 verunt Lusitani. nec in Liguribus memorabile quicquam a Q. Fabio consule gestum.

Ex Histria revocatus M. Marcellus exercitu dimisso Romam 4 comitiorum causa rediit. creavit consules Cn. Baebium Tamphilum et L. Aemilium Paulum. cum M. Aemilio Lepido hic aedilis curulis fuerat; a quo consule quintus annus erat, cum is ipse Le- 5 pidus post duas repulsas consul factus esset. praetores inde facti Q. Fulvius Flaccus M. Valerius Laevinus P. Manlius iterum M. Ogulnius Gallus L. Caecilius Denter C. Terentius Istra.

6 Supplicatio extremo anno fuit prodigiorum causa, quod sanguine per biduum pluvisse in area Concordiae satis credebant, nuntiatumque erat haud procul Sicilia insulam, quae non ante fu- 7 erat, novam editam e mari esse. Hannibalem hoc anno Antias

c. 5. — *decem* hat nur die Mz. Hs. Die drei hier genannten Colonien werden abweichend von der Regel, Bürgercolonien in Seestädte zu führen, im Binnenlande angelegt.
56. Ereignisse in Spanien; Wahlen, Prodigien. Plut. Aemil. 6.
1—2. Terent., c. 38, 3. — *agro Auset.*, den L. auch sonst in der Nähe des Hiberus kennt, s. 26, 17, 4. — *Sempr.*, c. 38, 3. — *procons.* wie § 1; dagegen 40, 1, 4: *praetor*; ib. 2, 5: *propraetor*; ib. 16, 7 wieder *proconsul*, vgl. 33, 25, 9. — *perop.*, es war ein grosses Glück, dass, 1, 13, 3.
3—5. *ex Histr.*, s. c. 55, 5. — *dimisso*, vgl. 40, 1, 6; 18, 4; 25, 9. Baeb., c. 32, 8. — *Aemil.*, 35, 24; 36, 2; 37, 56; die folg. Bemerkung soll zeigen, dass schon jetzt, s. 39, 32, durch das Vordrängen minder Tüchtiger ausgezeichnete Männer (bei Aemilius ist an sein zweites Consulat 44, 17 gedacht) zurückgesetzt werden; übrigens meldet Plut. l. l. nicht, dass sich Aemil. schon vorher beworben habe. — *a quo cons.*, 10, 31, 10. — *quintus*, s. 38,

42; Becker 2, 2, 18. — *Manl.*, 33, 44. — *iterum*, es kommt in dieser Zeit mehrfach vor, dass Einer die Prätur zweimal bekleidet, s. 41, 8, 1,; ib. 28, 5; 42, 9, 8. — *Oguln.*, s. 10, 6, 3. — *Denter* ein sonst mehr in der gens Livia sich findender Zuname, den jedoch auch der Consul L. Caecilius 284 a. Ch. in Fasten hat.
6—7. *area Conc.*, 40, 19, 2 mit der area Vulcani, s. c. 46, 5, genannt; auf dem Vulcanal, s. 9, 46, 6: *Concordiae aedem in area Vulcani - dedicavit*; bei Iul. Obs. 4 (59) wird jetzt *ara Concordiae* gelesen, da es überdies dort heisst: *in area Vulcani per biduum, in ara Concordiae totidem diebus sanguinem pluit*, so ist viell. bei L. eine Lücke anzunehmen. — *novam* ungewöhnlich gestellt, vgl. 22, 35, 7; Val. Flacc. 7, 10: *non haec — nox ante tuos — vultus*; Oros. 4, 20: *insula, quae ante non fuerat*, wie viell. auch L. geschrieben hat. — *novam* wiederholt den Begriff in etwas anderer Weise des Nachdrucks wegen, s. 41, 23, 13; Obseq. sagt nur: *insu-*

Valerius decessisse est auctor legatis ad eam rem ad Prusiam
missis praeter T. Quinctium Flamininum, cuius in ea re celebre
est nomen, L. Scipione Asiatico et P. Scipione Nasica.

TITI LIVI
AB URBE CONDITA
LIBER XXXX.

Principio insequentis anni consules praetoresque sortiti pro- 1
vincias sunt. consulibus nulla praeter Ligures quae decerneretur
erat. iurisdictio urbana *M.* Ogulnio Gallo, inter peregrinos M. Valerio evenit, Hispaniarum Q. Fulvio Flacco citerior, P. Manlio 2
ulterior, L. Caecilio Dentri Sicilia, C. Terentio Istrae Sardinia.
dilectus habere consules iussi. Q. Fabius ex Liguribus scripserat 3
Apuanos ad rebellionem spectare periculumque esse, ne impetum
in agrum Pisanum facerent. et ex Hispaniis citeriorem in armis 4
esse et cum Celtiberis bellari sciebant, in ulteriore, quia diu aeger
esset praetor, luxuria et otio solutam disciplinam militarem esse.
ob ea novos exercitus conscribi placuit, quattuor legiones in Ligu- 5
res, uti singulae quina milia et ducenos pedites, trecenos haberent equites; sociorum iisdem Latini nominis quindecim milia peditum addita et octingenti equites: hi duo consulares exercitus

---

la nova maritima. — Hannibal,
schwerlich will L. hier nur berichten, dass Valerius ausser Quinctius,
s. c. 51, 1, noch zwei Gesandte er-
wähne, sondern er nimmt daran Anstoss, dass derselbe den Tod H.'s in
dieses Jahr versetzt, obgleich auch
er c. 51, 12 eben dasselbe als das
Todesjahr H.'s angegeben hat. —
celebre, viel genannt. — *L. Scipio,*
schon c. 22 ist dieser nach Valerius
Gesandter in Asien gewesen. — *P.
Sc. Nasica,* c. 55, 6. Das Ganze
scheint nur eine nachträgliche Bemerkung aus Valerius zu dem c. 55,
6 Erwähnten zu sein.

40. 1-2, 5. Vertheilung der

Provinzen und Heere; Prodigien.
Iul. Obseq. 5.

1-4. *nulla* etc., wie 39, 38, 1;
ib. 32, 1. — *Hispaniar.*, ohne wesentlichen Unterschied § 4: *ex Hispaniis;* zur Sache 39, 45, 4. —
Apuan., 39, 20, 5. *Pisan.*, wie 39,
2, 5. — *et cum Celt.*, erklärend, s.
39, 56, 1; *praetor. ib.* 56, 2.

5-8. *quatt.*, in Ligurien, s. 39,
45, 3, haben, da Claudius nach 39,
54, 2 nach Gallien gezogen ist, nur
zwei Legionen gestanden. — *quina
m. e. duc.*, s. c. 18, 5; 37, 39, 8. —
iisdem, den eben genannten Legionen. — *quind. mil.*, s. c. 36, 6. —

6 essent. scribere praeterea iussi septem milia peditum sociorum ac Latini nominis et quadringentos equites et mittere ad M. Marcellum in Galliam, cui ex consulatu prorogatum imperium erat.
7 in Hispaniam utramque quae ducerentur quattuor milia peditum civium Romanorum et ducenti equites et sociorum septem milia
8 peditum cum trecentis equitibus scribi iussa. et Q. Fabio Labeoni cum exercitu, quem habebat, in Liguribus prorogatum in annum imperium est.

2   Ver procellosum eo anno fuit. pridie Parilia, medio ferme die, atrox cum vento tempestas coorta multis sacris profanisque locis stragem fecit, signa aenea in Capitolio deiecit, forem ex aede
2 Lunae, quae in Aventino est, raptam tulit et in posticis partibus Cereris templi adfixit, signa alia in circo maximo cum columnis,
3 quibus superstabant, evertit, fastigia aliquot templorum a culminibus abrupta foede dissipavit. itaque in prodigium versa ea tem-
4 pestas, procurarique haruspices iusserunt. simul procuratum est, quod tripedem mulum Reate natum nuntiatum erat et a Formiis aedem Apollinis Caietae de caelo tactam. ob ea prodigia viginti

septem – imper., schwerlich hat er blos ein Heer von Bundesgenossen befehligt, sondern diese wol zu seinen Legionen erhalten, s. 39, 56, 3, vgl. 40, 25, 9. — *quatt. mil.* etc., Ergänzungstruppen für 4 Legionen, s. 39, 38, 10. — *Fabio*, so hätten drei consularische Heere in Ligurien gestanden.
2. 1–2. *Parilia* (oder *Palilia*), das Fest der Pales; Plin. 18, 26, 247: *sidus Parilicium, quoniam XI Kal. Maias urbis Romae natalis*, eben die Parilia; Preller 364; Marq. 4, 440. — *strag. fec.*, wie *stragem edere*, *dare.* — *in Capit.*, auf der area Capitolina, wo viele Statuen standen, s. c. 51, 3; Becker 1, 408. — *Lunae*, verschieden von dem Tempel der Diana 1, 45; s. Tac. 15, 41; Varro L. L. 5, 74: *vovit (Tatius aras) – Soli, Lunae – Dianae Lucinaeque*, vgl. ib. § 68; Dion. Hal. 2, 50: καὶ Σελήνῃ – καὶ Ἀρτέμιδι; Preller 289; der Tempel stand nach dem Folg., da der der Ceres, s. 41, 28, 2, neben dem Circus lag, diesem zugewendet, Becker 1, 455; 144. — *postic. part.*, vgl. 39,

51, 7; 23, 8, 8; Plaut. Stich. 3, 1, 42; Nonius de indiscr. gen. 217: *posticam, Varro – perrexit in interiores partes domuis posticae*; die Mz. Hs. hat *parietibus.* — *Cerer.*, 3, 55, 7; Becker 1, 471. — *fastig. – a culm.*, Iul. Obs.: *a culmine*, mit *culmen* scheint das ganze Giebeldach, vgl. 42, 3, 7, mit *fastigium* der Forst auf demselben, oder überhaupt der höhere Theil bezeichnet zu werden; Vitruv. 4, 2, 1: *columen in summo fastigio culminis*; Verg. Aen. 2, 458: *ad summi fastigia culminis*.
3–5. *in prod. vers.*, c. 59, 8; 26, 11, 4: *in religionem versum.* — *iusser.*, s. c. 22, 5; 38, 36, 4; Varr. L. L. 7, 88: *quum aruspex praecipit, ut suo quisque ritu sacrificium faciat*; Tac. Ann. 11, 15: *quorum monitu*; Marq. 4, 366. — *Apoll. Caiet.*, gewöhnlich wird *Ap. ac Caietae* gelesen, aber *ac* fehlt in mehreren Hss., und Obseq. hat *aedes Apollinis Caietae*, die Meldung konnte von Formiae, s. 39, 44, 6, kommen, weil Caieta in dessen Gebiet lag; es ist deshalb nicht nöthig

hostiis maioribus sacrificatum est et diem unum supplicatio fuit.

Per eos dies ex litteris A. Terentii propraetoris cognitum 5
P. Sempronium in ulteriore provincia, cum plus annum aeger
fuisset, mortuum esse. eo maturius in Hispaniam praetores iussi
proficisci.

Legationes deinde transmarinae introductae sunt, primae Eu- 6
menis et Pharnacis regum et Rhodiorum querentium de Sinopensium clade. Philippi quoque legati et Achaeorum et Lacedaemo- 7
niorum sub idem tempus venerunt. iis prius Marcio audito, qui
ad res Graeciae Macedoniaeque visendas missus erat, responsa
data sunt. Asiae regibus ac Rhodiis responsum est legatos ad 8
eas res visendas senatum missurum.

De Philippo auxerat curam Marcius: nam ita fecisse eum, 8
quae senatui placuissent, fatebatur, ut facile adpareret, non diutius,
quam necesse esset, facturum. neque obscurum erat rebellaturum, 2
omniaque, quae tunc ageret diceretque, eo spectare. iam primum 3

---

a mit Gron. zu entfernen. Wäre *ac* richtig, so müsste angenommen werden, dass Caieta, die Amme des Aeneas, zu Formiae einen Tempel gehabt habe. — *propraet.* 39, 56, 1.
2, 6-4. Gesandtschaften in Rom; Philippus. Polyb. 24, 10 ff. 8.
6. *transmar.*, 39, 46. — *primas*, so ist wol statt des hds. *prima* nach Crevier zu lesen, da nicht passend gesagt würde, dass die Gesandtschaften mehrerer feindlicher Könige nur eine seien, vgl. c. 20, 1; genauer erzählt Polyb. den Hergang: ἧκον δὲ καὶ Ῥόδιοι πρεσβεύοντες ὑπὲρ τῆς Σινωπέων ἀτυχίας; und die Antwort § 8 wird ertheilt, ehe man Marcius, der nicht nach Asien gekommen war, gehört hat.
— *Pharnac.*, Königs von Bithynien, mit dem Eumenes in Krieg verwickelt war, c. 20; 3, 2-5; 26, 6; 3, 3, 6. — *Sinopens.*, eine durch Handel blühende Colonie der Milesier am Pontus, lange mit den Rhodiern verbündet, Polyb. 4, 56.
— *clade*, Strabo 12, 3, 11 p. 545: ἐκ πολιορκίας ἑάλω (Σινώπη) καὶ ἐδούλευσε Φαρνάκῃ, da sie deshalb

nicht selbst Gesandte schicken konnten, thaten es für sie die Rhodier. — *et Achaeor. et Lac.*, c. 35 f.; der Gegenstand, um den es sich handelt, ist noch immer das Verhältniss Spartas zu den Achäern, dann die Vorgänge in Messenien, Polyb. 1.
l. — *Marc.* 39, 48, 5, Polyb.: τοῦ δὲ Κοΐντου Μαρκίου προσφάτως ἐκ τῆς Ἑλλάδος παραγεγονότος καὶ περί τε τῶν ἐν Μακεδονίᾳ καὶ περὶ τῶν ἐν Πελοποννήσῳ διασεσαφηκότος, L. hat nicht erwähnt, dass er im Peloponnes gewesen sei, s. Pol. 24, 4; die hinterlistige Antwort des Senates, ib. c. 10, hat er übergangen, s., Schorn 319. — *ad eas res.* ἐπισκεψομένους περί τε Σινωπέων καὶ περὶ τῶν τοῖς βασιλεῦσιν ἀμφισβητουμένων.
3. 1-4. *ita fec.*, Polyb. c. 10: διότι πεποίηκε μὲν τὰ προστατόμενα, πεποίηκε δὲ τὰ πάντα βαρυνόμενος, καὶ ὅτι λαβὼν καιρὸν πᾶν τι ποιήσει κατὰ Ῥωμαίων; den letzten Gedanken hat L. weiter ausgeführt und im Folg. Mehreres nachgeholt, was Polyb. früher § 4

Tit. Liv. IX. 8

omnem fere multitudinem civium ex maritimis civitatibus cum familiis suis in Emathiam quae nunc dicitur, quondam adpellata 4 Paeonia est, traduxit, Thracibusque et aliis barbaris urbes tradidit habitandas, fidiora haec genera hominum fore ratus in Romano 5 bello. ingentem ea res fremitum in Macedonia tota fecit; relinquentesque penates suos cum coniugibus ac liberis pauci tacitum dolorem continebant, exsecrationesque in agminibus proficiscen- 6 tium in regem vincente odio metum exaudiebantur. his ferox animus omnes homines, omnia loca temporaque suspecta habebat. 7 postremo negare propalam coepit satis tutum sibi quicquam esse, nisi liberos eorum, quos interfecisset, comprehensos in custodia haberet et tempore alium alio tolleret.

4   Eam crudelitatem, foedam per se, foediorem unius domus
2 clades fecit. Herodicum, principem Thessalorum, multis ante annis occiderat; generos quoque eius postea interfecit; in viduitate

---

erzählt hatte. — *multitud. mar. civ.*; Pol. c. 8: ἐκ τῶν ἐπιφανεστάτων καὶ παραθαλαττίων πόλεων τοὺς πολιτικοὺς ἄνδρας μετὰ τέκνων καὶ γυναικῶν - μεταγαγεῖν εἰς τὴν νῦν μὲν Ἠμαθίαν τὸ δὲ παλαιὸν Παιονίαν προσαγορευομένην. Der alte Name Emathia, Hom. Il. 14, 226, zunächst dem Lande angehörig, in dem das macedon. Reich gegründet wurde, scheint auf einen grossen Theil desselben übergetragen, und aus einer Bezeichnung der physischen Beschaffenheit: Küstenland (ἄμαθος) zu einer politischen, des Reiches, geworden zu sein; Iustin. 7, 1: *Macedonia ante a nomine Emathionis regis - Emathia cognominata*; Plin. 4, 10, 33: *Macedonia - Emathia ante dicta. - partem eius septentrionalem Paeonia ac Pelagonia protegunt a Triballis.* — *Paeon.*, 39, 53, 15 u. a., den Namen *Emathia* braucht L. sonst selten, s. 44, 44, 5; 43, 7, 10. — *in Rom. b.*, wenn es zum Kriege käme; κατὰ τὰς περιστάσεις.

5—7. *in Maced. t.*, s. 32, 18, 3; ob die Mz. Hs. *in* hatte, ist nicht

sicher. — *tacit. dol.*, s. 1, 10, 1; Pol.: οὐκέτι λάθρᾳ μόνον ἀλλὰ καὶ φανερῶς. — *vincente o. m.*, 27, 12, 15. — *his*, durch diese Vorgänge; Perizonius verm. *hinc*. — *ferox*, aufgeregt, wild. — *omnes hom*. etc., Pol.: μετὰ δὲ ταῦτα βουληθεὶς μηδὲν ἀλλότριον ὑποκαθέσθαι μηδὲ δυσμενὲς μηδὲν ἀπολιπεῖν τῇ βασιλείᾳ, erst später ἰατροβεῖτο νύκτωρ καὶ μεθ' ἡμέραν περὶ τούτων διανοούμενος etc., zum Gedanken vgl. Sall. I. 72, 2. — *nisi lib.* etc., L. hat die Erzählung bei Polyb., von dem wol noch manche, die Phil. hatte hinrichten lassen, erwähnt waren, kurz gefasst, um an einem Beispiel das Verfahren anschaulich zu machen. — *liberos eor.*, nach dem Grundsatz, den der Epiker Stasinos ausspricht: νήπιος ὃς πατέρα κτείνας υἱοὺς καταλείπει, s. Polyb. c. 8; Aristot. Rhet. 2, 21. — *alio* ist von *tempore* getrennt um es mit *alium* zusammenzustellen.

4. 1—7. *Thessalor.*, als er noch über dieses Land herrschte. — *occid. - interf.*, hier nur um abzuwechseln, s. Doederlein Syn. 3,

relictae filiae singulos filios parvos habentes; Theoxena et Archo nomina iis erant mulieribus. Theoxena multis petentibus aspernata nuptias est, Archo Poridi cuidam, longe principi gentis Aenianum, nupsit et apud eum plures enisa partus, parvis admodum relictis omnibus, decessit. Theoxena, ut in suis manibus liberi sororis educarentur, Poridi nupsit, et tamquam omnes ipsa enisa foret, suum sororisque filios in eadem habebat cura. postquam regis edictum de comprehendendis liberis eorum, qui interfecti essent, accepit, ludibrio futuros non regis modo, sed custodum etiam libidini rata, ad rem atrocem animum adiecit ausaque est dicere se sua manu potius omnes interfecturam, quam in potestatem Philippi venirent. Poris abominatus mentionem tam foedi facinoris Athenas deportaturum eos ad fidos hospites dixit comitemque ipsum fugae futurum esse. proficiscuntur ab Thessalonica Aeniam ad statum sacrificium, quod Aeneae conditori cum

187 f. — *singulos*, jede einen, 39, 31, 4; Hor. Carm. 3, 11, 42: *quae - velut noctae vitulos leaenae, singulos lacerant.* — *Archo* wie *Praxo* 42, 15, 3. — *petentibus* kann absolut genommen oder *nuptias* gedacht werden, s. 2, 54, 1; 36, 28, 8, vgl. 4, 9, 10. — *Aenianum* fehlt in den späteren Hss., wenn es richtig ist, sind die Bewohner von Aenea § 9 gemeint; an die 28, 5, 15 erwähnten, zu Thessalien gerechneten *Aenianes* ist, obgleich Herodicus ein Thessaler war, schwerlich zu denken; da sonst die Bewohner von Acnea *Aeneates* heissen, s. zu § 9; Steph. Byz.: Αἴνεια - τὸ ἐθνικὸν Αἰνιεύς.- ἔστι καὶ Αἰνεάτης; Plin. 16, 39, 197: *deterior Aeneatica*, so wird *Aeneatum* verm., doch ist es auffallend, dass die Bewohner einer Stadt *gens* genannt werden, s. Caes. B. C. 3, 80, 1, und man sollte eher eine *gens Aeneatium* oder *Aeneadum* erwarten, s. Plut. Tit. 12. — *tamq. - foret*, s. c. 28, 4; 6, 42, 12; 39, 47, 6; 28, 38, 10: *perinde ac foret*; 29, 28, 9: *veluti si -foret.* — *in ead. h. cura*, vgl. 39, 2, 6; 26, 24, 3: *alios in ea fortuna haberent*; Caes. B. C. 1, 77, 2: *quos magno in honore habent.* — *regis ed.*, Pol. c. 8: ἔγραψε τοῖς ἐπὶ τῷ πόλεων διατεταγμένοις ἀναζητῆσαι τοὺς υἱοὺς - τῶν ὑπ' αὐτοῦ Μακεδόνων ἀνῃρημένων εἰς φυλακὴν ἀποθέσθαι. — *ludibr. - lib.*, Val. Max. 9, 1, 5: *ludibrio temulentae libidini futurae*, zur Situation vgl. 3, 47, 7. — *quam - venir.*, s. 4, 2, 10; 7, 18, 4.

8-10. *mention.*, schon die blosse Erwähnung. — *Athen.* hat nur die Mz. Hs., die anderen sind verdorben oder deuten einen anderen Namen an. — *fugae*, hier ungleich das Exil, φυγή, Cic. Sest. 67, 141; Pison. 14, 33. — *Aeniam*, ebenso die Wiener Hs. 44, 10, 7: *omissa Thessalonicaeoppugnatione Aeniam inde petunt; quindecim milia passuum ea urbs abest*, südlich von Thessalonich am thermäischen Meerbusen am Vorgeb. Aeneion j. Karaburnu; dagegen 44, 32, 7 *Aenean*; s. Steph. Byz. Αἴνεια; Dion. Hal. 1, 54: ἐν Παλλήνῃ πόλιν ἐπώνυμον κτίσας (Aeneas), ib. 49: πόλιν Αἴνειαν ἔκτισαν (Aeneas und die Troer). - αὕτη διέμεινεν ἕως τῆς Μακεδόνων δυναστείας τῆς κατὰ τοὺς διαδόχους τοῦ Ἀλεξάνδρου γενομένης· ἐπὶ δὲ τῆς Κασσάνδρου βασιλείας καθῃρέθη, ὅτε Θεσσαλονίκη πόλις ἐκτίζετο. καὶ

10 magna caerimonia quotannis faciunt. ibi die per sollemnes epulas consumpto navem praeparatam a Poride sopitis omnibus de tertia vigilia conscendunt tamquam redituri [in] Thessalonicam; sed
11 traicere in Euboeam erat propositum. ceterum in adversum ventum nequiquam eos tendentes prope terram lux obpressit, et regii, qui praeerant custodiae portus, lembum armatum ad retrahendam eam navim miserunt cum gravi edicto, ne reverterentur
12 sine ea. cum iam adpropinquabant, Poris quidem ad hortationem remigum nautarumque intentus erat; interdum manus ad caelum
13 tendens deos, ut ferrent opem, orabat. ferox interim femina ad multo ante praecogitatum revoluta facinus venenum diluit ferrumque promit et posito in conspectu poculo strictisque gladiis „mors"
14 inquit „una vindicta est. viae ad mortem hae sunt; qua quemque animus fert, effugite superbiam regiam. agite, iuvenes mei, primum, qui maiores estis, capite ferrum aut haurite poculum, si
15 segnior mors iuvat." et hostes aderant et auctor mortis instabat. alii alio leto absumpti semianimes e nave praecipitantur. ipsa deinde virum comitem mortis complexa in mare sese deiecit. nave vacua dominis regii potiti sunt.

5   Huius atrocitas facinoris novam velut flammam regis invi-

οἱ *Αἰνειᾶται σὺν ἄλλοις πολλοῖς εἰς τὴν νεόκτιστον μετῴκησαν*; dass dieses nicht ganz so geschah, zeigt das Fortbestehen der Stadt nach den ang. Stellen aus Liv., vgl. § 11; Aeneas soll die Stadt auf der 1, 1, 4 erwähnten Fahrt gegründet haben, s. Clausen *Aeneas* 343; Schwegler 1, 301. — *stat. sacrif.*, 39, 13, 8; 5, 46, 2.
— *cum m. caer.*, unter vielen feierlichen Gebräuchen, die mit einem Opfermahle (*sollemnes epulas*) verbunden waren. — *de tert. v.*, 34, 61, 14; 28, 7, 3. — *in Thessal.* haben die Hss., doch wäre die Präp., wenn sich auch bei Plautus Aehnliches findet, ganz ungewöhnlich, vgl. 42, 26, 7, anders ist 8, 1, 2: *profectus ad Privernum* u. ä., schwerlich ist *Thessalonica* als Adjectiv zu nehmen nach Hand Turs. 3, 300; eher viell. *inde Thessal.*; über die Form s. 39, 27, 1.
11-15. *in adv. v.*, dem widrigen Winde entgegen, s. Lucan. 6, 472: *in ventum tumuere - sinus. — prae-*
er., c. *port.*, der Hafen von Aenea ist also noch immer besucht, vgl. zu 45, 30, 4. — *retrahend.* nach Perizonius statt *pertrahendum*, welches an u. St., wo ein Ziel nicht bezeichnet ist, vgl. 7, 39, 14; 30, 12, 2, nicht passend wäre, s. 40, 58, 8; 29, 33, 3. — *gravi*, das schwere Strafe drohte. — *ad - intent.*, c. 5, 2; 37, 31, 4. — *ad m. a. praec.*, vgl. 39, 25, 8: *praeter* etc., über den Pleonasmus c. 23, 6; 38, 3, 8. — *revol.*, 4, 12, 10. — *vindicta*, s. 34, 49, 3; 24, 37, 10. — *viae ad*, c. 13, 1; 31, 18, 7. — *qua q. n. via effugere superbiam*, oder *qua* ist: wie, auf welche Weise, vgl. auch 1, 27, 6. — *aut*, oder auch, *et* - *et*, einer - andererseits, Beides zugleich, vgl. 8, 33, 5: *et ipse aderat*. — *auctor.* die Form *auctrix* findet sich bei besseren Schriftstellern nicht. Bei Polyb. ist die Erzählung wol ausgefallen.
5-15, 3. Verhältnisse am Hofe Philipps. Polyb. 24, 8; 8 a.
1-2. *velut fl.*, 37, 31, 9 u. a. —

diae adiecit, ut vulgo ipsum liberosque eius exsecrarentur; quae dirae brevi ab omnibus diis exauditae, ut saeviret ipse in suum sanguinem, effecerunt. Perseus enim cum in dies magis cerneret favo- 2
rem et dignitatem Demetrii fratris apud multitudinem Macedonum
crescere et gratiam apud Romanos, sibi spem nullam regni superesse nisi in scelere ratus, ad id unum omnes cogitationes intendit. ceterum cum se ne ad id quidem, quod muliebri cogitabat 3
animo, satis per se validum crederet, singulos amicorum patris
temptare sermonibus perplexis institit. et primo quidam ex his 4
aspernantium tale quicquam praebuerunt speciem, quia plus in
Demetrio spei ponebant; deinde crescente in dies Philippi odio 5
in Romanos, cui Perseus indulgeret, Demetrius summa ope adversaretur, prospicientes animo exitum incauti a fraude fraterna
iuvenis, adiuvandum, quod futurum erat, rati fovendamque spem
potentioris, Perseo se adiungunt. cetera in suum quaeque tempus 6
agenda differunt; in praesentia placet omni ope in Romanos accendi regem inpellique ad consilia belli, ad quae iam sua sponte
animum inclinasset. simul ut Demetrius in dies suspectior esset, 7
ex composito sermones ad rem Romanorum trahebant. ibi cum

---

dirae, 1, 59, 13; Pol. c. 8: τρίτον
(ausser der Uebersiedlung der Küstenbewohner und der Gefangennehmung der Kinder der Ermordeten c. 3) δ' ἡ τύχη δρᾶμα κατὰ
τὸν αὐτὸν καιρὸν ἐπεισήγαγε τὸ
κατὰ τοὺς υἱούς. — ἐν τοιαύταις δ'
οὔσης ἀτυχίαις καὶ ταραχαῖς τῆς
αὐτοῦ ψυχῆς τίς οὐκ ἂν εἰκότως
ὑπολάβοι θεῶν τινῶν αὐτῷ μῆνιν εἰς τὸ γῆρας κατασκῆψαι διὰ
τὰς ἐν τῷ προγεγονότι βίῳ παρανομίας; L. knüpft die Verstörung
des Geistes nur an das zuletzt erwähnte Factum, obgleich er auch
c. 2, 5 *exsecrationes* erwähnt. —
omnib. d., s. c. 12, 18; 3, 17, 5; 7,
5, 2; 9, 26, 18, anders 1, 48, 7. —
saevir., 1, 53, 10. — *in dies m.*
könnte zu *cerneret* genommen werden, gehört aber wol wie § 5 ungeachtet der Stellung zu *cresceret*; s.
c. 58, 2: *incremento*, 5, 29, 10: *in
dies magis augebat*; 39, 42, 8: *belli
gliscentis in dies magis fama erat*;
35, 41, 1 ist die Lesart *in dies magis - crescebat* sehr unsicher. —
Demetr.- cresc. stimmt nicht zu
§ 1: *vulgo - liberosque exsecrab.*,
doch ist dieses wol nur ungenauer
rhetorischer Ausdruck, schwerlich
liberos auf Perseus allein zu beziehen oder zu ändern.

3-9. *muliebri*, reizbar, aber ohne
die Energie dem Gegner muthig
entgegen zu treten. — *instit.*, 34,
59, 6. — *aspern.* - *spec.*, s. 26, 27,
16; 35, 34, 9. — *tale q.*, 23, 9, 9.
odio - indulg., Prisc. 7, 16 p. 737
hat *in Romanos* übergangen. — *cui
- indulg.* - *advers.*, da diesen Pers.
nährte, - während Demetr. — *agenda*, was auch fehlen könnte, s.
9, 9, 19; 39, 18, 1: *differre*, hat nur
die Mz. Hs. — *quaeque*, vgl. Sall. I.
60, 4: *uti quaeque res erant*; Cato
r. r. 131: *loca - uti quaeque gravissima sunt*, s. zu 39, 31, 12; 42,
44, 1; 25, 22, 5, gewöhnlicher wäre
quidque, aber *quaeque* scheint sich
an *cetera* angeschlossen zu haben,
wie *prima quaeque*. — *rem Rom.*
ist unsicher, da die Hss. *spem R.*
haben, vgl. 39, 53, 9; Ruhnken ver-

alii mores et instituta eorum, alii res gestas, alii speciem ipsius
urbis nondum exornatae neque publicis neque privatis locis, alii
8 singulos principum eluderent, iuvenis incautus et amore nominis
Romani et certamine adversus fratrem omnia tuendo suspectum
9 se patri et opportunum criminibus faciebat. itaque expertem eum
pater omnium de rebus Romanis consiliorum habebat, totus in
Persea versus cum eo cogitationes eius rei dies ac noctes agita-
10 bat. redierant forte, quos miserat in Bastarnas ad arcessenda
auxilia, adduxerantque inde nobiles iuvenes et regii quosdam
generis, quorum unus sororem suam in matrimonium Philippi
filio pollicebatur; erexeratque consociatio gentis eius animum
11 regis. tum Perseus „quid ista prosunt?" inquit. „nequaquam
tantum in externis auxiliis est praesidii quantum periculi *in* fraude
12 domestica. proditorem nolo dicere, certe speculatorem habemus
in sinu, cuius, ex quo obses Romae fuit, corpus nobis reddiderunt

muthet *despectionem.* — *spec.*, die
äussere Gestalt. — *exornat.*, in den
Schmuck durch öffentliche Gebäude
setzten die Alten die Schönheit
einer Stadt, s. Cic. Verr. 4, 53,
119ff., daher ist im Folg. *locis* auffallend, da man daneben noch *ae-
dibus* oder ähnl. erwartet, s. Koner 1, 78ff., viell. soll bei *loca* nicht
allein an die öffentlichen Plätze,
sondern auch die sie schmückenden
Gebäude gedacht werden. — *eluder.*,
26, 19, 8. — *opport.*, er gab sich
Blössen, so dass er usw., s. 1,
54, 8 u. a. — *Persea*, s. c. 7, 7 u.
a., Prisc. l. l. hat: *totus in Perseum*, wie nur eine spätere Hs. bei
L. — *versus*, s. 1, 46, 6: *tota in
alterum versa*.
10. *redierant*, neben dem folg.
adduxerant kann das hds. *redierunt*,
vgl. 27, 14, 7, nicht richtig sein;
über die beiden Plusqprff. *redier.* -
miserat s. 41, 19, 3; 30, 38, 7; im
Folg. haben die Hss. weniger passend *quos forte*; zur Sache s. 39,
35, 4. — *Bastarnas*, so nennt L.
das Volk an anderen Stellen; an der
vorlieg. haben manche Hss. *Bastarnas*, eine auch bei Anderen sich findende Form. L. hält dieselben,
wenn er c. 57f.; 42, 11, 4; 41, 19,
4 dasselbe Volk meint wie 41, 26
2ff., für Gallier, wie Plut. Aemil.
9; 12f.; Diod. Sic. 30, 24, vgl. Polyb. 26, 9; Dio Cass. 51, 23: *Βαστάρναι δὲ Σκύθαι τε ἀκριβῶς νε-
νομίδαται*; dagegen erscheinen sie
als Germanen bei Strabo 7, 3, 17 p.
306: *Βαστάρναι — σχεδόν τι καὶ
αὐτοὶ Γερμανικοῦ γένους ὄντες*,
Plin. 4, 14, 99f.: *Germanorum genera quinque. - quinta pars Peu-
cini Bastarnae, contermini Dacis*;
Tac. Germ. 46, vgl. App. Maced.
18 *ἐς δὲ Γέτας ἔπεμπε τοὺς ὑπὲρ
Ἴστρον* (Gothen); sie wären dann
das erste deutsche Volk, das in der
Geschichte sicher erwähnt würde,
s. 21, 38, 8; Mommsen 1, 549 An-
merk.; Grimm Gesch. d. deutsch.
Spr. 458ff.; Zeuss die Deutschen
127. — *regii q. g.*, Könige erscheinen auch sonst bei den östlich und
nördlich wohnenden deutschen Stäm-
men, vgl. Köpke deutsche Forschungen 95ff.
11-14. *tant. in ext.* - *fraude*,
in Vergleichungssätzen fehlt zwar
bisweilen die Präpos. im zweiten
Gliede, s. 3, 19, 4: *non in plebe -
quam senatu*; 4, 59, 4: *non in senatu magis quam tribunis*; 27, 43
7; 23, 34, 11; 28, 9, 18, vgl. zu 1

Romani, animum ipsi habent. omnium paene Macedonum in cum 13
ora conversa sunt, nec regem se alium rentur habituros esse,
quam quem Romani dedissent." his per se aegra mens senis 14
stimulabatur et animo magis quam vultu ea crimina accipiebat.
Forte lustrandi exercitus advenit tempus, cuius sollemne est 6
tale: caput mediae canis praecisae et pars ad dextram, cum extis
posterior ad laevam viae ponitur, inter hanc divisam hostiam co- 2
piae armatae traducuntur. praeferuntur primo agmini arma insignia omnium ab ultima origine Macedoniae regum, deinde rex
ipse cum liberis sequitur, proxima est regia cohors custodesque 3

32, 4, doch ist an u. St. bei der Entfernung des zweiten Gliedes vom
ersten und wegen der sonst ent-
stehenden Härte wol *in* zuzusetzen.
— *in sinu*, Tac. Ann. 6, 45; wie
wir sagen: eine Schlange im Busen
nähren. Die Stelle ist in späteren
Hss. lückenhaft, viell. *speculat.
certe* zu lesen. — *corpus* etc., 39,
47, 10. — *rentur*, s. 1, 59, 6; 5, 3,
5 u. a., die Mz. Hs. hat *aiunt*. —
dedissent in or. recta: *quem dederint, habebunt*, das plusqprf. wie
bei *si*, Cic. Or. 2, 56, 230: *videmur
enim quieturi fuisse, nisi essemus
lacessiti*; Tusc. 1, 2, 4: *an cense-
mus, si — datum esset — futuros
fuisse*, vgl. L. 28, 33, 10; 34, 11,
2; Gron. erklärt *dedissent = dedi-
turi fuerint*, schon jetzt; Crev.
verm. *dederint*, was das regelmässige
wäre. Dass die Römer einen solchen Plan gehabt haben, ist nicht
unwahrscheinlich, s. 39, 53, 2;
Polyb. 24, 3. — *aegri*, 2, 3, 5. —
vultu passt nicht genau zu *accipiebat*, der Sinn kann nur sein: als er
in der Miene zeigte.
6-10, 3. Streit zwischen Perseus und Demetrius. Polyb. 24, 8a;
Suidas v. ἐναγίζων.
1-3. *lustrandi*; Polyb. l. l.: ἐνα-
γίζουσιν οὖν τῷ Ξανθῷ Μακεδό-
νες καὶ καθαρμὸν ποιοῦσι σὺν ἵπ-
ποις ὡπλισμένοις; Hesych. II p.
70: Ξανθικὰ ἑορτὴ Μακεδόνων,
Ξανθικοῦ μηνὸς ἡ ἀγομένη (im Anfange des Frühjahrs, vom 23. März
an, s. Ideler 1, 398) · ἔστι δὲ κα-
θάρσιον τῶν στρατευμάτων. —
tale, 36, 23, 7. — *caput — dextram*
etc., die spätern Hss. haben meist nur
caput — dextra posterior ad laevam.
— *mediae*, 25, 23, 10: *locus medius
maxime:* in der Mitte, 7, 3, 2: *medios ludos*; Curt. 3, 1, 2: *media
moenia* u. a. — *praecisae*, den vorde-
ren von dem hinteren Theile vorn
ab- durchschneiden, 8, 24, 14: *prae-
ciso medio partem misere*; da durch
diesen Ausdruck, durch *caput* u.
posterior schon hinreichend bezeichnet wird, dass mit *pars ad
dextr.* der vordere Theil gemeint
sei, so ist nicht sicher, dass das von
Gelenius zu *pars* gesetzte *prior*
von L. selbst herrühre; zur Sache
vgl. Curt. 10, 28, 12: *Macedonum
reges ita lustrare soliti erant milites, ut discissae canis viscera ultimo in campo, in quem deduceretur exercitus, ab utraque abi-
cerentur parte*. — *ab ult*., von Ca-
ranus an, s. 31, 1, 7. — *regia coh.*,
da es *cohors* heisst, so kann an die
ἵλη βασιλική oder die ἑταῖροι ἱππεῖς, s. Arrian Exp. Alex. 3, 13 u.
a., nicht gedacht werden, sondern
es sind junge Adlige gemeint, welche die Person des Königs umgaben,
παῖδες βασιλικοί, s. Diod. 17, 65;
Arrian 4, 13, 1; L. 45, 6, 7: *pueri
regii apud Macedonas vocabantur
principum liberi ad ministerium
electi regis; ea cohors* etc.; Curt. 8,
21, 2; ib. 6: *haec cohors velut seminarium ducum*; § 7: *Hermolaus
puer nobilis ex regia cohorte*; 10,

corporis, postremum agmen Macedonum cetera multitudo clau-
4 dit. latera regis duo filii iuvenes cingebant, Perseus iam tricesimum annum agens, Demetrius quinquennio minor, medio iuven-
tae robore ille, hic flore, fortunati patris matura suboles, si mens
5 sana esset. mos erat lustrationis sacro peracto decurrere exercitum et divisas bifariam duas acies concurrere ad simulacrum
6 pugnae. regii iuvenes duces ei ludicro certamini dati; ceterum
non imago fuit pugnae, sed tamquam de regno dimicaretur, ita
concurrerunt, multaque vulnera sudibus facta, nec praeter ferrum
7 quicquam defuit ad iustam belli speciem. pars ea, quae sub Demetrio erat, longe superior fuit. id aegre patiente Perseo laetari
prudentes amici eius, eamque rem ipsam dicere praebituram cau-
7 sam criminandi iuvenis. Convivium eo die sodalium, qui simul
decurrerant, uterque habuit, cum vocatus ad cenam ab Demetrio
2 Perseus negasset. festo die invitatio benigna et hilaritas iuvenalis

24, 16. — *custod. corp.* sind wol
nicht die ὑπασπισταὶ βασιλικοί,
sondern die vornehmen, tapferen
Männer, welche die Person des Königs unmittelbar umgaben, Curt. 9,
42, 26: *primi ibant amici et regia
cohors*; Arrian. 6, 28, 4: εἶναι δὲ
αὐτῷ ἑπτὰ εἰς τότε σωματο-
φύλακας Λεοννάτον etc., doch
wird der Name auch in weiterem
Sinne gebraucht und umfasst die
eben erwähnte *cohors regia* und
die *satellites regis*, die königliche
Leibgarde, s. Arrian 3, 17, 2; ib. 4,
3, 2, u. a.; L. 42, 58, 9; Curt. 6, 31,
19. — *Macedonum* gehört zu *multitudo*, es ist das Heer der Macedonier, die Phalanx, s. 42, 51. — *clau-
dit* nach *postremum*, vgl. 30, 33, 1;
37, 39, 8.
4. *latera cing.*, c. 13, 3; 32, 39,
8 u. a. — *trices.*, vgl. 31, 28, 5. —
minor, vgl. 39, 47, 1. — *robore -
flore*, s. 28, 21, 9: *robore maior, minor flore aetatis ferox.* — *fortunati*, s. Sall. C. 25, 2: *haec mulier
- viro atque liberis fortunata fuit*,
ist an u. St. bedingt zu nehmen:.der
beglückt hätte sein können durch
usw., vgl. 21, 5, 11: *invicta acies,
si aequo campo dimicaretur*; 32, 17,
7 u. a. — *sana*, s. c. 8, 16; Verg.

Ecl. 1, 16. — *esset*, damals, oder
überhaupt, s. die Stelle 21, 5; 40,
21, 11; 37, 34, 7: *si - maneret.*
der dritte Sohn ist auch hier nicht
erwähnt, s. 39, 35, 2.
5-7. *mos er.*, 37, 24, 4. — *decurrere*, Manöver machen, 26, 51,
4 u. a. — *duas* ist nach *bifar. divis.*
tautologisch und fehlt in einer Hs.
— *certamini* = *certantibus*, 28, 25,
3; *ludicrum*, c. 7, 3. — *dimicar.* -
vulnera hat nur die Mz. Hs., in der
sich, wie in den meisten, wie c. 9,
11 *sudibus* findet, welches Doederl.
Synon. 3, 266 in Schutz nimmt;
während Gron. als für die hier be-
schriebenen Uebungen passender *rudibus* verm., 26, 51, 4; s. dagegen Iuvenal. 6, 247: (*palum*) *cavat assiduis
sudibus*; Sil. It. 8, 554: *vibrare su-
dem* u. a., s. Marq. 3, 2, 434; doch
werden die *sudes* auch als wirkliche
Waffen gebraucht, s. 23, 37, 3; Sall.
C. 56, 3. — *iust. - spec.*, ein voll-
ständiges Bild, vgl. c. 9, 10; § 5:
simulacrum, wie 26, 51, 6. — *prudentes*, weil sie - waren.
7. 1-4. *uterque*, beide, jeder für
sich. — *negare* wie c. 13, 7: ab-
schlagen, von Einladungen, entsprechend *vocare*, absolut gebraucht. —
festo d., Grund oder Veranlassung.

utrosque in vinum traxit. commemoratio ibi certaminis ludicri 3
et iocosa dicta in adversarios, ita ut ne ipsis quidem ducibus
abstineretur, iactabantur. ad has excipiendas voces speculator 4
ex convivis Persei missus cum incautior obversaretur, exceptus
a iuvenibus forte triclinio egressis mulcatur. huius rei ignarus 5
Demetrius „quin comisatum" inquit „ad fratrem imus et iram eius,
si qua ex certamine residet, simplicitate et hilaritate nostra leni-
mus?" omnes ire se conclamarunt praeter eos, qui speculatoris 6
ab se pulsati praesentem ultionem metuebant. cum eos quoque
Demetrius traheret, ferrum veste abdiderunt, quo se tutari, si
qua vis lieret, possent. nihil occulti esse in intestina discordia
potest. utraque domus speculatorum et proditorum plena erat. 7
praecucurrit index ad Persea ferro subcinctos nuntians cum Demetrio quattuor adulescentes venire. etsi causa adparebat — 8
nam ab iis pulsatum convivam suum audierat —, infamandae
rei causa ianuam obserari iubet et ex parte superiore aedium
versisque in viam fenestris comisatores, tamquam ad caedem suam
venientes, aditu ianuae arcet. Demetrius per vinum, quod ex- 9
cluderetur, paulisper vociferatus in convivium redit, totius rei
ignarus.

— *invitat.*, Aufforderung zu trinken
von Seiten der Gastgeber oder der
Gäste unter sich, s. 23, 8, 7. — *iure-
nal.*, 37, 20, 5. — *in vin.*, s. § 9;
37, 7, 12: *in multum vini processerat.* — *excipiend.*, erlauschen,
um Gebrauch davon zu machen, besonders zum Nachtheil dessen, der
gesprochen hat, 2, 4, 5; 4, 30, 3;
im Folg. ist *exceptus* wol absichtlich aber in etwas anderem Sinne
gebraucht, s. 33, 29, 2. — *obvers.*,
35, 15, 6. — *triclin.*, Speisezimmer,
nach römischer Bezeichnung, Becker
Gallus 3, 263; 2, 226; hier sehr
geräumig zu denken. — *mulcat.*, 8,
24, 15 u. a.

5-9. *quin*, 1, 57, 7. — *comisat.*,
3, 29, 5; 9, 17, 17. — *simplic.*,
Offenheit, Unbefangenheit, c. 8, 10;
23, 1; sie wollen zeigen, dass sie
bei dem Kampfe keine böse Absicht,
keine Hintergedanken gehabt haben.
— *ire*, dem vorbergeh. *imus* entsprechend, enthält das Wollen, vgl.
4, 58, 14; 5, 21, 8; 32, 37, 6. — *tra-
her.*, 9, 19, 5. — *praes. ult.*, 2.
36, 5, wie *praesens merces.* — *nihil
occulti* etc., allgemeine Gedanken,
die etwas Folgendes einleiten oder
vorbereiten, stehen mehrfach asyndetisch, s. 37, 39, 3; 38, 13,
11 u. a.; zum Gedanken s. 39, 51,
6; *occulti* wie c. 8, 18; *nihil reliqui*
7, 35, 8 u. a. — *nuntians*, s. 21, 6,
2; Crevier hält das Wort für .un-
ächt. — *etsi* ohne *tamen*, s. 1, 58,
10; 36, 40, 9 u. a., ebenso wird vor
praecucurrit leicht *igitur* gedacht,
s. 36, 32, 5. — *ex parte sup.*, wie
im römischen giengen wahrscheinlich
auch im griechischen Hause die
Fenster im oberen Stocke auf die
Strasse, vgl. 1, 41, 4; Becker Cha-
ricles 2, 111; Guhl u. Koner 1, 78 ff.
per vinum, in Folge des Weintrin-
kens, wie sonst bei Gemüthsbewe-
gungen, 1, 11, 5: *per iram* u. ä. —
quod exclud., darüber dass, nachdrücklicher wäre *quid exc.*, s. 3, 7,
3; Cic. Verr. 2, 2, 21, 52.

8   Postero die Perseus, cum primum conveniendi potestas
patris fuit, regiam ingressus perturbato vultu in conspectu patris
2 tacitus procul constitit. cui cum pater „satin salve?" et quaenam
ea maestitia esset interrogaret eum, „de lucro tibi" inquit „vivere
me scito. iam non occultis a fratre petimur insidiis, nocte cum
armatis domum ad interficiendum me venit, clausisque foribus
3 parietum praesidio me a furore eius sum tutatus." cum pavorem
mixtum admiratione patri iniecisset, „atqui si aures praebere
4 potes" inquit, „manifestam rem teneas faciam." enimvero se
Philippus dicere auditurum, vocarique extemplo Demetrium iussit,
et seniores amicos duos, expertes iuvenalium inter fratres certaminum, infrequentes iam in regia, Lysimachum et Onomastum,
5 accersit, quos in consilio haberet. dum veniunt amici, solus filio
6 procul stante multa secum animo volutans inambulavit. postquam
venisse eos nuntiatum est, secessit in partem interiorem cum
duobus amicis, totidem custodibus corporis; filiis, ut ternos iner-
7 mes secum introducerent, permisit. ibi cum consedisset, „sedeo"
inquit „miserrimus pater, iudex inter duos filios, accusatorem
parricidii et reum, aut conficti aut admissi criminis labem apud

---

8. 1–6. *cum prim.* vgl. 29, 22,
8: *postea – cum*; 5, 54, 3; 42, 18,
4: *aliquamdiu – cum primum*; Cic.
Att. 7, 11, 3; das hs. *quam primum*
wäre hier nicht angemessen, und findet sich mehr bei Wünschen und Auf-
forderungen. — *patris – patris* ist,
besonders da *pater* sogleich folgt,
nicht passend gesagt, s. 39, 5, 5;
noch weniger *cui*, welches so vor
cum pater gestellt ist, als ob es
sich auf Perseus bezöge, während
es auf *patris* zurückgeht und von
inquit, s. 24, 38, 1, abhängen müsste; viell. ist es aus *cum* entstanden
und mit Gron. zu tilgen. — *satin s.*,
10, 18, 11. — *de lucro*, ich lebe so,
dass ich jetzt (aus einer grossen Gefahr gerettete) Leben als unerwartetes, unsicheren Gewinn betrachten muss, immer den Tod zu fürchten habe, Cic. Fam. 9, 17, 1: *de lucro — iam quadriennium vivimus*;
Terent. Phorm. 2, 1, 16: *quidquid
praeter spem evenit, omne id depu-
tare in lucro*; Hor. Carm. 1, 9, 14,
vgl. *de alieno, de publico, de suo vi-*
vere; 33, 25, 3. — *tibi* dat. ethicus,
s. 24, 39, 7: *tum mihi*. — *petimur*
wie *vivimus* spricht Perseus nur
von sich, wie *scito* zeigt. — *atqui*,
um der Verwunderung gegenüber
zu bekräftigen. — *enimvero*, 34,
58, 4 u. a. — *amic.*, 31, 28, 5, u.
a. — *expertes*, Folge von *infrequentes*, was jedoch von Onomastus,
wenn der 39, 34 genannte gemeint
ist, nicht ganz richtig wäre. — *consil.*, gleichsam ein Familienrath, in
dem der König als *pater familias*
und so als Richter, daher *consedisset* u. § 7 *sedeo*, s. 39, 25, 1, erscheint. — *dum ven.*, in der Zwi-
schenzeit bis oder während usw.,
s. 8, 7, 7; 27, 42, 13; das Ende des
Zeitabschnittes wird durch *postquam* bezeichnet. — *animo volut.*,
c. 13, 4; 42, 11, 5, vgl. 1, 54, 6. —
custod., c. 6, 2.

7–10. *parricidii*, s. 8, 32, 9:
*eundem accusatorem capitis sui ac
iudicem esse*, sonst ist der genit.
obiecti bei *accusator* nicht häufig. —
labem, 39, 9, 1. — *pridem quidem*,

meos inventurus. iam pridem quidem hanc procellam inminen- 8
tem timebam, cum vultus inter vos minime fraternos cernerem,
cum voces quasdam exaudirem. sed interdum spes animum sub- 9
ibat deflagrare iras vestras, purgari suspiciones posse: etiam
hostes armis positis foedus icisse et privatas multorum simultates
finitas; subituram vobis aliquando germanitatis memoriam, pue- 10
rilis quondam simplicitatis consuetudinisque inter vos, meorum
denique praeceptorum, quae, vereor, ne vana surdis auribus ceci-
nerim. quotiens ego audientibus vobis detestatus exempla discor- 11
diarum fraternarum horrendos eventus eorum rettuli, quibus se
stirpemque suam, domos, regna funditus evertissent! meliora 12
quoque exempla parte altera posui, sociabilem consortionem inter
binos Lacedaemoniorum reges, salutarem per multa saecula ipsis
patriaeque; eandem civitatem, postquam mos sibi cuique rapiendi 13
tyrannidem exortus sit, eversam; iam hos Eumenem Attalumque 14
fratres, a tam exiguis rebus, prope ut puderet regii nominis, mihi.

s. c. 9, 12; 15; 4, 7, 3: *magistratus eius ius*; 5, 46, 3: *neglegens gens*; 23, 46, 8 u. a. — *cum - cerner.*, da ich so oft, wenn ich, s. 22, 25, 12; 21, 8, 12 u. o. — *icisse*, s. 31, 2, 11: *foedus icit*, vgl. 21, 18, 10 f., häufiger braucht L. das part. praet. — *subit. vobis*, sonst *subire animum*, s. § 9; 37, 49, 3; seltner *animo*, Ovid. Pont. 4, 15, 30: *ne subeant animo taedia*; bei verschiedener Bedeutung gleiche Construct. 27, 2, 7: *primae legioni tertia - subit*, 25, 37, 6 u. a. — *german.*, 37, 56, 7, auf das 39 53, 3 erwähnte Verhältniss wird nicht Rücksicht genommen, vgl. 41, 27, 2. — *inter vos*, Cic. Off. 1, 7, 20: *societatis inter ipsos*; L. 26, 16, 10: *sociam* u. a. — *vana* proleptisch und *surdis* steigernd.
11–13. *quotiens* etc., freie Umgestaltung des Gedankens bei Polyb. 24, 8ª. — *eorum* aus *fraternorum* zu erklären, s. 2, 53, 1. — *quibus* etc., Umschreibung von *eventus*, da der Ausgang des Streites diese Folgen herbeiführte, es wird dafür *qui* oder *earum* statt *eorum* vermuthet; Polyb. ἅπαντας τοὺς τοιούτους οὐ μόνον σφᾶς ἀπολωλεκότας ἀλ-

λὰ καὶ τέκνα καὶ πόλεις ἄρδην καταστραφότας. — *parte alia*, vgl. 41, 4, 3; 37, 18, 5 u. a. — *posui*, hingestellt, erwähnt, vgl. 23, 6, 8; anders Cic. Off. 2, 16, 56: *liberalitatis, cuius pauca exempla posui.* — *sociab. consort.* soll eine sehr enge Verbindung bezeichnen; *sociabilis* scheint sich vor L.'s Zeit nicht zu finden; *consortio*, s. 6, 40, 18: *quaenam haec societas, quae consortio est*, vgl. 34, 57, 9: *sociali foedere*; der Geschichte entsprechender Polyb.: τοσοῦτον χρόνον διετήρησαν τῇ πατρίδι τὴν τῶν Ἑλλήνων ἡγεμονίαν, ὅσον πειθαρχοῦντες ὥσπερ γονεῦσι τοῖς ἐφόροις ἠνείχοντο συμβασιλεύοντες ἀλλήλοις. — *per m. secula*, s. 34, 26, 13, vgl. 39, 37, 5. — *sibi cuiq.* = quo sibi quisque rapiebat, 2, 52, 1, vgl. ib. 6, 3. — *tyrannid.*, 39, 37, 5 ff.
14–15. *iam*, s. 39, 4, 11; der folg. Accus. geht auf *posui* zurück, obgleich mehrere Brüder waren, werden doch nur die zwei bedeutenderen, die nach einander regiert haben, genannt. — *tam exig.*, das hds. *quam* lässt sich wohl kaum als Ausruf des Unwillens nehmen, s. 24, 26, 7: *quantum spes hominum*

Antiocho et cuilibet regum huius aetatis nulla re magis quam fraterna unanimitate regnum aequasse. ne Romanis quidem exemplis abstinui, quae aut visa aut audita habebam, T. et L. Quinctiorum, qui bellum mecum gesserunt, P. et L. Scipionum, qui Antiochum devicerunt, patris patruique eorum, quorum perpetuam vitae concordiam mors quoque miscuit. neque vos illorum scelus similisque sceleri eventus deterrere a vaecordi discordia potuit, neque horum bona mens, bona fortuna ad sanitatem flectere. vivo et spirante me hereditatem meam ambo et spe et cupiditate inproba crevistis. eo usque me vivere vultis, donec alterius vestrum superstes haud ambiguum regem alterum mea morte faciam. nec fratrem nec patrem potestis pati. nihil cari, nihil sancti est; in omnium vicem regni unius insatiabilis amor successit. agite, conscelerate aures paternas, decernite criminibus, mox ferro decreturi, dicite palam, quidquid aut veri potestis aut libet comminisci; reseratae aures sunt, quae posthac secretis alterius ab altero criminibus claudentur." haec furens ira cum dixisset, lacrimae omnibus obortae et diu maestum silentium tenuit.

9   Tum Perseus „aperienda nimirum nocte ianua fuit, et armati

falli; 8, 33, 20 u. ä.; zur Sache 33, 21, 5; Pol.: ὅτι παραλαβόντες οὗτοι μικρὰν ἀρχὴν - ηὔξηκασι ταύτην, ὥστε μηδεμιᾶς εἶναι καταδεεστέραν δι' οὐδὲν ἕτερον ἢ διὰ τὴν πρὸς αὑτοὺς ὁμόνοιαν - καὶ τὸ δύνασθαι εὐταξίαν ἐν ἀλλήλοις διαφυλάττειν. — *puderet*, sich schämen mussten. — *mihi* etc., vgl. 9. 10, 3. — *et cuil.*, s. 37, 54, 12; doch fehlt *et* in einigen Hss. — *unanim.*, selten gebraucht; die Eintracht selbst wurde später gestört, s. 42, 16, 9; 45, 19, 5 ff. — *ne-quidem*, weil er es ungern gethan hat; ob Polyb. diese Beispiele angeführt habe, ist zweifelhaft, wenigstens finden sie sich in dem erhaltenen Excerpte nicht. — *aud. hab.*, die mir gegenwärtig waren als usw., s. 39, 16, 3. — *patris pat.*, 25, 36, 14. — *concord. - misc.*, abstract. pro concr.: ut concordes in vita fuerant etc., ihre Eintracht verband auch noch der Tod, der Tod erhielt sie verbunden, wie sie im Leben in Eintracht verbunden gewesen waren, c. 35, 12; 6, 5; 2, 60, 2; 1, 41, 4; Cic. Sest. 38, 83 u. a.

16–20. *neque vos* etc., Pol.: ὧν ὑμεῖς ἀκούοντες οὐχ οἷον εἰς νοῦν ἐλαμβάνετε, τὸ δ' ἐναντίον ἠχονᾶτε - τοὺς κατ' ἀλλήλων θυμούς. — *bona - sanitat.*, c. 6, 4; 30, 42, 15. — *heredit. - crevistis*, s. 24, 25, 3, an u. St.: habt euch schon über - entschieden, die Erbschaft angetreten; die jüngeren Hss. haben *petitis*: ihr erhebt Klage, Ansprüche auf die Erbschaft (*hereditatis petitio*), wozu das Folg. passen würde. — *eo usq.*, nur so lange, bis einer den anderen ermordet hat; *donec*, vgl. *dum* 23, 19, 14. — *conscelerate*, macht durch die Darstellung euerer Frevel zu Theilnehmern, Mitwissern derselben. — *decern. crim.* ist nur der Construction von *decernere ferro* angepasst, wie *certamine*, *acie decernere* u. ä. — *veri potest.*, n. *dicere*, wie zu *comminisci* wieder *quidquid* zu denken ist, vgl. 4, 29, 6; 28, 42, 9; 42, 46, 2. — *ab altero*, ähnlich wie § 14: *mihi*, *alterius criminibus ab criminibus alterius.* — *omnib.*, 39, 1, 2.

9. 1–5. *aperiend. nim.*, die Rede

comisatores accipiendi praebendumque ferro iugulum, quoniam non creditur nisi perpetratum facinus, et eadem petitus insidiis audio, quae latro atque insidiator. non nequiquam isti unum 2 Demetrium filium te habere, me subditum et paelice genitum adpellant. nam si gradum, si caritatem filii apud te haberem, non 3 in me querentem deprehensas insidias, sed in eum, qui fecisset, saevires, nec adeo vilis tibi vita esset nostra, ut nec praeterito 4 periculo meo movereris neque futuro, si insidiantibus *sit* inpune. itaque si mori tacitum oportet, taceamus, precati tantum deos, 5 ut a me coeptum scelus in me finem habeat, nec per meum latus tu petaris; sin autem, quod circumventis in solitudine natura 6 ipsa subicit, ut hominum, quos numquam viderint, fidem tamen inplorent, mihi quoque ferrum in me strictum cernenti vocem mittere liceat, per te patriumque nomen, quod utri nostrum san- 7 ctius sit, iam pridem sentis, ita me audias, precor, tamquam si

beginnt mit einer Entgegnung auf die eben ausgesprochenen Vorwürfe, *nimirum* deutet an, dass der Redende den Vorwurf für offenbar ungerecht, leicht zu widerlegen hält: wenn du so denkst, hätte ich freilich, wol gar u. s. w., denn das würde aus deinen Ansichten folgen. — *audio*, hören muss; *quae* n. *audire solet* oder *audit*, was sonst nur ein usw., schwerlich *audirem*. — *isti* hier verächtlich, da Demetrius noch nicht angeredet ist. — *unum Dem.*, 39, 53, 2, zu *habere* ist aus *appellant* zu nehmen *dicunt*, vgl. 33, 22, 8. — *nam si* etc. begründet *non nequiquam*, aus deinen Aeusserungen sehe ich, dass auch du diese Ansicht hast; aus dem *nam - inpune* wird § 5 die Folgerung gezogen, die auf § 1: *nimirum* zurückgeht aber zugleich den Uebergang zum Gegensatze bildet. — *gradum*, Stelle, Ehrenstufe. — *si insid.*, s. 39, 25, 5; ib. 42, 7; vgl. 1, 58, 7; durch den Gedanken ist der Wechsel der Tempora bedingt: wenn anders (jetzt und ferner hin) sein sollte; doch scheint *sit* in den Hss. zu fehlen. — *tacitum*, ohne mich zu beklagen, s. 1, 47, 2; der Singular und Plural wechseln mehr-

fach: *audio - me - haberem - nostra - tacitum - taceamus*, s. 39, 28, 8. — *nec per = et ne per*, c. 46, 4; 39, 40, 8: *ut - nec*; 22, 10, 5 u. a. — *per m. lat.*, s. 23, 9, 8: *per meum pectus petendus ille - est*; Cic. Vat. 5, 13: *mea tela sic in te conicientur, ut nemo per tuum latus - saucietur.*

6 - 7. *in solit.*, hier die Lage, in der man von Freunden und Bekannten keinen Schutz erhalten kann, daher *quos numquam* etc., vgl. Cic. Mil. 4, 10. — *subicit*, vgl. 30, 32, 5; 44, 24, 1 u. a. — *tamen* bezieht sich auf die in dem Relativsatze *quos n. vid.* liegende Einräumung, s. 22, 2, 5; 28, 42, 6: *cetera, neque ea elevo, nullo tamen modo - comparanda*. — *vocem mitt.*, 35, 32, 6. — *liceat* scheint, der angenommenen Abneigung Philipps gegenüber, die Annahme auszusprechen, dass er dürfe, Gron. verm. *licet* und betrachtet *quod - implorent* als Parenthese. — *per te pat. nom.*, vgl. 24, 26, 3: *preces nunc per memoriam Hieronis*; Verg. Aen. 4, 314: *per ego has lacrimas dextramque oro*, Tibull. 3, 1, 15: *per vos, auctores - carminis, oro*, u. a.; Gron. liest, um dieselbe Form wie 23, 9,

voce et comploratione nocturna excitus mihi quiritanti intervenissis, Demetrium cum armatis nocte intempesta in vestibulo meo deprehendisses. quod tum vociferarer in re praesenti pavi-
8 dus, hoc nunc postero die queror. frater, non comisantium in vicem *more* iam diu vivimus inter nos. regnare utique vis. huic spei tuae obstat aetas mea, obstat gentium ius, obstat vetustus
9 Macedoniae mos, obstat vero etiam patris iudicium. haec transcendere nisi per meum sanguinem non potes. omnia moliris et temptas. adhuc seu cura mea seu fortuna restitit parricidio tuo.
10 hesterno die in lustratione et decursu et simulacro ludicro pugnae funestum prope proelium fecisti, nec me aliud a morte vindicavit,
11 quam quod me ac meos vinci passus sum. ab hostili proelio tamquam fraterno lusu pertrahere me ad cenam voluisti. credis me, pater, inter inermes convivas cenaturum fuisse, ad quem

2: *per ego te fili – iura* zu gewinnen: *per, te, patrium nomen*, vgl. 29, 18, 9. — *quiritanti*, 39, 10, 7, wiederholt das in *voce et compl.* bereits Gesagte. — *Demetr.*, das Asyndeton wie c. 14, 11; 10, 26, 6. —*vociferarer*, weil die geschilderte Lage nicht statt gefunden hat; der Gegensatz im Folg. (*nunc*) ist ein doppelter, der Zeit und der Wirklichkeit, der Fiction gegenüber.

8–11. *comisant. in vic. more*, da *in vicem* bei Liv. entweder bedeutet: an die Stelle, s. c. 8, 18; 31, 11, 3; vgl. *vicem* 25, 38, 4; oder abwechselnd, wechselweise, oder wechselseitig, gegenseitig und untereinander, so kann es an u. St. nicht = *in morem* genommen werden, was *vicem* auch sonst nicht heisst, sondern es scheint ein Wort (es wird auch *animis* od. *vitam* verm.) ausgefallen zu sein: nach der Art solcher, die abwechselnd zu einander zum Gastgelage ziehen, vgl. Cic. Att. 5, 10, 5: *totos dies eramus invicem*; daneben konnte, während *invicem* zu *comisant.* gehört, *inter nos* als Bestimmung zu *vivimus*: wir leben unter-miteinander, noch statt haben, vgl. 9, 43, 17: *invicem inter se gratantes*; 1, 10, 2; 36, 39, 6: *eas inter se gentes mutua*

– *ferro auxilia*; Lucret. 2, 75; Plin. Ep. 3, 7, 15. Andere tilgen *in*, wie Cic. Att. 10, 8, 7: *Sardanapali vicem*; doch braucht L. *vicem* sonst anders, s. c. 23, 1; 34, 32, 6; 44, 3, 5 u. a., und *comisari vicem* lässt sich kaum sagen wie *sollicitus vicem alicuius*; *indignando vicem alicuius* etc., vgl. 3, 29, 5: *comisantium modo*; 9, 17, 17: *comisabundus*. — *gent. ius*, das überall geltende Recht, dass der älteste Sohn dem Vater in der Regierung folgt, c. 12, 13. — *Macedon.*, metonymisch: die in M. beobachtete. — *transc.*, c. 11, 7. — *omnia* etc., die Sätze asyndetisch um den Nachdruck zu steigern; vgl. zur Darstellung Cic. Cat. 1, 4, 8; 11; 6, 15 ff. — *die* ist wenig beglaubigt, viell. *hesterna in lustr.* zu lesen. — *simul. ludic. pug.*: ein zum Vergnügen aufgeführtes Scheingefecht, pleonastisch, s. c. 6, 5: *simulacrum pugnae*; ib. 6; c. 7, 3: *ludicri certaminis*, wahrscheinlich st. *simulacro ludicrae pugnae* 1, 5, 1; es wird *ex simulacro* verm. — *funest.* etc., während es ein Scheinkampf sein sollte, hast du – geliefert. — *tamquam* = *tamquam si fraternus lusus esset*; über das Fehlen der Präpos. s. c. 5, 11; 24, 23, 7. — *cenat. fuisse*, wenn ich der Einladung

armati comisatum venerunt? credis nihil *mihi* a gladiis nocte
periculi fuisse, quem sudibus te inspectante prope occiderunt?
quid hoc noctis, quid inimicus ad iratum, quid cum ferro sub- 12
cinctis iuvenibus venis? convivam me tibi committere ausus non
sum; comisatorem te cum armatis venientem recipiam? si aperta 13
ianua fuisset, funus meum parares hoc tempore, pater, quo querentem audis. nihil ego tamquam accusator criminose nec dubia
argumentis colligendo ago. quid enim? negat venisse se cum 14
multitudine ad ianuam meam, an ferro subcinctos secum fuisse?
quos nominavero, accerse. possunt quidem omnia audere, qui
hoc ausi sunt, non tamen audebunt negare. si deprehensos intra 15
limen meum cum ferro ad te deducerem, rem pro manifesto habe-
res; fatentes pro deprehensis habe. Exsecrare nunc cupiditatem 10
regni et furias fraternas concita. sed ne sint caecae, pater, exsecrationes tuae; discerne, dispice insidiatorem et petitum insidiis;
noxium incesse caput. qui occisurus fratrem fuit, habeat etiam 2

gefolgt wäre. — *mihi* kann vor
quem und neben *credis me* nicht
wol fehlen, und ist entweder hier,
oder nach *periculi*, wofür die Hss.
periculum haben, ausgefallen; die
Relativsätze enthalten die Widerlegung. — *sudib.*, s. c. 6. 6.
12—15. Von § 8 bis hierher ist
gewissermassen die narratio gegeben, aber so, dass sie zugleich manches zur Begründung Dienende enthält, s. Quintil. 4, 1, 79; ib. 2, 79;
es folgt die argumentatio, die signa
und argumenta: die Nacht (*hoc noctis* = so tief in der Nacht), die persönlichen Verhältnisse usw. —
criminose, s. Cic. Verr. 4, 1, 2: *non
verbi neque criminis augendi causa
- non accusatorie loqui*. — *dubia
arg. coll.*, aus Gründen Folgerungen
herleiten, die doch zweifelhaft sind,
Zweifelhaftes zu begründen suchen,
während Thatsachen nachzuweisen
waren, s. c. 12, 7; Quint. 3, 6, 103:
*eisdem colligit argumentis—patrem
decessisse*; der Satz ist nicht Erklärung von *criminose*, sondern fügt,
anders als c. 14, 7, eine andere Art
des Verfahrens hinzu, es hätte einfach heissen können *nec criminose
ago nec argumentor*, Cic. Mil. 16,
44; Verr. 4, 6, 11: *num argumentis

utendum in re eiusmodi?* vgl. L. 3,
56, 3. — *quid en.*, wozu wäre das
nöthig, da er geständig ist? — *deducerem, rem*, s. c. 8, 8: *pridem quidem*. — *rem p. man.*, 1, 3, 2: *quis
rem pro certo adfirmet*, ihr Geständniss muss so viel gelten, als ob
sie auf frischer That ergriffen wären.
10. 1—4. Folgerung aus den
(dürftigen) Beweisen: er verdiene
nicht den Fluch, c. 9, 1, sondern
den Schutz des Vaters. — *exsecrare*,
s. 10, 38, 10. — *nunc* mit dem Imperat. eine sarkastische Aufforderung unter den vorliegenden Umständen etwas zu thun, was gerade
zu missbilligen oder nicht ausführ-
bar wäre, ebenso im Deutschen;
Sall. I. 85, 13: *celebrate nunc* etc.
— *fur. frat.*, die Rächerinnen des
Bruderzwistes, c. 8, 11; 1, 59, 13.
— *disc., disp.*, erklärendes Asyndeton, s. 2, 10, 4, der Gegensatz
zu *caecae*: mache einen Unterschied,
indem du durchschaust, genau be-
trachtest, vgl. 44, 6, 17: *quorum nihil cum dispexisset caecata mens*.
— *nox. inc. cap.*, die Folge: dann
wende dich gegen — greife an, s. 36,
54, 7; da die Hss. *hinc esse* haben,
so wird *nox. his incesse* verm. —
habeat — habeat, Chiasmus. — pa-

iratos paternos deos; qui periturus fraterno scelere fuit, perfu-
3 gium in patris misericordia et iustitia habeat. quo enim alio confugiam, cui non sollemne lustrale exercitus tui, non decursus militum, non domus, non epulae, non nox ad quietem data natu-
4 rae beneficio mortalibus tuta est? si iero ad fratrem invitatus, moriendum est; si recepero intra ianuam comisatum fratrem, moriendum est: nec eundo nec manendo insidias evito. quo me
5 conferam? nihil praeter deos, pater, et te colui. non Romanos habeo, ad quos confugiam: perisse expetunt, quia tuis iniuriis doleo, quia tibi ademptas tot urbes, tot gentes, modo Thraciae maritimam oram indignor. nec me nec te incolumi Macedoniam
6 suam futuram sperant; si me scelus fratris, te senectus absumpserit aut ne ea quidem expectata fuerit, regem regnumque Macedoniae sua futura sciunt. si quid extra Macedoniam tibi Romani reliquissent, mihi quoque id relictum crederem receptaculum. at
7 in Macedonibus satis praesidii est. vidisti hesterno die inpetum militum in me. quid illis defuit nisi ferrum? quod illis defuit
8 interdiu, convivae fratris noctu adsumpserunt. quid de magna parte principum loquar, qui in Romanis spem omnem dignitatis

tern. d., die Schutzgötter des Vaters, die den Frevel gegen ihn rächen werden. — *soll. lustr.*, vgl. 1, 28, 1: *lustrale sacrificium*, doch könnte auch *lustrale* Subst. sein, 1, 31, 8: *occulta sollemnia sacrificia*. — *tui*, alte Ausgaben haben *cui*. — *epulae*, 23, 9, 4. — *non nox* etc., in sehr freier Wortstellung, zum Gedanken Cic. Cat. 1, 1, 1; 4, 1, 2. *iero – recepero – mor. est*, wenn das Eine einmal eingetreten sein wird, folgt nothwendig das Zweite; das Erste ist in die Zukunft verlegt, weil es nach den bisher gemachten Erfahrungen erst zu erwarten ist, in *moriendum est* nicht eine bestimmte Gegenwart bezeichnet, sondern die in *iero – recepero* sich anschliessende nothwendige Folge, vgl. 6, 40, 18: *parum est – nisi traxeris*; 5, 44, 7 u. a. — *rec. - comis.*, Terent. Eun. 3, 1, 51: *intromittamus comisatum*.
5–6. *praeter d.*, Sall. I. 14, 17. — *perisse* entweder eigentliches praeteritum, s. 37, 19, 5, oder es ist wie 39, 14, 8 gesagt, s. 32, 21, 32;

Cic. Offic. 2, 7, 23: *quem quisque periisse expetit*. — *si me*, davor haben die späteren Hss. *sed*, was jedoch zugesetzt sein kann. — *modo*, 39, 53, 10. — *futura* hat sich an *sua* angeschlossen, welches als Substant.: ihr Eigenthum, zu nehmen ist, da auf das persönliche *regem* das Neutrum kaum bezogen werden konnte; 44, 24, 2: *inimica inter se esse liberam civitatem et regem* ist wegen der Stellung von *inimica* und weil hier die Subst. als allgemeine Begriffe zu nehmen sind, verschieden. Uebrigens ist *sua* in Bezug auf *regem* etwas anders zu fassen, als zu *regnum*. — *si quid* etc. Uebergang zu dem neuen Grunde, der freilich nicht sehr für den Redenden spricht.

7–10. *at*: du hast ja aber, Einwurf des Gegners. — *vidisti*: dass das nicht so sei, hat der gestrige Tag gezeigt. — *imp. mil. in me* haben die späteren Hss., eine bei L. auch sonst sich findende Wortstellung, 1, 50, 3. — *princip.*, c. 3; 44,

et fortunae posuerunt et in eo, qui omnia apud Romanos potest? neque hercule istum mihi tantum fratri maiori, sed prope est, ut tibi quoque ipsi, regi et patri, praeferant. iste enim est, cuius 9 beneficio poenam tibi senatus remisit, qui nunc te ab armis Romanis protegit, qui tuam senectutem obligatam et obnoxiam adulescentiae suae esse aequum censet. pro isto Romani stant, pro 10 isto omnes urbes tuo imperio liberatae, pro isto Macedones, qui pace Romana gaudent. mihi praeter te, pater, quid usquam aut spei aut praesidii est?"

„Quo spectare illas litteras ad te nunc missas T. Quinctii 11 credis, quibus et bene te consuluisse rebus tuis ait, quod Demetrium Romam miseris, et hortatur, ut iterum et cum pluribus legatis et primoribus eum remittas Macedonum? T. Quinctius 2 nunc est auctor omnium rerum isti et magister. eum sibi te abdicato patre in locum tuum substituit. illic ante omnia clandestina concocta sunt consilia. quaeruntur adiutores consiliis, cum te 3 plures et principes Macedonum cum isto mittere iubet. qui hinc integri et sinceri Romam eunt, Philippum regem se habere credentes, imbuti illinc et infecti Romanis delenimentis redeunt. De-

---

16, 4. — *mihi*, dazu ist *praeferunt* aus *praeferant* zu denken. — *prope e. ut*, s. 2, 23, 14; ib. 65, 6. — *regi*, viell. ist nach alten Ausgaben *et regi* zu lesen, da *regi* od. *et regi* in den späteren Hss. fehlen. — *benef. poen.*, 39, 47, 11. — *oblig.*, verpflichtet für seine Gefälligkeit und so abhängig von ihm. — *pro - stant*, 38, 25, 8; 23, 8, 3: *cum quo - pro Romana societate steterat.* — *omnes urb.*, man sieht nicht, was dieses für einen Einfluss habe, wenn nicht etwa daran gedacht wird, dass sie von Perseus wieder unterworfen zu werden fürchten. — *qui gaud.*, s. 39, 53, 2. — *mihi* etc. geht auf den Hauptgedanken § 2 zurück.

11. 1–3. Demetrius, gestützt auf die Römer, hegt hochverrätherische Pläne. — *nunc miss.*, der Brief ist viell. absichtlich früher von L. übergangen, s. 39, 48, 1; aber von Polyb. erwähnt 24, 3: ὁ δὲ Τίτος ἐκκαλεσάμενος τὸ μειράκιον καὶ προβιβάσας εἰς λόγους

ἀπορρήτους - τὸν γὰρ νεανίσκον ἐψυχαγώγησεν ὡς αὐτίκα μάλα συγκατασκευασόντων αὐτῷ Ῥωμαίων τὴν βασιλείαν· τοὺς δὲ περὶ τὸν Φίλιππον ἠρέθεσε γράψας ἐξ αὐτῆς τὸν Δημήτριον ἀποστέλλειν πάλιν εἰς τὴν Ῥώμην, vgl. L. c. 20, 6. — *et primor.*, und zwar usw., wie § 3, vgl. Polyb. l. l.: μετὰ τῶν φίλων ὡς πλείστων καὶ χρησιμωτάτων. — *auctor*, von ihm geht Alles aus und er giebt ihm an, was und wie er es zu thun habe (*magister*). — *illic* nach dem Zusammenhange: hei und von Quinctius, sonst könnte man auch: zu Rom denken. — *ante*, Adverbium, nicht mit *omnia* zu verbinden. — *concocta*, verstärktes *coquere*, welches L. sonst in dieser Bedeutung (anders ist *concoquere* 4, 15, 7 gebraucht) verwendet, s. jedoch Cic. Harusp. resp. 26, 55: *nocturnis vigiliis iustitium illud concoctum et meditatum est.* — *integ. et sinc.*, unversehrt, so dass ihnen nichts fehlt: rein, so dass nichts Fremdes, Schädliches beigemischt ist. — *de-*

metrius iis unus omnia est, eum iam regem vivo patre adpellant.
4 haec si indignor, audiendum est statim non ab aliis solum, sed
5 etiam a te, pater, cupiditatis regni crimen. ego vero, si in medio
ponitur, non agnosco. quem enim suo loco moveo, ut ipse in
eius locum succedam? unus ante me pater est, et, ut diu sit,
6 deos rogo. superstes — et ita sim, si merebor, ut ipse me esse
7 velit — hereditatem regni, si pater tradet, accipiam. cupit regnum,
et quidem scelerate cupit, qui transcendere festinat ordinem aetatis, naturae, moris Macedonum, iuris gentium. ,,obstat frater
maior, ad quem iure, voluntate etiam patris, regnum pertinet;
8 tollatur: non primus regnum fraterna caede petiero; pater senex
et [filio] solus [orbatus] de se magis timebit, quam ut filii necem
ulciscatur. Romani laetabuntur, probabunt, defendent factum."
9 hae spes incertae, pater, sed non inanes sunt. ita enim se res
10 habet: periculum vitae propellere a me potes puniendo eos, qui

lenim., 39, 11, 2. — *omnia - est*, 21, 15, 1: *captivi militum praeda fuerant*, vgl. Lucan. 3, 109: *omnia Caesar erat*, wo aber die Stellung der Worte den Singular veranlasste, Ov. Met. 8, 636: *tota domus duo sunt*; ib. 1, 292. — *iam*, jetzt schon — bei Lebzeiten usw.
4-6. Mein Verfahren ist ein ganz anderes, und doch werde ich verdächtigt. — *indign.*, c. 23, 1; 24, 8, 17 u. a. — *audiend.*, c. 9, 1. — *in med. pon.*, wenn der Vater mich nicht für schuldig erklärt, die Beschuldigung nur im Allgemeinen ausgesprochen wird ohne Beziehung auf einen bestimmten Schuldigen, das probabile ex causa, vgl. 26, 48, 9; Cic. Cael. 20, 49: *mulierem nullam nomino, in medio relinquam*. — *non agnosco*, ich weise die Anschuldigung zurück, wie *crimen non agnoscere*, Cic. Rab. 6, 18; Tac. Ann. 6, 8: *fortasse minus expediat agnoscere crimen quam abnuere*; es soll nicht gesagt werden, er werde es einräumen, wenn man ihn geradezu beschuldige, aber er will dem Vater nicht geradezu widersprechen. — *merebor, ut*, s. 7, 21, 6; Cic.

Verr. 4, 60, 135; Plaut. Baccb. 5, 2, 66; ähnlich *dignus videtur, ut*.
7-10. Der Plan des Demetrius. — *cupit*, nur der usw. — *et quid.*, c. 13, 2; 9. — *transc.*, c.. 9, 9. — *obstat* etc., Gedanke des Demetrius. *petiero*, es wird sich zeigen, dass; ich werde nicht der erste sein, der - hat, 28, 44, 18: Verg. Aen. 2, 581: *occiderit Priamus. — filio sol. orb.*, obgleich L. tautologische Ausdrücke sonst nicht immer meidet, so zeigt doch die Stellung von *solus*, dass entweder dieses oder *filio orbatus* Glossem sei, s. 5, 41, 4. — *magis - quam ut*, die Furcht wird in höherem Grade da sein, als dass er - könnte, sollte; die Grösse der Furcht wird es nicht zur Rache kommen lassen, vgl. Tac. Ann. 1, 52: *magis adornata - quam ut*; wie *quam ut* nach einem Comparativ folgt, c. 56, 1; 38, 34, 4 u. a., etwas verschieden ist *potius quam ut*, s. 2, 34, 4.
9-10. Schluss, aber an das Nächste angeknüpft. — *incertae - inan.*, wenn auch der Ausgang, Erfolg unsicher ist, so fehlt es doch der Hoffnung nicht an Grund, Demetr. sieht die Möglichkeit, dass - sich ver-

ad me interficiendum ferrum sumpserunt; si facinori eorum successerit, mortem meam idem tu persequi non poteris."
Postquam dicendi finem Perseus fecit, coniecti eorum, qui 12 aderant, oculi in Demetrium sunt, velut confestim responsurus esset. deinde diu fuit silentium, cum perfusum fletu adpareret 2 omnibus loqui non posse. tandem vicit dolorem ipsa necessitas, cum dicere iuberent, atque ita orsus est. „omnia quae reorum 3 antea fuerant auxilia, pater, praeoccupavit accusator. simulatis lacrimis in alterius perniciem veras meas lacrimas suspectas tibi fecit. cum ipse, ex quo ab Roma redii, per occulta cum suis con- 4 loquia dies noctesque insidietur, ultro mihi non insidiatoris modo, sed latronis manifesti et percussoris speciem induit. periculo 5 suo te exterret, ut innoxio fratri per eundem te maturet perniciem. perfugium sibi nusquam gentium esse ait, ut ego ne apud te quidem spei quicquam reliquum habeam. circumventum, solum, 6 inopem, invidia gratiae externae, quae obest potius quam prodest, onerat. iam illud quam accusatorie, quod noctis huius crimen miscuit cum cetera insectatione vitae meae, ut et hoc, quod iam 7

wirklichen werde. — *ita* etc., s. 5, 5, 9 u. a. — *persequi*, Cic. de domo 19, 49: *mortem persequi* u. a.
12. 1–2. *velut* ohne *si*, s. 2, 36, 1; im Vorhergeh. liegt der Begriff der Erwartung; *deinde*, als diese nicht erfüllt wurde, das nicht eintrat, erkannte man den Grund und schwieg; im Folg. wird mit verändertem Subjecte fortgefahren. — *cum iub.* Umschreibung der *necessitas*, s. 37, 5, 1.
3–6. Das hinterlistige Verfahren des Gegners. — *fuerant*, in Bezug auf die bereits vollendete Rede des Perseus, wir würden das Imperf. brauchen, vgl. c. 38, 9; 32, 12, 3; Cic. Verr. 3, 69, 163 u. a. — *simulatis*, nicht um durch dieselben Mitleid zu erregen, wie sonst der Angeklagte, sondern um diesen zu verderben. — *ultro mihi* etc., er, der angegriffen zu sein sich stellt, verfährt angriffsweise gegen mich und usw., 1, 5, 3: *ultro accusantes*; 3, 65, 11; 21, 1, 3; beide Worte sind besser zum Folgenden zu nehmen als zum Vorhergeh., weil nach *ipse* der Zusatz von *ultro* nicht nö-

thig ist, wohl aber demselben passend gegenübersteht, *mihi* zu *insidietur* ergänzt oder dieses absolut genommen werden kann, während *induit* ohne dasselbe nur auf Perseus auch als Object (*sibi*) bezogen werden könnte. — *reliquum*, s. Terent. Andr. 25 prol.: *ecquid spei sit reliquum*, haben mehrere Hss., andere *reliqui*, was neben *spei* sehr hart wäre; Gelenius hat *reliquae*, ungewiss, ob nach Hss., ähnlich wäre 37, 23, 11, vgl. 10, 16, 6; 4, 27, 6; 32, 13, 12. — *solum*, c. 11, 8. — *invid. gr. exter.*, Erbitterung über die Gunst, in der er bei – stehe. Uebrigens konnte das von § 4: *ex quo – bis onerat* geschilderte Verfahren der Angeklagte ebenso wie der Ankläger anwenden; L. scheint es nach der asyndetischen Anreihung an *simulatis* etc., als etwas dem ersteren Zukommendes zu betrachten, das der Ankläger missbrauche.
6–8. Perseus hat ein nicht erwiesenes Verbrechen als Beweis für ein anderes, ebenso unsicheres benutzt, einen Cirkel im Beweise gemacht. — *iam*, schon sogleich an-

quale sit scies, suspectum alio vitae nostrae tenore faceret et illam
vanam criminationem spei, voluntatis, consiliorum meorum no-
8 cturno hoc ficto et composito argumento fulciret? simul et illud
quaesivit, ut repentina et minime praeparata accusatio videretur,
9 quippe ex noctis huius metu et tumultu repentino exorta. oportuit autem, Perseu, si proditor ego patris regnique eram, si cum
Romanis, si cum aliis inimicis patris inieram consilia, non expectatam fabulam esse noctis huius, sed proditionis [meae] ante me
10 accusatum; si illa separata ab hac vana accusatio erat invidiamque
tuam adversus me magis quam crimen meum indicatura, hodie
11 quoque eam aut praetermitti aut in aliud tempus differri, ut per
se quaereretur, utrum ipse ego tibi an tu mihi, novo quidem et
12 singulari genere odii, insidias fecisses. ego tamen, quantum in
hac subita perturbatione potero, separabo ea, quae tu confudisti,
13 et noctis huius insidias, aut tuas aut meas, detegam. occidendi

fangs, wie *iam primum*, anders im Folg. — *accusatorie*, s. zu c. 9, 13. — *cetera* gehört, wie der Gegensatz zeigt, zu *vitae*: dem, was ich sonst im Leben gethan habe. — *tenore*, 44, 13, 13. — *compos.*, künstlich zurecht gelegt, nicht sehr verschieden von *fictae*. — *argument.*, wie der Stoff, die Fabel zu einem Drama, 3, 44, 9: *notam iudici fabulam, quippe apud ipsum auctorem argumenti peregit*; 3, 10, 10; 7, 2, 8; daher § 9: *fabulam*, vgl. c. 15, 1: *nocturna fabula*: erdichtete Angabe von etwas, was in der Nacht geschehen sein soll, 38, 56, 8; in der Bedeutung: Beweis würde *ficto* dazu weniger passen. — *simul et* etc., ein dritter Punkt, in dem er *accusatorie* verfahren war. — *praep.* c. 15, 13; 28, 43, 1. — *repent.*, wol absichtlich wiederholt.
9-12. Die Art wie er in der Widerlegung verfahren will. — *oportuit - si - eram*, s. 37, 36, 4; 3, 67, 3; Cic. Verr. 3, 39, 89, vgl. 5, 52, 12; 45, 37, 3. — *non expect. esse*, 32, 21, 32; Cic. Or. 3, 14, 54: *quaesita - audita esse debent*; Fam. 13, 10, 4; im Folg. heisst es *praetermitti*. — *meae* ist überflüssig; man erwartet eher *iam* oder *multo*.

— *separat. ab h. vana* ist unsicher, die Mz. Hs. hatte *separata ac vana*, die übrigen *criminosa ac vana*, was jedoch nicht passend ist. *si* vertritt *sin*, 29, 20, 8, und ist nicht in *nisi* zu ändern: wenn ich wirklich ein Hochverräther war — wenn dieses aber eine baare Beschuldigung ist. — *crimen*, wie sonst mehr bei Späteren: Verbrechen, s. 41, 25, 6; Cic. Or. 2, 48, 199; Cael. 25, 61: *scelerum atque criminum*. — *hodie quoq. eam* ist so vorangestellt, dass es auf beide Sätze mit *aut* bezogen werden muss, obgleich dann die Gegenüberstellung derselben durch *aut* nicht genau ist, da das *in aliud t. differri* das *hodie praetermitti* einschliesst; viell. ist der Sinn: du hättest auch heute - ganz übergehen, oder, wenn du das nicht wolltest, erklären müssen, dass du es zu einer anderen Zeit zur Sprache bringen würdest. — *per se quaer.*, nach Madvig, die Hss. haben *persequeretur*, gewöhnlich wird *perspiceretur* gelesen. — *novo - odii*, da nach der Entfernung jenes Motivs kein Grund zum Hasse vorlag. — *tamen* in Bezug auf *miscuit* § 6, dem *confudisti* entspricht und jenen Gedanken wieder aufnimmt.

sui consilium inisse me videri vult, ut scilicet maiore fratre sublato, cuius iure gentium, more Macedonum, tuo etiam, ut ait, iudicio regnum est futurum, ego minor in eius, quem occidissem, succederem locum. quid ergo illa sibi vult pars altera orationis, 14 qua Romanos a me cultos ait atque eorum fiducia in spem regni me venisse? nam si et in Romanis tantum momenti credebam esse, ut quem vellent inponerent Macedoniae regem, et meae tan- 15 tum apud eos gratiae confidebam, quid opus parricidio fuit? an ut cruentum diadema fraterna caede gererem? ut illis ipsis, apud 16 quos aut vera aut certe simulata probitate partam gratiam habeo, si quam forte habeo, exsecrabilis et invisus essem? nisi T. Quinctium 17 credis, cuius virtute et consiliis me nunc arguis regi, cum et ipse tali pietate vivat cum fratre, mihi fraternae caedis fuisse auctorem. idem non Romanorum gratiam solum, sed Macedonum iudicia ac 18 paene omnium deorum hominumque consensum conlegit, per quae omnia se mihi parem in certamine non futurum crediderit; idem, 19 tamquam in aliis omnibus rebus inferior essem, ad sceleris ultimam spem confugisse me insimulat. vis hanc formulam cognitionis 20

13-20. Die Beweisführung enthält Widersprüche. — *iure gent.*, s. c. 9, 8. — *quid s. v.*, 44, 12, 1: *quidnam sibi clamor vellet*, sonst bei L. mehr von Personen, s. 32, 25, 10; 3, 35, 5 u. a. — *an* etc., ein selbstverständlicher Grund, dass es nicht so sei. — *nisi*, wie *nisi forte*, s. 39, 4, 12: es müsste denn sein, dass usw. — *virtute et cons.*, mit *regi* ist zunächst *consiliis* verbunden, s. Ter. Eun. 1, 1, 13: *eam rem consilio regere non patris*, zu *consiliis* enthält *virtute* eine attributive Bestimmung: durch dessen treffliche Ratbschläge, s. 39, 5, 5; 6, 17, 2: *in libertatem ac lucem*; 8, 33, 11: *vox et indignatio*; Cic. Legg. 3, 16, 36: *isto animo ac virtute*, und ist, wie die folg. *pietate* und der ganze Ton der Rede zeigt, ironisch zu nehmen; Andere vermuthen statt *virtute* entweder *auctoritate*, s. c. 11, 2; Tac. Dial. 36: *cum senatum consilio et auctoritate regerent*, oder *nutu* (Doering u. Madvig) oder *hortatu*. — *et ipse*, wie nach der ironischen Voraussetzung Demetrius mit Perseus, s. 29, 23, 10; 34, 9, 9. — *paene* etc., viell. ist nach den Andeutungen späterer Hss. *deorum paene omnium hom.* zu lesen, da kein Grund vorliegt in der gebräuchlichen Formel, s. 3, 17, 5; 9, 26, 18 u. a., *paene* durch die Stellung so hervorzuheben. — *conleg.*, hat mühsam zusammengelesen. — *crediderit*, wie § 5: *ait*, während er glaubt (zu glauben vorgiebt), ich hätte Alles auf meiner Seite, bringt er doch die Beschuldigung vor, dass ich, als ob ich nirgends Hülfe hätte, meine Hoffnung usw., er widerspricht sich also selbst. Madvig hält *crediderim* für nothwendig, allein c. 10, 5 - 10 hat Perseus seine Ueberzeugung ausgesprochen oder es vorgegeben, dass er in den an u. St. bezeichneten Punkten Demetr. nachstehe, nicht die seines Gegners, vgl. c. 5, 2; 13; 39, 53, 2; und im Folg. *tamquam - essem* wird, wenn auch in anderer Form, gleichfalls die Ansicht des Perseus ausgesprochen. — *idem* entspricht *idem* § 18; nachdrücklicher als *idem qui*. — *formul. cog.*, s. 39, 25, 6: der Vater

esse, ut uter timuerit, ne alter dignior videretur regno, is consi-
13 lium obprimendi fratris iudicetur cepisse? Exsequamur tamen
quocumque modo conficti ordinem criminis. pluribus modis se
petitum criminatus est et omnes insidiarum vias in unum diem
2 contulit. volui interdiu eum post lustrationem, cum concurrimus,
et quidem, si diis placet, lustrationum die, occidere; volui, cum
ad cenam invitavi, veneno scilicet tollere; volui, cum comisatum
3 gladiis adcincti me secuti sunt, ferro interficere. tempora quidem
qualia sint ad parricidium electa vides: lusus, convivii, comisationis. quid? dies qualis? quo lustratus exercitus, quo inter divisam victimam, praelatis omnium, qui umquam fuere, Macedoniae
regum armis regiis, duo soli tua tegentes latera, pater, praevecti
4 sumus et secutum est Macedonum agmen—, hoc ego, etiam si quid
antea admisissem piaculo dignum, lustratus et expiatus sacro,
tum cum maxime in hostiam itineri nostro circumdatam intuens,
parricidium, venena, gladios in comisationem praeparatos voluta-
bam in animo, ut quibus aliis deinde sacris contaminatam omni

soll (als Prätor) dem Richter für
die Untersuchung und Entscheidung
die Formel geben: *si paret Persea
timuisse*, *condemnato* (*consilium
cepisse iudicato*), *si non paret ab-
solvito*. — *uter* ist relativ.
13. 1–3. Obgleich die Anschuldigung schlecht genug erdichtet ist
und schon von selbst in sich zer-
fällt, so soll doch nachgewiesen
werden, welche Unwahrscheinlich-
keiten und Widersprüche sie enthält 1) in Rücksicht auf die Zeit,
2) auf die angenommenen Mord-
pläne. — *quocumq. modo*, 1, 3, 3,
gehört nur zu *conficti*. — *ordinem*,
s. c. 14, 10; 55, 5, vgl. 28, 28, 8: *viam
consilii scelerati, sed non ad ultimum dementis exquiro*. — *vias*, c.
4, 14. — *si d. plac.*, um das Schreck-
liche, Unerhörte zu bezeichnen, s.
39, 36, 14; 38, 47, 3; 4, 3, 9. Madvig will *et quidem – die* nach *contulit* setzen und *diem* schreiben;
dann aber würde die Frage § 3:
qualis dies noch auffallender sein,
als sie jetzt schon ist, wo jener Zusatz nur als ein untergeordnetes
Moment der ersten Annahme erscheint; auch stand der *concursus*
mit der *lustratio* in Verbindung,
nicht aber die *invitatio* u. *comisa-
tiv*. — *veneno*, weil Perseus dieses
nicht gesagt hat, so ist *scilicet* hinzugefügt, da er nur an diese Art der
Ermordung während der Mahlzeit
gedacht haben kann, vgl. zur Sache
Cic. Dei. § 19 ff., Cael. 23, 56 ff.
3–4. *quidem*, schon die einzelnen Zeitmomente (*concursus*, *cena*
usw.) sind unpassend gewählt, nun
gar der Tag! — *quid*, Andeutung
der Verwunderung, s. 5, 5, 8; 28,
41, 12. — *umquam*, um auch nicht
den unbedeutendsten zu übergehen,
s. 33, 3, 4; 6, 14, 10; 24, 40, 12.
— *regum – regiis*, absichtlich zusammen gestellt s. 1, 10, 6. — *duo
soli* zum Subject in *sumus* gehörig,
s. c. 6, 4. — *piaculo d.*, s. c. 37, 2;
zu 39, 18, 8; 1, 26, 13; 29, 18, 9,
Preller 117. — *et expiat.*, Folge
der lustratio. — *tum c. max.*, s. c.
32, 1; 33, 9, 3: gerade in dem Mo-
mente als. — *circumd.*, auf beiden
Seiten des Weges hingelegt. — *in
– intuens*, 3, 69, 3. — *in comis.*, für
dieselbe. — *ut quibus*, die Frage
fordert eine Verneinung: um etwa
durch irgend welche andere? d. h.

scelere mentem expiarem? sed caecus criminandi cupiditate ani- 5
mus, dum omnia suspecta efficere vult, aliud alio confundit. nam 6
si veneno te inter cenam tollere volui, quid minus aptum fuit
quam pertinaci certamine et concursu iratum te efficere, ut merito,
sicut fecisti, invitatus ad cenam abnueres? cum autem iratus 7
negasses, utrum, ut placarem te, danda opera fuit, ut aliam quae-
rerem occasionem, quoniam semel venenum paraveram, an ab 8
illo consilio velut transiliendum ad aliud fuit, ut ferro te, et quidem eo die, per speciem comisationis occiderem? quo deinde 9
modo, si te metu mortis credebam cenam evitasse meam, non ab
eodem metu comisationem quoque evitaturum existimabam?"

"Non est res, qua erubescam, pater, si die festo inter aequa- 14
les largiore vino sum usus. tu quoque velim inquiras, qua laetitia, 2
quo lusu apud me celebratum hesternum convivium sit illo etiam,
pravo forsitan, gaudio provehente, quod in iuvenali armorum
certamine pars nostra non inferior fuerat. miseria haec et metus 3
crapulam facile excusserunt; quae si non intervenissent, insidiatores nos sopiti iaceremus. si domum tuam expugnaturus, capta 4
domo dominum interfecturus eram, non temperassem vino in
unum diem, non milites meos abstinuissem? et ne ego me solus 5

ich hätte gar nicht daran denken,
es beabsichtigen können, durch andere, s. zu 4, 19, 15; 44, 39, 5. —
mentem, Gewissen.
5-8. *aliud a. c.*, verwirrt Eins
durch das Andere, macht es unklar
und unsicher. — *efficere*, 39, 51,
6. — *semel*, da ich mir nicht die
Mühe nehmen wollte das Gift wieder zu bereiten, s. 25, 6, 16; 33, 36,
10, vgl. 42, 17, 6. — *eo die* hat die
Mz. Hs., die übrigen nur *eo*, es
wäre gesagt wie 30, 19, 12; 36, 36,
3; doch erwartet man *eo ipso die*,
oder nach Madvig *eodem die*. —
credeb., konnte ich glauben.
14. 1-4. Das Folg. schliesst sich
an das zuletzt Erwähnte, *comisationem*, den wichtigsten Punkt der
Anklage an, und weist zunächst nach,
wie ganz unwahrscheinlich es sei,
dass Perseus in seinem Hause habe
ermordet werden sollen. — *non ex
r. q.*, gewöhnlicher ist *non est, quod,
cur.* — *si* etc., Umschreibung von

res, qua, s. 36, 35, 1. — *largo vino*,
was in Macedonien überhaupt nicht
ungewöhnlich war, s. Athenaeus 3,
91 p. 120; ib. 4, 1 p. 128. — *quoque* scheint sich darauf zu beziehen,
dass auch Perseus über das Verhalten der Schmausenden Erkundigun-
gen eingezogen hatte. — *lusu*, hei-
teres, harmloses Treiben. — *forsitan*, als Adverb., 9, 11, 13; 26, 13,
14: eine vielleicht schlechte (aber
zu entschuldigende). — *proveh.*, absolut, wie 2, 50, 5. — *iuvenal.*, c.
7, 2. — *miseria*, oft von dem Ange-
klagten gebraucht. — *eram*, der In-
dicativ nur im Nebensatze, s. Cic.
Att. 13, 27, 1; Div. 2, 8, 20; Sest.
24, 54 u. a., vgl. c. 12, 9. — *non* im
Nachsatze, und mit Nachdruck an
die Spitze gestellt, s. Cic. Quinct.
16, 53; Fin. 5, 14, 40 u. a. — *vino
temp.*, Gegensatz zu *largiore vino*;
das Object zu *abstinuissem* giebt
der Zusammenhang. — *milites*, viell.
commilitones; Gron. verm. *sodales*.

nimia simplicitate tuear, ipse quoque minime malus ac suspicax frater „nihil aliud scio" inquit, „nihil arguo, nisi quod cum ferro
6 comisatum venerunt." si quaeram, unde id ipsum scias, necesse erit te fateri, aut speculatorum tuorum plenam domum fuisse meam aut illos ita aperte sumpsisse ferrum, ut omnes viderent.
7 et ne quid ipse aut prius inquisisse aut nunc criminose argumentari videretur, te quaerere ex iis, quos nominasset, iubebat, an ferrum habuissent, ut tamquam in re dubia, cum id quaesisses,
8 quod ipsi fatentur, pro convictis haberentur. quin tu illud quaeri iubes, num tui occidendi causa ferrum sumpserint, num me auctore et sciente? hoc enim videri vis, non illud, quod fatentur et
9 palam est. et sui se tuendi causa sumpsisse dicunt. recte an

5—7. Die Anklage trifft das nicht, worauf es allein ankommt. — *simplicitate* Unbefangenheit, die bei dem Redner wahr, bei Perseus erheuchelt ist. — *ipse quoq.*, weil der folg. Satz in Bezug auf *ego solus tuear* den Gedanken enthält: es wird sich zeigen, dass auch der Bruder in seiner Arglosigkeit dazu beiträgt mich zu schützen durch das, was er als Beweis vorbringt, so dass der zweite Satz etwas Aehnliches aber Bedeutenderes zu dem ersten hinzufügt. — *ac susp.*, nicht *aut*, weil *malus u. suspicax* eng verbunden werden sollen: der bei seiner Gutherzigkeit ganz arglose, nur das Folg. zu wissen vorgebende. — *nisi quod* = *nisi id, quod*, daher nicht der acc. c. inf., der zu erwarten wäre, s. 38, 49, 11, wo: *quod — hoc si ipsi tacuerint, vos scituros — non credunt?* zu lesen ist; *nisi quod* vertritt die Stelle eines substantivischen Objectes, s. Cic. Fam. 9, 16, 3. — *si quaer.* etc., der Beweis für das Vorhergeh. *minime mal. ao suspicax.*, das Motiv zu diesem Verfahren § 7. Uebrigens fehlt *te fateri* in den bekannten Hss., und es ist unsicher, ob es Gelen. aus der Mz. Hs. genommen hat, viell. ist nur *quaeram* (*si* fehlt in den jüngeren Hss.) *unde scieris?* *necesse erit aut* etc. zu lesen, vgl. 8, 13, 15; 25, 6, 22; Cic. Fin. 4, 25, 69; Sest. 19, 43 u. a., den Begriff des *fateri* besonders auszudrücken war wenigstens nicht durchaus nothwendig, s. Cic. Tusc. 1, 11, 23: *mors aut malum sit* etc., ib. 21, 49: *cur non sit*; Tac. Dial. 36; L. 21, 59, 11. — *et*, und noch dazu. — *criminose* wie c. 12, 6 *accusatorie*. — *an*, s. 31, 48, 6; 41, 2, 6; dagegen folgt § 8 das bei früheren Schriftstellern gewöhnliche *num*.

8—9. *quin*, s. 8, 32, 6; nur auf die beiden im Folg. erwähnten Punkte kam es an, wenn ein verbrecherischer Plan des Demetrius erwiesen werden sollte. — *auctor*, wenn er den Befehl gegeben hatte, war er der Schuldige, s. 29, 20, 5. — *sciente*, es wusste, dass sie den Mord begehen wollten und dieses billigte, *sciens dolo malo* so handelte. — *hoc* vertritt den Gedanken: *me auctore ferrum sumpsisse*, vgl. 35, 32, 2. — *quod fat.*, s. Cic. Mil. 6, 15; 21, 57; zum Folg. ist *quod* als Nominativ zu denken, s. 9, 1, 9; 10, 26, 6. Im Folg. verm. Gron. (*et palam est*) *sui — sumpsisse recte*; Madvig *ei sui*; Ruperti *at sui*, wenn *et* richtig ist, kann es wie bisweilen in Schlüssen, wo es den Untersatz einführt, = *atqui* genommen werden, s. Cic. Tusc. 3, 4, 9; ib. 5, 17, 49; den Schluss: folglich habe ich den Plan dich ermorden zu lassen nicht gehabt, hinzuzufügen war nicht nothwendig. — *sui tuendi*, wie vorher *tui occidendi*, s. 21, 41, 1. —

perperam fecerint, ipsi sui facti rationem reddent; meam causam, quae nihil eo facto contingitur, ne miscueris, aut explica, utrum aperte an clam te adgressuri fuerimus. si aperte, cur non omnes ferrum habuimus? cur nemo praeter eos, qui tuum speculatorem pulsaverunt? si clam, quis ordo consilii fuit? convivio soluto cum comisator ego discessissem, quattuor substitissent, ut sopitum te adgrederentur, quomodo fefellissent et alieni et mei et maxime suspecti, quia paulo ante in rixa fuerant? quomodo autem trucidato te ipsi evasuri fuerunt? quattuor gladiis domus tua capi et expugnari potuit?"

„Quin tu omissa ista nocturna fabula ad id, quod doles, quod invidia urit, reverteris? „cur usquam regni tui mentio fit, Demetri? cur dignior patris fortunae successor quibusdam videris quam ego? sur spem meam, quae, si tu non esses, certa erat, dubiam et sollicitam facis?" haec sentit Perseus, etsi non dicit; haec istum inimicum, haec accusatorem faciunt; haec domum, haec regnum tuum criminibus et suspicionibus replent. ego au-

sui facti, davor ist zu denken: will ich nicht entscheiden, s. c. 36, 4, und weil *recte an perp.*, nicht wohl von *rationem reddent* abhängig gemacht werden konnte, ist *sui facti* eingeschoben. — *ne misc.*, s. 29, 18, 9; im Folg. entspricht *explica*; *misc.*: mische nicht ein, bringe nicht in Berührung, statt *admiscueris*, vgl. 21, 52, 5; ib. 7, 2. — *aut expl.*, etwas harter Uebergang zu der Nachweisung, dass nach dem, was geschehen ist, ein Mordversuch gar nicht habe beabsichtigt sein können. 10–11. *ordo*, c. 13, 1. — *comisator*, wie § 3: *nos insidiatores*. — *quatt. subsist.* ist wol noch von *cum* abhängig zu machen, nicht als Hauptsatz und Frage zu fassen; übrigens wird nur vorausgesetzt, dass sie hätten stehen bleiben müssen, wenn sie nach der Annahme des Anklägers den Mord hätten begehen wollen, vgl. über *cum* 31, 38, 4; 38, 19, 3, dass sie es gethan hätten, ist nicht erzählt, s. c. 7, 9. — *evas. fuerunt*, dem vorhergeh. *fefellissent* entsprechend, erfordert der Sprachgebrauch (die Hss. haben *evas. fuerint*) und das folg. *potuit*, vgl. 5, 53, 9 u. a. Da *evas. fuerunt* = *non trucidati sunt*, so ist *ipsi* um den Gegensatz zu *te* zu heben hinzugefügt. Zur Situation vgl. 23, 9, 7.

15. 1–3. Nur Neid und Missgunst sind die Motive zu der Anklage. — *noct. fab.*, c. 12, 7. — *invid. ur.*, durch Neid quält, in dir folternde Missgunst erweckt, vgl. § 9; gewöhnlich wird *invidiam ur.* gelesen, vgl. Naegelsbach § 134 p. 387. — *reverteris*, dieses war von Perseus geschehen, s. c. 9, 8; 11, 3; 9; der Sinn ist also wol: warum hast du dich von - entfernt, die Erdichtung überhaupt eingemischt, wie c. 12, 9 f. *regni t.*, als des deinigen, als ob es dir gehörte; im Folg. *patris* etc. wird der Begriff *regnum* wieder umschrieben und eine Steigerung hinzugefügt: dass Demetr. auch für würdiger der Herrschaft gehalten werde. Gron. verm. *regni ut tui* od. *in regno tui*; Madvig tilgt *regni*; doch ist wol an die Aeusserungen c. 10, 8 zu denken. — *sollicit.*, dass ich sie nicht ohne Besorgniss hegen kann. — *facis*, s. 9, 38, 17, vgl. c. 13, 6.

tem, pater, quem ad modum nec nunc sperare regnum nec ambigere umquam de eo forsitan debeam, quia minor sum, quia tu me maiori cedere vis, sic illud nec debui facere nec debeo, ut
5 indignus, te patre indignus, omnibus videar. id enim vitiis meis, non cedendi cui ius fasque est modestia consequar. Romanos obicis mihi et ea, quae gloriae esse debent, in crimen vertis.
6 ego nec obses Romanis ut traderer nec ut legatus mitterer Romam petii; a te missus ire non recusavi. utroque tempore ita me gessi, ne tibi pudori, ne regno tuo, ne genti Macedonum es-
7 sem. itaque mihi cum Romanis, pater, causa amicitiae tu fuisti. quoad tecum illis pax manebit, mecum quoque gratia erit; si bellum esse coeperit, qui obses, qui legatus pro patre non inutilis
8 fui, idem hostis illis acerrimus ero. nec hodie, ut prosit mihi Romanorum gratia, postulo, ne obsit tantum, deprecor. nec in bello coepit, nec ad bellum reservatur; pacis pignus fui, ad pacem retinendam legatus missus sum: neutra res mihi nec gloriae nec
9 crimini sit. ego si quid inpie in te, pater, si quid scelerate in fratrem admisi, nullam deprecor poenam; si innocens sum, ne

4–5. Die Vertheidigung schliesst sich an die Widerlegung der § 2 ausgesprochenen Behauptungen des Gegners an; zunächst: ich musste mich der Herrschaft würdig zeigen. — *ambigere*, mich darüber in einen Streit einlassen, s. 1, 3, 2; 21, 31, 6. — *quia tu m.*, c. 9, 8. — *debui - debeo*, vgl. 29, 27, 2. — *indignus*, der allgemeine Begriff, s. 27, 34, 8; 21, 48, 6 u. a., wird gesteigert durch *te patre ind.*, § 2. — *omnibus* n. die hier in Betracht kommen; es ist zunächst, nach § 6: *genti Macedonum*, an diese zu denken, doch scheinen die Worte ausser der Beziehung auf das Vorhergeh. auch den Gegensatz zu § 2: *quibusdam videris* zu enthalten. Die Worte selbst werden verschieden interpungirt oder gelesen, entweder: *ind. te patre, ind. omnibus*, so dass auch *omnibus* Abl. wäre, wo man aber *bonis omnibus* oder *Macedonibus omnibus* erwartet, 's. § 6; c. 12, 18: *iudicia Macedonum*, vgl. 33, 21, 2; 10, 13, 13: *dignum nobis, dignum parente*, oder *indign. te patre omnibus*; Gron. verm. *indignus maioribus*, s. Tac. An. 4, 38; Crevier *indignus tibi pater* etc., s. c. 9, 8; 11, 6; 12, 13; Andere anders. — *cedendi - modestia*, die Bescheidenheit, die sich darin kund giebt, dass ich zurücktrete gegen usw., s. Cic. Rep. 2, 20, 35: *largiendi benignitas*; Fin. 3, 14, 45: *crescendi accessio*, u. a.

6–9. Mein Verhalten gegen die Römer verdient keinen Tadel. — *utroq. t.*, vgl. Cic. Lig. 2, 4. — *ita - ne*, 39, 29, 5. — *pro patre* scheint weder zu bedeuten: statt des V., noch unmittelbar mit *non inutilis* in Verbindung zu stehen, Tac. Agr. 12: *pro nobis utilius*, vgl. L. 4, 6, 2, sondern den Sinn zu haben: im Dienste des Vaters, in der Thätigkeit für ihn. — *neutra - nec - nec*, s. 31, 41, 7; zu *sit* 35, 48, 9. — *reservatur*, Versicherung des Demetrius; die Mz. Hs. hat *reservetur*, was an sich und neben *coepit* nicht passend wäre.

9. Da ich unschuldig bin, verdiene ich keine Strafe. — *deprecor*, will ich durch Bitten abwenden,

invidia conflagrem, cum crimine non possim, deprecor. non 10
hodie me primum frater accusat, sed hodie primum aperte, nullo
meo in se merito. si mihi pater succenseret, te maiorem fratrem
pro minore deprecari oportebat, te adulescentiae, te errori veniam
impetrare meo. [in eo] ubi praesidium esse oportebat, ibi exitium
est. e convivio et comisatione prope semisomnus raptus sum 11
ad causam parricidii dicendam. sine advocatis, sine patronis
ipse pro me dicere cogor. si pro alio dicendum esset, tempus 12
ad meditandum et componendam orationem sumpsissem, cum
quid aliud quam ingenii fama periclitarer? ignarus, quid arces-
situs essem, te iratum et iubentem dicere causam, fratrem accu-
santem audivi. ille diu ante praeparata ac meditata in me oratione 13
est usus; ego id tantum temporis, quo accusatus sum, ad cognoscendum, quid ageretur, habui. utrum momento illo horae 14
accusatorem audirem, an defensionem meditarer? adtonitus repentino atque inopinato malo, vix quid obiceretur intellegere
potui; nedum satis sciam, quo modo me tuear. quid mihi spei 15
esset, nisi patrem iudicem haberem? apud quem etiam si caritate
a fratre maiore vincor, misericordia certe reus vinci non debeo.

anders § 8; vgl. 34, 59, 6. — *invidia confl.*, vgl. 24, 26, 3; 39, 6, 4
u. a.
10—14. Entschuldigung der Un-
vollkommenheit seiner Vertheidigung, da sie unvorbereitet einem
lange verfolgten Plane gegenüber
treten musste. — *in se mer.*, ohne
etwas verschuldet zu haben, 31, 31,
13; Curt. 8, 24, 30: *quo suo merito*; Caes. B. G. 1, 14. — *errori*
von *ven. impetrare*: zu erlangen
suchen, abhängig, s. 3, 12, 8, vgl.
38, 13, 12. Im Folg. ist entweder
in eo, da *ibi* folgt, oder das letztere
unächt oder verdorben (es wird statt
in eo verm. *sed* od. *nunc*); anderer
Art sind Fälle, wie 41, 17, 8; 42, 47,
9; 37, 19, 8; zum Gedanken vgl. 38,
59, 7. — *e conv.*, ohne Bezeichnung
der Entgegenstellung. — *advocat.*,
3, 44, 11; ib. 47, 1; *patronis*, um seine
Vertheidigung zu führen. Die Sitte
des röm. Forum ist auf die vorliegende Verhandlung übergetragen;
doch passt *pro alio*, wobei an einen
patronus zu denken, nicht zu der
Situation. — *esset* wird durch *sumpsissem* in die Vergangenheit gezogen. — *meditand.*, absolut, oft von
der Vorbereitung der Redner gebraucht, vgl. § 14. — *cum*, obgleich
ich dann. — *quid al. q.*, 4, 3, 2; 31,
13, 4 u. a. — *quid*, zu welchem
Zwecke, s. 5, 51, 3; 31, 39, 1. —
iubent., c. 8, 19; 12, 2. — *dicere c.*,
mich zu vertheidigen. — *praepar.*,
s. c. 12, 8; das Asyndeton scheint
hier nicht motivirt, wahrscheinlich
ist *ac* od. *et* ausgefallen, s. § 12 *meditand.*; Cic. Or. 2, 27, 118: *com-
mentatione atque meditatione.* —
cogn. q. ager., nicht zur *meditatio*,
sondern nur zu erkennen, um was
es sich handele. — *utrum* etc., zwischen dem Einen und dem Andern
schwankend habe ich kaum die Anschuldigungen verstehen können. —
nedum, 28, 40, 12.
15—16. Die peroratio. — *patrem*, nicht einen strengen Richter,
vgl. Cic. Lig. 10, 30. — *caritate*,
an, in Rücksicht auf die Liebe, die
Philipp. gegen Perseus hegt; eben
so *misericordia*, die der Redner von
ihm erwartet. In einigen Hss. fehlt

ego enim, ut me mihi tibique serves, precor, ille, ut me in securitatem suam occidas, postulat. quid eum, cum regnum ei tradideris, facturum credis in me esse, qui iam nunc sanguinem meum sibi indulgeri aequum censet?"

16 Dicenti haec lacrimae simul spiritum et vocem intercluserunt. Philippus submotis iis paulisper conlocutus cum amicis pronuntiavit, non verbis se nec unius horae disceptatione causam eorum diiudicaturum, sed inquirendo in utriusque vitam, mores, et dicta factaque in magnis parvisque rebus observando, ut omnibus appareret, noctis proximae crimen facile revictum, suspectam nimiam cum Romanis Demetrii gratiam esse. haec vivo Philippo velut semina iacta sunt Macedonici belli, quod maxime cum Perseo gerendum erat.

Consules ambo in Ligures, quae tum una consularis provincia erat, proficiscuntur. et quia prospere ibi res gesserunt, supplicatio in unum diem decreta est. Ligurum duo milia fere ad extremum finem provinciae Galliae, ubi castra Marcellus habebat, venerunt, uti reciperentur orantes. Marcellus opperiri eodem loco Liguribus iussis senatum per litteras consuluit. senatus re-

maiore. — in secur., der Zweck, um diese zu erlangen. — *in me*, 12, 1, 7; 30, 12, 12 u. a. — *iam nunc*, schon jetzt, ehe er noch König ist; 34, 34, 2. — *sanguinem - indulg.*: überlassen, *indulgere* findet sich bei Späteren mit dem sächlichen Object im Accus., s. Tac. Ann. 11, 20, Quintil. 12, 1, 2; während in der vorclassischen Zeit das persönliche bisweilen in diesem Casus steht, s. Terent. Heaut. 5, 2, 35: *te indulgebant*; die gewöhnliche Construct. s. c. 5, 5 u. a. Die Hss. haben zum Theil *sanguine meo*, eine Construct., die sich sonst nicht findet, und nur etwa nach der Analogie von *satis facere aliqua re* erklärt werden könnte.

16. 1-3. *intercl.*, s. c. 24, 7; 23, 7, 3; 34, 30, 2 u. a. — *conl. c. am.*, wie der Richter mit seinem consilium, vgl. 1, 49, 4. — *vitam, mor.*, das Asyndeton, weil nicht Alles aufgezählt werden soll. — *ut* etc. ist das Urtheil L.'s; der König hat die beiden Bestandtheile der Klage gesondert und verschieden beurtheilt. — *haec vivo* etc., vgl. 39, 23, 5. — *maxime* müsste, wenn es richtig ist, etwa auf Gentius, den Bundesgenossen des Perseus, s. 44, 23, bezogen werden, doch erwartet man den Begriff: gerade, wie *maxime* schwerlich gebraucht wird, wol aber *cum maxime*, und *cum* konnte nach *quod* leicht ausfallen; dass *cum* wieder folgt, würde nicht so sehr auffallen; Madv. verm. *mox*. Wahrscheinlich ist der Stoff der Rede in den Hauptsachen so wie das Urtheil § 3 Polybius entlehnt; das Folg. c. 16-19 den römischen Annalisten.

16, 4-11. Ereignisse in Ligurien und Hispanien.

4-6. *consules*, s. c. 1, 1, vgl. 39, 46, 6. — *supplicatio* etc., der Beschluss setzt einen Bericht der Consuln, s. 39, 7, 7 voraus, der aber übergangen ist, wie an vielen anderen Stellen, s. 39, 2, 10; ib. 41, 5; 56, 3; 40, 38, 3; 53, 6 u. a. — *extrem. f.*, wo Ligurien an Gallien

scribere M. Ogulnium praetorem Marcello iussit, verius fuisse consules, quorum provincia esset, quam se, quid e re publica esset, decernere: tum quoque non placere, nisi per deditionem Ligures recipi; et receptis arma adimi, atque eos ad consules mitti senatum aequum censere.

Praetores eodem tempore, P. Manlius in ulteriorem Hispaniam, quam et priore praetura provinciam obtinuerat, Q. Fulvius Flaccus in citeriorem pervenit exercitumque *ab* A. Terentio accepit; nam ulterior morte P. Sempronii proconsulis sine imperio fuerat. Fulvium Flaccum oppidum Hispanum Vrbicuam nomine obpugnantem Celtiberi adorti sunt. dura ibi proelia aliquot facta, multi Romani milites et vulnerati et interfecti sunt. vicit perseverantia Fulvius, quod nulla vi abstrahi ab obsidione potuit. Celtiberi fessi proeliis variis abscesserunt. urbs amoto auxilio eorum

grenzte, s. 35, 4, 1; 34, 56, 2. — *Oguln. pr.*, s. 39, 56, 5, vgl. Becker 2, 2, 187 n. 43. — *verius*, s. 39, 27, 3. — *tum quoq.*, auch so, obgleich es nicht nöthig gewesen sei den Senat zu beschicken, wolle man erklären, vgl. 36, 30, 6. Andere beziehen *tum quoque* etc. auf das Verfahren des Marcellus 39, 54, 10 und lesen *tum q. non placere sibi, per ded. - recipi et* etc. oder *si - recipiat* (*reciperet*), da die Waffen nicht immer den deditis abgenommen, s. 28, 34, 7, oder ihnen wieder gegeben werden, s. 34, 20, 9; 39, 3, 3; 42, 8, 8; bisweilen auch nur Geiseln gefordert werden, s. c. 47, 10; 36, 40, 3. Wenn der Senat sich so nicht über die Annahme der Ligurer ausspricht, so kann dieses nicht auffallen, da eine bestimmte Aufrage an ihn über diesen Punkt nicht vorhergeht. Da jedoch mehrere Hss. *placerent si* und *recipi et* haben, so ist besser mit Madvig *placere, nisi - recipi; et* zu lesen, wonach der Senat das gewöhnliche Verfahren bei der deditio anordnet, s. 39, 2, 1; 4. u. a. — *et receptis* müsste bedeuten: auch oder ausserdem halte er für billig; doch sollte man die Worte *receptis a. adimi* eher mit dem Vorhergeh. verbunden erwarten, zu dem sie als Ergänzung gehören. — *atque eos* etc., der Senat bestimmt also, dass die Ligurer an die Consuln geschickt werden sollen; doch ist es nicht recht klar, ob es nach der deditio und Wegnahme der Waffen geschehen, oder die Entscheidung darüber ihnen überlassen werden soll.

7–11. *quam et pr. pr.*, ein Gedächtnissfehler L.'s, vgl. 33, 43, 5; 34, 10. — *Terent.*, s. c. 2; 39, 41; 56. — *nam*, in Hisp. ulterior konnte das nicht geschehen, denn usw. — *sine imp.*, ohne einen Magistrat *cum imperio*. — *Urbicuam*, der Name ist nicht sicher; viell. ist die in den Itinerarien im Gebiete der Celtiberer erwähnte Stadt Urbicana gemeint, Ukert 2, 1, 462. — *dura*, vgl. Caes. B. G. 1, 48, 6: *si quid durius concurrebant*; B. C. 3, 94, 6; doch ist *dura* mit *proelia* verbunden mehr dichterisch, s. Hor. Carm. 3, 20, 3, wie sich Manches bei L. findet; Gron. verm. *dubia*. — *vicit - Fulvius*, scheint die Mz. Hs. gehabt zu haben und findet sich in jüngeren Hss., in der gewöhnl. Lesart *victi - Fulvii - Celtiberi fessi* ist die Zusammenstellung der Participia weniger passend, vgl. 39, 32,

intra paucos dies capta et direpta est, praedam militibus praetor
10 concessit. Fulvius hoc oppido capto, P. Manlius exercitu tantum
in unum coacto, qui dissipatus fuerat, nulla alia memorabili gesta
re exercitus in hiberna deduxerunt. haec ea aestate in Hispania
11 gesta. Terentius, qui ex ea provincia decesserat, ovans urbem
iniit. translatum argenti pondo novem milia trecenta viginti, auri
octoginta pondo et duae coronae aureae pondo sexaginta septem.
17   Eodem anno inter populum Carthaginiensem et regem Masinissam in re praesenti disceptatores Romani de agro fuerunt.
2 ceperat eum ab Carthaginiensibus pater Masinissae Gala; Galam
Syphax inde expulerat, postea in gratiam soceri Hasdrubalis Car-
3 thaginiensibus dono dederat; Carthaginienses eo anno Masinissa
expulerat. haud minore certamine animorum, quam cum ferro
4 et acie dimicarunt, res acta apud Romanos. Carthaginienses, quod
primo maiorum suorum fuisset, deinde ab Syphace ad se pervenis-

8; 7, 18, 9. — *praedam*, s. 41, 11,
8. — *P. Manlius* neben *Fulvius*, s.
41, 6, 1. — *exercitu - coacto* hat
sich in gleicher Form an *oppido
capto* angeschlossen, nicht ohne
Härte folgt dann *exercitus*; dieses
ist besser als *exercitum*, da an die
beiden getrennten Heere der Prätoren zu denken ist. — *duae cor.*, wo
die Zahl der Kränze angegeben wird,
ist sie gewöhnlich grösser, s. 39,
29, 6; ib. 42, 3; 40, 34, 8, vgl. 40,
43, 6, wo das Gewicht nicht angegeben ist, weshalb auch an u. St.
*auri octoginta pondo et duo, coro-
nae aureae sexag. s.* vermuthet
wird; *et* im dritten Gliede würde
nicht stören, da die zwei letzten
Glieder die Summe des Goldes an-
gäben, vgl. auch 39, 5, 14.
17. Carthago und Ligurien.
1-3. *in re praes.*, s. c. 29, 9;
34, 62, 15, da es hier heisst *in re
praesenti disceptaret*; 42, 23, 2: *qui
in re pr. cognoscerent*; Inscriptt.
latt. 199 p. 72: *in re praesenti co-
gnoverunt*, so ist auch an u. St. *in re
pr.* mit *disceptatores fuerunt* zu
verbinden, *Romani* wegen der Wortstellung (anders § 3) als Attribut,
nicht als Subj. zu nehmen: es waren da, fanden sich ein röm. Schiedsrichter; *disceptat.* wie 39, 25, 1;
auch das Verfahren der Römer ist
so wie gegen Philipp. — *de agro*, dieser ist weder hier, noch c. 34, 14 genauer bezeichnet; nach L. ist es ein
neuer Raub: *eo anno cepit*; nach Polyb. scheint die Verhandlung mit der
über die Emporia 34, 62 zusammen-
zuhängen, denn er sagt 32, 2: πρεσβευτῶν πολλάκις ἐληλυθότων διὸ
ταῦτα παρ᾽ ἑκατέρων ἀεὶ συνέβαινε τοὺς Καρχηδονίους ἐλατ-
τοῦσθαι παρὰ τοῖς Ῥωμαίοις, οὗ
τῷ δικαίῳ etc.; an die *campi magni*,
s. 30, 8; Polyb. 14, 8, zu denken
könnte man dadurch veranlasst werden, dass der Landstrich früher Syphax gehört hatte, dem schwerlich
im Osten von Carthago in den Em-
porien Besitzungen angehörten, sondern an der Grenze von dem Reiche
Galas. — *Gala*, 29, 29; ib. 31, 5. —
in grat., 39, 26, 12; 28, 21, 3. *Has-
drub.*, 29, 23. — *certam. anim.*, es
könnten nur die Kämpfe im 2. punischen Kriege gemeint sein, da die
Karthager jetzt ohne die Zustimmung der Römer keinen Krieg führen dürfen, 42, 23, 3; oder L. hat
dieses nicht beachtet, wie auch
Polyb. l. l. die Möglichkeit eines
Kampfes voraussetzt.

set, repetebant. Masinissa paterni regni agrum se et recepisse et habere gentium iure aiebat; et causa et possessione superiorem esse; nihil aliud se in ea disceptatione metuere quam ne pudor 5 Romanorum, dum vereantur, ne quid socio atque amico regi adversus communes suos atque illius hostes indulsisse videantur, damno sit. legati possessionis ius non mutarunt, causam inte- 6 gram Romam ad senatum reiecerunt.

In Liguribus nihil postea gestum. recesserant primum in devios saltus, deinde dimisso exercitu passim in vicos castellaque sua dilapsi sunt. consules quoque dimittere exercitum voluerunt, 7 ac de ea re patres consuluerunt. alterum ex his dimisso exercitu ad magistratus in annum creandos venire Romam iusserunt, alterum cum legionibus suis Pisis hiemare. fama erat Gallos Trans- 8 alpinos iuventutem armare, nec in quam regionem Italiae effusura se multitudo esset sciebatur. ita inter se consules compararunt, ut Cn. Baebius ad comitia iret, quia M. Baebius frater eius consulatum petebat.

Comitia consulibus rogandis fuere; creati P. Cornelius Len- 18 tulus M. Baebius Tamphilus. praetores inde facti duo Q. Fabii, 2 Maximus et Buteo, Ti. Claudius Nero Q. Petillius Spurinus M. Pinarius Rusca L. Duronius. his inito magistratu provinciae ita 3

4–5. *paterni*, dazu gehört habe, nach der Bestimmung in dem Friedensvertrage Pol. 15, 18: χώραν καὶ πόλεις καὶ εἴ τι ἕτερόν ἐστι Μασσανάσσου ἢ τῶν προγόνων – πάντ᾽ ἀποδοῦναι Μασσανάσσῃ. — *iure gent.*, nach dem überall geltenden Rechte, dass der Besitz des Vaters auf den Sohn übergehe, c. 12, 13; oder es ist: nach Kriegsrecht, vgl. c. 34, 14: *praesidio obtinebat*. — *causa*, dem Besitztitel (*causa dominii*) und dem factischen Besitz (*possessione*). — *super.*, er habe ein besseres Recht, 34, 31, 9; 10. — *dum ver.*, s 37, 18, 2; zur Sache vgl. 42, 23, 7 ff. — *suos – illius* ist vom Standpunkte der Römer aus gesagt. — *damno s.*, dazu ist *sibi* aus *se* zu denken, wenn es nicht, wie Duker verm., vor *sit* ausgefallen ist. — *ius*, den Besitzstand. — *integr.*, s. 39, 39, 6; ib. 4, 4; wahrscheinlich hätten sie das Land Masin. zugesprochen, wenn er im Rechte gewesen wäre, s. d. Stelle aus Polyb. § 4; L. 34, 62.

6–8. *postea* n. nach dem c. 16, 1 ff. Erzählten, ist aber so gesagt, als ob das Folg. auf das unmittelbar Vorhergehende bezogen werden solle. — *devios s.*, 39, 20, 6. — *dimitt. exerc.*, nach c. 19, 8; 25, 7 sind beide Heere geblieben, eine Abänderung des Beschlusses ist jedoch nicht erwähnt. — *Pisis*, seit längerer Zeit, s. 35, 3, der Stützpunkt gegen die Ligurer. — *Gallos* etc. wie 39, 45, vgl. ib. 55.

18. Magistratswahlen, Vertheilung der Provinzen.

1–4 *Lentulus* haben die Hss., Val. Max. 2, 5, 1 und Cassiodor; aber die fasti Capit., Corn. Hann. 13, 1; Plin. 13, 13, 85 nennen den Consul *Cethegus*, wahrscheinlich hat L. geirrt. — *Petill.*, 38, 50, 5. — *Rusca*, die Hss. haben *Pusca*, gewöhnlich wird *Posca* gelesen, was sich sonst nicht findet. Dass der

sorte evenerunt: Ligures consulibus, praetoribus Q. Petillio urbana, Q. Fabio Maximo peregrina, Q. Fabio Buteoni Gallia, Ti. Clau-
4 dio Neroni Sicilia, M. Pinario Sardinia, L. Duronio Apulia; et Histri adiecti, quod Tarentini Brundisinique nuntiabant maritimos agros infestos transmarinarum navium latrociniis esse. eadem
5 Massilienses de Ligurum navibus querebantur. exercitus inde decreti: quattuor legiones consulibus, quae quina milia ducenos Romanos pedites, trecenos haberent equites, et quindecim milia
6 sociurn ac Latini nominis, octingenti equites. in Hispaniis prorogatum veteribus praetoribus imperium est cum exercitibus, quos haberent, et in supplementum decreta tria milia civium Romanorum, ducenti equites, et socium Latini nominis sex milia peditum,
7 trecenti equites. nec rei navalis cura omissa. duumviros in eam rem consules creare iussi, per quos naves viginti deductae navalibus sociis civibus Romanis, qui servitutem servissent, comple-
8 rentur, ingenui tantum ut iis praeessent. inter duumviros ita divisa tuenda denis navibus maritima ora, ut promunturium iis

hier genannte derselbe sei, dessen Cicero Or. 2, 65, 261 gedenkt, ist zu bezweifeln, da L. 40, 44, 1 bestimmt Villius als den nennt, der die erste *lex annalis* beantragt habe, Cicero aber den Pinarius Rusca gleichfalls eine *lex annalis* beantragen lässt (*legem ferret*), s. Becker 2, 1, 20; Lange 1, 513. — *Q. Fabio* - *Q. Fabio*, vgl. 37, 50, 8; oben § 2 findet sich der gewöhnliche Ausdruck. — *Gallia*, c. 1, 6. — *Histri*, die gegenüberliegende Küste, s. c. 26; 41, 1 ff.; 39, 55, 4; Periocha 20; über *Apulia* 39, 45, 5; 37, 2, 6. — *Massil.*, diese haben seit alter Zeit mit Rom ein Freundschaftsbündniss, Iustin. 43, 5, 10, und nehmen jetzt dessen Hülfe in Anspruch. Die Römer haben, wie es scheint, nach dem Kriege mit Antiochus die Flotte in Verfall gerathen lassen, s. § 7. — *Ligur.*, s. c. 28, 6; Plut. Aem. 6: τῆς θαλάττης ἁψάμενοι σκάφεσι πειρατικοῖς ἀφηροῦντο – τὰς ἐμπορίας ἄχρι στηλῶν Ἡρακλείων ἀναπλέοντες.
5-8. *quindec. m.*, s. c. 1, 5; 26, 7; 37, 2, 4; man sollte *quina dena* erwarten, vgl. zu c. 36, 6; 38, 35,

9. — *Roman. ped.*, c. 36, 8, häufiger *cives Romani*, § 6; c. 1, 7; 26, 7 u. a., vgl. 37, 39, 7. — *in Hisp.*, vgl. c. 1, 2 mit 39, 45, 6; s. 35, 20, 9. — *haber.*, als Ansicht des Senates, die in dem Senatsbeschluss ausgedrückt war. — *duumv. nav.*, keine regelmässigen, sondern nur in besondern Fällen gewählte Magistrate, s. 9, 20, vgl. 40, 26; 41, 1; Lange 1, 658; im Kriege mit Antiochus hatten Prätoren, in dem mit Philippus Legaten der Consuln, s. 32, 16 ff., die Flotte befehligt. — *creare*, durch das Volk in Tributcomitien, Becker 2, 2, 368. — *deductae = si essent deductae.* — *servit. serv.* : *libertini*, 45, 15, 5: *omnes, qui servitutem servissent . . . libertinos*, vgl. 42, 27, 3; 22, 11, 9; 36, 2, 15; die Bundesgenossen werden nicht in Anspruch genommen, s. Becker 2, 1, 78; Lange 1, 368; 2, 234; anders 42, 31, 7. — *tantum* ist nachgestellt, weil es sich auf *ut – praeess.* bezieht, vgl. c. 15, 8. — *divisa tuenda* c. 26, 8: *provincia*; zur Construct. s. 31, 29, 11; 37, 2, 6. — *promunt. Min.*, 42, 20, 3; Strabo 5, 4, 8 p. 247: τὸ Ἀθήναιον, ὅ τινες Σειρη-

Minervae velut cardo in medio esset; alter inde dextram partem usque ad Massiliam, laevam alter usque ad Barium tueretur. Prodigia multa foeda et Romae eo anno visa et nuntiata 19 peregre. in area Volcani et Concordiae sanguinem pluvit; et pon- 2 tifices hastas motas nuntiavere et Lanuvii simulacrum Iunonis Sospitae lacrimasse. pestilentia in agris forisque et conciliabulis 3 et in urbe tanta erat, ut Libitina ad funera vix sufficeret. his 4 prodigiis cladibusque anxii patres decreverunt, ut et consules, quibus diis videretur, hostiis maioribus sacrificarent et decemviri libros adirent. eorum decreto supplicatio circa omnia pulvinaria 5

νουσσῶν ἀκρωτήριον καλοῦσιν, der Insel Capreae gegenüber; Plin. 3, 5, 62: *Surrentum cum promontorio Minervae*, wahrscheinlich das promunturium Surrentinum Tac. Ann. 4, 67; s. Pomp. Mel. 2, 4. — *cardo* Mittel = Wendepunkt, vgl. 41, 1, 3; 37, 54, 23. — *Barium*, im Gebiete der Peucetier, Plin. 3, 11, 102: *Pediculorum oppida Rudiae – Barium*; Tac. Ann. 16, 9: *municipio Apuliae, cui nomen Barium*, j. Bari.
19–20. Prodigien; die Bacchanalien, Gesandtschaften. Polyb. 25, 1; 2; 4 f.
1–3. *area Volc.*, s. 39, 46; Ial. Obseq. 6 (60): *in area Volcani et Concordiae sanguinem pluit*; Becker 1, 312; seitdem Flavius den Tempel auf der area Volcani erbaut hatte, 9, 46, wurde der Platz bald *area Volc.* bald *area Volc. et Concordiae* oder *ar. Concordiae*, 39, 56, 6, genannt, Preller 528; Lange 2, 345. Die Hss. und Obseq. haben hier *sanguinem*, nicht das gewöhnlichere *sanguine*, vgl. 28, 27, 16; 10, 31, 8. — *hast. mot.*, da es nur heisst *pontifices nuntiavere* ohne Angabe eines Ortes wie im Folg. *Lanuvii*, so ist anzunehmen, dass das prodig. in Rom selbst vorgefallen und die *hasta Martis* (*et Quirini*), nicht die *hasta Iunonis* zu Lanuvium gemeint sei, da in diesem Falle *Lanuvii* vor *hastas* stehen würde, 21, 62, 4; zweifelhaft ist, ob

Martis in den Hss. L.'s ausgefallen oder von Obseq. l. l. in: *hastae Martis motae* zugesetzt sei, vgl. ib. 36; 44; 47; 50; L. selbst hat 24, 10, 10 *hastam Martis Praeneste – promotam*; Gell. 4, 6: *pontifex nuntiavit in sacrario regiae hastas Martis movisse*; Preller 300; Becker 1, 230. — *motas*, von freien Stücken. — *et Lanuv.* etc. hängt noch von *nuntiavere* ab; die röm. Priester konnten dieses prodig. melden, da ihnen der Cultus der Iuno zu Lanuvium oblag, s. 8, 14, 2. — *agris for. e. conc.*, s. 39, 14, 7; *agris* ist hier so mit *fora* u. *conciliabula* verbunden, wie sonst *pagi*, s. 25, 5, 7; Marq. 3, 1, 53; es werden so alle Orte zusammengefasst, wo röm. Bürger ohne besondere Gemeindewesen wohnten; Mommsen 1, 806. — *Libit.*, die Todesgöttin, in deren Haine das zu Leichen Nöthige: Baren, Holz usw. gemiethet oder gekauft wurde; jetzt war nicht genug Vorrath an solchen Dingen da, dass es für alle Leichen ausgereicht hätte; Preller 387. — *ad funera* oder *funeribus*, wie Madvig verm., s. 41, 21, 6, scheint in dem bds. *tunc* zu liegen.
4–5. *quibus d. v.*, s. 36, 21, 9; 37, 3, 4; Gell. 4, 6: *ut M. Antonius consul hostiis maioribus Iovi et Marti procuraret et ceteris dis, quibus videretur, placandis*. — *eor. decr.*, durch die Consuln, wie im Folg., s. 38, 36, 4. — *omnia pulv.*, c. 28, 9; 21, 62,

Romae in diem unum indicta est. iisdem auctoribus et senatus
censuit et consules edixerunt, ut per totam Italiam triduum sup-
6 plicatio et feriae essent. pestilentiae tanta vis erat, ut, cum propter defectionem Corsorum bellumque ab Iliensibus concitatum
in Sardinia octo milia peditum ex sociis Latini nominis placuisset
scribi et trecentos equites, quos M. Pinarius praetor secum in
7 Sardiniam traiceret, tantum hominum demortuum esse, tantum
ubique aegrorum consules renuntiaverint, ut is numerus effici
8 militum non potuerit. quod deerat militum, sumere a Cn. Baebio
proconsule, qui Pisis hibernabat, iussus praetor atque inde in
9 Sardiniam traicere. L. Duronio praetori, cui provincia Apulia
evenerat, adiecta de Bacchanalibus quaestio est, cuius residua
quaedam velut semina ex prioribus malis iam priore anno adparu-
10 erant; sed magis inchoatae apud L. Pupium praetorem quaestiones erant quam ad exitum ullum perductae. id persecare novum
11 praetorem, ne serperet iterum latius, patres iusserunt. et legem
de ambitu consules ex auctoritate senatus ad populum tulerunt.

9 u. a. — *per tot. It.*, ob nur in den
erwähnten *fora et conciliab.*, vgl.
38, 44, 7, oder auch in den verbündeten Staaten, ist nicht deutlich; im
letzteren Falle, welcher wahrscheinlicher ist, verfährt der Senat wie 39,
18, 8. — *feriae*, s. 42, 20, 6; die Anordnung konnte eine allgemeine
sein, weil sich die Pest über ganz
Italien verbreitet hatte; so schliesst
sich das Folg. passend an.
6-8. *Corsor.*, die Insel gehörte
zur Provinz Sardinien, Marq. 3, 1,
78. — *Iliens.*, Plin. 3, 7, 85: *cele-
berrimi in ea (Sardinia) populorum
Ilienses* etc., Pausan. 10, 17, 4: οἱ
δὲ Τρῶες (von denen man die Stadt
ableitete) ἐς τῆς νήσου τὰ ὑψηλὰ
ἀναφεύγουσι (vor den Phöniziern),
καταλαβόντες δὲ ὄρη δύσβατα –
Ἰλιεῖς μὲν ὄνομα ἐς ἐμὲ ἔτι ἔχου-
σι. — *socii L. nom.*, da ungeachtet
der Noth keine anderen socii aufge-
boten werden, so ist die Stelle ein
Beweis, dass mit jener Formel auch
alle italischen Bundesgenossen bezeichnet werden können, vgl. c. 36,
6; 38, 36, 2; zu 41, 8, 6. — *in Sard.*,
über die Wortstellung s. 36, 31, 10;
die zweimalige Wiederholung des

Begriffes in *peditum* durch *militum*
ist hier nicht auffallend; anders c.
27, 14. — *potuerit*, das Perf. in
Sätzen, welche Consecutivsätzen
untergeordnet sind, ist selten, s.
Cornel. Alc. 6, 4: *ut fuerit, quin –
illacrimarit*; Iustin. 2, 14, 9: *ut, cum
– commissum sit – nuntiatum sit*
gewöhnlich steht das Imperf. in diesem Falle. — *Pisis*, c. 17, 7. — *de
Bacch.*, wie 39, 41, 6. — *cuius*, die
veranlasst wurde durch, zu der;
wir würden die Beziehung auf *Bacchanal.* erwarten. — *Pupio*, 39, 45,
5, wo die quaestio nicht erwähnt
ist; da Pupius c. 1, 2 nicht abge-
löst wird, so ist er in dem letzten
Jahre *propraetor* gewesen, aber wol
nicht so zu schreiben, s. 36, 36, 1.
— *legem*, das erste Gesetz gegen
den ambitus seit 7, 15, in Folge der
Missbräuche, wie sie in der letzten
Zeit mehrfach hervorgetreten sind,
s. zu 39, 32, 12. Wahrscheinlich
beantragen die Consuln ein Gesetz,
da sich nicht absehen lässt, warum
zu gleicher Zeit, über einen Gegenstand, nach einem Senatsbeschluss beide Consuln jeder ein besonderes Gesetz einbringen sollen.

Legationes deinde in senatum introduxerunt, regum primas 20
Eumenis et Ariarathis Cappadocis et Pharnacis Pontici. nec ultra
quicquam eis responsum est quam missuros, qui de controversiis
eorum cognoscerent statuerentque. Lacedaemoniorum deinde 2
exulum et Achaeorum legati introducti sunt. et spes data exulibus est scripturum senatum Achaeis, ut restituerentur; Achaei
de Messene recepta compositisque ibi rebus cum adsensu patrum
exposuerunt. et a Philippo rege Macedonum duo legati venerunt, 3
Philocles et Apelles, nulla super re, quae petenda ab senatu esset;
speculatum magis inquisitumque missi de iis quorum Perseus
Demetrium insimulasset sermonum cum Romanis, maxime cum
T. Quinctio adversus fratrem de regno habitorum. hos tamquam 4
medios nec in alterius favorem inclinatos miserat rex; erant autem et hi Persei fraudis in fratrem ministri et participes.

Demetrius omnium praeterquam fraterni sceleris, quod nu- 5

Das Gesetz wird bald *Baebia* bald
Cornelia genannt; von dem Inhalt
desselben ist nur wenig bekannt, s.
Becker 2, 2, 41; Lange 2, 564; Andere nehmen zwei Gesetze an, wie
auch die Mz. Hs. *leges* hat, vgl. Rudorff Rechtsgesch. 1, 80, vgl. c. 44,
2. — *consules*, ebenso wird die relatio bisweilen beiden beigelegt, s.
26, 28, 1, vgl. 39, 15, 1; ib. 45, 1.
20. 1. *regum* ist in der Mz. Hs.
nicht richtig gestellt; die Stelle viell.
nicht vollständig oder richtig (die
Hs. bat *prima*) erhalten. — *Aria-
rath.*, ein Bundesgenosse des Eumenes gegen Pharnaces, vgl. 38, 39, 6;
42, 19; 29; Polyb. 25, 4f. — *Pharnac.*, c. 2. — *nec* etc., Polyb. c. 2:
ἡ σύγκλητος – ἀπεκρίθη διότι
πάλιν πέμψει πρεσβευτὰς τοὺς
φιλοτιμότερον ἐπισκεψομένους
ὑπὲρ τῶν διαφερόντων τοῖς προ-
ειρημένοις; L. stärker: *cogn. statu-
erentq.*, sie sollen die Sache entscheiden; Pharnaces hatte einen
Theil von Galatien besetzt.
2–4. *exulum*, die Lacedämonier
haben sich wieder an den achäischen
Bund angeschlossen, aber vorher
einen Theil der früheren Verbannten, s. 34, 35; 36, 35; 38, 30, die
näml., welche den Achäern, denen
sie ihre Wiedereinsetzung verdank-

ten, feindlich entgegentraten, s. 39,
36, vgl. ib. 48, 2, wieder aus der
Stadt getrieben; diese schicken jetzt
einen Gesandten nach Rom, s. Polyb. 25, 1 f. — *de Mess.*, 39, 50. —
cum ads., Pol. c. 2: ἡ σύγκλητος
ἀπεδέξατο φιλανθρώπως τοὺς
πρεσβευτάς. — *Philocl.*, c. 54, 9;
viell. der schon 31, 16 erwähnte. —
Apelles, s. zu 39, 47, 1. — *super re*,
s. c. 46, 15. — *specul.*, die Adver-
sativpartikel kann fehlen, aber auch
leicht nach *esset* ausgefallen sein.
— *sermonum* hat sich durch Attraction an das näher stehende *quorum*
angeschlossen; im Hauptsatze ist
das Demonstrativum schon der Prä-
posit. wegen zurückgeblieben; sonst
ist die Attraction eines Nomen mit
einer Präpos. selten, vgl. 23, 21, 5;
27, 42, 10; 28, 46, 5. — *Quinct.*, c.
11, 1; die vielen Bestimmungen bei
habitorum sind zu beachten. —
tamquam, nach der Annahme Philipps, die aber nicht richtig war.
20, 5–24. Ermordung des Demetrius. Diod. Sic. 29, 28; Plut.
Arat. 54.

5–6. *omnium* ist, wenn die Lesart richtig ist, allgemein zu nehmen:
Alles, was am Hofe (in Rücksicht
auf ihn) vorgieng, weniger passend
würde *scelerum* dazu gedacht. —

10*

per eruperat, ignarus primo neque magnam neque nullam spem
habebat patrem sibi placari posse; minus deinde in dies patris
6 animo fidebat, cum obsideri aures a fratre cerneret. itaque cir-
cumspiciens dicta factaque sua, ne cuius suspiciones augeret, maxime ab omni mentione et contagione Romanorum abstinebat,
ut neque scribi sibi vellet, quia hoc praecipue criminum genere
exasperari animum sentiebat.

21   Philippus, simul ne otio miles deterior fieret, simul avertendae suspicionis causa quicquam a se agitari de Romano bello,
2 Stobos Paeoniae exercitu indicto in Maedicam ducere pergit. cupido eum ceperat in verticem Haemi montis ascendendi, quia
vulgatae opinioni crediderat Ponticum simul et Adriaticum mare
et Histrum amnem et Alpes conspici posse: subiecta oculis ea
haud parvi sibi momenti futura ad cogitationem Romani belli.
3 percunctatus regionis peritos de ascensu Haemi, cum satis inter
omnes constaret viam exercitui nullam esse, paucis et expeditis
4 per difficillimum aditum, ut sermone familiari minorem filium

fraterni sceleris scheint auf Conjectur zu beruhen, die Hss. haben *fraterno scelere*, was nach Gron., jedoch
nicht ohne Härte, mit *quod* zu verbinden wäre: ausser was durch —
offenbar geworden war. — *neq. m.
neq. null. sp.*, er hatte keine grosse
Hoffnung, war aber auch nicht ganz
hoffnungslos. — *obsid. aur.*, vgl. 24,
4, 4: *circumsesso muliebribus blan-
ditiis*; zu *aures* kann *eius* gedacht
werden, doch verm. Gron. *cuius* st.
cum. — *ab omni*, 39, 25, 10. —
mention., s. c. 5, 7; 39, 53, 9. —
contag., von ansteckenden Krank-
heiten entlehnt, 39, 9, 1. — *neque*,
s. 38, 23, 3; ib. 44, 6. — *scribi*, vgl.
zu 39, 48, 1. — *animum*, wahrscheinl. ist nach einigen späteren
Hss. *patris* zuzusetzen oder *animos*
zu lesen.

21. 1–2. *quicq. - agitari* hängt
von dem in *avertendae suspicionis*
liegenden Begriffe: *ne suspicarentur*
ab, vgl. 35, 14, 3. — *Stobos*, 39, 53,
15f. — *Paeoniae*, s. c. 3, 3. — *indicto*, 22, 11, 3. — *Maedic.*, s. c.
22, 1. — *Haemus*, der grosse Bal-
kan. — *vulgatae*, Strabo 7, 5, 1 p.

313: $Α\~ιμον$ $ὄρος$ — $ὑψηλότατον$,
$μέσην$ $πως$ $διαιροῦν$ $τὴν$ $Θρᾴκην$,
$ἀφ'$ $οὗ$ $φησι$ $ὁ$ $Πολύβιος$ (aus dem
auch L. die Erzählung hat) $ἀμφο$-
$τέρας$ $καθορᾶσθαι$ $τὰς$ $θαλάττας$,
$οὐκ$ $ἀληθῆ$ $λέγων·$ $καὶ$ $γὰρ$ $τὸ$ $διά$-
$στημα$ $μέγα$ $τὸ$ $πρὸς$ $τὸν$ $Ἀδρίαν$
etc.; Pomp. Mela 2, 2: *Haemus in
tantum altitudinis abit, ut Euxinum
et Adriam ex summo vertice osten-
dat.* — *credider.*, 2, 18, 9. — *momenti ad*, 24, 28, 7; Philippus denkt
an einen Angriff vom Norden Italiens
her, s. § 7; c. 57, 7, für welchen sich
so der Weg finden lassen werde.

3–6. *exercit. viam*, vgl. 21, 30, 7.
— *per diffic. ad.* n. *viam esse*, vgl.
24, 20, 16; so findet sich *per* von
diffic. getrennt in alten Ausgaben
und bei Gronov., Andere lesen *perdifficillimum*, eine Bildung, die sich
wohl bisweilen findet, s. Plin. 2,
54, 143; ad Herenn. 4, 32, 44:
perpolitissimus, s. 41, 23, 6; Hand.
Turs. 3, 590; Reisig Vorles. 406,
aber bezweifelt wird und jetzt
an den meisten Stellen entfernt ist;
Gron. verm. *per difficillima*; am
einfachsten wäre *difficillimum* ohne

permulceret, quem statuerat non ducere secum, primum quaerit
ab eo, cum tanta difficultas itineris proponatur, utrum perseve-
randum sit in incepto an abstinendum; si pergat tamen ire, non 5
posse oblivisci se in talibus rebus Antigoni, qui saeva tempestate
iactatus, cum in eadem nave secum suos omnes habuisset, prae-
cepisse liberis diceretur, ut et ipsi meminissent et ita posteris
proderent, ne quis cum tota gente simul in rebus dubiis periclitari
auderet. memorem ergo se praecepti eius duos simul filios non 6
commissurum in aleam eius, qui proponeretur, casus; et quoniam
maiorem filium secum duceret, minorem ad subsidia spei et custodiam regni remissurum in Macedoniam esse. non fallebat Deme- 7
trium ablegari se, ne adesset consilio, cum in conspectu locorum
consultaret, qua proxime itinera ad mare Hadriaticum atque Italiam ducerent, quaeque belli ratio futura esset. sed non solum 8
parendum patri [tutum], sed etiam adsentiendum erat, ne invitum
parere suspicionem faceret. ut tamen iter ei tutum in Macedoniam 9
esset, Didas ex praetoribus regiis unus, qui Paeoniae praeerat,
iussus est prosequi eum cum modico praesidio. hunc quoque 10
Perseus, sicut plerosque patris amicorum, ex quo haud dubium
cuiquam esse coeperat, ad quem regis animo ita inclinato hereditas regni pertineret, inter coniuratos in fratris perniciem habuit.
in praesentia dat ei mandata, ut per omne obsequium insinuaret 11

per, welches aus *permulcere* hierher kommen konnte, s. § 8: *tutum*;
c. 22, 11. — *permulc.*, 36, 12, 6. —
primum ohne folg. *deinde*; auch die
Antwort ist § 8 nur angedeutet. —
propon., in Aussicht gestellt werde,
ohne *animo*. — *non p. obl.*, vgl. Hom.
Il. 19, 136: οὐ δυνάμην λελαθέσθ᾽
ἄτης. — *Antig.* es ist wol der Ge-
neral Alexanders d. Gr. gemeint,
der Vater des Demetrius Poliorce-
tes, dessen Urenkel Philippus war,
Niebuhr Kl. hist. Schriften 1, 226.
— *post prod.*, vgl. 1, 16, 7. — *in
aleam*, vgl. 1, 23, 9; 42, 50, 2; ib.
59, 9; 37, 36, 9. — *subs. spei*, um
an ihm eine Stütze für seine Hoffnung, dass sein Stamm fortdauern
werde, zu haben, 22, 32, 6: *subsi-
dium fortunae*; Cic. Cluent. 11, 32:
subsid. generis.
 7–8. *in consp. loc.*, sie im Gesichtskreise habend. — *consultar.*,
Rath hielt, sich (mit Anderen) be-
riethe. — *qua prox.*, an welcher
Seite, in welcher Richtung zunächst,
s. 1, 23, 5; 9, 44, 10; 37, 37, 4. —
tutum ist wahrscheinlich aus der
folg. Zeile hierher gekommen; auch
tum, wie gewöhnlich gelesen wird,
ist nicht passend, da die Andeutung,
dass Demetr. zu einer anderen Zeit
nicht gehorchen werde, hier fern
liegt; eher könnte man um das eine
der beiden *sed* zu entfernen: *patri,
verum etiam* vermuthen, s. 2, 17, 3.
— *invitum*, (ohne *se*, s. 30, 35, 5)
parere von *susp. fac.* abhängig, wie
oft in *suspicionem venire*, vgl. § 1.
 9–11. *ex – unus*, vgl. 37, 23, 7:
purpuratorum unus. — *praetor.*, so
heisst Didas auch c. 22, 15; 23, 2;
sonst könnte man auch wegen des
flg. *praeerat* das gewöhnliche *praefectis* erwarten, s. 42, 67, 2. —
Paeon., durch das Demetrius kommen musste. — *in praesent.*, s. c.
22, 14; vor der Hand, Anderes soll

se in quam maxime familiarem usum, ut elicere omnia arcana
specularique abditos eius sensus posset. ita digreditur Demetrius
cum infestioribus, quam si solus iret, praesidiis.
22 Philippus Maedicam primum, deinde solitudines interiacen-
tes Maedicae atque Haemo transgressus septimis demum castris
ad radices montis pervenit. ibi unum moratus diem ad deligen-
2 dos, quos duceret secum, tertio die iter est ingressus. modicus
primo labor in imis collibus fuit, quantum in altitudinem egrediebantur, magis magisque silvestria et pleraque invia loca excipie-
3 bant. pervenere deinde in tam opacum iter, ut prae densitate
arborum inmissorumque aliorum in alios ramorum perspici cae-
4 lum vix posset. ut vero iugis adpropinquabant, quod rarum in
altis locis est, adeo omnia contecta nebula, ut haud secus quam
nocturno itinere inpedirentur. tertio demum die ad verticem per-
5 ventum. nihil vulgatae opinioni degressi inde detraxerunt, magis
credo, ne vanitas itineris ludibrio esset, quam quod diversa inter
se maria montesque et amnes ex uno loco conspici potuerint.
6 vexati omnes et ante alios rex ipse, quo gravior aetate erat, dif-

später geschehen, 24, 22, 4; 33, 28,
6. — *ut — ut*, s. 39, 19, 4. — *cum
infest. - praes.*, statt die Lage, in
der Demetr. mit und ohne *praesidia*
gewesen wäre, zu vergleichen, sind
diese selbst mit seinem Alleinsein
zusammengestellt.
22. 1-3. *Maedicam*, in der Ebene
am mittleren Laufe des Strymon und
von da nach Osten hin; Strabo 7
frg. 36: ὁ Στρυμὼν – ἐξ Ἀγριά-
νων διὰ Μαίδων – ἐκπίπτει, obgleich derselbe auch Maeder am
Haemus kennt, s. 7, 5, 12 p. 318: οἱ
περὶ τὸ Αἷμον καὶ οἱ ὑπὲρ αὐτοῦ
οἰκοῦντες – Βέσσοι καὶ Μαίδων
τινὲς καὶ Δανθηλητῶν, vgl. 26, 25,
8. — *solit.*, § 8. — *sept. cast.*, 21,
31, 4, weil ein Heer ihn begleitet
§ 10 ff. — *tertio die*, der Tag der
Ankunft, der letzte der in *septimis
cast.* bezeichneten, ist der erste,
der Rasttag der zweite. — *imis
coll.*, die Vorberge; 21, 32, 8: *eri-
gentibus in primos agmen clivos.* —
egredieb., Tac. H. 3, 29: *in vallum
egressus.* — *magis mag.* statt *tanto magis*, s. 3, 15, 2; 44, 7, 6; 21,
31, 2, vgl. 6, 32, 8. — *excipieb.* n.

egredientes; 32, 3, 2. — *opac.* durch
das Folg. erklärt. — *inmiss.*, vgl. 33,
5, 10; Caes. B. G. 2, 17, 4. — *perspici*,
hindurch blicken, vgl. 22, 6, 8.
4—7. *rarum* etc., wol L.'s Urtheil, nach der Erfahrung sollte
man *haud* oder *non rarum* erwarten. — *contecta*, schwerlich kann
hier die copula fehlen, viell. ist
erant hinter *contecta* ausgefallen,
22, 20, 6; 23, 35, 3; 24, 36, 1;
27, 28, 7 vgl. 35, 10, 4; einige Hss.
haben *adeo esse omnia*, was hier
weniger passend wäre, vgl. jedoch
21, 54, 9; 31, 41, 12 u. a. — *tertio,
nach dem Beginne des Aufsteigens,
tertio die* § 1 ist der erste Tag, den
folg. waren sie unterwegs, am 3.
erreichten sie den Gipfel. — *magis
cr.*, 10, 3, 4. — *vanitas* etc., wahrscheinlich nach Polyb. und richtiger
als das von Strabo zu c. 21, 2 Mitgetheilte. — *diversa*, s. 21, 30, 2;
die Stelle aus Pomp. Mela zu c. 21,
2. — *montesq.*, diese hätten wol
am ersten gesehen werden können,
vgl. Strabo l. l. — *ante al.*, 1, 15,
8 u. a., der darin liegende Compa-
rativbegriff = *magis quam ceteri*

ficultate viae est. duabus aris ibi Iovi et Soli sacratis cum inmo- 7
lasset, qua triduo ascenderat, biduo est degressus, frigora nocturna maxime metuens, quae caniculae ortu similia brumalibus
erant. multis per eos dies difficultatibus conflictatus nihilo laetiora 8
in castris invenit, ubi summa penuria erat, ut in regione, quam
ab omni parte solitudines clauderent. itaque unum tantum mora- 9
tus diem, quietis eorum causa, quos habuerat secum, itinere inde
simili fugae in Dentheletos transcurrit. socii erant, sed propter 10
inopiam haud secus quam hostium fines Macedones populati sunt;
rapiendo enim passim villas primum, dein quosdam etiam vicos 11
evastarunt, non sine magno pudore regis, cum sociorum voces
nequiquam deos sociales nomenque suum inplorantes audiret. frumento inde sublato in Maedicam regressus, urbem, quam Petram 12
adpellant, obpugnare est adortus. ipse a campestri aditu castra
posuit, Perseum filium cum modica manu circummisit, ut a 13
superioribus locis urbem adgrederetur. oppidani, cum terror 14
undique instaret, obsidibus datis in praesentia dediderunt sese;
iidem, postquam exercitus recessit, obliti obsidum relicta urbe
in loca munita et montes refugerunt.

Philippus omni genere laboris sine ullo effectu fatigatis mili- 15
tibus et fraude Didae praetoris auctis in filium suspicionibus in
Macedoniam rediit. Missus hic comes, ut ante dictum est, cum 23
simplicitatem iuvenis incauti et suis haud inmerito succensentis
adsentando indignandoque et ipse vicem eius captaret, in omnia

macht nur die Ergänzung von *eo*
nöthig, s. 39, 40, 1; 25, 1, 6. —
gravior, 2, 19, 6. — *frig.*, 21, 58,
1. — *canic. ortu*, Plin. 2, 47, 123:
*ardentissimo aestatis tempore exo-
ritur caniculae sidus* —, *qui dies
XV ante Augustas calendas est*:
obgleich das Hundsgestirn erst
sichtbar wurde, hoher Sommer war.
8-14. *penuria*, der Entschluss
das Gebirge zu besteigen scheint
rasch gefasst und so oder aus Un-
kenntniss der Beschaffenheit der
Gegend die Herbeischaffung von
Lebensmitteln versäumt worden zu
sein. — *tantum*, s. 36, 10, 13; § 1
nur *unum*. — *Denthel.*, s. zu § 1; 39,
53, 12. — *rapiendo*, bei, unter usw.
— *villas*, davor hat die Mz. Hs. *per*,
wol durch Irrthum, s. c. 21, 3. —
deos soc., die bei dem Abschluss des
Bündnisses waren angerufen worden, 3, 18, 3. — *nomen*, ihn bei
seinem Namen, als König und Bundesgenossen. — *sublato*, ungeachtet
der Klagen. — *in Maed. regr.*,
Prisc. 7, 16 p. 737: *Livius in XL
ab urbe condita* - — *transgressus
Perseum filium* ist nicht genau citirt, vgl. § 1. Aus dem Folg. geht
hervor, dass nicht ganz Mädien dem
König unterworfen ist. — *Petram*,
die Stadt ist nicht zu verwechseln
mit der 39, 26, 1 genannten am
Olympus, vgl. 44, 32, 9. — *camp.
aditu*, 36, 10, 7; *a* wie § 8: *ab omni*,
1, 33, 7. — *loca m. e. montes*, es
sind wol feste Plätze im Gebirge,
Bergcastelle.

23. 1-3. *suis*, die Angehörigen,
auf den Genitiv, § 8 auf den Accus.
bezogen. — *et ipse* in Rücksicht auf

2 ultro suam obferens operam, fide data arcana eius elicuit. fugam
ad Romanos Demetrius meditabatur. cui consilio adiutor deum
beneficio oblatus videbatur Paeoniae praetor, per cuius provinciam
3 spem ceperat elabi tuto posse. hoc consilium extemplo et fratri
4 proditur et auctore eo indicatur patri. litterae primum ad obsi-
dentem Petram adlatae sunt. inde Herodorus — princeps hic
amicorum Demetrii erat — in custodiam est coniectus et Deme-
5 trius dissimulanter adservari iussus. haec super cetera tristem
adventum in Macedoniam regi fecerunt. movebant eum et praesentia crimina; expectandos tamen, quos ad exploranda omnia
6 Romam miserat, censebat. his anxius curis cum aliquot menses
egisset, tandem legati, iam ante praemeditati in Macedonia, quae
7 ab Roma renuntiarent, venerunt. qui super cetera scelera falsas
etiam litteras, signo adulterino T. Quinctii signatas, reddiderunt
8 regi. deprecatio in litteris erat, si quid adulescens cupiditate regni
prolapsus secum egisset: nihil eum adversus suorum quemquam
facturum, neque eum sese esse, qui ullius inpii consilii auctor
futurus videri possit. hae litterae fidem Persei criminibus fece-
9 runt. itaque Herodorus extemplo diu excruciatus sine indicio rei
24 ullius in tormentis moritur. Demetrium iterum ad patrem accu-
savit Perseus. fuga per Paeoniam praeparata arguebatur et cor-
rupti quidam, ut comites itineris essent; maxime falsae litterae

den in *succensentis* liegenden Begriff; *ipse* gehört zu *indignando*, vgl.
39, 49, 3. — *vicem*, c. 9, 8; 2, 31, 11:
suam vicem indignantem, vgl. c. 11,
4: *haec indignor*. — *ultro*, von
freien Stücken, unaufgefordert, s.
1, 17, 8: *offerendum ultro rati*; 10,
19, 1 u. a. — *fide d.*, die Geheim-
nisse zu bewahren, vgl. 37, 10, 4.

4-9. *dissimul.*, ohne dass er es
merkte. — *adservari*, 39, 19, 2. —
et praes. cr., auch (schon) die jetzt
vorliegenden, dass Demetr. ent-
fliehen wolle; der Gedanke ist concessiv ohne die Form. — *quos mis.*,
s. c. 20, 3; sie sind lange aufgehalten worden oder haben absichtlich
gezögert: *aliquot menses*. — *praemeditati* haben einige Hss., die übrigen *praemeditatis*, was grammatisch
sich vertheidigen lässt, s. Quintil.
5, 13, 3: *praemeditata pleraque do-

mo adfert*, aber dem Zusammenhange weniger angemessen ist, da
das Vorherüberlegen nicht passend
als Zeitbestimmung zu *venerant*
genommen wird; über die Verbindung mit *ante* s. c. 4, 13; 42, 47, 2;
38, 3, 8: *prius, quam -, praemeditati*. — *regi*, als an diesen gerichtet. — *deprecatio*, sie enthielten
die Bitte dem jungen Manne zu ver-
zeihen, sollten die Strafe abwenden; räumten also die verbrecheri-
sche Absicht ein, vgl. c. 11, 1. —
possit, s. 36, 35, 11; 41, 19, 6. —
sine ind., ohne eine Anzeige gemacht zu haben.

24. 1-3. *ad*, 38, 35, 1; 8, 23, 8. —
Perseus ist in den späteren Hss.
viell. nach *iterum* ausgefallen. —
fuga etc., drei Beweise für die
hochverrätherischen Pläne des Demetrius. — *corruptiq.*, die That-

T. Quinctii urgebant. nihil tamen palam gravius pronuntiatum 2
de eo est, ut dolo potius interficeretur, nec id cura ipsius, sed
ne poena eius consilia adversus Romanos nudaret. ab Thessalo- 3
nice Demetriadem ipsi cum iter esset, Astraeum Paeoniae Demetrium mittit cum eodem comite Dida, Perseum Amphipolim ad
obsides Thracum accipiendos. digredienti ab se Didae mandata 4
dedisse dicitur de filio occidendo. sacrificium ab Dida seu insti- 5
tutum seu simulatum est, ad quod celebrandum invitatus Demetrius ab Astraeo Heracleam venit. in ea cena dicitur venenum
datum. poculo epoto extemplo sensit. et mox coortis doloribus, 6
relicto convivio cum in cubiculum recepisset sese, crudelitatem
patris conquerens, parricidium fratris ac Didae scelus incusans
torquebatur. intromissi deinde Thyrsis quidam Stuberaeus et 7
Beroeaeus Alexander iniectis tapetibus in caput faucesque spiritum incluserunt. ita innoxius adulescens, cum in eo ne simplici 8
quidem genere mortis contenti inimici fuissent, interficitur.

Dum haec in Macedonia geruntur, L. Aemilius Paulus, pro- 25
rogato ex consulatu imperio, principio veris in Ligures Ingaunos
duxit. ubi primum in hostium finibus castra posuit, legati ad 2

sache, dass er – habe. — *urgeb.* n.
reum, vgl. 34, 62, 7. — *pronuntiat.*, von dem König als Richter. —
ipsi auf Philipp. als die Hauptperson
zu beziehen. — *Thessal.*, dahin
scheint er von Petra sich begeben
zu haben, vgl. c. 22, 15: in *Macedoniam.* — *Astraeum*; Ptol. 3, 13,
27: *Ἀστραῖον*, wahrscheinlich zwischen dem oberen Laufe des Axius
und dem Strymon, in dem Lande
der Aestraei bei Ptol. l. l., viell.
dieselbe Stadt, welche bei Steph.
Byz. *Ἀστραία, πόλις Ἰλλυρίας*
heisst; *Paeon.*, s. c. 21, 1. — *Pers.,*
Prisc. 7, 5, 16 p. 737: *Perseum
Amphipolim mittit* ist nicht genau
citirt; jüngere Hss. haben *Philippopolin.*
4–8. *dicitur*, die Sache stand
also nicht fest. — *celebrand.*, zum
Opferschmause, s. c. 4, 10. — *Heraclea* ist wahrscheinlich das in
Lynceatis gelegene, Strabo 7, 7, 4
p. 323, später auch *Pelagonia* genannt, s. 31, 28, 5, an der via Egnatia,
nicht Heraclea Sintica, 42, 51, 7. —

sensit, das Object ist aus dem Zusammenhange zu nehmen, s. 37, 18, 8, zu
2, 25, 1. — *coor. del. rel. con.*, coordinirt, weil jenes den Grund, dieses
die Zeit bezeichnet. — *parric. frat.*,
c. 8, 7. — *Stuber.*, 31, 39, 4. *Beroeaeus*, 44, 45, 2; 42, 51, 3. — *tapet.*, vgl. Tac. Ann. 6, 50: *iniectu
multae vestis.* — *intercl.*, c. 16, 1;
21, 58, 4: *spiritum includeret.* — *ne
simpl. q. gen.*, um das Ende tragischer zu machen, viell. von L. zugesetzt, vgl. Tac. 12, 67. Das Folgende bis c. 54 ist den röm. Annalisten entlehnt.

25–28. Krieg in Ligurien. Plut.
Aemil. 6.

1–2. *ex cons.*, s. c. 1, 6; 4, 31,
1; 10, 5, 14; die Sache ist c. 18, 3
nicht erwähnt, vielmehr den Consuln des Jahres als Provinz der
Krieg in Ligurien übertragen, vgl.
c. 17, 7. — *in Lig.* knüpft an c. 17,
6 an. — *Ingaun.*, s. 39, 32. — *duxit*, die Lesart ist nicht sicher, da
die Hss. *introduxit,* frühere Ausgaben *exercitum introduxit* haben,

3 eum per speciem pacis petendae speculatum venerunt. neganti
Paulo nisi cum deditis pacisci se pacem non tam id recusabant,
quam tempore aiebant opus esse, ut generi agresti hominum
4 persuaderetur. ad hoc decem dierum indutiae cum darentur,
petierunt deinde, ne trans montes proximos castris pabulatum
5 lignatumque milites irent: culta ea loca suorum finium esse. id
ubi impetravere, post eos ipsos montes, unde averterant hostem,
exercitu omni coacto, repente multitudine ingenti castra Roma-
6 norum obpugnare simul omnibus portis adgressi sunt. summa
vi totum diem obpugnarunt, ita ut ne efferendi quidem signa Ro-
7 manis spatium nec ad explicandam aciem locus esset. conferti in
portis obstando magis quam pugnando castra tutabantur. sub
occasum solis cum recessissent hostes, duos equites ad Cn. Baebium proconsulem cum litteris Pisas mittit, ut obsesso per indu-
8 tias sibi quam primum veniret subsidio. Baebius exercitum M.
Pinario praetori eunti in Sardiniam tradiderat; ceterum et sena-
9 tum litteris certiorem facit obsideri a Liguribus L. Aemilium, et
M. Claudio Marcello, cuius proxima inde provincia erat, scripsit,
ut, si videretur ei, exercitum e Gallia traduceret in Ligures et

vgl. c. 33, 3: *exercitum omnem in
urbem introduxit*; 41, 10, 1; ohne
exercitum kann *introducere* schwerlich gebraucht werden; doch lässt
sich nicht erkennen, ob in *intro* ein
anderes Wort verdorben sei.
3-5. *neganti*, s. zu 1, 54, 6; 42,
33, 2. — *deditis*, s. 28, 34, 7. — *pacisci, s. pacem*, wie c. 18, 7; 52, 6;
pugna pugnata; 9, 37, 11; 9, 10, 9:
noxam nocuerunt; 24, 22, 17: *facinus facere* u. a., sonst würde man
pacem nicht vermissen. — *agresti*,
einem rohen Bauernvolke. — *persuad.*, absolut gebraucht, s. 24, 29,
10: *facile multitudini persuasum*;
25, 33, 5, s. zu 22, 22, 15, — *decem
dier.*, ob diese Worte, welche die
jüngeren Hss. haben, in der Mz.
fehlten, ist nicht sicher, die detaillirte Darstellung lässt vermuthen,
dass sie nicht von Abschreibern
herrühren. — *petier. d.*, vgl. c. 47,
4. — *lignatumque*, weil es eng mit
pabulat. verbunden ist, nicht *neve*
oder *ve* oder *aut.* — *culta e. l.*, das
angebaute Land in jener Gegend
gehöre zu usw. — *averter.*, bewirkten, dass er nicht dahin kam; *post
eos m.* gehört zu *coacto.* — *adgr.
s.*, 36, 9, 9.

6-10. *nec* fügt nach *ne - quidem*
etwas an, dessen Nichteintreten
nach dem zuerst Gesagten sich erwarten lässt: (und so) auch nicht,
s. 1, 3, 4 ; zu 22, 60, 12 ; Gron. verm.
nedum, was wol nicht nöthig ist;
umgekehrt Curtius 5, 12, 21: *nec -
nec - ne - quidem.* — *spat. - locus*,
um abzuwechseln; über die veränderte Construct. *efferendi u. ad expl.* s. 30, 4, 6. — *procons.*, die Hss.
haben *consulem*, doch ist hier
schwerlich ein Irrthum L.'s anzunehmen. — *mittit*, das Subject giebt
der Zusammenhang, c. 24, 2. — *ut*
etc., vgl. c. 17, 7. — *per ind.*, entweder nur: während, s. c. 27, 9;
30, 37, 6, oder: unter dem Vorwande, s. 38, 25, 16; 42, 47, 1: *decepto per inducias.* — *exerc.*, nach
c. 19, 8 nur einen Theil, keine der
Legionen. — *Claudio*, c. 16, 5. —

L. Aemilium liberaret obsidione. haec sera futura auxilia erant. Ligures ad castra postero die redeunt. Aemilius cum et venturos 10 scisset et educere in aciem potuisset, intra vallum suos tenuit, ut extraheret rem in id tempus, quo Baebius cum exercitu venire a Pisis posset.

Romae magnam trepidationem litterae Baebii fécerunt, eo 26 maiorem quod paucos post dies Marcellus, tradito exercitu Fabio 2 Romam cum venisset, spem ademit eum, qui in Gallia esset, exercitum in Ligures posse traduci, quia bellum cum Histris esset prohibentibus coloniam Aquileiam deduci: eo profectum Fabium, 3 neque inde regredi bello inchoato posse. una, et ea ipsa tardior 4 quam tempus postulabat, subsidii spes erat, si consules maturassent in provinciam ire. id ut facerent, pro se quisque patrum vociferari. consules nisi confecto dilectu negare sese ituros, nec 5 suam segnitiam, sed vim morbi in causa esse, quo serius perficeretur. non tamen potuerunt sustinere consensum senatus, quin 6 paludati exirent et militibus, quos conscriptos haberent, diem edicerent, quo Pisas convenirent. permissum, ut, qua irent, pro-

---

liber. obsidione oft so verbunden, s. 22, 25, 9; 23, 37, 10, vgl. zu 42, 50, 9; 36, 37, 13. — *fut. er.*, sollten der Natur der Sache nach sein. — *scissent*, 27, 35, 4; 6, 25, 18. — *educere* ohne Object, wie sonst *ducere*, 32, 30, 9; 21, 39, 10 usw. — *extrah.*, nicht den Tag, sondern die Zeit über, s. c. 27, 1; 28, 2.
26. 1 – 4. *magn. - eo mai.*, schon an sich gross - noch grösser usw., wie ohne *eo* oft der Comparativ auf den Positiv desselben Adj. oder Adverb. folgt, 1, 7, 8; Gron. will *magnam* tilgen. — *Fabio*, c. 18, 3. — *spem ad. eum* wie c. 21, 8. — *Aquil. ded.*, vgl. 39, 55; die Abführung ist noch nicht erwähnt, s. c. 34, 2; aber wol schon vorbereitet, s. Lange 2, 226; über den Grund des Widerstrebens der Histrier s. 21, 25, 2; 10, 1, 7. — *et ea i.*, nicht *sed e. i.*, weil die Beschaffenheit der im Vorhergeh. ähnlich ist; *is ipse* 39, 23, 5; 4, 31, 9 u. o. — *maturass.* weil *spes erat* vorhergeht = *si maturaverint - subvenire poterunt (spes est subsidii).* — *vociferari,* auch ohne befragt zu sein, s. 42, 3, 5; 30, 21, 6; Lange 2, 375.
5–7. *segnitiam* wie 31, 6, 5. — *quo serius*, weswegen, so dass deshalb, nach *in causa esse*, s. 34, 56, 9: *stipendia - causae essent, quo minus*; Cic. Fam. 3, 9, 2: *ob eam causam, quo*; Caes. B. C. 1, 82, 3: *eis causis - quo minus dimicare vellet, movebatur*; Tac. Ann. 1, 14 u. a; ebenso *causa, ut*, 5, 55, 5, oder *quin* Cic. Tusc. 1, 32, 78; 5, 11, 32 u. a. Zur Sache s. c. 19. — *perficer.*, die jüngeren Hss. haben meist *proficiscerentur.*— *non - senatus*, s. Becker 2, 2, 449. — *quin* wie 33, 36, 12; 28, 8, 2 u. a. — *palud.*, 21, 63, 9. — *quo Pis. conv.*, gewöhnlich drückt sich L. anders aus, s. zu 41, 5, 6. — *ut* nach *permissum* hat nur die Mz. Hs., vielleicht ist es zugesetzt, s. 27, 22, 11 u. a., vgl. 39, 23, 10. Das Verfahren ist wie sonst bei einem tumultus, s. 32, 26, 11; daher *subitarios*, vgl, c. 28, 10; 3, 4, 11: *subitarios milites - ita tum repentina auxilia appellabant*, § 7: *tumultuarios;* 41, 1, 6. — *protinus*,

156 LIBER XXXX. CAP. 26. 27.   a. u. 573.

7 tinus subitarios milites scriberent ducerentque secum. et praetoribus Q. Petillio et Q. Fabio imperatum est, ut Petillius duas legiones civium Romanorum tumultuarias scriberet et omnes minores quinquaginta annis sacramento rogaret, Fabio, ut sociis Latini nominis quindecim milia peditum, octingentos equites impe-
8 raret. duumviri navales creati C. Matienus et C. Lucretius navesque iis ornatae sunt Matienoque, cuius ad Gallicum sinum provincia erat, imperatum est, ut classem primo quoque tempore duceret in Ligurum oram, si quo usui esse L. Aemilio atque exercitui eius posset.

27   Aemilius, postquam nihil usquam auxilii ostendebatur, interceptos credens equites, non ultra differendum ratus, quin per se fortunam temptaret, priusquam hostes venirent, qui iam segnius
2 socordiusque obpugnabant, ad quattuor portas exercitum instruxit, ut signo dato simul ex omnibus partibus eruptionem facerent.
3 quattuor extraordinariis cohortibus duas adiunxit praeposito M.

so wie er weiter gieng, wie 28, 13, 4; 41, 5, 9. — *ut Petillius* ist unregelmässig so angeknüpft, als ob nur *imperatum est*, kein Dativ vorhergienge, eine Abweichung von der Construct., die, wenn kein Fehler vorliegt, um so auffallender ist, weil *Fabio*, n. *imperatum est*, sich richtig an *praetoribus — Fabio* anschliesst; die regelmässige Construct. s. c. 28, 9. Ueber die Prätoren s. c. 18, 3 ; *civ. Rom.*, ib. § 6. — *minor. quinquag.*, also nicht allein die *iuniores*, s. 42, 31, 4, dagegen 43, 14, 6, zu 1, 43, 1. — *sacram. rog.*, 32, 26, 11.

8. *duumv. nav.*, wie es c. 18, 7 bestimmt war. — *C. Matien.* hat auch die Wiener Hs. 41, 28, 5; dagegen *M. Matienus* 42, 1, 5; 43, 2, 8. — *iis*, da es c. 18 heisst: *duumviros* -, *per quos naves deductae - complerentur*, so liegt es nahe *iis = ab iis* zu verstehen, s. zu 28, 28, 10; 9, 36, 1 u. a.; doch schliesst sich dann das Folg. nur locker an; es ist daher möglich, dass *ornare naves* und *complere* verschieden, jenes einem Anderen aufgetragen, s. 42, 27, 1, und *iis* ihnen bedeutet. Indess steht auch die Lesart *Matienoque* nicht sicher,

nur Gelen. hat sie, wie es scheint, nach Conjectur; in den Hss. findet sich nur *sunt cuiusque ad Gallicum*, was Gron. billigt; *ei* könnte ergänzt werden, s. 39, 46, 4; 4, 3, 15; 41, 2, 2. — *ornatae*, s. 21, 50, 7. — *ad Gall. s.*, c. 18, 8. — *provinc.*, 3, 2, 2. — *si quo*, s. 26, 9, 9; 3, 48, 4, vgl. 42, 31, 6.

27. 1-3. *postq. - ostendeb.*, hier: nach langen Warten. — *quin*, s. 36, 10, 7. — *iam segn.*, nach mehreren fehlgeschlagenen Versuchen, s. c. 28, 1. — *quatt. extr. coh.*, die vier usw., da nur so viele bei einem Heere von 2 Legionen, wie es L. nach dem Folg. voraussetzt, standen, s. 34, 47, 3; 27, 12, 14; dagegen, wahrscheinlich nach Polyb., s. Nissen 299, Plut. l. l.: ἐπιόντος οὖν τοῦ Αἰμιλίου τετρακισμύριοι γενόμενοι (Λίγυες) τὸ πλῆθος ὑπέστησαν· ὁ δὲ τοὺς σύμπαντας ὀκτακισχιλίους ἔχων - αὐτοῖς συνέβαλε καὶ τρεψάμενος καὶ κατακλείσας εἰς τὰ τείχη διέδωκε λόγον φιλάνθρωπον etc., also weit weniger Truppen als L. angiebt, und ohne Erwähnung des Einschlusses, den L. nach einem Annalisten so ausführlich schildert. —

Valerio legato, erumpere praetoria porta iussit. ad dextram prin- 4
cipalem hastatos legionis primae instruxit; principes ex eadem
legione in subsidiis posuit; M. Servilius et L. Sulpicius tribuni
militum his praepositi. tertia legio adversus principalem sinistram 5
portam instructa est. id tantum mutatum, principes primi et 6
hastati in subsidiis locati; Sex. Iulius Caesar et L. Aurelius Cotta
tribuni militum huic legioni praepositi sunt. Q. Fulvius Flaccus 7
legatus cum dextra ala ad quaestoriam portam positus; duae co-
hortes et triarii duarum legionum in praesidio castrorum manere
iussi. omnes portas contionabundus ipse imperator circumiit, et 8
quibuscumque irritamentis poterat iras militum acuebat, nunc 9
fraudem hostium incusans, qui pace petita, indutiis datis, per
ipsum indutiarum tempus contra ius gentium ad castra obpugnanda venissent, nunc quantus pudor esset edocens ab Liguribus, 10
latronibus verius quam hostibus iustis, Romanum exercitum obsideri. „quo ore quisquam vestrum, si hinc alieno praesidio, non 11

duas, nach der Verwendung des übrigen Heeres müssen sie der ala sinistra angehört haben, s. § 7. — *praet. p.*, über den Abl. s. 26, 9, 12; 34, 46, 9 u. a.; der Name *extraordinaria p.*, wie gewöhnlich gelesen wird, der nur für *praetoria* gebraucht sein könnte, findet sich sonst nirgends, und ist auch an u. St. nicht sicher, sondern scheint auf einer Conjectur des Gelen. zu beruhen, da die Hss. *extraordinariis* (*extraordinarios*) *a porta* haben; dieses aber aus dem vorhergeh. *extraordinariis* entstanden zu sein und die ursprüngliche Lesart verdrängt zu haben, s. Marq. 3, 2, 312, Klenze Phil. Abhndlgen 142 f. Um das Abgerissene der Sätze, was jedoch nach dem Charakter der folg. Schilderung beabsichtigt sein kann, zu entfernen verm. Gron. *duabus adiunctis*; Duker *et praeposito*; indess kann *eum* oder *eas*, wenn es nicht ausgefallen ist, leicht zu *erumpere* ergänzt werden; *praeposito* ist wie 39, 14, 3, vgl. 24, 40, 5, zu nehmen.

4—5. *dexter. princ.*, s. 34, 46, 9. — *Servil.*, schwerlich der Cic. de or. 2, 64, 261 erwähnte, s. zu c. 18, 2;

dagegen ist *L. Sulpicius* viell. der c. 28, 8 genannte, und hier oder an u. St. der Vorname verschrieben. — *praepositi*, da die Hss. *Servilium - Sulpicium - tribunos* bieten, kann L. auch *praeposuit* geschrieben haben, obgleich *posuit* vorhergeht, vgl. 39, 5, 4: *mandatum*.

6—10. *id tant. m.*, nur darin wurde eine Aenderung getroffen, s. 1, 43, 5. — *quaest. p.*, 34, 47, 1. — *duae coh.*, da vorher nur zwei von den 10 Cohorten, die eine ala bilden, erwähnt sind, so sind entweder die Zahlen verschrieben, oder einige waren anders verwendet, weniger wahrscheinlich ist, dass die Quelle L.'s das Heer als nicht vollständig bezeichnet habe, wie Plutarch. — *Fulv.*, viell. der 38, 42 genannte; ein anderer ist c. 37 erwähnt. — *contionab.*, 5, 29, 10; 3, 47, 2. — *per*, c. 25, 7. — *ius gent.*, nach dem der Waffenstillstand nicht gebrochen werden durfte, 30, 25, 2. — *latronib.*, 35, 7, 7 u. *o. — verius*, s. 2, 26, 1; 21, 16, 4.

11—15. *quo ore*, s. 26, 32, 4. — *quisquam*, der Gedanke ist negativ. — *alieno*, s. 7, 35, 4. — *non dico*,

vestra virtute evaseritis, occurret, non dico eis militibus, qui Hannibalem, qui Philippum, qui Antiochum, maximos aetatis nostrae
12 reges ducesque, vicerunt, sed iis, qui hos ipsos Ligures aliquotiens pecorum modo fugientes per saltus invios consectati ceciderunt?
13 quod Hispani, quod Galli, quod Macedones Poenive non audeant, Ligustinus hostis vallum Romanum subit, obsidet ultro et obpugnat, quem scrutantes ante devios saltus abditum et latentem
14 vix inveniebamus." ad haec consentiens reddebatur [militum] clamor, nullam militum culpam esse, quibus nemo ad erumpen-
15 dum signum dedisset: daret signum; intellecturum eosdem, qui
28 antea fuerint, et Romanos et Ligures esse. Bina cis montes castra Ligurum erant. ex iis primis diebus sole orto pariter omnes
2 compositi et instructi procedebant; tum nisi exsatiati cibo vinoque arma non capiebant, dispersi, inordinati exibant, ut quibus
3 prope certum esset hostes extra vallum non elaturos signa. adversus ita incompositos eos venientes clamore pariter omnium, qui in castris erant, calonum quoque et lixarum sublato simul
4 omnibus portis Romani eruperunt. Liguribus adeo inprovisa res fuit, ut perinde ac si insidiis circumventi forent trepidarent. exiguum temporis aliqua forma pugnae fuit; fuga deinde effusa et
5 fugientium passim caedes erat. equitibus dato signo, ut conscenderent equos nec effugere quemquam sinerent, in castra omnes
6 trepida fuga compulsi sunt, deinde ipsis exuti castris. supra quindecim milia Ligurum eo die occisa, capta duo milia et
7 quingenti triduo post Ligurum Ingaunorum nomen omne obsi-

24, 8, 15. — *pecor. m.*, 22, 14, 8; zum Gedanken 21, 43, 8. — *Poenive* nicht *que*, weil der Gedanke negativ ist. — *Ligust.*, vgl. zu 39, 21, 1; Plut. τοὺς παραλίους Λίγυας, οὕς ἔνιοι (Polybius) καὶ Λιγυστίνους ὀνομάζουσι. Der Gedanke ist verkürzt, das Allgemeine: *id audent*, oder im Vorhergeh. nach *quod non audeant* (Annahme: es dürften wol nicht) *ut obsideant* etc. übergangen. — *obpug.* s. 23, 18, 7; über *et* c. 16, 11. — *scrutant.*, derselbe Gedanke wie § 12: als wir angriffsweise verfuhren. — *militum clamor* hat nur die Mz. Hs., *militum* ist wol aus dem Folg. hierher genommen; in *signum daret - signum* ist die Wiederholung beabsichtigt. — *eosdem*, 6, 7, 6; zur Situation 7, 13, 10.

28. 2-4. *tum*, jetzt, im Gegensatze zu *primis diebus*, nachdem die Belagerung schon längere Zeit gedauert hat. — *prope* statt des hds. *pro se*, obgleich dem Zusammenhange eine Verringerung nicht ganz entspricht; die gewöhnliche Lesart *pro spe* lässt sich sprachlich kaum rechtfertigen. — *incomp. - venient.*, 1, 21, 1. — *clamore omn.*, Front. Strat. 2, 3, 17: *sublato universorum clamore*, der Urheber ist statt durch den Abl. mit *ab* durch den Genitiv bezeichnet; Tac. An. 2, 29: *immoto eius vultu excipitur* u. ä. — *parit. omn.* wie § 1; Tac. Ann. 1, 64: *cuncta pariter - adversa.* — *calon.*, 23, 16, 8.

6-7. *capta*, die Mz. Hs. hat das

dibus datis in dicionem venit. gubernatores nautaeque conquisiti, qui *in* praedatoriis fuissent navibus; atque omnes in custodiam coniecti. et a C. Matieno duumviro naves eius generis in Ligustina ora triginta duae captae sunt. haec qui nuntiarent litterasque ad 8 senatum ferrent, L. Aurelius Cotta C. Sulpicius Gallus Romam missi, simulque peterent, ut L. Aemilio confecta provincia decedere et deducere secum milites liceret atque dimittere. utrumque 9 permissum ab senatu, et supplicatio ad omnia pulvinaria per triduum decreta, iussique praetores Petillius urbanas dimittere legiones, Fabius sociis atque nomine Latino remittere dilectum, et uti 10 praetor urbanus consulibus scriberet senatum aequum censere subitarios milites tumultus causa conscriptos primo quoque tempore dimitti.

Colonia Graviscae eo anno deducta est in agrum Etruscum, 29 de Tarquiniensibus quondam captum. quina iugera agri data; 2 tresviri deduxerunt C. Calpurnius Piso P. Claudius Pulcher C. Terentius Istra. siccitate et inopia frugum insignis annus fuit. sex menses numquam pluvisse memoriae proditum.

weniger gewöhnliche *capti*, s. 10, 34, 3. — *obsid. dat.*, ehe das geschah, war die *deditio* erfolgt, s. 28, 34, 7: *non prius – quam omnia – dedisset, obsides accepti, arma adempta.* Die Folge der *deditio* ist der Zustand der *dicio*, das Unterworfensein unter die Gewalt eines fremden Volkes; deshalb wäre hier *in deditionem* weniger passend, s. 33, 17, 15. — *in praed. f. nav.*, nach Crevier, da die hds. Lesart *praedatores f. navibus* schwerlich lateinisch ist, und das folg. *eius generis* andeutet, dass die Art der Schiffe bezeichnet war, Plut. σκάφεσι πειρατικοῖς, vgl. 34, 36, 3. — *coniecti* etc., dagegen Plut.: τὰς μὲν πόλεις – ἀπέδωκε, τὰς δὲ ναῦς ἁπάσας ἀφείλετο καὶ πλοῖον οὐδὲν αὐτοῖς τρισκάλμου μεῖζον ἀπέλιπε. Die Mitwirkung der Duumvirn erwähnt er nicht; zur Sache s. c. 18, 4.
8 – 10. *Aurel.*, c. 27, 6; *Sulpic.*, vgl. c. 27, 4; 43, 11, wo aber die Wiener Hs. *M. Sulpicius* hat, 44, 37, 5. — *confecta pr.*, 26, 21, 2. — *deduc. - licer. - dim.*, vgl. 39, 20, 9. — *rem. dil.* ist am einfachsten:

die Aushebung erlassen, die also noch nicht, wie bereits in Rom, § 9: *dimittere*, § 10: *dimitti*, vollendet war; schwerlich ist *dilectum* für die ausgehobenen Soldaten gesagt, wie Tac. H. 4, 71: *dilectus per Gallias habitos in civitates remittit. — subitar.*, c. 26, 6.

29. Die Colonie Graviscae; Dürre; die Bücher des Königs Numa. Plin. 13, 13, 84; Varro bei August. de civ. dei 7, 34; Val. Max. 1, 1, 12; Plut. Num. 22; Aur. Vict. 3; Lact. Inst. 1, 22.

1 – 2. *Graviscae*, eine etrurische Stadt, nach dem Folg. in der Mark von Tarquinii, wahrscheinlich an der Mündung des Minio, j. Mignone; es wird eine Bürgercolonie. — *de Tarq.*, s. 7, 22, also vor langer Zeit. — *quina* etc., vgl. 39, 44, 10; ib. 55, 7. — *Calp.*, c. 35; 39, 42. — *Claud.*, 39, 32, 5; Inscptt. latt. p. 279 n. IX: *P. Claudius Ap. f. P. n. Pulcher colonos adscripsit* Cales cos. cum *L. Porcio III* vir. coloniam deduxit Graviscam (das cursiv gedruckte ist ergänzt). — *Terent.* 39, 56. — *sicc. - insign.*,

3 Eodem anno in agro L. Petillii scribae sub Ianiculo, dum
cultores [agri] altius moliuntur terram, duae lapideae arcae, octo-
nos ferme pedes longae, quaternos latae, inventae sunt, operculis
4 plumbo devinctis. litteris Latinis Graecisque utraque arca scripta
erat, in altera Numam Pompilium Pomponis filium regem Romano-
5 rum sepultum esse, in altera libros Numae Pompilii inesse. eas
arcas cum ex amicorum sententia dominus aperuisset, quae titulum
sepulti regis habuerat, inanis inventa, sine ullo vestigio corporis
humani aut ullius rei, per tabem tot annorum omnibus absum-
6 ptis. in altera duo fasces candelis involuti septenos habuere li-

30, 26, 5: *annus insignis incendio
etc.*
3. *Petillii sc.*, viell. der Freigelassene eines Petillius, Plin. l. l.: *Cassius Hemina, vetustissimus auctor
annalium – prodidit Cn. Teren-
tium scribam agrum suum in Ianiculo repastinantem effodisse arcam,
in qua Numa – situs fuisset. in eadem libros eius repertos. – hos
fuisse e charta*; Varro: *Terentius
quidam*, ebenso Festus p. 173 u.
Aurel. Vict. — *sub Ian.*, am Fusse
des Ianiculum, wo das Land bebaut
war, s. 24, 10, 11; Becker 1, 654.
— *agri* setzt nur die Mz. Hs. zu, es
findet sich in der Periocha, aber nicht
bei Val. Max.; *cultores* ohne *agri* s.
28, 11, 9; 24, 10, 11; mit *agri* 4,
25, 4; da *agro* voraufgeht und sogleich *terram* folgt, ist *agri* an u.
St. weniger nothwendig. — *alt.
mol. ter.*, Val. M.: *terram altius ver-
santibus*, s. d. St. aus Plin., Varro:
*bubulcus eius iuxta sepulcrum Nu-
mae Pompilii aratrum traiciens
eruisset e terra libros*; dagegen
Plut.: ὄμβρων μεγάλων ἐπιπεσόν-
των καὶ χώματος περιῤῥαγέντος
ἐξέωσε τὰς σοροὺς τὸ ῥεῦμα. —
duae lap. arc.; s. oben Hemina: *arcam in qua* etc. — *operc. pl. dev.*,
Hemina: *lapidem fuisse quadratum
circiter in media arca evinctum candelis quoquoversus*.
4. *lit. Lat. Gr.*, so nur L., Valer.
M. jedoch: *quarum in altera scri-

ptura indicabat – in altera libri re-
conditi erant.* — *scripta*, 22, 1, 11:
unam (sortem) ita scriptam. —
Pomponis, so auch Dion. Hal. 2,
58; Aur. Vict. 3; Val. M. 10, 1: *patrem eius Pompium Pompilium.* —
ex am. s., wie in einem Familienrathe. — *habuerat*, auf der man,
bevor sie geöffnet wurde, gefunden
hatte. — *inanis – hum.*, Plut. κενὴ
παντάπασιν ὤφθη καὶ μέρος οὐδὲν λείψανον ἔχουσα τοῦ σώμα-
τος, dasselbe deutet Plin. durch
fuisset an; dagegen Lact.: *quarum
in altera corpus Numae fuit.* —
tabem, die verzehrende Kraft, Auf-
zehrung, vgl. 41, 21, 6.
6 – 7. *fasces*, Bündel. — *candelis*:
mit Talg, Wachs oder Harz getränkte
Seile, Hemina nach den Worten § 3:
*in eo lapide insuper libros in-
sitos fuisse, propterea arbitrarier
non conputuisse. et libros citratos
fuisse, propterea arbitrarier tineas
non tetigisse* (obgleich sie e *charta*
waren). — *septenos*, Plin. l. l.: *hoc
idem tradit Piso censorius primo
commentariorum, sed libros septem
iuris pontificii totidemque Pythagoricos fuisse. Tuditanus XIII Numae
decretorum fuisse; libros XII fuisse
ipse Varro Humanarum antiqui-
tatum septumo, Antias secundo libros fuisse XII pontificales Latinos,
totidem Graecos praecepta philosophiae continentes*; L.'s Darstellung
schliesst sich also zunächst an die

bros, non integros modo, sed recentissima specie. septem Latini 7
de iure pontificio erant, septem Graeci de disciplina sapientiae,
quae illius aetatis esse potuit. adicit Antias Valerius Pythagoricos 8
fuisse, vulgatae opinioni, qua creditur Pythagorae auditorem fuisse
Numam, mendacio probabili adcommodata fide. primo ab amicis, 9
qui in re praesenti fuerunt, libri lecti; mox pluribus legentibus
cum vulgarentur, Q. Petillius praetor urbanus studiosus legendi
eos libros a L. Petillio sumpsit: et erat familiaris usus, quod scri- 10
bam eum quaestor Q. Petillius in decuriam legerat. lectis rerum 11

des Piso an, ist aber demselben nicht unmittelbar entlehnt, s. § 8. — *non integr.* ist im Vergleich mit § *tabem* etc. nicht ohne Ironie gesagt. — *sept.* - *pontif.*, wie Piso; Val. M.: *de iure pontificum*; Numa galt als Gründer des Pontificalrechtes; Varro: *libros eius* (*Numae*), *ubi sacrorum institutorum scriptae erant causae*, die philosophischen erwähnt er nicht; Plut.: οἱ δὲ περὶ Ἀντίαν ἱστοροῦσι δώδεκα μὲν εἶναι βίβλους ἱεροφαντικάς. — *de disc. sap.*, wie *disciplina philosophiae*, vgl. 1, 18, 4; Val. M. ebenso. — *quae - potuit*, wie sie hätte sein können zu Numas Zeit, das Urtheil L.'s oder seines Gewährsmannes; der Inhalt konnte nach § 9 *libri lecti* mehreren bekannt geworden sein. L. scheint anzunehmen, dass die Bücher eine praktische, weniger ausgebildete Philosophie enthalten haben; daher *disc. sapientiae*, Val. Ant. sagt *praecepta philosophiae*.

8. *Pythagoricos*, nach Plin., s. oben, hätte Valerius diese Bezeichnung nicht gebraucht, vgl. Broecker Unters. 556; Plut.: δώδεκα δὲ ἄλλας Ἑλληνικὰς φιλοσόφους. — *vulg.*, der L. schon 1, 18 widersprochen hat; wahrscheinlich war dieselbe schon in den Samniterkriegen entstanden, als man dem Pythagoras in Rom eine Statue errichtete, s. Plin. 34, 6, 26; Plut. Numa 8; Nieb. 3, 363; 1, 263; Schwegler 1, 563. — *credit.* - *Numam f.*, s. 25, 38, 15; 8, 26, 7. — *mendacio*, 26, 49, 3: *adeo nullus mentiendi mo-*
Tit. Liv. IX.

dus; 30, 19, 11; 38, 55, 8 u. a., doch war in dem vorliegenden Falle, was L. nicht zu wissen scheint, diese Ansicht schon von Piso ausgesprochen, s. d. St. aus Plin. zu § 6; die Worte *in his libris scripta erant philosophiae Pythagoricae*, die bei Plin. nach dem Berichte des Hemina § 86 stehen, sind wahrscheinlich unächt; zur Sache s. Mommsen Chronol. 149 f. — *accom. fide*, so dass er seinen Glauben, seine Ansicht über das Erzählte - anpasste, vgl. 41, 24, 5; 21, 47, 5; da die Hss. *accommodat fidem* haben, so verm. Drak. *accommodans fidem*; es kann auch eine Partikel ausgefallen sein.

9-10. *in re pr.*, c. 17, 1. — *vulgar.*, in weiteren Kreisen ihrem Inhalte nach bekannt wurden. — *Pet. pr.* — *sumps.*, Varro: *Terentius - in urbem pertulit ad praetorem*. — *et* erklärend, das vertraute Verhältniss begründet L. nur durch das Folg., nicht durch die Annahme § 3. — *scribam* etc., s. 9, 46, 2, es ist von *scribae publici* zu verstehen; wie das Folg. zeigt, hatten die Quästoren das Recht ihre *scribae* zunächst für ein Jahr, da aber die einmal Gewählten meist wieder genommen wurden, gleichsam für Lebenszeit zu wählen. Die scribae bildeten einen angesehenen ordo, Cic. Verr. 3, 79, 183, und waren, wie auch u. St. zeigt, in Decurien, Corporationen getheilt, vgl. Cic. Cluent. 45, 126; Becker 2, 2, 373; Lange 1, 663.

11-13. *rerum s.*, vgl. Corn. Pelop. 1, 1: *si - summas attigero*; an-

11

summis cum animadvertisset pleraque dissolvendarum religionum esse, L. Petillio dixit sese libros eos in ignem coniecturum esse; priusquam id faceret, se ei permittere, uti, si quod seu ius seu auxilium se habere ad eos libros repentendos existimaret, experi-
12 retur; id integra sua gratia eum facturum. scriba tribunos plebis adit; ab tribunis ad senatum res est reiecta. praetor se ius iurandum dare paratum esse aiebat libros eos legi servarique non opor-
13 tere. senatus censuit satis habendum, quod praetor ius iurandum polliceretur; libros primo quoque tempore in comitio cremandos esse; pretium pro libris quantum Q. Petillio praetori maiorique
14 parti tribunorum plebis videretur domino solvendum esse. id scriba non accepit. libri in comitio igne a victimariis facto in conspectu populi cremati sunt.

30 Magnum bellum ea aestate coortum in Hispania citeriore. ad quinque et triginta milia hominum, quantum numquam ferme antea, Celtiberi comparaverant. Q. Fulvius Flaccus eam obtine-
2 bat provinciam. is quia armare iuventutem Celtiberos audierat,

ders 34, 32, 14: *summam rem*; Varro: *at ille (praetor) cum inspexisset principia, rem tantam detulit ad senatum. — dissol. reg.*, s. 39, 16, 9: sie würden dazu führen, dass der Cultus zu Grunde gienge, vgl. Varro: *cum primores quasdam causas legissent, cur quidque in sacris fuerit institutum — eos libros — praetor ut combureret censuerunt*; Lact.: *libri, quibus religiones, non eas modo, quas ipse instituerat, sed omnes praeterea dissolvit. — ius* sein Besitzrecht, das er bei dem Prätor geltend machen, *auxilium*, das er bei den Volkstribunen suchen, an die er appelliren konnte. — *integra s. g.*, ohne seine Gunst zu verlieren, die solle ihm vollständig erhalten bleiben. — *ab trib.*, sie scheuen sich die Sache zu entscheiden. — *reiecta*, 39, 3, 2. — *iusiur.*, dieses allein bestimmt den Senat, nicht wie nach Varro zu § 11 die Einsicht der vornehmsten Senatoren in die Bücher selbst; auffallend ist, dass von den pontifices kein Gutachten gefordert wird. — *libros pr. q.* etc., offenbar meint L. alle Bücher, ebenso die von Plin. angeführten

Annalisten Varro zu § 11 und Plut., nur Val. M.: *Latinos magna diligentia adservandos curaverunt, Graecos, quia aliqua ex parte ad solvendam religionem pertinere existimabantur, Q. Petillius praetor — cremavit. — censuit*, Plin. l. l.: *idem (Val. Antias) tertio et senatusconsultum ponit, quo comburi eos placuerit. — victimar.*, später wenigstens gab es ein *collegium victimariorum*, welche zunächst die *sacerdotes*, dann auch die Magistrate beim Opfern unterstützten (*sacerdotibus et magistratibus et senatui apparerent*), Marq. 4, 175. Die Aedilen, welche in ähnlichen Fällen thätig sind, s. 39, 14; 4, 30, 11, werden hier nicht erwähnt, vgl. jedoch 25, 1, 11. Ueber die ganze Angelegenheit s. Schwegler 1, 564 f.; Nitzsch die Gracchen 210; Preller 720 ff.; Lange 2, 215; Lasaulx Ueber die Bücher des Königs Numa.

30—34, 1. Krieg in Hispanien. Appian. Iber. 42; Diod. Sic. 29, 31; Front. Strat. 2, 5, 8.

1—2. *magnum* etc. knüpft an c. 16 an. — *Fulvius*, c. 1, 2; 18, 6. — *Celtib.*, App. l. l.: ὀλυμπιάσι δ᾽

et ipse quanta poterat a sociis auxilia contraxerat, sed nequaquam numero militum hostem aequabat. principio veris exercitum in 3 Carpetaniam duxit et castra locavit ad oppidum Aeburam, modico praesidio in urbe posito. paucis post diebus Celtiberi milia duo 4 fere inde sub colle posuerunt castra. quos ubi adesse praetor Romanus sensit, M. Fulvium fratrem cum duabus turmis sociorum equitum ad castra hostium speculatum misit, *quam* proxime succedere ad vallum iussum, ut viseret, quanta essent; pugna 5 abstineret, reciperetque sese, si hostium equitatum exeuntem vidisset. ita, ut praeceptum erat, fecit. per dies aliquot nihil ultra motum, quam ut hae duae turmae ostenderentur, deinde subducerentur, ubi equitatus hostium castris procucurrisset. postremo 6 Celtiberi, omnibus simul copiis peditum equitumque castris egressi, acie derecta medio fere spatio inter bina castra constiterunt. campus erat planus omnis et aptus pugnae. ibi stetere 7 Hispani hostes expectantes; Romanus suos intra vallum continuit. per quadriduum continuum et illi eodem loco aciem instru-

ΰστερον (nach Catos Anwesenheit in Spanien) *τέσσαρσιν, άμφί τάς πεντήκοντα καί έκατόν, πολλοί των Ίβήρων γης άπορούντες άπέστησαν άπο Ρωμαίων, άλλοι τε καί Λούσονες, οι περί τον "Ιβηρα ώκηνται. στρατεύσας ούν έπ' αυτούς ύπατος* (unrichtig) *Φούλουιος ενίκα μάχη. — et ipse* etc. steht mehr in Beziehung zu § 1: *quantum - antea* als zu den nächsten Worten. — *hostem* kurz statt *numerum hostium. — nequaq.* etc., wenn Falv. zwei Legionen, die entsprechende Zahl ital. Bundesgenossen und nach c. 31, 1 eine bedeutende Menge auxilia hatte, so war sein Heer wenig geringer als das feindliche, s. 39, 31, 14.
3-5. *Carpetan.*, westlich von den Celtiberern, am Tagus, s. 21, 5, es gehörte nach der Theilung zu Hispania citerior, vgl. 39, 30, 1; Strabo 3, 4, 20 p. 166: *όριον δ' αύτής* (Baetica) *- πλησίον Καστλώνος*; nach App. fand der Aufstand in der Nähe des Iliberus statt. — *Aebur.*, wahrscheinlich in der Nähe von Toledo, 39, 30, 2; nach Ukert p. 428 j. Cuerva. — *duab. t. eq.*, vgl. 10,

34, 7; 27, 43, 4; 33, 36, 10. — *quam prox. - iussum* hat nur die Mz. Ils. aber ohne *quam*, was jedoch eher ausgefallen, als *proxime* zugesetzt ist, s. 7, 37, 7; 8, 16, 7 u. a., vgl. 27, 42, 11; 40, 21, 7. — *abstin.*, *rec.* hängt dem Sinne nach wieder von *iussum* ab, nicht von *ut*, s. 41, 15, 11; 42, 31, 6; zu 32, 16, 9. — *subduc.*, 36, 18, 6: *subductis*. — *procucurr.*, mehrere Hss. haben *procucurrissent*, wahrscheinlich durch Versehen, da L. sonst *equitatus* nicht leicht als Collectivum braucht; anderer Art ist 28, 33, 14.
6-9. *derecta*, s. 31, 24, 9. — *pugnae*, zu einer offenen Schlacht. — *per quadrid. cont.* steht als der neue und wichtigere Begriff, an den sich im Folg. *inde* anschliesst, besser am Anfang des Satzes, s. 37, 38, 8, dann ist nach Madvig im Folg. *et* einzusetzen. Nach der gewöhnlichen Interpunktion und ohne jenes *et*: *ibi - expectantes*. *Romanus - continuum: et illi - tenuerunt.* ab *Romanis* würde *ab Rom. n. motum* dem folg. *quiorere* entsprechen, und *inde* etc. sich unmittelbar an den vorherg. Satz anschliessen, aber *qua-*

11*

8 ctam tenuerunt, *et* ab Romanis nihil motum. inde quievere in
castris Celtiberi, quia pugnae copia non fiebat; equites tantum in
stationem egrediebantur, ut parati essent, si quid ab hoste move-
9 retur. pone castra utrique pabulatum et lignatum ibant neutri
31 alteros inpedientes. Praetor Romanus ubi satis tot dierum quiete
credidit spem factam hosti nihil se priorem moturum, L. Acilium
cum ala sinistra et sex milibus provincialium auxiliorum circumire montem iubet, qui ab tergo hostibus erat, inde, ubi clamo-
2 rem audisset, decurrere ad castra eorum. nocte profecti sunt, ne
3 possent conspici. Flaccus luce prima C. Scribonium praefectum
socium ad vallum hostium cum equitibus extraordinariis sinistrae
4 alae mittit. quos ubi et propius accedere et plures quam soliti
erant Celtiberi conspexerunt, omnis equitatus effunditur castris,
5 simul et peditibus signum ad exeundum datur. Scribonius, uti
praeceptum erat, ubi primum fremitum equestrem audivit, avertit
6 equos et castra repetit. eo effusius sequi hostes. primo equites,
mox et peditum acies aderat, haud dubia spe castra eo die se ob-
7 pugnaturos. quingentos passus non plus a vallo aberant. itaque
Flaccus ubi satis abstractos eos a praesidio castrorum suorum
ratus est, intra vallum exercitu instructo tribus partibus simul
erumpit, clamore non tantum ad ardorem excitandum pugnae

trid. cont. nicht genug hervortreten. — *motum*, s. 29, 36, 5; dieselbe Wendung § 5; 8; c. 31, 1.
31. 1–3. *satis credidit* ist zu
verbinden, s. 10, 5, 3; 21, 26, 4;
wenn auch *spem factam* als ein Begriff genommen und darauf *satis*:
zur Genüge, bezogen werden könnte,
vgl. 1, 16, 8; Cic. Inv. 2, 38, 113;
Ov. Met. 3, 149. — *ala sin.*, c. 27,
7; 31, 21, 6. — *prov. aux.*, in der
Provinz ausgehobene Truppen, die
immer von den italischen Bundesgenossen unterschieden werden, vgl.
24, 49, 7; Marq. 3, 2, 306; — *circumire*, aus dem folg. *decurrere*,
vgl. § 7; 8, sieht man, dass sie im
Rücken der Feinde den Berg erstei-
gen sollen. — *praef. soc.*, 25, 1, 3.
— *equit. extraord.*, s. zu 27, 12, 14;
42, 58, 13; 40, 27, 3; die Reiter
bildeten zwei alae (nach Polyb. 2,
26 je zu 300 Mann), die, wie das
Folg. zeigt, die eine der ala dextra,
die andere der ala sinistra zugetheilt

waren, Marq. 3, 2, 205.
4–7. *propius*, als früher, c. 30, 4.
— *ad exeund.*, s. 29, 17, 11. — *obpugnat.*, vorher hatten sie nur in
einiger Entfernung vom Lager der
Feinde sich aufgestellt; jetzt hoffen
sie zum Sturm anrücken zu können;
doch liegt es näher, dass sie dasselbe zu erstürmen hoffen und *ex-
pugnaturos* nach Gron. zu lesen sei,
was oft mit *oppugnare* in den Hss.
verwechselt wird, s. c. 33, 9; 50, 6,
wenn man nicht annehmen will, dass
beide Wörter nicht in so verschie-
denem Sinne, wie wir sie auffassen,
gebraucht worden seien. — *non
plus*, wie § 8 *non amplius*; 39, 31,
13 *plus quam*, eine adverbielle Bestimmung der Zahl, ist fast wie eine
Apposition nachgestellt, s. 41, 22, 6,
sonst steht sie mehr voran oder wenigstens nach dem Begriffe, zu dem
sie gehört, 29, 1, 5: *decem haud
amplius millibus*; ib. 2, 11; 38, 40,
7. — *tribus*, nicht aus der von dem

sublato sed etiam, ut qui in montibus erant exaudirent. nec mo- 8
rati sunt, quin decurrerent, sicut imperatum erat, ad castra, ubi
quinque milium armatorum non amplius relictum erat praesidium.
quos cum et paucitas sua et multitudo hostium et inprovisa res 9
terruisset, prope sine certamine capiuntur castra. captis, quae
pars maxime pugnantibus conspici poterat, iniecit Acilius ignem.
Postremi Celtiberorum qui in acie erant, primi flammam conspe- 32
xere; deinde per totam aciem vulgatum est castra amissa esse et
tum cum maxime ardere. unde illis terror, inde Romanis animus
crevit. iam clamor suorum vincentium accidebat, iam ardentia 2
hostium castra adparebant. Celtiberi parumper incertis animis 3
fluctuati sunt. ceterum postquam receptus pulsis nullus erat nec
usquam nisi in certamine spes, pertinacius de integro capessunt
pugnam. acie media urgebantur acriter a quinta legione; adver- 4
sus laevum cornu, in quo sui generis provincialia auxilia instru-
xisse Romanos cernebant, cum maiore fiducia intulerunt signa.
iam prope erat, ut sinistrum cornu pelleretur Romanis, ni septi- 5
ma legio successisset. simul ab oppido Aebura qui in praesidio
relicti erant in medio ardore pugnae advenerunt, et Acilius ab
tergo erat. diu in medio caesi Celtiberi; qui supererant in omnes 6
passim partes capessunt fugam. equites bipartito in eos emissi
magnam caedem edidere. ad viginti tria milia hostium eo die
occisa, capta quattuor milia septingenti cum equis plus quingentis et
signa militaria octoginta octo. magna victoria, non tamen in- 7
cruenta fuit; Romani milites de duabus legionibus paulo plus du-

Feinde abgewendeten decumana.
8-9. *quinq. mil.*, die Zahl ist nicht
gering, aber die Römer sind doch
um 6000 M. wenigstens überlegen,
und das Lager ist wohl nicht so befestigt zu denken, wie das römische.
— *captis* st. das hds. *castris* nach
Madvig. — *quae p.*, freie Apposit.
und zugleich Attraction = *castrorum ei parti, quae*, vgl. 27, 42, 10;
42, 56, 4. — *pugnantib.*, s. zu c.
26, 8; 35, 17, 8; doch konnte *a* od.
ab leicht ausfallen.
32. 1—4. *postremi* ist mit Nachdruck *primi* gegenüber an die Spitze
gestellt, statt *Celtib. qui postremi*.
— *deinde* entspricht in anderer
Form *primi*. — *tum c. m.*, c. 13, 4.
— *crevit*, es wird vorausgesetzt,
dass beide Gemüthsstimmungen

schon eingetreten seien, wie § 3
pertinacius de int., dass die Celtib.
schon vorher hartnäckig gekämpft
haben. — *fluctuati sunt*, so immer
Deponens bei L. — *recept. er.*, 1,
56, 3. — *a quint. l.*, diese persönlich
gedacht. — *sui gen.*, von ihrer Na-
tion, also auch gleicher Bewaffnung,
c. 40, 1, und Kampfart, während in
Beiden die Römer natürlich überlegen sind. — *provinc. aux.*, c. 30,
1; die Zahl derselben müsste bedeutend gewesen sein, vgl. 25, 33, 6.
5-8. *prope e. ut*, s. c. 10, 8. —
erat, ni etc., 2, 65, 4; ib. 10, 2. —
Romanis, c. 31, 1: *hostibus*. —
in omn. p., 42, 7, 7. —*passim*, wie
sonst oft bei *totus*, c. 33, 7; 41, 2,
7 u. a. — *equis*, c. 33, 7; 40, 11 u.
a. — *octog. octo*, 28, 38, 5. —

centi, socium Latini nominis octingenti triginta, externorum auxi-
8 liarium duo milia ferme et quadringenti ceciderunt. praetor in
castra victorem exercitum reduxit, Acilius manere in captis ab se
castris iussus. postero die spolia de hostibus lecta et pro contione donati quorum insignis virtus fuerat.

33   Sauciis deinde in oppidum Aeburam devectis per Carpeta-
2 niam ad Contrebiam ductae legiones. ea urbs circumsessa cum a
Celtiberis auxilia accersisset, morantibus iis, non quia ipsi cun-
ctati sunt, sed quia profectos domo inexplicabiles continuis imbribus viae et inflati amnes tenebant, desperato auxilio suorum
3 in deditionem venit. Flaccus quoque tempestatibus foedis coactus
4 exercitum omnem in urbem introduxit. Celtiberi, qui profecti
erant a domo deditionis ignari, cum tandem superatis, ubi primum remiserunt imbres, amnibus Contrebiam venissent, postquam nulla castra extra moenia viderunt, aut in alteram partem
translata rati aut recessisse hostes, per neglegentiam effusi ad
5 oppidum accesserunt. in eos duabus portis Romani eruptionem
6 fecerunt et incompositos adorti fuderunt. quae res ad resistendum
eos et ad capessendam pugnam inpediit, quod non uno agmine
nec ad signa frequentes veniebant, eadem magnae parti ad fugam
7 saluti fuit: sparsi enim toto passim campo se diffuderunt, nec
usquam confertos eos hostis circumvenit. tamen ad duodecim
milia sunt caesa, capta plus quinque milia hominum, equi qua-

ab se, 33, 26, 3; 37, 47, 2.

33. 1-3. *Contreb.*, wo sich L.
die Stadt gedacht habe, ist nicht
deutlich, da Fulvius hier *per Carpe-
tuniam* zu derselben gelangt und
§ 9 dort abziehend *per Celtiberiam*
geht; doch scheint sie frag. lib. 91
zu den *Celtibericae urbes* gerechnet
zu werden, und Val. Max. 7, 4, 5,
vgl. 2, 7, 10, Flor. 1, 33 (2, 17), 10,
nennt sie *caput Celtiberiae*, verschieden ist *Contrebia quae Leucada appellatur* frg. l. 91, am oberen Laufe
des Hiberus, s. Ukert 458; 461. Die
Stadt Complega, welche Appian
nennt, Diod. l. l.: πόλις Κεμελε-
τῶν kann nicht gemeint sein, da die
von beiden angeführten Umstände
bei L. nicht erwähnt werden. —
urbs in Bezug auf *accersisset* = *civitas*. — *morant. iis* dient hier zur
Verkürzung der Periode, s, 39, 40,
7; 42, 36, 7. — *non quia – sunt*, der
Conjunctiv würde hier weniger passen, 39, 41, 2. — *inflati*, s. Naegelsbach 355; zur Sache 23, 19, 4. —
introd., vgl. c. 25, 1.

4-9. *a domo*, wahrscheinlich hat
L. wie § 2 nur *domo* geschrieben.
— *cum – ubi pr. - postq.*, s. 38,
22, 1. — *duab. p.*, s. c. 31, 7. —
ad resist. - inped., s. zu 33, 6, 7. —
non uno etc., sie bildeten mehrere
Züge, und in diesen waren nur wenige bei den Fahnen; der ganze Gedanke *quod* etc. erklärt *quae res*.
— *sparsi* in Bezug auf *diffuderunt*
proleptisch und tautologisch, vgl. 35,
30, 8: *multitudinem toto sparsam
vagari saltu*; 37, 20, 5: *dilapsi
sparserant se toto passim campo*.
— *duodec m.*, c. 32, 6 schon 23000,
Uebertreibung der Annalisten; Appian, s. zu c. 30, 1, weiss nur von
einer Schlacht des Fulvius. — *ho-*

dringenti, signa militaria sexaginta duo. qui palati e fuga domum **8**
se recipiebant alterum agmen Celtiberorum venientium deditionem Contrebiae et suam cladem narrando averterunt. extemplo
in vicos castellaque sua omnes dilapsi. Flaccus a Contrebia pro- **9**
fectus per Celtiberiam populabundus ducit legiones multa castella
obpugnando, donec maxima pars Celtiberorum in deditionem
venit. haec in citeriore Hispania eo anno gesta. in ulteriore
Manlius praetor secunda aliquot proelia cum Lusitanis fecit.

Aquileia colonia Latina eodem anno in agrum Gallorum est **34**
deducta. tria milia peditum quinquagena iugera, centuriones cen- **2**
tena, centena quadragena equites acceperunt. tresviri deduxerunt **3**
P. Cornelius Scipio Nasica C. Flaminius L. Manlius Acidinus. ae- **4**
des duae eo anno dedicatae sunt, una Veneris Erucinae ad portam
Collinam — dedicavit L. Porcius L. f. Licinus duumvir, vota erat
a consule L. Porcio Ligustino bello —, altera in foro olitorio Pie-

min., c. 32, 6: *hostium*; 38, 47, 6.
— *qui palati* ist wol nur Vermuthung von Gelenius, da die Hss.
quidam latiniqui haben, viell. *quidam palati cum*, da nicht alle, sondern nur einige der Zerstreuten auf die Anrückenden gestossen sein
können. — *o fuga*, von der - aus,
auf der Fl., 39, 23, 10 u. a., vgl. 22,
55, 4. — *oppugn.*, auch hier erwartet man *expugnando*. — *fecit*, c. 34,
13; 27, 33, 5; 34, 19, 2.
34. Einrichtungen und Vorgänge
in Rom. Val. Max. 2, 5, 1.
1—2. *Aquil.*, 39, 55; Mommsen
1, 643. — *agrum G.*, die Hss. haben *agro G.* „*haec verba non ad deducta est (nam sic scribi debebat in agrum), sed ad Aquileia colonia referenda sunt*" Doering; da die colonia erst durch die deductio entsteht, und nach dem sonstigen Gebrauch
L.'s ist indessen wol *agrum* vorzuziehen. — *Gallor.*, diese hatten das
Land nur vorübergehend inne, s.
39, 45; 54; sonst giebt L. die früheren Besitzer genauer an, s. 34, 45,
4; 37, 57, 8; 10, 1, 2 u. a., vgl. 41,
13, 5. — *tria mil.*, die grosse Zahl
der Colonisten und die bedeutenden
Landloose, vgl. 41, 13 mit 39, 55;
40, 29; 35, 9, war wol durch die
gefährliche Lage der Colonie bedingt, s. Lange 2, 226; 223. —
equit., 37, 57; 39, 55. — *cent.*
quadr., um ein entsprechendes Verhältniss der Loose unter sich und
zu dem Solde der drei Classen zu
gewinnen, verm. Huschke Serv. Tull.
377 u. Nipperdey *cent. quinquagena*,
doch findet auch sonst, s. 37,
57, 8; 35, 9, 8; ib. 40, 6 ein bestimmtes Verhältniss nicht statt.
An den angef. Stellen werden nur
equites u. *pedites* geschieden, an der
vorliegenden dagegen auch *centuriones* genannt, wahrscheinlich die,
welche als solche gedient haben. —
tresv., s. 39, 55, 6.
3—6. *Vener. Eryc.* etc., schon
30, 38 anticipirt, nicht zu verwechseln mit dem 22, 9; 23, 31 erwähnten, s. Strabo 6, 2, 5 p. 273: ἐστι
καὶ ἐν ‛Ρώμῃ τῆς θεοῦ ταύτης πρὸ
τῆς πύλης τῆς Κολλίνης ἱερὸν
Ἀφροδίτης Ἐρυκίνης λεγόμενον,
ἔχον καὶ νεὼν καὶ στοὰν περικειμένην ἀξιόλογον; Becker 1, 582;
4, 321; Mommsen Unterit. Dial. 142.
— *Ligust. b.*, nach 39, 44, 11 haben die Consuln in dem J. 184 nichts
von Bedeutung gethan; doch vgl.
ib. 38, 1, wornach ein Krieg in Ligurien anzunehmen ist. — *foro*

5 tatis. eam aedem dedicavit M'. Acilius Glabrio duumvir, statuamque auratam, quae prima omnium in Italia est statua aurata, patris
6 Glabrionis posuit. is erat, qui ipse eam aedem voverat, quo die cum rege Antiocho ad Thermopylas depugnasset, locaveratque idem ex senatus consulto.
7 Per eosdem dies, quibus hae aedes dedicatae sunt, L. Aemi-
8 lius Paulus proconsul ex Liguribus Ingaunis triumphavit. transtulit coronas aureas quinque et viginti, nec praeterea quicquam auri argentique in eo triumpho latum. captivi multi principes Ligurum ante currum ducti. aeris trecenos militibus divisit.
9 auxerunt eius triumphi famam legati Ligurum pacem perpetuam orantes: ita in animum induxisse Ligurum gentem nulla umquam
10 arma nisi imperata a populo Romano sumere. responsum a Q.

olit., 34, 53, 3; Becker 1, 603. — *Pietati*, es ist auffallend, dass L. die Erzählung, die sich an den Tempel knüpft, nicht berührt, s. Fest. p. 209: *Pietati aedem consecratam ab Acilio aiunt eo loco, quo quondam mulier habitaverit, quae patrem suum inclusum carcere mammis suis clam aluerit*; anders Plin. 7, 36, 121; Val. Max. 5, 4, 7; Preller 626. — *duumv.*, 23, 30, 13; die beiden duumviri haben sich in die Geschäfte getheilt, oder sind als Söhne derer, welche die Tempel gelobt haben, jeder mit der Weihung des betreffenden Tempels vom Volke beauftragt worden. — *stat. aur.* etc., Val. Max. 2, 5, 1: *statuam auratam nec in urbe nec in ulla parte Italiae quisquam prius aspexit, quam a M'. Glabrione equestris patri poneretur in aede Pietatis*; dass sie eine *equestris* gewesen sei und im Tempel gestanden habe, ist nicht L. sondern einer anderen Quelle entlehnt, vgl. Müller Handbuch der Archäol. § 307, 3. — *prima*, vergoldete Götterbilder sind schon erwähnt, s. 33, 27, 4; 38, 35, 6; 39, 7, 9. — *est - aurata* ist nicht zu verbinden, sondern *aurata* Adjectiv, s. 4, 16, 2; 10, 7, 10 u. a. = *quae statua prima inter statuas auratas est*; Gron. verm. *statua aurata est. — patris Gl.*, s. 4, 17, 6;
5, 23, 7, den gewöhnlicheren Dativ hat Val. Max. — *is*, der Vater als Consul, dem Val. Max. irrthümlich auch die Weihung beilegt. — *depugnasset*, es ist zu verstehen wie c. 40, 10, s. c. 44, 9, vgl. c. 52, 6; das Gelübde ist erfolgt, als der Sieg sich entschieden hat; *depugnatumst* mit Madvig zu schreiben ist nicht nothwendig. — *locaver.*, er hatte selbst schon alle Vorkehrungen getroffen, schwerlich als Consul, da er 563, s. 36, 18, siegte, erst im Jahr 564, s. 37, 46, zurückkehrte, s. Lange 1, 589.
7-11. *Aemil.*, c. 25. — *ex Lig.*, wie c. 45, 6; 59, 1; 8, 33, 13; 29, 19, 11 u. a., vgl. Insсрtt. lat. p. 289: *L. Aemilius L. f. Paullus - Liguribus domitis priore consulatu triumphavit. — coron.* etc., c. 16, 11; doch ist die Zahl, da keine andere Beute eingebracht wird, gering und da die Mz. Hs. *mille et vig.* hat, viell. *C et XX* zu lesen. — *argentiq.*, vgl. c. 25, 4: *lignatumque. — princip.*, c. 28, 6. — *trecen.*, vgl. c. 59, 2, aus der Staatscasse, da kein Beutegeld in dieselbe gebracht werden kann, 33, 23, 8. — *nulla* etc., sie begeben sich freiwillig des Kriegsrechtes, was jedoch die dediticii ohnehin verlieren, vgl. c. 16, 6; zum Gedanken Sall. J. 14, 10: *quippe quis hostis nullus erat, nisi forte quem*

Fabio praetore est Liguribus iussu senatus orationem eam non novam Liguribus esse; mens vero ut nova et orationi conveniens esset, ipsorum id plurimum referre: ad consules irent et, quae 11 ab iis imperata essent, facerent. nulli alii quam consulibus senatum crediturum esse sincera fide in pace Ligures esse. pax in 12 Liguribus fuit. in Corsica pugnatum cum Corsis; ad duo milia eorum M. Pinarius praetor in acie occidit. qua clade compulsi obsides dederunt et cerae centum milia pondo. inde in Sardiniam 13 exercitus ductus et cum Iliensibus, gente ne nunc quidem omni parte pacata, secunda proelia facta. Carthaginiensibus eodem anno 14 centum obsides redditi, pacemque [cum] iis populus Romanus non ab se tantum, sed ab rege etiam Masinissa praestitit, qui tum praesidio armato agrum, qui in controversia erat, obtinebat.

Otiosam provinciam consules habuerunt. M. Baebius comi- 35 tiorum causa Romam revocatus consules creavit A. Postumium Albinum Luscum et C. Calpurnium Pisonem. praetores exinde 2 facti Ti. Sempronius Gracchus L. Postumius Albinus P. Cornelius Mammula Ti. Minucius Molliculus A. Hostilius Mancinus C. Maenius. ii omnes magistratum idibus Martiis inierunt.

vos iussissetis. — *non novam* etc., vgl. 2, 18, 10; 9, 45, 1. — *ipsor.* etc., vgl. 34, 17, 7. — *esse* - *esse,* s. c. 35, 7; 34, 49, 8 u. a. — *sincera f.*, 39, 2, 2.
12—13. *Corsica,* c. 19, 6. — *cerae,* 42, 7, 2; Diod. 5, 13: ἐλάμβανον παρὰ τῶν ἐγχωρίων φόρους ῥητίνην καὶ κηρὸν καὶ μέλι, φυομένων τούτων δαψιλῶν ἐν τῇ νήσῳ; Verg. Ecl. 9, 30. — *ne nunc q.*, Diod. 5, 15: τὸ δ' ἄλλο πλῆθος - διεφύλαξε τὴν ἐλευθερίαν μέχρι τῶν καθ' ἡμᾶς χρόνων, Strabo 5, 2, 5. — *omni p.,* s. zu 37, 53, 5; 41, 6, 6: *magna parte*; 45, 31, 3.
14—15. *cent. obs.*, nach 30, 37, 6 sind nur 100 Geiseln gestellt und ebenso viele 32, 2, 3 bereits zurückgegeben. — *cum iis* ist wahrscheinlich unrichtig, da, auch wenn man *pacem cum iis* verbinden wollte, *cum* doch unnützig wäre, weil noch *ab se* folgt, und sonst *pacem alicui praestare* gesagt wird, s. 39, 28, 9; anderer Art sind 28, 17, 8: *fidem nec dare nec accipere - nisi ab ipso duce*; 9, 1, 8: *nihil cum potentiore iuris - relinquitur*; eine Hs. hat *tum*, was aber an u. St. nicht passend ist. — *a se,* 21, 13, 4: *ab Romanis nulla spes*; Iustin. 25, 2, 7: *tanta caedes - fuit, ut Antigono pacem - a Gallis praestiterit.* — *qui tum* etc., ob Masin. jetzt den streitigen Landstrich, s. c. 17, herausgegeben hat, ist nicht deutlich, überhaupt der Zweck des Zusatzes, viell. absichtlich, dunkel; über den Frieden mit Mas. vgl. 42, 23, 2.

35—36. Wahlen; Provinzen; Verhandlungen über das Heer in Hispanien.

1—2. *Albinum,* diesen Zunamen, s. § 2, haben die Postumii oft in den fasti Capit.; *Luscus* heisst der hier erwähnte Postum. 45, 17, 2, die Verbindung von zwei Zunamen, s. 41, 15, 5, haben die fasti mehrfach, so im J. 290 *M. Postumius Albus Regillensis,* vgl. a. 289; 580: *Sp. Post. Albinus Paullulus*; Mommsen Röm. Forsch. 1, 43; Pighius wollte *Luscum* tilgen. — *Calpur.,* 39, 6; 30. — *exinde,* s. 33, 24, 2. — *Mam-*

3   Principio eius anni, quo A. Postumius Albinus et C. Calpurnius Piso consules fuerunt, ab A. Postumio consule in senatum introducti qui ex Hispania citeriore venerant a Q. *Fulvio* Flacco, L. Minucius legatus et duo tribuni militum, T. Maenius et L. Te-
4 rentius Massiliota. hi cum duo secunda proelia, deditionem Celtiberiae, confectam provinciam nuntiassent nec stipendio, quod mitti soleret, nec frumento portato ad exercitum in eum annum
5 opus esse, petierunt ab senatu primum, ob res prospere gestas
6 ut diis inmortalibus honos haberetur, deinde ut Q. Fulvio decedenti de provincia deportare inde exercitum, cuius forti opera et ipse et multi ante eum praetores usi essent, liceret; quod fieri,
7 praeterquam quod ita deberet, etiam prope necessarium esse: ita enim obstinatos esse milites, ut non ultra retineri posse in provincia viderentur, iniussuque abituri inde essent, si non dimitterentur, aut in perniciosam, si quis inpense retineret, seditionem
8 exarsuri. consulibus ambobus provinciam Ligures esse senatus iussit. praetores inde sortiti sunt: A. Hostilio urbana, Ti. Minucio
9 peregrina obvenit, P. Cornelio Sicilia, C. Maenio Sardinia; Hispanias sortiti L. Postumius ulteriorem, Ti. Sempronius citeriorem.
10 is quia successurus Q. Fulvio erat, ne vetere exercitu provincia spoliaretur, „quaero" inquit „de te, L. Minuci, cum confectam provinciam nunties, existimesne Celtiberos perpetuo in fide man-
11 suros, ita ut sine exercitu ea provincia obtineri possit? si neque de fide barbarorum quicquam recipere aut adfirmare nobis potes, et habendum illic utique exercitum censes, utrum tandem auctor senatui sis supplementum in Hispaniam mittendi, ut ii modo,

mula, 23, 34, 10; 36, 2, 6; dagegen kommt der Zuname *Molliculus* viell. nur hier vor. — *ii* etc., wie gewöhnlich. — *magistr.*, 35, 30, 4: *prorae*. 3-7. *Fulvio*, c. 30. — *Maen.* – *Terent.*, gewesene Prätoren, s. 39, 42; 39, 6. — *duo s. proel.*, wol die c. 30f. u. 33 erwähnten, die c. 16, 8 angegebenen *dura aliquot proelia* sind übergangen. — *confecta*, gegen c. 33, 9, vgl. c. 39, 2. — *portato*, um abzuwechseln; der Krieg wird anders geführt als von Cato, s. 34, 9, 12, und ist daher kostspielig, s. Mommsen 1, 679. — *honos* etc., s. 41, 6, 4. — *deced.*, 23, 34, 10; 32, 7, 4. — *forti*, wie c. 36, 11, vgl. 22, 60, 20. — *multi*

a. e. pr., s. 39, 38, 12. — *ita deb.* weist auf *fieri* zurück, was auch wieder gedacht werden kann, obgleich es nicht nothwendig ist, vgl. 8, 9, 9: *haec ita precatus*; 1, 55, 6. — *ita obs.*, vgl. 42, 65, 11; *ita*, 30, 32, 11. — *necesse esse* ist nothwendig, obgleich die Hss. *esset* haben; über das zweimalige *esse* s. c. 34, 11.
9-12. *Hispanias*, s. c. 1, 2; die folg. Verhandlung wie 39, 38, 8 ff. — *Minuci*, der als legatus das Wort geführt hat. — *recipere u. in te*, s. 39, 47, 7, zu 33, 13, 15; Cic. Att. 13, 1, 2: *quoniam de aestate polliceris vel potius recipis. — auct.* – *mittendi*, s. 7, 23, 4, zu 35, 25, 5;

quibus emerita stipendia sint, milites dimittantur, veteribus militibus tirones inmisceantur, an deductis de provincia veteribus 12
legionibus novas conscribendi et mittendi, cum contemptum tirocinium etiam mitiores barbaros excitare ad rebellandum possit?
dictu quam re facilius sit provinciam ingenio ferocem, rebellatri- 13
cem confecisse. paucae civitates, ut quidem ego audio, quas vicina maxime hiberna premebant, in ius dicionemque venerunt,
ulteriores in armis sunt. quae cum ita sint, ego iam hinc prae- 14
dico, patres conscripti, me exercitu eo, qui nunc est, rem publicam administraturum; si deducat secum Flaccus legiones, loca
pacata me ad hibernacula lecturum neque novum militem ferocissimo hosti obiecturum."

Legatus ad ea, quae interrogatus erat, respondit neque se 36
neque quemquam alium divinare posse, quid in animo Celtiberi
haberent aut porro habituri essent. itaque negare non posse, 2
quin rectius sit etiam ad pacatos barbaros, nondum satis adsuetos imperio, exercitum mitti. novo autem an vetere exercitu opus 3
sit, eius esse dicere, qui scire possit, qua fide Celtiberi in pace
mansuri sint, simul et qui illud exploratum habeat, quieturos mi-

dagegen Cic. Att. 9, 11 A. 2: *auctor
(fui) ad te adiuvandum*, de dom.
12, 30; Reisig Vorles. S. 564. —
quibus em. st. s., s. c. 36, 10; 39,
4: *veteranos*, 3, 57, 9. — *tirocin.*,
der Dienst von Rekruten für diese
selbst, c. 8, 15. Ueber die Form der
Rede s. 8, 32, 3f.
13—14. *facile sit*, es dürfte —
sein, nicht ohne Ironie, vgl. 32, 32,
16: *neque enim aeque difficulter substituant*, 35, 16, 4 *nihil aliud profecto dicatis*: 21, 47, 5: *ea vix fidem
fecerint*; 22, 60, 20; 23, 42, 12,
Klotz Cic. Tusc. 3, 11, 25; Madvig
verlangt *facile est*; zum Ausdruck
s. 31, 38, 3. — *ing. feroc. reb.* ist
auf *provincia* bezogen, weil dabei
an das Volk gedacht wird, mit dem
Krieg zu führen oder das zu regieren eigentlich die *provincia* war,
vgl. 39, 29, 5: *perdomitam provinciam*, anders § 4; c. 28, 8; 41, 12,
3 u. a. — *rebellatric.*, selten und
mehr dichterisch, vgl. 1, 7, 5; ib.
29, 1; 56, 8. — *confec.*, der Gedanke kann allgemein genommen

werden: dass man — habe, aber nicht
als Frage. — *in ius dic.*, 34, 33, 9.
— *iam hinc*, schon von hier aus,
hier, ehe ich nur in die Provinz
komme, vgl. zum Gedanken 22, 39,
6f.; 27, 40, 8; zeitlich steht *iam
hinc* 7, 29, 1; 8, 7, 7; schwerlich
ist es an u. St. causal zu nehmen,
da schon *quae cum i. s.* vorhergeht,
s. Hand Tursell. 3, 128; 143. —
remp., den Krieg, s. 35, 10, 8. —
hibernac., 35, 7, 7.

36. 1—4. *porro*, ferner = künftighin, 10, 8, 10: *fuit porroque erit*,
häufiger findet es sich so bei den
Komikern. — *negare n. p.*, s. 30,
22, 5; *quin* folgt darauf nach der
Analogie von *non dubitare quin*,
ähnlich 2, 1, 3: *neque ambigitur
quin*; 8, 2, 2: *nec contradici quin*;
ib. 40, 1: *nec discrepat quin*; Tac.
Ann. 13, 14: *non abnuere q.*; Caes.
B. C. 3, 94, 3: *Caesarem non fefellit q.*; ib. B. G. 7, 44, 4: *nec iam
aliter sentire q.*; Cic. Tusc. 5, 7,
17; Fin. 5, 11, 32; ib. 4, 13, 32 u.
a. — *simul et qui*, der zugleich

4 lites, si diutius in provincia retineantur. si ex eo, quod aut inter
se loquantur aut succlamationibus apud contionantem imperatorem significent, quid sentiant, coniectandum sit, palam vociferatos
esse aut imperatorem in provincia retenturos aut cum eo in Ita-
5 liam venturos esse. disceptationem inter praetorem legatumque
consulum relatio interrupit, qui suas ornari provincias, priusquam
6 de praetoris exercitu ageretur, aequum censebant. novus omnis
exercitus consulibus est decretus, binae legiones Romanae cum
suo equitatu et socium Latini nominis quantus semper numerus,
7 quindecim milia peditum et octingenti equites. cum hoc exercitu

auch usw., man sollte *simul qui et
ill.* erwarten, vgl. jedoch 31, 36, 7:
ut cresceret simul et audacia hosti.
— *succlam.*, vgl. 28, 26, 12: *ultro
territuri succlamationibus*, 42, 28,
3 u. a., vgl. Hom. Il. 19, 79: οὐδὲ
ἔοικεν ὑββάλλειν. — *apud imp.*,
wenn sie bei, um ihn stehen, in Contionen. — *coniect. sit*, man müsse,
dürfe, im Folg. fehlt: so wolle er
sagen, s. c. 14, 9; 1, 28, 5; 21,
18, 8.
5-6. *discept.*, die Verhandlung
hatte sich unmittelbar an den Vortrag der Gesandten angeschlossen,
vgl. 39, 38, 8. — *relat.*, s. 39, 39,
6. — *ornari*, die nöthigen Mittel
für ihre Verwaltungs-Commandobezirke gewährt würden, Marq. 3,
1, 280. — *suo*, der dazu gehörigen,
8, 8, 14. — *socium n. L.*, von *socii
nominis Latini*, so dass nur *socium*
von *numerus* abhängt, s. § 11; c.
43, 7 u. a., vgl. zu c. 19, 6; 38, 44,
4; 22, 50, 6; 31, 8, 7; Andere betrachten die Zusammenstellung als
Asyndeton statt *socii et nomen Latinum*, *socium et Latini nominis*
etc., Niebuhr Röm. Gesch. 3, 615. —
quantus s. num., davon scheint der
vorhergeh. Genitiv abzuhängen, so
dass *quind. milia* Appos. ist; Andere halten *quantus s. num.* für
vorangestellte Appos. und lassen
socium von *quind. milia* abhängen.
Die Sache selbst ist, wenn in den
Worten kein Fehler liegt, nicht
richtig und stimmt nicht zu L.'s eigenen Angaben; denn obgleich oft
15000 *pedites* u. 800 *equites* von
den socii L. n. gefordert werden, s.
33, 43, 3 für ein consularisches,
ebenso 40, 26, 7; für 4 Legionen
40, 18, 5; ib. 1, 5, so finden sich
doch auch verschiedene andere Verhältnisse, so 38, 35, 9 30000 *ped.*,
1200 *eq.* für 4 Legionen; 41, 14, 10;
42, 1, 2 20000 u. 1200 für 4 Leg.,
39, 20, 3; 35, 20, 4; ib. 41, 7 20000
u. 800 bei 2 Leg.; 34, 56, 6; 35, 20,
5; 11; 37, 2, 4 15000 u. 500 (600)
für 2 Leg.; 42, 35, 5 15000 u. 1200
für 4 Legionen, wenn nicht *quina
dena* zu lesen ist; 41, 5, 6 10000 u.
500 für 2 Legionen; 41, 21, 4; 43,
12, 6; 44, 21, 11 10000 u. 600 für
2 Leg.; 41, 9, 2; 42, 31, 4 12000 u.
600 für 2 Legionen u. s. w.; dagegen
36, 2, 8 werden zwei Theile Bundesgenossen, ein Theil Römer genommen. Wahrscheinlich hat L.,
ohne Rücksicht auf seine eigenen
Angaben, die Notiz aus einer ihm
vorliegenden Quelle entnommen.
Andere verm., wol nicht mit Recht,
quantus tum semper num., XX milia ped. et MCC equites, eher viell.
quantus tum saepe num., s. Marq.
3, 2, 301. Zu Polyb. Zeit stellten
die socii gleichviel gewöhnliche
Fusstruppen als die Römer, überdiess aber, und diese mehr als die
Römer, die *extraordinarii*, s. c. 27,
3, also ein Fünftel mehr an Fussvolk,
an Reiterei das Dreifache der Römer,
s. Pol. 6, 26, 7 f., ib. 30, 2; 3, 107,

Apuanis Liguribus ut bellum inferrent mandatum est. P. Cornelio et M. Baebio prorogatum imperium, iussique provincias obtinere, donec consules venissent; tum imperatum, ut dimisso, quem haberent, exercitu reverterentur Romam. de Ti. Sempronii deinde exercitu actum est. novam legionem ei quinque milium et ducentorum peditum cum equitibus quadringentis consules scribere iussi, et mille praeterea peditum Romanorum, quinquaginta equites, et sociis nominis Latini imperare septem milia peditum, trecentos equites. cum hoc exercitu Ti. Sempronium ire in Hispaniam placuit citeriorem. Q. Fulvio permissum, ut qui milites ante Sp. Postumium Q. Marcium consules cives Romani sociive in Hispaniam transportati essent, et praeterea supplemento adducto quo amplius duabus legionibus quam decem milia et quadringenti pedites, sexcenti equites essent, et socium Latini nominis duodecim milia, sexcenti equites, quorum forti opera duobus adversus Celtiberos proeliis usus Q. Fulvius esset, eos, si videretur, secum deportaret. et supplicationes decretae, quod is prospere rem publicam gessisset, et ceteri praetores in provincias missi. Q. Fabio Buteoni prorogatum in Gallia imperium est. octo

13, vgl. L. 22, 36, 3. Uebrigens ist zu bezweifeln, dass *quindecim milia* hier und an anderen Stellen richtig sei, wenn dieselben zwei consularischen Heeren beigegeben wurden, da sich kaum annehmen lässt, dass die Zahl der socii geringer gewesen sei als die der Römer in 2 Legionen jede zu 5200 Mann, vgl. 38, 35, 9 u. a., wo sich *quina dena* findet.
7—9. *Apuanis*, c. 1, 3. — *donec* etc., diese Anordnung ist nicht immer besonders bemerkt, 35, 1, 3. — *tum* scheint sich auf den eben angegebenen Zeitpunkt, wo die Nachfolger ankommen, nicht auf einen späteren Befehl zu beziehen. — *equit. quad.*, vgl. 23, 34, 13: *quinque milia peditum quadringentos equites scriberet, eamique legionem - in Sardiniam traiciendam curaret*; doch ist die Zahl der Reiter ungewöhnlich, ebenso 22, 36, 3; 42, 31, 2: *quina milia et duceni equitos ex votere instituto*, Marq. 3, 2, 249. — *consules* etc., 32, 8, 6. — *et sociis*

n. L. nach einigen Hss., *socii e nomine Latino*, wie gewöhnlich gelesen wird, scheint L. nicht gebraucht zu haben, s. 41, 8, 9.

10—14. *Sp. Post.* etc., also seit 6 Jahren, s. 39, 6. — *quo*, um wie viel mehr als, s. 34, 6, 14 u. a., auf *amplius* bezieht sich *quam*; *duabus leg.* wäre als Dativ zu nehmen, wenn nicht in *duab. l.* zu lesen ist, wie 39, 38, 11, vgl. 43, 12, 4. — *soc. n. peditum*, was aus *equites* erhellt, s. c. 18, 6 u. a. Nach Abzug der beiden mit *qui—essent* und *quo — usus esset* bezeichneten Klassen bleiben also nur 4200 Römer und 5000 socii von dem alten Heere zurück. — *quorum* enthält eine Beschränkung des Vorhergeh.: die näml., welche. — *si vider.*, s. 6, 25, 2: *si videatur*, gewöhnlich: *si ei videretur*, 26, 16, 4. — *supplicat.*, 35, 8, 9. — *et cet.*, locker angeknüpft, da der Begriff *mitti* im Vorhergehenden nur angedeutet ist. — *Fabio*, s. 40, 18, 2. — *octo*,

legiones praeter exercitum veterem, qui in Liguribus in spe pro-
14 pinqua missionis erat, eo anno esse placuit. et is ipse exercitus
aegre explebatur propter pestilentiam, quae tertium iam annum
urbem Romanam atque Italiam vastabat.
37   Praetor Ti. Minucius et haud ita multo post consul C. Calpurnius moritur multique alii omnium ordinum inlustres viri.
2 postremo prodigii loco ea clades haberi coepta est. C. Servilius
pontifex maximus piacula irae deum conquirere iussus, decemviri
libros inspicere, consul Apollini Aesculapio Saluti dona vovere et
3 dare signa inaurata; quae vovit deditque. decemviri supplicationem in biduum valitudinis causa in urbe et per omnia fora conciliabulaque edixerunt; maiores duodecim annis omnes coronati
4 et lauream in manu tenentes supplicaverunt. fraudis quoque
humanae insinuaverat suspicio animis; et veneficii quaestio ex
senatus consulto, quod in urbe propiusve urbem decem milibus

vgl. 34, 43, 9. — *propinqua* würden wir bei *missionis* erwarten, vgl. 8, 29, 3. — *is ipse*, die *octo legiones*: obgleich es nicht so gross war; nur 8 Legionen. — *pestilent.*, vgl. c. 19, 3.
37. 1-8. Giftmischerei in Rom und Italien.
2-3. *prodigii loco* wie 8, 18, 11. — *conquir.*, in den Pontificalbüchern, s. Marq. 4, 222. — *libr. insp.*, 3, 10, 7. — *Apoll. Aesc. Sal.*, die drei Heilgötter erscheinen hier verbunden, wahrscheinlich nach den sibyll. Büchern, s. Clausen Aeneas 260; 1100; Marq. 4, 321; über Apollo s. 4, 25; Aescul. 10, 47; Salus ist hier in Verbindung mit den griechischen Göttern identificirt mit Hygiea, nicht mehr die alte römische Salus 9, 43, 23, Preller 602. — *signa inaur.*, s. c. 34, 5: *statuam auratam*, es scheinen dieses die *dona* zu sein, welche gelobt werden, vgl. 21, 62, 8. — *supplic.*, hier eine obsecratio, s. 38, 44, 7; 42, 20, 3. — *urbe* wie 27, 37, 9 von dem nächsten religiösen, kirchlichen Kreise um die Stadt. — *maior. duod. annor.*, ob überhaupt jüngere an den Supplicationen Antheil nicht nehmen dürfen,

ist nicht klar, sonst heisst es *supplicatum iere cum coniugibus et liberis*, s. 22, 10, 8 vgl. 21, 62, 9, ohne dass ein bestimmtes Alter der letzteren angegeben wird. — *coronati*, wol auch mit *laurea*, s. 23, 11, 5; 25, 12, 15; 34, 55, 4; 36, 37, Preller 134. Mit *edixerunt* brechen alle Hss. mit Ausnahme der Mz. ab.

4. *insinuav.*, s. Cic. Phil. 5, 3, 8: *in forum insinuandi*; dagegen mit *se* L. 40, 21, 11; 3, 15, 2; 32, 13, 1; 7, 10, 10 u. a. — *fraud. hum.*, s. 8, 18. — *venef. ex senat. c.*, da es so entschieden betont wird, dass die Uebertragung der quaestio durch ein Senatsconsult erfolgt sei, so scheint auch jetzt ein Volksbeschluss nicht hinzugekommen, von den Tribunen nicht gefordert worden zu sein, s. 39, 14, 6; Rein Criminalr. 407; 177; Lange 2, 383; Rudorff § 112. Die Giftmischerei war wol noch Folge der Bacchanalien. — *quod*, weil *veneficium* als Handlung oder Collectivum: jeder einzelne Fall des venef. zu denken ist. — *propiusve urb.*, s. c. 44, 6; dieser Bezirk bildet also auch einen Gerichtssprengel, s. § 3, vgl. 43, 14,

passuum esset commissum, C. Claudio praetori, qui in locum Ti.
Minucii erat suffectus, ultra decimum lapidem per fora conciliabulaque C. Maenio, priusquam in Sardiniam provinciam traiceret,
decreta. suspecta consulis erat mors maxime. necatus a Quarta 5
Hostilia uxore dicebatur. ut quidem filius eius Q. Fulvius Flaccus 6
in locum vitrici consul est declaratus, aliquanto magis infamis
mors Pisonis coepit esse; et testes exsistebant, qui post declara-
tos consules Albinum et Pisonem, quibus comitiis Flaccus tulerat
repulsam, et exprobratum ei a matre dicerent, quod iam ei tertium negatus consulatus petenti esset, et adiecisse, pararet se ad
petendum; intra duos menses effecturam, ut consul fieret. inter 7
multa alia testimonia ad causam pertinentia haec quoque vox,
nimis vero eventu comprobata, valuit, cur Hostilia damnaretur.

Veris principio huius, dum consules novos dilectus Romae 8
tenet, mors deinde alterius et creandi comitia consulis in locum
eius omnia tardiora fecerunt. interim P. Cornelius et M. Baebius, 9
qui in consulatu nihil memorabile gesserant, in Apuanos Ligures
exercitum induxerunt. Ligures, qui ante adventum in provinciam 38
consulum non expectassent bellum, inproviso obpressi ad duodecim milia hominum dediderunt se. eos consulto per litteras 2
prius senatu deducere ex montibus in agros campestres procul

10; 25, 5, 6. — *priusq.*, wie schon
39, 38, 3; der Prätor in Sardinien
bleibt unterdessen als propraetor in
seiner Funktion, s. 39, 41, 5.
5—7. *maxime* ist mit Nachdruck
an das Ende gestellt, vgl. Cic. Tusc.
1, 15, 35: *cernere naturae vim maxume*; Legg. 2, 27, 69. — *Quarta
H.*, so mit vorangestelltem Vornamen werden in früherer Zeit gewöhnlich die Frauen bezeichnet, seltner
in umgekehrter Ordnung, s. 29, 14,
12: *Claudiae Quintae*, Marq. 5, 19.
— *quidem* stellt den Satz als Bekräftigung des Vorhergeh. dar. —
Q. *Fulv.*, s. 38, 35; 42; nach den
Fasten Q. *Fulvius Cn. f. M. n. Flaccus*, s. c. 41, 7. — *repuls. tul.*, er
hat sich also mit seinem Stiefvater
zugleich beworben; die früheren
Bewerbungen (*tertium*) hat L. nicht
erwähnt. — *intra*, ehe vergiengen.
— *valuit cur*, war ein Grund,
warum, trug dazu bei, dass, s. 31,
45, 13: *nec meruerant, cur*; 32, 32,

5: *mora, cur*; 42, 29, 11; Caes. B.
G. 1, 14, 2: *neque commissum a se,
quare perirent*; L. 29, 15, 13. —
damnar., für schuldig erklärt und
wol zum Tode verurtheilt.
37. 8—30. Uebersiedlung der
apuanischen Ligurer in das Samni-
terland.
8—9. *veris* steht vor *dum*, weil
es mit dem Vorhergeh. in Verbindung steht. — *tenet*, s. 37, 50, 7;
ib. 6, 2 u. a. — *creandi c. cons.*, die
zu der Wahl bestimmten, dazu gehörenden, nötbigen, s. 39, 39, 7 [wo
zu lesen ist: sonst gewöhnlich der
dativ. gerundivi], vgl. 39, 45, 8. —
Apuani, c. 36.
38. 1—2. *qui - expect.*, während,
da sie nicht. — *obpressi*, wenn nicht
nach der ersten Ausgabe *obpressi
sunt* herzustellen ist, muss *ad duod.
mil.* als beschränkende Apposition
zu *Ligures* betrachtet werden, s.
21, 24, 2. — *deducere* etc., gewöhnlich werden *dediticii* nicht so hart

ab domo, ne reditus spes esset, Cornelius et Baebius statuerunt, nullum alium ante finem rati fore Ligustini belli. ager publicus populi Romani erat in Samnitibus; Taurasinorum *fuerat*. *eo cum traducere Ligures Apuanos vellent, edixerunt*, Ligures Apuani de montibus descenderent cum liberis coniugibusque, sua omnia secum portarent. Ligures saepe per legatos deprecati, ne penates, sedem, in qua geniti essent, sepulcra maiorum cogerentur relinquere, arma, obsides pollicebantur. postquam nihil impetrabant neque vires ad bellandum erant, edicto paruerunt. traducti sunt publico sumptu ad quadraginta milia liberorum capitum cum feminis puerisque. argenti data centum et quinquaginta milia, unde in novas sedes compararent, quae opus essent. agro dividendo dandoque iidem, qui traduxerant, Cornelius et Baebius, praepositi. postulantibus tamen ipsis quinqueviri ab senatu dati, quorum ex

behandelt, aber Aehnliches s. c. 41, 3; vgl. 42, 22, 6; Polyb. 2, 21; Strabo 9, 1, 6 p. 212 u. a. — *nullum al. fin.*, s. die Stelle aus Plut. zu 39, 1, 8.
3–4. *publ. p. R.*, vgl. 44, 16, 7; 31, 4, 1. — *Taurasin.*, wol derselbe Ort, der auf einer der Grabschriften der Scipionen erwähnt ist, s. Inscriptt. lat. 30: *Taurasia Cisauna, Samnio cepit*; Plin. 3, 5, 70: *Taurania*; Steph. Byz. Ταυρανία, zwischen Saepinum und Beneventum bei Circellum (nach Th. Mommsen a. a. O.), vgl. Nieb. 1, 286. — *Apuani de* ist unsicher, da die IIs. *ab Anido* gehabt zu haben scheint, ein Name, der sich sonst nicht findet und zu *montibus* nicht passt, wenn man nicht annimmt, dass ein zweiter ausgefallen ist, s. c. 41, 2. Obgleich bei L. *ab - descendere* gebraucht, s. 21, 32, 2; 27, 38, 6; 28, 42, 20, und 39, 32, 3 ein bestimmter Berg erwähnt, auch *Apuani* nach *Apuanos* etwas hart wiederholt wird, so ist doch die Veränderung in *Apuani* leichter als die Annahme einer Lücke, oder *ab Anido monte*, vgl. § 2 *montibus*, besonders da das ganze Gebiet verlassen werden soll. — *descenderent*, das hds. *descendere* ist schwerlich richtig, vgl. 39, 14, 9.
5–7. *arma obs.*, s. c. 16, 6; 28, 34, 7. — *impetrab.*, immer nicht u. s. w.; *erant als Zustand*. — *belland.*, um Krieg zu führen überhaupt, vgl. c, 47, 3; die Erneuerung desselben zu bezeichnen: *rebellandum*, war nicht nothwendig. — *quadrag. m. l. c.*, wol mit Einschluss der § 1 erwähnten 12000. Uebrigens sind nach c. 41, 3 und den fasti triumph. a. 599 noch Apuani in ihren Wohnsitzen zurückgeblieben. — *argenti*, wahrscheinlich ist etwas ausgefallen, da *argenti* ohne Zusatz hier noch unbestimmter ist als 39, 5, 10. Man erwartet dafür die Angabe der *sestertii* oder *denarii*; wollte man *pondo* hinzusetzen oder denken, s. 10, 46, 5; 45, 43, 5, so käme auf den Kopf die zu grosse Summe von 52 Thlrn. — *sedes* ist wahrscheinlich statt des hds. *aedes* zu schreiben, da es § 3 heisst: *sua omnia secum portarent*. — *agro div. etc.*, wie bei der Anlegung einer Colonie; doch wurden die Ligurer Anfangs wol nur als dediticii betrachtet, s. Lange 2, 237; Nitzsch 145; erst unter den Triumvirn und dann von Augustus wurden Colonien dahin geführt, s. liber coloniarum I p. 235 l. 9; Plin. 3, 11, 105; *Ligures, qui cognominantur Corneliani et qui Baebiani*, also zwei Colonien, nach den Consuln, welche die Uebersie-

consilio agerent. transacta re cum veterem exercitum Romam 8
deduxissent, triumphus ab senatu est decretus. hi omnium primi 9
nullo bello gesto triumpharunt. tantum hostiae ductae ante currum, quia nec quod ferretur neque quod duceretur captum neque
quod militibus daretur quicquam in triumphis eorum fuerat.

Eodem anno in Hispania Fulvius Flaccus proconsul, quia 39
successor in provinciam tardius veniebat, educto exercitu ex hibernis ulteriorem Celtiberiae agrum, unde ad deditionem non
venerant, institit vastare. qua re irritavit magis quam conterruit 2
animos barbarorum, et clam comparatis copiis saltum Manlianum,
per quem transiturum exercitum Romanum satis sciebant, obsederunt. in Hispaniam ulteriorem eunti L. Postumio Albino col- 3
legae Gracchus mandaverat, ut Q. Fulvium certiorem faceret, Tarraconem exercitum adduceret: ibi dimitti veteranos, supplemen- 4
taque distribuere et ordinare omnem exercitum sese velle. dies
quoque, et ea propinqua, edita Flacco est, qua successor esset

delung bewirkten, genannt. — *quor.*
ex c., nach deren Beirath, s. 33, 30,
1, vgl. 38, 38, 1: *ex sententia.*
8 - 9. *trans. re*, also noch im
Laufe des Jahres. — *triumphus* etc.,
gegen das sonstige Verfahren, durch
besondere Willfährigkeit des Senates, s. Becker 2, 2, 80; Lange 2,
229. — *primi*, vgl. jedoch 38, 47, 5.
— *nullo b. g.*, der Ueberfall § 1
wird nicht gerechnet. — *hostiae*, die
hds. Lesart *hostes*, wofür Gron.
obsides, s. 34, 52, 9, verm., kann
gegenüber *neo quod duceretur captum* nicht richtig sein; auch wird
durch *tantum* schon angedeutet, dass
man noch Anderes vor dem Wagen
habe erwarten dürfen, vgl. 45, 39,
12: *pars non minima triumphi est
victimae praecedentes*. — *quod –
quod - quod* statt *quid* scheint wegen *quidquam* nöthig. — *ferretur*,
Beute auf Wagen oder getragen;
ducer., gefangene Feinde, vgl. 31,
49, 3: *neo captivi ulli ante currum
ducti neque spolia praelata*. — *fuerat* ist, obgleich nicht ohne Härte, in
Rücksicht auf *triumpharunt* gesagt,
s. c. 12, 3.

39-40. Krieg in Hispanien.
Tit. Liv. IX.

Appian. Iber. 42.
1-4. *Fulvius*, c. 30 f. — *procons.*,
39, 29, 4. — *ulter.*, vom Hiberus
nach Westen, vgl. 35, 13 f. — *ad
dedit.*, gekommen um sich zu unterwerfen, anders das gewöhnliche *in
deditionem venire*. — *instit. vast.*,
s. c. 5, 3; 35, 11, 3 u. a. — *salt.
Man.*, wahrscheinlich die Sierra de
Guadelope, vgl. Ukert 279; oder ein
Theil dieser Gebirgsgegend. — *satis sci.*, 39, 49, 8, vgl. c. 31, 1. —
clam — obsed. schliesst sich durch
das erklärende *et* an *barbarorum*,
nicht an das Subj. des vorhergeh.
Satzes an. — *ulter.*, zu dieser gehörte Celtiberien nicht, s. 39, 21, 8.
— *Tarr. - adduceret*, s. Caes. B. G.
3, 5, 3: *milites certiores facit, paulisper intermitterent proelium*; Cic.
Att. 2, 24, 2; vgl. L. 1, 31, 3: *vocem audire, ut*; 3, 6, 5: *responsum
tulere, ut*; 33, 28, 11: *literae missae, ut u. v. a.* — *dimitti*, nach dem
Senatsbeschluss c. 36, 10; das folg.
distribuere u. ordinare bestimmt er
selbst; über den Wechsel des inf.
act. u. pass. s. 39, 14, 6. — *distrib.*,
unter die verschiedenen Truppentheile; *ordinare*, 29, 1, 1. — *edita*,
c. 45, 5; 41, 13, 3; 45, 34, 4.

12

5 venturus. haec nova adlata res omissis, quae agere instituerat, Flaccum raptim deducere exercitum ex Celtiberia cum coegisset, barbari causae ignari, suam defectionem et clam comparata arma sensisse eum et pertimuisse rati, eo ferocius saltum insederunt.
6 ubi eum saltum prima luce agmen Romanum intravit, repente ex
7 duabus partibus simul exorti hostes Romanos invaserunt. quod ubi vidit Flaccus, primos tumultus in agmine per centuriones stare omnes suo quemque loco et arma expedire iubendo sedavit,
8 et sarcinis iumentisque in unum locum coactis copias omnes partim ipse partim per legatos tribunosque militum, ut tempus, ut locus postulabat, sine ulla trepidatione instruxit, cum his de-
9 ditis rem esse admonens; scelus et perfidiam illis, non virtutem nec animum accessisse; reditum ignobilem in patriam clarum ac memorabilem eos sibi fecisse; cruentos ex recenti caede hostium gladios et manantia sanguine spolia Romam ad triumphum dela-
10 turos. plura dici tempus non patiebatur; invehebant se hostes et in partibus extremis iam pugnabatur. deinde acies concurre-
40 runt. Atrox ubique proelium, sed varia fortuna erat. egregie legiones nec segnius duae alae pugnabant; externa auxilia ab simili armatura, meliore aliquantum militum genere urgebantur,

---

5-8. *omissis* etc., s. 39, 54, 13. — *eo fer. s. insed.* geht auf § 2: *obsederunt* zurück; doch ist die Situation nicht klar, da die erste Stelle sich auf den Zug der Römer nach Westen zu beziehen scheint, *insederunt* den Rückzug nach Osten hindern soll. — pr. *tumultus* die ersten Aeusserungen usw., s. 4, 28, 2: *subitos tumultus. — in agm.*: so wie sie auf dem Marsche gegangen waren, 23, 27, 2, gehört zu *stare*, das dazwischengestellte *per centur.* zu *iubendo*, *quemque* erklärende Appos. zu *omnes in agmine*, vgl. 3, 28, 2; 22, 5. — *sarcinis*, die vorher in dem Zuge vertheilt gewesen waren. — *coactis*, s. c. 16, 10, sonst *conicere, reicere sarcinas* aber oft *agmine coacto*; an u. St. scheint *coactis* mehr in Bezug auf die *iumenta* gesagt zu sein; vgl. 35, 28, 4. — *partim* etc., weil die Truppen weithin vertheilt sind, vgl. Tac. H. 5, 16. — *ut temp., ut l.,* 42, 47, 5.

9-10. *cum his ded.*, entweder rhetorische Uebertreibung, oder die Uebergabe von Contrebia u. die der Celtiberer sind besonders gerechnet, s. c. 33; zum Ausdruck 9, 26, 4. — *scelus*, 21, 41, 6f. — *access.*, vgl. 44, 36, 2. — *ignob.*, der ohne diese Gelegenheit zum Kampfe ohne Auszeichnung, ohne etwas Bemerkenswerthes gewesen sein würde, vgl. 7, 26, 3: *minus insigne — factum*. — *fecisse*, habe Gelegenheit gegeben zu machen, oder der Sieg wird schon vorausgesetzt. — *invek. se*, 28, 15, 7: *cum victores se undique inveherent*; 30, 11, 9; 10, 14, 18; oft von der Reiterei gebraucht.

40. 1-3. *externa*, neben den beiden gewöhnlichen Bestandtheilen des röm. Heeres, c. 30, 2. — *ab sin. a.*, c. 32, 4. — *melior*: etc. scheint den Grund anzugeben, nicht Apposit. zu sein. — *aliquantum*, s. 1, 7, 9; 5, 21, 14; 10, 35, 2: *quantum*, zu 3, 15, 2; 22, 18, 2: *aliquantum prae-*

nec locum tueri poterant. Celtiberi ubi ordinata acie et signis 2
conlatis se non esse pares legionibus senserunt, cuneo inpressio- 3
nem fecerunt, quo tantum valent genere pugnae, ut quacumque
parte pertulere impetus suos, sustineri nequeant. tunc quoque
turbatae legiones sunt, prope interrupta acies. quam trepidatio- 4
nem ubi Flaccus conspexit, equo advehitur ad legionarios equites,
et „ecquid auxilii in vobis est? actum iam de hoc exercitu erit?"
cum undique adclamassent, quin ederet, quid fieri velit: non se- 5
gniter imperium exsecuturos, „duplicate turmas" inquit, „duarum
legionum equites, et permittite equos in cuneum hostium, quo
nostros urgent. id cum maiore vi equorum facietis, si effrenatos
in eos equos inmittitis, quod saepe Romanos equites cum magna 6
laude fecisse sua memoriae proditum est." dicto paruerunt de- 7
tractisque frenis bis ultro citroque cum magna strage hostium,
infractis omnibus hastis, transcurrerunt. dissipato cuneo, in 8
quo omnis spes fuerat, Celtiberi trepidare et prope omissa pugna
locum fugae circumspicere. et alarii equites postquam Romano- 9

stare u. ä. — *locum* n. *suum*, s. 27,
27, 2; 8, 30, 2: *ut sese loco tene-*
ret; 22, 41, 9. — *ordin. ao.*, s. 22,
5, 7: *non illa ordinata (pugna) per*
principes, hastatosque et triarios;
im Gegensatze zu den ungeordne-
ten Angriffen der Spanier, etwas
anders ist 35, 4, 7: *recto ac iusto*
proelio. — *cuneo,* sie bilden eine
keilförmige Schlachtordnung, vgl.
39, 31, 3; 10, 29, 7; 22, 47, 8; anders 7, 24, 7. — *inpress. fec.*, 4,
28, 6; 25, 37, 13. — *pertul.* - *im-*
petus suos nach Crevier statt des
hds. *perculere - impetu suo*, welches hier, wo ein Object fehlt, sehr
hart wäre, vgl. 34, 15, 2: *fatigatos*
adorti hostis primo impetu velut
cuneo perculere; 2, 65, 1: *Volscum*
primo impetu perculit; 10, 41, 9:
quacumque impetum dedit. — *tunc*
q., 4, 30, 13; 21, 34, 8. — *interr.,*
21, 33, 8; 44, 41, 1; 8.
4—9. ecq. ohne *inquit*, s. 28, 40, 3.
— *ecquid aux.*, ist denn keine usw.,
enthält zugleich einen Vorwurf, vgl.
Cic. Phil. 1, 7, 18: *ecquid est, quod*
tam proprie dici possit actum eius?
Gron. verm. *ni quid.* — *actum,* soll

es denn geschehen sein um, s. c. 10,
5: *perisse*; viell. ist *an actum* zu lesen. — *duplicate t.*, um den Choc zu
verstärken sollen je zwei Turmen
zusammen in geschlossenen Gliedern
angreifen, vgl. Sall. I. 101: *turma-*
tim quam maxime confertissimis
ordinibus; das *duplicare turmas*
scheint sonst nicht vorzukommen, s.
Marq. 3, 2, 258. — *inmittitis* nach
facietis, s. 2, 45, 13; 36, 28, 6. —
equos nach *equos* - *equorum*, s. 39,
5, 5. — *effrenatos*, s. zu 4, 33, 7:
effreno cursu; 8, 30, 6. — *quod*
saepe - *est* scheint, wenn es nicht
ein Glossem ist, der Zusatz eines Annalisten zu sein, vgl. 41, 4, 2, welcher durch diesen Zug wie durch die
ganze Schilderung (Appian erwähnt
die Schlacht nicht) die Sache hat
ausschmücken wollen, s. 39, 31, 11;
zur Situation vgl. 10, 14; 41; 9, 39.
— *ultro cit.*, vgl. 3, 61, 9; 35, 5,
10: *interequitantes alarii.* — *in-*
fractis von *infringo*, s. c. 50, 5; 2,
59, 4; 7, 31, 6; 38, 14, 9; der abl.
abs.: so dass sie dabei - zerbrachen,
s. c. 27, 3; 25, 36, 7; zum Zeichen,
dass sie alle gekämpft haben. — *ala-*

180   LIBER XXXX.   CAP. 40. 41.   a. u. 574.

rum equitum tam memorabile facinus videre, et ipsi virtute eorum
accensi sine ullius imperio in perturbatos iam hostes equos in-
10 mittunt. tunc vero Celtiberi omnes in fugam effunduntur, et imperator Romanus aversos hostes contemplatus aedem Fortunae
11 equestri Iovique optimo maximo ludos vovit. caeduntur Celtiberi per totum saltum dissipati fuga. decem et septem milia hostium caesa eo die traduntur, vivi capti plus quattuor milia cum
12 signis militaribus ducentis septuaginta septem, equis prope DC. nul-
13 lis castris eo die victor exercitus mansit. victoria non sine iactura
militum fuit: quadringenti septuaginta duo milites Romani, sociùm
ac Latini nominis mille decem et novem, cum his tria milia militum auxiliariorum perierunt. ita victor exercitus renovata priore
14 gloria Tarraconem est perductus. venienti Fulvio Ti. Sempronius praetor, qui biduo ante venerat, obviam processit gratula-
tusque est, quod rem publicam egregie gessisset. cum summa
concordia, quos dimitterent quosque retinerent milites, compo-
15 suerunt. inde Fulvius exauctoratis militibus in naves inpositis
Romam est profectus; Sempronius in Celtiberiam legiones duxit.
41   Consules ambo in Ligures exercitus induxerunt diversis par-

rii eq., s. 35, 5, 8; ib. 6, 10; Marq.
3, 2, 305. — *et ipsi* nach *et* wie 3,
23, 6, vgl. 35, 35, 9; die Anordnung
der Periode wie 36, 18, 2; 35, 38,
13 u. a. — *accensi*, vgl. 9, 39, 8.
— *sine ull. i.* wie § 5, nur zur Ausmalung dienend und § 10 *Fortunae
eq.* vorbereitend.
10. *Celtiberi* etc., bei — statt untergeordnet. — *et* und nun, in Folge
davon; das Gelübde erfolgt erst nach
dem Siege: *aversos*, s. c. 34, 6. —
Fortun. eq., s. c. 44, 9; 42, 3, 1.
11–15. *decem et s.*, s. § 13; c. 32,
7; 33, 4, 4 u. a. — *plus quatt.* etc. ist
unsicher, die Hs. scheint *plus tria millia mille ducenti septuaginta septem
cum – equis prope mille centum in
illis castris* gehabt zu haben, doch
ist, auch wenn *quattuor mil.* gelesen wird, die Zusetzung kleiner
Zahlen nach *plus* störend, ebenso
wie bei *prope*, s. 38, 23, 8: *non
plus decem millia*; 37, 44, 2; 39,
21, 9; ib. 31, 13; 30, 12, 5; 44, 42,
8 u. a., auch bei *supra* stehen meist
nur grössere Zahlen, s. 39, 31, 14;
36, 19, 12; 30, 6, 8; ib. 35, 3; 27,

42, 7; 15; ib. 49, 7; 29, 36, 9; 31,
21, 17; 3, 31, 4 u. a., vgl. jedoch
27, 14, 14; 30, 6, 9; anders *ferme*,
s. c. 32, 7; 10, 14, 21. Ob die Umstellung von *ducent. sept. s.* richtig
ist, lässt sich nicht entscheiden, in
der gewöhnlichen Lesart *ducentis
s. s. cum signis* ist die Nachstellung
der Präpos. nicht passend; 36, 38,
6 werden 124 signa militt. genommen; 174 30, 6, 8; 230 36, 19, 12;
249 33, 10, 8, s. 39, 31, 15. — *MC*
und *DC* sind oft verwechselt. —
nullis cast., vgl. 39, 30, 11; doch
ist die Lesart zweifelhaft, da die
Hs. *inillis* hat; Madvig verm. *equis
pr. mille. Celtibericis castris*; doch
hätte dann L. wol gesagt: *in hostium
castris*, s. 38, 27, 7; 39, 31, 16 u. a.
Andere: *eq. pr. mille. ceterum in-
mobilis castris.* — *renov.*, s. c. 32.
— *retiner.*, nicht entlassen wollten.
compos., ordneten gemeinschaftlich
an, kamen überein; 2, 37, 2: *ut
compositum cum Marcio fuerat.* —
exauct., 41, 5, 11; 8, 34, 9.
41. Krieg in Ligurien.
1–4. *divers. part.*, anders c. 39,

tibus. Postumius prima et tertia legione Ballistam Suismontium- 2
que montes obsedit et premendo praesidiis angustos saltus eorum
commeatus interclusit inopiaque omnium rerum eos perdomuit.
Fulvius secunda et quarta legione adortus a Pisis Apuanos Ligu- 3
res, qui eorum circa Macram fluvium incolebant, in deditionem
acceptos, ad septem milia hominum, in naves inpositos praeter
oram Etrusci maris Neapolin transmisit. inde in Samnium tra- 4
ducti, agerque iis inter populares datus est. montanorum Ligu- 5
rum ab A. Postumio vineae caesae frumentaque deusta, donec
cladibus omnibus belli coacti in deditionem venerunt armaque
tradiderunt. navibus inde Postumius ad visendam oram Ingau- 6
norum Intemeliorumque Ligurum processit. priusquam hi con- 7
sules venirent ad exercitum, qui Pisas indictus erat, praeerant
A. Postumius *et* frater Q. Fulvii M. Fulvius Nobilior; secundae 8

6: *ex*, u. c. 34, 13. — *Ballist.*
Suism. m. ist sehr unsicher, aus 39,
2, 7 statt der hds. Lesart *uallisue-*
rumtumtamquam hergestellt; während das folg. *eorum* und *eos* und, weil
der andere Consul ein bestimmtes
Volk, die *Apuani* angreift, auch an
u. St. ein Volksname erwartet wird,
s. § 5; Hertz verm. *Ball. Letumque*
wie 41, 18, 1. — *premendo*, besetzte und so bedrängte, wie *urbem*
premere, s. 9, 15, 1 u. a. — *eorum*
— *eos* müsste auf die Bewohner der
Berge bezogen werden. — *secunda*
etc., die Nummern der Legionen hat
L. seit längerer Zeit nicht angegeben. — *qui eor.*, also die südlich
und östlich wohnenden, s. 39, 2, 2.
— *circa M.* — *incol.*, 35, 13, 5:
circa Sidam incolunt; 5, 35, 2 u. a.,
26, 51, 11: *cis Hiberum incolunt*;
28, 24, 5; ebenso mit *inter* 5, 33,
6 usw. — *inpositos* hat Gel. geschrieben, die Mz. Ausgabe *inposi-*
ta, der Begriff konnte ebensowol
auf das Object selbst (*eos*)*qui*, als
auf *ad sept. milia*, um als Aposit.
dazu zu betrachten ist, bezogen werden, s. zu 21, 55, 4; 27, 16, 7. —
Neapolin, vgl. c. 24, 3; 56, 8; in
der dritten Decade *Neapolim*, s. 23,
1, 5; 25, 25, 5, vgl. 24, 22, 16. —
inter pop., s. c. 38, 3.
5-6. *montanor.*, s. 28, 46, 11;

Forbiger alte Geogr. 3, 546. — *vi-*
neae, s. Strabo 4, 6, 2 p. 202: ὁ δὲ
(οἶνος) παρ' αὐτοῖς ὀλίγος ἐστί,
πιττίτης αὐστηρός; Plin. 14, 6,
68. — *visend.*, s. c. 47, 7; zur Sache
c. 28, 7. — *Ingaun.* etc., 39, 32, 4,
ebenso wohnten die *Intemelii*, s.
Tac. H. 2, 13; Plin. 3, 5, 48, an der
Westseite des ligustischen Meerbusens.
7-8. *qui Pis.*, vgl. c. 26, 6; 41,
17, 8 u. o. — *Postum.*, vielI. der
45, 4, 7 genannte und ein Verwandter des Consuls. — *frater*,
wenn die Ansicht des Valerius Max.
zu 41, 27, 3, dass der hier u. der a.
u. St. genannte derselbe sei, richtig
wäre, was L. nicht anzunehmen
scheint, so wäre *frater* wie 35, 10, 5
=*frater patruelis* zu nehmen, da der
Consul des Jahres verschieden ist von
dem Censor 41, 27, dieser erst 40, 43
für das Jahr 575 Consul wird. —
M., diesen Vornamen hat ein c. 30,
4 erwähnter Bruder des nachmali-
gen Censors, vgl. 39, 44, 10, aber
der 41, 27 erwähnte heisst dort
in der Hs. *L.*, bei Vell. 1, 10, 6 *Cn.*
Da sowol der Consul dieses J. als
der Censor den Zunamen *Flaccus*
haben, so müsste derselbe von einem
Fulvius Nobilior adoptirt und deshalb
auch der Vorname geändert worden
sein; indess ist es wahrscheinlicher,

legionis Fulvius tribunus militum erat. is mensibus suis dimisit legionem, iure iurando adactis centurionibus, aes in aerarium ad
9 quaestores esse delaturos. hoc ubi Placentiam — nam eo forte erat profectus — Aulo nuntiatum est, cum equitibus expeditis secutus dimissos, quos eorum potuit adsequi, deduxit castigatos
10 Pisas, de ceteris consulem certiorem fecit. eo referente senatus consultum factum est, ut M. Fulvius in Hispaniam relegaretur ultra novam Carthaginem, litteraeque ei datae sunt a consule ad
11 P. Manlium in Hispaniam ulteriorem deferendae; milites iussi ad signa redire. causa ignominiae uti semestre stipendium in eum

dass die Ueberlieferung bei Valer., s. Lange 2, 244, unrichtig sei. Da zwei consularische Heere nach Pisa commandirt sind, s. c. 36, 6, so ist wol anzunehmen, dass auch zwei Officiere vorläufig das Commando hatten, s. 22, 53, 2ff.; von diesen macht Postumius sein Recht ebenso geltend gegen Fulvius, wie ein Consul gegen ungesetzliche Schritte des anderen intercediren kann, s. Mommsen 1, 279; es ist daher, da die Hs. *praeerant* und *secundae legionis Fulvius* hatte, wahrscheinlicher, dass, wie § 2 u. 3, *et* oder *que* ausgefallen, als mit Madvig *praeerat A. Postumius. frater - Nobilior (sec. leg. trib. m. is erat) mensibus*, oder *frater Q. - Nobilior, sec. leg. trib. mil. erat. is* zu lesen, *praeerat* zu ändern, *Fulvius* zu tilgen sei; ob die Hs. *is erat* oder *eratis* gehabt habe, ist nicht sicher. — *mensib. suis*, an der Spitze einer Legion standen 6 Kriegstribunen, welche dieselben abwechselnd je zwei Monate commandirten, diese scheinen hier gemeint zu sein, vgl. 42, 35, 4; Polyb. 6, 32; 43; Marq. 3, 2, 275. Fulvius, obgleich er zunächst einer Legion vorstand, konnte vorläufig das Commando die einen Heeres haben. — *dimis. leg.*, eine unerhörte Anmassung, da nur der Oberbefehlshaber mit Zustimmung des Senates das Heer entlassen durfte, s. Lange 2, 241. — *aes - delat.* kann nur vom Solde verstanden werden, und ist so gesagt, als ob derselbe bereits ausgezahlt sei; da dieses aber erst nach Beendigung des jährigen oder halbjährigen Feldzuges geschah, und nach § 11 auch jetzt geschehen ist, so bedeuten wol die Worte: sie wollten, wenn ihnen der Jahressold ausgezahlt würde, diesen oder den nicht verdienten Theil in das Aerar zurückgeben.
9-11. *Aulo*, so ist, wenn nicht Mehreres ausgefallen ist, statt des bds. *Fulvio* zu lesen. — *equit. exped.*, 44, 2, 12; 22, 55, 4. — *consul.*, Fulvius, zu dessen Heere die Legion gehörte, § 3. — *senatusc.* ist in der Hs. ausgefallen oder verdorben, die Stellung ungewiss. — *relegar.*, eins der ersten Beispiele der *relegatio*, s. 3, 10, 12; Cic. Sest. 12, 29; Rudorff 2, 412. — *Manl.*, also im Anfange des Jahres, ehe dessen Nachfolger ankam, s. c. 39, 3, vgl. § 7: *priusquam* etc. — *literaeque.*, in diesem konnte der Inhalt des Senatsbeschlusses und die Aufforderung enthalten sein den Fulvius zurückzubehalten oder zu interniren; Gron. verm. *SC. literaeque*, vgl. 26, 15, 8; 41, 12, 7; indess war in dem vorlieg. Falle der Senatsbeschluss nicht an den Manlius gerichtet, sondern sprach nur die Relegation aus. — *causa ign.*, s. c. 44, 10, viell. ist an beiden Stellen nach dem sonstigen Gebrauch L.'s *causa*, wie Madvig verm., nachzustellen. — *ignom.* etc., Varro de vita p. R. bei Nonius

annum esset ei legioni decretum; qui miles ad exercitum non redisset, eum ipsum bonaque eius vendere consul iussus.

Eodem anno L. Duronius, qui praetor anno superiore 42 ex Illyrico cum decem navibus Brundisium redierat. inde in portu relictis navibus cum venisset Romam, inter exponendas res, quas ibi gessisset, haud dubie in regem Illyriorum Gentium latrocinii omnis maritimi causam avertit: ex regno eius omnes na- 2 ves esse, quae superi maris oram depopulatae essent; de his rebus legatos misisse, nec conveniendi regis potestatem factam. vene- 3 rant Romam legati a Gentio, qui quo tempore Romani conveniendi regis causa venissent, aegrum forte eum in ultimis partibus fuisse regni dicerent: petere Gentium ab senatu, ne crederent confictis 4 criminibus in se, quae inimici detulissent. ad ea Duronius adiecit, multis civibus Romanis et sociis Latini nominis iniurias factas in regno eius et cives Romanos dici Corcyrae retineri. eos 5

532: *stipendium appellabatur aes militi semestre aut annuum datum, cui datum non sit propter ignominiam aere dirutus est*, Lange 1, 402. — *in eum an.*, s. 5, 2, 1; ib. 4, 7; Mommsen die Tribus 36 f. — *ipsum* etc., wie der Bürger, der, wenn er bei dem Census aufgerufen wurde, nicht erschien, vgl. Cic. Caec. 34, 99; Val. Max. 6, 3, 4; Dion. Hal. 10, 33; 11, 22 u. a.

42, 1—5. Verhältnisse in Illyrien.

1—2. *qui* etc., wahrscheinlich ist die Stelle lückenhaft; in der ersten Ausgabe fehlt zwar *redierat*, doch scheint es in der Hs. gestanden zu haben; aber schwerlich lässt sich *praetor anno superiore* verbinden, da es 30, 11, 3 u. a.: *consul prioris anni* heisst, und Verbindungen wie 23, 32, 1; 30, 41, 1: *legiones in Bruttiis*; Vell. 2, 128, 2: *novum Tusculo urbis inquilinum*; Cic. Tusc. 5, 19, 56: *civili bello victor* u. ä. sich nicht mit u. St. vergleichen lassen, auch *cum* vor *decem nav.* nicht ohne Härte als Conjunction genommen und *rediisset* gelesen werden kann. Madvig verm. *fuerat* nach *superiore*, muss aber dann *redierat* in *rediit* ändern. — *Du-* *ronius*, s. c. 18, 3, war wol erst in dem laufenden Jahre zurückgekehrt, sonst würde der Zusatz *anno super.* keinen Grund haben. — *inter exp. res* kann hier nur bedeuten: als er —, erwähnte er unter Anderem, sonst heisst *inter* mit dem gerundiv. gewöhnlich: während, s. 2, 20, 9; 7, 40, 5 u. a., vgl. 38, 39, 5: *inter novas res*. — *haud. dub.*, 2, 36, 6. — *Gentium*, Sohn des oft erwähnten Pleuratus; auch Polyb. 30, 13 nennt ihn König der Illyrier, aber 32, 18 genauer den Delmaten; Appian Ill. 9 König eines Theiles der Illyrier, was auch wol L. sagen will, nicht dass er sie alle beherrscht habe, vgl. 42, 40, 5; 45, 26. — *superi m.*, s. c. 18, 4; 41, 1, 3.

3—5. *Romani*, die Gesandten. — *quae inimic. det.* scheint Verbesserung von Gelenius, die hds. Lesart ist verdorben. — *Corcyrae*, die Insel stand schon lange unter röm. Botmässigkeit, s. Polyb. 2, 11; Mommsen Gesch. des röm. Münzwes. 394; es ist also zu bezweifeln, dass die Bewohner derselben Feindseligkeiten, wie sie 34, 32, 18 von Nabis erwähnt werden, verübt haben, besonders da ein röm. Befehlshaber dort gewesen zu sein scheint,

omnes Romam adduci placuit, C. Claudium praetorem cognoscere, neque ante Gentio regi legatisve eius responsum reddi.

6   Inter multos alios, quos pestilentia eius anni absumpsit, sacerdotes quoque aliquot mortui sunt. L. Valerius Flaccus pontifex mortuus est; in eius locum subfectus est Q. Fabius Labeo.
7   P. Manlius, qui nuper ex ulteriore Hispania redierat, triumvir epulo; Q. Fulvius M. f. in locum eius triumvir cooptatus, tum prae-
8   textatus erat. de rege sacrifico subficiendo in locum Cn. Cornelii Dolabellae contentio inter C. Servilium pontificem maximum fuit et L. Cornelium Dolabellam duumvirum navalem, quem ut inau-
9   guraret pontifex magistratu sese abdicare iubebat; recusantique id facere ob eam rem multa duumviro dicta a pontifice, deque ea,
10 cum provocasset, certatum ad populum. cum plures iam tribus intro vocatae dicto esse audientem pontifici duumvirum iuberent

s. 38, 11, 5; es wird deshalb vermuthet, dass *Μέλαινα Κόρκυρα* an der illyr. Küste gemeint sei, s. Strabo 2, 5, 20; 7, 5, 5 p. 315: τοῖς (Πληραίοις) πλησιάζει – ἡ μέλαινα Κόρκυρα καλουμένη πόλις, Κνιδίων κτίσμα; doch kann auch ein Irrthum L.'s oder seines Gewährsmannes zu Grunde liegen. — *cognoscere* n. *causas eorum*, oder überhaupt: erkennen, s. 38, 39, 5; Cic. Verr. 2, 10, 26: *Verres cognoscebat; Verres iudicabat.*

42, 6–13. Ergänzung der Priestercollegien.

6–8. *pestilentia*, c. 36, 14. — *Valerius*, s. 31, 4; 33, 43; 39, 40, seine Aufnahme unter die pontifices ist nicht erwähnt. — *Fabius*, 39, 45. — *Manl.* c. 33, 9, vgl. 33, 42, 1, wo er gewählt wird. — *Q. Fulvius*, schwerlich der 39, 44, 10 erwähnte triumvir col. deduc., da er jetzt, 4 Jahre später, noch *praetextatus* ist, eher ein Sohn des c. 30, 4 genannten; über die Sache s. 29, 38, 7; 25, 5, 4. — *sacrifico*, die Form, s. 2, 2, 1, findet sich nur hier, und in der einen Hs. konnte leicht die Sylbe *ul* ausfallen, s. Marq. 4, 261; 263. — *Dolab.*, 27, 36, 5 — *content.*, wie 37, 51: *certamen*, vgl. Lange 2, 227; 214; Marq. 4, 268. — *Servil.*, 39, 46, 1. — *duumv.*

nav., er scheint später als die c. 26, 8 genannten erwählt und dieses von L. übergangen zu sein. — *inaugur.*, damit er — könne; der *rex sac.* durfte wie die flamines nicht in den Krieg ziehen und kein politisches Amt bekleiden, s. 2, 2; Dion. Hal. 4, 74.

9–11. *ob eam r.* hebt nur den Grund hervor, wie *tum* die Zeit nach dem abl. abs., wenn nicht *recusanteq.* zu lesen ist. — *multa*, die in solchen Fällen der pontifex m. aussprechen kann, s. 37, 51, 5, obgleich sonst Magistrate mit Strafen nicht belegt oder bedroht werden, s. Periocha 47; Marq. 4, 247; Mommsen röm. Forsch. 1, 162. — *provoc.*, s. Festus 343: Saturno, wahrscheinlich brachte ein Volkstribun die Sache vor die Versammlung der Tribus, Marq. 2, 3, 157. — *certat.*, zwischen dem pontifex und dem triumvir über die Gültigkeit der Mult; Digest. 50, 16, 244: *multae provocatio est, nec ante debetur, quam aut non est provocatum, aut provocator victus est* etc., vgl. L. 1, 26, 8; 25, 3, 14; 37, 51, 3. — *plures*, hier: mehrere, s. 21, 28, 7, nicht: die Majorität, 45, 36, 7: *prinnae.* — *tribus*, Lange 1, 659; 2, 411. — *intro*, in die saepta, s. 10, 13, 11; 45, 36, 7, Lange 2, 422f.

multamque remitti, si magistratu se abdicasset, ultimum de caelo quod comitia turbaret intervenit. religio inde fuit pontificibus inaugurandi Dolabellae. P. Cloelium Siculum inaugurarunt, qui 11 secundo loco nominatus erat. exitu anni et C. Servilius Geminus pontifex maximus decessit; idem decemvir sacrorum fuit. pontifex in locum eius a collegio cooptatus Q. Fulvius Flaccus; inde 12 pontifex maximus M. Aemilius Lepidus, cum multi clari viri petissent; et decemvir sacrorum Q. Marcius Philippus in eiusdem locum est cooptatus. et augur Sp. Postumius Albinus decessit; 13 in locum eius P. Scipionem, filium Africani, augures cooptarunt.

Cumanis eo anno petentibus permissum, ut publice Latine

— *multamque*, wir würden den Gegensatz bezeichnen, s. 27, 42, 5. — *ultimum* würde, wenn es richtig ist (es wird *vitium, portentum* verm.) bedeuten: zuletzt, am Ende, wie sonst *ad ultimum*, 42, 43, 1 u. a., und *postremum* 2, 39, 5; 34, 23, 6, was wie *ultimum* auch zum letztenmale heisst, 1, 29, 3; 2, 15, 1; das Subj. ist in *quod com. turb.* umschrieben, vgl. c. 45, 2. — *de caelo* wie *de caelo servare*, Blitz oder Donner, Cic. Div. 2, 18, 42: *Iove tonante fulgurante comitia habere nefas*; Marq. 2, 3, 61; 114. — *relig.*, s. 43, 13, 2; 26, 11, 4 u. a. — *Cloelium*, vgl. 1, 30, 2. — *nominatus* ist viell. statt des hds. *inauguratus*, welches keinen Sinn giebt, zu lesen, Rubino 1, 242; Merklin die Cooptation 80; 127: er war von dem Priestercollegium an zweiter Stelle vorgeschlagen, hatte nächst Dolabella die meisten Stimmen gehabt, vgl. 10, 8, 3; 26, 23, 8; auf die nominatio folgte dann die Erwählung durch den pontif. max., zuletzt die inauguratio in comitia calata, Marq. 4, 263; 181.

11–12. *idem dec. sac.*, s. 30, 26, 10; Marq. 4, 183. — *coopt.* 39, 46, 1. — *Fulvius*, der c. 39 f. genannte. — *inde pont. max.* ist nicht sicher, da die erste Ausgabe *ante* (in Gelen.) *pontificem maximum* hat; doch konnte, da *pont. m.* geschrieben wurde, leicht ein Irrthum entstehen. Da der Oberpriester in Tributcomitien gewählt wurde, so 25, 5, 3; 39, 45, 8, so ist *cooptatus* entweder nicht richtig gebraucht, vgl. 10, 9, 2, oder daraus *creatus* nach Merklin a. a. O. zu entnehmen, s. 35, 10, 9; indess ist wahrscheinlicher, dass dieses selbst ausgefallen sei, s. 39, 46, 1, es wäre dann auch das dreimalige *cooptatus* – *coopt.* – *cooptarunt*, s. c. 40, 5: *equos*, wenigstens nicht so auffallend. — *Aemil. Lep.*, c. 45, 6. — *multi cl. viri* ist so gesagt, als ob die Bewerbung allen frei gestanden hätte, da sie doch auf die pontifices, s. 25, 5, 3, also acht Bewerber, s. 10, 6, beschränkt war, weil nur einer, der schon Mitglied des Priestercollegium war, gewählt werden konnte; indess drückt sich Dio Cass. 37, 37: ἀρχιερεὺς – καίπερ ἄλλων τε τῆς τιμῆς πολλῶν καὶ τοῦ Κατούλου μάλιστα ἀντιποιουμένων ἀπεδείχθη, in gleicher Weise aus. *Marcius*, s. 39, 6, 1; 40, 3, 1. — *eiusd.*, des Servilius. — *Postum.*, 39, 45. — *fil. Afr.*, es ist der, welcher später den Sohn des Aemilius Paulus adoptirte, vgl. Inscrptt. latt. 33 p. 19; Cic. Brut. 19, 77; Cat. m. 11, 35; der andere Sohn ist 41, 27, 2 erwähnt. — *cooptar.*, s. Merklin 117 ff.

42, 13–44, 2. Anordnungen und Ereignisse in Italien.

13. *Cumanis*, diese waren bei dem Abfall der Campaner von Rom treu und in ihrem Verhältniss als cives sine suffragio geblieben, s. 23, 31, 10. — *publice*, als Geschäfts-

43 loquerentur et praeconibus Latine vendendi ius esset. Pisanis agrum pollicentibus, quo Luna colonia deduceretur, gratiae ab senatu actae; triumviri creati ad eam rem Q. Fabius Buteo M. et
2 P. Popillii Laenates. a C. Maenio praetore, cui provincia Sardinia cum evenisset additum erat, ut quaereret de veneficiis longius ab urbe decem milibus passuum, litterae adlatae se iam tria milia
3 hominum damnasse et crescere sibi quaestionem indiciis; aut eam sibi esse deserendam aut provinciam dimittendam.
4   Q. Fulvius Flaccus ex Hispania rediit Romam cum magna fama gestarum rerum; qui cum extra urbem triumphi causa esset,
5 consul est creatus cum L. Manlio Acidino, et post paucos dies cum militibus, quos secum deduxerat, triumphans urbem est in-

sprache für den inneren und offiziellen Verkehr. — *Latine*, vorher oskisch, Vell. 1, 4: *Cumanos Osca mutavit vicinia*; die lateinische Sprache war also im Allgemeinen den von Rom abhängigen nicht lateinischen Staaten *publice* zu brauchen nicht erlaubt, sondern musste durch einen besonderen Beschluss des Senates, Lange 2, 376, oder des Volkes gestattet werden, vgl. Mommsen Gesch. des röm. Münzwes. 336; Voigt das ius civ. u. ius gent. der Römer 32. — *praeconibus* etc., also bei Auctionen; wahrscheinlich wurde das Lateinische allgemeiner verstanden, Mommsen unterital. Dial. 107.

43. *Pisanis*, ihre Zahl scheint bei den häufigen Einfällen der Ligurer zusammengeschmolzen zu sein. — *Luna*, so hat Mommsen Inscriptt. lat. 539 p. 147 die hds. Lesart verbessert, da es nicht wahrscheinlich ist, dass die Pisaner gerade um eine lat. Colonie gebeten haben, und von Liv. die Triumvirn, aber nicht die Colonie erwähnt worden sei, Pisa selbst aber sonst nicht (ausser viell. bei Ptolemaeus 3, 1, 47) als Colonie genannt wird. Doch ist es, wenn *Luna* gelesen wird, nicht leicht zu erklären, wie 41, 13 die Gründung dieser Colonie unter anderen als den an u. St. genannten Triumvirn erfolgt, und dort nicht angedeutet wird, dass eine blosse Ergänzung gemeint sei, was sich auch bei der grossen Zahl von 2000 Colonisten schwerlich annehmen lässt; wie ferner das ihnen angewiesene Land an u. St. von den Pisanern gegeben wird, dort den Ligurern genommen ist, vgl. jedoch 45, 13, 10; Voigt a. a. O. 726; 348. — *grat. ab. s. a.*, das Folg. zeigt, dass das Anerbieten angenommen wird, vgl. 22, 32, 9. — *Fab., s. c.* 36; *M. Pop.*, 41, 18; *Publ.* scheint nicht weiter bekannt zu sein, viell. ein Sohn des 27, 4 erwähnten.

2—3. *Maenio*, c. 35, 8; 37, 4; nach der letzten Stelle betrafen die Untersuchungen röm. Bürger, nicht Bundesgenossen, vgl. 39, 41, 5; Lange 2, 383. — *indiciis* Angaben von *indices*, Theilnehmern an den Verbrechen.

4. *Fulv.*, c. 39 f. — *extra urb.*, die Bestimmung Plut. Caes. 13: ἴδει τοὺς μετιόντας ὑπατείαν παρόντας ἐν τῇ πόλει τοῦτο πράττειν ist also erst später getroffen worden, s. Sueton. Caes. 18; 28; Becker 3, 2, 49. — *Manlio*, nach den Fasten: *L. Manlius L. f. L. n. Acidinus Fulvianus*; es ist auffallend, dass die Notiz bei Vellei. 2, 8: *non minus clarum exemplum et adhuc unicum Fulvii Flacci, eius, qui Capuam ceperat, filiorum, sed alterius in adoptionem dati, in col-*

vectus. tulit in triumpho coronas aureas centum viginti quattuor. 6
praeterea auri pondo triginta unum, * * et signati Oscensis nummum centum septuaginta tria milla ducentos. militibus de praeda 7
quinquagenos denarios dedit, duplex centurionibus, triplex equiti,
tantundem sociis Latini nominis, et stipendium omnibus duplex.
Eo anno rogatio primum lata est ab L. Villio tribuno plebis, 44
quot annos nati quemque magistratum peterent caperentque. inde
cognomen familiae inditum, ut Annales adpellarentur. praetores 2
quattuor post multos annos lege Baebia creati, quae alternis qua-

*legio consulatus fuit. adoptivus in
Acidini Manlii familiam datus* von
L. übergangen worden ist. — *coronas*, s. c. 34, 8. — *et signati*,
wenn *et* nicht hinzugefügt wäre, so
könnte ohne den Zusatz *argenti* an
das bekannte Silber von Osca gedacht werden; allein die Partikel
lässt *signati* nur auf *auri* beziehen;
da aber *aurum Oscense* nicht erwähnt wird, obgleich es auch 34,
46, 2 in der Mz. Hs. gestanden haben soll, so ist wol, wie schon Glarean bemerkte, an u. St. eine Lücke
anzunehmen; an den ähnlichen heisst
es 34, 10, 4: *et signati bigatorum
- et Oscensis argenti*, ib. § 7: *argenti — pondo et bigatorum — et
Oscensis argenti*, ib. 46, 2: *argenti
infecti — bigati — Oscensis*, vgl.
Mommsen Gesch. d. röm. Münzwes.
668. — *quinquag.*, also 11 Thlr.
20 Sgr., vgl. 39, 7, 2; 41, 13, 7. —
tantund., n. auch hier nach den
eben genannten Classen, vgl. 41, 7,
3. — *stipend.*, dieses geschah unter
dem militärischen imperium des
Feldherrn, das derselbe an dem
Tage des Triumphes in der Stadt
hat; das stipend. selbst ist das annuum, s. c. 41, 11; Marq. 3, 2, 133.
— *duplex*, 39, 7, 2. Sowol das Geschenk als den Sold bekommen wol
nur die bei dem Triumphe aufzie-
henden Soldaten, s. c. 40, 15, nicht
alle, die zum Heere des Fulv. gehört haben; zur Sache s. Lange 2,
230.
44. 1. *primum*, zum erstenmale
wurde festgesetzt, welches Alter

für jedes Amt erforderlich sein
sollte, vgl. zu c. 18, 2; wenn auch
vorher schon feststand, vor welchem
Lebensjahre kein Bürger ein Amt
bekleiden dürfe, vgl. zu 25, 2, 6;
32, 7, 11; 27, 11, 7; dass auch die
Zahl der Jahre, die zwischen den
einzelnen Aemtern liegen sollte, bestimmt worden sei, ist wenigstens
wahrscheinlich, s. Cic. Phil. 5, 17;
legg. 3, 3; Hofmann der röm. Senat
174; Becker 2, 2, 20; Lange 1,
513; 2, 227. — *peterent cap.*, sich
bewerben - dürften.
2. *post. mult. an.* ist zweideutig,
es kann entweder auf die Jahre bezogen werden, die nach dem Erlass
des Gesetzes, oder auf die, welche
bis zum Erlass des Gesetzes seit
der ersten Wahl von sechs Prätoren, s. 32, 27, 6, Lange 2, 180, ver-
flossen sind; doch liegt die erste Erklärung näher, da die Art, wie L.
die lex Baebia anführt, diese als bereits längere Zeit geltend erscheinen lässt, und, wenn sie damals erst
gegeben wäre, dieses ebenso, wie
bei der lex Villia wäre angedeutet
worden. Zwar ist sie früher nicht
beobachtet worden, s. 35, 20, 8, aber
auch in den folgenden Jahren wird
sie nicht eingehalten, sondern es
werden immer sechs Prätoren gewählt, auch in den Jahren, in denen
nach dem Gesetze nur vier sein
sollten, s. c. 59; 41, 8; 14; 21; 28;
42, 10; 29. Noch zu Catos Zeit
muss ein Antrag auf Abrogation
derselben gestellt worden sein, s.
Fest. p. 282, rogat.: *Cato in dissua-*

ternos iubebat creari. hi facti: Cn. Cornelius Scipio C. Valerius Laevinus Q. et P. Mucii Q. filii Scaevolae. Q. Fulvio et L. Manlio consulibus eadem provincia, quae superioribus, pari numero copiae peditum equitum, civium sociorum decretae. in Hispaniis duabus Ti. Sempronio et L. Postumio cum iisdem exercitibus, quos haberent, prorogatum imperium est; et in supplementum consules scribere iussi ad tria milia peditum Romanorum, trecentos equites, quinque milia sociorum Latini nominis et quadringentos equites. P. Mucius Scaevola urbanam sortitus provinciam est, et ut idem quaereret de veneficiis in urbe et propius urbem decem milia passuum, Cn. Cornelius Scipio peregrinam, Q. Mucius Scaevola Siciliam, C. Valerius Laevinus Sardiniam.

Q. Fulvius consul, priusquam ullam rem publicam ageret, liberare et se et rem publicam religione votis solvendis dixit velle:

sione, ne lex Baebia derogaretur; Nonius p. 470 Largi; Lange 2, 227; 557; Becker 2, 2, 185; dass sie schon 575 a. u. wieder aufgehoben worden sei, lässt sich ebenso wenig nachweisen, Lange 2, 227, als aus Prisc. 5, 64, 668; 6, 35, 693: *Cato de ambitu* folgt, dass es die c. 19, 11 erwähnte lex gewesen sei. — *alternis* oft bei L. adverbial, 2, 2, 9; 22, 13, 3. — *Scipio*, s. 32, 7; 41, 16: *Cornelius C. f. L. n. Scipio Hispallus* in den fast. Cap., s. Inscriptt. p. 13, 8; 528. — *Valer.*, 41, 8, 1; ib. 17, 6; 38, 9, 8. — *Q. et P. Scaev.*, zwei Brüder, wie die beiden Consuln des Jahres. In der Frob. 1535 fehlt der Zusatz Q. filii.
44, 3–45. Vertheilung der Provinzen, Spiele, Prodigien. Iul. Obseq. 7.
3. *Q. Fulvio*, hier beginnt das neue Consulatsjahr, was L., abweichend von seiner Gewohnheit, nicht bemerkt hat. — *super.*, c. 41, 1. — *cum iisd.* etc., kurz ausgedrückt, da es einen Zusatz enthält, der genau genommen nicht zu *prorogatum* i. e. passt: so dass sie zugleich dieselben Truppen behalten sollten, vgl. zu 28, 45, 10. — *in suppl.*, da das Heer durch die Verluste c. 40, 13 geschwächt war. — *urb. prov.*, 24, 9, 5: der Geschäftskreis in der Stadt, nicht der Commandobezirk, Becker 2, 2, 185. — *quaer. de venef.*, eine quaestio extraordinaria wie c. 37, 4. — *prop. urbem dec. m. pass.*, der Accus. giebt das Mass der Entfernung von der Stadt an, von wo an die Berechnung des Näherseins beginnen soll: näher nach der Stadt zu als der Punkt, der um das Mass von 10000 Sch. von der Stadt entfernt ist, nicht weiter von d. St. als usw. = 27, 37, 9: *intra decimum lapidem*, vgl. lex municip. Inscrptt. n. 206 p. 121 l. 50: *propius urbem Rom. passus M*, vgl. l. 20; 26; 68 ff.; lex repet. ib. p. 59, l. XVII *propiusve urbem Romam p. M*; L. 34, 1, 3; Val. Max. 2, 4, 2; 9, 1, 3; Cic. legg. 2, 24, 61; Phil. 7, 9, 26: *propius urbem millia passuum ducenta admoverit*; dagegen ist c. 37, 4: *propiusve urbem decem millibus passuum* der Ablat. von dem Comparat. abhängig, wie auch bei *longius*, s. 3, 20, 7; Caes. B. G. 1, 22, 1, *plus*, *amplius* u. a. beide Constructionen statt haben.

8. *rem p.*, ein öffentliches Geschäft. — *liber.-rel.*, vgl. 5, 23, 8.

vovisse, quo die postremum cum Celtiberis pugnasset, ludos Iovi 9
optimo maximo et aedem equestri Fortunae sese facturum; in
eam rem sibi pecuniam conlatam esse ab Hispanis. ludi decreti 10
et ut duumviri ad aedem locandam crearentur. de pecunia finitur,
ne maior causa ludorum consumeretur, quam quanta Fulvio No-
biliori post Aetolicum bellum ludos facienti decreta esset, neve 11
quid ad eos ludos accerseret cogeret acciperet faceret adversus
id senatus consultum, quod L. Aemilio Cn. Baebio consulibus de
ludis factum esset. decreverat id senatus propter effusos sum- 12
ptus, factos in ludos Ti. Sempronii aedilis, qui graves non modo
Italiae ac sociis Latini nominis, sed etiam provinciis externis
fuerant.

Hiems eo anno nive saeva et omni tempestatum genere fuit: 45
arbores, quae obnoxiae frigoribus sunt, deusserat cunctas; et ea
tum aliquanto quam alias longior fuit. itaque Latinas mox subito 2
coorta et intolerabilis tempestas in monte turbavit. instaurataeque
sunt ex decreto pontificum. eadem tempestas et in Capitolio ali- 3
quot signa prostravit, fulminibusque complura loca deformavit,
aedem Iovis Tarracinae, aedem Albam Capuae portamque Roma-

— *ludi* u. *magni*, vgl. 39, 22, 1; 1,
35, 9; zur Sache c. 40, 10.— *duumviri*, wahrscheinlich ist einer derselben der Consul selbst, 35, 9, 6. —
finitur, ein Mass bestimmt, s. 9, 33,
4; 34, 6, 10 u. a., *finitum* zu lesen
ist wol nicht nothwendig, vgl. 1, 3,
3; zur Sache Marq. 4, 484. — *causa
lud.*, c. 41, 11. — *Fulvio*, 39, 5, 9;
ib. 22, 2; Lange 2, 216; 230. — *accers.*, herbeiholen lasse, *accip.*, freiwillig Angebotenes annehme; *faceret* allgemein: überhaupt etwas thue.
— *Aemilio* etc., 39, 56. — *Sempron.*, Gracchus, der jetzt in Spanien ist, c. 40; L. hat weder diese
Spiele noch das vorher genannte
Senatsconsult im Vorhergeh. erwähnt; Lange 1, 628 f.; Nitzsch
144. — *Italiae* hier im Gegensatz zu
den Provinzen, s. 39, 54, 12, scheint
durch *ac soc. L. nom.*, da diese mehr
als die röm. Bürger den Belästigun-
gen ausgesetzt waren, beschränkt
oder erklärt zu werden.

45. 1-3. *nive*, er wüthete durch
den Schnee, vermittelst desselben,
indem er ihn brachte. — *et omni*,
die Stellung der Worte ist unsicher,
viell. hiess es: *et nive saeva et omni
- et - aliquanto.* — *deusser.*, urere
von der Kälte, s. 21, 40, 9: *praeusti
artus*; Curt. 7, 13, 13: *rigor insoli-
tus nivis; multorum adussit pedes.*
— *et ea tum* scheint nicht richtig,
man erwartet nur *et aliq.*, viell. *et
eadem aliq.*, s. 39, 40, 6; auch *etiam*
wird verm. — *Latinas*, gewöhnlich
im Frühjahr, 41, 16, 1; Preller 188;
Marq. 4, 443; doch ist deshalb das
folg. *mox* schwerlich auf *hiems* zu
beziehen: bald nach dem Ende des
Winters, sondern das W. verdor-
ben, viell. *atrox*, s. c. 2, 1 (*ex subito*
wie *ex inopinato* u. ä. scheint sich
nicht zu finden), nach Anderen *nox*
od. *nix* zu lesen. — *instaur.*, 41,
16, 2; 5, 19, 1 u. a. — *ex decr.
pont.*, weil Rom der herrschende
Staat ist. — *prostravit*, statt des
hds. *constravit*; Obseq.: *deiecta.* —
deform., 37, 3, 2. — *aed. Alb.*,
s. 32, 9, 2. — *Roman.*, das nach
Rom zu führende, ein anderes ist

4 nam; muri pinnae aliquot locis decussae erant. haec inter pro-
5 digia nuntiatum et ab Reate tripedem natum mulum. ob ea decemviri iussi adire libros edidere, quibus diis et quot hostiis
sacrificaretur, et [fulminibus complura loca deformaret aedem
6 Iovis] ut supplicatio diem unum esset. ludi deinde votivi Q. Fulvii
consulis per dies decem magno adparatu facti.
 Censorum inde comitia habita; creati M. Aemilius Lepidus
pontifex maximus et M. Fulvius Nobilior, qui ex Aetolis trium-
7 phaverat. inter hos viros nobiles inimicitiae erant, saepe multis
et in senatu et ad populum atrocibus celebratae certaminibus.
8 comitiis confectis, ut, traditum antiquitus est, censores in Campo
ad aram Martis sellis curulibus consederunt; quo repente principes senatorum cum agmine venerunt civitatis, inter quos Q. Cae-
46 cilius Metellus verba fecit: „Non obliti sumus, censores, vos paulo
ante ab universo populo Romano moribus nostris praepositos
esse, et nos a vobis et admoneri et regi, non vos a nobis debere.
2 indicandum tamen est, quid omnes bonos in vobis aut obfendat

26, 14, 6 erwähnt. — *muri p.*, die Mauern galten als heilig, 1, 7, 2; man sollte *et m. pinnae* oder *muri quoque p.* erwarten.
4–6. *haec inter pr.*, in der Zeit, in der – verkündigt waren, Sall. C. 43, 3: *inter haec parata et decreta*, vgl. L. 30, 38, 10: *inter quae* u. ä.; über die Zwischenstellung der Präpos. Plin. Ep 5, 6, 8: *has inter – colles*, vgl. zu 32, 13, 1, sonst findet sich bei L. mehr *in, ex, cum* so gestellt. — *triped.*, c. 2, 4; an u. St. hat es Obseq. übergangen. — *edid.*, 30, 2, 13; 36, 37, 5. — *fulminibus – Iovis* sind nach Madvig aus § 3 wiederholt; *deformaret* hatte man in *deformata* umgeändert, da bisweilen ein Prodigium, s. 39, 22, 4, oft namentlich der Steinregen besonders gesühnt wird, s. 21, 62, 6 u. a., an u. St. findet die Sühnung wie c. 2, 4 u. a. statt. — *ludi*, 39, 22.
45, 6–46. Wahl und Versöhnung der Censoren, Cic. de prov. cons. 9, 20, Fest. Religionis p. 285; Val. Max. 4, 2, 1; Gell. 12, 8.
6. *censor. com.*, bald nach dem Amtsantritt der Consuln, 41, 27, 1;

39, 41, 5. — *Aemil.*, 31, 18. — *pont. max.*, c. 42, 12. — *ex Aetol.*, s. c. 34, 7; zur Sache 39, 5, 11. — *nobiles*, 39, 4, 8. — *saepe m.*, 26, 14, 2. — *in sen. ad pop.*, 30, 1, 5. — *celebr.*, oft geübt, sich oft in feindlichem Sinne gegen einander ausgesprochen hatten, s. 1, 4, 9; 6, 32, 1; Lange 2, 230; 207.
8. *tradit. ant.*, nach altem Herkommen, nicht Gesetz; sie treten also unmittelbar nach der Wahl (*confectis com.*) das Amt an, Becker 2, 2, 194. — *ara M.*, auf dem Marsfelde, wo auch der Census gehalten wird, s. 35, 10, 12; Becker 1, 134; 629. — *sella cur.*, Mommsen 1, 782. — *civit.*, der Bürgerschaft, zeigt, dass an eine Senatssitzung nicht zu denken ist, Lange 2, 342. — *Caecil.*, 23, 21; 39, 24.
46. 1–5. *paulo a.* von der Gegenwart des Redenden aus hat L. mehrfach, s. 39, 36, 8. — *morib. n. p.*, das regimen morum der Censoren, welches hier zunächst in Betracht kam, s. Becker 2, 2, 208, weshalb auch *regi* im Folg. nicht wohl fehlen kann. — *quid omnes b.*, daraus ist zu *mutatum mal.* als Subj. om-

aut certe mutatum malint, singulos cum intuemur, M. Aemili, 3
M. Fulvi, neminem hodie in civitate habemus, quem, si revocemur
in suffragium, velimus vobis praelatum esse: ambo cum simul 4
adspicimus, non possumus non vereri, ne male comparati sitis,
nec tantum rei publicae prosit, quod omnibus nobis egregie placetis, quam, quod alter alteri displicetis, noceat. inimicitias per 5
annos multos vobis ipsis graves et atroces geritis, quae periculum
est ne ex hac die nobis et rei publicae quam vobis graviores fiant.
de quibus causis hoc timeamus, multa subcurrunt, quae dicerentur, nisi forte inplacabiles fueritis * * inplicaverint animos vestros. has ut hodie, ut in isto templo finiatis simultates, quae- 7
sumus vos universi, et quos coniunxit suffragiis suis populus
Romanus, hac etiam reconciliatione gratiae coniungi a nobis sinatis; uno animo, uno consilio legatis senatum, equites recensea- 8
tis, agatis censum, lustrum condatis; quod in omnibus fere pre- 9
cationibus nuncupabitis verbis „ut ea res mihi collegaeque meo
bene et feliciter eveniat," id ita ut vere, ut ex animo velitis evenire
efficiatisque, ut, quod deos precati eritis, id vos velle etiam ho-

nes boni und *quid* als Object zu nehmen, vgl. c. 8, 19; 34, 28, 3; 36, 31, 8 u. a. — *singulos*, wahrscheinlich ist darnach *vos* ausgefallen. — *revoc. in suffr.*, 24, 8, 20; *comparati* ib. 8, 7. — *nec = et ne* wie c. 9, 5. — *geritis*, 28, 22, 2: *gerebant odium* u. ä. — *succur.*, 25, 37, 16. 5—7. *fueritis* etc., die Stelle ist verdorben oder lückenhaft, viell. *furor et ira inplicaverunt*, dieses wegen *nisi f.*, vgl. Stat. Theb. 1, 438f.: *quae causa furoris — quisnam inplacabilis error*; Tac. Ann. 5, 11; L. 27, 35, 9: *positis simultatibus*; 40, 8, 9; 25, 16, 12. — *inplicaverint* kann des Gleichklangs wegen gesucht, aber auch durch *inplacabiles* ein Irrthum veranlasst sein; Gron. verm.: *inplacabiles gravius* (oder *furiae irarum*) *inplicarent*. — *isto*, wo die Angeredeten sich befinden. — *templo*, so scheint die *ara Martis* genannt zu werden. weil sie geweiht war um öffentliche Geschäfte daselbst vornehmen zu können, wie die *rostra*, 8, 14, 12; Varro vom Census redend de ling. l. 6, 87:

praeco in templo primum vocat. — *hac* nach Gelen. hebt nur eine Seite der Vergleichung hervor, die Mz. Ausgabe hat *hos*, man sollte *eos hac* erwarten.

8—12. *uno an.*, Lange 1, 473; es werden die wichtigsten Geschäfte der Censoren erwähnt, dass dieselben in der hier angegebenen Reihenfolge besorgt worden wären, lässt sich aus dieser Stelle, besonders da sie rhetorisch gehalten ist, nicht folgern, vgl. 29, 37, 8; c. 53, 1; Becker 2, 2, 240. — *lustrum cond.* passt genau genommen nicht hierher, da es nur von einem Censor gehalten wird. — *nuncup.*, 1, 10, 7. — *mihi coll.* etc., vgl. Varro l. l. 86: *praeconi sic inperato (censor) ut viros vocet: quod bonum fortunatum felixque salutareque siet populo Romano Quiritium reique publicae p. R. Q., mihique collegaeque meo, fidei magistratuique nostro.* — *ita*, s. c. 35, 6; doch ist es an u. St. viell. aus *id* entstanden und zu entfernen. — *vere* wahrhaft; *ex an.*, aufrichtig, nicht wie 29, 37, 9. —

192   LIBER XXXX. CAP. 46.   a. n. 575.

10 mines credamus. T. Tatius et Romulus, in cuius urbis medio
11 foro acie hostes concurrerant, ibi concordes regnarunt. non modo
simultates, sed bella quoque finiuntur; ex infestis hostibus ple-
12 rumque socii fideles, interdum etiam cives fiunt. Albani diruta
Alba Romam traducti sunt; Latini, Sabini in civitatem accepti.
vulgatum illud, quia verum erat, in proverbium venit, amicitias
13 inmortales, *mortales* inimicitias debere esse." fremitus ortus cum
adsensu, deinde universorum voces idem petentium confusae in
14 unum orationem interpellarunt. inde Aemilius questus cum alia,
tum bis a M. Fulvio se certo consulatu deiectum; Fulvius contra
queri se ab eo semper lacessitum et in probrum suum sponsio-
nem factam: tamen ambo significare, si alter vellet, se in pote-
15 state tot principum civitatis futuros. omnibus instantibus qui
aderant dextras fidemque dedere mittere vere ac finire odium.
deinde conlaudantibus cunctis deducti sunt in Capitolium. et cura
super tali re principum et facilitas censorum egregie comprobata
16 ab senatu et laudata est. censoribus deinde postulantibus, ut pecuniae summa sibi, qua in opera publica uterentur, *adtribueretur*,
vectigal annuum decretum est.

simult., 40, 8, 9. — *Sabini*, es ist wieder an T. Tatius oder an die gens Claudia 2, 16 zu denken. — *amicit.*, der bei L. seltene Plural wegen *inimicitias*; vgl. Aristot. Rhet. 2, 21; doch ist nicht anzunehmen, dass L. den Gedanken daher entlehnt habe. 13—15. *cum ads.*, 21, 10, 2. — *voces pet.*, vgl. 22, 29, 1; 34, 50, 1 u. a. — *unum*, Neutrum, anders *ad unum* 29, 32, 6. — *bis*, s. 37, 47, 7; 38, 35; ib. 42, 3; 39, 56, 4. — *deiectum*, s. 3, 35, 9. — *sponsion.*, s. 39, 43, 5; die Sache selbst hat L. übergangen, vgl. jedoch 39, 4, 3; 11. — *in pot. t. princ.*, wie sonst *in potestate senatus esse*, 2, 56, 16 u. o. — *dextr. fid.*, 1, 1, 8; ib. 58, 7 usw. — *vero* ist viell. aus § 9 wiederholt, es würde hier einen Zweifel an der Aufrichtigkeit ihrer Gesinnung unpassend andeuten, und man erwartet nur *mittere* (Madvig *remittere*) *se iras*; über den inf. praes. s. 37, 36, 1 u. a., vgl. 39, 26, 4; hier bezeichnet derselbe, dass die Aussöhnung jetzt sogleich erfolge,

vgl. Val. Max. u. Gellius. — *in Capit.*, wahrscheinlich fanden dort, wie bei dem Amtsantritt der Consuln, 21, 63, 7, Becker 2, 2, 194, gewisse Feierlichkeiten, und, worauf § 16 hinweist, eine Senatssitzung statt, Becker 2, 2, 416. — *cura* statt des hds. *quum*, obgleich sich *super* in dieser Weise mehr bei verba dicendi findet; Hor. Carm. 3, 8, 17: *mitte civiles super urbe curas*. — *facilit.*, s. 3, 70, 1. — *in opera publ.*, um die Bauten in Stand zu halten oder neue zu errichten; die Censoren biengen in dieser Beziehung von dem Senate ab, vgl. Nitzsch 143; 148. — *adtrib.*, 44, 16, 9; Varr. l. l. 5, 181, ist in der Hs. ausgefallen; vgl. 39, 44, 5. — *vectig. an.* scheint die Einkünfte eines ganzen Jahres zu bezeichnen, nicht ein einzelnes *vectigal*, wie aus 44, 16, 9: *dimidium ex vectigalibus eius anni* hervorgeht; Becker 2, 2, 231; 235; Lange 1, 590.

47—51. Krieg in Hispanien. Polyb. 26, 4; Diod. Sic. 29, 29; Ap-

Eodem anno in Hispania L. Postumius et Ti. Sempronius 47
propraetores comparaverunt ita inter se, ut in Vaccaeos per Lu-
sitaniam iret Albinus; in Celtiberiam inde reverteretur, si maius
ibi bellum esset; Gracchus in ultima Celtiberiae penetraret. is Mun- 2
dam urbem primo vi cepit, nocte ex inproviso adgressus. acceptis deinde obsidibus praesidioque inposito castella obpugnare,
agros urere, donec ad praevalidam aliam urbem — Certimam adpellant Celtiberi — pervenit. ubi cum iam opera admoveret, ve- 3
niunt legati ex oppido, quorum sermo antiquae simplicitatis fuit,
non dissimulantium bellaturos, si vires essent. petierunt enim, 4
ut sibi in castra Celtiberorum ire liceret ad auxilia accienda: si

pian. Ib. 43; Front. Strat. 2, 5, 14;
3, 5, 2; 4, 7, 33; Flor. 1, 33, 9;
Oros. 4, 20.
1. *comparav.*, wie oft die Consuln; hier bezeichnet es, dass sie
einen gemeinschaftlichen Kriegsplan
entwerfen. — *iret Albinus* etc.; in
der hds. Lesart *iret Albinus in Celtiberiam inde reverteretur si Gracchus maius sibi bellum esset in ultima Celtiberiae penetraret Mundam* sind die Worte verstellt und
verdorben oder lückenhaft; Madvig
tilgt *Gracchus*, liest *per Celtiber.*,
dann *maius ibi* (n. in *Vaccaeis*) und
nimmt nach *penetraret* eine Lücke
an, indem das was Gracchus thun
soll, auf den *Mundam* etc. zu beziehen ist, ausgefallen sei. Allein
auch so ist es auffallend, dass *Albinus*, wenn er glücklich kämpft, oder
der Krieg nicht schwierig ist, durch
Celtiberien (in seine Provinz?) zu-
rückkehren, aber wenn der Krieg
mit den Vaccäern schwieriger ist,
in ultima Celtiberiae eindringen soll;
auch *ibi* würde man geneigt sein
eher auf *Celtiberiam* als auf *Vaccaei*
zu beziehen. Dass Gracchus die
Aufgabe hat in Celtiberien zu ope-
riren, vgl. c. 39, 1, zeigt das Folg.;
in diesem Kriege soll ihn Albinus
unterstützen, daher ist die im Texte
vorgenommene Umstellung wenigstens möglich; vor *Mundam* ist *is*
oder wieder *Gracchus* ausgefallen.
— *Vaccaeos*, s. 21, 5, 8; *Lusit.*, 39,
Tit. Liv. IX.

42, 1; wenn *reverteretur* genau zu
nehmen wäre, so hätte auch Albinus
von Celtiberien aus den Feldzug begonnen; doch ist es wahrscheinlicher, dass dieses von Baetica aus
geschah. Nach Frontin. 3, 5, 2; 4,
7, 33 führt Gracchus gegen die
Vaccäer u. Lusitanier Krieg, vgl.
Periocha 41.
2. *Mundam*, es ist wol das nördlich im Gebiete der Celtiberer gelegene Munda gemeint, s. 24, 42, 1;
Ukert 463; 360. — *primo so gestellt ist schwerlich richtig, auch
hat die Mz. Ausgabe *Mundam vi
cepit urbem primo aggressus nocte
acceptis deinde ex improviso obsidibus*, so dass man *M. urbem vi cepit prima nocte ex impr. aggressus*,
oder *M. urbem primo impetu c.
nocte ex impr. aggressus*, vgl. c.
49, 3. Auch die folg. Worte sind
unsicher; die Mz. Ausg. hat *obsidibus et castella oppugnare praesidioque imposito deinde agros* etc., viell.
hiess es: *praesid. imposito deinde
agros urere et castella oppugnare
coepit (instituit?)*; über *deinde* s. 3,
62, 8; 27, 42, 13. — *Certim.*, wol
nicht weit von Munda, nach dem
Gebiete der Carpetaner zu; der
Name erinnert an den Fluss *Certis*
28, 22, 1.
3-5. *ubi*, Crev. verm. *cui*; doch
konnte auch das locale Verhältniss
bezeichnet werden. — *antiq.*, alter-
thümliche, biedere Einfalt. — *bellat.*,

13

non impetrassent, tum separatim eos ab illis se consulturos. permittente Graccho ierunt et post paucis diebus alios decem legatos
5 secum adduxerunt. meridianum tempus erat. nihil prius petierunt a praetore quam ut bibere sibi iuberet dari. epotis primis poculis iterum poposcerunt, magno risu circumstantium in tam
6 rudibus et moris omnis ignaris ingeniis. tum maximus natu ex iis „missi sumus" inquit „a gente nostra, qui sciscitaremur,
7 qua tandem re fretus arma nobis inferres." ad hanc percunctationem Gracchus exercitu se egregio fidentem venisse respondit; quem si ipsi visere velint, quo certiora ad suos referant, potesta-
8 tem se eis facturum esse; tribunisque militum imperat, ut ornari omnes copias peditum equitumque et decurrere iubeant armatas. ab hoc spectaculo legati missi deterruerunt suos ab auxilio cir-
9 cumsessae urbi ferendo. oppidani cum ignes nocte e turribus nequiquam, quod signum convenerat, sustulissent, destituti ab
10 unica spe auxilii in deditionem venerunt. sestertium nummum quater et viciens ab iis est exactum, quadraginta nobilissimi equites, nec obsidum nomine — nam militare iussi sunt —, et tamen re ipsa, ut pignus fidei essent.

c. 38, 5; doch hat die Mz. A. *rebellaturos*. — *eos* könnte sich nur auf die Bürger der Stadt beziehen: sie würden ohne Rücksicht auf die Celtiberer die Bürger zu Rathe ziehen, sich mit diesen berathen; doch sollte man hier eher einen Beschluss erwarten; es wird daher verm., dass *eos* zu entfernen oder *suos ab illis sibi* zu lesen sei, vgl. 23, 20, 4; Caes. B. C. 1, 76, 2: *neque sibi separatim a reliquis consilium capturos*; B. G. 4, 9, 1: *legati haec se ad suos relaturos dixerunt* etc.; od. *sese ab i. esse*; über *consulere* s. 6, 39, 2 u. a. — *post pauc. d.*, c. 57, 2; 32, 5, 10; ebenso *ante* c. 52, 1; dagegen 39, 54, 8: *post paucos dies* u. a. — *merid. t. e.* soll das Folg. vorbereiten. — *bibere*, wie: zu trinken geben; Cic. Tusc. 1, 26, 65: *ut Iovi bibere ministraret*; zur Sache vgl. 34, 16, 5. — *in tam r.* etc., die Veranlassung, die in den Umständen liegt: bei, s. 24, 8, 2. — *moris*, aller feineren Sitte, s. Nissen 101.

8 — 10. *imperat – iubeant*, 29, 2, 8. — *ornari*, sich vollständig rüsten, s. 10, 40, 12 u. a. — *decurr.*, 26, 51, 4. — *ab h. spect.*, c. 49, 1; 56, 7; 24, 22, 6: *ab hac contione legati missi sunt*: Duker verm. *dimissi*, was, da *legati* vorausgeht, leicht verdorben werden konnte, s. 24, 39, 1; 23, 6, 1. Ebenso ist nach *nocte* entweder *de* oder *e* ausgefallen. — *nequiquam* sollte man bei *sustulissent* erwarten, vgl. jedoch 33, 18, 9. — *dest. ab u. spe*, s. 25, 27, 13. — *sestertium nummum* hat Gelenius, die Mz. Ausg. nur *nummum*; Beides ist gebräuchlich, s. Mommsen Gesch. des röm. Münzwes. 198; Hultsch Metrol. 221; dass hier von einer Kriegscontribution die Rede sei, lehrt der Zusammenhang, Nitzsch 144. Im Folg. ist das Fehlen von *et* hart; zu *equites*, wenn nichts ausgefallen, aus *exactum* wieder *exacti* zu denken, Caes. B. C. 1, 30. — *nec – et tamen*, s. 21, 3, 3; zu 35, 23, 2.

Inde iam duxit ad Alcen urbem, ubi castra Celtiberorum **48**
erant, a quibus venerant nuper legati. eos cum per aliquot dies **2**
armaturam levem inmittendo in stationes lacessisset parvis proeliis, in dies maiora certamina serebat, ut omnes extra munitiones
eliceret. ubi quod petebat sensit effectum, auxiliorum praefectis **3**
imperat, ut contracto certamine, tamquam multitudine superaren-
tur, repente tergis datis ad castra effuse fugerent, ipse intra vallum
ad omnes portas instruxit copias. haud multum temporis interces- **4**
sit, cum ex composito refugientium suorum agmen, post effuse
sequentes barbaros conspexit. instructam ad hoc ipsum intra val- **5**
lum habebat aciem. itaque tantum moratus, ut suos refugere in
castra libero introitu sineret, clamore sublato simul omnibus portis erupit. non sustinuere inpetum necopinatum hostes. qui ad **6**
castra obpugnanda venerant, ne sua quidem tueri potuerunt: nam
extemplo fusi, fugati, mox intra vallum paventes compulsi, postremo exuuntur castris. eo die novem milia hostium caesa; capti **7**
vivi trecenti viginti, equi centum duodecim, signa militaria triginta
septem. de exercitu Romano centum novem ceciderunt.

Ab hoc proelio Gracchus duxit ad depopulandam Celtibe- **49**
riam legiones, et cum ferret passim cuncta atque ageret populi-
que alii voluntate, alii metu iugum acciperent, centum tria oppida

---

48. 1–4. *iam* scheint in Bezug auf *ubi – erant* zugesetzt das Fortschreiten zu Wichtigerem zu bezeichnen. — *Alcen* lag wol schon im Gebiete der Carpetaner, Ukert 42S; obgleich c. 49, 1 Gracchus noch in Celtiberien ist. — *sensit*, die Mz. Ausgabe hat *is sensit*, wo *is*, was hier ohne Bedeutung sein würde, nur durch Wiederholung des *s* entstanden, nicht deshalb *petebatur* (eher viell. *id sens.*) zu lesen ist. — *praefect.*, von den *socii Lat. nominis* auf die auswärtigen Hülfstruppen übergetragen. — *ad omn. port.*, c. 27. — *haud – cum*, vgl. 24, 29, 1; Vellei. 2, 101: *breve ab hoc intercesserat spatium, cum Caesar – se gessit*; Cic. Or. 2, 21, 89; L. 27, 28, 5: *paulo ante – cum.*
5–7. *tantum*, nur so lange, s. 37, 12, 6; 27, 42, 13: *tantum moratus – dum.* — *mox* steht mit *extemplo* und *postremo* iu Beziehung: sogleich —

unmittelbar darauf, soll nicht blos die Reihenfolge anzeigen, s. 33, 8, 9; 39, 2, 4; Tac. 12, 36: *tum traducta, mox fratres — postremo ipse ostentatus* u. a., s. Hand Tursell. 3, 657, 6. Die Participia *fusi, fugati* und *paventes compulsi*, 2, 31, 1, dienen nur zur Vorbereitung auf *exuuntur*, werden diesem durch die Partikeln nicht gleich gestellt. — *trec. vig.* – *cent. duod.*, die Zahlen sind verhältnissmässig gering. — *de exer.*, s. 35, 29, 8; 42, 66, 10 u. a.

49. 1–2. *ab h. pr.*, c. 47, 8. — *ferret – ag.*, 3, 37, 7, vgl. 39, 54, 8. — *populi*, § 5 *gentium*; die Celtiberer sind in mehrere Staaten getrennt. — *centum tr.*, Strabo 3, 4, 13 p. 163, nach Posidonius: *Πολυβίου* (26, 4) *δ' εἰπόντος αὐτῶν καταλῦσαι πόλεις Τιβέριον Γράκχον κωμῳδῶν φησὶ τοῦτο τῷ Γράκχῳ χαρίσασθαι τὸν ἄνδρα τοὺς πύργους καλοῦντα πόλεις,*

intra paucos dies in deditionem accepit; praeda potitus ingenti est.
2 convertit inde agmen retro, unde venerat, ad Alcen, atque eam
3 urbem obpugnare institit. oppidani primum inpetum hostium
sustinuerunt; deinde, cum iam non armis modo sed etiam operibus obpugnarentur, diffisi praesidio urbis in arcem universi con-
4 cesserunt; postremo et inde praemissis oratoribus in dicionem
se suaque omnia Romanis permiserunt. magna inde praeda facta
est. multi captivi nobiles in potestatem venerunt, inter quos et
5 Thurri filii duo et filia. regulus hic earum gentium erat, longe
potentissimus omnium Hispanorum. audita suorum clade missis,
6 qui fidem venienti in castra ad Gracchum peterent, venit. et primum quaesivit ab eo, sibine liceret ac suis vivere. cum praetor
victurum respondisset, quaesivit iterum, si cum Romanis militare

ὥσπερ ἐν ταῖς θριαμβικαῖς πομπαῖς; Flor. 1, 33 (2, 17), 9: *Gracchus-centum et quinquaginta urbium eversione mullavit* (*Celtiberos*); Oros. l. l. *centum quinque oppida vacuata quassataque bellis ad deditionem coegit*, danu *Gracchus praetor ibidem iterum ducenta oppida expugnavit*; wie viel davon L. im folg. Buche, dessen Anfang fehlt, erzählt hatte, lässt sich nicht entscheiden; wahrscheinlich waren dort auch die von Appian erwähnten Verträge berührt. An u. St. sollte man jedoch *CV* oder *CL oppida* erwarten. — *in dedit. accip.*, was eben *iugum acciperent*, genannt wurde. — *retro*, u. v., 24, 20, 3. — *instit.*, 25, 19, 7.
3-4. *praes.*, hier der Schutz: sich schützen zu können. — *et inde*, auch von da, in Bezug auf *diffisi*, oder überhaupt den Begriff des Nachgebens, der im Vorhergeh. liegt. — *in dicion.* hat Gelen. geschrieben, die Mz. Ausgabe hat *deditionem*, s. 8, 20, 6: *ipsos se in dicionem consulis – permiserunt*; Vell. Pat. 2, 37: *se regnumque dicioni eius permisit*, s. zu 34, 35, 10, vgl. 37, 45, 3; 33, 17, 15; an u. St. ist *Romanis* von *permittere* abhängig gemacht; ob auch *in deditionem se alicui permittere* gesagt worden sei, ist zweifelhaft. — *captivi* ist neben

in potest. venerunt proleptisch und wäre nicht nothwendig.
5-7. *earum*, derer, um die es sich handelt, s. 39, 46, 6; 32, 37, 2; es sind wol celtiberische und carpetanische zu verstehen. — *fidem*, sicheres Geleit, 38, 9, 4; Sall. I. 35, 7. — *quaes. ab eo, sibine*, nach Gron., das hds. *ab eo ne sibi* kann schwerlich erklärt werden: von seiner Seite oder *per eum*, ebenso wenig lässt sich *quaes. ab eo, ne sibi* schreiben und *ne* wie nach *vide* u. ä. nehmen, s. Hand Tursell. 4, 89; Andere verm. *ab eo, num* oder *anne sibi*, oder *dedito*, oder *liberone sibi*, viell. schrieb L. *sub eune sibi*, s. 42, 30, 5; der Häuptling wird die Unterwerfung unter das römische Volk und dessen Anführer nicht so scharf geschieden haben, besonders da es so oft heisst *in dicionem consulis, praetoris venire*, vgl. 28, 34, 8: *victuros suo atque populi R. beneficio*; zum Ausdruck vgl. Plaut. Pseud. 1, 3, 22: *licetne, obsecro, vivere, an non licet*. Da Gracchus nur *victurum* antwortet, so würde, wenn vorher *ac* richtig, nicht *victuros* zu lesen ist, nur dem Häuptling selbst seine Bitte gewährt, man erwartet daher *liceret cum suis*; oder die Frage hat anders gelautet. — *si – licer.*, s. 39, 50, 7. — *quoniam* etc., es lässt sich schwerlich ermit-

liceret. id quoque Graccho permittente „sequar" inquit „vos 7
adversus veteres socios meos, quoniam illos ad me * * suspicere." secutus est inde Romanos fortique ac fideli opera multis
locis rem Romanam adiuvit. Ergavica inde, nobilis et potens 50
civitas, aliorum circa populorum cladibus territa, portas aperuit
Romanis.

Eam deditionem oppidorum haud cum fide factam quidam 2
auctores sunt: e qua regione abduxisset legiones, extemplo inde
rebellatum, magnoque eum postea proelio ad montem Chaunum
cum Celtiberis a prima luce ad sextam horam diei signis conlatis
pugnasse, multos utrimque cecidisse, nec aliud magnopere, * * 3
crederes, fecisse Romanos, nisi quod postero die lacessierint
proelio manentes intra vallum; spolia per totum diem legisse;
tertio die proelio maiore iterum pugnatum et tum demum haud 4

telo, was L. hier geschrieben hat;
die hds. Lesart ist *illos ad me propiunt* (*propitii?*) *susp.*; Gron. verm.
ill. ad me piguit respicere, 22, 49, 7;
4, 17, 5 u. a.; Andere *i. ad me prohibent suspicere*; Madvig *illos ac me populum R.*, oder *populi R. opes,
di volunt susp.*; Hertz *illos ac me populum R. oportuit susp.*; vgl. Cornel. 10, 1, 5; 17, 4, 2 u. a. — *forti
fid.*, c. 35, 6.

50. 2. *Ergavica* (in der ersten
Ausg. *Ergavia*, eine kleine Stadt im
Gebiete der Basken, die hier nicht
gemeint sein kann), s. Plin. 3, 3,
24: *Latinorum veterum Cascantensis, Ergavicensis* etc., die Lage ist
nicht weiter bekannt, Ukert 449f.
2–5. *Eam* etc., L. stellt die
Nachrichten Anderer, s. die Stelle
aus Strabo zu c. 49, 1, den von ihm
mitgetheilten gegenüber; *eam* bezieht sich daher nicht allein auf das
zuletzt Erwähnte, sondern überhaupt auf Alles, was von Gracchus
erzählt ist. — *abduxisset* (Andere
lesen *abduxissent* n. *Romani*), dazu
ist *Gracchus* als die Hauptperson
des ganzen Abschnittes zu denken,
oder wol ausgefallen, besonders da
eum im Folg. in der Mz. Ausg.
fehlt. — *inde* entspricht *e qua reg.*:
so wie, wenn er aus einer Gegend —
so sei sogleich von da aus, dort
usw.; schwerlich ist *inde* causal zu
nehmen, s. 8, 9, 12: *ubi – inde*. —
Chaunum, der Berg wird sonst nicht
erwähnt und dafür *Caium* verm.,
Martial. 4, 55, 2: *Gaium veterem
Tagumque nostrum*, j. Moncayo, am
südlichen Ende des Idubetagebirges,
weit nordöstlich von der Gegend,
in der nach L. Gracchus thätig gewesen ist. — *nec aliud magn.*,
sonst nicht sonderlich, nicht gerade
viel, s. 42, 26, 1; 6, 22, 7. Im Folg.
ist die Hs. so verdorben, dass die
ursprüngliche Lesart nicht sicher
hergestellt werden kann, die Mz. A.
hat: *magnopere Berbice crederes
fuisse Romanos nisi qui postero
die arcessierint manentes proelio
spolia intra vallum* etc., wahrscheinlich ist *fecisse* statt *fuisse*;
lacessierint st. *arcessierint* zu lesen,
die Umstellung der Worte nothwendig, aber nicht klar, was in
Berbice liege; es wird *ne victos*;
fere victos; *cur vicisse* auch mit
Entfernung von *crederes*: *nec aliud
magn. victores fuisse* vermuthet.
Ueber *crederes* s. 2, 43, 9: *maestique – crederes victos – redeunt*; ib.
35, 5; 29, 28, 3: *ut diceres*; 31, 7,
11 u. a. Vor *spolia* ist viell. *tum*
ausgefallen oder *deinde*; zur Situation vgl. 39, 21, 8. — *lacess. pr.*,

dubie victos Celtiberos castraque eorum capta et direpta esse.
5 viginti duo milia hostium eo die esse caesa, plus trecentos captos,
parem fere equorum numerum et signa militaria septuaginta duo.
inde debellatum, veramque pacem, non fluxa, ut ante, fide, Celti-
6 beros fecisse. eadem aestate et L. Postumium in Hispania ulteriore bis cum Vaccaeis egregie pugnasse scribunt: ad triginta et
7 quinque milia hostium occidisse et castra expugnasse. propius
vero est, serius in provinciam pervenisse, quam ut ea aestate potuerit res gerere.

51 Censores fideli concordia senatum legerunt. princeps lectus
est ipse censor M. Aemilius Lepidus pontifex maximus; tres eiecti
2 de senatu; retinuit quosdam Lepidus a collega praeteritos. opera

s. c. 49, 2; 28, 28, 6; 4, 6, 3; zur Sache
27, 2, 9; ib. 42, 8. — *non fluxa* etc.,
da die Mz. A. *fuisse*, nicht *fecisse*
hat, so ist viell. *fluxam – fidem
Celtiberorum fuisse* zu lesen; wollte
man *fluxa – fide Celtiberos fuisse*
beibehalten, so würde der Wechsel
der Subjecte, s. c. 46, 2, sehr hart
sein. Ueber *fluxa fide* s. 28, 6, 11;
Tac. H. 3, 48.
6—7. *Postum.* etc. geht auf c. 47,
1 zurück; aber L. selbst hat über
seine Thaten nichts erzählt. — *Vaccaeis* ist unsicher, da die Mz. A.
Brachis hat, viell. waren die westlich von den Vaccaeern in Gallaecia
wohnenden *Bracae* gemeint, s. Plin.
4, 20, 112: *Bracarum oppidum Augusta* etc.; dass c. 47, 1 die *Vaccaei*
genannt sind, kann nichts entscheiden, da L. an u. St. die Angaben
Anderer berichtet; zur Sache s.
Oros. 4, 20: *L. Postumius in citeriore Hispania quadraginta millia
hostium bello interfecit*; Appian erwähnt Postumius nicht und stellt
die Thaten des Gracchus nicht so
glänzend dar, wie Liv., vgl. Mommsen Gesch. d. röm. Münzw. 617. —
scribunt, schon diese Form, noch
mehr § 7 zeigt, dass L. ebenso wie
die § 2 erwähnten griech. Schriftsteller an der Richtigkeit der anna-
listischen Darstellung zweifelt. —
vero est, wahrscheinl. ist *eum* ausgefallen, die Mz. Hs. hat *vero et.* —
serius etc., ist ein Irrthum L.'s, der
übersehen hat, dass Postumius schon
574, s. c. 35, die Provinz erhalten
hat, und in demselben Jahre, früher
noch als Gracchus, s. c. 39, 3, in
dieselbe gekommen; dass ihm für
das J. 575, s. c. 44, 4, das imperium
verlängert worden ist. Er war also
in der c. 47, 1 erwähnten Zeit bereits ein Jahr in der Provinz gewesen. *in provinciam* so zu nehmen,
dass Postum. aus einem anderen
Theile Spaniens in das Gebiet der
Lusitanier u. Vaccäer gekommen
sei, erlauben die Worte nicht, und
würde dem Zwecke L.'s nicht entsprechen.

51—52. Die Censur des Fulvius
und Lepidus. Val. Max. 1, 1, 20.

1. *fideli*, sie hielten das gegebene
Wort, c. 46, 15; Lange 1, 573; 2,
231. — *senat. leg.*, die lectio senatus wird mehrmals als das Erste
erwähnt, was die Censoren thun, s.
29, 37, 5. — *ipse cens.*, s. 39, 52,
1. — *eiecti de*, s. 41, 27, 2, vgl. 43,
15, 6 u. a. — *retinuit* etc., die Ausstossung erfolgte also nicht, da zur
Ertheilung einer nota Einstimmig-
keit der Censoren erfordert wurde,
s. 29, 37, 12; Becker 2, 2, 224 f. —
praeteritos, Fulvius hatte sie in dem
von ihm entworfenen Verzeichniss
übergangen; anders ist *praeteritus*
gebraucht 27, 11, 12; 38, 28, 2 u. a.

ex pecunia adtributa divisaque inter se haec confecerunt. Lepidus molem ad Tarracinam, ingratum opus, quod praedia habebat ibi, privatamque publicae rei inpensam inseruerat; theatrum et proscenium ad Apollinis, aedem Iovis in Capitolio columnasque circa poliendas albo locavit, et ab his columnis, quae incommode obposita videbantur, signa amovit clipeaque de columnis et signa militaria adfixa omnis generis dempsit. M. Fulvius plura et maioris 3 4

2. *adtrib.*, s. c. 46, 16; *divisa* im Gegensatze zu § 7 *in promiscuo*: den Theil der Gelder, der-war, 44, 16, 10; Becker 2, 2, 238. — *inter se*, die Bezeichnung des reciproken Verhältnisses ist von dem verb. finit. auf das particip. übergegangen, in dem die Beziehung auf die thätigen Subjecte weniger deutlich ist, eher noch bei dem abl. abs. wie 5, 40, 8: *inter se partito onere ferunt*; Sall. I. 66, 2: *compositis inter se rebus — constituunt*. — *confec.*, Madvig verm. *fecerunt*. — *molem ad T.*, wahrscheinlich am Meere hin, s. 39, 44, 6; Tac. Ann. 14, 8: *molium obiectus*; Sil. It. 14, 645: *certantes mari moles*. — *publicae rei* wegen des Gegensatzes zu *privatam* statt *rei publicae*: dem Staate, Staatsschatze, nicht = *opus publicum*. — *inser.*, eingefügt, übertragen auf: die Kosten, die er als Privatmann zu tragen gehabt hätte, hatte er aus öffentlichen Mitteln bestritten.

3. *theatrum* ist hier in dem Sinne wie das griech. θέατρον zu nehmen, der Raum für die Zuschauer, *cavea*; dieses zeigt der Gegensatz *proscenium*, eigentlich der Raum, auf dem die Schauspieler agirten, *pulpitum*, hier aber umfasst es zugleich die *scena*, s. 41, 27, 5; Serv. ad Verg. G. 2, 381: *proscenia sunt pulpita ante scenam, in quibus ludicra exercentur*; Marq. 4, 527; Mommsen 1, 884. — *ad Apoll.*, s. 4, 25; 39, 4; Becker 1, 605. Bis jetzt ist in Rom ein stehendes Theater noch nicht vorhanden gewesen, sondern für jede Aufführung wurde das Theater erst errichtet; das an u. St. erwähnte ist das erste bleibende, scheint aber nicht lange bestanden zu haben, da ein später errichtetes, s. Periocha 48; Val. Max. 2, 4, 2, wieder eingerissen wird, s. Tertull. de spect. 10: *saepe censores renascentia theatra destruebant*; wahrscheinlich war dasselbe klein und mit dem Apollocultus in Verbindung gesetzt worden, vgl. Becker 1, 675; 4, 526; Preller 271; Lange 2, 232. — Uebrigens ist es unsicher, ob *poliendas albo* auch zu *theatr. et prosc.* zu beziehen sei, da man erwartet, dass nur das erst zu erbauende Theater selbst in Accord gegeben werde, während die im Folg. erwähnten Gebäude schon vorhanden waren. — *circa*, die vorn und an beiden Seiten des eigentlichen Tempels standen, s. Abecken Mittelital. 221. — *poliend. albo*, mit Weiss (Kalk) glätten, abputzen, vgl. 4, 25, 13. — *obposita*, so zwischen oder an die Säulen gestellt, dass sie die Ansicht derselben und des Tempels hinderten, s. 25, 15, 10; 29, 34, 9. — *clipeaq.*, vgl. 25, 39, 17; Becker 1, 399; Preller 207. Eine ähnliche Massregel erwähnt Plin. 34, 6, 30, vgl. oben c. 2, 1.

4. *portum*, verschieden von dem *emporium* und wahrscheinlich unterhalb desselben; ein Ankerplatz um die Schiffe beim Ausladen gegen die Strömung des Flusses zu schützen, Varro L. L. 6, 19: *Portunalia dicta a Portuno, quoi eo die aedes in portu Tiberino facta*; Becker 1,

200 LIBER XXXX. CAP. 51. a. u. 575.

locavit usus, portum et pilas pontis in Tiberim, quibus pilis for-
nices post aliquot annos P. Scipio Africanus et L. Mummius cen-
5 sores locaverunt inponendos, basilicam post argentarias novas et
forum piscatorium circumdatis tabernis, quas vendidit in priva-
6 tum, et forum et porticum extra portam Trigeminam et aliam
post navalia et ad fanum Herculis et post Spei ad Tiberim *et ad*
7 aedem Apollinis medici. habuere et in promiscuo praeterea pe-

463. — *pilas*, diese werden nur vorläufig eingesetzt, der Bau der Brücke selbst ist nicht beabsichtigt worden. Nach Becker 1, 696 ist der pons Aemilius am Aventinus auf die Pfeiler gegründet worden, obgleich die Namen der sogleich erwähnten Censoren, denen der Bau beigelegt wird, nicht darauf führen. — *in Tiberim* scheint durch den Begriff des Einlassens veranlasst; Madvig verlangt, wie 1, 33, 6, *in Tiberi*. — *Scipio* etc., im Jahr 612 a. u. — *basilicam*, Varr. l. l. 6, 4: *in basilica Aemilia et Fulvia*; auch heisst sie blos *Aemilia* und wird von Aemiliern hergestellt und geschmückt, s. Cic. Att. 4, 16, 14; Plin. 35, 3, 13; Becker 1, 301 ff., sie lag nach Cicero *in medio foro*, d. h. an der Längenseite des forum vom Capitolium nach Süden hin in der Mitte, und zwar an der Nordostseite, da sie L. *post argentarias novas* setzt, s. 26, 27, 2, wahrscheinlich nur durch die curia Hostilia und das senaculum, s. 41, 27, 2, von der basilica Porcia, s. 39, 44, getrennt. — *forum piscat.* gehört wol zu *post*, da dasselbe 26, 27 in Verbindung mit den Tabernen erwähnt wird, und wie diese am Forum lag; Andere stellen *forum p.* mit *basilicam* parallel und machen es von *locavit* abhängig; es müsste dann angenommen werden, dass L. 26, 27 den Namen anticipirt, s. c. 34, 4, oder Fulvius das *for. piscat.* nur hergestellt hätte, s. Becker 1, 267. — *circumd. taber.*, der abl. abs. ist wie c. 40, 7 zu nehmen; ist *for. piscat.* von *post* abhängig, so wären die Tabernen um die basilica, nicht um das for. p. zu denken.

— *vendidit in priv.*, so dass sie in Privatbesitz übergiengen, viell. nur ungenauer Ausdruck für das 27, 11, 16 bezeichnete Verhältniss (emphyteusis).
6. *forum*, wahrscheinlich in Verbindung mit den § 4 erwähnten Anlagen an dem *emporium*. — *portic.*, eine andere Halle ist schon 35, 10, vgl. ib. 41, angelegt, s. 41, 27. — *post navalia*, diese lagen nach anderen Nachrichten, s. 3, 26, 8; Becker 1, 159; 2, 1, 396f., am Marsfelde; obgleich der Umstand, dass alle hier erwähnten Anlagen in der Nähe der porta Carmentalis gemacht werden, die Vermuthung nahe legt, dass auch in der bezeichneten Gegend viell. früher ein Punkt *navalia* genannt worden sei, s. Preller Regionen 224; 241. — *et ad fan.*, hierzu und zu *et post Spei* u. *et ad aed.* ist wieder *porticum* oder *aliam* zu denken, deutlicher wäre *alias post navalia.* — *fanum H.*, es ist wol der Tempel am forum boarium gemeint, s. 10, 23; Becker 1, 476; 612. — *Spei*, auf dem forum olitorium, s. 21, 62; 25, 7. Vor *aedem Apoll.* ist wahrscheinlich *atque* oder *et ad* ausgefallen; Becker 1, 605; 2, 1, 400 verm. *post Spei a Tiberi ad aedem A.*, da beide Tempel nicht weit von einander entfernt lagen, s. Preller Myth. 269. — *Apoll. med.*, der Cultus des Apollo überhaupt ist wegen einer Pest in Rom eingeführt, 4, 25; die *ludi Apollinares* sind wegen einer anderen *perpetui* geworden, s. 27, 23, und der Gott wurde besonders als Heilgott angerufen, Macrob. 1, 17, 15: *virgines Vestales ita indigitant: Apollo*

cuniam; ex ea communiter locarunt aquam abducendam fornicesque faciendos. inpedimento operi fuit M. Licinius Crassus, qui per fundum suum duci non est passus. portoria quoque et vec- 8 tigalia iidem multa instituerunt. complura sacella publica[que sua] occupata a privatis, publica sacraque ut essent paterentque populo curarunt. mutarunt suffragia regionatimque generibus 9 hominum causisque et quaestibus tribus descripserunt.

Medice, Apollo Paean; es ist deshalb wol an u. St. kein von dem 4, 25; 7, 20 genannten verschiedener Gott und dessen Tempel am forum olitorium gemeint.
7. *et in promisc.*, unter *pecunia adtributa* § 2 ist also nicht die ganze verwilligte Geldsumme zu verstehen. Im Folg. ist *praeterea* wegen seiner Stellung, da *et* schon vorhergeht, und weil die Mz. A. *praetores* hat, unsicher, Gron. verm. *partem pecuniae. — aquam*, die nähere Bezeichnung ist übergangen. *— fornic.*, wol für die anzulegende Wasserleitung. *— impedim.* etc., später waren die Privaten verpflichtet ihnen gehörende Grundstücke gegen Entschädigung für öffentliche Zwecke abzutreten; diese Bestimmung war damals noch nicht getroffen. Ob sich auf das hier Erwähnte die Rede Catos Fest. 282: *Retricibus cum ait Cato in ea, quam scripsit, cum edissertavit Fulvi Nobilioris censuram, significat aquam* etc. beziehe, ist nicht zu erkennen.
8. *portoria*, hier Hafenabgaben, da noch *vectigalia*, wahrscheinlich Einfuhrzölle, erwähnt werden, s. 32, 7, 3; dass es in Uebereinstimmung mit dem Senate geschehen sei, ist hier so wenig, als 29, 37, 4; 32, 7, 3; 39, 44, 2 u. a. gesagt, vgl. Becker 2, 2, 235; 3, 2, 137; Lange 1, 598. *— sacella* etc., s. 42, 3, 7; 43, 16, 4. *— publica* scheint als Gegensatz zu *occ. a privatis* passend; statt *que sua*, wie die Mz. A. hat, wird *quae fuerant* od. *quasi sua*; *vetusta*; *quaestui*, s. 4, 30, 9; Cic. Div. 1, 40, 88 u. A., verm., vgl.

Augustin de civ. dei 3, 17 extr.: *unde a multis aedes illae (sacrae) fuerant occupatae, nisi quia — deserebantur a cultoribus, ut tamquam vacua – possent humanis saltem usibus vindicari*; an u. St. liegt *quasi* oder *ut vacua* zu weit von der hds. Lesart ab; Hertz tilgt *publ. sua. — occup.*, s. 5, 55, 5.
9. *mutarunt suffr.* etc., die wichtigste Einrichtung der Censoren berichtet L. nur mit wenigen Worten, wahrscheinlich war die kurze Notiz seines Gewährsmannes ihm selbst nicht klar. *mutar. suffragia*, sie änderten die Art des Abstimmens, etwa die Zusammenstellung der zusammen Stimmenden wurde eine andere; die Verbindung der Centurien mit den Tribus, s. 1, 43, 12, ist eben so wenig gemeint als eine Anordnung, welche die frühere Art des Abstimmens nach Tribus und Centurien aufgehoben und eine andere an deren Stelle gesetzt hätte; denn der folg. Satz, nach dem die Tribus bleiben, wird durch *que* als Erklärung angeknüpft, s. 2, 42, 6; 6, 2, 5 u. a. *— regionatim*, da die Tribus von Anfang an eine locale Eintheilung waren, s. 2, 21, 7, und es auf der anderen Seite kaum glaublich ist, dass die Censoren die Tribus so angelegt haben, dass nur die in derselben Gegend Wohnenden zusammen in eine Tribus aufgenommen worden wären, da auch nachher die Theilnehmer einzelner Tribus in verschiedenen Gegenden wohnen, vgl. 42, 34, 2; Huschke Serv. Tull. 685 f.; 733; Mommsen die Tribus, 217, so scheint

52 Et alter ex censoribus M. Aemilius petiit ab senatu, ut sibi dedicationis templorum reginae Iunonis et Dianae, quae bello Li-

regionatim eben nur die Eintheilung nach Tribus zu bezeichnen, s. Gell. 15, 27, 4: *in eodem* (*Laelii Felicis*) *libro hoc scriptum est: „cum ex generibus hominum suffragium feratur, curiata comitia esse — cum ex regionibus et locis tributa*, und diese Bestimmung, wie auch schon die Form des Adverbium den folg. Ablativen gegenüber andeutet, sich auf die Neuerung nicht zu beziehen. Diese bestand vielmehr darin, dass innerhalb der Tribus die einzelnen Bürger anders geordnet und für die Abstimmung zusammengestellt wurden, nämlich *generibus*, nach Ständen (Andere: nach der Herkunft, s. d. Stelle aus Gellius): als Senatoren, Ritter, freigeborene Bürger, Libertinen, ähnlich den *ordines* bei Cic. Rep. 4, 2: *quam commode ordines descripti, aetates* etc., Legg. 3, 3, 7: *populi partes in tribus distribuunto; — ordines partiunto* etc.; ib. 19, 44: *descriptus populus censu ordinibus aetatibus*, s. Becker 2, 1, 373; 2, 3, 46; 48; Schwegler 1, 666 f. — *causis*, ein sehr umfangreicher Begriff: nach Verhältnissen, z. B. Vermögen, Alter, Wohnung auf dem Lande oder in der Stadt; Clientel usw., vgl. Cic. Legg. 3, 18, 41: *quodque addit: causas populi teneto, est senatori necessarium nosse rempublicam, idque late patet: quid habeat militum, quid valeat aerario, quos socios resp. habeat* etc. — *quaestibus*, Ackerbau, Geldgeschäfte, Handwerke. Wie viele *genera, causae, quaestus* unterschieden, wie diese Eintheilungsgründe angewendet und nach denselben der Abstimmungsmodus geändert worden sei, geht aus der kurzen Andeutung nicht hervor; ebenso wenig, ob derselbe an die Stelle der früheren Census- und Altersclassen habe treten sollen. Da die letzteren noch zu L.'s Zeit, s. 1, 43, 12, massgebend sind, so hat die Neuerung der jetzigen Censoren dieselben entweder nicht berührt, oder sie ist nicht von langer Dauer gewesen, s. Mommsen a. a. O. Nach L.'s Darstellung bezieht sich die Veränderung auf die Tribus, aber da die Abstimmung in den Centurien so eng mit diesen zusammenhieng, konnte sie auch auf diese nicht ohne Einfluss sein. Dass nur die Verhältnisse und die Stellung der Freigelassenen habe geändert werden sollen, kann aus L.'s Worten nicht gefolgert werden, der vielmehr die Einrichtung als eine die Tribus, d. h. das ganze Volk betreffende bezeichnet, vgl. Lange 1, 450; 2, 232; 444; Peter Epochen 48; 62; Nitzsch 139.

52. 1—3. *Et* knüpft sehr locker etwas an, was nicht zu den Geschäften der Censur gehört und nur den einen Censor betrifft. — *dedicationis t. reg.* etc., über die drei Genitive s. praef. 3; die Construction wäre hart und unklar, wenn *dedicationis* von *pecunia* oder *ludos* abhängig gemacht werden sollte; Madvig liest deshalb *dedicationis causa;* aber dann würde *dedicationis causa* etc. mit dem ganzen Gedanken: *pecunia ad ludos decerneretur* in Verbindung stehen: dass der Weihung wegen Geld zu den Spielen verwilligt werde, während jene Worte zunächst nur zu *ludos* gehören, die Spiele der *dedicatio* wegen gehalten werden, und zu diesen Geld gefordert wird, vgl. 36, 36, 4: *ludi ob dedicationem eius* (*templi*) *facti*, ib. § 1 u. a.; es scheint also, wenn nicht die Entfernung des Wortes *ludi* von *dedicationis* die Härte veranlasst hat, ein anderer Fehler in der Stelle zu liegen. — *Iun. e. Dian.*, Becker 1, 609; Preller 284. — *bello Lig.*, s. 39, 2, 8. — *ante a. o.*,

gustino ante annis octo vovisset, pecunia ad ludos decerneretur.
viginti milia aeris decreverunt. dedicavit eas aedes, utramque in 2
circo Flaminio, ludosque scenicos triduum post dedicationem 3
templi Iunonis, biduum post Dianae, et singulos dies fecit in circo.
idem dedicavit aedem Larium permarinum in Campo. voverat 4
eam annis undecim ante L. Aemilius Regillus navali proelio adversus praefectos regis Antiochi. supra valvas templi tabula cum 5
titulo hoc fixa est „duello magno dirimendo, regibus subigendis
causa patrandae pacis ad pugnam excunti L. Aemilio M. Aemilii
filio * * auspicio, imperio, felicitate ductuque eius inter Ephe-

s, c. 47, 4; es wird *ante annos o.*,
oder *annis ante o.* vermuthet. —
— *vig. mil.*, vgl. c. 44, 10; Marq.
3, 2, 68; Lange 2, 232. — *dedicav.*,
als Magistrat, ohne dass Duumvirn
gewählt werden, s. Marq. 4, 224,
vgl. jedoch c. 44, 10. — *in circo
Flam.*, in dem mit diesem Namen
bezeichneten Theile, Bezirke des
Marsfeldes, Becker 1, 600. — *lud.
scenic.*, s. 24, 43, 7; 42, 10, 5;
Marq. 4, 525; die scenischen Spiele
dauern in dieser Zeit gewöhnlich
länger als die im Circus.
4—5. *Larium perm.*, Macrob. 1,
10, 10: *undecimo Kalendas (Ianuarias) feriae sunt Laribus dedicatae,
quibus aedem bello Antiochi Aemilius Regillus praetor in campo Martio curandam vovit*, es sind die Götter, welche den Seefahrenden Schutz
und Hülfe gewähren, ϑεοὶ διαπόντιοι, Preller 496; 505. — *in Campo*, die Lage ist nicht näher bekannt;
Becker 1, 630. — *undec.*, im Jahr
564, s. 37, 29. — *praefectos*, Polyxenidas war nur der erste, unter
ihm standen mehrere. — *titulo*, vgl.
41, 28, 8; 23, 19, 18. — *duello —
subigendis*, s. den Grammatiker
Atilius Fortunatianus Putsche p.
2680: *in tabulis antiquis, quas
triumphaturi duces in Capitolio figebant victoriaeque suae titulum Saturniis versibus prosequebantur,
talia reperi exempla ex Regilli tabula: duello magno dirimendo regibus subigendis*; in der Mz. Hs.

sind die Worte verstellt *duello m.
reg. dirimendis caput subigendis.*
Die saturnischen Verse herzustellen haben Mehrere versucht. Wenn
causa richtig hergestellt ist statt *caput*, so werden *duello — subig.* wol als
Ablative zu nehmen sein: *cum bellum dirimeretur* etc., s. 32, 16, 4;
8, 4, 10; ib. 11, 1; 3, 65, 4 u. a.,
weil der Zweck, den man allerdings
auch in jenen Worten angegeben
erwartet (es wird deshalb auch
verm. *subigendis caput, pat. paci*),
schon in *causa patr. pac.* bezeichnet, *duell. magno — subig.* dazu das
Mittel ist. — *duello*, s. 36, 2, 2. —
— *dirim.*, 27, 30, 4: *ad dirimendum inter Philippum atque Aetolos
bellum.* — *regibus*, Antiochus, sein
Sohn Seleucus, 37, 11, Ariarathes,
38, 39, 6. — *subigendis* wie 2, 49,
2: *finitimos subigi posse.* — *causa*,
s. c. 41, 11. — *patrandas*, zu 33, 21,
6. — *ad pugnam* nach Ritschl inscr.
quae fertur colum. rostr. Duellianae p. 22; die Mz. A. hat *haec pugna*, wozu das Verbum fehlt und
haec unklar wäre. Im Folg. ist der
zu *exeunti* erforderliche Verbalbegriff, nach Ritschl *recessit gloriose*,
wahrscheinlich auch *praetori* ausgefallen. — *auspicio* etc., vgl. 41, 28,
8; Inscript. latt. n. 541: *ductu auspicio imperioque eius Achaia capta* etc.
6—7. *Ephesum* etc., s 37, 29;
die Insel Macris und das Vorgebirge
Myonnesus sind als weniger be-

6 sum, Samum Chiumque inspectante eos ipso Antiocho *cum* exercitu omni, equitatu elephantisque, classis regis Antiochi antea invicta fusa, contusa, fugataque est, ibique eo die naves longae cum omnibus sociis captae quadraginta duae. ea pugna pugnata rex Antiochus regnumque * * eius rei ergo aedem Laribus per-
7 marinis vovit." eodem exemplo tabula in aede Iovis in Capitolio supra valvas fixa est.

53   Biduo, quo senatum legerunt censores, Q. Fulvius consul profectus in Ligures, per invios montes vallesque saltus cum exer-
2 citu transgressus, signis conlatis cum hoste pugnavit, neque tantum acie vicit, sed castra quoque eodem die cepit. tria milia ducenti hostium omnisque ea regio Ligurum in deditionem venit.
3 consul deditos in campestres agros deduxit praesidiaque monti-

kannt nicht erwähnt. — *inspectante*, vgl. 37, 28, 11; ähnlich auf der col. rostr. Duell.: *praesented Hanniba-led dictatored*, Insriptt. n. 195. — *cum* von Hermann Elem. doctr. metr. 616, vgl. Epit. doctr. metr. 223, zugesetzt, es konnte nach *Antioco*, wie geschrieben wurde, leicht ausfallen. — *equitatu* neben *exercitu*, s. 30, 36, 8. — *antea inv.* ist unsicher, da die Hs. *antea sic* hatte; Andere tilgen dieses oder lesen dafür *ante d. XI Kal. Ian.*, oder *incensa*. — *eo die* ist aus *exeunti* etc. zu erklären: Aemilius siegte zwischen Ephesus usw., und an diesem Ort und an diesem Tage usw. — *sociis* n. *navalibus.* — *captas*, Ritschl fügt *incensae demersae* hinzu. — *quadrag. duae* ist wol statt des hds. *sexaginta duae* zu lesen, s. 37, 30, 7 f. — *pugna pugn.*, s. c. 25, 3; 1, 41, 3. — *regnumque*, was darnach ausgefallen ist, lässt sich nicht bestimmen; es wird verm.: *regnumque eius in mari omne fractum*, mit hartem Zeugma, oder *Ant. profugit reg. eius in mari omne fractum subactumque*, vgl. 37, 31, 1; 3; 5. — *eius rei s.*, s. 41, 28, 9. — *eod. exemplo*, in, mit gleicher Abschrift, ein freierer abl. qualitatis, vgl. 31, 12, 3. — *fixa est*, wurde, nicht ist angeschlagen, es kann daraus nicht geschlossen werden, dass L. selbst die Tafel, die den Brand des Kapitols überdauert haben müsste, gesehen habe; wahrscheinlich ist sie einem Annalisten entlehnt, s. über dieselbe Becker 1, 25; Broecker 204; Egger 103; Lersch de versu Saturn. 69.

53. Krieg in Ligurien.

1—4. *Biduo, quo*, zwei Tage von da an gerechnet, wo; zwei T., nachdem; Cic. S. Rosc. 7, 20: *quatriduo, quo haec gesta sunt*; Caes. B. C. 1, 48, 1: *accidit biduo, quo haec gesta sunt*; mehrfach *paucis diebus quibus*; B. G. 3, 23; 4, 18 u. a., ähnlich Cicero Fam. 10, 23, 3: *triduo, cum has literas dabam*; mit Becker 2, 2, 240: *biduo, quam* zu lesen ist nicht nöthig; auch sagt L. sonst *tertio die quam* u. ä., s. 3, 8, 2; ib. 33, 1; 4, 7, 1; ib. 47, 6; 6, 29, 10; 7, 18, 1 u. a. Da § 4 auch der zweite Consul in Ligurien sich befindet, so erwartet man, dass auch seine Abreise von Rom gemeldet sei; allein L. scheint diese vorauszusetzen. — *vallesque*, auch darauf müsste sich *invios* beziehen und *saltus* von *mont. vallesq.* abhängen, während eher ein *invios* entsprechendes Epitheton zu *valles* erwartet wird; Kreyssig verm. *vallesq. saltuosas*, vgl. Verg. G. 3, 391. — *campest. agr.*, s. 39, 2, 9; sie bleiben we-

bus inposuit. celeriter * * et ex provincia litterae Romam venerunt. supplicationes ob eas res gestas in triduum decretae sunt; praetores quadraginta hostiis maioribus per supplicationes rem 4 divinam fecerunt. Ab altero consule L. Manlio nihil memoria dignum in Liguribus est gestum. Galli Transalpini, tria milia hominum, in Italiam transgressi, neminem bello lacessentes agrum a consulibus et senatu petebant, ut pacati sub imperio populi Romani essent. eos senatus excedere Italia iussit et consulem Q. Fulvium quaerere et animadvertere in eos, qui principes et auctores transcendendi Alpes fuissent.

Eodem anno Philippus rex Macedonum, senio et maerore 54 consumptus post mortem filii, decessit. Demetriade hibernabat, 2 cum desiderio anxius filii tum paenitentia crudelitatis suae. stimulabat animum et alter filius haud dubie et sua et aliorum opinione rex conversique in eum omnium oculi et destituta senectus aliis expectantibus suam mortem, aliis ne expectantibus quidem. quo magis angebatur, *et* cum eo Antigonus Echecratis filius, nomen patrui Antigoni ferens, qui tutor Philippi fuerat, regiae vir

nigstens in ihrem Lande, s. c. 38. — *tria mil.*, dass der Krieg unbedeutend gewesen war, sagt L. c. 59, 1, vgl. c. 38, 9. — *celeriter et*, das zweite mit *et* beginnende Glied ist ausgefallen, es wird *Roma* (wol *a Roma*) *consul ad hostes et* verm. — *quadrag.*, 37, 47, 5: *vicenis maioribus hostiis in singulas supplicationes sacrificare consul est iussus*; ib. 52, 2 wegen des Sieges über Antiochus 40 hostiae. — *per supplic.*, bei, während der sup., sonst scheint sich L. nicht so ausgedrückt zu haben. — *rem div. fac.*, s. 42, 20, 6; 32, 1, 14; ib. 9, 4; 31, 5, 3 u. a. — *fecer.*, auf Befehl des Senates.
5-6. *Galli* wie 39, 22; 45; 54f., Lange 2, 237. — *et sen.*, an den sie zugleich Gesandte geschickt zu haben scheinen, s. 39, 54. — *Fulvius* allein, obgleich es vorher heisst *consulibus*. — *principes*, die sich an die Spitze gestellt; *auctores*, die den Auszug veranlasst haben.
54-56. Tod des Königs Philippus. Diod. Sic. 29, 28; Plut. Aemil. 8; Iustin. 32, 3.

1—5. *Eod. anno* etc., damit stimmt 45, 9, 3: *Perseus Q. Fulvio L. Manlio consulibus regnum accepit*; wahrscheinlich nach Polybius, Eusebius bei Porphyrius: *cuius obitus incidit in Olymp.* 150, 2 etc. scheint ebenso zu rechnen, da dieses Olympiadenjahr zum Theil in das von L. angegebene Consulatsjahr fiel; Niebuhr kleine hist. Schriften 1, 241 setzt den Tod Philipps ein Jahr später. — *post mort.* gehört nur zu *maerore*, Diod. l. l.: τῇ δὲ λύπῃ ἀδιορθώτως συνεχόμενος κατέστρεψε τὸν βίον. — *anxius*, 26, 7, 6; 39, 23, 6. Nach *crudel. suae* hat die Mz. A. *quae*, viell. ist ein Relativsatz ausgefallen. — *filius – senectus*, der Umstand, dass – war. — *haud d.*, der ohne Zweifel war, s. 2, 36, 6; Drakenb. verm. *h. dubius*, s. 1, 42, 3 u. a. — *conversi*, c. 5, 13; 10, 8. — *suam* auf das Hauptsubj. der Erzählung bezogen, c. 32, 8: *se*. — *Echecrates* und Antigonus Doson (Tutor) waren Söhne Demetrius des Schönen, des Oheims von Philipps Vater Demetrius, s. Niebuhr a. a. O. 223f. — *tutor*, Polyb. 2, 45:

maiestatis, nobili etiam pugna adversus Cleomenem Lacedaemo-
5 nium clarus. tutorem eum Graeci, ut cognomine a ceteris regi-
6 bus distinguerent, adpellarunt. huius fratris filius Antigonus ex
honoratis Philippi amicis unus incorruptus permanserat, eique
7 ea fides nequaquam amicum Persea inimicissimum fecerat. is
prospiciens animo, quanto cum periculo suo hereditas regni ventura esset ad Persea, ut primum labare animum regis et ingemi-
8 scere interdum filii desiderio sensit, nunc praebendo aures, nunc
lacessendo etiam mentionem rei temere actae saepe querenti que-
rens et ipse aderat; et cum multa adsoleat veritas praebere vesti-
9 gia sui, omni ope adiuvabat, quo maturius omnia emanarent. suspecti ut ministri facinoris Apelles maxime et Philocles erant, qui
Romam legati fuerant litterasque exitiales Demetrio sub nomine
55 Flaminini adtulerant. Falsas esse et a scriba vitiatas signumque
2 adulterinum vulgo in regia fremebant. ceterum cum suspecta

ἐπιτροπεύοντι Φιλίππῳ; ib. 20,
3 u. a. — *reg. mai.* als Regent statt
Philipps, s. im Folg. *ceteris regibus*; vgl. 32, 21, 25; oder es bezeichnet seine persönliche Würde.
— *nob. et. pugna*, die Schlacht bei
Sellasia, s. 34, 28, 1. — *tutor.*,
wahrscheinlich nach Polyb., vgl.
Pausan. 7, 7, 2; nach Plutarch Aemil.
8 war der Beiname Δώσων, nach
Suidas Εὐεργέτης und Σωτήρ. —
ceteris, n. desselben Namens.
6—9. *huius fr.*, vgl. c. 52, 1; 56,
2; 39, 22, 2 u. a. — *honoratis* wie
purpuratis, s. 42, 6, 12; 31, 35, 1;
über die *amici* s. c. 8, 4. — *eique
ea – is* locker verbunden. — *fece-
rerat*, s. 24, 26, 14; Sall. I. 10, 2:
*Romanos ex amicis amicissimos
fecisti*. — *haered. r. vent.*, statt
haereditate regnum venturum. —
labare, in seiner Ansicht, s. 2, 39,
10. — *ingemisc.* n. *eum*, was aus
animum zu entnehmen ist, vgl. 1,
15, 1; zu *ingemiscere* ist *sensit* in
etwas anderer Bedeutung als zu *labare* zu denken. — *lacess. ment.*,
erwecken, herbeiführen, Cic. Fam.
3, 8, 7: *hos ego sermones – laces-
siri*, sonst mehr *bellum*, *proelium
certamen lacessere*; *lacessendo* ist
weniger passend als *praebendo aures* mit *querenti aderat* in Verbin-

dung gesetzt, vgl. 39, 32, 10: *aderat*,
er unterstützte ihn bei seinen Klagen, 6, 18, 3. — *cum multa* etc.,
vgl. zum Gedanken 22, 39, 19. —
adsol. braucht L. in der 1, 28,
2 bezeichneten Weise, besonders
von religiösen Angelegenheiten;
Andere auch in anderen Beziehungen, s. Cic. Lael. 2, 7 u. a., so dass
man Bedenken tragen muss, an u.
St. *ut solet* zu ändern, vgl. 41, 14,
7. — *adiuv.*, er wirkte dazu mit,
dass die Spuren sichtbarer wurden,
zum Ziele führten. — *omnia* ist
nicht auf *vestigia* zu beziehen, sondern bezeichnet Alles, was in der
Angelegenheit des Demetrius geschehen war. — *emanar.*, öffentlich
bekannt wurde und so dem König
zu Ohren kam, er selbst will die
Anzeige nicht machen. — *min.*, c.
20, 3f. — *Rom. leg.*, 28, 9, 1: *legatus a consule Romam - nuntiat*;
39, 35, 7. — *literas*, c. 23, 8.
55. 1–2. *scriba*, von dem dabei
thätig gewesenen, dass es Xychus
(Madvig verm. *Eutychus*) gewesen
sei, geht aus dem Folg., besonders
§ 4 hervor; es ist also wol nicht
nöthig *a Xycho scriba* zu lesen.
Das hier Erwähnte sind die *vestigia*
c. 54, 8. — *vulgo in r. fr.*, nach c.
54, 6: *unus* sollte man diese Theil-

magis quam manifesta esset res, forte Xychus obvius fit Antigono, comprehensusque ab eo in regiam est perductus. relicto eo custodibus Antigonus ad Philippum processit. „multis" inquit 3 „sermonibus intellexisse videor, magno te aestimaturum, si scire vera omnia possis de filiis tuis, uter ab utro petitus fraude et insidiis esset. homo unus omnium, qui nodum huius erroris ex- 4 solvere possit, in potestate tua est Xychus." forte oblatum perductumque in regiam vocari iuberet. adductus primo ita negare 5 inconstanter, ut parvo metu admoto paratum indicem esse adpareret. conspectum tortoris verberumque non sustinuit ordinemque omnem facinoris legatorum ministeriique sui exposuit. ex- 6 templo missi qui legatos comprehenderent, Philoclem, qui praesens erat, obpresserunt; Apelles missus ad Chaeream quendam persequendum indicio Xychi audito in Italiam traiecit. de Philocle 7 nihil certi vulgatum est; alii primo audaciter negantem, postquam in conspectum adductus sit Xychus, non ultra tetendisse, alii tormenta etiam infitiantem perpessum adfirmant. Philippo redinte- 8 gratus est luctus geminatusque, et infelicitatem suam in liberis graviorem, quod alter *superesset quam quod alter* perisset, censebat.

nahme am Schicksale des Demetrius nicht erwarten. — *Xychus* wird hier so erwähnt, als ob seine Theilnahme am Verrathe schon bekannt wäre; wahrscheinlich hatte Polyb. an der betreffenden Stelle dieses berichtet, L. es aber nicht aufgenommen, obgleich er au u. St. so spricht, als ob es geschehen wäre, vgl. c. 11, 1.
3-5. *sermonib.*, c. 54, 8. — *videor*, 1, 23, 7 u. a. — *esset* zwischen *possis* und *possit* ist, obgleich oft in orat. obl. praes. und imperf. wechseln, hier auffallend und kaum als Bedingung oder als Folge eines in *si - possis* involvirten Wunsches: *utinam scirem, qui - esset* oder durch die Beziehung auf *intellexisse* zu erklären, man erwartet: *petitus - sit*, vgl. 28, 31, 4. — *nodum - err.*, den durch die Ungewissheit (error 1, 24, 1; 9, 15, 11) geschlungenen Knoten, die schwer zu lösende Ungewissheit. — *omnium* steigert noch *unus*, wie in *unus omnium iustissimus* Cic. Sest. 67,

141 u. a. — *Xychus* steht als Hauptbegriff, obgleich etwas hart, am Ende, während man es als Apposit. zu *homo-possit* vor *in potestate* erwartet. — *oblatum*, s. 5, 13, 12 u. a., oder ein ähnliches Wort ist statt des hds. durch *vocari* veranlassten *vocatum* zu lesen. — *iuberet*, der rasche Uebergang in die oratio obl., s, 35, 49, 5; 42, 43, 9 u. a., ist hier nicht ohne Härte, Gron. verm. deshalb *iube.* — *ita*, beschränkend. — *metu*, durch *conspectum* etc. erklärt, vgl. 26, 12, 17. — *verber.*, Geisselung. — *ordin.*, c. 57, 3; 22, 22, 18. — *minister.*, s. § 1.
6-8. *Chaeream*, sonst unbekannt. — *indic.*, s. 33, 28, 11. — *audaciter*, 22, 25, 10. — *negantem*, wenn es richtig ist (die Mz. A. hat *negant*), muss wie 27, 43, 3: *inplicantes responsis docuerunt* erklärt werden, *negasse* ohne *eum* würde jedoch weniger passend sein. — *tetend.*, 23, 14, 8; 8, 15, 9 u. a. — *alter*, darnach ist wahrscheinlich ein Gedanke wie der von Madvig

56   Perseus certior factus omnia detecta esse, potentior quidem
2 erat, quam ut fugam necessariam duceret; tantum ut procul abesset curabat, interim velut ab incendio flagrantis irae, dum Philippus viveret, se defensurus. is spe potiundi ad poenam corporis
eius amissa, quod reliquum erat, id studere, ne super inpunitatem
3 etiam praemio sceleris frueretur. Antigonum igitur adpellat, cui et
palam facti parricidii gratia obnoxius erat, neque pudendum aut
paenitendum eum regem Macedonibus propter recentem patrui
4 Antigoni gloriam fore censebat. ,,quando in eam fortunam veni"
inquit, ,,Antigone, ut orbitas mihi, quam alii detestantur parentes,
optabilis esse debeat, regnum, quod a patruo tuo forti, non solum
fideli tutela eius custoditum et auctum etiam accepi, id tibi tra-
5 dere in animo est. te unum habeo, quem dignum regno iudicem;
si neminem haberem,˜perire et exstingui id mallem quam Perseo
6 scelestae fraudis praemium esse. Demetrium excitatum ab inferis
restitutumque credam mihi, si te, qui morti innocentis, qui meo
infelici errori unus inlacrimasti, in locum eius substitutum relin-
7 quam." ab hoc sermone omni genere honoris producere eum
non destitit. cum in Thracia Perseus abesset, circumire Macedoniae urbes principibusque Antigonum commendare; et, si vita
longior subpetisset, haud dubium fuit, quin eum in possessione
8 regni relicturus fuerit. ab Demetriade profectus Thessalonicae

zugesetzte ausgefallen; Andere lesen *superesset* statt *perisset*, oder
non et alter perisset, vgl. c. 56, 4.

56. 1-3. *tantum*, nicht *tamen*,
wenn nicht so zu lesen ist, steht
viell. *quidem* entgegen, weil bezeichnet werden soll, dass Perseus
nur wenig glaubte thun zu müssen:
obgleich er mächtiger war —, so
wollte er doch dem König nicht ent-
gegentreten, nur usw. Im Folg. ist
dum Phil. viv. absichtlich von *interim* (vorläufig, einstweilen) getrennt, um es sowol auf *incendium*,
das in dieser Zeit ausbrechen konnte, als auf *defensurus* zu beziehen.
— *ad poen.*, 21, 10, 12: *dedendum
- ad piaculum*; Caes. B. C. 3, 110:
ad mortem deposcere. — *corporis*,
seiner Person. — *id stud.*, Z. §
385. — *et - neque*, 6, 22, 3; 22, 8,
5 u. a., da jedoch in der Mz. A. *et*

neque steht, so ist viell. *et nequaquam* zu lesen. — *pudend. a pae-
nit.*, s. 1, 35, 5; 25, 6, 10. — *glor.*,
c. 54, 4.

4-5. *forti, non sol.*, s. 31, 43, 4;
45, 39, 10; *forti - fid.*, s. c. 49, 7.
— *tutela e. cust.*, die Mz. A. hat
tutela eius concustoditum, doch
braucht L. das überhaupt seltene
concustodire nicht; auch *eius* würde
man nicht vermissen, eher *et* erwarten. — *et - etiam*, s. 6, 12, 6; 27,
10, 5 u. a. — *auctum*, durch Kriege
mit den illyrischen Völkern, besonders durch den Einfluss in Griechenland in Folge der Schlacht bei Sellasia, c. 54, 4. — *excitat.*, 26, 32,
4. — *illacrim.*, 25, 24, 11.

7-9. *ab h. s.*, c. 49, 1. — *omni
gen.*, mit, so dass er ihm erwies,
oder: durch, wo wir: zu erwarten,
vgl. Cic. pr. dom. 9, 21: *quem tu
non pro illius dignitate produxeras*;

plurimum temporis moratus fuerat. inde cum Amphipolim venisset, gravi morbo est inplicitus. sed animo tamen aegrum magis 9 fuisse quam corpore constat, curisque et vigiliis, cum identidem species et umbrae insontis interempti filii agitarent, cum diris exstinctum esse exsecrationibus alterius. tamen admoneri potuis- 10 set Antigonus, si haud * * * statim palam facta esset mors regis. medicus Calligenes, qui curationi praeerat, non expectata 11 morte regis a primis desperationis notis nuntios per dispositos *, ita ut convenerat, misit ad Perseum et mortem regis in adventum eius omnes, qui extra regiam erant, celavit. Obpressit igitur nec- 57 opinantes ignarosque omnes Perseus et regnum scelere partum invasit.

Peropportuna mors Philippi fuit ad dilationem et ad vires 2 bello contrahendas. nam post paucis diebus gens Bastarnarum,

producere, er stellte ihn vor, wie *producere in contionem*. — *Amphipolim*, c. 24, 3; 42, 41, 11. — *animo* etc., Iustin l. l.: *morbo ex aegritudine contracto decessit*. — *species*, vgl. 25, 38, 9; *et umbrae* erklärend und näher bestimmend; Diod. l. l.: ὀνειροπολούμενος καὶ διὰ τὴν συνείδησιν τῆς εἰς τὸν εὐγενέστατον υἱὸν ἀσεβείας ταραττόμενος. Die Wortstellung ist unsicher. — *insont. interemp.*, 1, 21, 1..— *cum dir. exsecr.*, s. c. 5, 1; 26, 25, 12; 10, 41, 3.
10-11. *tamen* etc. Die Beziehung des folg. Satzes ist unklar, es muss vorausgesetzt werden muss, dass der König plötzlich, früher als man erwartet hatte, gestorben, oder dass von ihm Antigonus irgend wohin geschickt worden sei; viell. ist die Undeutlichkeit nicht durch L. sondern durch die Abschreiber veranlasst, s. *haud statim* im Folg. — — *admoneri* hat die Mz. A.: erinnert werden das Nötbige zu thun, um den Plan Philipps auszuführen; Andere lesen *admoveri* u. *ad regnum*, was schwerlich in dem einfachen *admoveri* liegen kann. — *haud statim* kann nicht mit *palam factum* verbunden und auf die Mittheilung an Perseus bezogen werden, da diese eine geheime war (*celavit*), das

Gegentheil von *palam facere*; zu kühn wäre es *haud* ganz zu tilgen; wahrscheinlich hatte L. die Veranlassung der Abwesenheit des Antigonus kurz angedeutet; Andere verm. *si aut* (oder *si aut tum*) *adfuisset, aut statim* etc. — *palam f.*, s. § 3; 1, 41, 6, vgl. zur Situation Tac. Ann. 1, 5 extr.; 12, 67 f. — *desperat.*, dass er die Krankheit überstehen werde. — *per disp.* (*equos?*), in bestimmten Entfernungen aufgestellte, vgl. 37, 7, 11: *Gracchus - per dispositos equos - Pellam pervenit*; 33, 48, 1; Curt. 6, 41, 3; in der Mz. A. steht *nuntios per dispositos*, vgl. 26, 46, 2; die gewöhnliche Lesart *nuntios praedispositos* ist schwerlich zu billigen. da *praedispositus* sich sonst nicht zu finden scheint. — *invasit*, dazu erwartet man einen *scelere* entsprechenden Begriff, etwa *dolo*; eben so im Anfang des folg. Abschnittes *Romanis* oder *populo Romano*.

57-58. Zug der Bastarner nach Macedonien.
1-2. *peropp.*, 21, 2, 3; ib. 39, 1. — *dilat.*, dazu ist aus *bello* zu denken *belli*, s. 21, 2, 3; *bello* st. *ad bellum* scheint gebraucht, weil eben *ad* vorausgegangen ist, s. 26, 40, 18. — *post p. d.*, s. c. 47, 4. —

diu sollicitata, ab suis sedibus magna peditum equitumque manu
3 Histrum traiecit. inde praegressi, qui nuntiarent regi, Antigonus
et Cotto; *Cotto* nobilis erat Bastarna, [ea res] Antigonus saepius
cum ipso Cottone legatus ad concitandos Bastarnas missus. haud
procul Amphipoli fama, inde certi nuntii obcurrerunt mortuum
4 esse regem. quae res omnem ordinem consilii turbavit. compositum autem sic fuerat, transitum per Thraciam tutum et commeatus Bastarnis ut Philippus praestaret. id ut facere posset,
regionum principes donis coluerat fide sua obligata pacato agmine
5 transituros Bastarnas. Dardanorum gentem delere propositum
6 erat inque eorum agro sedes fundare Bastarnis. duplex inde erat
commodum futurum, si et Dardani, gens semper infestissima

ab s. sed., von-aus, n. *profecta*, 38, 32, 2: *a mari fines eorum vastati*; 40, 22, 12. — *magna manu*, wie es sonst von dem Feldherrn heisst *magno exercitu proficiscitur* u. ä., s. 4, 46, 12, aber an u. St. ist die *magna manus* die *gens Bastarnarum* selbst, oder wenigstens ein Theil derselben, wo sonst *cum* zugesetz' wird, s. 1, 9, 9; 31, 14, 12; 32, 16, 16; 44, 29, 6. — *Histrum*, nördlich von diesem, an der Ostseite der Karpaten (wahrscheinlich die *Alpes Bastarnicae* der Peutingerschen Tafel) bis nach der Mündung der Donau, s. Ptolem. 3, 5, 19: ὑπὲρ τὴν Δακίαν Πευκῖνοί τε καὶ Βαστέρναι; Plin. 4, 12, 81: *a Maro, sive is Duria est a Suevis regnoque Vanniano dirimens eos (Dacos), aversa Basternaei tenent aliique inde Germani*; ib. 14, 100: *Basternae — contermini Dacis*; Strabo 7, 3, 15 p. 305: πρὸς δὲ ταῖς ἐκβολαῖς (τοῦ Ἴστρου) μεγάλη νῆσός ἐστι ἡ Πεύκη· κατασχόντες δ' αὐτὴν Βαστάρναι, Πευκῖνοι προςαγορεύθησαν, ib. 7, 2, 2 p. 292.
3. *inde*, von dem Punkte, wo, oder: nachdem sie über den Ister gegangen sind. — *Antigonus*, s. 44, 26, nicht der c. 56 erwähnte, s. c. 58, 9. — *Cotto nobilis*, die IIs. hatte nur *nobilis*; Andere lesen *nobilis is*. Die folg. Worte sind schwerlich mit

Sicherheit herzustellen, sie heissen in der Mz. A. *ea res Antigonus saepe Iunius cum ipso* etc., in *ea res* kann ein *nobilis Bastarna* entsprechendes Attribut zu *Antigonus* oder *a rege* liegen; Hertz tilgt die Worte; *saepeiunius* ist viell. nur *saepius* oder *saepe prius; saepius una* oder *iam;* auch *ipso* scheint nicht richtig, da kein Grund vorliegt Cotto so hervorzuheben. Wenn Cotto als Gesandter von Philipp geschickt wird, so ist anzunehmen, dass er schon vorher sich am Hofe desselben aufgehalten habe, s. c. 5, 10; daher wäre auch *saepius* zu erklären. — *obcurr.*, daraus ist zu *fama* ein entsprechender Begriff zu nehmen. — *ordin.*, c. 55, 5.
4—8. *praest.*, die Mz. A. hat *daret*; die Nachstellung von *ut* findet sich auch sonst, s. c. 5, 6; zu 24, 31, 1, ist aber hier nicht sicher, da in der Mz. A. die Worte oft sehr verstellt sind. — *region.*, durch die sie kommen mussten, zwischen dem Ister und Dardanien, in dem späteren Mösien. — *princ.*, 24, 21, 11. — *don. col.*, 31, 43, 7; 45, 20, 3: *honoribus muneribusque cullus*; Curt. 10, 4, 25: *cum omnes amicos regis — donis coluisset.* — *Dardan.*, s. 41, 23; 31, 28, 2. — *sed. fundare*, Verg. Aen. 5, 760: *sedes fundatur Veneri*; ib. 8, 478. — *inque*, s. 41,

Macedoniae temporibusque iniquis regum inminens, tolleretur, et Bastarnae relictis in Dardania coniugibus liberisque ad populandam Italiam possent mitti: per Scordiscos iter esse ad mare 7 Adriaticum Italiamque, alia via traduci exercitum non posse. facile Bastarnis Scordiscos iter daturos — nec enim aut lingua aut moribus [aequales] abhorrere — et ipsos adiuncturos se, cum ad praedam opulentissimae gentis ire vidissent. inde in omnem 8 eventum consilia adcommodabantur: sive caesi ab Romanis forent Bastarnae, Dardanos tamen sublatos praedamque ex reliquiis Bastarnarum et possessionem liberam Dardaniae solacio fore, sive prospere *rem* gessissent, Romanis aversis in Bastarnarum bellum 9 recuperaturum se in Graecia quae amisisset. haec Philippi consilia fuerant.

* * ingressi sunt pacato agmine *digressu* deinde Cottonis 58

9, 9; 10, 37, 15 u. oft. — *iniq.*, s. 2, 23, 5. — *inmin.*, 42, 29, 5; 3, 51, 9; 4, 25, 9; zur Sache vgl. 27, 33; 31, 28; 33, 19 u. a. — *Scordiscos*, s. Periocha 63: *adversus Scordiscos, gentem a Gallis oriundam, in Thracia feliciter pugnavit.* Strato 7, 5, 2 p. 313: οὗτοι (die Scordisker) τοῖς Ἰλλυριχοῖς ἔθνεσι καὶ τοῖς Θραχίοις ἀναμὶξ ᾤχησαν, ib. §12 p. 318: ᾤχησαν δὲ - παρὰ τὸν Ἴστρον διῃρημένοι δίχα, οἱ μὲν μεγάλοι Σκορδίσκοι - μεταξὺ δυεῖν ποταμῶν ἐμβαλλόντων εἰς τὸν Ἴστρον τοῦ τε Νοάρου (wahrscheinl. die Sawe) - καὶ τοῦ Μάργου (Morawa) - οἱ δὲ μικροὶ τούτου πέραν συνάπτοντες Τριβαλλοῖς καὶ Μυσοῖς, Appian Illyr. 3 u. a. — *iter esse* etc., also an der Sawe hin durch Dalmatien nach Venetien. — *lingua* etc., wahrscheinlich nach der Ansicht derer, welche die Bastarner für Gallier hielten, vgl. c. 5, 10, sonst unterscheidet L. die Germanen von den Celten, s. 21, 38, 8. — *aequales abhorr.* ist schwerlich richtig, da weder *aequales* in solchem Zusammenhange gebraucht, noch *abhorrere* in der Bedeutung: verschieden sein (anders ist Sueton. Aug. 83: *pumilos abhorrebat*) mit dem Accus.

verbunden wird, vgl. 21, 32, 10: *Gallos haud sane multum lingua moribusque abhorrentes*; 28, 12, 3; 8, 6, 15; 4, 44, 11; Reisig Vorles. 696. — *et ipsos*, auch würden sie selbst usw., weniger genau Iustin 32, 3: *nam et Gallos Scordiscos ad belli societatem perpulerat.* — *in omn. ev.* vgl. 37, 15, 6. — *sive caesi -for.*, s. c. 4, 5; 36, 5, 6 u. a. — *rem* ist wahrscheinlich ausgefallen.

58. 1-2. *ingressi* etc., die Stelle scheint lückenhaft zu sein; die Mz. A. hat *digressi sunt pacato agro deinde Cottonis*, allein weder *digressi* noch *pacato agro*, vgl. 43, 4, 4; 37, 17, 8, noch *fide Cott.* nach Gel., s. c. 57, 4, ist passend. Von den Bastarnern ist nach c. 57, 2 nichts berichtet, und da so viele Sätze dazwischengestellt sind, erwartet man jetzt, wo die Erzählung zu ihnen zurückkehrt, dass sie etwa mit *sed* oder *igitur* wieder eingeführt werden. Ebenso würde im Folg. *Thraces* ganz unvorbereitet sein, wenn nicht vorher angedeutet wäre, dass die Bastarner das Gebiet thracischer Stämme erreicht hätten. Wahrscheinlich hatte L. etwa geschrieben: *Sed Bastarnae Thraciam ingressi sunt pacato agmine*, das Letztere, nach Gelen., steht in Be-

et Antigoni et haud multo post *ad* famam mortis Philippi neque Thraces commercio faciles erant *neque* Bastarnae empto contenti 2 esse aut in agmine contineri poterant, ne decederent via. inde iniuriae ultro citroque fieri, quarum in dies incremento bellum exarsit. postremo Thraces cum vim ac multitudinem sustinere hostium non possent, relictis campestribus vicis in montem in- 3 gentis altitudinis — Donucam vocant — concesserunt. quo cum subire Bastarnae vellent, quali tempestate Gallos spoliantes Delphos fama est peremptos esse, talis tum Bastarnas nequiquam ad 4 iuga montium adpropinquantes obpressit. neque enim imbre tantum effuso, dein creberrima grandine obruti sunt cum ingenti fragore caeli tonitribusque et fulguribus praestringentibus aciem 5 oculorum, sed fulmina etiam sic undique micabant, ut peti viderentur corpora, nec solum milites, sed etiam principes icti cade- 6 rent. itaque cum praecipiti fuga per rupes praealtas improvidi sternerentur ruerentque, instabant quidem perculsis Thraces, sed 7 ipsi deos auctores fugae esse caelumque in se ruere aiebant. dissipati procella cum tamquam ex naufragio plerique semermes in castra, unde profecti erant, redissent, consultari, quid agerent, coeptum. inde orta dissensio, aliis redeundum, aliis penetrandum

ziehung zu c. 57, 4, und so erst wird der Gegensatz im Folg. klar. — *digressu* oder *discessu* scheint neben *deinde* ausgefallen; Madvig verm. *digressu deinde Cottonis* und tilgt *pacato agro*, oder nimmt vorher eine Lücke an: *ac primum ingressi s. pac. agmine.* — *famam* ohne *ad* hat die Mz. A., Madvig verm. *fama*. — *commercio fac.*: für den Handel, so dass sich leicht mit ihnen handeln liess, s. 26, 15, 1; vgl. c. 46, 15: *facilitas*. — *empto*, entsprechend *commercio*, als Substantiv, vgl. Cic. N. D. 3, 30, 74: *ex empto*; ebensooft bei den Juristen. — *poterant* steht in der Mz. A. nach *esse*, wo es nicht passend ist, eher konnte es nach *contineri* folgen und weniger genau auf *cont. esse* bezogen werden, s. c. 7, 3 *iactabantur*; c. 9, 2: *adpellant*; 10, 6: *sua*; 54, 7 ff.: *sensit, aderat*; 39, 15, 6: *accepisse*, zu 39, 47, 9 u. a.; dass in der Mz. Hs. die Stellung der Worte oft gestört sei, zeigen viele Beispiele, Madvig verm. *ut empto c. essent, cogi poterant* oder *Bast. e. c. erant, aut — cont. poterant.* — *in dies* attributiv zu *incremento*, vgl. zu c. 5, 2. — *Donucam* scheint sonst nicht erwähnt zu werden.

3—6. *quo — subire*, wie *ad vallum subire* u. a., s. 36, 19, 1; 34, 16, 2 u. a. — *quali* mit Nachdruck vorangestellt; zur Sache s. Pausan. Phoc. 19ff., Iustin. 24, 8. — *spoliantes* bezeichnet nur das Wollen. — *nequiquam*, proleptisch. — *Bastarnas* nach *Bastarnae* wegen des Gegensatzes zu *Gallos*. — *obruti*, 21, 58, 8; — *fulguribus — fulmina*, jenes den Lichtglanz, dieses die verderbliche Wirkung bezeichnend, vgl. Curt. 8, 14, 4: *emicare fulgura — cadentium fulminum species*. — *sterner.*, unwillkürlich, im Gegensatze zu *ruerent*, s. 38, 23, 1. — — *deos auct.*, 21, 40, 10. — *ruere*; Arrian. Anab. 1, 4, 8: ἔφασαν (οἱ Κελτοὶ) δεδιέναι μήποτε ὁ οὐρανὸς αὐτοῖς ἐμπέσοι.

in Dardaniam censentibus. triginta ferme milia hominum *in Dar-* 8
daniam, quo Clondico duce profecti erant, pervenerunt; cetera
multitudo retro, qua venerat, [Apolloniam] mediterraneam regionem repetit. Perseus potitus regno interfici Antigonum iussit; 9
et dum firmaret res, legatos Romam ad amicitiam paternam renovandam petendumque, ut rex ab senatu adpellaretur, misit.
haec eo anno in Macedonia gesta.
Alter consulum Q. Fulvius ex Liguribus triumphavit, quem 59
triumphum magis gratiae quam rerum gestarum magnitudini
datum constabat. armorum hostilium magnam vim transtulit, 2
nullam pecuniam admodum. divisit tamen in singulos milites
trecenos aeris, duplex centurionibus, triplex equiti. nihil in eo 3
triumpho magis insigne fuit, quam quod forte evenit, ut eodem
die triumpharet, quo priore anno ex praetura triumphaverat. secundum triumphum comitia edixit, quibus creati consules sunt M. 4
Iunius Brutus A. Manlius Vulso. praetorum inde tribus creatis co- 5

7—9. *in Dard. penetr.*, L. scheint
anzunehmen, dass die Bastarner
nicht durch Dardanien, sondern östlich von denselben nach Thracien
gekommen seien. — *in Dardan. quo,*
obgleich *pervenire* bisweilen ohne
Angabe des Zieles gesagt wird, s.
29, 33, 3, zu 22, 18, 2, so kann hier,
wo zwei Richtungen sich entgegengestellt werden, namentlich *retro
qua ven.* gegenüber, die Angabe der
zweiten nicht wol fehlen; Madvig
liest *duce; quo profecti er., ven.,*
was aber erst aus dem Folg. verstanden würde; viell. ist in der
Nähe von *in Dardaniam* dieses an
der zweiten Stelle nebst *quo* ausgefallen. Die Anknüpfung an das Vorhergeh. ist wie c. 57, 3; 1, 12, 2
u. a. chiastisch. — *Clondico,* so ist der
Name 44, 26, 11 geschrieben, s.
Grimm Gesch. d. deutsch. Spr. 459.
— *retro, qua*, s. c. 49, 2; über *qua*
42, 1, 11; 33, 29, 9: *qua — agmina
iere. — mediterran.* ist unsicher,
die Mz. A. hat *Apolloniam meridianam regionem*; dass *mediterraneus* ohne strengen Gegensatz gegen die Meeresküste gebraucht wird:
das Binnenland, zeigt 28, 3, 3:
circa mediterraneos populos, vgl.
21, 31, 2; Plin. 33, 12, 158; in *apolloniam* schien mir *ad aquilonem*
zu liegen; Madv. tilgt *meridianam*
und liest *aquiloniam reg.*, was
aber sonst sich bei L. nicht zu finden scheint; gewöhnlich wird *transdanubianam* gelesen. — *amicit.*, 33,
35, 5. — *ut rex etc.*, als solcher
anerkannt würde, s. 31, 11, 13f.,
vgl. zu c. 54, 1; 42, 40, 4; Polyb.
26, 5: Περσεὺς ἀνανεωσάμενος
τὴν φιλίαν τὴν πρὸς Ῥωμαίους;
Diod. 29, 33.
59. Triumph des Fulvius, Wahlen, Prodigien. Iul. Obseq. 8.
1—5. *Fulv. c.* 53. — *ex Lig.*, c.
34, 11. — *gratiae*, vgl. c. 38; 38,
47, 5. — *nullam - adm.*, s. 23, 29,
13, vgl. 43, 13, 1. — *trecen.*, wie c.
34, 8. — *eod. d., c.* 43, 5. — *Manlius,* da sowol Obsequens l. l. als
Cassiodor *Manlius* haben, so ist
Attilius der Mz. A. als ein Versehen
der Abschreiber oder Drucker, nicht
L.'s selbst zu betrachten; auch die
fasti cap. haben *Manlius* und den
Vornamen *A*, wie L. selbst 41, 10,
1; 43, 2, 6; 45, 9, 3; Obseq. dagegen und Cassiod. *Cn.*; die Mz. A.
M. — trib. cr., wahrscheinlich sind
die Namen derselben von L. genannt

mitia tempestas diremit, postero die reliqui tres facti, ante diem
quartum idus Martias, M. Titinius Curvus Ti. Claudius Nero T.
6 Fonteius Capito. ludi Romani instaurati ab aedilibus curulibus
Cn. Servilio Caepione Ap. Claudio Centone propter prodigia, quae
7 evenerant. terra movit; in fanis publicis, ubi lectisternium erat,
deorum capita, quae in lectis erant, averterunt se, lanxque cum
8 integumentis, quae Iovi adposita fuit, decidit de mensa. oleas

gewesen, nur ausgefallen, der eine
war *T. Aebutius* und hatte Sardinien als Provinz, 41, 6, 5, der andere gleichfalls *M. Titinius*, Hispania citerior, s. 41, 9, 3; ib. 15, 11;
26, 2; 43, 2, 6; der dritte viell. P.
Aelius in Sicilien; über die Zahl
der Prätoren s. c. 44, 12. — *tem-
pest.*, vgl. c. 42, 10; Lange 2, 457.
— *post. die*, s. 33, 24, 2; Becker 2,
2, 182f.; der Tag fiel nach dem
Folg. *a. d. quart. id. M.* nur wenige
Tage vor den Anfang des neuen
Consulatjahres, die Wahl ist ver-
spätet, vgl. 42, 28, 4; 38, 42, 1, dagegen 43, 11, 5. — *M. Titin.*, der
eine dieses Namens war praetor
urbanus; der Zuname *Curvus* findet
sich in der gens Fulvia 10, 23 u. in
den Fasten a. u. 449 und ist an u.
St. von Gelen. zugesetzt, die Mz.
A. hat ihn nicht. — *Ti. Claud.*, sowol
an u. St. (nach Gel.) als 41, 5, 6; ib.
12, 1; 42, 19, 8 hat die Hs. den Vornamen *T.*, der sich sonst in der gens
Claudia nicht findet. Claudius war
wahrscheinlich praetor inter cives
et peregrinos, erhielt aber Pisae
als Provinz, s. 41, 5, 6. — *Fontei*,
in Hispania ulterior, s. 41, 15, 11,
vgl. 43, 2, 6.
6. *ludi inst.*, s. 23, 30, 17. —
movit, 35, 40, 7. — *fanis*, so ist
statt *foris*, der bds. Lesart, wahrscheinlich zu lesen, da auch sonst
die lectisternia nicht auf den fora
sondern in den fana gehalten werden, s. Marq. 4, 58; vgl. 36, 1, 2:
in omnibus fanis; 42, 30, 8. Im
Folg. ist, wenn man nicht annehmen will, dass die *capita* allein auf
den *lecti* oder *pulvinaria* gelegen

haben, *quae* sehr hart; obgleich das
Relativum bisweilen auf ein anderes
Wort, als der Zusammenhang zu
fordern scheint, bezogen wird, s. c.
19, 9; 26, 1, 9, zu 32, 17, 9; Caes.
B. G. 1, 47, 4, ib. 48, 4 u. a., so
liegt doch an u. St. *qui* oder *cum*
näher. — *lectisternium* im Singul.,
ebenso 36, 1, 2; 42, 30, 8. — *averter.*, von den vorgesetzten Speisen,
die sie zu verschmähen schienen.
— *lanxque*, so ist wahrscheinlich
statt des hds., auch bei Obseq. sich
findenden *lanaque* zu lesen. — *integumentis* ist der Bedeutung nach
unsicher, viell.: die Deckel der
Schüsseln, vgl. 10, 38, 12: *ea legio
linteata ab integumento consaepti
- appellata est*, eher sollte man eine
Bezeichnung des Inhaltes der Schüs-
sel erwarten. Die welche *lanaque*
für richtig halten, verstehen *lana
cum integum*. von den Kopfkissen,
die durch die Bewegung der *capita*
herabfallen, s. Marq. 4, 52. — *ap-
posita* nach Obseq., die Mz. A. hat
opposita, was an u. St. nicht passend
ist, während *apponere* das Auftra-
gen der Speisen, die bei den Lecti-
stern. den Göttern vorgesetzt wurden, bezeichnet, s. 1, 7, 13. *fuit*, s.
zu 38, 56, 3. — *quoque* bezieht
sich auf den ganzen Gedanken *oleas
- praegust.; praegust.*, ehe sie
den Göttern vorgesetzt wurden. —
mures, 27, 23, 2. — *in prod. v.*, c.
2, 3. — *nihil ult.*, L. scheint mehr
Sühnungsmittel erwartet zu haben,
vgl. 10, 47, 7. — *lud. inst.*, es ist
wol die § 6 erwähnte *instauratio*
gemeint, auf die nach Angabe der
Veranlassung zurückgegangen ist.

quoque praegustasse mures in prodigium versum est. ad ea expianda nihil ultra, quam ut ludi instaurarentur, actum est.

TITI LIVI
AB URBE CONDITA
LIBER XXXXI.

* * a patre in pace habitam armasse eoque iuventuti praedandi cupidae pergratus esse dicebatur. consilium de Histrico bello cum haberet consul, alii gerendum extemplo, antequam contrahere copias hostes possent, alii consulendum prius sena- 1

L. hat oft Instaurationen erwähnt, hier giebt er einmal einen Grund derselben an, vgl. 2, 37, 1. — Dass am Ende des Buches etwas fehle, ist nicht wahrscheinlich; die Vertheilung der Provinzen und Heere wird wie das 37. 36. 32. Buch so auch das 41. Buch begonnen haben, da sie schon dem neuen Consulatsjahre angehörte.

Liber XXXXI.

Die fünf folgenden Bücher sind nur in einer, 1527 im Kloster Lorsch bei Worms gefundenen Handschrift, welche jetzt in Wien aufbewahrt wird, erhalten und nach derselben zuerst von Simon Grynaeus in der Ausgabe des Frobenius vom J. 1531 zu den bereits bekannten hinzugefügt worden. Schon damals fehlte ausser manchen anderen Theilen der Anfang des 41. Buches, von dem jetzt auch die Lage, welche 41, 1-9, 10 [edic]*tum consulis* enthielt, und von dem ersten Herausgeber noch benutzt werden konnte, verloren gegangen ist. In dem im Anfange des Buches fehlenden Theile war zunächst wahrscheinlich die Vertheilung der Pro-

vinzen und Heere, dann nach der Periocha und Julius Obsequens eine Feuersbrunst in Rom, das Erlöschen des heiligen Feuers im Vestatempel und die Bestrafung der Vestalin, die dieses verschuldet hatte, so wie die Feier des lustrum berichtet; ferner waren die Thaten des Ti. Sempronius Gracchus und L. Postumius Albinus in Hispanien geschildert und vielleicht die Anerkennung des Perseus als König und dessen erste Unternehmungen „*initia belli Macedonici*" berührt. Unmittelbar vor dem erhaltenen Theile hatte L. erzählt, was den Consul A. Manlius, dem die Provinz Gallien zugefallen war, den Krieg gegen die Histrier fortzusetzen, s. 40, 26, oder zu beginnen bestimmt habe.

1-5. Krieg in Histrien. Flor. 1, 26 (2, 10).
1-3. *a patre - diceb.* bezieht sich auf den Häuptling der Histrier, Aepulo, s. c. 11, 1. — *consil.*, Kriegsrath. — *Histrico*, der Grund der Erhebung des Volkes ist 39, 55; 40, 26 angegeben, s. Mommsen 1, 663; Florus dagegen: *Histri bellantes eos* (*Aetolos*) *nuper adiuverant.* — *consul. pr. sen.*, den Grund

2 tum censebant. vicit sententia, quae diem non proferebat. profectus ab Aquileia consul castra ad lacum Timavi posuit; inminet mari is lacus. eodem decem navibus C. Furius duumvir navalis
3 venit. adversus Illyriorum classem creati duumviri navales erant. qui tuendae viginti navibus maris superi orae Anconam velut cardinem haberent; inde L. Cornelius dextra litora usque ad Ta-
4 rentum, C. Furius laeva usque ad Aquileiam tueretur. eae naves ad proximum portum in Histriae fines cum onerariis et magno commeatu missae, secutusque cum legionibus consul quinque
5 ferme milia a mari posuit castra. in portu emporium brevi perfrequens factum, omniaque hinc in castra subportabantur. et quo id tutius fieret, stationes ob omnibus castrorum partibus
6 circumdatae sunt: Histriam versus praesidium stativum repentina cohors Placentina obposita; inter mare et castra et, ut

---

s. c. 7, 8; 38, 45, 6; ib. 46, 9; allein in dem vorliegenden Falle war der Krieg schon begonnen, s. 40, 26, 2; ib. 18, 4, die Colonie Aquileia zu schützen; die Feinde sind schon gerüstet, s. c. 11, 8, daher *contrahere*, vgl. c. 5, 12; es handelte sich nur darum, ob sie sogleich angegriffen werden sollten. — *profer.*, s. 2, 4, 3; 22, 33, 5. — *ab Aquil.*, 40, 34, 2. — *ad lac. Timavi*, Verg. Aen. 1, 244: *fontem Timavi*; L. 24; 12, 4: *lacum Averni*; ib. 13, 1; 8, 13, 5; häufiger wird der Fluss Timavus erwähnt, Strabo 5, 1, 8 p. 214; ib. 9, 215: μετὰ δὲ τὸ Τίμαυον ἡ τῶν Ἰστρίων ἐστὶ παραλία μέχρι Πόλας; nach Plin. 3, 18, 127 war der Fl. Formio die Grenze zwischen Italien und Histrien. — *inmin.*, da der Lauf des Timavus sehr kurz ist, so lag der See, der mit den Quellen desselben in Verbindung stand, oder von dem Flusse gebildet wurde, dem Meere nahe. — *eodem* giebt nur im Allgemeinen die Richtung an: ebendahin, nach Histrien; dass sie nicht in den Hafen des Timavus einliefen zeigt § 4. — *duumv. nav.* s. 40, 42, 8 ff., ib. 26, 8; die Wahl der an u. St. erwähnten ist nach dem Folg. nicht besonders berichtet gewesen. —

— *superi orae*, 40, 42, 2; 45, 2, 11 u. a., *superiore* wäre gegen den Sprachgebrauch. — *tuend.* — *card.*, 40, 18, 8. — *dextr. lit.* 2, 34, 3. 4 – 8. *eae nav.* geht nach der eingeschobenen Erklärung auf § 2 zurück und giebt genauer den Punkt der Landung an; doch bleibt es ungewiss, welches der *portus proximus* (von Italien aus) gewesen sei; ebenso wenig ist § 6 der Fluss genannt. — *ad fines* wie 31, 33, 1, vgl. zu 21, 49, 3; der Hafen muss also weiter südlich gelegen haben als der Timavus, lag schon im histrischen Gebiete ist. — *secutusq.*, von dem lacus Timavi aus, c. 2, 2. — *empor.*, s. c. 27, 8, hier: ein Markt. — *omnibus*, im Folg. werden nur drei Seiten erwähnt. — *Histr. vers.* ist unsicher, da die Hs. *in Histriamque suum* hatte; der Sinn ist: von der Küste aus nach Histr. zu; also da das Lager schon in Histrien ist, nach Osten oder Süden zu, während der § 7 erwähnte Posten nach Norden zu steht. — *repentina*, wie c. 10, 3, wahrscheinlich in dem Sinne von *subitarii milites*, 40, 26, 6, obgleich man keinen Grund der ungewöhnlichen Aushebung sieht. — *obpos.*, 6, 23, 12; 10, 36, 6 u. a. — *inter mare et castra* kann nicht

idem aquatoribus ad fluvium esset praesidium, M. Aebutius tribunus militum secundae legionis duos manipulos militum ducere iussus est; T. et C. Aelii tribuni militum legionem tertiam, quae 7 pabulatores et lignatores tueretur, via, quae Aquileiam fert, duxerant. ab eadem regione mille ferme passuum castra erant 8 Gallorum; Catmelus pro regulo erat tribus haud amplius milibus armatorum.

Histri, ut primum ad lacum Timavi castra sunt Romana 2 mota, ipsi post collem occulto loco consederunt, et inde obliquis 2 itineribus agmen sequebantur in omnem occasionem intenti, nec quicquam eos, quae terra marique agerentur, fallebat. postquam 3 stationes invalidas esse pro castris, forum turba inermi frequens inter castra et mare mercantium sine ullo terrestri aut maritimo munimento viderunt, duo simul praesidia, Placentinae cohortis et manipulorum secundae legionis, adgrediuntur. nebula matu- 4

mit dem Vorhergeh. verbunden werden, so dass dieser und der nach Histr. zu stehende Posten ein und derselbe wäre, weil der Posten *inter m. et castra* offenbar nach Westen zu aufgestellt ist, und, da ebendahin der Fluss seinen Lauf hat, sehr wohl zugleich die *aquatores* schützen konnte, nicht aber der in entgegengesetzter Richtung nach Histr. hin stehende. Es ist daher auch nicht nöthig *idem* in *item* zu ändern. Ueber *inter* bei Verben der Bewegung s. 8, 9, 14. — *ducere* wie § 7, die Hs. hat *adicere*. — *ab ead. reg.* kann nicht wol mit *mille passuum* in dem Sinne verbunden werden: 1000 Sch. von usw., es würde dann *ea* nicht *eadem* heissen und *regione* nicht passen, sondern nach unserer Auffassung: 1000 Sch. in derselben Richtung; dann aber fehlt im Folg. der Begriff der Entfernung, und man sollte *aberant* oder *passuum intervallo* (od. *inde*), oder *eadem reg.* - *aberant* erwarten, vgl. 4, 9, 13; 31, 34, 7; Caes. B. G. 1, 22, 1 u. a., 10, 34, 7. — *pro reg.* könnte bedeuten: er vertrat die Stelle des (abwesenden) Häuptlings, und *tribus h. ampl. mil. arm.*: da, während — waren, s. 36, 6, 2: *eo statu*; 37, 29, 8;

ib. 38, 4; doch nimmt Crevier mit Recht an den Worten Anstoss und Ruperti verm. *pro r. praeerat*; Madvig *Catm. regulus praeerat*. Die Gallier stehen als Hülfstruppen bei den Römern im Dienste, s. c. 5, 9 f. 2. 1 – 4. *obliquis* auf schräg laufenden, seitwärts, zur Seite, vgl. 5, 16, 5; anders c. 14, 2: *per transversos limites — nec quidq.* — *quae*, vgl. 1, 38, 4; Cornel. 10, 9, 5: *quam sit — miseranda vita, qui — malint*; Cic. Marc. 8, 25: *fundamenta nondum, quae cogitas, ieceris*, vgl. 2, 56, 10: *submoveri iubet praeterquam qui* etc.; 6, 4, 5; zu 39, 46, 4; 37, 49, 3; wegen der Härte der Verbindung verm. Drakenb. *eorum quae* und nimmt *fallere* absolut, s. 42, 64, 3; anders 22, 28, 1: *neque enim quicquam eorum, quae — agerentur, eum fallebat.* — *forum*, c. 1, 5: *emporium*. — *mercantium*, Käufer, Handeltreibende; Gron. verm. *commeantium*, wol in Bezug auf *inter c. et m.*, was aber nach der freieren Wortstellung L.'s auch zu *forum* genommen werden kann. — *marit. mun.*, es ist wol an ein festes Schiffslager zu denken, s. 29, 35, 13. — *nebula*, vgl. 10, 32; 22, 4, 6; ib. 5, 9. —

tina texerat inceptum; qua dilabente ad primum teporem solis perlucens iam aliquid, incerta tamen, ut solet, lux speciem omnium multiplicem intuenti reddens, tum quoque frustrata Romanos, multo maiorem iis, quam erat, hostium aciem osten-
5 dit. qua territi utriusque stationis milites ingenti tumultu cum in castra confugissent, haud paulo ibi plus, quam quod secum
6 ipsi adtulerant, terroris fecerunt. nam neque dicere, quid fugissent, nec percunctantibus reddere responsum poterant; et clamor in portis, ut ubi nulla esset statio, quae sustineret impetum, audiebatur; et concursatio in obscuro incidentium aliorum in
7 alios incertum fecerat, an hostis intra vallum esset. una vox audiebatur ad mare vocantium; id forte temere ab uno exclama-
8 tum totis passim personabat castris. itaque primo velut iussi id facere pauci, armati *alii*, maior pars inermes, ad mare decurrunt, dein plures, postremo prope omnes, et ipse consul, cum frustra revocare fugientes conatus nec imperio nec auctoritate
9 nec precibus ad extremum valuisset. unus remansit M. Licinius Strabo, tribunus militum tertiae legionis, cum tribus signis ab legione sua relictus. hunc in vacua castra impetu facto Histri, cum alius armatus iis nemo obviam isset, in praetorio instruen-
10 tem atque adhortantem suos obpresserunt. proelium atrocius quam pro paucitate resistentium fuit, nec ante finitum est, quam tribunus militum quique circa eum constiterant interfecti sunt.
11 praetorio deiecto, direptisque quae ibi fuerunt, ad quaestorium,

perlucens – *incerta*, vgl. 22, 4, 4; 24, 21, 7: *iam obscura luce*. — *aliquid*, einigermassen, 21, 12, 4; 37, 26, 4. — *intuenti*, 33, 47, 7: *quaerentibus*; 31, 42, 8.
5–10. *quam quod*, vgl. 26, 9, 6. — *concurs.*, wie 4, 6, 10: *concursare in foro*, anders 31, 35, 6 u. a. — *an*, 40, 14, 7. — *vox* – *vocant.*, vgl. 3, 54, 10 u. 26, 32, 6; 35, 24, 3. — *forte tem.*, 39, 15, 11. — *alii* oder *quidam* oder ein ähnlicher Begriff scheint ausgefallen zu sein, s. 31, 37, 2; 37, 20, 5 u. a., Madvig will *armati* tilgen, vgl. c. 3, 4. — *precibus*, vgl. Tac. Ann. 1, 66. — *Strabo*, sonst haben die Licinier den Zunamen *Stolo*, s. 6, 34, 5, wie auch an u. St. verm. wird. — *signis*, Manipeln. — *ab leg. sua* kann nicht partitiv genommen werden, wie *ab*

sich nicht leicht findet, vgl. Caes. B. G. 2, 25, 1; Curt. 4, 52, 3; auch kann es nicht passend mit *relictus* (verlassen, im Stich gelassen) verbunden werden, da die dritte Legion anders verwendet ist. Wenn daher nicht eine Unachtsamkeit L.'s vorliegt, so ist entweder die Zahl *tertiae* oder die Präpos. verschrieben und *de* od. *e* zu lesen. — *obviam iss.*, man hat *ob. esset* verm., aber dann wäre *obvius* zu erwarten. — *nec ante* – *quam*, s. 42, 26, 9.
11–13. *praetor.*, die Histrier sind durch die porta praetoria eingebrochen und kommen auf dem Wege, der von dieser durch die Mitte des Lagers führt, auf die *principia*, dann an das hinter diesen liegende Feldherrnzelt. In dem Lager für zwei Legionen war hinter

forum quintanamque hostes pervenerunt. ibi cum omnium 12
rerum paratam expositamque copiam et stratos lectos in quae-
storio invenissent, regulus accubans epulari coepit. mox idem 13
ceteri omnes, armorum hostiumque obliti, faciunt et, ut quibus insuetus liberalior victus esset, avidius vino ciboque corpora onerant.

Nequaquam eadem est tum rei forma apud Romanos; 3
terra mari trepidatur; nautici tabernacula detendunt commea-
tumque in litore expositum in naves rapiunt, milites in scaphas 2
et mare territi ruunt, nautae metu, ne compleantur navigia, alii
turbae obsistunt, alii ab litore naves in altum expellunt. inde 3
certamen, mox etiam pugna cum vulneribus et caede in vicem
militum nautarumque oritur, donec iussu consulis procul a terra
classis submota est. secernere inde inermes ab armatis coepit.
vix mille ducenti ex tanta multitudine, qui arma haberent, per- 4
pauci equites, qui equos secum eduxissent, inventi sunt; cetera
deformis turba velut lixarum calonumque, praeda vere futura,
si belli hostes meminissent. tunc demum nuntius *missus* ad 5

dem Feldherrnzelt das *forum*, welches etwa bis an die *via quintana*
reichte, zwischen dieser und der
porta decumana das *quaestorium*
(in dem grossen Lager war das
praetor., *quaestorium* u. *forum*
zwischen der *porta praetor.* und
den *principia*), vgl. Paul. Diac. p.
256: *quintana appellatur (via) in
castris post praetorium, ubi rerum
utensilium forum sit*; dass nicht der
auch *forum* genannte Raum der
principia vor dem Feldherrnzelt
gemeint sein kann, zeigt der Zusammenhang, vgl. 40, 27, 7; 10, 32,
9; 34, 47, 3; Marq. 3, 2, 320; L.
hat also die Aufeinanderfolge der
Localitäten nicht genau bezeichnet,
sonst hätte er das *quaestorium* zuletzt genannt, wahrscheinlich weil
sich an *forum quint.* das: *ibi
- copiam* passender anschloss, während das, was im *quaestorium*
vorgeht: *et stratos* etc. einen an-
gemessenen Uebergang zum Folg.
bildet; eine ähnliche Ungenauigkeit
s. 22, 5, 7: *per principes hastatosque et triarios* und bei Polyb. 6,
32 extr.: τὴν δ' ἀγορὰν καὶ τὸ
ταμιεῖον καὶ τὸ στρατήγιον μέσον τιθέασι τῶν δυοῖν στρατο-
πέδοιν; schwerlich ist daher *forum*
zu tilgen, oder *forum quaestorium*,
welches sich sonst nicht findet, zu
verbinden, s. Marq. 319. Der Zusatz *omnium rerum* etc. besonders
stratos lectos zeigt, wie wenig
streng die Disciplin in dem Heere
war, s. 39, 1; 42, 58, 4. — *liberal.
v.*, vgl. 23, 46, 6; *liberalior militia*.
3. *terra m.*, 21, 28, 2. — *tab.
det.*, Caes. B. C. 3, 85, 3: *signo
profectionis dato tabernaculisque
detensis*. — *metu, ne*, 35, 30, 3;
zur Situation 37, 29, 4f. — *inde -
mox*, vgl. 40, 48, 6. — *in vicem* wie
6, 24, 7; vgl. *inter vos* 40, 8, 8; 21,
39, 9; unten c. 11, 5: gegenseitige.
— *mille duc.*, s. c. 2, 8, so viele, wie
die *hastati* od. *principes* einer Legion. — *vere*, vgl. 25, 33, 6: *exempla vere pro documentis haberent*;
39, 37, 9; 40, 46, 9; es wird dafür
fere und *certe* vermuthet.
5-7. *tunc dem.*, s. 22, 59, 5, gewöhnlich *tum demum*. — *missus*
ist schwerlich von L. hier ausgelassen worden, da es sonst an ähn-

tertiam legionem revocandam et Gallorum praesidium, et simul
ex omnibus locis ad castra recipienda demendamque ignominiam
6 rediri coeptum est. tribuni militum tertiae legionis pabulum
lignaque proicere iubent, centurionibus imperant, ut graviores
aetate milites binos in ea iumenta, ex quibus onera deiecta erant,
inponant, equites ut singulos e iuvenibus pedites secum in equos
7 tollant: egregiam gloriam legionis fore, si castra metu secunda-
norum amissa sua virtute recipiant. et recipi facile esse, si in
praeda occupati barbari subito obprimantur; sicut ceperint,
8 posse capi. summa militum alacritate adhortatio audita est.
ferunt citati signa, nec signiferos armati morantur. priores tamen consul copiaeque, quae a mari reducebantur, ad vallum ac-
9 cesserunt. L. Atius tribunus primus secundae legionis non hor-
10 tabatur modo milites, sed docebat etiam, si victores Histri, quibus
armis cepissent castra, iisdem capta retinere in animo haberent,
primum exutum castris hostem ad mare persecuturos fuisse,
deinde stationes certe pro vallo habituros: vino somnoque veri
4 simile esse mersos iacere. Sub haec A. Baeculonium signi-

lichen Stellen von ihm gesetzt wird,
wenn auch hier und da das Verbum
der Bewegung fehlt, s, Cic. Att. 9,
1, 3: *Arpinum volebamus*; Sall. I,
100, 1: *Marius, uti coeperat, in hiberna*; Tac. Ann. 4, 57 u. a., vgl.
L. 44, 24, 1. — *Gallor.*, c. 1, 8. —
ex omn. l., es sind die drei genannten, s. c. 1, 5. — *proicere* n. die *pabulatores* und *lignatores*, zu deren
Schutze die Legion aufgestellt war,
deshalb ist nicht *tribuni milites* zu
lesen. — *gravior. aet.*, s. 2, 19, 6;
es ist wol an die Veteranen der
späteren Zeit gedacht; obgleich
auch damals schon Einzelne aus dem
Kriege fast ein Handwerk machten,
s. 42, 34. Die ganze Scene scheint
von dem Annalisten, dem L. folgt,
ausgeschmückt zu sein. — *equites
ut*, dazu gehört nur *imperant*. —
secundan., gewöhnlich erhält ein
Consul nicht nach ihren Nummern
aufeinander folgende Legionen, sondern die 1 u. 3; 2 u. 4 usw. — *recipi fac. esse*, s. 1, 12, 9: *eo pelli
facilius erat*; 22, 8, 5: *non facile
erat — litteras mitti*; 25, 37, 18;
Cic. Or. 2, 58, 236: *quas (res) ar-

gumentis dilui non facile est*;
Madvig will *recipi* u. *esse* tilgen. —
occupati mit *in* verbunden, s. 42,
29, 6; 34, 6, 15. — *sicut* etc., durch
einen raschen Ueberfall; da sich
der Gedanke auf die Histrier, nicht,
wie *recipi*, auf das Lager bezieht,
so scheint er nicht überflüssig.
8–10. *ferunt* n. die *signiferi*,
wie das Folg. zeigt; zur Sache vgl.
3, 27, 8. — *cons. cop.* durch c. 4,
2ff. beschränkt. — *Atius*, Verg.
Aen. 5, 568: *alter Atys, genus unde
Atii duxere Latini*, Sueton. Aug. 4.
trib. primus, Polyb. 6, 19: τοὺς
μὲν πρώτους κατασταθέντας τέτ-
ταρας (χιλιάρχους) εἰς τὸ πρῶτον
καλούμενον στρατόπεδον ἐνει-
μαν, τοὺς δ' ἑξῆς τρεῖς εἰς τὸ δεύ-
τερον; von den drei zuletzt genannten wäre an u. St., da von der
2. Legion die Rede ist, der erste
gemeint, wie *primus praestor*, *trib.
pl.*, Cic. Sest. 3, 6, der unter mehreren zuerst gewählte genannt
wird; oder es ist überhaupt der erste, angesehenste Trib. der Legion,
vgl. Marq. 3, 2, 287. — *mersos*,
vgl. 9, 18, 1: *merso secundis rebus*.

ferum suum, notae fortitudinis virum, inferre signum iussit.
ille, si unum se sequerentur, quo celerius fieret, facturum dixit, 2
conisusque cum trans vallum signum traiecisset, primus omnium
portam intravit. et parte alia T. et C. Aelii tribuni militum ter- 3
tiae legionis cum equitatu adveniunt. confestim et quos binos
oneraria in iumenta inposuerant secuti et consul cum toto
agmine. at Histrorum pauci, qui modice vino usi erant, memo- 4
res fuerant fugae, aliis somno mors continuata est, integraque
sua omnia Romani, praeterquam quod vini cibique absumptum
erat, receperunt. aegri quoque milites, qui in castris relicti fue- 5
rant, postquam intra vallum suos senserunt, armis arreptis caedem ingentem fecerunt. ante omnes insignis opera fuit C. Po- 6
pillii equitis, Sabello cognomen erat. is pede saucio relictus
longe plurimos hostium occidit. ad octo milia Histrorum sunt 7
caesa, captus nemo, quia ira et indignatio inmemores praedae
fecit. rex tamen Histrorum temulentus ex convivio raptim a

4. 1-3. *sub haec*, 27, 15, 8. — *suum* ist nicht klar, da der Tribun, der wol die ganze Legion commandirte, s. c. 5, 8, keinen besonderen Fahnenträger hat, sondern jeder Manipel den seinen, *suus* auch schwerlich bedeuten kann: den ihm werthen, von ihm geschätzten, vgl. 38, 43, 13; 6, 17, 3; vgl. 27, 14, 8: *Flavus tribunus mil. signo arrepto primi hastati manipulum eius se-qui se iussit*; viell. hat der Gewährsmann L.'s an den Fahnenträger der Legion in späterer Zeit, s. 26, 48, 12, gedacht, der aber zunächst unmittelbar unter dem primipilus stand, s. Tac. H. 3, 22; Val. Max. 1, 6, 11; Marq. 3, 2, 264. — *si unum* ist wahrscheinlich nicht richtig, man erwartet *si modo* oder *si intuentes*; Gron. verm. *ille unum, si se*; Andere *signum si*. — *celerius*, als wenn er nur die Fahne vorantrüge; das Object von *facturum quo cel.* ist nicht das *signum inferre*, sondern der in dieser Aufforderung liegende Befehl in das Lager einzurücken; doch ist viell. *id* vor *fieret* einzusetzen. — *conisusq.*, und sofort usw., vgl. 36, 28, 6; 7, 16, 5. Die ganze Scene erscheint an u. St. als eine blosse Ausschmückung, s. 34, 46, 12: *rem in asperis proeliis* (auch bei Bestürmungen, s. 25, 14, 7) *saepe tentatam, signa adempta signiferis in hostis iecerunt*, vgl. 3, 70, 10; 6, 8, 3 u. a.; im vorliegenden Falle ist kein Kampf zu erwarten, kein Feind zu sehen, das Thor steht offen; er hätte auch mit der Fahne eintreten können: *primus - intravit*, vgl. 40, 40, 6 ff.; anders würde es sich verhalten, wenn die Stelle aus Ennius bei Macrobius 6, 3, 3 hierher gehörte, die einen heftigen Kampf voraussetzt; doch ist zu bezweifeln, dass dort die Einnahme des histrischen Lagers gemeint ist. — *parte al.*, s. 40, 8, 12; 24, 14, 1; 37, 18, 5. — *et cons.*, c. 3, 8.
4-8. *vino usi*, eine Verbesserung Heerwagens statt *vinosi*, was = *vini cupidi* an u. St. nicht passt. — *fuerant*: vor dem Anrücken der Feinde; über die beiden Plusquamprff. s. 40, 5, 10. — *contin. est*, s. 2, 54, 2: *paci continuatur discordia*, vgl. 1, 44, 4. — *aegri* etc., vgl. 10, 20, 12. — *Sab. - erat*, vgl. 3, 65, 4 u. a. — *longe plur.*, vgl. 29, 28, 8; 8, 13, 16: *firmissimum longe*. — *rex*, s.

8 suis in equum inpositus fugit. ex victoribus ducenti triginta septem milites perierunt, plures in matutina fuga quam in recipiendis castris.

5 Forte ita evenit, ut Cn. et L. Gavillii Novelli, Aquileienses, cum commeatu venientes, ignari prope in capta castra ab 2 Histris inciderent. ii cum Aquileiam relictis inpedimentis refugissent, omnia terrore ac tumultu non Aquileiae modo, sed Ro- 3 mae quoque post paucos dies impleverunt; quo non capta tantum castra ab hostibus nec fuga, quae vera erant, sed perditas 4 res deletumque exercitum omnem adlatum est. itaque quod in tumultu fieri solet, dilectus extra ordinem non in urbe tantum, sed tota Italia indicti. duae legiones civium Romanorum conscriptae et decem milia peditum cum equitibus quingentis sociis 5 nominis Latini imperata. M. Iunius consul transire in Galliam et ab civitatibus provinciae eius quantum quaeque posset militum 6 exigere iussus. simul decretum, ut Ti. Claudius praetor militibus legionis quartae et sociûm Latini nominis quinque milibus, equitum ducentis quinquaginta Pisas ut convenirent ediceret eam-

---

c. 11, 1: *regulus ipse Aepulo*, vgl. 37, 25, 9; Flor. l. l.: *ipse rex Aepulo equo impositus, cum subinde crapula et capitis errore lapsaret* etc.
5. 1–3. *Gavill.*, auf Inschriften *Gavilius, Gavilia*, s. Inscrptt. n. 1321 –24. — *Novelli* nach Nieb. R. G. 2, 293 Zuname der Gavillier; Gron. betrachtet es als Adjectiv und zieht es zu *Aquileiens.*: Mitglieder der neuen Colonie Aq., vgl. 40, 34, 2; 2, 39, 3: *novella-oppida*, wo jedoch die Bedeutung: neu, vor Kurzem genommen näher liegt. — *ignari*, das Object ergiebt sich aus dem Zusammenhange, vgl. 40, 57, 1. — *inpedim.*, auf denen sie Zufuhr gebracht hatten. — *Romae*, dass sie selbst nach R. geeilt seien anzunehmen ist nicht nöthig; von Aquileia aus verbreitete sich das Gerücht schnell dahin (*adlatum est*); sie aber waren die Veranlassung dazu. — *nec fuga*, dass das Heer geflohen sei; *deserta* zuzusetzen scheint nicht nöthig, da die Steigerung *deletumq. exerc.* eher auch

die Flucht des Heeres als das Verlassen des Lagers erwarten lässt, vgl. 22, 54, 7. Zu *nec* kann wieder *solum* gedacht werden, 39, 41, 2, vgl. 42, 29, 1; nicht *nec-sed* wie 35, 22, 9. — *vera*, Beides, vgl. 7, 15, 3.

4–8. *tumultu*, s. 40, 26, 6; 32, 26, 11. — *extra ord.*, nicht in der gewöhnlichen Weise und Zeit, eine *extraordinaria coniuratio*, Marq. 3, 2, 293. — *sed tota*, s. 39, 14, 7, es ist auch an die ausser der Stadt wohnenden Bürger, aber zunächst an die socii zu denken; nach dem Folg. wird jedoch kein bedeutendes Heer aufgestellt. — *civ. Rom.*, 40, 18, 6. — *decem m.*, vgl. 40, 36, 6. — *Iunius*, er hatte nach § 9 Ligurien zur Provinz. — *quant. quaeq.*, s. 34, 56, 6; 29, 37, 7; aus *exigere* kann zu *posset* etwa *dare* gedacht werden; auch die c. 1, 8 erwähnten Truppen sind wol hier ausgehoben. — *Claud.* ist praeter peregrinus. — *Pisas*, c. 10, 11; 40, 26, 6, gewöhnlicher ist *diem ad conveniendum edi-*

que provinciam, dum consul inde abesset, tutaretur, M. Titinius 7
praetor legionem primam, parem numerum sociorum peditum
equitumque, Ariminum convenire iuberet. Nero paludatus Pisas 8
in provinciam est profectus; Titinius C. Cassio tribuno militum
Ariminum, qui praeesset legioni, misso dilectum Romae habuit.
M. Iunius consul ex Liguribus in provinciam Galliam transgressus, 9
auxiliis protinus per civitates Galliae militibusque coloniis im-
peratis, Aquileiam pervenit. ibi certior factus exercitum incolumem 10
esse, scriptis litteris Romam, ne tumultuarentur, ipse remissis
auxiliis, quae Gallis imperaverat, ad collegam est profectus.
Romae magna ex necopinato laetitia fuit; dilectus omissus est, 11
exauctorati, qui sacramento dixerant, et exercitus, qui Arimini
pestilentia adfectus erat, domum dimissus. Histri magnis copiis 12
cum castra haud procul consulis castris haberent, postquam
alterum consulem cum exercitu novo advenisse audierunt, passim
in civitates dilapsi sunt. consules Aquileiam in hiberna legiones
reduxerunt.

Sedato tandem Histrico tumultu sanatus consultum factum 6
est, ut consules inter se compararent, uter eorum ad comitia
habenda Romam rediret. cum absentem Manlium tribuni plebis 2
Licinius Nerva et C. Papirius Turdus in contionibus lacerarent

cere, s. zu 22, 11, 3. Es wird hier
die 1. u. 4. Legion erwähnt, übereinstimmend mit c. 3, 5; doch sollte
man diese Legionen unter dem
Commando des Iunius erwarten,
dessen Heer nicht angegeben ist. —
Titinius ist nach c. 6, 4 praetor urbanus. — *parem* wie § 6. — *trib.
mil.*, s. 40, 41, 8; er commandirt
die Legion als Legat des Prätors,
der als praetor urb. nicht selbst
das Commando übernimmt, s. zu 22,
57, 8; 7, 25, 12; 32, 26, 8. — *dilect.* etc., 39, 20, 4.

9—12. *protinus*, s. 40, 26, 6. —
civitat., die gallischen Staaten, welche man hat bestehen lassen, s.
Mommsen 1, 662. — *milit.*, als *socii*, im Gegensatze zu den *auxilia*.
— *colon.*, Placentia, Cremona, Man-
tua usw. — *ex necop.*, s. 4, 27, 8:
ex inopinato; Cic. N. D. 2, 48, 123.
— *exauct.*, 40, 40, 15. — *sacram.
dix.*, 40, 26, 7. — *et ex.*, 29, 4, 6. —
qui Arim. etc., der Gedanke ist kurz

ausgedrückt: das Heer, welches zu
Ar. stand, litt an der daselbst herr-
schenden Krankheit; die Verbindung
exercitus Arimini scheint gemieden
zu sein, s. 23, 32, 1; 36, 15, 1. —
magnis cop., concessiv zu nehmen
und deshalb viell. durch die ungewöhnliche Stellung hervorgehoben.

6. Verhandlungen in Rom. Polyb. 26, 7.

1—3. *uter* etc., 39, 32, 5. — *Licinius*, in der Hs. scheint *A*. davor
sich nicht gefunden zu haben, und
da L. auch sonst wenn er zwei
Männer nennt bisweilen nur den
Vornamen des einen setzt, s. c. 15,
4; 40, 16, 10; 4, 17, 10; 22, 40, 6;
ib. 39, 17; 26, 5, 8 u. a., in dieser
Zeit aber ein *A*. und ein oder
mehrere *C. Licinius Nerva* erwähnt werden, s. 42, 35, 7; 44,
18, 1; 45, 3, 1; ib. 16, 3; 26, 2, so
ist es bedenklich an u. St. *A*. zuzusetzen. — *lacerar.*, 43, 4, 6, zu 34,
41, 5; wahrscheinlich hat Cato bei

224 LIBER XXXXI. CAP. 6. a. u. 576.

rogationemque promulgarent, ne Manlius post idus Martias — prorogatae namque consulibus iam in annum provinciae erant — imperium retineret, uti causam extemplo dicere, cum abisset 3 magistratu, posset, huic rogationi Q. Aelius collega intercessit magnisque contentionibus obtinuit, ne perferretur.
4 Per eos dies Ti. Sempronius Gracchus et L. Postumius Albinus ex Hispania Romam cum revertissent, senatus iis a M. Titinio praetore datus in aede Bellonae ad disserendas res, quas gessissent, postulandosque honores meritos * ut diis inmortalibus haberetur honos.
5 Eodem tempore et in Sardinia magnum tumultum esse literis T. Aebutii praetoris cognitum est, quas filius eius ad senatum 6 adtulerat. Ilienses adiunctis Balarorum auxiliis pacatam provin-

dieser oder der c. 7 bezeichneten Gelegenheit (c. 10 war weniger Zeit dazu) die Rede de re Histriae militari, s. Paul. Diac. 243, gehalten, vgl. Lange 2, 245. — *prorog.*, da hinzugesetzt wird *in annum*, nicht wie c. 14, 11; 40, 36, 7: *in tempus*, so sieht man nicht, wie der Consul Claudius diese Provinz erhalten oder nehmen kann, s. c. 11, 1. Die Tribunen konnten übrigens Einsprache thun, da das Volk über die Prorogation hätte befragt werden müssen, s. 32, 28, 8, Lange 2, 594; 599; vgl. Sall. I. 73, 7. — *causam dic.*, sich verantworten, angeklagt werden. — *Ael.*, viell. der c. 21, 9 erwähnte, vgl. c. 1, 7.
4. *Gracch.* etc., s. Nitzsch die Gracch. 143f. — *Titin.*, dem Stadtprätor, weil die Consuln abwesend sind. — *disserendas*, bei L. wird sonst *disserere* nicht mit dem Accusativ, sondern mit *de* oder einem Objectsatze verbunden, s. c. 13, 6; 23, 25, 5, und Gron. verm. deshalb *edisserendas*, s. 34, 52, 3; 27, 7, 4, vgl. 22, 54, 8: *edissertando*; doch sagt Cicero N. D. 3, 40, 95: *ea disere*; Sall. C. 5, 9; Tac. Ann. 1, 4 u. a. — *postul. honores, honores* sagt L. sonst nicht von dem verlangten oder gewährten Triumphe, und erwähnt den *honos diis habitus* in der Regel (etwas verschieden ist 33, 22, 5: *ut non magis de triumpho eius quam de honore diis habendo dubitari possit*) vor dem Triumphe, s. 39, 4, 2; 6; 28, 9, 7; 33, 44, 10; ib. 48, 15; 37, 59, 1, vgl. 35, 8, 4: *supplicationem simul triumphumque decernerent*, ib. § 9; schwerlich ist jedoch mit Madvig zu lesen *postulandumque, honos meritus ut - haberetur* und anzunehmen, dass bei *honos diis hab.* zugleich der Triumph gedacht werden könne, da sonst L. wol den Triumph allein verlangen lässt, s. 10, 37, 6; 26, 21, 2; 31, 47, 7; ib. 20, 1; 33, 22, 1; 36, 39, 5; 42, 21, 7; 39, 29, 4, nicht aber den *honos diis habendus* oder die *supplicatio*; verschieden ist der Fall, wenn diese unmittelbar nach einem Siege begehrt oder angeordnet wird, vgl. c. 17, 3; 42, 9, 4; 39, 38, 5; 33, 37 9 u. a.; da auch *meritus* nicht leicht mit *honos* bei der Bitte um den Triumph verbunden wird, so ist wol anzunehmen, dass die Worte umgestellt und lückenhaft sind, vgl. 6, 42, 12: *merito*.
5—7. *Aebutii*, 40, 59, 5 u. zu 39, 55, 8. — *Iliens.*, 40, 34, 13. — *Balaror.*, Strabo 5, 2, 7 p. 225: τέτταρα δ' ἐστὶ τῶν ὀρείων ἔθνη, Πάρατοι, Σοσσινάτοι, Βάλαροι, Ἀ-

ciam invaserant, nec eis invalido exercitu et magna parte pestilentia absumpto resisti poterat. eadem et Sardorum legati nuntiabant orantes, ut urbibus saltem — iam enim agros deploratos esse — opem senatus ferret. haec legatio totumque quod ad Sardiniam pertinebat ad novos magistratus reiectum est.
Aeque miserabilis legatio Lyciorum, qui crudelitatem Rhodiorum, quibus ab L. Cornelio Scipione adtributi erant, querebantur: fuisse se sub dicione Antiochi; eam regiam servitutem conlatam cum praesenti statu praeclaram libertatem visam. non publice tantum se premi imperio, sed singulos iustum pati servitium. ipsos coniuges liberosque vexari, in corpus, in tergum saeviri, famam, quod indignum sit, maculari dehonestarique, et palam res odiosas fieri iuris etiam usurpandi causa, ne pro dubio habeant nihil inter se et argento parata mancipia interesse. motus his senatus litteras Lyciis ad Rhodios dedit, nec Lycios

κώνιτες, vgl. Plin. 3, 7, 85. — *magna p.*, 40, 34, 13, vgl. 37, 18, 5. — *Sardor.*, im Gegensatze zu den Bergvölkern. — *deplor.* stärker als *depopulatos*, 3, 38, 2: deploratur libertas; 26, 12, 4 u. a. — *totumq.* etc. wie *id quod pertinet*; *totum* als Subst., s. Cic. Q. fr. 3, 1, 1: *totum in eo est*; Att. 5, 20, 7.
8–9. *crudel. quer*, 38, 14, 9, vgl. 42, 14, 8. — *adtrib.*, 37, 56, 5: *Lycii Rhodiis dati*; 38, 39, 13: *Rhodiis – Lycia et Caria datae*; an u. St. wird wegen des Folg. der weniger bestimmte Ausdruck: anweisen zum Gebrauche, nicht zum Besitze, s. 40, 51, 2; ib. 46, 16, angewendet: Polyb., welcher 23, 3: προσένειμαν ἐν δωρεᾷ sagt um das Verhältniss der Lykier zu bezeichnen, fügt hinzu, sie wären in der Meinung gewesen, dass sie den Rhodiern als Gleichgestellte übergeben seien, hätten ein Bündniss mit denselben schliessen wollen, wären aber abgewiesen und als Unterthanen behandelt worden. — *sub dicion.*, s. 42, 5, 3; 38, 38, 10 u. a. — *eam reg. s.*, vgl. zur Situation 29, 17, 8 ff. — *publice* nach Duker st. des hd. *publico*, weil *singulos* folgt; häufiger stehen sich *publice*

v. *privatim* gegenüber, 22, 22, 13. — *iustum*, vollständig, wie *iustum proelium*, *iusti milites*, 24, 14, 4 u. ä., s. 42, 8, 6.
10. *ipsos*, d. lls. hat *iustos*, weshalb Audern *iuxta se*, s. 24, 37, 4; 9, 13, 9 u. a., lesen, vgl. 43, 7, 11: *inter se coniuges liberosque suos*; 29, 17, 20; 21, 13, 9 u. a.; auf *ipsos* würde sich mehr *in corp.*, *in terg.*, *famam* dagegen auf *coniug. liber.* beziehen. — *tergum* etc., 2, 29, 12: *ius de tergo vitaque sua*; ib. 35; 1; 3, 37, 8: *ne tergo quidem abstinebatur*; *virgis caedi*, *alii securi subici*. — *et p.*, s. c. 5, 11; 39, 25, 3. — *iur. et. usurp. c.*: auch (nur) um ihr Recht geltend zu machen, um zu zeigen, dass sie das Recht haben so zu verfahren, c. 23, 14; 8, 4, 10; 3, 71, 7: *cuius agri ius numquam usurpavissent.* — *argento par.*, 27, 51, 10; Sall. I. 31, 11: *servi aere parati*; Pol. 26, 7 nur: τὴν Ῥοδίων βαρύτητα.
11–12. *literas ded.*, Pol. l. l.: καὶ τέλος εἰς τοῦτο ἤγαγον (οἱ Λύκιοι) τὴν σύγκλητον, ὥστε πέμψαι πρεσβευτὰς εἰς τὴν Ῥόδον τοὺς διασαφήσοντας, ὅτι τῶν ὑπομνηματισμῶν ἀναληφθέντων ὧν οἱ δέκα πρέσβεις ἐποιήσαντο κατὰ

Rhodiis nec ullos alii cuiquam, qui nati liberi sint, in servitutem
dari placere; Lycios ita sub Rhodiorum simul imperio et tutela
esse, ut in dicione populi Romani civitates sociae sint.
7   Triumphi deinde ex Hispania duo continui acti. prior Sempronius Gracchus de Celtiberis sociisque eorum, postero die L.
Postumius de Lusitanis aliisque eiusdem regionis Hispanis triumphavit. quadraginta milia pondo argenti Ti. Gracchus transtulit, viginti milia Albinus. militibus denarios quinos vicenos, duplex centurioni, triplex equiti ambo diviserunt, sociis tantumdem quantum
Romanis.
4   Per eosdem forte dies M. Iunius consul ex Histria comitiorum causa Romam venit. eum cum in senatu fatigassent interrogationibus tribuni plebis Papirius et Licinius de iis, quae in
Histria essent acta, in contionem quoque produxerunt. ad quae
cum consul se dies non plus undecim in ea provincia fuisse
responderet, quae se absente acta essent, se quoque, ut illos,
fama comperta habere, exsequebantur deinde quaerentes, quid

τὴν Ἀσίαν — εὔρηνται Λύκιοι δεδομένοι Ῥοδίοις οὐκ ἐν δωρεᾷ (s.
zu § 8), τὸ δὲ πλεῖον ὡς φίλοι καὶ
σύμμαχοι. — alii cuiquam, nicht
alicuiquam, was nicht lateinisch ist,
s. zu Cic. Sest. 29, 63; es war, wie
sonst bisweilen, alii st. alii geschrieben; über die Nebeneinanderstellung von quisquam u. ullus s. 34,
35, 9; 35, 38, 10. — sub imp. et
tut., sie sollen zwar abhängig von
den Rh. sein, aber nur insoweit,
dass sie nicht ihre Sclaven, sondern
ihrem Schutze empfohlen sind, ein
der ἐπιτροπή ähnliches Verhältniss.
— in dic. sociae soll wol nur bedeuten: unter der Oberherrlichkeit
der Römer stehende, und so mit
denselben verbündete Staaten, wie
21, 60, 3: omnem oram – partim
renovandis societatibus – Romanae
dicionis fecit, 22, 20, 11, vgl. ib. 21,
5; in dicione in strengen Sinne
Stehende können als völlig unterworfen und rechtlos nicht zugleich
socii sein, vgl. 9, 20, 8; 32, 33, 8.
Wenn L. den Polyb. hier benutzt
hätte, so müsste er φίλοι καὶ σύμμαχοι in der ob. ang. St. unrichtig
als Bundesgenossen der Römer

(nicht der Rhodier) genommen haben, da Pol. 26, 8 sagt: ἐπὶ τῷ μὴ
φάσκειν (Ῥωμαίους) ἐν δωρεᾷ δεδόσθαι τοὺς Λυκίους αὐτοῖς, ἀλλὰ
κατὰ συμμαχίαν; allein wahrscheinlich hat er den Abschnitt wie
das Vorbergeh. u. Folg. einem Annalisten entlehnt, der die Verhandlungen ein Jahr zu früh angesetzt,
Pol. c. 7: μετὰ τῶν ὑπάτων Τιβερίου καὶ Κλαυδίου – ἡ σύγκλητος ἐχρημάτισε τοῖς παρὰ τῶν
Λυκίων ἥκουσι πρεσβευταῖς, die
Ursache der Verstimmung des Senates über die Rhodier, s. 42, 12, 3,
so wie den Zweck der Anordnung,
Beides von Pol. erwähnt, übergegen, und einen schriftlichen Erlass,
statt wie Pol. eine Gesandtschaft,
angenommen hat, Nissen 240.
7. Triumphe; Verhandlungen
über den Krieg in Histrien.
2–3. postero, zu 28, 9, 11. — de
Lusit., 40, 50, 6. — tantumdem,
wie 40, 43, 7, wol schon mit Beziehung auf das c. 13, 8 Berichtete.
5–8. producer., 27, 7, 4; Cic.
Sest. 14, 33. — fama etc., obgleich
er mit dem Heere des Manlius in
Histrien zusammengetroffen ist, s.

ita non potius A. Manlius Romam venisset, ut rationem redderet populo Romano, cur ex Gallia provincia, quam sortitus esset, in Histriam transisset; quando id bellum senatus decrevisset, 8 quando [id bellum] populus Romanus iussisset. at hercule privato quidem consilio bellum susceptum esse, sed gestum prudenter fortiterque. immo utrum susceptum sit nequius an inconsultius 9 gestum, dici non posse. stationes duas necopinantes ab Histris oppressas, castra Romana capta, quod peditum, quod equitum in castris fuerit *caesum*; ceteros inermes fusosque, ante omnes 10 consulem ipsum, ad mare ac naves fugisse. privatum rationem redditurum earum rerum esse, quoniam consul noluisset.

Comitia deinde habita. consules creati C. Claudius Pulcher 8 Ti. Sempronius Gracchus. et postero die praetores facti P. Aelius Tubero iterum C. Quinctius Flamininus C. Numisius L. Mummius Cn. Cornelius Scipio C. Valerius Laevinus. Tuberoni 2

c. 5, 12, will er doch keine genauere Kenntniss von den Vorgängen haben. — *exseq.* - *quaerentes*, sonst mehr das Gerundium *quaerendo* 6, 14, 13; *inquirendo* 22, 3, 2; *sciscitando* 25, 29, 10; *percunctando* 9, 3, 11 u. a.; bisweilen *persequi quaerendo* 3, 20, 2. — *quid ita*, 39, 36, 9; 42, 26, 5. — *quando - iussiss.* könnte zwar wie 39, 4, 11 genommen werden, indess tritt die Bitterkeit des Redenden noch schärfer hervor, wenn der Schuldige selbst zur Erklärung aufgefordert wird. Die Argumentation ist wie 38, 45, 5; 10. Uebrigens wird ohne einen Beschluss von Seiten des Volks der Krieg fortgeführt, s. c. 8, 3, vgl. zu c. 1, 1. — *id bell. p. R.*, wahrscheinlich ist *id bellum* aus der vorhergeh. Zeile wiederholt.

9-10. *nequius*, selten, von L., wie es scheint, nur hier gebraucht, *nequiter* hat auch Cicero. — *stat. duas*, der Nachdruck liegt auf *duas*. — *quod pedit. - fuerit*, es wird nach der *fama* angenommen, dass ein grosser Theil des Heeres, s. c. 5, 3, nicht blos die Manipel des Licinius, c. 2, 9, niedergehauen seien; deshalb ist auch, wenn man nicht *et eos* st. *ceteros* lesen will, mit Cre-

vier der Ausfall von *caesum* anzunehmen; ein Zeugma wäre sehr hart. — *fusos*, 27, 41, 10: *pecorum modo toto passim se campo fudisse*; 2, 54, 9; Cic. Sest. 42, 91. — *ad mare a. n.*, 22, 19, 7.

8-9. Wahlen, Provinzen, Prodigien, Verhältnisse der Latiner.

1-3. Claud., 40, 37. *Aelius* 30, 40, 5. — *iterum*, 39, 56, 5. *L. Mumm.*, wol der 38, 54, 5 erwähnte, nicht der Zerstörer von Corinth, Lange 2, 300. — *Cn. Corn.*, von einem Cornelius mit diesem Vornamen spricht Valer. Max. 4, 5, 3: *fortuna praetoriis comitiis Africani superioris filium Cn. Scipionem et scribam Cicereium in campum deduxerat*, dann dass Cicereius für ihn damals der Prätur, die er erst 580, s. c. 28, 5, verlangt, entsagt habe, und hält denselben an d. ang. St. und 3, 4, 1 für den, welchen L. 41, 27 erwähnt und Lucius nennt; auf diesen würde auch das passen, was Val. sagt: *ne aut sellam ponere aut ius dicere auderet*, da L. Cornelius nach L. praeter peregrinus ist, während der an u. St. genannte Gallien erlost hat; dass aber zwei Söhne des Africanus übel berüchtigt gewesen seien, wird nicht erwähnt. Es ist

urbana iurisdictio, Quinctio peregrina evenit, Numisio Sicilia, Mummio Sardinia; sed ea propter belli magnitudinem provincia
3 consularis facta. Gracchus eam sortitur, Histriam Claudius. Scipio et Laevinus Galliam in duas divisam provincias sortiti
4 sunt. idibus Martiis, quo die Sempronius Claudiusque consulatum inierunt, mentio tantum de provinciis Sardinia Histriaque et utriusque hostibus fuit, qui in his provinciis bellum conci-
5 vissent. postero die legati Sardorum, qui ad novos magistratus dilati erant, *et* L. Minucius Thermus, qui legatus Manlii consulis in Histria fuerat, in senatum venit. ab his edoctus est senatus, quantum belli eae provinciae haberent.
6 Moverunt senatum et legationes socium nominis Latini, quae

daher wahrscheinlich, dass Valer. 4, 5, 3, wie oft, im Vornamen geirrt und von den bei L. c. 21, 1 u. 27 genannten (ein anderer ist 40, 44 erwähnt) gesprochen habe, vgl. Mommsen Inscriptt. p. 13, 12. — *C. Valer.* müsste ein gleichnamiger Verwandter oder Bruder des c. 17, 6 erwähnten sein, vgl. 31, 50, 4; es wird *P. Valer.* verm. Die Prätoren in Spanien bleiben. — *consular. pr.*, d. h. es wurde ein Consul dahin geschickt wie 33, 43, 5, später hat *provincia consularis* eine andere Bedeutung, s. Marq. 3, 1, 276 ff. Die Vertauschung von Provinzen, obgleich sie durch das Los bestimmt sind, findet auch 35, 20, 9 statt. — *Gracch. - Claud.* ist hier sehr auffallend, da bei der Erwähnung der Senatssitzung des folg. Tages c. 9, 1; 8 dasselbe erzählt wird. Doch scheint das nachfolgende beschränkende *mentio tantum* etc., § 4, eher dafür zu sprechen, dass L. selbst die Bemerkung an das erwähnte *Sardinia* angeknüpft und über der Verbandlung über die Latiner ausser Acht gelassen habe, als dass sie als Glossem zu betrachten sei. An der Wiederholung *sortitur - sort. sunt; ea - eam* ist wenigstens ebenso wenig Anstoss zu nehmen als an vielem Aehnlichen, s. § 5: *senatus - senatum*, vgl. 40, 19, 7 f.; 33, 27, 5 u. a. — *Gall. - divis.*, s. 32, 1, 6; 38, 42, 5.

4-5. *mentio tant.*, die Sache kam nur zur Sprache, es wurde kein Beschluss gefasst, nur darauf bezieht sich *tantum*, nicht als ob nichts weiter in der Senatssitzung, die nicht besonders bezeichnet ist, vorgekommen wäre, s. 22, 9, 7; 32, 28, 1; über *mentionem facere* 30, 21, 6. — *utriusq. - conciv.* sind ungewöhnlich ausgedrückt, und der Relativsatz nach *hostibus* tautologisch, Crevier tilgt deshalb denselben; doch ist mehr der Ausdruck *utriusque hostibus* auffallend und viell. nicht richtig oder nach Drakenb. *utriusque* zu entfernen, vgl. 42, 5, 10. — *conciv.*, 29, 1, 19. — *dilati*, 39, 32, 8; Tac. Ann. 3, 52: *negotium ad principem distulerant*. Im Folg. wäre das Fehlen von *et* sehr hart. — *venit* auf das letzte Subject bezogen, s. c. 12, 7; 3, 30, 1: *iidem tribuni, eadem lex faciebat*, vgl. c. 18, 16. Dass die Gesandten eingeführt werden, ist selbstverständlich.

6-7. *socium nom. Lat.*, dass hier, wie 39, 3, 4: *ex Latio* nur von den latin. Bundesgenossen, nicht von allen italischen, s. 40, 19, 6, die Rede sei, zeigt der Umstand, dass die Samniter u. Päligner von den *sociis nom. Lat.* getrennt werden, ferner dass diese darüber klagen, dass ihre Leute nach Fregellae auswandern, wahrscheinlich, weil sie selbst nicht das den Latinern

et censores et priores consules fatigaverant, tandem in senatum introductae. summa querellarum erat, cives suos Romae censos 7 plerosque Romam commigrasse; quod si permittatur, perpaucis lustris futurum, ut deserta oppida, deserti agri nullum militem dare possent. Fregellas quoque milia quattuor familiarum trans- 8 isse ab se Samnites Paelignique querebantur, neque eo minus aut hos aut illos in dilectu militum dare. genera autem fraudis 9 duo mutandae viritim civitatis inducta erant. lex sociis [ac] no-

zustehende Recht haben nach Rom selbst auszuwandern, wenigstens lässt sich nicht nachweisen, dass beiden Völkern damals das ius Latii verliehen gewesen sei, s. Vell. 1, 14, 3; Schmidt Krit. Bemerk. zu Liv. 41, 8, S. 8; auch 42, 10, 3 ist nicht nothwendig auf ital. Bundesgenossen zu beziehen, s. Kiene 117ff., Voigt das ius naturale 2, 202f.; die Benennung *socii* neben dem bestimmteren Ausdruck kann bei der Wiederholung des Begriffes nicht auffallen; dass aber die Latiner gewisse Vorrechte hatten, zeigt 25, 3, 16, vgl. 26, 15, 3; s. Mommsen 1, 776ff.; Huschke Serv. Tull. 529f.; Lange 2, 235; 609. Der Grund der Auswanderung war die schlechtere Lage der Latiner und socii nach der Beendigung des punischen und der folg. Kriege, s. 42, 1. — *censor.*, weil sie im Census die Latiner aufnahmen; *consul.*, um die Sache an den Senat zu bringen. — *deserta* etc., wie 39, 3.

8. *Fregellas*, eine lat. Colonie, 8, 22; Lange 2, 112; wenn die Uebersiedelnden die Absicht hatten von da als Latiner später nach Rom zu gehen, so würde noch deutlicher sein, dass die § 6 genannten *socii* nicht Italiker sein können. — *quoque* scheint anzudeuten, dass ein neuer Punkt erwähnt werden soll: wie die Latiner nach Rom, so wären von ihnen usw.; wenn der Gedanke statt: auch aus ihren Staaten wären Viele ausgewandert, näml. nach Fregellae, so kurz ausgedrückt werden sollte, wie es geschehen ist, so hätte *quo-* que auch bei *ab se* oder bei *Samnit. Paelign.* nicht ohne Zweideutigkeit stehen können. Schwerlich ist zu erklären: die Ihrigen wanderten nach Rom aber auch nach Fregellae aus, da man nicht sähe, warum die Samniten, wenn sie gleiches Recht mit den Latinern hätten, einen Staat hätten aufsuchen sollen, der nicht besser als sie gestellt war, vgl. 26, 15, 3. — *familiar.*, an solche ist auch § 7 bei *cives* zu denken. — *quereb.*, die Klage scheint eine besondere, die Gesandtschaft zufällig mit der lat. zusammengetroffen zu sein. — *hos – illos* kann nicht wohl auf die so eben als eng verbunden bezeichneten Samniter u. Pälign. bezogen werden, so dass *hos – illos* als vom Standpunkte L.'s aus gesagt betrachtet würde; ebenso hart würde *hos* auf *Samnit. Paelign., illos* auf *Fregellani* bezogen, überdiess unrichtig sein, da die letzteren in Folge der Vermehrung der Einwohnerzahl nicht weniger, sondern mehr geben müssten; nach dem Zusammenhange erwartet man nur *neque eo aut se minus aut illos plus – dare*; Gron. verm.: *aut minus hos aut plus illos* etc. — *dilectu* st. *dilectum*, was nicht passend wäre, nach Duker.

8. *viritim*, von Einzelnen im Gegensatze zu ganzen Staaten, die ihr Bürgerrecht mit dem römischen vertauschen. — *lex – dabat*, L. betrachtet das Gesetz als ein bestehendes, und wahrscheinlich gründete es sich auf den alten Bundesvertrag mit Latium und war nach der Auflösung

minis Latini, qui stirpem ex sese domi relinquerent, dabat, ut
cives Romani fierent. ea lege male utendo alii sociis, alii populo
10 Romano iniuriam faciebant. nam et ne stirpem domi relinquerent, liberos suos quibusquibus Romanis in eam condicionem, ut

desselben in Kraft geblieben oder
bald nach derselben gegeben, s.
Lange 2, 111; 205; 238; 542; wenigstens folgt daraus, dass es L. 39,
3 nicht erwähnt, noch nicht, dass es
erst nach 567 a. u. erlassen sei, da
er dort nur den Andrang der Latiner nach Rom, nicht die Ursache
desselben angegeben hat und überhaupt in solchen Dingen von seinen
Quellen abhängt; noch unwahr-
scheinlicher ist, dass damals ein Gesetz erlassen worden sei um den
Eintritt in das röm. Bürgerrecht zu
erleichtern, da dieser vielmehr er-
schwert wurde, s. Voigt a. a. O.
204 f.; ebenso wenig lässt sich nachweisen, dass es ein blosses Aus-
nahmsgesetz gewesen sei um die in
demselben bezeichneten Latiner
leichter ausweisen zu können, Marq.
3, 1, 43 f. — *soc.* [*ac*] *nom. Lat.* wäre
ganz ungewöhnlich ausgedrückt;
Huschke a. a. O. ergänzt *hominibus*
zu *nominis Lat.*, was aber sonst
hinzugefügt wird, s. Sall. I. 40, 2:
per homines nominis Lat., anderer
Art ist c. 9, 9, wo *qui* wie in der lex
agr. (Thoria) Inscptt. p. 80, XXI
vorausgeht oder im SC. de Bacch.
6: *ne quis – ceivis Romanus neve
nominus Latini;* L. selbst braucht
die Formel in dieser Weise sonst
eben so wenig als *socii ab* oder *e
nomine L.*, s. 22, 38, 1; 40, 36, 9,
sehr oft über die 22, 50, 6 angegebenen Verbindungen; daher ist *ac*
an u. St. wol zu entfernen. — *stirpem*, männliche Nachkommen als
Stammhalter, so dass die Zahl der
Familien sich nicht verringerte. —
ex sese, leibliche, nicht Adoptiv-
söhne, Sall. l. 5, 7. — *dabat* ge-
stattete. — *civitas*, es ist die *civitas
optimo iure*, nicht die *sine suffragio*,
welche sie suchen. — *fierent*, durch

den Census. — *sociis*, s. § 6.
10–11. *nam et* entspricht im
Folg. *et quibus*, jenes erklärt, wie
sie den Bundesgenossen Unrecht
thaten. — *quibusquib.*, die ungewöhnliche Form, vgl. zu 27, 28, 2;
42, 57, 12: *ubiubi*, kann L. aus seiner Quelle beibehalten haben, s.
Cic. Att. 16, 8, 1 *quiqui*, sonst läge,
da der Plural von *quisquis* sich
ausserdem nicht leicht findet, *qui-
busvis* nahe, auch *quibusquibus* bedeutet: irgend einem, wer es auch
sei; dass es Libertinen, die Latiner
nur verarmte Leute gewesen seien,
liegt nicht darin, Lange 2, 238, es
kam nur darauf an, dass sich ein
röm. Bürger fand, der sich zu dem
Geschäfte hergeben wollte. — *in
eam cond.*: auf – hin, 29, 12, 14:
in eas condiciones, vgl. 21, 43, 7;
27, 27, 3. Der Latiner giebt seinen
Sohn nach dem ius commercii der
Latiner mit Rom an einen röm. Bürger in die *causa mancipii*, aber mit
einem Nebenvertrag (*pactum fiduciae*) dass der Römer denselben,
wenn es der mancipio dans fordere,
manumittire. Dieser Scheinkauf
wird geschlossen, so lange der Latiner noch in seinem Staate ist,
denn hätte er denselben geschlossen,
nachdem er bereits röm. Bürger geworden war, so wäre es nicht mehr
imago iuris gewesen; er hätte
überhaupt den Kauf als civis Rom.
nicht in dieser Art abschliessen
können, da er dann den Sohn, der
in der lat. Stadt zurückblieb, wie
es das Gesetz forderte, als einen
civis Latinus, als *peregrinus*, Bürger eines anderen Staates nicht
mehr in seiner Gewalt (*in manu*)
gehabt hätte, ihn also auch nicht
hätte mancipio dare können. Sollte
dieser nach der Freilassung auch

manumitterentur, mancipio dabant, libertinique cives essent; et quibus stirpes deesset, quam relinquerent, ut cives Romani fierent, * * postea his quoque imaginibus iuris spretis, pro- 11 miscue sine lege, sine stirpe in civitatem Romanam per migrationem et censum transibant. haec ne postea fierent, petebant 12 legati, et ut redire in civitates iuberent socios; deinde, ut lege caverent, ne quis quem civitatis mutandae causa suum faceret

röm. Bürger werden, so musste ein römischer Bürger dazwischen treten, der denselben kaufte und dann frei liess, so dass er *libertinus civis* wurde; dass der Sohn dem Römer sogleich folgte, war nicht nothwendig, der Vater konnte ihn, so lange er in dem lat. Staate blieb, bei sich behalten. Vor wem und nach welchem Rechte, ob dem *ius civile Rom.* oder dem des lat. Staates der Handel geschlossen wurde, ist nicht zu erkennen, s. Voigt 207. — *libertiniq.*, daraus folgt nicht, dass auch der Manumittirende ein Libertine gewesen sei. — *et quibus* etc., die zweite Art des Betrugs, wodurch das *ex sese* umgangen wird. Da es vorher *alii — alii* heisst, und mit *postea* ein neues Moment eingeführt wird, so scheint L. in diesem Satze die bezeichnen zu wollen, welche durch den Betrug dem röm. Volke Unrecht thaten, weshalb Huschke annimmt, die Römer hätten nur die Einwanderung von Familienvätern mit ihren Familien gewünscht, nicht die von *caelibes*; durch die Anhäufung solcher caelibes in Rom wäre dem röm. Volke Unrecht geschehen. Doch ist zu bezweifeln, dass das Gesetz diesen speciellen Punkt in Rücksicht auf Rom bezweckt habe, da es zunächst die *socii* schützen sollte, denen durch diese *imago iuris* Schaden zugefügt, eine andere Familie ihrer stirps beraubt wurde. Ausserdem ist die Stelle lückenhaft, so dass L.'s Ansicht nicht sicher erkannt werden kann. — *stirpes* wäre eine Nebenform von *stirps*, s. 1, 1, 11, wie *aedes*, con-*valles* u. a., doch ist auch eine Verschreibung möglich. — *ut cives fierent — postea*, die Lücke wird von Voigt *civ. fierent, adoptabant*; von Schmidt *relinquerent, ut reliquiae viderentur filio adoptato, cives R. fiebant* etc., von Andern anders ergänzt; Huschke verm. *ut caelibes* (od. *caelibes cives*) *Romani f.*, vgl. zur Sache Tac. Ann. 15, 19. — *imag. iur.*, Trugbilder, Vorspiegelungen eines rechtlichen Verfahrens, § 9: *genera fraudis*. — *promiscue*, ohne Unterschied, im Folg. näher bestimmt. — *sine lege*, ohne dasselbe zu beachten. — *per mig. et cens.* gehört zusammen: blosse Uebersiedlung und Aufnahme durch den Consul.

12. *haec*, Alles, was bisher als unrecht erwähnt ist; die zweite Forderung ist *et ut redire — socios*, die dritte *deinde ut* etc. — *civit. mut.*, um ihn zum Bürger eines anderen Staates zu machen, vgl. 23, 20, 2: *non mutarunt (civitatem).* — *suum faceret* ist wol auf die Adoption, *neve alienar.* auf die Mancipation zu beziehen, wenigstens führt darauf das folg. *ita*, da so, wenn man nach Andern *suum facere* auf die Mancipation, *alienare* auf die Freilassung durch die Käufer oder auf den Scheinverkauf beziehen wollte, die Erschleichung des röm. Bürgerrechtes durch Adoption nicht berührt oder die bereits erfolgte anerkannt werden würde; für die Zukunft konnten jedoch die Latiner selbst diese Art des Betruges abstellen, s. c. 9, 11. Auf § 11 *postea — transibant* scheint *ita* etc. keine

neve alienaret, et si quis ita civis Romanus factus esset, *civis
ne esset.* haec impetrata ab senatu.
9   Provinciae deinde, quae in bello erant, Sardinia atque
2 Histria decretae. in Sardiniam duae legiones scribi iussae, quina
milia in singulas et duceni pedites, treceni equites, et duodecim
milia peditum sociorum ac Latini nominis et sescenti equites et
3 decem quinqueremes naves, si deducere ex navalibus vellet. tantumdem peditum equitumque in Histriam, quantum in Sardiniam,
decretum. et legionem unam cum equitibus trecentis et quinque
milia peditum sociorum et ducentos quinquaginta mittere equites
4 in Hispaniam consules ad M. Titinium iussi. priusquam consules provincias sortirentur, prodigia nuntiata sunt: lapidem in
5 agro Crustumino in lucum Martis de caelo cecidisse, puerum
trunci corporis in agro Romano natum et quadrupedem anguem
visum, et Capuae multa in foro aedificia de caelo tacta, et Pu-
6 teolis duas naves fulminis ictu concrematas esse. inter haec,
quae nuntiabantur, lupus etiam Romae interdiu agitatus, cum
Collina porta intrasset, per Esquilinam magno consectantium
7 tumultu evasit. eorum prodigiorum causa consules maiores
hostias inmolarunt et diem unum circa omnia pulvinaria suppli-
8 catio fuit. sacrificiis rite perfectis provincias sortiti sunt; Claudio
Histria, Sempronio Sardinia obvenit.
9   Legem dein de sociis C. Claudius tulit *ex* senatus consulto

Rücksicht zu nehmen, s. Rudorff
Rechtsgesch. 1, 29; Voigt 206.
Statt *civis ne esset* wird auch *id ratum ne esset* ergänzt.
9. 1-3. *Sardinia* etc., s. c. 8, 2; 4;
wenn L. die an d. ang. St. gemachte
Bemerkung, wie es scheint, aus dem
Auge verloren hat, würde nach Perizonius passend *consulibus* vor
decretae eingesetzt. — *si deduc.* -
vellet, man erwartet nur *deduceret*
oder *deduci iuberet*, ohne *si.* —
trecentis, die gewöhnliche Zahl der
mit einer Legion verbundenen Reiter, vgl. 40, 36, 6: *cum suo equitatu*; 8, 8, 14. — *quinq. - ducent.*,
wenn die Zahl richtig ist, wäre
das Contingent der Bundesgenossen
geringer als das der Römer. — *Titin.*, 40, 59, 5.
4-8. *lucum* nach Cluver st. *lacum*; wahrscheinlich ist der *ager*

Crustuminus in Latium gemeint, s.
1, 11, 4; 2, 64; 5, 37, nicht der
etruscische, Plin. 3, 7, 52. — *agro
R.*, wol in engerem Sinne, 27, 29,
5. — *Collina*, wie 33, 26, 9: *lupus
Esquilina porta ingressus est.* —
sort., s. c. 8, 2.
9. *dein de soc.*, Andere *deinde
sociis*, zu Gunsten usw. — *legem*,
ein Plebiscit, da die Plebs über das
Bürgerrecht verfügt, s. 26, 33, 10;
Lange 2, 239; 579; *qui - redirent*
ist der Inhalt der *lex* sowol als des
Edictes, das letztere gleichsam die
Ausführungsverordnung der ersteren, 39, 18, 7; der Inhalt beider ist
wesentlich dem des Senatsbeschlusses 39, 3 gleich, vgl. 42, 10, 3;
sie enthalten nur eine Bestimmung
für das vorliegende Verhältniss,
nicht für die Zukunft, s. Lange 2,
238f., und entsprechen der zweiten

et edixit, qui socii [ac] nominis Latini ipsi maioresve eorum M.
Claudio T. Quinctio censoribus postve ea apud socios nominis
Latini censi essent, ut omnes in suam quisque civitatem ante
kal. Novembres redirent. quaestio, qui ita non redissent, L. 10
Mummio praetori decreta est. ad legem et edictum consulis senatus consultum adiectum est, ut dictator, consul, interrex, censor, 11
praetor, qui nunc esset *quive postea futurus esset*, apud eorum

Forderung der Latiner c. 8, 12: *ut redire* etc. Es wird diesesmal ein Gesetz erlassen, um der Anordnung grösseren Nachdruck zu geben und das Volk als Vertreter der gehässigen Massregel vorzuschieben. — *ac* liesse sich grammatisch hier vertheidigen, ist aber der Sache wegen wol zu tilgen. — *maioresve eor.*, 39, 3, 5. — *M. Claud.* etc., die Censoren, unter denen das 39, 3 Erzählte geschah; da sie 565 d. St. gewählt waren, s. 37, 58, so konnte im zweiten Jahre ihrer Amtsführung die Massregel getroffen werden; weil damals bereits die Ausweisung erfolgt ist, greift man nicht weiter zurück. — *postve*, nach Mommsen st. *postque*, s. 39, 3, 5; 38, 11, 9; Cic. Verr. 1, 40, 106: *censoribus postve ea*; vgl. leg. agr. 2, 15, 38: *aut postea.* Ueber die Censoren s. Lange 2, 192; 202. — *ante k. Nov.*, bis zu usw., s. 25, 22, 12; 26, 12, 5 u. a. Ein bestimmter Termin war 39, 3 nicht festgesetzt, jetzt geschieht es, weil man erkannt hatte, dass ohne einen solchen Schwierigkeiten entständen.

10—11. *quaestio* wie 39, 3. — *senatusc.*, s. 39, 18, 8; ein Gesetz hielt man nicht für nöthig, weil das Volk durch die § 9 erwähnte lex bereits seinen Willen ausgesprochen hatte, und durch das SC. nur ähnliche Fälle verhütet werden sollen. — *dictator* etc. sind als nominativi absoluti vorangestellt statt: *ut, qui apud eorum quem, qui nunc dictator - esset, manu mitteretur* etc., vgl. 42, 21, 5; schwerlich ist, um ein Prädicat zu gewinnen, *vindica-* *retur, operam daret* oder *in libertatem, inde caveret* zu ändern; Rudorff verm., es sei eine Zeile ausgefallen: *ita u. e. r. p. f. v. s. u. operam daret, ut iusiurandum.* — *dictator*, obgleich in jener Zeit sehr selten ein Dictator ernannt wird, so ist er doch angeführt, um alle Magistrate zu nennen und jeden Unterschleif zu verhüten; ebenso der *interrex*, bei dem wol selten solche Verhandlungen vorkamen. — *censor*, weil bei ihm die Freilassung durch das Eintragen in die Censuslisten (*censu*) erfolgte, Becker 2, 2, 204; Mommsen Stadtr. von Salpensa 434 n. 125; bei den übrigen Magistraten durch Vindication, s. Rudorff. 2, 139. Aehnliche Aufzählungen s. lex Bant. Inscptt. p. 45 l. 15: *dictator consul praetor mag. equitum censor aedilis tribunus pl. quaestor* etc., lex. repet. p. 58, VIII u. a. — *qui nunc* etc., 39, 19, 6; Front. de aquaed. 129; lex Bant. 1, 14 u. a.; über *nunc* in or. obl. s. 42, 52, 8; 2, 54, 5; 3, 40, 12 u. a. Das SC. soll, da schon durch die lex die Verhältnisse für die Gegenwart geordnet sind, eine Bestimmung für die Zukunft, § 11: *in posterum*, treffen, wie auch schon die Anführung des Dictators, da ein Dictator in dem laufenden Jahre nicht existirte, zeigt; es ist also die auf die Zukunft sich beziehende Anordnung ausgefallen, entweder die aufgenommene Ergänzung, s. 39, 19, 6: *quive postea futurus esset*, oder nur *qui fut. esset* nach Mommsen, s. Frontin. l. l., lex Iul. munic. p. 120, 24: *queiquomque post hanc legem*

quem *qui* manu mitteretur, in libertatem vindicaretur, ut ius
iurandum daret, qui eum manu mitteret, civitatis mutandae causa
manu non mittere; in quo id non iuraret, eum manu mittendum
non censuerunt. haec in posterum cauta, iussique edicto C.
Claudi cons. * * * Claudio decreta est.

10   Dum haec Romae geruntur, M. Iunius et A. Manlius, qui
priore anno consules fuerant, cum Aquileiae hibernassent, prin-
2 cipio veris in finis Histrorum exercitum introduxerunt; ubi cum
effuse popularentur, dolor magis et indignatio diripi res suas
cernentes Histros, quam certa spes satis sibi virium adversus
3 duos *esse* exercitus excivit. concursu ex omnibus populis iuven-

rogatam factei createi erunt, weniger wahrscheinlich verm. Schmidt
praetor quicunque esset, apud, vgl.
Cic. Fam. 8, 8, 5: *quicumque deinceps essent. — eorumq.*, 43, 3, 3:
corum si quos; 21, 26, 7. — *qui* od.
nach Mommsen *cum qui* ist ausgefallen. — *manumitt. in lib. vind.*
nach Rudorff. 1, 39 „förmlicher Ausdruck für die Handlung des Manu-
mittirenden und des Assertor", Rein
Privatr. 570; Savigny System 5,
21; ähnliche Ausführlichkeit in dem
Stadtr. v. Salpensa: *qui - servom
suom - ex servitute in libertatem
manumiserit liberum - esse iusse-
rit*, vgl. 2, 5, 10; 3, 44, 8. — *ius
iurand. d.*, der Freilassende, nicht,
wie man früher annahm, der Frei-
zulassende, dem man, da er bei der
Sache interessirt war, den Eid
schwerlich überliess. Auch der folg.
Satz muss auf den Manumissor bezogen werden, wenn man nicht annehmen will, *qui id non iuraret* etc.,
wie früher gelesen wurde, sei ein
ungenauer Zusatz L.'s und deshalb
auch *censuerunt* zugesetzt. Allein
d. Hs. hat *non manumitteren quid
non iuraret*, was Heerwagen passend
in: *in quo id non iuraret* ändert;
Schmidt verm. *qui id non-eum per-
mittendum non c.*; Rudorff *eum manu missurum non c. — consuerunt*
wiederholt *sc. adiectum est* wol nur
der Deutlichkeit wegen und um
einen Abschluss des Satzes zu gewinnen, *s*. SC. de Bacch. 1. 3; 9;

18. Das SC., dessen Inhalt ist, dass
beschworen werden soll, die Freilassung erfolge nicht in der Absicht
den Bürger eines anderen Staates
zu einem römischen zu machen, ändert in einer Beziehung das Privatrecht, s. Lange 2, 380, beschränkt
aber die Freilassung nur in der
einen, angegebenen Beziehung. Dagegen nimmt es auf die zweite Art
des Betrugs c. 8, 10: *et quibus —
fiebant* u. § 12: *neve alienaret* keine
Rücksicht, weil nur bei der Manu-
mission, welche in das röm. Bürgerrecht einführen sollte, römische
Bürger thätig sein mussten, die
Adoption dagegen von latinischen
vollzogen wurde, und daher in den
betreffenden Staaten untersagt werden musste, während die Behörden in Rom nur darauf zu sehen
hatten, dass kein Latiner, der nur
einen Adoptivsohn in seinem Staate
zurückliess, röm. Bürger wurde. —
cauta nach Madvig *st. caussa*. Was
nach *cons.* ausgefallen ist, lässt sich
nicht erkennen; Madvig verm. *iussique ed. C. Cl. consulis socii in
suas civitates redire; de iis, qui non
redissent, quaestio decreta est*, wo
aber das § 9 bereits Gesagte wiederholt und *Claudio*, was in d. Hs.
zu stehen scheint, übergangen ist.
10—11. Verhältnisse in Histrien.
1-5. *Manl.*, c. 6, 2. — *Aquil.*,
c. 5, 12. — *introdux.*, s. 40, 25, 1;
ib. 33, 3. — *effuse pop.*, wie *effuse
fugere* 40, 48, 3 u. ä. — *ex omnib.*

tutis facto repentinus et tumultuarius exercitus acrius primo inpetu
quam perseverantius pugnavit. ad quattuor milia eorum in acie 4
caesa; ceteri omisso bello in civitates passim diffugerunt. inde
legatos primum ad pacem petendam in castra Romana, deinde
obsides imperatos miserunt. haec cum Romae cognita litteris 5
proconsulum essent, C. Claudius consul veritus, ne forte ea res
provinciam *et* exercitum sibi adimeret, non votis nuncupatis, non
paludatis lictoribus, uno omnium certiore facto collega nocte profectus, praeceps in provinciam abiit; ubi inconsultius quam venerat
se gessit. nam cum contione advocata fugam e castris A. Manli 6
adversis auribus militum, quippe qui primi ipsi fugissent, iactasset
et ingessisset probra M. Iunio, quod se dedecoris socium collegae
fecisset, ad extremum utrumque decedere provincia iussit. quod 7
cum illi tum consulis imperio dicto audientes futuros *se* esse dicerent, cum is more maiorum, secundum vota in Capitolio nuncupata,
lictoribus paludatis profectus ab urbe esset, furens ira vocatum, 8
qui pro quaestore Manli erat, catenas poposcit, vinctos se Iunium
Manliumque minitans Romam missurum. ab eo quoque spretum 9
consulis imperium est; et circumfusus exercitus, favens imperatorum causae et consuli infestus, animos ad non parendum
addebat. postremo fatigatus consul et contumeliis singulorum 10
et multitudinis — nam insuper inridebant — ludibriis, nave
eadem, qua venerat, Aquileiam rediit. inde collegae scripsit, ut 11
militum novorum ei parti, quae scripta in Histriam provinciam
esset, ediceret, Aquileiam ut conveniret, ne quid se Romae teneret,
quo minus votis nuncupatis paludatus ab urbe exiret. haec a 12

part. ist eng mit *concursu* zu verbinden, daher *iuventutis*, wie § 6
fuga - Manli. — repent. etc., s. c.
1, 6. — *acrius q. f.*, 39, 1, 3; 30,
15, 8. — *non votis* etc., s. 21, 63,
9; Becker 2, 2, 64; 3, 1, 285. —
paludat. lict., s. § 7; 13; 31, 14, 1;
anders § 11. — *cert. coll. facto*, s.
37, 45, 6; 27, 34, 3.
6-10. *adv. aur.*, 6, 40, 14. —
dedecor. soc., viell. weil er mit ihm
nach Aquileia gezogen war, s. c. 5,
12 und die Schuld desselben ver-
hehlt hatte, c. 7, 6. — *ad extr.*, 36,
28, 1, vgl. zu 40, 42, 10. — *deced.
prov.*, s. 39, 3, 3. — *quod cum*, s. 32,
37, 6; 37, 29, 9 u. a.; doch ist die
Verbindung an u. St. härter, weshalb Gron. *cumque* verm.; Heerwagen verändert *futuros* in *facturos*,
doch ist es bedenklich von der
Formel *dicto audientem esse* abzu-
gehen. — *futur. esse*, die Zusetzung
von *se* wäre nicht durchaus nothwendig, s. 28, 23, 6; 33, 49, 4; 42,
10, 15; 40, 36, 4; vgl. Becker 2, 2,
60; darauf dass ihnen das imperium
verlängert ist, s. c. 6, 2, berufen
sie sich nicht, s. c, 11, 2. — *pro
quaest.*, 30, 33, 2; Inscrptt. 423;
604 u. a.; Marq. 3, 1, 283. — *Manli*,
s. 39, 58, 8; Periocha 37; gewöhnlich steht der Dativ, den Madvig
auch hier verm. — *circumf.*, 8, 32,
12f. — *nave ead.* etc., 35, 39, 1.
11-13. *ei parti*, c. 9, 3. *Aquil.
ut* etc., c. 5, 6. — *ab u. exir.*, s.
25, 22, 11. — *a collega* nach Mad-

collega obsequenter facta, brevisque dies ad conveniendum edicta
est. Claudius prope consecutus est litteras suas. contione adveniens de Manlio et Iunio habita, non ultra triduum moratus
Romae, paludatis lictoribus votisque in Capitolio nuncupatis, in
provinciam aeque ac prius praecipiti celeritate abit. Paucis ante
diebus Iunius Manliusque oppidum Nesattium, quo se principes
Histrorum et regulus ipse Aepulo receperat, summa vi oppugnare
coeperant. eo Claudius duabus legionibus novis adductis, vetere
exercitu cum suis ducibus dimisso, ipse oppidum circumsedit et
vineis oppugnare intendit amnemque praeterfluentem moenia, qui
et inpedimento oppugnantibus erat et aquationem Histris praebebat, multorum dierum opere exceptum novo alveo avertit. ea res
barbaros miraculo terruit abscisae aquae; et ne tum quidem memores pacis, in caedem coniugum ac liberorum versi, etiam ut
spectaculo hostibus tam foedum facinus esset, palam in muris
trucidatos praecipitabant. inter simul conplorationem feminarum
puerorumque, simul nefandam caedem, milites transgressi murum
oppidum intrarunt. cuius capti tumultum ut ex pavido clamore

vig st. des hds. *acollegae*. — *brevis*,
Cic. Verr. 1, 2, 6: *diem perexi-
guam*; Curt. 6, 7, 8: *longior dies*;
Plin. Ep. 8, 5, 3. — *adveniens* steht
bei dem abl. abs. wie sonst *ipse*, s.
39, 49, 3, oder *quisque*, vgl. zu 4, 44,
10; 21, 45, 9. Wahrscheinlich bezog sich auf diese Verhandlung die
Rede Catos Gell. 20, 2: *in oratione
Catonis, quae inscribitur, ne imperium sit veteri, ubi novus venerit*.
   11. 1-5. *Nesattium*, auf diese
Form führt die hds. Lesart *etmat-
tius*, der Geogr. Rav. hat 4, 31 *Ne-
satium*, Ptolem. 3, 1, 27 Νέσακτον,
weshalb Cluver *Nesactium* verm.;
die Stadt lag auf der Südostseite
der Insel. — *Aepulo*, s. c. 4, 7. —
opp. coeperant, die Hs. hat *oppu-
gnant*, was ebenso wenig passend
scheint als *oppugnarant*, da die Belagerung noch fortdauert. — *ducibus*, viell. hat L. c. 9, 2 die Veränderung des Commando in der
Provinz in Rücksicht auf c. 6, 2
nicht berichtet. — *intendit*, s. 36,
44, 3. — *praeterfl.*, vgl. 1, 45, 6.
— *avertit* n. *cursu*, s. 22, 5, 8. —
ea res kann, wenn die Lesart richtig

ist, auf *flum. avertit* sich beziehen;
doch ist der Ausdruck auffallend,
und L. braucht wol oft *miraculo*,
aber viell. nicht mit dem genit. des
part. praet., s. 1, 39, 2; ib. 59, 5:
miraculo novae rei; 2, 10, 5; 5, 46,
3; 22, 17, 5; 25, 9, 14 u. a.; die Hs.
hat *abscisaquae*, und *et* scheint nicht
nothwendig, so dass man *abscisa
aqua ne tum* etc., oder *abscisa spe
ne* erwarten könnte, vgl. 4, 10, 4;
24, 30, 12; über *tum* 22, 11, 1; 26,
31, 1. — *inf. caed.*, s. 31, 17; 28,
22; 23. — *praecipit.*, daraus ist aus
in muris zu denken *de muris*, vgl.
23, 19, 6. — *inter sim. conpl.* etc.,
simul ist, wie oft bei L., statt einer
attributiven Bestimmung mit *com-
pler.* eng verbunden, s. 25, 39, 4;
30, 8, 4: *tumultuosis hinc atque illinc excursionibus invicem nihil —
fecerunt*, 22, 17, 3: *quo repente
discursu*, zu 1, 39, 3; doch tritt vor
einen so bestimmten Begriff nicht
leicht eine Präpos. wie an u. St.,
vgl. jedoch 27, 36, 2; 35, 32, 7.
   6-9. *tumultum ut*, vgl. 42, 63, 10;
25, 25, 11: *tumultum — captae urbis*, zu 25, 31, 9; da die Hs. nur

fugientium accepit rex, traiecit ferro pectus, ne vivus caperetur;
ceteri capti aut occisi. duo deinde oppida, Mutila et Faveria, vi 7
capta et deleta. praeda, ut in gente inopi, spe maior fuit, et 8
omnis militibus concessa est. quinque milia capitum sescenta
triginta duo sub corona venierunt. auctores belli virgis caesi et
securi percussi. Histria tota trium oppidorum excidio et morte 9
regis pacata est, omnesque undique populi obsidibus datis in dicionem venerunt.
    Sub Histrici finem belli apud Ligures concilia de bello haberi 12
coepta. Ti. Claudius proconsul, qui praetor priore anno fuerat,
cum praesidio legionis unius Pisis praeerat. cuius litteris se- 2
natus certior factus, eas ipsas litteras ad C. Claudium — nam
alter consul iam in Sardiniam traiecerat — deferendas censet et
adicit decretum, quoniam Histria provincia confecta esset, si ei 3
videretur, exercitum traduceret in Ligures. simul ex litteris con- 4
sulis, quas de rebus in Histria gestis scripserat, in biduum supplicatio decreta. et *ab* altero consule Ti. Sempronio in Sardinia
prospere res gesta. exercitum in agrum Sardorum Iliensium 5
induxit; Balarorum magna auxilia Iliensibus venerant; cum utraque
gente signis conlatis confligit. fusi fugatique hostes castrisque
exuti, duodecim milia armatorum caesa. postero die arma lecta 6
conici in acervum iussit consul, sacrumque id Vulcano cremavit.

tumuli hat, so verm. Vahlen *capti simul ex - fugientium nuntium accepit*, doch wäre der Ausdruck *nuntium ex aliqua re accipere* ungewöhnlich. — *traiecit*, viell. bezieht sich hierauf der Vers des Ennius bei Varro L. L. 6, 82: *vos Epulo postquam spexit*, Fest. p. 330: *spicit*. — *Mutila et Fav.*, jenes an der Südseite der Halbinsel, die Lage von Faveria ist nicht näher bekannt. — *et omnis*, vgl. 40, 16, 9; 24, 16, 5: *praeda omnis praeterquam hominum captivorum militi concessa est*; 23, 37, 13 u. a.; ebenso ist *omnis* an u. St. zu nehmen, vgl. jedoch 7, 16, 3, zu *et* 6, 13, 6: *praedaque omnis - concessa est*; 7, 37, 17; gewöhnlich wird die Bemerkung asyndetisch angefügt, s. 7, 24, 9; 9, 23, 17; ib. 31, 5; 37, 10; 10, 45, 14; 23, 15, 6; 24, 16, 5, oder *ea* gebraucht, s. 30, 7, 2, wie auch an u. St. verm. wird. — *auctor. b.*, wie sonst bei schon unterworfenen Völkern, s. 29, 3, 4; 9, 24, 15; 10, 1, 3 u. a. — *Hist. tota*, vgl. dagegen Plin. 3, 19, 129 *Tuditanus*, *qui domuit Histros in statua sua ita inscripsit: ab Aquileia ad Tityam flumen* (625 a. u.), Periocha 59; App. Ill. 10; Marq. 3, 1, 47.
    12–13. Krieg in Ligurien, Prodigien, die Colonie Luna.
    1–6. *praet.*, er war praetor peregr. gewesen, s. c. 5, und hat nun das imperium militare beibehalten, s. 32, 1, 6; Lange 1, 539; 568. — *praeer.*, s. zu 25, 15, 9; 42, 58, 6. — *in Sard.*, Polyb. 26, 7: μετὰ τὴν ἀποστολὴν τῶν ὑπάτων Τιβερίου καὶ Κλαυδίου τὴν πρὸς Ἴστρους καὶ Ἀγρίους (?). — *si si vid.*, 36, 1, 5; 40, 36, 11; Lange 2, 363.— *res gesta* gewöhnlich wie vorher *res gestae*, zur Wortstellung zu 31, 21, 3; 32, 31, 2. — *Balar. aux.*, c. 6, 6, vgl. c. 19, 7. — *sacrumq. i. Vulc.*, vgl.

7 victorem exercitum in hiberna sociarum urbium reduxit. et C.
Claudius litteris Ti. Claudi et senatus consulto accepto ex Histria
8 legiones in Ligures transduxit. ad Scultennam flumen in campos
progressi castra habebant hostes. ibi cum his acie dimicatum.
quindecim milia caesa, plus septingenti aut in proelio aut in
castris — nam ea quoque expugnata sunt — capti et signa mi-
9 litaria unum et quinquaginta capta. Ligures, reliquiae caedis, in
montes refugerunt passim, populantique campestris agros con-
10 suli nulla usquam apparuerunt arma. Claudius duarum gentium
uno anno victor, duabus, quod raro alius, in consulatu, pacatis
* * que provinciis Romam revertit.
13   Prodigia eo anno nuntiata, in Crustumino avem sanqualem,
quam vocant, sacrum lapidem rostro cecidisse, bovem in Cam-
2 pania locutam, vaccam aeneam Syracusis ab agresti tauro, qui
3 pecore aberrasset, initam ac semine aspersam. in Crustumino
diem unum in ipso loco supplicatio fuit et in Campania bos alenda

30, 6, 9; Preller Myth. 530. — *soc.
urb.* c. 17, 2; 40, 34, 13.
7–10. *liter. et sen.*, s. 40, 41,
10. — *accepto,* c. 8, 5; 37, 5, 3:
vires - tela - animus deficeret. —
Scult., Strabo 5, 1, 12 p. 218: οἱ
περὶ Μουτίνην τόποι καὶ τὸν
Σκουλτάνναν ποταμόν, sie entspringt auf dem Apennin und fliesst
an Mutina vorbei. — *plus sept.,* s.
24, 41, 10; 37, 44, 2. — *rel. cladis,*
43, 10, 8; 22, 56, 2. — *refuger.
passim,* s. 9, 45, 16: *ut in dilapsis
passim,* Lucret. 5, 822: *animal -
in magnis bacchatur montibus passim;* über die Stellung des Adverb.
s. 34, 55, 4: *supplicarent pariter;*
10, 2, 10; 5, 34, 3; da nach den
verschiedenen Bergen (*montes*) nicht
ein Weg führen konnte, so mussten
die Ligurer sich zerstreuen; Madvig ändert: *refugerunt, passimque
populanti;* ebenso könnte man *populantique passim* vermuthen. —
quod r. al. u. *fecit,* s. Cic. Off. 1,
11, 33 u. a., vielI. ist *raro alias,* s.
3, 69, 1, zu lesen. Nach *pacatis*
kann *confectis* ausgefallen sein.
13. 1–3. *Crustumin.,* c. 9, 4,
hier ohne *agro,* s. 7, 39, 11; 3, 6,
7 u. a. — *sanqual.,* Fest. 317: *san-
qualis avis appellatur, quae in com-
mentariis auguralibus ossifraga
appellatur, quia in Sangi dei tutela
est;* nach Plin. 10, 7, 20 war man
über die Bedeutung des W. ungewiss, Marq. 4, 359. — *sacrum lap.,*
man sieht nicht, ob es der c. 9, 4
erwähnte oder ein als Grenzstein
oder aus einem anderen Grunde ge-
weihter Stein war, s. Apul. Flor. 1,
1, 5. — *cecid.,* von demselben ge-
backt. — *bov. - loc.,* 35, 21, 4; Plin.
8, 45, 183: *est frequens in prodigiis
priscorum bovem locutum, quo nun-
tiato senatum sub divo haberi solitum,* was L. nirgends bemerkt. —
vacc. aen., wie die des Myron, Müller Handb. d. Archäol. d. Kunst, §
122, 2; 433, 2. — *pecore ab.,* L. hat
das W. nur noch 31, 37, 2 und zwar
absolut gebraucht, vielI. ist an u.
St. *a* ausgefallen, wenigstens wird
es sonst in localem Sinne beigesetzt,
anders ist *coniectura aberrare,* Cic.
Att. 14, 22, 1; N. D. 1, 36, 100, vgl.
Phil. 12, 9, 23 zu nehmen. — *in i.
loco,* n. wo der Stein stand, das pro-

publice data Syracusanumque prodigium expiatum editis ab haruspicibus dis, quibus supplicaretur. Pontifex eo anno mortuus est M. Claudius Marcellus, qui 4 consul censorque fuerat. in eius locum suffectus est pontifex filius eius M. Marcellus. et Lunam colonia eodem anno duo milia civium Romanorum sunt deducta. triumviri deduxerunt P. 5 Aelius, *M. Aemilius* Lepidus, Cn. Sicinius; quinquagena et singula iugera et semisses agri in singulos dati sunt. de Liguribus captus ager erat; Etruscorum ante quam Ligurum fuerat.

C. Claudius consul ad urbem venit; cui, cum in senatu de 6 rebus in Histria Liguribusque prospere gestis *disseruisset*, postulanti triumphus est decretus. triumphavit in magistratu de duabus simul gentibus. tulit in eo triumpho denarium trecenta septem 7 milia et victoriatum octoginta quinque milia septingentos duos. militibus in singulos quini deni denari dati, duplex centurioni, triplex equiti. sociis dimidio minus quam civibus datum. itaque 8 taciti, ut iratos esse sentires, secuti sunt currum.

digium geschehen war. — *publ.*, auf Staatskosten. — *Syrac.*, das prodig., obgleich auf fremdem Boden eingetreten, wird also gesühnt, s. 43, 13, 6, zu 21, 62, 6, und die Haruspices darüber befragt.

4—5. *Marc.* 33, 24; 37, 58. — *Lunam*, so, nicht *Lucam*, s. Vell. Pat. 1, 15, da dieses nach Cic. Fam. 13, 13 eine Municipalstadt ist, muss wol statt des hds. *una* gelesen werden, s. zu 40, 43, 1; 45, 13, 10. Zwar liegt Luna von Pisae ziemlich weit entfernt, doch lässt sich nicht bestimmen, wie weit die Marken beider Städte reichten. — *colonia*, Mommsen Inscptt. p. 148; wenn die Lesart richtig ist, muss *duo milia* als Appos. betrachtet werden; doch liegt der Hs. vielleicht näher *Luna colonia* zu lesen, s. 9, 28, 7 u. a., und anzunehmen, dass sich das Prädic. an den nächsten Begriff angeschlossen habe, s. c. 12, 7; Andere ziehen *Lunam coloniam* vor. — *duo mil.*, vgl. 39, 55, 7. — *Aelius*, c. 8, 1. — *M. Aemilius Lep.* nach Kreyssig statt d. hs. *legibus*; die gewöhnliche Lesart *L. Egilius* ist sehr zweifelhaft, da sich Egilier sonst kaum erwähnt finden. — *Sicin*, s. 39, 45, 2. Andere Triumvirn sind 40, 43 genannt. — *quinquag.*, ein bedeutendes Mass, vgl. 40, 34, 2; 37, 57, 8 mit 39, 55, 7; 42, 4, 5 u. a. — *ager*, vgl. 37, 57, 8: *ager captus de Gallis fuerat*; 35, 40, 6: *Bruttiorum maxime fuerat ager*, so ist auch wol an u. St. *is ager* nicht nothwendig; andere Wendungen s. 40, 29, 1; 10, 1, 2; 34, 45, 3 u. a. Uebrigens haben die Ligurer das Land nicht lange besessen.

6—8. *in senat.*, ausserhalb der Stadt. — *in magist.*, 33, 37, 10; 31, 49, 2. — *denar.*, das hds. *denaria* ist nicht richtig, da es nicht wie *sestertia* gebraucht wird, s. Hultsch Metrol. 221. — *victor.*, Plin. 33, 3, 46: *is, qui nunc victoriatus appellatur, lege Clodia percussus est: antea enim hic nummus ex Illyrico advectus mercis loco habebatur*, also ursprünglich eine illyrische Münze (daher in so grosser Zahl aus Histrien gebracht), ¾ Denar gleichgestellt, später ½ Denar, Quinar, Mommsen Gesch. d. röm. Münzw. 389; Hultsch 217. — *dimid. min.*, zum erstenmale, vgl. c. 7, 3, er-

14 Cum is triumphus de Liguribus agebatur, Ligures postquam senserunt non consularem tantum exercitum Romam abductum,
2 sed legionem ab Ti. Claudio Pisis dimissam, soluti metu, clam exercitu indicto, per transversos limites superatis montibus in campos degressi, agrum Mutinensem populati, repentino impetu
3 coloniam ipsam ceperunt. id ubi Romam adlatum est, senatus C. Claudium consulem comitia primo quoque tempore habere iussit creatisque in annum magistratibus in provinciam redire et coloniam ex hostium *manibus* eripere. ita, uti censuit senatus,
4 comitia habita. consules creati Cn. Cornelius Scipio Hispallus
5 Q. Petillius Spurinus. praetores inde facti M. Popillius Laenas P. Licinius Crassus M. Cornelius Scipio L. Papirius Maso M.
6 Aburius L. Aquillius Gallus. C. Claudio consuli prorogatum in annum imperium et Gallia provincia; et ne Histri idem, quod et Ligures, facerent, socios nominis Latini in Histriam mitteret, quos triumphi causa de provincia deduxisset.

halten die Bundesgenossen weniger Beutegeld, und werden in dieser Beziehung wie in Rücksicht auf das Bürgerrecht, c. 9, vgl. 42, 1, herabgedrückt. Vielleicht bezog sich auf diese Neuerung eine Rede Catos, Gell. 11, 18, 18: *Cato in orationes, quam de praeda militibus dividenda scripsit*; Mommsen 1, 797; Lange 2, 240. — *ut sentir.*, 40, 50, 3; 29, 28, 3.

14—16. Verlust und Wiedereroberung von Mutina; Wahlen, Provinzen, Prodigien. Iul. Obseq. 9. 1—3. *cum ageb.*, 36, 5, 1; ib. 15, 1 u. a. — *legion.*, c. 12, 1. — *soluti m.*, vgl. 6, 1, 4; 28, 34, 9: *solutos animos*. — *transv. limit.*, 22, 12, 2; 31, 39, 5; 2, 39, 3, vgl. c. 2, 2. — *Mutin.*, ein ähnlicher Zug nach Osten wie 39, 2. — *primo q. temp.*, s. 24, 7; 25, 2; Lange 1, 410. — *in ann.*, obgleich selbstverständlich, wird doch bisweilen hinzugefügt: auf das (nächste) Jahr; 4, 55, 6; 40, 17, 7; 44, 17, 1: *in annum consules crearent*; 27, 4, 2. — *ex host. man. erip.* wie 5, 51, 3; ib. 46, 3; 26, 9, 8, vgl. ib. 2, 10: *e faucibus Hannibalis*, das hds. *ex hostibus* ist wol nicht richtig, da L. wol oft *eripere* *ex*, aber nicht leicht von Personen braucht, s. 5, 17, 6: *ex obsidione*; 8, 33, 14; 31, 16, 6; 22, 35, 6; 45, 3, 8 u. a., Cicero Verr. 3, 31, 73 hat *eripere ab aliquo*, Ter. Eun. 4, 6, 1 u. a.; Andere verm. *ex host. recipere*, c. 16, 8.

4—6. *Cn. Corn.*, der Vorname ist in den fasti Capitol. ausgefallen, aber wahrscheinlich ist der gemeint, welcher 32, 7, 15 zum pontifex, 40, 44, 2 zum Prätor erwählt wird. — *Hispallus* nach Inscptt. n. 38, s. Mommsen p. 13, die Hs. hat *hispalus*, ebenso meist *Petilius, Popilius, Aquilius*, selten, s. c. 15, 8, *Aquillius*; *Popillius*, vgl. Ellendt zu Cic. de or. 3, 43, 171; Corssen Ueber Ausspr. d. lat. Sprache, 1, 81. — *Petil.*, 40, 18; *Aquil.*, Inscpt. p. 154; *Cornel.*, c. 15, 5. — *et prov. Gall.* wird sonst nicht leicht so mit *imper. prorog.* verbunden, vgl. zu 28, 45, 10. — *et Lig.* u. *fecissent*; *et* ist nicht nothwendig, s. jedoch 37, 56, 7: *et illos sicut sese*; 7, 5, 9; 42, 15, 2. — *soc. nom. Lat.*, dass italische Bundesgenossen überhaupt gemeint sind, s. 40, 19, 6, vgl. c. 8, 6, zeigt c. 13, 8. — *mitteret*, dazu ist aus *prorogatum* etwa *mandatum* zu denken, s. 30, 27, 8.

Cn. Cornelio et Q. Petillio consulibus, quo die magistratum 7
inierunt, immolantibus Iovi singulis bubus, uti solet, in ea hostia,
qua Q. Petillius sacrificavit, in iocinere caput non inventum. id
cum ad senatum rettulisset, bove perlitare iussus. de provinciis 8
deinde consultus senatus Pisas et Ligures provincias consulibus
decrevit; cui Pisae provincia obvenisset, cum magistratuum cre- 9
andorum tempus esset, ad comitia reverti iussit. additum decreto, 10
ut binas legiones novas scriberent et trecenos equites, et dena
milia peditum sociis nominique Latino et sescenos imperarent
equites. Ti. Claudio prorogatum est imperium in id tempus, 11
quo in provinciam consul venisset.

Dum de iis rebus *in* senatu agitur, Cn. Cornelius evocatus 15
a viatore, cum templo egressus esset, paulo post rediit confuso
vultu et exposuit patribus conscriptis bovis sescenaris, quem in-
molavisset, iecur diffluxisse. id se victimario nuntianti parum 2
credentem ipsum aquam effundi ex olla, ubi exta coquerentur,
iussisse et vidisse ceteram integram partem extorum, iecur omne

7. *sing. bub.*, wie nachher *qua*,
c. 17, 4 u. a. — *uti sol.*, s. 2, 5, 3;
6, 34, 5; da L. bei religiösen
Handlungen gewöhnlich *ut adsolet*
braucht, s. 1, 28, 2; 37, 14, 5 usw.,
so wird es auch hier verm.; wahrscheinlich ist das feierliche Opfer
beim Antritt des Amtes gemeint, s.
21, 63, 7. — *iocin.*, 27, 26, 13. —
caput, 30, 2, 13; Marq. 4, 367. —
bove, collectiv, da er c. 15 drei
Thiere opfert. — *perlit.*, opfern bis
günstige Zeichen erscheinen, c. 15,
3; 7, 8, 5: *perlitatum*; 36, 1, 3:
primis hostiis perlitatum est.
8-11. *Pis. et Lig.*, gewöhnlich
gehört Pisae zur Provinz Ligurien,
wird aber hier nach d. Folg. zu einer
besonderen Provinz gemacht, anders
38, 35, 8: *Pisae cum Liguribus*, vgl.
Ariminum 32, 1, 6. — *legiones*,
die Stärke derselben, s. c. 21, 4,
konnte als bekannt vorausgesetzt
und doch die Zahl der Reiter, da sie
wechselte, besonders angegeben
werden, s. c. 9, 2; 42, 1, 2; 8, 8,
14; Crevier verm. *scriberent quina
millia in singulas et ducenos peditum. — dena* hat hier die Hs. wie 42,
1, 2; 38, 35, 9, vgl. dagegen c. 9,

2; 40, 36, 6 u. a. — *in id t.*, c. 6, 2.
15. 1-3. *evocat.*, er ist also
nachdem er das Opfer verrichtet
hat, ohne die Eingeweideschau
(*extispicium*) abzuwarten, in den
Senat gegangen, woraus jedoch
nicht folgt, dass dieses regelmässig
geschehen sei. — *viator*, 2, 56, 13.
— *conf.* 6, 6, 8: *confusus animo.*
— *sescenaris* hat die Hs., schwerlich lässt sich das W. wie *sescuncia*
u. *sestertius* von *sesqui* und *annus*
ableiten, da dieses *alis* bilden würde,
weshalb auch *sescennalis*, von Anderen *sexennis* verm. wird; doch
sieht man nicht, welche Beziehung
das Alter hier habe, es wird eine
mehr das Opfer betreffende Beschaffenheit erwartet. — *difflux.*, sie
habe sich aufgelöst, sei verschwun-
den, Sueton Caes. 77: *tristia et
sine corde exta*, das hds. *defluxisse*
ist schwerlich passend, anders ist
Cic. Lael. 16, 58: *in terram de-
fluunt*; Sest. 32, 69. — *victim.*, 40,
29, 14. — *olla*, Paul. Diac. p. 23:
*aulas antiqui dicebant, quas nos di-
cimus ollas, quia nullam literam ge-
minabant; itaque aulicocia exta,
quae in ollis coquebantur, dicebant,*

3 inenarrabili tabe absumptum. territis eo prodigio patribus, et
alter consul curam adiecit, qui se, quod caput iocineri defuisset,
4 tribus bubus perlitasse negavit. senatus maioribus hostiis usque
ad litationem sacrificari iussit. ceteris diis perlitatum ferunt,
Saluti Petillium perlitasse negant. inde consules praetoresque
provincias sortiti. Pisae Cn. Cornelio, Ligures Petillio obvenerunt.
5 praetores L. Papirius Maso urbanam, M. Aburius inter peregrinos
sortiti sunt. M. Cornelius Scipio Maluginensis Hispaniam ulterio-
6 rem, L. Aquillius Gallus Siciliam habuit. duo deprecati sunt, ne
in provincias irent, M. Popillius in Sardiniam: Gracchum eam
provinciam pacare, ei T. Aebutium praetorem adiutorem ab senatu
7 datum esse. interrumpi tenorem rerum, in quibus peragendis
8 continuatio ipsa efficacissima esset, minime convenire; inter tra-
ditionem imperii novitatemque successoris, quae noscendis prius
quam agendis rebus inbuenda sit, saepe bene gerendae rei oc-
9 casiones intercidere. probata Popilli excusatio est. P. Licinius
Crassus sacrificiis se impediri sollemnibus excusabat, ne in pro-
10 vinciam iret. citerior Hispania obvenerat. ceterum aut ire iussus
aut iurare pro contione sollemni sacrificio se prohiberi. id ubi

id est elixa, Marq. 4, 367. — *inenarr. tabe*, s. Iul. Obs. 9 (64) *iecur extabuit*; 35 (95): *consule immolante exta tabuerunt, caput iocinoris non inventum*; Lucan. 1, 621: *cernit tabe iecur madidum*, Senec. Oed. 353; doch ist die Lesart unsicher, da d. Hs. *inenarrabilitate* hat, so dass auch ein anderes Subst., wie *celeritate* oder ein ähnl., zum Theil ausgefallen sein kann, besonders da *tabes* mehr das langsame, allmählige Hinschwinden bezeichnet, s. 40, 29, 5: *per tabem tot annorum omnibus absumptis*; 41, 21, 7; Plin. 2, 63, 156: *fames — lenta consumeret tabe*; Marq. 4, 368. — *litat.*, 27, 23, 4: *sine litatione*, Marq. 4, 363 n. 39. — *Saluti*, es wurde also einzelnen Göttern besonders geopfert.

4—7. *Scip. Malug.*, zwei Zunamen, vgl. 40, 35, 1, haben die Fasten auch 763 a. u.: *Ser. Cornelius Lentulus Maluginensis*; Cic. de or. 2, 64, 260: *quod aiunt Maluginensem illum M. Scipionem*; der Name der längst ausgestorbenen Familie ist von den Scipionen wieder aufgenommen worden, ebenso *Cossus*, Tac. Ann. 15, 22, s. Mommsen Insc. p. 13 u. 15; der an u. St. genannte heisst c. 14, 5 nur *Scipio*, c. 27, 2 *Maluginensis*.— *ne in pr. ir.*, Lange 2, 229; 249. — *ei - adiut.*, 39, 14, 10; Cic. Sest. 5, 12: *neque adiutor ei Sestius fuisset*; er stand wol in dem Verhältnisse zu Gracchus wie Manlius zu Cato 33, 43, 5; Silanus zu Scipio 26, 19, 10, vgl. 6, 22, 6; 4, 44, 6. — *praet.*, Aebutius war propraetor, s. c. 6, 5; dass ihm das imperium prorogirt worden sei, hat L. nicht bemerkt. — *interrumpi t.*, zum Gedanken s. 9, 18, 15; 24, 7, 8; 32, 28, 4.

8—11. *inter* ist etwas freier auf *novitatem* bezogen: während der Zeit, in welcher neu sei, vgl. 1, 27, 11: *inter fugae pugnaeque consilium*; ib. 55, 3: *inter principia condendi operis*; Cic. Acd. 1, 8, 30: *inter continuationem* u. a. — *quae - sit*, 24, 5, 1. — *pro cont.*, 39, 31,

in P. Licinio ita statutum est, et ab se uti ius iurandum acciperent M. Cornelius postulavit, ne in Hispaniam ulteriorem iret. praetores ambo in eadem verba iurarunt. M. Titinius et T. 11 Fonteius proconsules manere cum eodem imperii iure in Hispania iussi, et ut in supplementum his tria milia civium Romanorum cum equitibus ducentis, quinque milia socium Latini nominis et trecenti equites mitterentur.

Latinae feriae fuere ante diem tertium nonas Maias, in qui- 16 bus quia in una hostia magistratus Lanuvinus precatus non erat populo Romano Quiritium, religioni fuit. id cum ad senatum 2 relatum esset senatusque ad pontificum collegium reiecisset, pontificibus, quia non recte factae Latinae essent, instauratis Latinis placuit Lanuvinos, quorum opera instauratae essent, hostias praebere. accesserat ad religionem, *quod* Cn. Cornelius consul 3 ex monte Albano rediens concidit et parte membrorum captus,

17; Lange 2, 605; zur Sache 42, 32. — *Titin. - Font.*, bleiben das dritte Jahr in der Provinz, s. c. 8. — *procons.*, 33, 25, 8. — *et ut*, über den Wechsel der Constrct. 40, 30, 4; vgl. 32, 16, 9.

16. 1—2. *non. Mai.*, die damals etwa in den Januar des Julianischen Kalenders fielen, s. 37, 4, 4; 44, 37, 6; Marq. 4. 443. — *quia*, 39, 2, 2. — *in una h.*, bei einem usw.; *una* deutet darauf hin, dass mehrere Opferthiere ausser dem für den ganzen Bund dargebrachten Stiere, viell. für jeden Staat eins, geschlachtet wurden, Preller 190 f. — *magist. Lan.*, 42, 1, 7. — *relig. f.*, 43, 13, 2; 5, 13, 8. — *ad pont. coll. rei.*, Marq. 4, 222. — *instauratis* hat d. Hs., es wird als die Bedingung oder die Angabe eines Verhältnisses für die Haupthandlung durch *placuit* in die Zukunft versetzt = *si instauratae essent*, s, 1, 6, 4: *conditam*; ib. 7, 11; 18, 5: *inclinari — rege inde sumpto videbantur*; 5, 36, 10: *acceptae*; 9, 18, 4 u. a.; die Priester haben ihr Gutachten dahin abgegeben, dass die fer. Lat., was selbstverständlich war, zu instauriren seien, und dass, wenn die *instauratio* angeordnet, erfolgt (nicht gerade vollendet) sei,

das Folg. geschehen solle, vgl. 5, 52, 9; Madvig verm.: *instaurari, Latinis placuit, Lanuvinos* etc., oder, weil die Latiner schwerlich das Recht hatten einen solchen Beschluss zu fassen, *instaurari plac., Lanuvinos*; Andere *instaurari Latinas* od. *instaurandis Latinis* etc. — *quor. op. inst. ess.* wird als die Hauptsache, neben *instaurat. Lat.* im Vorhergeh., noch besonders hinzugefügt; an der Wiederholung ist daher kein Anstoss zu nehmen, s. c. 8, 3; 39, 5, 5. — *opera*, Schuld, 35, 6, 9; 4, 40, 4. — *inst. essent* vertritt die Stelle des fut. exact., da *placuit praebere* dem Sinne nach *praebebunt* entspricht, wie § 6: *censuissent* u. a., vgl. SC. de Bacch. 9 : *iousiset*, doch ist die Lesart unsicher, da die Hs. *instaurati essent* hat, weshalb auch hier *instaurandae ess.* gelesen wird, man könnte auch *instaurari necesse esset* verm. — *host. praeb.*, sie sollen die Kosten tragen.

3—4. *quod* fehlt in d. Hs., es kann auch *alia* oder *alia religio* ausgefallen sein; da auf § 1 zurückgewiesen wird, vermisst man *eam* neben *religionem.* — *parte m. c.*, s. 43, 7, 5; 33, 2, 3; 2, 36, 7; Celsus 3, 27: *relaxatio nervorum — in-*

16*

ad Aquas Cumanas profectus ingravescente morbo Cumis decessit.
4 sed inde mortuus Romam adlatus et funere magnifico elatus se-
5 pultusque est. pontifex idem fuerat. consul Q. Petillius cum
primum per auspicia posset, collegae subrogando comitia habere
iussus et Latinas edicere, comitia in *ante* diem tertium nonas
6 Sextiles, *Latinas* in ante diem tertium idus Sextiles edixit. plenis
religionum animis prodigia insuper nuntiata, Tusculi facem in
caelo visam, Gabiis aedem Apollinis et privata aedificia conplura,
Graviscis murum portamque de caelo tacta. ea patres procurari,
uti pontifices censuissent, iusserunt.
7   Dum consules primum religiones, deinde alterum alterius
mors et comitia et Latinarum instauratio inpediunt, interim C.
Claudius exercitum ad Mutinam, quam Ligures priore anno cepe-
8 rant, admovit. ante triduum quam oppugnare coeperat, receptam
9 ex hostibus colonis restituit. octo milia ibi Ligurum intra muros
caesa; litteraeque Romam extemplo scriptae, quibus non modo
rem exponeret, sed etiam gloriaretur sua virtute ac felicitate neminem iam cis Alpis *esse* hostem populo Romano, agrique aliquantum captum, qui multis milibus hominum dividi viritim
posset.

terdum tota corpora, interdum partes infestat. veteres autores illud ἀνοπληξίαν hoc παράλυσιν nominaverunt. — Aq. Cum., wahrscheinlich das Bad von Baiae, von dem Cumae nur 5 Millien entfernt ist, oder ein Ort in dessen Nähe, s. Vitruv. 2, 6: *in montibus Cumanorum et Baianis sunt loca sudationibus excavata, in quibus vapor fervidus perforat - terram. — pontif.*, s. 32, 7, 15.

5. *cum — posset*: so bald als möglich; ob das trinundinum, das zwischen der Ankündigung des Wahltages und diesem selbst liegen musste, ausgeschlossen werden soll, ist nicht zu erkennen; die Auspicien sind die am Wahltage zu haltenden, schwerlich wurden bei der Anberaumung desselben auch Auspic. angestellt, Marq. 2, 3, 55 f. — *ante* kann hier ebenso wenig fehlen als im Folg., vgl. c. 17, 5; 43, 16, 12; 45, 3, 2; ib. 2, 12; *ante diem* wird als ein Begriff: der Vortag,

und als indeclinabile behandelt und wieder durch Präpos. (*in*, *ex*) bestimmt. — *id. Sext.*, also über drei Monate, vom 5. Mai bis 11. Aug., nach der ersten Feier. — *plen. rel.*, 6, 5, 6: *in civitate plena religionum*. — *prodig.*, Obsequens erwähnt dieselben nicht.

7–9. *Claud.*, c. 14. — *ante tr. quam* bedeutet sonst: drei Tage vorher, was hier sinnlos wäre, deshalb wird es erklärt: vor Ablauf von drei Tagen = am dritten Tage, nachdem; doch findet sich schwerlich eine andere Stelle, wo dieses so ausgedrückt wäre, man erwartet: *triduo, quo*, s. 40, 53, 1, oder *intra (post) triduum quam.* · - *recepta ex*, c. 14, 3. — *litteraeq.*, s. c. 10, 5; 12, 4; 40, 16, 4. — *cis Alp.*, s. 39, 54, 12. — *esse* kann nicht wol fehlen, s. 24, 3, 2. — *agri aliq.*, ein ziemlich, bedeutend grosses Stück, s. 42, 4, 3; 36, 39, 3; 38, 7, 4 u. a. — *qui* ist auf den Hauptbegriff bezogen. — *viritim*, s. 42, 4, 3.

Et Ti. Sempronius eodem tempore in Sardinia multis se- 17
cundis proeliis Sardos perdomuit. quindecim milia hostium sunt 2
caesa, omnes Sardorum populi, qui defecerant, in dicionem re-
dacti. stipendiariis veteribus duplex vectigal imperatum exa-
ctumque; ceteri frumentum contulerunt. pacata provincia obsi- 3
dibusque ex tota insula ducentis triginta acceptis legati Romam,
qui ea nuntiarent, missi, quique ab senatu peterent, ut ob eas res
ductu auspicioque Ti. Semproni prospere gestas diis inmortalibus honos haberetur, ipsique decedenti de provincia exercitum
secum deportare liceret. senatus in aede Apollinis legatorum 4
verbis auditis supplicationem in biduum decrevit, et quadraginta
maioribus hostiis consules sacrificare iussit, Ti. Sempronium
proconsulem exercitumque eo anno in provincia manere.

Comitia deinde consulis unius subrogandi, *quae in* ante 5
diem tertium nonas Sextiles edicta erant; eo ipso die sunt confecta. Q. Petillius consul collegam, qui extemplo magistratum 6
occiperet, creavit C. Valerium Laevinum. ipse iam diu cupidus
provinciae, cum opportunae cupiditati eius litterae allatae essent
Ligures rebellasse, nonis Sextilibus paludatus * * *senatus* litteris
auditis tumultus eius causa legionem tertiam ad C. Claudium proconsulem in Galliam proficisci iussit, et duumviros navales cum 7

17-19, 2. Unterwerfung Sardiniens; Vorfälle in Ligurien; Fest.
p. 322: Sardi; Aur. Vict. 57; Front.
Strat. 4, 1, 46; Val. Max. 1, 5, 9;
2, 7, 15.
1-4. *perdom.*, s. c. 28, 8f.; 40,
34, 13. — *omnes*, es sind nur zwei
erwähnt worden, s. c. 12, 5; 6, 6.
— *stipendium*, die eine bestimmte
directe Steuer, stipendium oder
vectigal entrichten, s. 35, 16, 6; 31,
31, 9, vgl. 45, 26, 14; Marq. 3, 2,
147, im Gegensatze zu *frumentum*,
das als Abgabe anderen Staaten
auferlegt wird, vgl. 42, 31, 8; ob
das *duplex stipend.* bleibende Abgabe oder nur vorübergehende
Strafe war, ist nicht deutlich; Cic.
Balb. 18, 41: *Sardis - agris stipen-
dioque multatis*; s. Nitzsch 39; 147;
Marq. 3, 1, 79; 3, 2, 154. — *decedenti*, 23, 34, 11, vgl. 40, 35, 6. —
Apoll., 39, 4, 1. — *quadrag.*, s. c.
19, 2; 40, 53, 3. — *Ti. Semp.*, n.
sed.

5-9. *consulis u. s.*, 40, 37, 8;
unius, des einen. — *occip.*, 23, 31,
13. — *C. Val.*, nach den Fasten
C. Valerius M. f. P. n. Laevinus,
die Hs. hat *M. Val.*, vgl. 40, 44, 2;
41, 8, 1; 31, 50, 4. — *ipse* n. Petillius; *is*, wie gewöhnlich gelesen
wird, kann nicht richtig sein, da es
sich auf den eben gewählten Valerius beziehen würde, auch hat die
Hs. *iiset*, nicht *is*. Im Folg. ist eine
Lücke; *litteris* etc. zeigt, dass vom
Senate die Rede war; das Prädicat zu
ipse fehlt; auch *nonis* ist viell. nicht
richtig, da die Consuln vor der Abhaltung der feriae Latinae, die erst
den 11. Aug. erfolgte, nicht in die
Provinzen abgiengen, s. 42, 35, 3;
man erwartet *idibus Sext.*, doch
könnte auch durch *iam diu* etc. der
vorzeitige Abgang motivirt sein, s.
21, 63, 8. — *duumv. nav.*, wahrscheinlich hat L. die Wahl derselben übergangen, nicht die c. 1, 3
erwähnten verstanden wissen wol-

classe Pisas ire, qui Ligurum oram, maritumum quoque terrorem
admoventes, circumvectarentur. eodem Pisas et Q. Petillius consul ad conveniendum exercitui *diem* edixerat. et C. Claudius
proconsul audita rebellione Ligurum praeter eas copias, quas
secum Parmae habebat, subitariis collectis militibus, exercitum
ad fines Ligurum admovit.

Hostes sub adventum C. Claudi, a quo duce se meminerant
nuper ad Scultennam flumen victos fugatosque, locorum magis
praesidio adversus infeliciter expertam vim quam armis se defensuri, duos montes Letum et Ballistam ceperunt, muroque insuper amplexi *sunt.* tardius ex agris demigrantes oppressi ad
mille et quingenti perierunt; ceteri montibus se tenebant, et ne
in metu quidem feritatis ingenitae obliti saeviunt in praedam,
quae Mutinae parta erat. captivos cum foeda laceratione inter-
ficiunt, pecora in fanis trucidant verius passim quam rite sacri-
ficant. satiati caede animantium, quae inanima erant parietibus
adfligunt, vasa omnis generis usui magis quam ornamento [in
speciem] facta. Q. Petillius consul, ne absente se debellaretur,
litteras ad C. Claudium misit, ut cum exercitu ad se in Galliam
veniret: campis Macris se eum expectaturum. litteris acceptis
Claudius ex Liguribus castra movit exercitumque ad campos
Macros consuli tradidit. eodem [tempore] paucis post diebus C.
Valerius consul alter venit. ibi divisis copiis, *prius* quam di-

len; zur Sache vgl. 40, 26, 8; 28,
7. — *maritum. terror.,* wie *equester
terror* 27, 42, 2 u. a. — *eodem Pis.,*
s. 42, 47, 9. — *ad conveniend.,* c. 10,
11. — *Parmae,* c. 16, 8 steht er in
Mutina. — *subitar.,* wegen des tumultus, s. 40, 26, 7; 28, 10.
18. 1–4. *Scultennam,* c. 12, 8.—
Ballist., 39, 2, 7. — *sunt* würde, wenn
muroque richtig ist, nicht passend
fehlen; doch wird auch *muro* oder
muro fassaque verm., vgl. 38, 19,
5: *fossam quoque et alia muni-
menta verticibus – circumiecere.* —
tardius, vgl. 21, 47, 3: *moratores.*
— *ferit. ingen.,* diese ist bisher
noch nicht erwähnt, vgl. 39, 1, 6,
wahrscheinlich Ausschmückung eines Annalisten. — *ad – quingenti,* s.
27, 12, 16; 29, 36, 5. — *cum f.,* unter
usw., 27, 13, 2; 1, 25, 13 u. a. —
trucid., 37, 39, 4; 24, 38, 9. — *verius,* 40, 27, 10. — *inanima,* 21, 32,
7; Cic. Off. 2, 3, 11: *inanima – ani-
malia*; Lael. 19, 68 u. a. — *pariet.
adfl.,* 24, 34, 11: *undas adfligebat.* —
in speciem, obgleich *species* bisweilen Ansehen, Glanz bezeichnet, s.
32, 36, 10; 34, 52, 12, so braucht
doch L. *in speciem* sonst in dem
Sinne: zum Schein, im Gegensatze
zur Wahrheit oder Wirklichkeit, s.
42, 14, 5; 3, 9, 13: *dilata in speciem actione, re ipsa sublata,* s. 42,
14, 5; 24, 1, 8; ib. 27, 8; 4, 42, 4;
6, 14, 2; 21, 32, 12 u. a.; auch in
der Bedeutung: zum Schmuck würde
es neben *ornamento* pleonastisch
sein, es ist deshalb wol nicht richtig, auch *et in spec.,* wie Dr. verm.,
würde die Schwierigkeit nicht heben; Crevier will *ornamento* entfernen.
5–8. *in Gall.,* das Heer muss also
zurückgehen um dann wieder vor-
zurücken. — *camp. Macr.,* s. 45,

grederentur, communiter ambo exercitus lustraverunt. tum sortiti, quia non ab eadem utrumque parte adgredi hostem placebat, regiones, quas peterent. Valerium auspicato sortitum constabat, quod in templo fuisset; in Petillio id vitii factum postea augures responderunt, quod extra templum sortem in sitellam in templum latam foris ipse * * * oporteret. profecti inde in diversas regiones. Petillius adversus Ballistae et Leti iugum, quod eos montes perpetuo dorso inter se iungit, castra habuit. ibi adhortantem eum pro contione milites, inmemorem ambiguitatis verbi, ominatum ferunt se eo die Letum capturum esse. duabas simul partibus subire in adversos montes coepit. ea pars, in qua ipse erat, inpigre succedebat; alteram hostes cum propulissent, ut restitueret rem inclinatam, consul equo advectus suos

12, 11; im SC. de aedif. negot. causa diruend: II (Zell p. 294): *Celsum emisse fundos – in regione Mutinensi, qui vocarentur campi Macri*; andere sind die *campi magni*, s. zu 40, 17, 2. — *digreder.*, das hds. *congrederent.* scheint durch *communiter* verdorben, es würde andeuten, dass das Zusammentreffen mit dem Feinde (*cum hoste, acie*), der aber nicht einmal genannt ist, sogleich erfolgen sollte, während es § 9 heisst *profecti* etc.; von dem Zusammentreffen der Consuln, s. 7, 40, 2 u. a., kann es, obgleich dieses am nächsten läge, nicht verstanden werden. Im Vorhergeh. ist *tempore* Glossem oder aus *eodem* entstanden. — *lustrar.*, s. 45, 41, 3; 36, 42, 2. — *sortiti*, das Loosen zu diesem Zwecke scheint sonst nicht erwähnt zu werden, s. Becker 2, 2, 122; dass es nach gehaltenen Auspicien an einem inaugurirten Orte geschah, zeigt das Folg.; Rubino 1, 92; Lange 1, 530. — *templo*, 1, 18, 7. — *parte* Seite (des Landes) nicht Flügel, Marq. 4, 350 n. 29. — *vitii*, das hds. *vitio* wäre wie *vitio creatus* gesagt: auf fehlerhafte Weise; doch ist *vitii* (*viti*), wie Madvig verm., dem Sprachgebrauche angemessener, und *vitio* konnte leicht aus *Petilio* entstehen. — *quod ex-tra* etc. ist lückenhaft, und lässt sich schwerlich sicher herstellen, der Sinn scheint gewesen zu sein: Petilius habe ausserhalb des templum stehend das Loos in die Urne geworfen und gezogen, was er nicht ausserhalb des t., sondern in demselben hätte thun müssen; Madvig tilgt *extra templum* und vermuth. *sorte in sitella – illata foris ipse mansisset, cum templum ingredi et ipsum oporteret*, Hertz: *quod sortem in sitella – latam foris ipse eduxisset, cum in templo sortiri et ipsum op.* — *sitellam*, s. 25, 3, 16.
- 9-11. *iugum*, den Höhenzug, wesentlich gleich mit *dorsum*, vgl. Caes. B. C. 3, 97, 2: *relicto monte iugis eius – se recipere coeperunt*; Tac. Germ. 43: *vertices montium iugumque*; *dorso*, Curt. 3, 10, 7: *per hoc dorsum*, s. zu 25, 15, 12. — *ominat.*, er habe durch die Worte die Zukunft vorher angedeutet, eine Aeusserung gethan, die sich in anderem als dem von ihm gedachten Sinne an ihm verwirklichen sollte, Cic. Div. 1, 45, 102: *neque solum deorum voces Pythagorei observitaverunt, sed etiam hominum, quae vocant omina*, vgl. 26, 18, 8; 29, 35, 1. — *captur.*, Val. Max. 1, 5, 9: *hodie ego Letum utique capiam*. — *suos* steht

248 LIBER XXXXI. CAP. 18. a. u. 578. 579.

quidem a fuga revocavit, ipse, dum incautius ante signa obver-
12 satur, missili traiectus cecidit. nec hostes ducem occisum senserunt, et suorum pauci, qui viderant, haud neclegenter, ut qui
13 in eo victoriam verti scirent, corpus occultavere. alia multitudo
peditum equitumque deturbatis hostibus montis sine duce cepere.
ad quinque milia Ligurum occisa; ex Romano exercitu duo et
14 quinquaginta ceciderunt. super tam evidentem tristis ominis
eventum etiam ex pullario auditum est vitium in auspicio fuisse,
15 nec id consulem ignorasse. C. Valerius audita

* * *

16 periti religionum iurisque publici, quando duo ordinarii consules
eius anni, alter morbo, alter ferro periisset, suffectum consulem
negabant recte comitia habere posse.

* * *

ipse entgegen, vgl. 34, 14, 9 f. — *a
fuga* hat L. wol anders geschrieben, da die Hs. *etiam fuga* hat,
viell. *statim a f.*
12-15. *in eo* u. *si occultaretur
mors consulis.* — *sine d.*, hier:
ohne Oberanführer, s. 4, 20, 6; Legaten oder Kriegstribunen können
und werden die Truppen geführt
haben. — *duo et quinq.* wäre eine
Uebertreibung wie 44, 42, 8; aber
viell. ist *duo milia et q.* zu lesen;
milia kann an u. St. schwerlich zu
duo gedacht werden, da L. wol oft,
wenn *milia* vorausgeht, das Wort
nicht zusetzt, s. 39, 7, 1; 21, 38, 2
u. a., aber nicht dann, wenn eine
kleinere Zahl folgt, zu der die Zahl
der Tausende gezogen werden und
so ein Missverständniss entstehen
könnte. — *super*, 28, 46, 15. —
evident., vgl. 8, 9, 12. — *pullar.*,
s. Marq. 2, 3, 79; es ist das Auspi-
cium vor dem Beginn der Schlacht,
s. 38, 26, 1, nicht das bei der sortitio gemeint. — *nec* — *ignor.*, nur
dadurch wird es verderblich, nicht
durch das blosse Eintreten des ungünstigen Auspiciums selbst, s. 10,
40, 11; Rubino 1, 75. — *Valerius*,
in der folg. Lücke war wol erzählt,
was Valerius, nachdem er den Tod
seines Collegen gehört, gethan habe,
viell. auch die Strafe der Legion,

Val. Max. 2, 7, 15: *graviter senatus tulit, quod Q. Petilium cons.
fortissime adversus Ligures pu-
nantem occidere milites passi essent. legioni neque stipendium anni
procedere neque aera dari voluit,
quia pro salute imperatoris hostium
se telis non obtulerant* etc.; Front.
Strat. 4, 1, 46; doch ist die Situation bei L. § 11: *dum incaute* etc.
etwas verschieden, Nissen 240.
16. *periti* etc., diese Worte sind
erhalten von Prisc. XVII, 150 p. 1097
u. ib. 29 p. 1050: Livius XXXXI ab
urbe condita: *periti — habere posse.*
— *periti*, es sind wahrscheinlich die
Augurn gemeint.—*perissset* hat sich
an das nächste Subj. angeschlossen, s.
39, 9, 3; 41, 8, 5; 24, 10, 4 u. a., etwas
anders 26, 33, 7, vgl. Caes. B. G. 1,
53, 4: *duae filiae — altera capta est.*
— *suffectum*, nur unter den vorliegenden Umständen könne der consul suff. die Wahl nicht vornehmen,
dass sonst dieses ihm zustand zeigt
24, 7, 11; Becker 2, 2, 93; 2, 3, 53;
Lange 1, 528; es muss jetzt ein
interregnum eingetreten sein, vgl.
6, 1, 5; 5, 31, 7. — Im Folg. ist
die Wahl der Magistrate, die Vertheilung der Provinzen für d. J.
579, die Fortführung des Krieges
gegen die Ligurer und wol noch
Anderes ausgefallen.

deduxit. cis Apenninum Garuli et Lapicini et Hergates, trans 19
Apenninum Briniates fuerant. intra Audenam amnem P. Mucius
cum is, qui Lunam Pisasque depopulati erant, bellum gessit,
omnibusque in dicionem redactis arma ademit. ob eas res in 2
Gallia Liguribusque gestas duorum consulum ductu auspicioque
senatus in triduum supplicationes decrevit et quadraginta hostiis
sacrificari iussit.

Et tumultus quidem Gallicus et Ligustinus, qui principio 3
eius anni exortus fuerat, haud magno conatu brevi oppressus
erat; belli Macedonici subibat iam cura, miscente Perseo inter 4
Dardanos Bastarnasque certamina. et legati, qui missi ad res

19. 1–2. *deduxit*, wahrscheinlich dieselbe Wendung wie 40, 53, 3: *consul deditos in campestres agros deduxit*, so dass: *cis – fuerant* die früheren Wohnsitze bezeichnet, vgl. 39, 2, 9; oder es war eine Uebersiedlung wie 40, 38; 41; die im Folg. *Garuli – Hergates* genannten Völkerschaften scheinen sonst nicht erwähnt zu werden; die *Briniates* dieselben zu sein, wie 39, 2, 9, ob die abweichende Schreibung des Namens von L. oder von Abschreibern herrühre, lässt sich nicht entscheiden. — *intra Auden.* ist wie 25, 11, 7 gesagt: während der Consul M. Aemilius die Feinde dies- und jenseits der Apenninen besiegte, gieng Mucius nicht über die Aud. hinaus, s. c. 14, 8: *Pisas*, weshalb *intra Aud.* vorangestellt ist. Madvig zieht *intra Aud.* zu dem Vorhergeh., wo die genaue Ortsbestimmung bei *trans – intra* dem unbestimmten *cis* gegenüber auffallen würde; auch wohnten die Friniaten nach 39, 2 meist *cis Apenninum*. Jedoch ist es, da die Hs. *inter* hat, möglich, dass der Name eines zweiten Flusses ausgefallen sei; bei dem kurzen Lauf der meisten Flüsse in Ligurien und der Unbestimmtheit der geographischen Angaben, die sich so oft bei L. findet, wäre an der vorliegenden kein Anstoss zu nehmen. Die Audena ist sonst unbekannt, nach Cluver war sie ein kleiner Fluss, der in die Macra mündete, j. Aula oder Ula; Andere lassen sie in die Trebia münden. — *Lun. Pis.*, ungeachtet aller Kriege und Unterwerfungen setzen die Ligurer ihre Raubzüge wie früher fort, vgl. 35, 1. — *supplicat.*, 40, 53, 3, hier, weil zwei Consuln gesiegt haben, vgl. 37, 47, 4; der Triumph der Consuln war in den fasti triumph. erwähnt, s. Inscrptt. p. 463; 459. — *quadrag.*, c. 17, 4.

19, 3–11. Kampf der Bastarner und Dardaner. Polyb. 26, 9; Appian Maced. 11; Oros. 4, 20.

3. *et – quid.*, s. 2, 2, 8. — *Ligustin.*, 39, 21, 1. — *conatu* Anstrengung. — *miscente* etc. bildet einen gesuchten Uebergang, da aus dem Folg. eine Besorgniss wegen eines Krieges in Maced. nicht hervorgehen konnte. Die hier erwähnten Bastarner sind dieselben wie 40, 58, 7; sie haben sich in den Jahren 576–578, aus denen L. über dieselben, worauf § 7 hindeutet, nichts berichtet hat, in Dardanien aufgehalten. — *legati* etc., nach Polyb. war eine Gesandtschaft der Dardaner (u. Thessaler) nach Rom gekommen um über die Bastarner und Perseus Klage zu führen und Hülfe zu begehren; in Folge davon hat der Senat Gesandte abgeschickt um die Sache zu untersuchen, diese erstatten jetzt Bericht. L. scheint vorher davon nicht gesprochen zu haben, sondern die Sache hier nachzuholen. — *missi – erant – rever-*

visendas in Macedoniam erant, iam reverterant Romam renun-
5 tiaverantque bellum in Dardania esse. simul venerant et ab rege
Perseo oratores, qui purgarent nec accitos ab eo Bastarnas nec
6 auctore eo quicquam facere. senatus nec liberat eius culpae
regem neque arguit; moneri eum tantum modo iussit, ut etiam
atque etiam curaret, ut sanctum habere foedus, quod ei cum
7 Romanis esset, videri posset. Dardani cum Bastarnas non modo
non excedere finibus suis, quod speraverant, sed graviores fieri
in dies cernerent, subnixos Thracum adcolarum et Scordiscorum
auxiliis, audendum aliquid vel temere rati, omnes undique armati ad oppidum, quod proximum castris Bastarnarum erat,
8 conveniunt. biemps erat; et id anni tempus elegerant, ut Thraces Scordiscique in fines suos abirent. quod ubi ita factum et
solos iam esse Bastarnas audierunt, bifariam dividunt copias,
pars ut recto itinere ad lacessendum ex aperto iret, pars devio
9 saltu circumducta ab tergo adgrederetur. ceterum priusquam
circumire castra hostium possent, pugnatum est; victique Dardani compelluntur in urbem, quae fere duodecim milia ab castris
10 Bastarnarum aberat. victores confestim secuti circumsidunt urbem, haud dubie postero die aut metu dedituris se hostibus aut
11 vi expugnaturi. interim Dardanorum altera manus, quae circumducta erat, ignara cladis suorum, castra Bastarnarum sine praesidio relicta.

* * *

ter., wie vorher *exortus f.* (dieses genauer als *missi erant*) – opp. *erat*, s. 40, 5, 10. — *purgarent* etc., s. 42, 14, 3; 24, 47, 6; App. l. l.: ὁ δὲ Περσεὺς ἑτέρους ἔπεμπε πρεσβεῖς τὴν ὑπόνοιαν ἐκλύων. — *liberat*, da die Hs. *liberare* hat, so verm. Heerwagen: *liberare – argui voluit*, s. 42, 5, 11. — *culpae*, s. 5, 28, 1: *voti liberaretur. — etiam a. et.*, s. 38, 9, 1; 22, 13, 4; 3, 45, 10. — *habere*, das hds. *haberet* könnte erklärt werden: er möge sich bemühen das Bündniss heilig zu halten, welches er nach seinem Verfahren nur dem Scheine nach, das er ganz vergessen habe; da der Senat nicht wünschen kann, dass die Heilighaltung des Bündnisses nur eine scheinbare (*videri posset*), keine wirkliche sei, doch ist *habere* ein-

facher und natürlicher. — *videri p.*, wenig von *videretur* verschieden, findet sich oft bei L., s. 40, 23, 8; vgl. ib. 58, 1; 37, 60, 2 u. a.

7–11. *Dardani* etc., die Erzählung der folg. Ereignisse ist bei Polyb. ausgefallen. — *Scordisc.*, 57, 7; *auxil.*, wie c. 12, 5. — *vel*, sei es auch. — *oppid.*, noch auf dem Gebiet der Dardaner. — *et id*, und deshalb hatten sie gerade diese Zeit – damit dann usw. — *ita*, so wie sie erwartet, was sie beabsichtigt hatten; *quod* scheint nicht blos der Verbindung zu dienen, s. 6, 8, 2, sondern den Begriff *in fines abire* zu wiederholen; zu *solos* etc. ist nur *ubi* zu denken. — *adgred.* n. *Bastarnas*. — *circumsid.*, 36, 13, 7 u. a. — *dedituris – – expugnat.*, s. 4, 18, 6; 22, 28, 1; vgl. ib. 19, 11.

a. Ch. 175.   LIBER XXXXI. CAP. 20.   251

* * more sella eburnea posita ius dicebat disceptabatque 20
controversias minimarum rerum. adeoque nulli fortunae ad- 2
haerebat animus per omnia genera vitae errans, uti nec sibi nec
aliis, quinam homo esset, satis constaret. non adloqui amicos, 3
vix notis familiariter arridere, munificentia inaequali sese aliosque
ludificari; quibusdam honoratis magnoque aestimantibus se pue-
rilia, ut escae aut lusus, munera dare, alios nihil expectantes di-
tare. itaque nescire, quid sibi vellet, quibusdam videri, quidam 4
ludere eum simpliciter, quidam haud dubie insanire aiebant. in 5
duabus tamen magnis honestisque rebus vere regius erat animus, in urbium donis et deorum cultu. Megalopolitanis in Ar-6
cadia murum se circumdaturum urbi est pollicitus maioremque

Der Erfolg des Kampfes geht aus
c. 23, 12 hervor, vgl. Oros. l. l.:
*Lepido et Mucio consulibus Bastor-
narum gens ferocissima - sine ulla
pugna vel aliquo hoste deleta est*,
sie gehen nämlich über die zuge-
frorene Donau, das Eis bricht unter
der Masse des Volkes, und Alle
kommen um; wahrscheinlich ist die
Erzählung bei L. im Folg. ausgefallen. Wie dieser auf die mit den
römisch. Angelegenheiten wenig zu-
sammenhängende Schilderung des
Antiochus Epiphanes übergegangen
ist, lässt sich nicht ermitteln, s. d.
Periocha.
20. Antiochus Epiphanes. Polyb. 26, 10; 31, 3 ff.; Diod. Sic.
29, 35; Granius Licin. 36, 11; Zonar. 9, 21.
1-4. *more* etc., wahrscheinlich
ist *Romano* vorausgegangen: wie
der Prätor in Rom; *sella eb.*, die
sella curulis; Pol.: καθίσας ἐπὶ
τὸν ἐλεφάντινον δίφρον κατὰ τὸ
παρὰ τοῖς Ῥωμαίοις ἔθος, διή-
κουε τῶν κατὰ τὴν ἀγορὰν γιγνο-
μένων συναλλαγμάτων. — *diceb.*,
Antiochus, Zon. l. l.: Γαΐου δὲ
Φλαμινίου καὶ Αἰμιλίου Λεπίδου
ὑπατευόντων ὁ Ἀντίοχος ἔθανε,
καὶ αὐτὸν ὁ υἱὸς ὁ Σέλευκος διε-
δέξατο· τελευτήσαντος δὲ κἀκεί-
νου - ὁ εἰς τὴν Ῥώμην ὁμηρεύων
Ἀντίοχος ἐβασίλευσεν; Appian.
Syr. 45. — *fortunae*, Lebensstel-
lung, Lebensart, Cic. Off. 1, 13, 41:
condicio et fortuna servorum; es
wird dafür *formae* verm. — *sibi*
(*ipsi*?) auf *animus* statt, *aliis* gegenüber, auf die Person bezogen. —
amicos, s. 31, 28, 4. — *vix notis*
gehört zusammen. — *sese* – *ludif.*,
mit sich selbst Gespött zu treiben,
sich lächerlich zu machen. — *quibusdam*, die Hs. hat *quibus*, man
erwartet eher eine Partikel, *quippe
honoratis.* — *magno aest. se,* vgl.
6, 41, 2: *se - aestimari*; Senec. de
benef. 1, 8, 2: *nisi forte te parvo
aestimas*, müsste bedeuten: die sich
einen hohen Werth beilegten; doch
ist der Ausdruck eigenthümlich und
steht *nihil expect.* nicht passend
gegenüber, Polyb. ἐδίδου τοῖς μὲν
ἀστραγάλους δορκαδείους, τοῖς δὲ
φοινικοβαλάνους, ἄλλοις δὲ χρυ-
σίον. καὶ ἐξ ἀπαντήσεως δέ τισι
συντυγχάνων, οὓς μὴ ἑωράκει πο-
τέ, ἐδίδου δωρεὰς ἀπροσδοκήτους.
— *quid s. v.*, s. 40, 12, 14, vgl. 32,
25, 10; Polyb. ἐξ ὧν εἰς ἀπορίαν
ἦγε τῶν ἀνθρώπων τοὺς ἐπιει-
κεῖς· οἱ μὲν γὰρ ἀφελῆ τινα (*ludere simpl.* einfältig kindisch) αὐτὸν εἶναι ὑπελάμβανον, οἱ δὲ
μαινόμενον. — *quibusd.* - *quidam*,
28, 12, 10.
5-7. *vere reg.*, s. 32, 34, 3. —
Megalop., dieses und das folg. Beispiel ist in dem Excerpte des Polyb. viell. übergangen. — *murum*

252 LIBER XXXXI. CAP. 20.   a. u. 579. 580.

partem pecuniae dedit; Tegeae theatrum magnificum e marmore
7 facere instituit; Cyzici *in* Prytaneum — id est penetrale urbis,
ubi publice, quibus is honos datus est, vescuntur — vasa aurea
mensae unius posuit. Rhodiis *ut* nihil unum insigne, ita omnis
generis, ut quaeque usus eorum postulaverunt, dona dedit.
8 magnificentiae vero in deos vel Iovis Olympii templum Athenis,
unum in terris inchoatum pro magnitudine dei, potest *testis*
9 esse; sed et Delon aris insignibus statuarumque copia exornavit,
et Antiochiae Iovis Capitolini magnificum templum, non laquea-
tum auro tantum, sed parietibus totis lammina inauratum, et
alia multa in aliis locis pollicitus, quia perbreve tempus regni
10 eius fuit, non perfecit. spectaculorum quoque omnis generis
magnificentia superiores reges vicit, reliquorum sui moris et

etc., die Mauern waren von Cleomenes zerstört, s. Polyb. 2, 55;
Plut. Cleom. 25; Pausan. 8, 27, 6,
dann wieder aufgebaut, s. Plut. Philop. 13, vgl. Polyb. 5, 93, müssten
aber nachher wieder zerfallen sein.
— *Tegëae*, in Arcadien. — *Cyzici*,
vgl. Cic. de imp. Pomp. 8, 20. —
in Pryt., vgl. 44, 14, 7; Ov. Met. 8,
452: *in flammam – posuere*; id.
Rem. om. 719; Sall. I. 61, 2: *in
provinciam – collocat.*, Hand Turs.
3, 307; Duker verm. *in Prytaneo*,
wie gewöhnlich gesagt wird, s. c.
28, 8 u. a., das Regierungsgebäude
einer griech. Stadt, in welchem die
öffentlichen Geschäfte besorgt, Gericht gehalten, öffentliche Speisun-
gen veranstaltet wurden, und wo
die κοινὴ ἑστία war, daher im Folg.
penetrale etc., vgl. 26, 27, 14; Cic.
Or. 1, 34, 232; Legg. 2, 12: *focum
urbis*; die Erklärung ist, wie viele
andere, von L. zugesetzt, s. Nissen
74 f. — *vasa* etc., so viele auf einem
Tische (*abacus*, s. 39, 6, 7) aufgestellt
wurden. — *nihil un.*, nicht ein einzelnes, wie man nach dem Vorhergeh. erwarten könnte, sondern usw.,
vgl. 39, 50, 2; 2, 6, 3.

8–9. *vel*, schon, allein.—*Olymp.*,
Paus. 1, 18, 6. — *inchoat.*, er war
von Pisistratus begonnen, vgl. Granius l. l.: *aedes nobilissima Olympii
Iovis Atheniensis diu imperfecta*

permanserat, ungenau Vell. 1, 10:
*Antiochus – Athenis Olympicum in-
choavit*; erst Hadrian vollendete
den Tempel. — *testis* konnte leicht
ausfallen, vgl. 6, 27, 6: *testes tabulas publicas*, 1, 58, 7; Madvig verlangt *documentum* od. *monumentum*; Polyb. τοῦτο ἄν τις τεχμή-
ραιτο etc. — *aris*, τῶν περὶ τὸν ἐν
Δήλῳ βωμὸν ἀνδριάντων; Call.
H. in Apoll. 60 ff. πῆξε δὲ βωμὸν
ἐκ κεράων; Ov. Her. 21, 99; auch
bei L. ist nur an einen Altar zu
denken, 10, 38, 8 f.; 45, 27, 9;
Verg. Aen. 2, 202. — *Antioch.*, 33,
19; 41. — *Capit.*, dessen Cultus er
einführen wollte Granius l. l.: *ex-
tendit duos colossos duodenum cu-
bitorum ex aere, unum Olympio
alterum Capitolino Iovi.* — *laq. auro*, mit goldenem Plafond. — *sed*,
s. 39, 14, 7. — *lamm. inaur.* scheint,
da aus *inaurat.*, s. 40, 34, 5, hervorgeht, wie die *lammina* gewesen sei,
zu bedeuten: mit Goldblech überzo-
gen. Gron. verm. *lammina inductum*
od. *inducta*; über die Schreibung
lammina s. Lachmann Lucret. 3,
1017. — *perbreve*, er regierte 11
Jahre, viell. ist von der Zeit an gerechnet, wo er das Versprechen
gab.

10–13. *magnific.* ist Abl. wie im
Folg. *copia.* — *reliquorum*, wenn
es richtig und nicht *reliquos*, von

copia Graecorum artificum; gladiatorum munus Romanae con- 11
suetudinis primo maiore cum terrore hominum, insuetorum ad
tale spectaculum, quam voluptate dedit; deinde saepius dando, 12
et modo volneribus tenus, modo sine missione etiam, et fami-
liare oculis gratumque id spectaculum fecit, et armorum studium
plerisque iuvenum accendit. itaque primo qui ab Roma magnis 13
pretiis paratos gladiatores arcessere solitus erat, iam suo

* * *

Scipio inter peregrinos. M. Atilio praetori provincia Sar- 21
dinia obvenerat; sed cum legione nova, quam consules con- 2
scripserant, quinque milibus peditum, trecentis equitibus, in
Corsicam iussus est transire. dum is ibi bellum gereret, Cornelio
prorogatum imperium, uti obtineret Sardiniam. Cn. Servilio 3
Caepioni in Hispaniam ulteriorem et P. Furio Philo in citeriorem
tria milia peditum Romanorum, equites centum quinquaginta, et
socium Latini nominis quinque milia peditum, trecenti equites,
Sicilia Lucio Claudio sine supplemento decreta. duas praeterea 4

dedit abhängig, zu lesen ist, hat sich an *spectaculorum*, dieses beschränkend, angeschlossen, und ist, wie *ceteri* 1, 1, 1 u. a., oft *alius* proleptisch gesagt. — *artif.*, 39, 5, 1; ib. 22, 2. — *gladiat.*, c. 28, 10; 28, 21, 2 u. a., Drakenb. verm. *gladiatorium*, 39, 42, 9. — *Rom. cons.*, gen. qual. zu dem in *gladiat. mun.* wieder angedeuteten Begriffe *spectaculum*. — *insuet. ad.*, 23, 18, 10; 31, 35, 6, vgl. Mommsen 1, 875. — *voluer. ten.*, sie durften aufhören zu fechten, wenn sie verwundet waren, *sine miss.*, sie mussten bis auf den Tod kämpfen, adverbiale Bestimmungen zu dem aus *dando spectaculum* zu entnehmenden Begriffe, wo die Gladiat. - kämpften. — *etiam*, vgl. 3, 39, 6: *in curia - extra curiam etiam*; 39, 35, 7; Madvig tilgt das folg. *et*, welches *et armor.* entsprechen kann. — *plerisq.*, s. 10, 13, 14. — *primo qui*, s. 42, 11, 2. — *ab R.*, sie wurden dort von Lanisten gekauft. — *pret.*, 39, 44, 7.

21. Vertheilung der Provinzen; Priesterwahlen; Prodigien.

1-4. *Scipio*, davor ist die Erzählung der letzten Ereignisse des Jahres 579, die Wahl der Magistrate, der Amtsantritt der Consuln Sp. Postumius Albinus u. Q. Mucius Scaevola, die ihnen bestimmten Provinzen und der Name des praetor urb., C. Cassius Longinus ausgefallen. — *Scipio*, nach c. 27, 2 *L. Cornelius Scipio*, wahrscheinlich der entartete Sohn des Scipio Africanus, welchen Val. Max. 4, 5, 3 (3, 5, 1 ist der Vorname nicht genannt) *Cn.* nennt, während L. dem c. 8, 1 erwähnten, auf den deshalb Mommsen Inscptt. p. 13 die Notiz des Valerius bezieht, diesen Beinamen giebt, vgl. zu c. 8, 1. — *quinq. mil.* wie 39, 38, 11; 26, 28, 7 u. a. a., gewöhnlich hat die Legion jetzt 5200 M.; auch 42, 1, 3 werden nur röm. Truppen angegeben, doch ist es möglich, dass entweder die Zahl der *socii* an u. St. ausgefallen sei, oder nach *peditum* nur *sociorum* fehle, vgl. c. 9, 3. — *Corsic.*, dieses wird so von der Provinz Sardinien, zu der es sonst gehört, s. 40, 19; 34, vorübergehend getrennt; die Besetzung Sardiniens wird ungeachtet der Siege des Gracchus noch für nöthig gehalten. — *Cornelio*, wahrscheinlich *Sulla*, s. 45, 17, 3. — *Luc. Claud.*, der Vorname deutet an, dass er zu

legiones consules scribere iussi cum iusto numero peditum
equitumque, et decem milia peditum sociis imperare et sescen-
5 tos equites. dilectus consulibus eo difficilior erat, quod pestilentia, quae priore anno in boves ingruerat, eo veterat in hominum
morbos. qui inciderant, haud facile septimum diem superabant,
qui superaverant longinquo, maxime quartanae, inplicabantur
6 morbo. servitia maxime moriebantur, eorum strages per omnis
vias insepultorum erat. ne liberorum quidem funeribus Libitina
7 sufficiebat. cadavera intacta a canibus ac volturibus tabes ab-
sumebat, satisque constabat nec illo nec priore anno in tanta
8 strage boum hominumque volturium usquam visum. sacerdotes
publici ea pestilentia mortui sunt Cn. Servilius Caepio pontifex,
pater praetoris, et Ti. Sempronius Ti. filius Longus decemvir
sacrorum et P. Aelius Paetus augur et Ti. Sempronius Gracchus
et C. Atellus Mamilius curio maximus *et* M. Sempronius Tudita-
9 nus *pontifex.* pontifices suffecti sunt C. Sulpicius Galba *in locum
Caepionis,* * * * in locum Tuditani. augures suffecti sunt
in Gracchi locum T. Veturius [Gracchus] Sempronianus, in P.

den plebejischen Claudiern gehörte.
— *sine suppl.*, dass Truppen dort-
hin geschickt worden seien, ist c. 9
nicht angegeben. — *cum ist hier*
sehr auffallend, vgl. 42, 35, 4: *legiones – iusto numero peditum*, nur
ähnlich sind Verbindungen wie 44,
29, 6: *fama cum magno numero
peditum equitumque venientium
Gallorum*, s. zu 40, 57, 2; Sall. I.
49, 1. — *iusto*, ob 5000 oder 5200,
s. 42, 35, 4, ist nicht klar, s. Mommsen die Tribus 123.
5 – 7. *dilect.*, wie 40, 19, 7. —
pestil., s. 1, 31, 5. — *priore* etc.,
Obseq. 10: *M. Lepido Q. Mucio
coss. gravi pestilentia hominum
boumque cadavera non sufficiente
Libitina cum iacerent vulturius non
apparuit.* — *eo vert.*, in dem laufenden J., § 7: *illo – verter. in* etc.,
hatte die Wendung genommen, dass
– entstanden, 27, 23, 6: *pestilentia
– magis in morbos longos quam in
periculosos evasit.* — *incid.*, s. 25,
26, 8. — *haud fac.*, meist od. gewöhnlich nicht; sonst mehr: kaum.
— *longinq.*, 1, 31, 5. — *quartan.*,
wie c. 21, 5: *escae* u. *munus.* —

strag., 3, 7, 6. — *Libit.*, 40, 19, 3.
— *ne lib. quid.*, Sclaven wurden
also selten in dieser Weise begra-
ben. — *tabes*, c. 15, 2; 21, 39, 2.
— *voltur.*, 27, 11, 4, neben dem
vorhergeh. *volturibus*, wie *ludius*
und *ludio* 7, 2, 4.
8–11. *publici* weil sie die religiösen Angelegenheiten für den
Staat besorgen, s. 42, 28, 10; 26,
23, 7 u. a., vollständig 8, 9, 4: *pontifex publicus populi R.*, Marq. 4,
166. — *Serv. Caep.*, 25, 2, 2. —
Ti. fil., die Hs. hat *Titi fil.*, wahrscheinlich ist der 27, 6, 16 nach den
Hss. *C. fil.* genannte gemeint und
die eine oder andere Relation nicht
richtig. — *Aelius*, 27, 36, 5. —
Gracch., 29, 38, 7; auch dazu gehört
augur, einfacher wäre *Aelius et Ti.
S. Gr. augures.* — *Atell.*, 27, 8, 2.
— *Tudit.*, 39, 46. — *in loc. Caep.*
und der Name des zweiten pontifex
ist ausgefallen; *Sempronius* u. *Aelius*, weil gewisse Priesterthümer
am liebsten aus gewissen Geschlech-
tern besetzt wurden, s. 25, 2, 2;
Merklin die Cooptat. 117. — *Gracch.*,
da er *Sempronianus* heisst, so muss

Aeli Q. Aelius Paetus. decemvir sacrorum C. Sempronius Longus, curio maximus C. Scribonius Curio sufficitur. cum pesti- 10 lentiae finis non fieret, senatus decrevit, uti decemviri libros Sibyllinos adirent. ex decreto eorum diem unum supplicatio fuit, 11 et Q. Marcio Philippo verba praeeunte populus in foro votum concepit, si morbus pestilentiaque ex agro Romano emota esset, biduum ferias ac supplicationem se habiturum. in Veienti agro 12 biceps natus puer, et Sinuessae unimanus, et Auximi puella cum dentibus, et arcus interdiu sereno caelo super aedem Saturni in foro Romano intentus, et tres simul soles effulserunt, et faces 13 eadem nocte plures per caelum lapsae, et in Lanuvino * *, Caeritesque anguem in oppido suo iubatum, aureis maculis sparsum, apparuisse adfirmabant, et in agro Campano bovem locutum esse satis constabat

Legati nonis Iuniis ex Africa redierunt, qui convento prius 22

er von einem *Veturius* adoptirt sein, und hätte nach der Sitte der damaligen Zeit die drei Namen seines Adoptivvaters annehmen, nicht den einen seines natürlichen Vaters beibehalten sollen, was wol später geschah, wenn der Adoptivvater nur zwei Namen hatte; es ist desbalb wahrscheinlich, dass *Gracchus* aus der vorhergeh. Zeile wiederholt ist und den Zunamen des Veturius, nach Drakenb. *Philo*, s. 29, 38, 6, verdrängt hat. — *Scribon.*, der Zuname *Curio*, s. 33, 42, 10, scheint anzudeuten, dass die gens Scriben. das Curionenpriesterthum mehrfach bekleidet hatte, s. § 8; er ist wie Atellus Plebejer, vgl. Niebuhr 1, 369. — *pestil.*, s. 40, 37; 4, 25 u. a. — *Sibyll.*, Marq. 4, 299. — *ex decr.*, 39, 46, 5; 38, 36, 4. — *praeeunte*, häufiger von den pontifices, s. 42, 28, 9, zu 36, 2, 3; 31 9, 9; 4, 27, 1, vgl. 39, 15, 1. — *Marc.*, 40, 42, 12. — *ferias*, 42, 20, 6.

12–13. *cum dent.*, 32, 1, 11; 27, 4, 11 u. oft. — *aed. Sat.*, er lag da, wo am Forum der clivus Capitolinus beginnt, Becker 1, 312. — *Auximi*, j. Osimo, eine Bürgercolonie, Vell. 1, 15, im Picentinischen. — *faces* etc., Sternschnuppen, s.

43, 13, 3; 45, 16, 5; 30, 2, 11 u. a. — *et in Lanuv.* kann wegen der Wortstellung schwerlich zum Vorhergeh. gezogen werden, eher kann man vermuthen, dass nach *et in Lan.* das daselbst bemerkte Prodigium ausgefallen sei, Priscian. 4, 29 p. 633: Livius ab urbe condita XLI: *Lanuvini Caeritesque anguem iubatum apparuisse nuntiarunt* scheint die Stelle frei citirt zu haben; auch würde dann *oppido* (c. 27, 11 steht *aedem* voran) nicht deutlich sein. — *iubat.*, mit einem Kamme, einer Mähne. — *aureis*, es kann auch *flavis*, nach Hertz *ravis* geheissen haben. — *et in*, über das gehäufte *et* hier u. § 8 vgl. 21, 62, 4; nur *Caeritesque* macht eine Ausnahme, aber *que* fügte, wenn nichts fehlt, ein selbständiges Wunder an, nicht, wie sonst gewöhnlich, einen Nebenumstand.

22. Verhältnisse in Carthago und Macedonien. Polyb. 22, 22ª; Appian. Mac. 11.

1–3. *legati*, der Grund der Absendung ist in *quae Carth.* etc. angegeben; es sind also keine Grenzstreitigkeiten wie 40, 17, 4. — *non Iun.*, es ist ungewöhnlich, dass für eine so unbedeutende Sache das Da-

Masinissa rege Carthaginem ierant; ceterum certius aliquanto, quae Carthagine acta essent, ab rege rescierant quam ab ipsis
2 Carthaginiensibus. conpertum tamen adfirmaverunt legatos ab rege Perseo venisse, iisque noctu senatum in aede Aesculapi datum esse. ab Carthagine legatos in Macedoniam missos et rex
3 adfirmaverat et ipsi parum constanter negaverant. in Macedoniam quoque mittendos legatos senatus censuit. tres missi sunt, C. Laelius M. Valerius Messala Sex. Digitius.
4 Perseus per id tempus, quia quidam Dolopum non parebant et de quibus ambigebatur rebus discoptationem ab rege ad Romanos revocabant, cum exercitu profectus sub ius iudiciumque
5 suum totam coegit gentem. inde per Oetaeos montes transgressus, religionibus quibusdam animo obiectis, oraclum aditurus Delphos escendit. cum in media repente Graecia apparuisset, magnum non finitumis modo urbibus terrorem praebuit, sed in
6 Asiam quoque ad regem Eumenen nuntii tumultuosi missi. triduum non plus Delphis moratus, per Phthiotidem Achaiam Thessaliamque sine damno iniuriaque populorum, per quos iter

tum angegeben wird, vgl. 30, 36, 8; auch hat die Hs. *IX mil.* worin viell. etwas Anderes liegt, wenn man nicht annehmen will, dass der Annalist, dem die Angabe entlehnt ist, auch den Tag anzugeben gewusst habe. — *rescier.*, s. Caes. B. G. 1, 28, 1, wie *praesciscere* 29, 14, 1; sonst in der classischen Zeit nicht gebraucht. — *Aescul.*, der Esmun der Punier. — *et parum* etc., vgl. Nissen 241. — *quoque*, wie nach Carthago (aber früher) geschickt worden waren. — *Laelius*, da er zuerst genannt wird, dann ein Consular, s. 38, 35, folgt, *Digitius* diese Würde nicht erlangt hat, s. 42, 27, so ist wol der Freund des Scipio Africanus gemeint, vgl. 43, 5. Wie die Gesandtschaft nach Africa zu der nach Macedonien, so bildet diese den Uebergang z.. der Darstellung der Verhältnisse in Griechenland, welche Polybius entnommen, obgleich dessen Darstellung verloren ist.

4—6. *Dolopum*, diese sind zwar 33, 34, 6, vgl. Polyb. 18, 30, für frei erklärt, aber 36, 33, 1; 7 mit Zustimmung der Römer, s. 42, 41, 13, von Philipp, vgl. 38, 5, 10, wieder unterworfen worden, s. 39, 26, 1. — *revoc.*, 10, 24, 3. — *ius iud.*, 39, 24, 8; 28, 21, 1. — *Oetaeos*, 36, 15. — *relig. an. obi.*, religiöse Bedenken ihm vor die Seele traten, ihn beunruhigten, s. 38, 25, 4. — *Delph.* etc., Polyb. τὴν εἰς Δολοπίαν — εἰσβολὴν καὶ τὴν εἰς Δελφοὺς παρουσίαν. — *Eumenen*, 32, 5, 6; ib. 16, 14. Im Folg. ist die Lesart unsicher, da die Hs. nur *nuntios tumultuo ... misi* hat; doch ist schwerlich n. *tumultuosos misit* zu lesen, da man nicht sieht, wozu Perseus an Eumenes Boten und gerade *tumultuosi*, aufregende, in Schrecken setzende, schicken soll; eher war dieses von Gegnern der Macedonier in den griech. Staaten zu erwarten, wenn auch Eumenes damals nicht sehr beliebt war, s. 42, 5; der Wechsel der Subjecte ist bei L. nicht selten. — *non plus*, 40, 31, 6, vgl. 39, 18, 9; ib. 41, 5. — *Phthiot. Ach.*, 36, 15, 7; 42, 67, 9; ib. 40, 6. — *populorum* nach Madvig, da die Hs. nur *um* hat, nicht

fecit, in regnum rediit. nec earum tantum civitatium, per quas 7
iturus erat, satis habuit animos sibi conciliare; aut legatos aut
litteras dimisit, petens, ne diutius simultatum, quae cum patre
suo fuissent, meminissent, nec enim tam atroces fuisse eas, ut
non cum ipso potuerint ac debuerint finiri; secum quidem omnia 8
illis integra esse *ad* instituendam fideliter amicitiam: cum Achaeorum maxime gente reconciliandae gratiae viam quaerebat.
    Haec una ex omni Graecia gens et Atheniensium civi- 23
tas eo processerat irarum, ut finibus interdiceret Macedonibus. itaque servitiis ex Achaia fugientibus receptaculum Ma- 2
cedonia erat, quia, cum finibus suis interdixissent, intrare
regni terminos ipsi non audebant. id cum Perseus animadvertisset, conprensis omnibus litterae * * ceterum ne simi- 3
lis fuga servorum postea fieret, cogitandum et illis esse. re- 4
citatis his litteris per Xenarchum praetorem, qui privatae

die gewöhnliche Lesart *agrorum*,
was zu eng sein würde, da auch die
Bewohner verletzt werden konnten,
c. 23, 14; vgl. 42, 42, 3. — *quas*,
das hds. *quorum* scheint durch *populorum* veranlasst, Madvig verm.
quorum fines.
    7—8. *iturus erat* etc. holt etwas
nach, was vor der Reise geschehen
war, um die Verhandlung mit den
Achäern anzuknüpfen. — *aut leg.*
et, bezeichnet die Art und die
Mittel, durch die er die Völker zu
gewinnen suchte; über das erklärende Asyndeton s. 40, 10, 1; 22,
23, 6; Naegelsb. § 190, 1. Andere
glauben, es sei etwas, vielll. *sed
circa omnes Graeciae civitates* ausgefallen; allein theils wäre dieses
nicht richtig, da nicht alle griech.
Staaten Philipp feindlich gewesen,
einige schon jetzt Perseus geneigt
waren, *s*. 29, 12, 14; 42, 38, 5, theils
wird als Gegensatz zu *nec — tantum*
besser das folg. *cum Achaeor. max.*
genommen. — *secum integra*, 36,
5, 6: *ut — integra sibi omnia apud
— Romanos essent*; *cum* wie c. 24,
10; *queri cum* 35, 8, 3 u. ä.
    23—24. Verhandlung der Achäer
über ihre Stellung zu Macedonien.
    1—5. L. folgt hier, wie die ganze
Tit. Liv. IX.

Darstellung zeigt, Polybius, dessen
Schilderung dieser Verhältnisse jedoch nicht erhalten ist. — *haec —
Maced.*, L. hat die Sache nicht berichtet, bei Polyb. ist sie wol ausgefallen; das von den Athenern
31, 44 Erzählte ist anderer Art. —
ex omni Gr. st. *ex omnibus Graecis*. — *finib. interd.*, sonst wird die
Ausschliessung der Fremden schon
dadurch bewirkt, dass sie recht-
und schutzlos sind, hier durch einen
besonderen Beschluss. — *suis*, darnach setzt Perizon. *iis* ein, was jedoch aus *Macedonia* entnommen
werden kann, sonst läge auch *quibus* statt *quia* nahe. — *litterae*, der
Inhalt der Zuschrift geht aus § 15
hervor, ebenso dass die aufgegriffe-
nen Sclaven zurückgeschickt wurden; *recepturi* § 4 bedeutet: die erhalten sollten, konnten, wenn die
Versammlung das Geschenk annähme. — *recitatis*, § 15: *decretum*
etc. u. c. 24, 19: *decretum differtur*
zeigt, dass die Verhandlung in einer
Volksversammlung statt hatte, *s*.
32, 22, 4; Polyb. 29, 10, 2. —
Xenarch., er war früher als Gesandter in Rom gewesen, kein
Freund der Römer; seine Strategie
scheint 579—580 zu fallen, die Ver-

17

gratiae aditum apud regem quaerebat, et plerisque moderate et benigne scriptas esse consentibus litteras, atque iis maxume, qui praeter spem recepturi essent amissa mancipia, Callicrates ex iis, qui in eo verti salutem gentis crederent, si cum Romanis inviolatum foedus servaretur, „parva" inquit „aut mediocris res, Achaei, quibusdam videtur agi; ego maxumam gravissimamque omnium non agi tantum arbitror, sed quodam modo actam esse. nam qui regibus Macedonum Macedonibusque ipsis finibus interdixissemus, manereque * * id decretum, scilicet ne legatos, ne nuntios admitteremus regum, per quos aliquorum ex nobis animi sollicitarentur, ii contionantem quodam modo absentem audimus regem et, si dis placet, orationem eius probamus. et cum ferae bestiae cibum ad fraudem suam positum plerumque aspernentur et refugiant, nos caeci specie parvi beneficii inescamur et servulorum minimi pretii recipiendorum spe nostram ipsorum libertatem subrui et temptari patimur. quis enim non videt viam regiae societatis

handlungen hätten also im Frühjahr 580 oder kurz vorher statt gehabt. — *gr. aditum*, Gelegenheit, Mittel zu usw., Caes. B. G. 5, 41, 1: *aditum sermonis*. — *Callicrat.*, ein Freund der Römer, treulos gegen sein Vaterland, und in diesem gehasst, Polyb. 26, 1 extr.; 30, 10; 20; L. deutet seine Gesinnung nur schwach an, c. 24, 2; 3; 18, vgl. 45, 31, 10.
6—8. *maxumam* etc., das bds. *maxume gravissimam omniumque* lässt sich ebenso wenig als 40, 21, 3: *perdifficillimum* vertheidigen, wenn es auch Hom. Il. 2, 220: ἔχθιστος - μάλιστ' ἦν heisst u. ä.; und da d. Hs. *omniumque* hat, so ist wol anzunehmen, dass die WW. umgestellt seien, entweder wie sie in den Text aufgenommen sind, oder *maximam omnium gravissimamque*. — *interdix.*, der Conjunctiv hat, wie es scheint, seinen Grund in dem concessiven Verhältnisse des Gedankens: obgleich, während wir — hören wir doch an. — *manereq.*, wahrscheinlich ist das regierende Verbum ausgefallen, etwa *scivissemus* (*in perpetuum*) *id decr.*, im

Gegensatze zu § 15: *tollamus*: wir haben nicht allein ihnen den Zutritt — versagt, sondern auch beschlossen, dass diese Bestimmung (für immer) bleiben, nicht aufgehoben werden soll, vgl. 31, 44, 7. — *scilicet* lässt sich schwerlich mit *manereq. id decret.* verbinden, schon die Stellung am Ende wäre unpassend; zu *legatos* etc. gezogen steigert so den Gegensatz zu *ii contionant*. — *audimus* etc.: natürlich doch usw., und entspricht *si dis placet*; Crevier: id scilicet praecaventes, ne legatos etc., Madvig verm.: *interdix. carentes per id decr. scilicet*, ne etc. — *si dis pl.*, 40, 13, 2. — *specie*, durch den blossen Schein, da etwas Anderes bezweckt, in der Wirklichkeit nicht einmal eine Wohlthat gegeben wird, s. § 15. — *minimi pr.*, vgl. Cic. Verr. 2, 14, 35: *pretiosissimorum mancipiorum*. — *temptari*, an sich schwächer als *subrui*, soll wol bedeuten: und auch nur den Versuch zu machen sie anzugreifen, s. § 14.
9—15. *viam - soc.*, wie § 4 *aditus*, vgl. 40, 4, 14; 37, 11, 10. —

quaeri, qua Romanum foedus, quo nostra omnia continentur, violetur? nisi hoc dubium alicui est bellandum Romanis cum Perseo esse et, quod vivo Philippo expectatum, morte eius interpellatum est, id post mortem Philippi futurum. duos, ut scitis, 10 habuit filios Philippus, Demetrium et Persea. genere materno, virtute ingenio favore Macedonum longe praestitit Demetrius. sed quia in Romanos odii regnum posuerat praemium, Deme- 11 trium nullo alio crimine quam Romanae amicitiae initae occidit, Persea, quem *belli cum* populo Romano prius paene quam regni heredem futurum sciebat, regem fecit. itaque quid hic post 12 mortem patris egit aliud quam bellum paravit? Bastarnas primum ad terrorem omnium *in* Dardaniam inmisit; qui si sedem eam tenuissent, graviores eos accolas Graecia habuisset, quam Asia Gallos habebat. ea spe depulsus non tamen belli consilia 13 omisit; immo, si vere volumus dicere, iam inchoavit bellum. Dolopiam armis subegit nec provocantis de controversiis ad disceptationem populi Romani audivit; inde transgressus Oetam, ut repente in medio umbilico Graeciae conspiceretur, Delphos escendit. haec usurpatio itineris insoliti quo vobis spectare vi- 14 detur? Thessaliam deinde peragravit; quod sine ullius eorum quos oderat noxia, hoc magis temptationem metuo. inde litte- 15

Roman., c. 24, 17; 21, 10, 3 u. a.
— *quo - contin.*, wie § 5: *in eo v. si.* — *nisi*, 40, 12, 17. — *belland.* — *esse*, so wie im Senate wol schon der Krieg beschlossen war, so betrachtet ihn der Römerfreund als unvermeidlich, und führt dafür die von den Römern selbst gebrauchten Gründe an, 42, 40. — *quod* allgemein, wenn auch *bellum* aus *bellandum* leicht gedacht wird. — *genere mat.*, 39, 53, 3. — *posuerat*, 29, 6, 15: *praemium in medio positum*; Sall. C. 20, 14: *fortuna - praemia posuit*, s. 39, 17, 1 u. a., vgl. 42, 22, 2. — *prius* etc., die frühere Lesart *poenae quam regni* könnte den Sinn haben: der für das röm. Volk, in den Augen des röm. Volkes, eher ein Erbe der Philipp schon wegen seiner Kriegspläne gegen Rom drohenden Strafe als - war usw., s. Verg. 11, 416: *ille mihi ante alios fortunatus*; Ecl. 7, 70; doch ist der Gedanke einfacher, wenn *paene* gelesen und eine den Gegensatz zu *regni* enthaltende Lücke angenommen wird, nach Gron. *quem in p. R. prius odii*, s. Plut. Aem. 8, 9; Ruben. *quem belli in p.*, Heerwagen *q. belli cum p. R.*; Hertz *prius p. bellum inlaturum.* — *egit*, vgl. 34, 2, 12: *faciunt*; 40, 5, 6. — *sedem*, c. 19 a. E. — *habeb.*, vor dem Siege der Römer, 38, 47, 11. — *ea spe dep.*, 31, 25, 11: *magna spe depulsus*, 23, 8, 3; zu 31, 24, 3. — *si vere v. d.*, 34, 2, 14. — *Dolop. - provoc.*, c. 22, 4; 39, 24, 14. — *medio* neben *umbilico*, s. 35, 18, 4, pleonastisch, 39, 56, 6, c. 24, 20. — *usurp.*, als ob er durch das Betreten des Weges ein Recht nicht aus der Uebung kommen lassen wolle, c. 6, 10. — *quos oder.*, nach der Voraussetzung des Redners, um zu steigern, sonst läge *adierat*, wie verm. wird, nahe, c. 22, 6. — *noxia*, 2, 54, 10, vgl. 36, 21, 3. — *hoc mag.*, schon wenn er nicht geschont hätte, wäre es

17 *

ras ad nos cum muneris specie misit et cogitare iubet, quo
modo in reliquum hoc munere non egeamus, hoc est, ut decre-
16 tum, quo arcentur Peloponnenso Macedones, tollamus, rursus
legatos regios et hospitia cum principibus et mox Macedonum
exercitus, ipsum quoque a Delphis — quantum enim interfluit
fretum? — traicientem in Peloponnesum videamus, inmiscea-
17 mur Macedonibus armantibus se adversus Romanos. ego nihil
novi censeo decernendum servandaque omnia integra, donec ad
18 certum redigatur, vanusne hic timor noster an verus fuerit. si
pax inviolata inter Macedonas Romanosque manebit, nobis quoque amicitia et commercium sit; nunc de eo *cogitare* periculo-
sum et inmaturum videtur."

24 Post hunc Archo, frater Xenarchi praetoris, ita disseruit.
„difficilem orationem Callicrates et mihi et omnibus, qui ab eo
2 dissentimus, fecit: agendo enim Romanae societatis causam
ipse temptarique et oppugnari dicendo, quam nemo neque
temptat neque oppugnat, effecit, ut, qui ab se dissentiret, adver-
3 sus Romanos dicere videretur. ac primum omnium, tamquam
non hic nobiscum fuisset, sed aut ex curia populi Romani veniret aut regum arcanis interesset, omnia scit et nuntiat, quae

verdächtig, noch mehr deshalb, weil
er (*quod* ist Conjunction) geschont
hat, 37, 53, 2. — *tempt.*, den Versuch – zu gewinnen.
15–18. *in reliq.*, 36, 10, 14 u. a.,
der Gedanke ist ironisch. — *hoc e.*,
s. 34, 3, 4; 45, 15, 4; 21, 10, 8: *id
est.* — *rursus leg.* Gegensatz zu
§ 7. — *videamus* bezieht sich zunächst auf *traicientem* und ist in
etwas anderer Bedeutung zu den
übrigen Objecten zu nehmen, s. 3,
30, 6; 39, 41, 2; über *hospitia* s. 1,
45, 2. — *interfl.*, 27, 29, 9; 33, 15,
1 u. a. — *Mac. arma*, in die Kriege,
zu denen sie sich rüsten, verwickelt
werden. — *ego*, 28, 42, 22. — *nihil
n.*, keine Abänderung des Beschlusses, § 6; 15. — *ad cert. red.*, 44,
15, 4, vgl. 26, 37, 8 u. a. — *amicit.*,
politische Verbindung und in Folge
derselben *commercium*, Gleich-
stellung des Fremden mit dem Bürger des eigenen Staates in vermö-
gensrechtlicher Beziehung, wie sie
durch Bündnisse oder andere Staats-
verhältnisse festgestellt werden
kann, s. Mommsen Forsch. 1, 351;
Gegensatz zu § 1; 6: *finibus inter-
dicere.* — *eo aus novi* zu erklären.
— Im Folg., s. § 15, kann auch *decernere, consilium capere* ausgefallen sein.

24. 1–2. *Archo*, zu 39, 23, 5. —
agendo ipse, c. 10, 13. — *tempt. e.
opp. v. societatem Romanam*, worauf
sich auch *quam* bezieht; Callicrates
hat die Sache so verkehrt, als ob
wir nicht ein friedliches Verhältnis
mit Perseus, sondern Krieg mit den
Römern wollten. — *ab se*, Absicht
des Subjectes in *effecit*, Callicrates;
vorher *ab eo*.
3–7. Wir können unsere Be-
schlüsse nur nach den offen vorliegenden Verhältnissen fassen. — *fu-
iss.*, bisher, *venir.*, jetzt, *interess.*,
immer. — *ex cur.*, c. 23, 5. — *arcanis*, während die Verhandlungen
im Senate wenigstens in einer
grossen Versammlung statt finden,
vgl. 42, 14, 1. — *nuntiat*, macht Mit-

occulte facta sunt. divinat etiam, quae futura fuerint, si Philip- 4
pus vixisset, quid ita Perseus regni heres sit, quid parent Macedones, quid cogitent Romani. nos autem, qui nec ob quam 5
causam nec quem ad modum perierit Demetrius scimus nec quid
Philippus, si vixisset, facturus fuerit, ad haec, quae palam geruntur, consilia nostra accommodare oportet. ac scimus Persea 6
regno accepto regem a populo Romano appellatum; audimus legatos Romanos venisse ad regem et eos benigne exceptos. haec 7
omnia pacis equidem signa esse iudico, non belli, nec Romanos
offendi posse, si, ut bellum gerentes eos secuti sumus, nunc
quoque pacis auctores sequamur. cur quidem nos inexpiabile
omnium soli bellum adversus regnum Macedonum geramus, non
video. opportuni propinquitate ipsa Macedoniae sumus? an in- 8
firmissimi omnium, tamquam, quos nuper subegit, Dolopes?
immo contra ea vel viribus nostris, deum benignitate, vel regionis intervallo tuti. sed simus aeque subiecti ac Thessali Aetoli- 9

theilungen; in diesem Zusammenhange wenig verschieden von *enun-
tiat*, vgl. 25, 9, 4. — *fuerint* und
factur. fuerit sind, obgleich d. Hs.
fuerant hat, in der indirecten Frage
nothwendig. — *quid ita*, s. c. 7, 7.
— *ad haec*, der Brief u. das Geschenk. — *ac scimus* etc.: und nun,
nun aber wissen wir, Anknüpfung
des Untersatzes, Cic. Or. 1, 12, 54:
atque; p. Arch. 7, 15: *atque idem*
etc.; auch *atqui* wäre passend; Perizon. verm. *at*. — *accepto*, da in d.
Hs. folgt *alegatos romanos venisse
ad regem Persea ad pr. appellatum*, so ist es zweifelhaft, ob die zu-
gesetzten Worte aus dem Folg. genommen sind, oder eine gegenseitige
Beschickung durch Gesandte bezeichnet war; Gron. verm. *accepto
legatos Romam misisse, ac regem*
etc. — *equidem*, verstärktes *quidem*. — *seculi s. - sequamur*, absichtlich wiederholt, s. § 9; 19; 26,
33, 4.
7–10. Die Lage unseres Landes
und unsere eigene macht die Verbindung mit Maced. nicht gefährlich.
— *cur quid.*, einen Grund wenigstens; man könnte *quidem* eher nach
nos erwarten. — *omnium soli*, s. §

10. — *an* etc., eine zweite selbständige, nicht der zweite Theil einer
Doppelfrage. — *immo* etc. läugnet
den Inhalt beider Fragen; *sed simus*
etc. lässt die erste gelten um durch
einen neuen Grund die zweite zu
widerlegen. — *immo contra ea* findet sich selten so verbunden, s.
Digest. 33, 7, 3; Hand Turs. 3,
234; *contra ea*, s. 2, 60, 1, eine
Steigerung von *immo*. — *region.
int.*, die dazwischen liegende Gegend, vgl. 32, 17, 12; Widerlegung
von c. 23, 16. — *simus*, das hds.
sumus lässt sich nur künstlich vertheidigen, s. 5, 53, 1; Hand I. l. 1,
182; 340. — *subiecti*, nicht: unterworfen, wie *subiecti atque obnoxii
vobis erimus* 7, 30, 2, vgl. § 8 wo
subegit statt *subicit* zu lesen ist,
sondern: durch die Lage ausgesetzt,
wie vorher *opportuni*, vgl. 42, 12,
10; zu *subiecti* zu denken *Romanis*,
Bradstäter Aetol. 483 n. 1778, ist
schon wegen des Zusammenhanges
nicht möglich, da *nihilo plus* etc.
den Gedanken hinzufügt: wenn auch
unser Land ebenso wie Aetolien u.
Thess. Perseus ausgesetzt wäre, so
hätten wir doch bei den Römern
mehr Einfluss, würden eher von

que: nihilo plus fidei auctoritatisque habemus adversus Romanos, qui semper socii atque amici fuimus, quam Aetoli, qui paulo ante
10 hostes fuerunt? quod Aetolis, quod Thessalis, quod Epirotis, omni denique Graeciae cum Macedonibus iuris est, idem et nobis sit. cur exsecrabilis ista nobis solis velut dissertio iuris humani
11 est? fecerit aliquid Philippus, cur adversus eum armatum et bellum gerentem hoc decerneremus; quid Perseus, novus rex, omnis iniuriae insons, suo beneficio paternas simultates oblitte-
12 rans, meruit, cur soli omnium hostes ei simus? quamquam et illud dicere poteram, tanta priorum Macedoniae regum merita erga nos fuisse, ut Philippi unius iniurias, si qua forte fuerunt,
13 utique post mortem *. * cum classis Romana Cenchreis staret, consul cum exercitu Elatiae esset, triduum nos in concilio fuisse
14 consultantis, utrum Romanos an Philippum sequeremur. nihil metus praesens ab Romanis sententias nostras inclinarit; fuit certe tamen aliquid, quod tam longam deliberationem faceret. [id quod] erat vetusta coniunctio cum Macedonibus, vetera et
15 magna in nos regum merita. valeant et nunc eadem illa, non ut praecipue amici, sed ne praecipue inimici simus. ne id, quod

ihnen Hülfe erhalten. — *advers.*, ihnen gegenüber, in ihren Augen, 22, 39, 9; Prisc. 18, 210 p. 1181: Attici *ἐναντίον τοῦδε* pro *coram illo*. Terentius *Andria: - adversum te*. — *quod* etc., die Folgerung. — *omni Gr.*, c. 23, 1. — *cum M.-iuris*, 9, 1, 8. — *ista*, die Callicr. in Schutz nimmt. — *dissertio* ist, obgleich es auch bei Paul. Diac. p. 72 heisst: *disertiones divisiones patrimoniorum inter consortes*, da diese Bedeutung an u. St. nicht passend ist, wahrscheinlich verdorben; Madvig verm. *discerptio*, was sich sonst nicht findet; Andere *dissaeptio*.
11-14. Unsere Verhältnisse zu Maced. machen die Aufhebung des Beschlusses wünschenswerth. — *fecerit*, s. 44, 38, 7; 28, 27, 13; häufiger mit *ut*. — *cur*, was ein Grund wäre, uns bestimmen könnte, wie im Folg., 5, 46, 6; 10, 18, 14. — *quamquam* etc., ich könnte vielmehr sagen, führt nach dem negativen das positive Argument an. Im Folg. fehlt, da *in concilio fuisse* nicht passend von *dicere poteram* abhängig gemacht würde, ausser dem Prädicate zu dem Satze *ut - iniurias*, etwa *oblivisci debemus*, oder *obliterent*, *obscurent*, *elevent*, auch das regierende Verbum zum folg. Satze, etwa *scimus*, *meministis*, c. 22, 7. — *Cenchreis*, 32, 17, 3. — *triduum* etc., 32, 19 ff. — *nihil - inclin.*: ich will zugeben, dass usw., wie § 11. — *certe tam.*, doch gewiss, Cic. Cat. m. 23, 84. — *id quod* kann nach dem unbestimmten *aliquod* nicht statt haben, es scheint aus *aliquid quod* wiederholt; Madvig verm.: *id quid erat*. — *valeant e. n.*, um jetzt, da Philipp. todt ist, die damals aufgehobene freundliche Verhältniss wiederherzustellen.
15-18. Durch die freundliche Stellung zu Perseus wird uns das Bündniss mit den Römern nicht beeinträchtigt. — *ne - simulav.*, wir wollen nicht usw., s. 32, 21, 21, wie oft die 2. Person des Perf. Conj. —

non agitur, Callicrates, simulaverimus agi; nemo novae societatis aut novi foederis, quo nos temere inligemus, conscribendi est 16 auctor, sed commercium tantum iuris praebendi repetendique sit, ne interdictione finium nostros quoque et nos regno arceamus, ne servis nostris aliquo fugere liceat. quid hoc adversus 17 Romana foedera est? quid rem parvam et apertam magnam et suspectam facimus? quid vanos tumultus ciemus? quid ut ipsi 18 locum adsentandi Romanis habeamus, suspectos alios invisosque efficimus? si bellum erit, ne Perseus quidem dubitat, quin Romanos secuturi simus. in pace etiam si non finiuntur odia, intermittantur." cum idem huic orationi, qui litteris regis adsensi 19 erant, adsentirentur, indignatione principum, quod quam rem ne legatione quidem dignam iudicasset Perseus, litteris paucorum versuum impetraret, decretum differtur. legati deinde 20 postea missi ab rege, cum Megalopoli concilium esset, dataque opera est ab iis, qui offensionem apud Romanos timebant, ne admitterentur.

Per haec tempora Aetolorum in semet ipsos versus furor 25

agi, die Hs. hat *ac*, was nicht wie § 6 genommen werden,könnte. — *societ. aut foed.*, s. 39, 37, 10; *aut* weil der Gedanke negativ ist. — *inlig.*, 42, 23, 3; 32, 22, 11; 33, 12, 13. — *commerc. - repetendi*, Umschreibung von Recuperatorengerichten, bei denen ein gegenseitiges Rechtsverhältniss vorausgesetzt wird, s. 39, 26, 14; 38, 39, 11 f.; Rudorff 2, S. 35. — *nostros*, die Bürger der achäischen Staaten, *nos* wol die *principes* § 19; *nostrorum* nach *finium* zuzusetzen scheint nicht nöthig, s. c. 23, 1. — *aliquo*, irgend einen als wirklich gedachten Ort, gewöhnlich *ne quis*, *quo* usw. — *quid hoc* ist wol zu nehmen: in welcher Beziehung, im Folg. ist *quid* warum. — *facimus*, communicativ, um nicht *tu facis* zu sagen, auch bei *ipsi* ist an Callicrates zu denken. — *efficim.*, s. 40, 13, 6. — *etiam si - finiuntur*, 40, 15, 15; 24, 34, 11 u. a., *odia*, in der Hs. steht *odio* nach *non*, es kann entweder vor dieses oder besser vor *finiuntur* gestellt werden, vgl. 40, 46, 11.

19-20. *adsensi er.*, das hds. *adsentierant* kann schwerlich durch *assentiere* bei Apul. Met. 7, 5 geschützt werden. — *indignatione*, in Folge, s. 33, 10, 3; 31, 21, 11; 38, 39, 10; *quod* etc. ist dazu mehr Epexegese, als abhängiger Satz, wie bei *metu ne* 35, 30, 3 u. a. Der wahre Grund der Zurückweisung ist wol in *idem - adsentirentur* zu suchen, s. § 20. — *princip.*, wahrscheinlich sind zunächst die Magistrate, die Damiurgen, gemeint, s. 32, 21, 1; ib. 22, 2; 35, 25, 6. — *versuum*, Zeilen. — *decretum*, es wird dabei vorausgesetzt, dass ein Beschluss habe gefasst werden können; es ist also eine gesetzmässige Versammlung, nicht eine blos zufällige Zusammenkunft. — *deinde postea*, Cic. Mil. 24, 65 u. a., wie *itaque ergo* 9, 31, 16, vgl. 42, 50, 4 u. ä. — *offens. ap.*, nicht *ne offenderent*, weil *ne* sogleich folgt.

25. Verhältnisse in Aetolien, Creta, Lycien. Polyb. 30, 14; Diod. Sic. 29, 36.

mutuis caedibus ad internecionem adducturus videbatur gentem.
2 fessi deinde et Romam utraque pars miserunt legatos et inter se
ipsi de reconcilianda concordia agebant, quae novo facinore
3 discussa res veteres etiam iras excitavit. exulibus Hypataeis, qui
factionis Proxeni erant, cum reditus in patriam promissus esset,
4 fidesque data per principem civitatis Eupolemum, octoginta inlustres homines, quibus redeuntibus inter ceteram multitudinem
Eupolemus etiam obvius exierat, cum salutatione benigna excepti
essent dextraeque datae, ingredientes portam, fidem datam deos-
5 que testis nequiquam invocantes interfecti sunt. inde gravius de
integro bellum exarsit. C. Valerius Laevinus et Ap. Claudius
Pulcher et C. Memmius et M. Popillius et L. Canuleius missi ab
6 senatu venerant. apud eos cum Delphis utriusque partis legati
magno certamine egerunt, Proxenus maxime cum causa tum
eloquentia praestare visus est; qui paucos post dies ab Ortho-
bula uxore veneno est sublatus; damnataque eo crimine in exi-
7 lium abiit. idem furor et Cretenses lacerabat. adventu deinde
Q. Minuci legati, qui cum decem navibus missus ad sedanda

1-6. *mut. caedib.* auf *furor* als
die nächste Ursache statt auf *Aetoli*
bezogen; Polyb. l. l.: οἱ *Αἰτωλοὶ
τὸν βίον ἀπὸ ληστείας καὶ τῆς
τοιαύτης παρανομίας εἰώθεισαν
ἔχειν* - '*Ῥωμαίων δ' ἐπιστάντων
τοῖς πράγμασι κωλυθέντες τῆς
ἔξωθεν ἐπικουρίας εἰς ἑαυτοὺς κα-
τήντησαν* etc. ib. p. 1181, 83, Diod.
l. l. *τῆς παρὰ τοῖς Αἰτωλοῖς χρεω-
κοπίας κατὰ τὴν Θεσσαλίαν ζη-
λωθείσης, καὶ πάσης πόλεως εἰς
στάσεις ἐμπιπτούσης, ἡ σύγκλητος ὑπέλαβεν ἐκ τοῦ Περσέως γεγονέναι τὴν σύγχυσιν*; das Letztere erwähnt L. nicht, viell. ist die
Einmischung erst später erfolgt. —
res könnte fehlen, besonders da es
nach *quae* erwartet wird, doch ist
es deshalb wol nicht mit Crev. zu
tilgen. — *Hypat.*, die Stadt ist also
noch im Besitze der Aetoler, vgl. 38,
11, 9; 36, 14, 15; 26f., die Verhältnisse selbst sind nicht weiter bekannt, s. Brandstäter 479; Schorn
333. — *princeps*, wahrscheinlich
der Strateg, nicht blos: der erste
Mann in dem Staate. — *benigna*, s.
42, 39, 8; bei dem hds. *benigne* wäre

cum salutatione, wenn sich auch
Aehnliches findet, s. 44, 13, 12: *cum
gratia*, 22, 42, 5: *cum cura* u. a.,
bedeutungslos: zur Sache vgl. 38,
33. — *fidem d. deosq. t.*, 29, 24, 3;
40, 22, 11 u. a. — *de integro* bezieht sich nur auf *ortum*, nicht auf
gravius. — *Valer.*, s. c. 18, *Claud.*
c. 13, zwei Consulare; *Memm.*, 42,
9, 8, *Popill.*, c. 14, gewesene Prätoren; *Canul.*, viell. der 42, 28 erwähnte; die Rückkehr der c. 22, 3
genannten Gesandten ist nicht gemeldet. — *Delphis*, 42, 6, 1; die
Gesandten treten als Richter auf
(*apud*), s. 39, 25, 1. — *certam.*, 40,
17, 3. — *cum causa*, er schien Recht
zu haben; der Zusammenhang der
Ereignisse ist nicht klar. — *qui,*
aber er. — *damnataq.*, und so usw.,
s. 23, 8, 4, ib. 23, 8; 24, 25, 10 u.
a.; der Wechsel der Subjecte ist
nicht auffallender als an anderen
Stellen, s. c. 22, 5; 39, 53, 10; 37,
2, 6 u. a., Gron. will *quae damnata*
ändern. — *crimine*, s. 40, 12, 10.
7-8. *Cretens.*, 37, 60. — *Minuc.*, das Vorausgegangene und die
Absendung der Flotte, wenn nicht

eorum certamina erat, ad spem pacis venerant. ceterum indutiae tantum sex mensum fuerunt; inde multo gravius bellum exarsit. Lycii quoque per idem tempus ab Rhodiis bello vexa- 8 bantur. sed externorum inter se bella, quo quaeque modo gesta sunt, persequi non operae est satis superque oneris sustinenti res a populo Romano gestas scribere.

Celtiberi in Hispania, qui bello domiti se Ti. Graccho de- 26 diderant, pacati manserant M. Titinio praetore obtinente provinciam, rebellarunt sub adventum Ap. Claudi, orsique bellum sunt ab repentina oppugnatione castrorum Romanorum. prima 2 lux ferme erat, cum vigiles in vallo quique in portarum stationibus erant, cum vidissent procul venientem hostem, ad arma conclamaverunt. Ap. Claudius signo proposito pugnae, [ad] paucis ad- 3 hortatus milites, tribus simul portis eduxit. obsistentibus ad exitum Celtiberis primo par utrimque proelium fuit, quia propter angustias non omnes in faucibus pugnare poterant Romani; urguentes deinde alii alios sicubi evaserunt extra vallum, ut 4

in einer der Lücken die Sache berührt war, ist übergangen; die vorliegenden kurzen Notizen sind wahrscheinlich aus Polyb. genommen. — *mensum*, 3, 24, 4. — *Lycii*, c. 6. — *quaeque*, 40, 5, 6, vgl. 39, 31, 12; 1, 9, 8. — *sunt*, wenn man nicht *sint* lesen will, ist *quo* als Relativ. zu nehmen. — *operae est* mit dem Dativ und folg. Infinitiv, immer in negativen Sätzen, s. 21, 9, 3; 44, 36, 13: *non operae est stanti* etc., 29, 17, 17; 4, 8, 3 usw. — *sustin*., 23, 9, 7; zum Gedanken 31, 1. — *scrib*., der Infin. hängt von *sat. s. oneris sust.* ab, worin der Begriff liegt: es wird mir schwer; der Grundsatz ist der 33, 20, 13; 39, 48, 6; 35, 40, 1 ausgesprochene.

26. Krieg in Hispanien.

1—3. *Graccho*, 40, 47 ff.; *Titin*., c. 15, 11. — *Claudi*, er ist 579 in Spanien gewesen, und in diesem Jahre oder 580, bevor der c. 21, 3 bestimmte Nachfolger ankam, s. 40, 39, 1, könnte das Berichtete geschehen sein, s. c. 28, 1: *exitu anni*; allein da es *sub adventum* heisst, ist es wahrscheinlicher, dass L. die Thaten des Claudius ein Jahr zu spät angesetzt habe. — *cum – cum*, die Härte der Wiederholung wird durch die verschiedene Bedeutung der Conjunction gemildert, vgl. 1, 5, 3. — *vigil*., s. 44, 33, 8; Marq. 3, 2, 325. — *port. st*., 4, 27, 7. — *signo pr*., 22, 45, 5 u. a. — *ad* scheint aus dem folg. *adhortatus* vorausgenommen; Andere lesen *ac*. — *trib. p*., c. 9, 6; zur Sache 40, 28, 3.

3—5. *obsist*., vgl. 34, 46, 9 f. — *par*, 22, 47, 4. — *propter angust*. ist wesentlich nicht von *in faucibus* verschieden; doch ist die Darstellung überhaupt etwas breit. — *alii al*., 5, 47, 2 u. a. — *sicubi*, wenn bei den verschiedenen Angriffen an den drei Thoren welche usw., doch ist das W. unsicher, da die Hs. *secuti* hat, und es scheinen könnte, als ob die einzelnen durchbrechenden Scharen sich so hätten ausdehnen können, dass sie der feindlichen Schlachtreihe gleich gewesen wären, was nur der Gesammtheit der Ausgerückten möglich war; *secuti* wäre an sich, wenn *alii alios* sowol darauf als auf *urgentes* bezogen würde, nicht unpassend, da die *urgentes* nach und nach anlangen, s. 39, 31, 3: *usque*

pandere aciem et exaequari cornibus hostium, quibus circumi-
bantur, possent, ita repente inruperunt, ut sustinere impetum
eorum Celtiberi nequirent. ante horam secundam pulsi sunt;
5 ad quindecim milia *caesa aut* capta, signa adempta duo et triginta.
castra etiam eo die expugnata debellatumque; nam qui superfuere
proelio, in oppida sua dilapsi sunt. quieti deinde paruerunt
imperio.
27   Censores eo anno creati Q. Fulvius Flaccus et A. Postumius
Albinus legerunt senatum; princeps lectus M. Aemilius Lepidus
2 pontufex maximus. de senatu novem eiecerunt. insignes notae
fuerunt M. Corneli Maluginensis, qui biennio ante praetor in
Hispania fuerat, et L. Corneli Scipionis praetoris, cuius tum inter
civis et peregrinos iurisdictio erat, et L. Fulvi, qui frater germanus et, ut Valerius Antias tradit, consors etiam censoris erat.

plures confertioresque urgebant und
zwei Participia sich auch sonst verbunden finden, s. 40, 28, 3; 21, 28,
5, würde aber die Sätze zu sehr
zerstückeln; am einfachsten wäre
ubi. — exaequari, 23, 35, 7; ad
Her. 4, 18, 25: *paucis nobis exaequari non poterant. — quibus* ist
wol Abl., wie oft von Soldaten, Z.
§ 455 A.; Andere halten es für Dativ. — *ita rep.*, s. 27, 8, 6; zur Situation 24, 16, 1 f. — *caesa aut*, s.
c. 28, 8; ob die Zahl der Gefangenen besonders angegeben gewesen
sei, wie Madvig annimmt, lässt sich
nicht bestimmen. — *superfuere*, wo
wir das Plusqprf. erwarten, s. 1, 1,
1; 32,26, 2:*adduxit*;27,33,2:*prae-
fregit* u. a., vgl. 42, 54, 6. — *pugnae*, 39, 31, 14.
27. Censor des Fulvius und Postumius.
1-2. *Fulvius*, 40, 43; *Postum.*,
Bruder des diesjährigen Consuls,
40, 35: 11. — *Aemil.*, 40, 42, 12;
pontufex, 25, 2, 1. — *eiec.*, 40, 51,
1; 43, 15, 6, vgl. 39, 42, 5. — *Cornel. Malug.*, wahrscheinlich weil er
c. 15 einen Meineid geschworen
hat; dann aber ist im Folg. *in Hispania*, wenn es von L. herrührt,
ein Irrthum, da Cornel. eben deshalb geschworen hatte, weil er nicht
nach Hisp. gehen wollte, s. Lange

2, 229; 243. — *Scipionis pr.*, s. zu c.
21, 1, Becker 2, 2, 209. — *consors*,
Vell. Pat. 1, 10 extr.: *aspera circa
haec tempora censura Fulvii Flacci
et Postumii Albini fuit. quippe Fulvii censoris frater, et quidem consors, Cn. Fulvius, senatu motus est
ab iis censoribus*; Val. Max. 2, 7, 5
hält ihn für den 40, 41, 7 genannten: *Fulvius Flaccus censor Fulvium
fratrem consortem, legionem, in
qua tr. mil. erat, - dimittere ausum,
senatu movit*, ebenso (der unächte)
Frontin. Strat. 4, 1, 32. L. deutet
durch nichts an, dass er beide für
gleich halte, vielmehr nennt er 40,
41 den *M. Fulvius* zwar Bruder
eines Q. Fulvius aber ohne diesen
näher zu bezeichnen, und unterscheidet ihn von dem damaligen
Consul sowol als dem jetzigen Censor durch den Zunamen *Nobilior*,
ohne irgendwie zu bemerken, dass er
aus der Familie der *Flacci* durch
Adoption in die der *Nobiliores* übergegangen sei; es ist deshalb nicht
nöthig an u. St. wegen 40, 41, 7 *M.*
zu schreiben; ob d. bd. *L.* oder *Cn.*
nach Velleius richtiger sei, lässt
sich nicht sicher entscheiden. —
germanus, von denselben Eltern,
wenigstens demselben Vater stammend; dass er *german.* gewesen sei,
betrachtet L. als sicher, dass er auch

consules votis in Capitolio nuncupatis in provincias profecti sunt. 3
ex iis M. Aemilio senatus negotium dedit, ut Patavinorum in
Venetia seditionem conprimeret, quos certamine factionum ad
intestinum bellum exarsisse et ipsorum legati adtulerant. legati, 4
qui in Aetoliam ad similis motus conprimendos ierant, renuntiarunt
coerceri rabiem gentis non posse; Patavinis saluti fuit adventus
consulis; neque aliud quod ageret in provincia cum habuisset,
Romam rediit. censores vias sternendas silice in urbe, glarea 5
extra urbem substruendas marginandasque primi omnium lo-

corsors gewesen, d. h. dass die Brüder die väterliche Erbschaft noch nicht getheilt, noch zusammen gewohnt hätten, hatte nur Val. Ant. berichtet, dem Velleius folgt.
3—4. *consules* etc., die lectio senatus wurde also bald nach dem Beginn der Censur vorgenommen; die Consuln scheinen, wie 40, 53, 1, sogleich nach derselben in die Provinz abgegangen zu sein. — *vot. nunc.*, 22, 1, 6. — *M. Aemilio* ist ein Irrthum L.'s oder des Abschreibers, da die Sache, wenn Aemilius als Consul das Geschäft besorgte, in dem vorhergeh. Jahre, wo derselbe dieses Amt bekleidete, s. zu c. 19, 1, hätte erzählt werden müssen. Vielleicht hat L. die Notiz aus den Annalen seiner Vaterstadt entnommen und in ein unrichtiges Jahr gesetzt, doch vgl. § 2; c. 26, 1. — *certam. fact.*, die Sache ist nicht weiter bekannt, s. Einleit. 4. — *et ips.*, wenn nicht ein zweites Glied mit *et* fehlt, ist zu denken, dass man bereits auf anderem Wege Kenntniss von der Sache erhalten hätte. — *Aetol.* etc., die Aehnlichkeit des Gegenstandes scheint die kurze Bemerkung veranlasst zu haben, s. c. 25, 5; 42, 2, 1. — *coerc. rab.*, vgl. 34, 24, 4; 27, 30, 5. — *saluti f.*, er stellte die Eintracht wieder her. — *prov.*, wol Gallien.

5. *censores*, nach der kurzen Unterbrechung, die sich an die Abreise der Consuln knüpfte, geht die Erzählung auf § 2 zurück. — *silice*

ster., nach 38, 28, 3 war schon eine kurze Strecke Weges ausserhalb der Stadt gepflastert worden, erst jetzt geschieht es in der Stadt, viell. bezieht sich darauf Plin. 19, 2, 24: *quantum mutatis moribus Catonis censorii, qui sternendum quoque forum muricibus censuerat.* — *glarea – subst.*, bedeutet wol nur: mit Kies bestreuen, s. Schlosser Gesch. d. alt. Welt 4, 471, nicht Kies unter die Steine streuen, mit denen die Strassen belegt worden wären, da sich kaum annehmen lässt, dass mehrere Strassen ausserhalb der Stadt (die via Appia war, wie es scheint, allerdings mit Steinplatten belegt, Becker Gallus 1, 79) besser hergestellt worden seien, als die in der Stadt. — *margin.*, mit einer erhöhten Einfassung von Steinen, auch wol mit Prall- und Sitzsteinen versehen. — *primi omnium* L. auf *substruend.* und *margin.* bezogen zu haben, da schon mehrere Strassen, s. 9, 43, 25, aber viell. weniger sorgfältig angelegte, vorhanden waren, Lange 2, 244. — *pontes*, wo und was es für welche waren, lässt sich nicht erkennen; schwerlich sind in Rom selbst, wenigstens über die Tiber, viele angelegt worden, s. 40, 51, 14; Becker 1, 696 ff. — *scaenam*, also nur den Raum, wo die Schauspieler agirten, vgl. 40, 51, 3; die *cavea* scheint wie früher umzäunt, nicht in den Bau gezogen oder mit *gradus* versehen, die *scaena* dagegen, um sie nicht jedes Jahr mehr-

caverunt, pontesque multis locis faciendos; et scaenam **aedilibus**
6 praetoribusque praebendam, et carceres in circo, et ova **ad notas**
curriculis numeran*dis ✻ dam*, et metas trans ✻ et caveas fer-
7 rea ✻ intromitterentur ✻ *feriis* in monte Albano consulibus, et
clivom Capitolinum silice sternendum curaverunt, et **porticum**
ab aede Saturni in Capitolium ✻ ad senaculum ac super id **curiam**.
8 et extra portam Trigeminam emporium lapide straverunt stipi-

mals herstellen zu müssen, von Stein errichtet zu sein, aber nicht lange bestanden zu haben, s. zu 40, 51, 3: Tac. Ann. 14, 20; Marq. 4, 527. — *aedil.* etc., den aedil. curules zu den ludi Romani, den aedil. pl. zu den ludi plebeii, dem jedesmaligen Stadtprätor zu den ludi Apollinares, 25, 12, 12. — *praebend.* wäre von *locarunt* abhängig: sie gaben in Accord, dass sie jedesmal den Aedilen usw. überlassen werden sollte; besser wird es wol, wie die folg. Begriffe, mit *curarunt* § 7 in Verbindung gesetzt. Die nächsten Worte sind lückenhaft, man sieht nicht, was die Censoren für die *carceres*, die schon lange bestanden, s. 8, 20, 2, gethan haben. — *ova*, vgl. Varro R. R. 1, 2: *ovum illud sublatum est, quod ludis circensibus novissimi curriculi finem facit quadrigis*; später wurde nach jedem der 7 Umläufe, die zu einem *missus* gehörten, ein *ovum* von der Säule, auf der es stand, heruntergenommen; in der Zeit, von der L. redet, könnten sie, wenn das 44, 9, 4, vgl. 45, 33, 5, Erwähnte richtig ist, diesen Zweck nicht gehabt haben, auf den sich auch die Stelle bei Varro nicht bezieht, vgl. Dio Cass. 49, 43: ᾠοειδῆ δημιουργήματα κατεστήσατο (Ἀγρίππας), also erst zur Zeit des Augustus, vgl. Marq. 4, 508; 501f. — *metas*, 37, 27, 2, „je drei Kugelsäulen" am Anfang und Ende der Rennbahn. — *caveas*, Behälter für die wilden Thiere zu den *venationes*, s. 39, 22, 2; 44, 18, 8. — *feriis* und *monte Albano* zeigen, dass eine Einrichtung für die feriae Latinae bezeichnet war; die Lücken lassen sich nicht mit Sicherheit ergänzen. — 7. *clivom* etc., der Weg vom forum auf das Capitolium, s. 37, 3, 7; Becker 1, 311; 314, wird erst jetzt gepflastert. — *aede Sat.*, s. c. 21, 12. — *Capit.*, zum capitol. Tempel. Die folg. Worte sind wahrscheinlich verdorben oder lückenhaft; man mag die *curia* (es ist wol an die *Hostilia*, nicht an die *calabra* auf dem Capitol, s. Becker 1, 401, zu denken, wenigstens weist senaculum auf jene hin) an den Fuss des Capitols, in die Gegend, wo später das tabularium war, oder an die Nordwestseite des forum versetzen, so sind sie nicht passend; im ersten Falle hätten die curia und das senaculum, s. Fest. p. 349: *Senacula tria fuisse Romae - unum, ubi nunc est aedis Concordiae inter Capitolium et forum*, wenigstens eher als das Capitol. erwähnt werden müssen, ebenso im zweiten, wo ausserdem die Localität für den porticus nicht geeignet erscheint; ferner lag das *senaculum* der *curia* so nahe, dass eine Halle kaum nöthig war; und *ac s. id curiam* ist sehr locker angeknüpft, man sollte wenigstens *ac s. id ad cur.* erwarten. Was fehlt, lässt sich nicht erkennen. Aus den letzten Worten geht hervor, dass das *senaculum*, d. h. der Ort, wo sich die Senatoren, bevor die Sitzung eröffnet wurde, versammelten, unter der *curia* gelegen habe, Becker 1, 286; Reber Ueber die Lage der cur. Host. 24; 26 f.
8—9. *empor.*, 35, 10, 12. — *lap. strav.* etc., liessen mit Steinplatten

tibusque saepserunt, et porticum Aemiliam reficiendam curarunt,
gradibusque ascensum ab Tiberi in emporium fecerunt. et intra 9
eandem portam in Aventinum porticum silice straverunt et eo
publico ab aede Veneris fecerunt. idem Calatiae et Auximi muros 10
faciendos locaverunt; venditisque ibi publicis locis pecuniam,
quae redacta erat, tabernis utrique foro circumdandis consump-
serunt. et alter ex iis Fulvius Flaccus — nam Postumius nihil nisi 11
senatus Romani populive iussu se locaturum ipsorum pecunia
* * — Iovis aedem Pisauri, et Fundis, et Potentiae * etiam
aquam adducendam, et Pisauri viam silice sternendam, et Sinuessae 12
magalia addenda * * a viariae in his cloacas * et murum cir-

belegen und mit Pfählen umzäunen.
— *port. Aem.*, 35, 10, 12; Becker
1, 464. — *grad. asc.*, die Ufer wurden ausgemauert und mit Stufen
versehen. Die zahlreichen Anlagen
dieser Art, das *emporium*, Hallen
und Docks zum Aufspeichern und
für den Verkauf; der Hafen 40, 51
usw. zeigen, dass der Handel blühte.
— *et intra* etc., das hds. *et extra*
ist schwerlich richtig, man würde
dann *et* nicht, oder *et porticum in
Aventinum extra eand. port.* erwarten; dazu kommt, dass der Aventinus, s. 1, 33; 26, 10, 5; 27, 37;
30, 26, von der Stadtmauer einge-
schlossen war, ausserhalb des Tho-
res nicht wohl eine Halle auf denselben geführt werden konnte, vgl.
Becker 1, 453; 464. Auch die folg.
Worte deuten auf eine Anlage innerhalb der Stadt, da in dem verdor-
benen *eo publico* eine Andeutung des
clivus Publicius liegt, und die *aedes Veneris* dann die Kapelle am
forum boarium, s. 29, 37, 2; Becker
1, 467; 472, sein kann.
10–13. *Calat.*, 27, 3, 7. *Auxim.*,
c. 21, 12. — *loca publ.*, das Gebiet
von Calatia war nach der Wiedereroberung Capuas, s. 26, 33 f., ager
publicus geworden, weshalb auch
die röm. Censoren die Mauern herstellen, s. Mommsen Gesch. d. röm.
Münzwes. 336; *loca publica* sind
also einzelne dem Staate gehörende
Grundstücke, vgl. 28, 46, 4; 4, 8,

2; die Kosten werden nicht mit dem
den Censoren bewilligten Gelde bestritten. — *utrique*, in beiden
Städten, Nitzsch 153. — *s. Rom.
pop.* eine ungewöhnliche Zusammenstellung, vgl. Sall. I. 112: *iussu
senatus atque populi R.*, L. 1, 49,
7: *iniussu populi ac senatus*, doch
vgl. 22, 32, 7: *patres Romanos populumque*; doch ist viell. *sen. populive R. iussu* umzustellen; *ve* wie
aut c. 24, 15; *iubere* vom Senate
42, 33, 4. — *ipsorum pec.* scheint
auf *sen. pop. Rom.* sich zu beziehen:
er werde nicht ohne dieser Befehl
das ihnen (nicht den Censoren) gehörende Geld verwenden, im Gegensatze zu § 10: *vendit. - pecuniam*; Andere beziehen es auf die
im Folg. genannten Städte: er werde
nicht (einmal) — das ihnen selbst
gehörende Geld verwenden; viell.
fehlt nicht allein *dicebat*, sondern
ein anderer Gedanke, der die Zweideutigkeit entfernte. Andere Censoren haben unbedenklich wie Fulvius das Geld benutzt, s. 39, 44, 6;
40, 51, 2. — *aedem* ist auch zu
Fundis u. *Potentiae* zu denken, s.
c. 21, 13; 40, 51, 6. — *etiam* ist
entweder aus einem Stadtnamen
verdorben, oder ein solcher (*Potentiae?*) ist ausgefallen; es fehlt auch
das regierende Verbum. — *magalia
add.*, nach Th. Mommsen, s. Serv. zu
Verg. Aen. 1, 421: *magalia – de his
Sallustius „magalia sunt circum-*

cumducen*dum* et forum porticibus tabernisque claudendum et
13 Ianos tris faciendos. haec ab uno censore opera locata cum
magna gratia colonorum. moribus quoque regendis diligens et
severa censura fuit. multis equi adempti.

28 Exitu prope anni diem unum supplicatio fuit ob res prospere
gestas in Hispania ductu auspicioque Appi Claudi proconsulis;
2 et maioribus hostiis viginti sacrificatum. et alterum diem supplicatio ad Cereris, Liberi Liberaeque fuit, quod ex Sabinis terrae
motus ingens cum multis aedificiorum ruinis nuntiatus erat.
3 cum Ap. Claudius ex Hispania Romam redisset, decrevit senatus,
4 ut ovans urbem iniret. iam consularia comitia adpetebant; quibus
magna contentione habitis propter multitudinem petentium creati
5 L. Postumius Albinus et M. Popillius Laenas. praetores inde
facti N. Fabius Buteo C. Matienus C. Cicereius M. Furius Crassipes iterum A. Atilius Serranus iterum C. Cluvius Saxula iterum.
6 comitiis perfectis Ap. Claudius Centho ex Celtiberis ovans cum
in urbem iniret, decem milia pondo argenti, quinque milia auri
7 in aerarium tulit. flamen Dialis inauguratus est Cn. Cornelius.

iecta civitati suburbana aedificia; Cassius Hemina docet ita „Sinuessae magalia addenda murumque circum eam.“ — a *viariae* ist undeutlich; nach *cloacas* fehlt ein Gerundivum, nach Mommsen *faciendas*. — *colonor.* passt eigentlich nur auf Pisaurum, Potentia, Sinuessa, Bürgercolonien, in welchen die Herstellung der öffentlichen Bauten den Censoren oblag, nicht auf Fundi, ein Municipium, s. 38, 36, 9; 39, 44, 10; Mommsen a. a. O. 332. — *moribus*, viell. ist *in* ausgefallen, s. jedoch zu 3, 39, 7; 24, 48, 11; zur Sache Becker 2, 2, 208. — *multis*, vgl. 39, 44, 1; Lange 2, 243.
28. Triumph des App. Claudius, Wahlen; Votivtafel des Ti. Sempronius Gracchus.
1—7. *App. Claud.*, c. 26, 1. — *et maior*, c. 17, 4. — *et alter* etc. ist nur der Gleichheit der Sache wegen angeknüpft, wie c. 27, 3; jede der Supplicationen dauerte einen Tag. — *Cerer.*, s. 40, 2, 2; 10, 23, 13; Preller 133; 432 ff. — *redisset*, dieses müsste nach § 1

exitu p. a. kurz von dem Ende des Jahres, auch die Comitien spät gehalten worden sein, obgleich L. sagt: *iam - adpetebant*, vgl. 40, 59, 5; 42, 28, 1; 38, 42, 2; *adpeteb.*, s. 28, 10, 1 u. a.; 27, 4, 1: *instabat.* — *magna content.*, wie 39, 32 u. a., also ungeachtet des Gesetzes 40, 19, 11, s. Lange 2, 228. — *Postum.*, s. 40, 35, Bruder des Censors und des Consuls in dem laufenden Jahre, Lange 2, 241. — *Popil.*, c. 15, 6. — *C. Mat.*, vgl. 40, 26, 6; ib. 28, 7. — *Cicereius*, der welcher zu Gunsten des L. Scipio c. 21, 1 oder des Cn. Scipio c. 8, 1 von der Bewerbung um die Prätur zurückgetreten war, vgl. Lange 2, 563. — *Furius C. it.*, s. 38, 42, 4. — *Atil. Serr. it.*, 35, 10, 11. — *Cluvius*, wahrscheinlich ist die erste Prätur in einer der Lücken ausgefallen, er wäre also früher, als das Gesetz 7, 42, 2 erlaubte, wieder Prätor geworden, nicht die beiden vorher genannten. — *milia p.*, so drückt sich L. immer aus, wenn er das Gewicht nach den Annalisten angiebt, s. 39, 5, 14; ib.

Eodem anno tabula in aede matris Matutae cum indice hoc 8
posita est: „Ti. Semproni Gracchi consulis imperio auspicioque
legio exercitusque populi Romani Sardiniam subegit. in ea provincia hostium caesa aut capta supra octoginta milia. re publica 9
felicissume gesta atque liberatis *sociis*, vectigalibus restitutis,
exercitum salvom atque incolumem plenissimum praeda domum
reportavit; iterum triumphans in urbem Romam rediit. cuius
rei ergo hanc tabulam donum Iovi dedit." Sardiniae insulae 10
forma erat, atque in ea simulacra pugnarum picta.

Munera gladiatorum eo anno aliquot, parva alia data; unum
ante cetera insigne fuit T. Flaminini, quod mortis causa patris 11
sui cum visceratione epuloque et ludis scaenicis quadriduum

7, 1; ib. 42, 3: 40, 43, 6; 41, 7, 2 u. a., vgl. 45, 44, 5, nicht *libras pondo*; wenn er Polybius folgt, nennt er *talenta*, Nissen 108; *pondo* hier deutlich indecl. plurale.— *inaugur.*, s. 40, 42, 11; Marq. 4, 351. — *Cn. Cornel.*, vgl. Mommsen Inscrptt. 33 p. 19.
8—10. *in aede*, die Hds. hat *in aedem*, vgl. 33, 36, 13; *m* konnte leicht wiederholt werden, nicht so c. 20, 7. — *indice*, 40, 52, 5: *cum titulo*. — *consulis*, als solcher war er in die Provinz gegangen, und wenn er auch die Thaten zum Theil als Proconsul ausgeführt hatte, so ist doch deshalb nicht *proconsulis* zu ändern, s. zu 4, 20, 6; Broecker Unters. 204. — *imper. ausp.*, 40, 52, 5. — *legio*, alterthümlich, s. 1, 28, 3, durch *exercitusque* erklärt. — *octog. m.*, Fest. p. 332: *Sardi venales: Sinnius Capito ait Ti. Gracchum - Sardiniam Corsicamque subegisse, nec praedae quicquam aliud quam mancipia captum, quorum vilissima multitudo fuerit*; Aur. Vict. 57: *tantum captivorum adduxit, ut longa venditione res in proverbium veniret: Sardi venales.* — *sociis* ist wahrscheinlich ausgefallen, s. c. 12, 6. — *iterum*, c. 7. — *ergo*, 40, 52, 7. — *Iovi*: doch wird die Tafel in dem Tempel der mat. Matuta, viell. als See- und Hafengöttin, vgl. 33, 27, 4; 5, 19, 6, aufgestellt. Die saturnischen Verse der Inschrift hat nach Walch Emendatt. 252 Ritschl. inscript. col. rostr. Duell. p. 19 sq. herzustellen versucht. — *forma er.*, es war, (die Tafel) stellte dar, da *tabula* Subject ist, auf der nicht die Insel sondern Schlachten abgebildet waren; zur Sache s. Preller 208; Mommsen Inscrptt. 541 p. 150.
10—11. *parv. al.*, beschränkend zu *munera*, s. c. 20, 11: *reliquorum*, concessiv zu *unum*; einfacher wäre *data parva alia*. Im Folg. ist *ante cetera*: mehr als die anderen, die eben nicht *insignia* waren, pleonastisch. — *Flamin.*, wahrscheinlich der oft genannte Befreier Griechenlands, wenigstens weiss Plutarch Quint. 21 von einer öffentlichen Thätigkeit desselben nach der Gesandtschaft an Prusias nichts zu berichten; obgleich Quinctius erst 55 J. alt gewesen wäre, s. 33, 33, 3, so kann er noch an der Pest c. 21 gestorben sein. L. erwähnt 45, 42, 11 eines T. Quinctius Flamininus als Gesandten und ib. 44, 3 als Augur, den Andere für den oben genannten halten, doch lässt sich dieses nicht mit Sicherheit nachweisen. — *viscer. et lud.*, s. 39, 46, 2; hier ausserdem noch ein Leichenschmaus, Marq. 5, 217. —*lud. scaen.*, Marq. 4,

dedit. magni tum muneris ea summa fuit, ut per triduum quattuor et septuaginta homines pugnarint.

TITI LIVI
AB URBE CONDITA
LIBER XXXXII.

1   L. Postumius Albinus M. Popillius Laenas cum omnium primum de provinciis *et* exercitibus ad senatum rettulissent,

526; Mommsen 1, 874. — *tum, das* hds. tamen liesse sich nur künstlich durch eine Beziehung auf das folg. *ea summa*: obgleich die S. so klein war, s. 42, 5, 2, erklären; die Zeitpartikel aber kann nicht wol fehlen, eher könnte man *enim tum* erwarten. — *ea summa* wird erklärt durch *ut* etc.: die Summe, welche darin bestand, dass usw., vgl. 21, 11, 5; 5, 25, 9; Cic. Or. 2, 72, 293: *summa huius generis haec est, ut - conferam tela* u. a., von *summa* scheint jedoch auch *magni muneris* abzuhängen, wie 6, 27, 3: *summam inuidae eius*: eine (so kleine) Summe von 74 M. galt damals als die Summe, der Betrag eines grossen Geschenkes, vgl. Cic. Off. 3, 2, 6: *si discendi labor est potius quam voluptas*, so dass L. auch hätte sagen können: *magni* m. *summa fuit quatt. et septuag. hominum*, den letzten Begriff aber in einem besonderen Satze umschrieben hat: wegen der Unsicherheit der Bedeutung von *summa* verm. Duker, der Sinn sei: *magnum muneris eius sumtum fuisse*, aber *summa* verdorben. — *quatt. et sept.*, s. 39, 46, 2.
Nach der Periocha: *Q. Voconius Saxa tr. pl. legem tulit, ne quis mu-*
lierem heredem institueret, dissuasit legem M. Cato; extat eius oratio hätte L. in diesem Buche die *lex Voconia* erwähnt, während dieselbe nach anderen Nachrichten erst 585 von dem in der Periocha genannten Tribun beantragt worden ist, s. Cic. Cat. m. 5, 14; Balb. 8, 21; de rep. 3, 10; Gell. 6 (7) 13; 17, 6; 20, 1, 23. Hat L. wirklich hier von derselben gesprochen (Lachmann de font. T. Liv. 2, 99 f. vermuthet, die Notiz sei aus der Periocha des 43. Buches in die des 41. durch Abschreiber gekommen), so könnte er dadurch, dass in dem Gesetze nach Cic. Verr. 1, 41, 106: *ab A. Postumio Q. Fulvio censoribus* die c. 27 genannten Censoren erwähnt waren, getäuscht, dieses in das Jahr, in dem er von der Thätigkeit desselben berichtet, versetzt haben, s. Rudorff 1, 56; Lange 1, 142: 2, 264; Rein Privatr. 778; es müsste dann in einer der Lücken von demselben die Rede gewesen sein, da in der Hs. am Ende des Buches nichts fehlt.
42–45. Die Zeit des dritten macedonischen Krieges.
1. Vertheilung der Provinzen; harte Behandlung der Pränestiner. 1–5. *omn. prim.*, s. 40, 1, 1. —

Ligures utrique decreti sunt, ut novas ambo, quibus eam pro- 2
vinciam obtinerent, legiones — binae singulis decretae — et
socium Latini nominis dena milia peditum et sescenos equites,
et supplementum Hispaniae tria milia peditum Romanorum
scriberent et ducentos equites. ad hoc mille et quingenti pedites 3
Romani cum centum equitibus scribi iussi, cum quibus praetor,
cui Sardinia obtigisset, in Corsicam transgressus bellum gereret:
interim M. Atilius vetus praetor provinciam obtineret Sardiniam. 4
praetores deinde provincias sortiti sunt, A. Atilius Serranus 5
urbanam, C. Cluvius Saxula inter cives et peregrinos, N. Fabius
Buteo Hispaniam citeriorem, C. Matienus ulteriorem, M. Furius
Crassipes Siciliam, C. Cicereius Sardiniam. priusquam magistra- 6
tus proficiscerentur, senatui placuit L. Postumium consulem
ad agrum publicum a privato terminandum in Campaniam ire,
cuius ingentem modum possidere privatos paulatim proferendo
fines constabat. hic iratus Praenestinis, quod, cum eo privatus 7

Ligures, s. 40, 18, 3; ib. 35; 44; 41,
14, 8 u. a. — *dena*, s. 41, 14, 10.
— *Hispaniae*, für H., wie L. oft den
Dativ braucht, s. 29, 25, 8; 34, 16,
7 usw., vgl. c. 10, 12; 28, 37, 4:
in supplementum classi; gewöhnlich
steht die Provinz, für welche die
Ergänzung bestimmt ist, mit *in* und
dem Accus., s. c. 10, 12; 29, 13, 8;
43, 12, 2 usw. — *ad hoc*, s. 6, 11,
6; 2, 23, 4 u. a. — *cent*., da die Hs.
centum equitibus CC hat, so kann
L. auch *eq. ducentis* geschrieben
haben. — *cum quib*., mit denen zusammen, von ihnen begleitet, wie
cum oft bei Bewegungen der Truppen sich findet, s. c. 49, 10; 41, 4,
3 usw, vgl. 3, 14, 4: *instructi
paratique cum ingenti clientium
exercitu tribunos adacti sunt*; 1,
5, 7; (33, 25, 11); Caes. B. A.
1, 39, 2: *Varro iis — legionibus – Hispaniam tueatur*; häufiger wie 31, 49, 8: *consulis exercitu rem geri*. — *Corsic*., wie 41,
21, 2. — *vetus*, nur in Rücksicht
auf den neuen Prätor, nicht, als ob
Atilius schon länger als ein Jahr
in der Provinz gewesen wäre, s. 41,
21; vgl. 8, 17, 1; 23, 22, 10. — *N.
Fab. - C. Mat*., 41, 28, 5.

6. *priusq*., die Hs. hat *priusqua-
min*, vieil. ist *in provincias mag*.,
od. *magistr. in provincias* zu lesen.
— *agr. publ. etc*., vgl. c. 19, 1; der
ager Campanus war, nachdem man
ihn für Staatsgut erklärt hatte, 26,
18, 8; ib. 33 ff., zum Theil verkauft,
s. 28, 46, 4; 32, 7, 3 vgl. 41, 27,
10, das Uebrige nach 27, 11, 8 eine
Zeitlang verpachtet worden, s.
Mommsen 1, 658; aber weder 27,
39 noch 27, 7 noch sonst bei einem
Census wird die Verpachtung wieder erwähnt, sie war also wol un-
terblieben, s. c. 19, 1: *tot annis*,
und so hatten allmählig Privatleute
einen grossen Theil in Besitz genommen, die früheren Pächter das
Pachtgut als ihr Eigenthum betrachtet, s. Lange 2, 203; 222; 242;
Rein PR. 188. — *termin*., die Grenzen (durch Grenzsteine) zu bestimmen. — *modum*, s. 6, 35, 5: *de modo agrorum*; Cic. Flacc. 32, 80:
magnum agri modum; Periocha
58; *possid*., sie nahmen in Besitz
(*possido*), durch Vorrücken der
Grenzen; das *possidere* dauert noch
fort.

7. *privatus*, schon als solcher
macht er Anspruch auf glänzenden

sacrificii in templo Fortunae faciundi causa profectus esset, nihil in se honorifice neque publice neque privatim factum a Praenestinis esset, priusquam ab Roma proficisceretur, litteras Praeneste misit, ut sibi magistratus obviam exiret, locum publice pararet, ubi deverteretur, jumentaque, cum exiret inde, praesto essent.
8 ante hunc consulem nemo umquam sociis ulla re oneri aut
9 sumptui fuit. ideo magistratus mulis tabernaculisque et omni alio instrumento militari ornabantur, ne quid tale imperarent
10 sociis. privata hospitia habebant; ea benigne comiterque colebant, domusque eorum Romae hospitibus patebant, apud quos
11 ipsis deverti mos esset. legati, qui repente aliquo mitterentur, singula iumenta per oppida, iter qua faciundum erat, imperabant; aliam inpensam socii in magistratus Romanos non faciebant.
12 ira consulis, etiamsi iusta, non tamen in magistratu exercenda, et silentium nimis aut modestum aut timidum Praenestinorum ius, velut probato exemplo, magistratibus fecit graviorum in dies talis generis imperiorum.

Empfang, wie später die Senatoren bei legationes liberae. — *Fortun.*, der Tempel war durch ein Orakel, in dem die Zukunft durch Lose vorausgesagt wurde, berühmt, s. 23, 19, 18; Cic. Div. 2, 41, 86; Mommsen Iscptt. p. 267; Preller 561. — *honorifice*, 28, 39, 18: *eis benigne fecerint* u. a., doch auch *indignum in iis facturum*, so ist auch an u. St. *in se* Abl., s. 40, 15, 16; 34, 32, 8 u. a. — *Praeneste* ist ein verbündeter Staat, s. 43, 2, 10; 23, 17; Mommsen 1, 893; Gesch. d. r. Münzw. 322, und wird doch jetzt schon in der bezeichneten Weise behandelt, s. c. 3, 3; Cic d. imp. Pomp. 13, 38. Die Postumier scheinen damals grossen Einfluss gehabt zu haben. — *magistr.*, der oberste Magistrat in dem Municipium, s. 41, 16, 1; 23, 19, 8; 26, 15, 7. — *parar. u. dever.*, Umschreibung von *deversorium*.

8—12. *nemo u. - ulla*, um die Sache recht stark zu negiren. — *mulis* etc., es wurde auf Staatskosten durch redemptores (Lieferanten) besorgt, s. Gell. 15, 4, 3:

victum quaesisse - comparandis mulis et vehiculis, quae magistratibus, qui sortiti provincias forent, praebenda publice conduxisset. — *instr. mil.*, wenn sie, wie damals gewöhnlich, in den Krieg zogen: mit allem zum Kriege Nöthigen, Marq. 3, 1, 281; 286. — *benigne* etc., s. 1, 22, 5. — *iter qua*, s. c. 11, 2; 27, 8, 16. — *ira cons.*, da der Gedanke abgerissen ist und die Hs. *iniuria* hat, so ist wol eine Partikel, etwa *inde*, von da an, verdorben. — *etiamsi* i., vgl. 3, 56, 7: *etsi seras, non tamen leves venire poenas*; die Beziehung der Conjunction auf das Verbum tritt zurück, so dass dieselbe als Bestimmung des Adject. erscheint, vgl. c. 19, 3. — *exercenda*, kurz statt: *quae tamen non exercenda fuit*, 22, 59, 3: *neclegendi* u. a., vgl. Cic. Fin. 5, 23, 68: *omnia, quae sunt extra, quamquam expetenda.* — *fecit*, bewirkte, dass sie - bekamen. Zur Sache s. Marq. 2, 3, 179. Wahrscheinlich hat L. die Notiz aus einem Annalisten genommen, ohne sich zu erinnern, dass er schon 32, 27, 4 Aehnliches berichtet hat.

a. Cb. 173.   LIBER XXXXII. CAP. 2.   275

Principio huius anni legati, qui in Aetoliam et Macedoniam 2
missi erant, renuntiarunt, sibi conveniendi regis Persei, cum alii
abesse eum, alii aegrum esse, falso utrumque, fingerent, potestatem non factam; facile tamen apparuisse sibi bellum [non] parari 2
nec ultra ad arma ire dilaturum. item in Aetolia seditionem
gliscere in dies, neque discordiarum principes auctoritate sua
coerceri potuisse. Cum bellum Macedonicum in expectatione 3
esset, priusquam id susciperetur, prodigia expiari pacemque deum
peti precationibus, qui editi ex fatalibus libris essent, placuit.
Lanuvi classis magnae species in caelo visae dicebantur et Pri- 4
verni lana pulla terra enata et in Veienti apud Rementem lapi-
datum, Pomptinum omne velut nubibus lucustarum coopertum
esse, in Gallico agro qua induceretur aratrum sub existentibus 5

2. Rückkehr der Gesandten aus Griechenland; Prodigien.
1–2. *in Aetol.*, das Resultat der speciell nach Aetolien geschickten Gesandtschaft, die L. nach Polyb. 41, 25, 5 erwähnt, ist beiläufig schon 41, 27, 4 berichtet und wird hier wiederholt; doch ist es bei der weiteren Bedeutung, welche *Macedonia* bei den Annalisten hat, s. c. 18, 3; 27, 6; zu 35, 20, 10: 31, 14, 2, möglich, dass nach ihnen die 41, 22 erwähnte Gesandtschaft auch Aetolien berührt hat. — *falso* neben *fingeret* pleonastisch. — *parari — dilat.*, 40, 39, 4; in d. hs. *non parari* kann *non* aus dem Vorherg. wiederholt, darnach aber auch ein zu *parari* gehörendes Adverbium ausgefallen sein. — *glisc. in d*, s. 6, 14, 1: *gliscente in dies seditione*, vgl. 40, 5, 2. — *princip.*, Brandstäter 480.
3–5. *in exp. es.*, passiv, Cic. Fam. 2, 3, 2: *summa scito te in expectatione esse*, vgl. 25, 7, 10, anders c. 19, 3; der Krieg beginnt übrigens erst 583; das Motiv ist wol von den Annalisten nur angenommen. — *precation.*, ist, wenn nicht verschrieben, wie sonst *petere precibus* zu nehmen, s. 43, 4, 2: *pacem precibus petendam*; 1, 16, 3. — *qui ed.*, die Decemvirn geben in der Regel nur die zu sühnenden Götter oder diese, die Zahl der hostiae und andere Sühnungsmittel an, s. § 5; 22, 9, 9; 43, 13, 7; 40, 45, 5 u. a., 36, 37, 5; Marq. 4, 303; die Gebetsformeln scheinen nicht in den sibyll. Büchern gestanden zu haben und hätten, wenn es der Fall gewesen wäre, übersetzt werden müssen, daher ist schwerlich d. hds. *que* in *quae* zu verwandeln. — *fatal. lib.*, das genus für die species, s. 22, 9, 9; ib. 10, 10; 57, 6. — *spec. - diceb.*, s. 26, 19, 4: *per nocturnas — species*, vgl. 24, 44, 8, wo jedoch einzelne Schiffe gesehen werden; indessen konnte sich auch die Erscheinung der Flotte wiederholen, so dass nicht nothwendig *dicebatur* zu lesen ist, vgl. c. 52, 7: *indignitatibus*; 6, 1, 3 *stirpes u. a.* — *terra enata*, 22, 1, 9; 1, 31, 2 u. a. — *Rement.*, der Ort scheint sonst nicht erwähnt zu werden. — *lucust.*, c. 10, 7; 30, 2, 10. — *in Gall. ag.*, Polyb. 34, 10: ἐν οὖν πεδίῳ τούτῳ (zwischen Narbo u. den Pyrenäen) εἶναι τοὺς λεγομένους ἰχθῦς ὀρυκτούς etc., vgl. Strabo 4, 1, 6 p. 162; Mela 2, 5; an u. St. ist von dem diesseitigen Gallien die Rede, s. Iuven. 13, 65: *mirandis sub aratro piscibus inventis - comparo.* — *existent.*, hervortreten, aufsteigen, 25, 21, 3: *e latebris existerent.*

18*

6 glebis pisces emersisse. ob haec prodigia libri fatales inspecti editumque ab decemviris est, et quibus diis quibusque hostiis
7 sacrificaretur et ut supplicatio prodigiis expiandis fieret *et* altera, quae priore anno valetudinis populi causa vota esset, ea uti *fieret* feriaeque essent. ita * sacrificatumque est|, ut decemviri scriptum ediderunt.
3   Eodem anno aedis Iunonis Laciniae detecta. Q. Fulvius Flaccus censor aedem Fortunae equestris, quam in Hispania praetor bello Celtiberico voverat, faciebat cnixo studio, ne ullum
2 Romae amplius aut magnificentius templum esset. magnum ornatum ei templo ratus adiecturum, si tegulae marmoreae essent, profectus in Brittios aedem Iunonis Laciniae ad partem dimidiam
3 detegit, id satis fore ratus ad tegendum quod aedificaretur. naves paratae fuerunt, quae tollerent atque asportarent, auctoritate cen-
4 soria sociis deterritis id sacrilegium prohibere. postquam censor

6-7. *et* vor *quibus* ist unsicher, viell. nicht nöthig. — *et alt.*, es kann auch *alteraque* geheissen haben. — *fieret* ist von Hertz zugesetzt; *essent* würde nicht ohne Härte auch auf *ea* bezogen werden. — *ita* ist wol nicht besonders auf *precationes* zu beziehen, da keine namentlich angegeben sind. Auch das folg. *scriptum* soll nur die Genauigkeit der Angabe des in den Büchern Gefundenen bezeichnen wie 23, 11, 1 und im Senate *de scripto sententiam dicere*; von den Decemvirn scheint es sonst nicht gebraucht zu sein, s. Marq. 4, 303; gewöhnlich heisst es nur *ediderunt* (was jedoch das *scriptum* nicht ausschliesst) oder *decreto* etc., s. 39, 46, 5, derselben sei die Sühnung vorgenommen worden. Nach *ita* fehlt viell. *supplicatum*. — *edider*., s. c. 51, 5; zu c. 59, 1; Madvig verm. *ediderant*.

3. Beraubung des Tempels der Juno Lacinia. Val. Max. 1, 1, 20.

1-4. *aedis*, 1, 33, 9. — *Iun. Lac.*, 24, 3; 28, 46. — *Fort. equest.*, c. 10, 5; 40, 40, 10; ib. 44, 9; Iul. Obs. 16 (75): *in circo Flaminio porticus inter aedem Iunonis Reginae et Fortunae tacta*; ib. 53 (113): *bubo in aede Fortunae equestris comprensus*; Becker 1, 618; später scheint der Tempel verfallen zu sein, s. Tac. Ann. 3, 71: *etsi delubra eius deae (Fortunae) multa in urbe, nullum tamen tali cognomento (Fortuna equestris) erat*; Preller 557. — *in Hisp.* kann zu *praetor* gezogen werden, 35, 2, 9: *his duarum provinciarum dilectibus tertium in Ilispania adiecisse*. — *faciab.*, der, welcher den Tempel gelobt hat, erbaut denselben, wie auch sonst oft, Marq. 4, 223. — *enixo*, 6, 24, 11: *virtutis enixae*. — *amplius* scheint den Umfang zu bezeichnen, der jedoch nicht so bedeutend gewesen sein kann, da die Hälfte der Ziegeln des Tempels d. Juno zur Bedeckung desselben ausreicht. — *templum*, obgleich von weiterer Bedeutung, s. 1, 18, 10, wechselt mit *aedes*, wie § 8. — *marmor.*, Preller 257. — *Brittios*, 25, 1, 2. — *ad dimidium*, wie im Deutschen: zur Hälfte, Varro R. R. 1, 26: *ranam – ad tertiam partem decoxeris* u. sonst Plin. Columella für ähnliche Verhältnisse. — *quod aedif.*, das neue Gebäude. — *paratae fuer.*, s. 3, 26, 11; 38, 56, 3. — *auctor.*, das Verfahren kann nach dem, was c. 1 über die Behandlung

rediit, tegulae expositae de navibus ad templum portabantur. quamquam, unde essent, silebatur, non tamen celari potuit. fre- 5 mitus igitur in curia ortus est, *et* ex omnibus partibus postulabatur, ut consules eam rem ad senatum referrent. ut vero accersitus in curiam censor venit, multo infestius singuli universique praesentem lacerare: templum augustissimum regionis eius, quod 6 non Pyrrhus, non Hannibal violassent, violare parum habuisse, nisi detexisset foede ac prope diruisset. detractum culmen templo, 7 nudatum tecto patere imbribus putrefaciendum. et censorem moribus regendis creatum, cui sarta tecta exigere sacris publicis et loca * tuenda more maiorum traditum esset, eum per so- 8 ciorum urbes diruentem templa nudantemque tecta aedium sacrarum vagari, et quod, si in privatis sociorum aedificiis faceret,

eines latin. Staates gesagt ist, nicht auffallen, da die Bruttier kaum als *socii*, eher als *peregrini dediticii* betrachtet wurden, s. 27, 16, 7; 30, 24, 4; Mommsen 1, 796 f.
5—9. *ex omn. p. post.*, 31, 3, 1; 23, 22, 4; oft *mentio facta est*, vgl. 40, 26, 4: *vociferari.* — *accers.*, die Consuln haben also das Recht den Censor, als Senator, herbeiholen zu lassen, s. 3, 38, 12. — *lacer.*, 41, 6, 2; 43, 8, 3; sonst mit *probris*, *orationibus* u. ä. verbunden, vgl. c. 22, 5. — *eius*, um die es sich handelt, 39, 46, 6. — *non Hann.*, vgl. 30, 20, 6, wo der Tempel nur entweiht wird. — *parum nisi*, 27, 10, 5. — *culm.*, s. 40, 2, 3. — *tecto* statt des hs. *tectum*, da *putrefaciendum* sich wol kaum allein auf das Dach bezieht, vgl. c. 4, 3: *bello* u. a. — *et*, Ausdruck des Unwillens, s. Cic. Sest. 65, 135; 37, 80 u. a.; da die Hs. *id* hat, so verm. Vahlen *quid? censorem.* — *morib. reg.*, 40, 46, 1. — *exigere* untersuchen und bestimmen, ob die Baulichkeit dem Accorde, den Forderungen der Censoren (*lex censoria*) gemäss hergestellt sei, vgl. Cic. Verr. 1, 50, 130: *sarta tecta exigere*, dann: *de sartis tectis cognitum et iudicatum non esset.* — *sacris publ.* muss, wenn es richtig ist, als Dativ genommen werden: für den öffentlichen Cultus, s. 1, 11, 6; *aquam - sacris petitum*; Cicero sagt *sacras aedes locare* oder *sarta tecta aedium sacrarum*. Das Folg. ist entweder lückenhaft oder verdorben, da *loca* zu allgemein wäre, und *tuenda* weder *exigere* parallel stehen noch davon abhängen kann; wahrscheinlich ist ein Attribut zu *loca* ausgefallen und ein *exigere* parallel stehender Infinitiv verdorben; Madvig ändert *loca* selbst in *locare*, allein, wenn man auch sagte *sarta tecta tuenda*, s. Cic. l. l. u. Fam. 13, 11, 1: *sarta tecta aedium sacrarum locorumque communium tueri possent*; Digest. 48, 11, 7, 2: *ne inacceptum feratur opus publicum faciendum - sarta tecta tuenda, antequam perfecta - erunt*, so kann doch bezweifelt werden, ob auch gesagt worden sei *sarta t. tuenda locare*, wenigstens wird kein Beispiel dieser Verbindung angeführt; L. drückt sich sonst nicht so aus, s. 24, 18, 2; 29, 37, 2; 45, 15, 9 u. a. — *more mai.*, s. 4, 8, 5, wo ein bestimmtes Gesetz nur angedeutet wird. — *eum*, s. 1, 49, 9; 3, 19, 9 u. a. — *tecta* ist hier nicht anstössig, da durch Abnahme der Ziegeln das Holzwerk des Daches

indignum videri posset, id deum immortalium *templa* demolien-
9 tem facere, et obstringere religione populum Romanum ruinis
templorum templa aedificantem, tamquam non idem ubique di
immortales sint, sed spoliis aliorum alii colendi exornandique.
10 cum, priusquam referretur, appareret, quid sentirent patres, re-
latione facta in unam omnes sententiam ierunt, ut cae tegulae re-
portandae in templum *locarentur* piaculariaque Iunoni fierent.
11 quae ad religionem pertinent, cum cura facta; tegulas relictas in
area templi, quia reponendarum nemo artifex inire rationem
potuerit, redemptores nuntiarunt.

4   Ex praetoribus, qui in provincias ierant, N. Fabius Massiliae
2 moritur, cum in citeriorem Hispaniam iret. itaque cum id nuntiatum *a* Massiliensibus legatis esset, senatus decrevit, ut P.
Furius et Cn. Servilius, quibus succedebatur, inter se sortirentur,
3 uter citeriorem Hispaniam prorogato imperio obtineret. sors
opportuna fuit, *ut* P. Furius idem, cuius ea provincia fuerat, re-
maneret.

Eodem anno, cum agri Ligustini et Gallici, quod bello ca-

---

entblösst wird, vgl. § 7. — *videri*,
41, 19, 6. — *templa* kann nicht wol
fehlen, da *aedificiis* selbst nicht
passend zu *deorum* gedacht würde
und weiter von dem Beziehungswort
entfernt ist als an ähnlichen Stellen,
s. 3, 38, 11: *suarum rerum erant
amissa publica*; 9, 5, 4; 4, 24, 4;
6, 2, 5 u. a., Vell. Pat. 1, 9, 6: *cum
Anicii triumphum nemo interpella-
ret, fuere qui Pauli impedire cona-
rentur*; Crevier verm. *in d. im. templis facere.* — *relig.* etc., eine
Sünde, ein Fluch, 10, 40, 11. —
tamquam etc., die Götter seien
überall dieselben, nur die Namen
verschieden, s. Einl. S. 20.

10-11. *relat. f.*, unmittelbar
nach dem Vortrage dessen, was geschehen war, und der Frage, was zu
thun sei, oder dem in *ut tegulae* etc.
liegenden Autrag, s. 39, 39, 6, war,
da sich schon vorher die Ansicht
der Senatoren ausgesprochen hatte,
eine Umfrage, s. 1, 32, 13; 3, 41, 1,
nicht nöthig, und ohne weitere Berathung und eine eigentliche disces-

sio erklärten sich alle für den Antrag, Lange 2, 242; 243. — *piacula*, wie 29, 19, 8; ib. 21, 4; Marq.
4, 244. — *pertin.* etc. scheint nur
Umschreibung von *piacula* und deshalb allgemein ausgedrückt zu sein,
s. § 2, doch liegt *pertinebant* näher, vgl. c. 13, 4. — *redempt.*, die
das Zurückbringen auf Staatskosten
in Accord genommen hatten. Die
Erzählung bei Val. Max. l. l. ist
weniger genau.

4, 1-5. Prätur in Hispanien.
Ackervertheilung.

1-3. *Furius*, 41, 21, 3. — *sor-
tir.*, so wird die sortitio allein be-
fohlen, 38, 42, 6, vgl. 26, 29, 1; es
ist auch wenigstens nicht nothwendig *compararent inter se aut sortirentur* zu lesen, vgl. 28, 45, 9: *sortirentur inter se compararentve*,
vgl. 2, 6, 3: *inter se - rapuisse*;
der Senat hätte befehlen können,
doch scheint er dieses, weil der
Aufenthalt in Hispanien nicht ange-
nehm war, vermieden zu haben.

3-4. *agri - aliquant.*, 41, 16, 9.

ptum erat. aliquantum vacaret, senatus consultum est factum, ut
is ager viritim divideretur. decemviros in eam *rem* ex senatus 4
consulto creavit A. Atilius praetor urbanus M. Aemilium Lepidum
C. Cassium T. Aebutium Carum C. Tremellium P. Cornelium
Cethegum Q. et L. Appuleios M. Caecilium C. Salonium C. Munatium. diviserunt dena iugera in singulos, sociis nominis Latini terna.

Per idem tempus, quo haec agebantur, legati ex Aetolia Ro- 5
mam venerunt de discordiis seditionibusque suis, et Thessali
legati nuntiantes, quae in Macedonia gererentur.

Perseus bellum iam vivo patre cogitatum in animo volvens, 5
omnis non gentis modo Graeciae, sed civitates etiam legationibus
mittendis, pollicendo plura quam praestando, sibi conciliabat.
erant tamen magnae partis hominum ad favorem eius inclinati 2
animi et aliquanto quam in Eumenem propensiores, cum Eumenis 3
beneficiis muneribusque omnes Graeciae civitates et plerique

— *senatus cs.*, der Senat verfügt
auch jetzt noch über den ager publicus, doch genehmigt das Volk
den Beschluss durch die Wahl § 4.
— *viritim*, so dass jeder Einzelne
im Volke einen Theil bekam, wenigstens so weit das Land zur Vertheilung unter Bürger und Bundesgenossen ausreichte; deshalb ist
auch nicht wahrscheinlich, dass die
Zahl der Empfänger ausgefallen
sei, da diese nicht wie bei einer
Colonie bestimmt sein konnte, vgl.
1, 46, 1; 8, 11, 13; Mommsen Inscptt.
p. 89; Marq. 3, 1, 321. — *decemv.*,
wie 31, 4, 2; ib. 49, 5; vgl. 32,
1, 6, wo wahrscheinlich auch eine
Vertheilung *viritim* stattfindet. —
creav., in Tributcomitien. — *Aemil.*, 41, 27; *Cass.*, c. 28. *Aebut.*,
s. zu 39, 55, 8; 41, 6. *Tremell. Q.
Apul.* u. *Munatius* scheinen sonst
nicht erwähnt zu werden; *Cetheg.*,
39, 7; *L. Apul.*, 45, 44; *Caecil.*, c.
27; *Salon.*, vgl. 34, 45. — *in sing.*,
der Gegensatz zeigt, dass römische
Bürger gemeint sind, vgl. 40, 36, 11:
socium. — *terna*, das Verhältniss
gegen die Römer ist noch ungünstiger als 41, 13, 8, vgl. Schwegler 2,
312; 409.

4, 5-6. Verhältnisse in Griechenland und Macedonien. App. Maced. 11.

5-6. *ex Aetol.*, die ätol. Gesandten melden das bereits c. 2, 2:
41, 27, 4 Erwähnte; die kurze wol
den Annalisten entnommene Notiz
soll nur den Uebergang zu dem c. 5
Erzählten bilden, was L., wenn auch
viell. nicht das Lob des Eumenes,
Polyb. entlehnt hat.

5. 1-3. *iam* etc., s. c. 11, 8; der
Gedanke knüpft an 39, 29, 3 an;
die Sache selbst ist schon c. 2, 2
nach den Annalisten, aber in anderer Weise erwähnt. — *gentis*, die
in mehrere *civitates* getheilt sein
können, 33, 34, 5. — *plura q.
praest.*, vgl. 41, 23, 2; Polyb. 26,
5, wo aber von Exulanten die Rede
ist. — *conciliab.*, er suchte usw.
c. 13, 4; s. c. 4, 2: *succedebatur:*
sollte. — *tamen* steht sowol mit
plura etc. in Beziehung als mit dem
folg. *cum*, welches einen concessiven Gedanken anfügt. — *magnae
p.*, s. 9, 46, 7, vgl. 21, 12, 8: *concursus omnis generis hominum* u. a.
— *cum Eum.*, vgl. 39, 47, 1. —

principum obligati essent, et ita se in regno suo gereret, ut, quae sub dicione eius urbes *essent*, nullius liberae civitatis fortunam
4 secum mutatam vellent. contra Persea fama erat post patris mortem uxorem manu sua occidisse, Apellem, ministrum quondam fraudis in fratre tollendo atque ob id et quaesitum a Philippo ad supplicium *et* exulantem, accersitum post patris mortem ingentibus promissis ad praemia tantae perpetratae rei clam inter-
5 fecisse. intestinis externisque praeterea multis caedibus infamem nec ullo commendabilem merito praeferebant volgo civitates tam pio erga propinquos, tam iusto in civis, tam munifico erga omnis
6 homines regi, seu fama et maiestate Macedonum regum praeoccupati ad spernendam originem novi regni, seu mutationis rerum
7 cupidi, seu quia non obiecti esse Romanis volebant. erant autem non Aetoli modo in seditionibus propter ingentem vim aeris alieni, sed Thessali etiam. ex contagione, velut tabes, in Per-
8 rhaebiam quoque id pervaserat malum. cum Thessalos in armis esse nuntiatum esset, Ap. Claudium legatum ad eas res aspiciendas

obligati, so schon Attalus 31, 15, 2; Eumenes war als Freund der Römer verhasst, vgl. c. 12, 7; 14, 10. — *gereret*, die Veränderung des Subjectes s. 41, 25, 6. — *quae s. dic.*, s. 38, 38, 1; 10; 41, 6, 9, es waren unter diesen viele griechische Staaten, s. 38, 39, 14f. — *sec. mutat.*, 21, 45, 6.

4—6. *uxorem*, ob er die 40, 5, 10 ihm angebotene bastarnische Prinzessin geheiratbet habe, und diese hier gemeint sei, lässt sich nicht erkennen; s. c. 12, 3; Polyb. 26, 7, App. l. l. — *Apell.*, 40, 55, ist so gesagt, als ob in gleicher Weise noch ein oder mehrere Punkte folgen sollten, diese aber sind § 5 mit *praeterea* etc. in anderer Form angefügt. — *exulant.* steht in gleichem Verhältniss zu *ob id* wie *quaesitum*, weshalb *et* nicht wol fehlen kann. — *post patr. m.* ist wahrscheinlich von L. selbst, *quaesit. a. Phil.* gegenüber wiederholt, nicht von Abschreibern. — *externisq.*, es ist das c. 13, 6 Erwähnte gemeint. — *pio*, gegen Mutter und Brüder, s. c. 16, 7; 40, 8, 14, wie Attalus 33, 21, 4. — *seu* etc., der wahre Grund, dass man in Perseus die einzige Stütze gegen die Römer sah, ist übergangen, s. c. 12, 2. — *spernendam* hat nach Alschefski die Hs., nicht *spernendum*. — *novi*, s. 40, 8, 14; 38, 17, 15; 33, 21. — *mutat. rer.*, Abfall von den Römern. — *obiecti*, wie 36, 5, 5: *ne se – Romano bello obiceret*; 2, 61, 4: *iratae obici plebi*; 4, 44, 6 u. a.; da die Hs. *obiecta* hat, verm. Andere *obiecta praeda* oder *esca*, auch *abiecti*.

7—9. *vim. aer. al.*, s. zu 41, 25, 1. — *Thess.*, s. d. Stelle aus Diod. zu 41, 25, 1. — *ex cont.*, s. 5, 6, 11; dagegen 39, 9, 1; 28, 34, 4; 5, 12, 7: *velut contagione*; passend verm. Crev. *et cont.*, s. 2, 36, 6. — *Perrh.*, 33, 34, 6. — *nunt. es.*, das hds. *n. est* wäre wie 4, 44, 10; 6, 10, 4; 29, 37, 10: als, so bald als usw.; wie die Nachricht nach Rom gekommen sei, ist c. 4, 5 erwähnt; an diese Gesandtschaft scheint jedoch L., da er sogleich Anderes über Thessalien berichtet, nicht gedacht zu haben. — *App. Claud.*, der c. 25, 1 oder 41, 25, 5 erwähnte; dass eine neue Gesandtschaft gemeint *sei*, zeigt *misit* und die Erwähnung des Marcellus, der 41, 22 u. 25 nicht

conponendasque senatus misit. qui utriusque partis principibus 9
castigatis, cum iniusto faenore gravatum aes alienum, ipsis magna
ex parte concedentibus, qui onerarant, levasset, iusti crediti so-
lutionem in decem annorum pensiones distribuit. per eundem 10
Appium eodemque modo conpositae in Perrhaebia res. Aetolorum
causas Marcellus Delphis per idem tempus hostilibus actas animis, quas intestino gesserant bello, cognovit. cum certatum 11
utrimque temeritate atque audacia cerneret, decreto quidem suo
neutram partem aut levare aut onerare voluit; communiter ab
utrisque petiit, abstinerent bello et oblivione praeteritorum dis-
cordias finirent. huius reconciliationis inter ipsos fides obsidibus 12
ultro citroque datis firmata est. Corinthus, [ut] ubi deponerentur
obsides, convenit.

A Delphis et Aetolico concilio Marcellus in Peloponnesum 6
traiecit *, quo Achaeis edixerat conventum. ubi conlaudata 2
gente, quod constanter vetus decretum de arcendis aditu finium
regibus Macedonum tenuissent, insigne adversus Persea odium
Romanorum fecit; quod ut maturius erumperet, Eumenes rex 3
commentarium ferens secum, quod de apparatibus belli omnia
inquirens fecerat, Romam venit. per idem tempus quinque legati 4
ad regem missi, qui res in Macedonia aspicerent. Alexandriam
idem ad Ptolemaeum renovandae amicitiae causa proficisci iussi.

genannt ist. — *aspic.*, s. 39, 48, 5, es setzt, wie *inspicere*, eine genaue Kenntnissnahme voraus, da *componendas* folgt. — *iniusto f.*, s. 35, 7, 2. — *iusti cred.*, das gesetzliche, regelmässige, bei dem die Zinsen nicht zu hoch sind und nicht wieder zum Capital geschlagen waren, vgl. 6, 36, 12; ib. 27, 8; 7, 19, 5: *sorte ipsa*. — *pension.*, 7, 27, 3; 6, 35, 4.
10–12. *Delph.*, c. 6, 1. — *hostilibus - quos gesserant* ist d. hs. Lesart, die, da L. tautologische Ausdrücke, besonders wenn, wie hier durch *intestina bella*, ein neues Moment hinzukommt, nicht meidet, s. 41, 2, 7: *vox - vocantium*; 39, 56, 6, zu 26, 32, 5; 25, 3, 10; 7, 16, 5, nicht verwerflich scheint; es wird *non minus host. ac. an., quam quas intestino gesserant bello*, vgl. 40, 17, 3, oder *quaeque* oder *quasi intestina gesserint bella*, vgl. 41, 25, 1: *mutuis caedibus*, ib. § 5:

gravius bellum, u. A. verm. — *gesserant*, 37, 54, 24. — *decreto* als Richter, 3, 45, 1. — *Corinth. - conv.*, 1, 24, 2: *tempus et locus convenit*.
6. 1–3. *Delphis*, da ist die Versammlung (*concilio*) gehalten worden, s. c. 5, 10; 41, 25, 6, vgl. 35, 18, 4; 31, 32, 4; Brandstaeter 309; 480. — *quo*, davor ist, da die Achäer im Peloponnese wohnen, der Name des Versammlungsortes ausgefallen. — *decret.*, 41, 24, 19. — *regibus*, genauer 41, 23, 1. — *insigne – fec.*, 7, 26, 3. — *Eumen.*, das hier Begonnene wird, nachdem Mehreres aus dem Annalisten eingeschaltet ist, c. 11 wieder aufgenommen. — *comment.*, 39, 47, 3.
4–5. *legati* etc., *per idem t.* zeigt, dass nach L.'s Ansicht die Gesandtschaft nicht durch das Erscheinen des Eumenes veranlasst ist. — *renov. amic.*, § 8, vgl. 31, 2, 4; nach dem Tode des Ptol. V. Epiphanes,

5 legati erant hi: C. Valerius Cn. Lutatius Cerco Q. Baebius Sulca
6 M. Cornelius Mammula M. Caecilius Denter. et *ab* Antiocho rege
sub idem tempus legati venerunt. quorum princeps Apollonius
in senatum introductus multis iustisque causis regem excusavit,
7 quod stipendium serius quam ad diem praestaret; id se omne
advexisse, ne cuius nisi temporis gratia regi fieret. donum
8 praeterea afferre, vasa aurea quingentum pondo. petere regem,
ut, quae cum patre suo societas atque amicitia fuisset, ea secum
renovaretur, imperaretque sibi populus Romanus, quae bono
fidelique socio regi essent imperanda; se nullo usquam cessatu-
9 rum officio. ea merita in *se* senatus fuisse, cum Romae esset,
eam comitatem iuventutis, ut pro rege, non pro obside omnibus
10 ordinibus fuerit. legatis benigne responsum et societatem renovare cum Antiocho, quae cum patre eius fuerat, A. Atilius prae-
11 tor urbanus iussus. quaestores urbani stipendium, vasa aurea
censores acceperunt, eisque negotium datum est, ut ponerent ea
in quibus templis videretur; legato centum milium aeris munus

seit 181 a. Chr., war Ptol. VI Philometor König, noch ein Knabe, c. 29, 5; 7. — *Valerius*, wahrscheinlich der 41, 25 genannte, dessen Rückkehr 41, 27, 4 oder 42, 2, 1 angedeutet sein könnte, vgl. jedoch c. 17, 1. Die übrigen Gesandten scheinen unbedeutende Männer zu sein, die sonst ebenso wenig bei L. u. Polyb. als die Zunamen *Cerco* u. *Denter* vorkommen.

6-9. *legati*, diese werden auch c. 29, 6, wo L. Polyb. folgt, vorausgesetzt. — *quod* ist nicht auf *id* zu beziehen, sondern enthält das Object zu *excusavit*. — *quam ad*, das hs. *quoad* findet sich schwerlich bei besseren Schriftstellern in der Bedeutung: was anbetrifft, s. Reisig Vorles. S. 460, und würde auch so nach dem Comparativ nicht passend sein. — *cuius*, s. c. 8, 7: *eius*: 36, 4, 3: *nihil eius*; 21, 59, 8: *dimidium eius*; 2, 59, 8: *ullius nisi* u. a. — *temp. grat.*, Nachsicht in Rücksicht auf, vgl. 23, 49, 10: *tempus commodarent*: 2, 59, 6. — *renov.*, nach dem c. 25, 10, vgl. 1, 32, 3, erwähnten Grundsatze; sonst bindet ein solcher Vertrag, wenn er nicht durch Wort oder That aufgehoben wird, vgl. c. 25, auch die Nachkommen derer, die ihn schliessen. Antiochus ist 175-174 a. Ch. auf den Thron gelangt, s. 41, 20; Flathe 2, 579. — *socio regi* scheint als ein Begriff betrachtet, s. 41, 6, 7, und zu diesem die Attribute gefügt, vgl. 22, 37, 4. — *cess. off.*, 1, 46, 6. — *esset*, die ganze Zeit hindurch. — *obside*, L. hat dieses früher nicht erwähnt, s. 37, 45; 55; 38, 38, vgl. Polyb. 22, 26. — *ordin.*, Senat, Ritter (*iuventutis*) n. Plebs.

10-12. *Atil.*, er leistet den Eid im Namen des Staates, s. 38, 39, 1. — *quaestor.*, als die nächsten Finanzbeamten, Lange 1, 635. — *censor.*, sie nehmen sie als Staatsgut in Empfang, und vertheilen sie, ohne die Priester zu befragen, an die Tempel. — *legato*, da die Hs. que*legato* hat, so kann etwas ausgefallen sein; dass aber nur von einem Gesandten die Rede war, zeigt § 12: *eum*, sonst könnte man, besonders da es § 10 *legatis* heisst, die Hs. *essent* hat, *legatis* vermuthen. — *centum m.*, gewöhnlich er-

missum et aedes liberae hospitio datae sumptusque decretus,
donec in Italia esset. legati, qui in Syria fuerant, renuntiaverant 12
in maximo eum honore apud regem esse amicissimumque populo Romano.
   In provinciis eo anno haec *. C. Cicereius praetor in Cor- 7
sica signis conlatis pugnavit; septem milia Corsorum caesa,
capti amplius mille et septingenti. voverat in ea pugna praetor
aedem Iunoni Monetae. pax deinde data petentibus Corsis, et 2
exacta cerae ducena milia pondo. ex Corsica subacta Cicereius
in Sardiniam transmisit. et in Liguribus in agro Statellati pu- 3
gnatum ad oppidum Carystum. eo se magnus exercitus Ligurum
contulerat. primo sub adventum M. Popilli consulis moenibus 4
sese continebant; deinde, postquam oppidum oppugnaturum
Romanum cernebant, progressi ante portas aciem struxerunt.
nec consul, ut qui id ipsum oppugnatione comminanda quae- 5
sisset, moram certamini fecit. pugnatum amplius tris est horas,
ita ut neutro inclinaret spes. quod ubi consul vidit nulla parte 6
moveri Ligurum signa, imperat equitibus, ut equos conscendant,

halten in dieser Zeit die einzelnen
Gesandten, mit einzelnen Ausnah-
men, s. 28, 39, 19; 30, 17, 14; 31,
9, 4; 37, 3, 11, Geschenke von 2000
As, s. c. 19, 6; 43, 5, 8 u. a.; der
grössere Betrag an u. St. wird viell.
gegeben, um Apoll. zu ehren, so dass
derselbe durch *in maximo* etc. motivirt würde, vgl. 35, 23, 11; 30, 17,
wo noch mehr gegeben wird und
überdies die comites Geschenke erhalten, so dass es nicht wahrscheinlich ist, Apoll. habe den übrigen Gesandten ihren Antheil von der Summe geben sollen. — *aed. lib.*, 28, 39,
19. — *sumptusq.*, die Kosten für Wohnung und die nöthigen Geräthschaf-
ten, an u. St. viell. auch Unterhalt, s.
45, 44, 15, Mommsen Forsch. 1; 345f.
   7—9. Verhältnisse in Corsica
und Ligurien: Uebermuth des Consuls Popillius.
   1—2. *haec*, darnach ist *acta* oder
gesta ausgefallen, s. 33, 27, 5 u. a.;
verschieden ist 32, 34, 7: *et Aetolis haec*; 21, 24, 5; ib. 42, 1: *haec
apud Romanos consul*; 35, 12, 14
u. a.: wie a. u. St. fehlt *acta* auch

34, 53, 7 in vielen Hss. — *Cicer.*, c.
1. — *Iunoni*, die Hs. hat jedoch
Iunonis, s. c. 20, 1; 5, 31, 3; ib.
23, 7; der Tempel, vgl. 7, 28, 4,
wurde wahrscheinlich nur wieder-
hergestellt, Becker 1, 409. — *cerae*, 40, 34, 12. — *ducena*, Z.
§ 119. A.
   3—5. *in Ligur.* knüpft an 41, 19
an. — *Statellati*, so scheint L. geschrieben zu haben, s. c. 9, 5; 21,
2; 5 (der Name ist wie der des
campanischen *campus Stellas* nd.
Stellatis gebildet); während Plin.
3, 5, 47: *Statielli*, ib. § 49: *Aquis
Statiellorum*; 31, 1, 4; Cic. Fam.
11, 11, 2: *finibus Statiellensium*;
Strabo 5, 1, 11 p. 217: Ἀκουαι-
στατιέλλαι schreiben; der so genannte ligur. Bezirk lag nordwest-
lich von Genua, zwischen den
Flüssen Tanarus und Odubria; dort
auch die der euböischen, s. 31,
45, 10, gleichnamige Stadt Cary-
stus. — *struxer.*, s. 8, 8, 3; 9,
31, 9, vgl. c. 51, 3. — *spes* n. *vin-
cendi*, statt *victoria*.
   6—10. *quod ubi*, anders als 41,

ac tribus simul partibus in hostis, quanto maximo possent tumultu, incurrant. pars magna equitum mediam traiecit aciem et ad terga pugnantium pervasit. inde terror iniectus Liguribus; diversi in omnes partes fugerunt, perpauci retro in oppidum, quia inde se maxime obiecerat eques. et pugna tam pervicax multos absumpserat Ligurum, et in fuga passim caesi sunt. decem milia hominum caesa traduntur, amplius septingenti [passim] capti, signa militaria relata octoginta duo. *nec* incruenta victoria fuit; amplius tria milia militum amissa, cum cedentibus neutris ex parte utraque primores caderent.

8   Post hanc pugnam ex diversa fuga in unum collecti Ligures, cum maiorem multo partem civium amissam quam superesse cernerent — nec enim plus decem milia hominum erant —, dediderunt sese, nihil quidem illi pacti; speraverant tamen *non* atrocius quam superiores imperatores consulem in se saeviturum. at ille arma omnibus ademit, oppidum diruit, ipsos bonaque eorum vendidit; litterasque senatui de rebus ab se gestis misit. quas cum A. Atilius praetor in curia recitasset — nam consul alter Postumius agris recognoscendis in Campania occupatus aberat —, atrox res visa senatui, Statellates, qui uni ex Ligurum gente non tulissent arma adversus Romanos, tum quoque oppugnatos non ultro inferentis bellum, deditos in fidem populi

10, 7. — *ad terga*, vgl. 40, 40, 7; 3, 61, 9. — *diversi i. o. p.*, 40, 32, 6. — *septing.*, die Zahl ist sehr gering, und da c. 8, 1 im Vergleich mit 10000 die hier erwähnten 10700 *multo maior pars* genannt werden, wol verschrieben oder die richtige durch das wiederholte *passim* verdrängt. — *primores*, die tüchtigsten, s. 7, 8, 1.

8. 1-3. *diversa f.*, 31, 42, 9. — *dec. mil.*, schwerlich sind Frauen und Kinder in der Summe begriffen, vgl. 40, 38, 1; 6. — *nihil pacti*, Leben und Freiheit wurde den *dediti* nach dem Kriegsrecht gesichert, s. 2, 17, 6; 7, 27, 8f.; 30, 7, 2; 37, 32, 12, vgl. 40, 16, 6; ausserdem konnten von denselben bei der deditio noch besondere Bedingungen gemacht werden, s. 6, 3, 10. — *superior.*, die selbst denen, welche den Krieg angefangen, Leben und Freiheit erhalten, nur Einige, s. 40, 38, weggeführt hatten. — *arma ad.*, 40, 16, 6. — *litterasq.*, s. 39, 7, 6: als ob er etwas Grosses gethan hätte.

4-6. *recognosc.*, s. c. 1, 6. — *tum quoq.*, s. 36, 30, 6: wie niemals vorher, so hätten sie auch jetzt nicht die Waffen gegen die R. ergriffen. Im Folg. ist *oppugnatos* des Nachdrucks wegen vorangestellt, der gewöhnliche Ausdruck wäre gewesen *non arma inf. sed oppugnatos*: sie die, obgleich sie nicht aggressiv verfahren wären, hätte man sie angegriffen; *deditos* ist dazu eine Steigerung; weniger passend würde *oppug. - infer. bell.* als Bestimmung zu *deditos* genommen; die Umstellung von *oppugnatos* nach *bellum* ist nicht nöthig. —

Romani omni ultimae crudelitatis exemplo laceratos ac deletos
esse, tot milia capitum innoxiorum, fidem inplorantia populi Ro- 6
mani, ne quis umquam se postea dedere auderet, pessumo exemplo venisse, et distractos passim iustis quondam hostibus populi
Romani *vix* pacatis servire. quas ob res placere senatui, M. 7
Popillium consulem Ligures pretio emptoribus reddito ipsos
restituere in libertatem bonaque ut is, quidquid eius reciperari
possit, reddantur curare, arma quoque * * tempore fieri, nec 8
ante consulem de provincia decedere quam deditos in sedem suam
Ligures restituisset: claram victoriam vincendo pugnantis, non
saeviendo in adflictos fieri.

Consul, qua ferocia animi usus erat in Liguribus, eandem 9
ad non parendum senatui habuit. legionibus extemplo Pisas in 2
hibernacula missis iratus patribus, infestus praetori Romam rediit, senatuque extemplo ad aedem Bellonae vocato, multis verbis
invectus *est* in praetorem, qui cum ob rem bello bene gestam,
uti diis immortalibus honos haberetur, referre ad senatum de- 3
buisset, adversus se pro hostibus senatus consultum fecisset,
quo victoriam suam ad Ligures transferret dedique iis prope consulem praetor iuberet: itaque multam ei se dicere; a patribus 4

exemplo, ein so grausames Verfahren, dass es als Beispiel (der Härte)
angeführt werden könnte, s. 29,
27, 4; ib. 9, 12; 21, 57, 14 u. a. —
laceratos, bildlich, sonst geht der
Hinrichtung die Geisselung voran,
vgl. jedoch 1, 26, 6. — *ne quis*, der
Erfolg als Absicht dargestellt. —
pess. exem., 39, 39, 6. — *distract.*,
nach verschiedenen Seiten ge-
schleppt. — *iustis*, c. 5, 9; 18, 1.
vix pac., die kaum erst unterworfen
seien, s. 35, 4, 3; 43, 17, 8; es wird
auch *nunc* oder *nuper pac.* verm.,
wodurch aber der Gegensatz abge-
schwächt würde; da die Hs. *pacatos* hat, so kann auch *semper* davor
ausgefallen sein.

7—8. *ipse rest.*, s. 43, 8, 7: *con-
quirendos primo quoque tempore
restituendosque*: 39, 54, 11. — *quidq.
eius*, s. c. 6, 7; 39, 45, 7. — *arma*,
entweder ist hier *fieri* (es wird *referri* verm.) oder *tempore* (viell.
adempta) verdorben, oder étwas
ausgefallen; Madvig verm. wie 43,

8: *arma quoque reddi, eaque primo
quoque tempore fieri*; indess ist die
Zeit schon durch *nec ante — decedere* bestimmt, und der dreimalige
Wechsel der Construct. *curare —
reddi — decedere* (weniger auffallend
ist 45, 16, 1; 26, 32, 2 u. a.) so wie
die Wiederholung von *reddere* nicht
ohne Härte.

9. 1—6. *usus*, s. 5, 11, 16: *in iis
sua potestate — non uti*, vgl. c. 1, 7.
— *senatui*, davor hat d. Hs. *fuit*, vgl.
29, 17, 16. — *vocato*, da er noch im
Amte ist, so beruft er den Senat
selbst. — *invectus*, ob darnach *est*
zuzusetzen sei, ist nicht sicher zu
bestimmen, da die vielen Relativsätze auch ein Anacoluth veranlasst
haben können, wie 2, 12, 3: *cum
Mucius — itaque*; 22, 18, 10; 28, 33,
9 u. a. — *hon. hab.*, s. 41, 6, 4. —
pro, zu Gunsten. — *feciss.*, durch
seine relatio veranlasst und die Ab-
fassung bewirkt habe, s. 5, 50, 1.
— *cons. praet.*, Cic. Sest. 5, 12:
consulem quaestor. — *multam* etc.,

postulare, ut senatus consultum in se factum tolli iuberent sup-
5 plicationemque, quam absente se ex litteris de bene gesta re
publica missis decernere debuerint, praesente honoris deorum
primum causa, deinde et sui aliquo tamen respectu decernerent.
6 nihilo lenioribus quam absens senatorum aliquot orationibus in-
crepitus neutra impetrata re in provinciam rediit.
7   Alter consul Postumius consumpta aestate in recognoscendis agris, ne visa quidem provincia sua comitiorum causa Ro-
8 mam rediit. consules C. Popillium Laenatem P. Aelium Ligurem.
creavit. praetores exinde facti C. Licinius Crassus M. Iunius
Pennus Sp. Lucretius Sp. Cluvius Cn. Sicinius *C. Memmius
iterum.*
10   Eo anno lustrum conditum est; censores erant Q. Fulvius
2 *Flaccus A. Postumius* Albinus; Postumius condidit. censa sunt
3 civium Romanorum capita CCLXVIIII et XV, minor aliquanto
numerus, quia L. Postumius consul pro contione edixerat, qui
socium Latini nominis ex edicto C. Claudi consulis redire in civitates suas debuissent, ne quis eorum Romae, et omnes in suis
4 civitatibus censerentur. concors et e re publica censura fuit. om-

als höherer Magistrat; doch konnte
der Prätor dagegen an das Volk
provociren, 40, 42, 9. — *tolli,* aus
dem aerarium, wohin es gebracht
worden war, 39, 4, 8. — *absente s.*,
Gron. verm. *absenti sibi – praesenti. — sui al. t. resp.*, wenigstens
einige usw., vgl. 3, 10, 3: *impera-
tori exercituique honos suus reddi-
tus. — respect.,* c. 37, 2; 35, 39, 4.
— *debuerint.* in or. recta *debuistis,*
anders § 3; c. 10, 3; das folg. *decernerent* als Aufforderung, vgl. 3,
50, 9; ib. 72, 2 u. a. — *neutra,* die
Aufhebung des Senatsbeschlusses
und die supplicatio: die Verhandlung zeigt, dass der Consul den Senat ebensowenig als dieser jenen
zum Nachgeben zwingen kann, s. c.
10, 10; Rubino 1, 129; Lange 2,
246; 359.
7—8. *ne visa q.,* c, 1, 6. — *C. Popill.,* den Bruder des widerspensti-
gen Consuls, wie 41, 28, 4. —
Aelium, in den fast. Capitol. p. 437
wird bemerkt: *C. Popillius P. f. P.
n. Laenas P. Aelius P. f. P. n. ambo*

primi de plebe; L. scheint diese nicht
eingesehen zu haben, sonst hätte er
den Zusatz nicht weggelassen, vgl.
23, 31, 13; wie an u. St. 45, 16, 1;
vgl. Nieb. 3, 80; Becker 2, 2, 104;
Lange 2, 247. — *iterum,* wahrscheinlich im 41. B. erwähnt, s. 41,
8, 1.
10. Lustrum; Heuschrecken;
Streit des Senates mit den Consuln.
1—5. *LXVIIII,* ob *sexaginta novem* oder *undeseptuaginta* lässt sich
nicht bestimmen, vgl. 40, 32, 6; ib.
40, 11. — *minor al.,* die Periocha,
welche an u. St., abweichend von
d. Hs., *CCLXVII CCXXXI* bietet,
hat lib. XLI die Zahl *CCLVIII
CCXCIIII,* vgl. 38, 36, 10. — *pro
cont.,* bei Eröffnung des Census, s.
37, 4, 1. — *soc. Lat. nom.,* nach 41,
8, 6 ff. latin. Bundesgenossen, wenn
L. auch sonst die italischen in dieser Weise bezeichnet, s. 40, 19, 6.
— *Claud.,* 41, 9, 11. — *et,* wo wir
den Gegensatz erwarten, s. 35, 10,
5; 28, 25, 1, ist wol nicht in *sed*
od. *at* zu ändern. — *e rep.,* statt

nis, quos senatu moverunt quibusque equos ademerunt, aerarios
fecerunt et tribu moverunt, neque ab altero notatum alter pro-
bavit. Fulvius aedem Fortunae equestris, quam proconsul in 5
Hispania dimicans cum Celtiberorum legionibus voverat, annis
sex post quam voverat dedicavit, et scaenicos ludos per quadriduum, unum diem in circo fecit.
    L. Cornelius Lentulus, decemvir sacrorum, eo anno mor- 6
tuus est. in locum eius suffectus A. Postumius Albinus. lucusta- 7
rum tantae nubes a mari repente in Apuliam inlatae sunt, ut
examinibus suis agros late operirent; ad quam pestem frugum 8
tollendam Cn. Sicinius praetor designatus, cum imperio *in*
Apuliam missus, ingenti agmine hominum ad colligendas eas
coacto aliquantum temporis absumpsit.
    Principium insequentis anni, quo C. Popillius et P. Aelius 9
fuerunt consules, residuas contentiones ex priore anno habuit.
patres referri de Liguribus renovarique senatus consultum vole- 10
bant et consul Aelius referebat; Popillius et collegam et senatum
pro fratre deprecabatur, prae se ferens, si quid decernerent, in-
tercessurum. collegam deterruit; patres eo magis utrique pariter 11

eines Attributes, *concors*, 40, 51,
1, entsprechend. — *senat. mov.*,
diese sind, viell. nach einem anderen Annalisten (Valerius Antias)
schon 41, 27 genannt. — *tribu mov.*,
hier (anders 45, 15, 3): aus allen
Tribus ausstossen, und *aerar. fec.*,
willkürlicher Besteuerung unterwerfen, s. 24, 18, 6, zu 4, 24, 7;
27, 11, 15; Lange 1, 372ff. 582;
Rudorff 1, 417. — *probav.*, wie 40,
51, 1: *retinuit*; es bezieht sich auf
beide Classen, Senatoren und Ritter, vgl. 45, 15, 8; Becker 2, 2, 225,
an die probatio equitum ist nicht zu
denken, Becker 2, 1, 263. — *Fort. eq.*,
c. 3. — *in Hisp.*, wie c. 3, 1 zu proconsul gehörig, *dimicans* etc. enthält
ein neues Attribut. — *legion.*, s. c.
51, 4; 2, 26, 3. — *annis* ist wegen
der Stellung des Adverb. *post* statt
annos zu lesen, vgl. 36, 27, 2; Hand
Turs. 4, 490. — *sex*, es ist 40, 40
erzählt, das erste oder letzte Jahr
nicht mitgezählt. — *ludos*, Dedica-
tionsspiele, zu denen aber nicht,
wie 40, 52, Geld vom Senate ge-

fordert wird; die Votivspiele sind
40, 45 erwähnt. Die scenischen
Spiele sind, wie mehrfach in dieser
Zeit erwähnt wird, beliebter und
dauern länger als die Circusspiele.
    6—7. *Lentul.*, 25, 2, 2. — *Po-
stum.*, ob der Censor, oder der 45,
4, oder der von Polyb. 40, 6 und
mehrfach von Cicero erwähnte, lässt
sich nicht erkennen. — *lucust.*, c.
2, 4. — *nubes*, vgl. 35, 49, 5. —
cum imp., als Privatmann, s. 26, 18,
um die nöthige Mannschaft aufbie-
ten zu können, s. Lange 1, 537ff.

    9—12. *princip. - habuit*, 2, 44,
1: *annus habuit consulem*, 3, 69, 9
u. a. — *ex priore* gehört zu *residuas.* — *renovariq.*, da es nur für
das vorhergeh. Jahr gegolten hatte,
in dem Popillius Consul war, s. c.
8, 7. — *referebat*, er fieng an, oder:
wollte, s. c. 1; 21, 5; 34, 1, 7.
— *interced.*, s. 38, 42, 9, dieses war
nicht allein den Tribunen gegen
alle, sondern jedem Magistrat gegen
einen gleich oder niedriger stehen-

consuli infensi in incepto perstabant. itaque cum de provinciis
ageretur et Macedonia iam inminente Persei bello peteretur, Li-
12 gures ambobus consulibus decernunt; Macedoniam decreturos
negant, *ni* de M. Popillio referretur. postulantibus deinde, ut
novos exercitus scribere aut supplementum veteribus liceret,
13 utrumque negatum est. praetoribus quoque in Hispaniam supplementum petentibus negatum, M. Iunio *in* citeriorem, Sp. Lu-
14 cretio in ulteriorem. C. Licinius Crassus urbanam iurisdictionem,
Cn. Sicinius inter peregrinos erat sortitus, C. Memmius Siciliam,
15 Sp. Cluvius Sardiniam. consules ob ea irati senatui, Latinis
feriis in primam quamque diem indictis, in provinciam abituros
esse denuntiarunt, nec quicquam rei publicae acturos, praeterquam quod ad provinciarum administrationem adtineret.

11   Attalum, regis Eumenis fratrem, legatum venisse Romam
Valerius Antias his consulibus scribit ad deferenda de Perseo
crimina indicandosque apparatus belli. plurium annales, et qui-
2 bus credidisse malis, ipsum Eumenem venisse tradunt. Eumenes

den gestattet. — *consuli*, gewöhnlich wird *consulum* gelesen, wie
aber *uterque*, ausser mit Pronomen,
selten construirt wird, s. Vell. 2,
50 extr.; auch hat die Hs. nur *cons.*,
vgl. 10, 44, 1 u. a. — *in inc. perst.*,
32, 23, 12. — *peteret.* u. *a consulibus. — Ligur.* etc., der Senat hat,
da jetzt kein Dictator gewählt wird,
wie 30, 24, 3, wenn er nicht die
Hülfe der Tribunen in Anspruch
nehmen will, s. c. 21, 4, kein anderes Mittel gegen widerspenstige
Consuln, als diesen passiven Widerstand, wenn sich dazu Gelegenheit
bietet, die c. 9, 6 fehlte. — *ni re-
fer.*, Cic. Sest. 31, 68.
13-15. *praetor.*, auch diese müssen in Folge des Beschlusses *ni —
referretur* durch die Hartnäckigkeit
des Popillius leiden. — *in Hisp.*, c.
1, 2. — *ob ea* etc. geht auf § 12
zurück, *praetorib.* etc. ist als Parenthese zu betrachten, indem sich
praetor. - ulterior. der Gleichheit
der Sache wegen, daran das über die
anderen Prätoren zu Sagende angeschlossen hat. — *abituros esse*, s.
41, 10, 7; 40, 36, 4, doch konnte *se*
leicht ausfallen; in alten Ausgaben

wurde *abit. se (esse?)* gelesen; § 10
u. 12 steht die gewöhnliche Form:
*intercessuros; decreturos. — quicq.
rei*, s. c. 26, 1; 27, 6, 18: *nec quicquam publicae rei*; 43, 16, 13 u. a.
11-14. König Eumenes, mace-
donische, griechische Gesandte in
Rom. Appian. Maced. 11; Diod.
Sic. 29, 37; Plut. Cat. m. 8; Val.
Max. 2, 2, 1.
1-3. *Attalum*, s. 38, 12; nach
Polyb. 25, 6; Diod. 29, 25 war derselbe früher mit seinen Brüdern von
Eumenes nach Rom geschickt worden; ob L. diese Gesandtschaft
übergangen oder im 41. Buche berichtet, Valerius Antias sie mit der
hier erwähnten verwechselt habe,
lässt sich nicht bestimmen; ein
Grund anzunehmen, L. habe mit den
Annalisten die Anwesenheit des
Eumenes in ein unrichtiges Jahr,
582 statt 581, gesetzt, liegt nicht
vor, s. Schorn 339. — *plur. ann.* ist
so gesagt, dass, wenn man nicht annehmen will, L. habe täuschen wollen, an mehrere Annalisten als an
Claudius (u. Polyb.) zu denken ist;
anders ist der Ausdruck 39, 50, 10;
32, 6, 8; Nissen 47; 245. — *cre-*

igitur ut Romam venit, exceptus cum tanto honore, quantum non meritis tantum eius, sed beneficiis etiam suis, ingentia quae in cum congesta erant, existimaret deberi populus Romanus, in senatum est introductus. causam veniendi sibi Romam fuisse 3 dixit praeter cupiditatem visendi deos hominesque, quorum beneficio in ea fortuna esset, supra quam ne optare quidem auderet, etiam ut coram moneret senatum, ut Persei conatis obviam iret. orsus inde a Philippi consiliis necem Demetri fili rettulit 4 adversantis Romano bello; Bastarnarum gentem excitam sedibus suis, quorum auxiliis fretus in Italiam transiret; haec secum 5 volutantem in animo oppressum fato regnum ei reliquisse, quem infestissimum esse sensisset Romanis. itaque Persea hereditarium *a* patre relictum bellum et simul cum imperio traditum iamiam primum alere ac fovere omnibus consiliis. florere prae- 6 terea iuventute, quam stirpem longa pax ediderit, florere opibus regni, florere etiam aetate. quae cum corporis robore ac viribus vigeat, animum esse inveteratum diutina arte atque usu belli.

did. mal., s. 30, 14, 6; 24, 16, 11; 21, 46, 10: *malim - verum esse*; 38, 55, 8, vgl. 5, 46, 11: *quod magis credere libet*; 8, 18, 2: *pervelim. - honore*, c. 14, 10. — *eius — suis* stehen sich scharf gegenüber. — *ing. quae*, s. c. 1, 11; 41, 20, 13; 35, 43, 4; zur Sache 38, 39. — *deos*, Bilder und Tempel, 45, 44, 6; L. scheint vergessen zu haben, dass Eum. schon früher in Rom war, s. 37, 52. — *supra quam* kann als Andeutung des Objectes zu *optare* genommen, oder *fortunam* wieder gedacht werden, vgl. 1, 58, 2; Sall. C. 3, 2: *supra ea - pro falsis ducit*, anders ib. 5, 3: *supra quam cuiquam credibile est*. — *etiam* nach *praeter*, 1, 57, 2; 3, 70, 15 u. a. — *conatis*, 21, 50, 9.
4—5. *a Phil.* etc., ebenso App. l. l. καὶ Φιλίππῳ παρασκευὴν τοσήνδε-συναγαγόντι συμπράξειεν etc., wahrscheinlich nach Polyb., dessen Bericht verloren ist. — *quor. aux.* etc., 40, 5, 10; 41, 6, 6. — *in It.*, 40, 57, 7. — *haec secum* (d. Hs. *haecum*) st. des gewöhnlichen *haec eum*, wo die verschiedene Beziehung

von *eum* und *ei* störend ist, s. c. 17, 9,; 40, 8, 5; auch sonst wird zu dem Partic. in ähnlichen Fällen *eum* nicht hinzugefügt, Nipperdey zu Tac. Ann. 1, 29. — *infest.*, überhaupt, nicht blos im Vergleich zu Demetrius. — *iamiam prim.* ist hier nicht passend, anders 26, 33, 3; es wird derselbe Gedanke wie 41, 23, 12; *quid hic post mortem* etc. erfordert, etwa *iam ab initio* (a principio) *regni*, was in *iamiam pr.* nicht liegt; aus App. l. l. βασιλεὺς γενόμενος οὐδὲν ἐκλύσειεν αὐτῆς (τῆς παρασκευῆς), ἀλλὰ προσεξεργάσαιτο ἕτερα lässt sich für die Worte L.'s nichts entnehmen; es wird *tamquam primum; iam septimum annum; iam pridem* verm., vgl. Hand Turs. 3, 157; 123.
6—9. *pax*, s. c. 10, 9; 52, 2. — *florere* ist nach den verschiedenen Objecten verschieden zu nehmen, s. 39, 47, 9. — *quae* auf *aetas* statt auf *Perseus* bezogen, *animum* aber *corpus* gegenübergestellt, vgl. 2, 30, 14: *vigentes corporibus*; 9, 3, 5; 6, 22, 7. — *rob. ac vir.*, 28, 21, 9; 21, 1, 2 u. a. — *inveter.*, hier:

Tit. Liv. IX. 19

7 iam inde a puero patris contubernio Romanis quoque bellis, non
finitumis tantum adsuetum, missum a patre in expeditiones mul-
8 tas variasque. iam ex quo ipse accepisset regnum, multa, quae
non vi, non dolo Philippus omnia expertus potuisset moliri, ad-
9 mirando rerum successu tenuisse. accessisse ad vires eam, quae
longo tempore multis magnisque meritis pareretur, auctoritatem.
12 Nam apud Graeciae atque Asiae civitates vereri maiestatem eius
omnes. nec pro quibus meritis, pro qua munificentia tantum ei
2 tribuatur, cernere, nec dicere pro certo posse, utrum felicitate
id quadam eius accidat, an, quod ipse vereatur dicere, invidia
3 adversus Romanos favorem illi conciliet. inter ipsos quoque
reges ingentem auctoritate Seleuci filiam duxisse eum non peten-
tem, sed petitum ultro, sororem dedisse Prusiae precanti atque
4 oranti; celebratas esse utrasque nuptias gratulatione *et* donis innu-
merabilium legationum et velut auspicibus nobilissumis populis
5 deductas esse. Boeotorum gentem, captatam Philippo, numquam
ad scribendum amicitiae foedus adduci potuisse; tribus nunc lo-

durch lange Uebung erstarkt, vgl. 28, 43, 1. — *a puero*, 31, 28, 5; 38, 5, 10. — *contuber.*, nach röm. Auffassung, der gleiche Anfang mit § 7, ist hier wol nicht beabsichtigt, vgl. c. 12, 9. — *tenuisse*, s. 2, 42, 2; 4, 10, 9 u. a., vgl. 39, 3, 2. — *parer.*, c. 61, 10; 6, 25, 6. — *auctor.*, Geltung, Einfluss, s. Cic. de imp. Pomp. 10, 28; 15, 43: andere Vorzüge des Königs sind übergangen, s. App. l. l., Polyb. 26, 5.

12. 1–4. *apud* muss, wenn es richtig ist, wie später oft = *in* genommen werden, vgl. Tac. Ann. 1, 5: *apud urbem Nolam*, bei L. ist dieser Gebrauch selten, vgl. zu § 6; 28, 29, 12; Drak. will das W. entfernen: zur Sache s. App.: τὴν Ἑλλάδα ἀμέτρως θεραπεύοι. — *cernere – dic.*, die Sätze chiastisch geordnet; über das Fehlen von *se* s. 40, 36, 2. — *felic. - quod*, vgl. 29, 26, 5. — *invid. advers.*, vgl. 2, 33, 1; ib. 59, 1: *certamen animorum adversus Appium*; 1, 42, 1, wie sonst mehr bei *fides*, *ius* 5, 35, 4; oder Adjectiven: *ferox* 1, 25, 7, *par*; 39, 53, 11. etc.

— *ipsosq.*, s. 8, 12, 9; 3, 21, 4. — *ingent. auct.*, s. 4, 6, 5, es wird *auctoritate esse* od. *auctoritatem esse* verm., wo aber *eum* im Folg. nicht minder störend ist als in der hds. Lesart, man erwartet: *auct. esse - duxisse non* etc. — *Seleuci*, 37, 41 u. a., der Vorgänger des Antiochus Epiphanes, 41, 20. — *filiam*, Laodice. — *non pet.* etc., vgl. Tac. Germ. 17; zur Sache c. 5, 4. — *Prusiae*, s. 39, 51; 42, 29, App. Mithrid. 2. — *gratul.*, 30, 17, 12. — *auspic.*, indem sie die Stelle der auspices, die am Morgen des Hochzeitstages Auspicien hielten, vertraten, Becker Gallus 2, 20, worauf dann die *deductio*, ib. 2, 26; Marq. 5, 50, folgte. — *nobil. p.*, die Rhodier nach Pol. 26, 7: ἑκάστῳ τῶν φρακτήρων – νενυμφαγωγηκότων αὐτῷ τὴν Λαοδίκην; Mommsen 1, 758f.

5–6. *Boeot. g.*, s. c. 40, 6; 43, 5; Polyb. 27, 1: μένειν ἔφασαν ἐν τῇ πρὸς Περσέα συμμαχίᾳ, vgl. ib. 20, 7. — *capt. Ph.*, c. 15, 8; 52, 3. — *scrib.*, 39, 37, 16. — *amic. f.*, § 8; c. 39, 5 einfach *societatem*; 32, 39, 10: *amicitia*; 5, 35, 4. —

cis cum Perseo foedus incisum litteris esse, uno Thebis, altero 6
ad Delum, augustissumo et celeberrumo in templo, tertio Delphis.
in Achaico concilio vero nisi discussa res per paucos Romanum
imperium intentantis esset, eo rem prope adductam, ut aditus
ei in Achaiam daretur. at hercule suos honores, cuius merita 7
in eam gentem privatim an publice sint maiora, vix dici posset,
partim desertos per incultum ac neglegentiam, partim hostiliter
sublatos esse. iam Aetolos quem ignorare in seditionibus suis
non ab Romanis, sed a Perseo praesidium petisse? his eum 8
fultum societatibus atque amicitiis eos domesticos apparatus
belli habere, ut externis non egeat. triginta milia peditum, quinque milia equitum, in decem annos frumentum praeparasse, ut
abstinere et suo et hostium agro frumentandi causa possit. iam 9
pecuniam tantam habere, ut decem milibus mercennariorum militum praeter Macedonum copias stipendium in totidem annos
praeparatum habeat, praeter annuum, quod ex metallis regiis
capiat, vectigal. arma vel tribus tantis exercitibus in armamen- 10
taria congessisse. iuventutem, ut iam Macedonia deficiat, velut ex
perenni fonte unde hauriat, Threciam subiectam esse. Reliquom 13
orationis adhortatio fuit: „non ego haec" inquit „incertis ia-

uno Theb., eine seltene Form der Apposition; zur Sache s. 38, 33, 9. — *ad*, s. 30, 40, 1, vgl. § 1 *apud. Delum* ist unsicher, Perseus hatte daselbst auch einen anderen Beschluss aufgestellt, s. Polyb. 26, 5; O. Müller Orchomenos 421 verm. *Ismenium*; Hertz *Posideum*, 44, 11, 3, doch scheint das a. a. O. erwähnte Heiligthum nicht so berühmt gewesen zu sein, als an u. St. und bei der Verbindung mit Delphi vorausgesetzt wird.

6-7. *Ach. conc.* etc., 41, 23f. — *intent.*, drohend entgegenhalten, wie *gladios, arma* u. ä. — *desertos*, die Staaten im Peloponnes hatten die Entfernung aller Ehrenzeichen des Eumenes beschlossen, s. Polyb. 27, 15, nur auf den Antrag des Polybius war der Beschluss einigermassen gemildert worden, vgl. c. 5, 5; Pol. 29, 7, Schorn 339.— *incult.*, Vernachlässigung, Mangel an Sorgfalt für dieselbe. — *iam*,

§ 9; c. 11, 7; 40, 8, 14. — *Aetol.*, c. 40, 7; 42, 4; Diod. 29, 36: ἐκ τοῦ Περσέως γεγονέναι τὴν σύγχυσιν, vgl. oben c. 4, 5.

8-10. *trig. mil.* etc., vgl. c. 51, 11; Plut. Aem. 9; die Angabe 33, 30, 6 ist also unrichtig, Nissen 146; es wird *trig. milibus — q. milibus* verm., dadurch aber die Hauptsache in den Hintergrund gedrängt; aus *praeparasse* kann wol das Prädicat zu *milia* genommen werden; da die Hs. *praeparare* hat, so wird *praeparatam habere* vermuthet, was aber sogleich § 9 folgt. — *iam*, 23, 5, 15: *iam pecuniae adfatim est.* — *praeter*, abgesehen von, 37, 25, 8 u. a. — *metall.*, s. 39, 24, 2. — *trib. tantis*, 39, 44, 3; 1, 36, 7. — *ut iam*, s. 34, 32, 13. — *subi.*, 41, 24, 9; App. Θρᾴκην κατακτῷτο.

13. 1-4. *reliq. or.* etc. leitet den sonst unvermittelten Uebergang in die andere Form der Rede ein, s. 32, 34, 11; vgl. 38, 52, 6; c. 48, 2. — *incert.* etc., vgl. 4, 13, 9.

ctata rumoribus et cupidius credita, quia vera esse de inimico crimina volebam, adfero ad vos, patres conscripti, sed conperta et explorata, haud secus quam si speculator missus a vobis 2 subiecta oculis referrem; neque relicto regno meo, quod amplum et egregium vos fecistis, mare tantum traiecissem, ut vana ad 3 vos adferendo fidem abrogarem mihi: cernebam nobilissimas Asiae et Graeciae civitates in dies magis denudantis iudicia sua, mox, si permitteretur, eo processuras, unde receptum ad paeni- 4 tendum non haberent; cernebam Persea non continentem se Macedoniae regno, alia armis occupantem, alia, quae vi subigi non 5 possunt, favore ac benivolentia conplectentem; videbam, quam inpar esset sors, cum ille vobis bellum *pararet*, vos ei securam pacem praestaretis, quamquam mihi quidem non parare, sed 6 gerere paene bellum videbatur. Abrupolim, socium atque amicum vestrum, regno expulit; Arthetaurum Illyrium, quia scripta ab eo quaedam vobis conperit, socium item atque amicum vestrum, 7 interfecit; Euersam et Callicritum Thebanos, principes civitatis, quia liberius adversus eum in concilio Boeotorum locuti fuerant delaturosque ad vos, quae agerentur, professi erant, tollendos

— *volebam* wie *poteram* u. ä. aufzufassen. — *explor.*, in dem darauf in d. Hs. folgenden leeren Raume könnte ein *adfero* entsprechendes Verbum gestanden haben. — *speculat.* bezeichnet passend die Rolle, welche Eumenes spielt. — *cerneb.*, der Gegensatz ist schon durch die Voranstellung von *non* § 1 markirt. — *denud.*, s. c. 63, 1; 39, 30, 10; 33, 21, 8 u. a. a.; *nudare* 34, 24, 7. — *recept. ad paen.*, 24, 26, 15: *locus paenitendi*; Tac. Ann. 4, 11: *nullo ad paenitendum regressu.* — *alia - contin.*, dazu scheinen die beiden folg. Participia *occup. - conplec.* sich wie *cernebam* zu *non - adfero*, oder als erklärendes Asyndeton zu verhalten. — *quae - possunt* als allgemeinen Gedanken zu fassen ist hier nicht passend, s. c. 3, 11; wenn es einzelne Fälle bezeichnen soll, lässt es sich nicht wohl mit *cernebam* vereinigen, es wird daher *possent* vermuthet.

5-9. *esset*, wo man *futura esset* erwartet, wie § 3: *haberent*, s. c. 46, 6; 8, 34, 5; ib. 35, 4; 35, 28, 5. — *cum* enthält zugleich die Bedingung, s. 38, 19, 3. — *pararet* kann wegen des Gegensatzes *non parare* nicht wohl fehlen. — *Abrupol.*, s. c. 40, 5; 41; ob L. diese Verhältnisse im 41. Buche berührt habe, Periocha: *initia belli Macedonici*, ist zweifelhaft, s. 41, 19, 5, vgl. App. l. l., Polyb 22, 22ᵃ: πρῶτον μὲν ἀποφαίνουσι (die gewöhnlichen Historiker als Ursache des Krieges) τὴν Ἀβρουπόλιος ἔκπτωσιν ἐκ τῆς ἰδίας δυναστείας, ὡς καταδραμόντος αὐτοῦ τὰ παρὰ τὸ Πάγγαιον μέταλλα etc.; Pausan. 7, 10, 2: Περσεὺς - ἐπὶ Σαπέων τὸν βασιλέα Ἀβρούπολιν στράτευμα ἀγαγών.— *Arthet.*,App.l.l.: Ἀρθέταυρον δ᾽ ἐν Ἰλλυριοῖς δυνάστην καὶ ἔκτεινεν ἐπιβουλεύσας καὶ τοὺς ἐργασαμένους ὑποδέδεκται, ebenso L. c. 40, 5. — *quia princ. civitatis* hat App. nicht, s. c. 40, 7; 41, 5. — *concil.*, c. 43, 5. —

curavit; auxilium Byzantiis adversus foedus tulit; Dolopiae bellum 8
intulit; Thessaliam et Doridem cum exercitu pervasit, ut in bello
intestino deterioris partis auxilio meliorem adfligeret; confudit 9
et miscuit omnia in Thessalia Perrhaebiaque spe novarum ta-
bularum, ut manu debitorum obnoxia sibi optumatis opprimeret.
haec cum vobis quiescentibus et patientibus fecerit et concessam 10
sibi Graeciam esse a vobis videat, pro certo habet neminem sibi,
antequam in Italiam traiecerit, armatum occursurum. hoc quam 11
vobis tutum aut honestum sit, vos videritis; ego certe mihi turpe
esse duxi, prius Persea ad bellum inferendum quam me socium
ad praedicendum, ut caveretis, venire in Italiam. functus ne- 12
cessario mihi officio et quodam modo liberata atque exonerata
fide mea, quid ultra facere possum, quam uti deos deasque pre-
cer, ut vos et vestrae rei publicae et nobis sociis atque amicis,
qui ex vobis pendemus, consulatis?" Haec oratio movit patres 14
conscriptos. ceterum in praesentia nihil praeterquam fuisse in
curia regem scire quisquam potuit: eo silentio clausa curia erat;
bello denique perfecto, quaeque dicta ab rege quaeque responsa
essent, emanavere.

Persei deinde regis legatis post paucos dies senatus datus 2
est. ceterum praeoccupatis non auribus magis quam animis ab

Byzant., s. 39, 35, 4; Nissen 147.
— *Dolop.* - *Thess.*, 41, 22; *Doris*
ist dort nicht erwähnt, lag aber auf
dem Wege, den der König ein-
schlug. — *in bello int.*, wenn – ent-
stände. — *nov. tab.*, s. c. 5, 7, die
Stelle aus Diod. zu 41, 25, 1. —
optum., § 8: *meliorem partem*, diese
stehen auf der Seite der Römer', s.
34, 51, 6.
10–12. *concess.* etc., als ob die
Römer sich gar nicht um Griechenland bekümmerten. — *in Ital.*, der
Plan Philipps 40, 57. — *quam v. t.*,
vgl. 36, 30, 5. — *videritis*, 1, 58,
10. — *necess. mihi*, vgl. 7, 26, 14;
24, 1, 2. — *liberata f.*, meine ge-
wissenhafte Treue, Gewissenhaftig-
keit gleichsam von einer Fessel und
drückenden Last befreit, was meine
Treue als Pflicht mir auferlegte gethan zu haben, vgl. Curt. 6, 30, 12:
*religione deum astrictam conscien-
tiam suam exonerare properasse*;
L. 9, 11, 13: *liberata fide.* — *deos*

d., s. 29, 27, 1; 7, 26, 4, wo das mehr
feierliche *divi divaeque* gebraucht
ist. — *qui* etc., s. 37, 54, 23 f.
14. 1 – 4. *nihil* etc. Appian. l. l.:
ἧ δ' ἔργω μὲν οὐκ ἀξιοῦσα βασιλέα σώφρονα – λόγῳ δ' ἃ προΰ-
τεινεν ὁ Εὐμενῆς αἰτιωμένη (σύγκλητος) πολεμεῖν ἔκρινε τῷ Περσεῖ, καὶ ταῦτ' ἀπόρρητα ἔτι ἐν
σφίσιν αὐτοῖς ποιούμενοι, vgl. Val.
Max. 2, 2, 1. Der Senat hat also
seine Verhandlungen mehr als sonst
gewöhnlich geheim gehalten, s. 3,
41, 4; 22, 59, 16; Lange 2, 349.
Die Bemerkung ist wol, da sie Appian mit L. gemein hat, Polyb. entnommen, der demnach auch röm.
Quellen benutzt hat, Nissen 106.
Uebrigens lässt Appian, sich selbst
widersprechend, Gesandte des Perseus auf die Anschuldigungen des
Eumenes antworten. — *quaeq.* -
quaeq., 1, 55, 6.
2–4. *praeocc.*, 21, 20, 8: *prae-
occupatos iam ante ab Hannibale*

Eumene rege, omnis et defensio et deprecatio legatorum respuebatur. et exasperavit animos ferocia nimia Harpali, qui princeps legationis erat. is velle quidem et laborare dixit regem, ut purganti se nihil hostile dixisse aut fecisse fides habeatur: ceterum si pervicacius causam belli quaeri videat, forti animo defensurum se. Martem communem esse et eventum incertum belli.

Omnibus civitatibus Graeciae atque Asiae curae erat, quid Persei legati, quid Eumenes in senatu egisset; et propter adventum eius, quem moturum aliquid rebantur, miserant pleraeque civitates, alia in speciem praeferentis, legatos. et legatio Rhodiorum * erat hac falsa ** iturus princeps, haud dubius, quin Eumenes civitatem quoque suam Persei criminibus iunxisset. itaque omni modo per patronos hospitesque disceptandi cum rege locum in senatu quaerebat. quod cum *non* contigisset, liber-

animos esse, 29, 22, 7. — *et exasp.*, und dazu - noch. — *feroc. an.*, in der hd. Lesart kann auch *ferocia ac minis* liegen, vgl. 39, 26, 9: *id minaciter dictum.* — *ceterum* wie § 1; 2: 4, vgl. c. 12, 9: *iam.* — *Mart. comm.*, vgl. 5, 12, 1: *Martem communem bellique fortunam*, 1, 33, 4: *Marte incerto*; gewöhnlich ist *belli* mit *Mars communis* verbunden, s. jedoch Cic. Mil. 21, 56: *adde incertos exitus pugnarum Martemque communem*; Phil. 10, 10, 20, vgl. c. 49, 4.
5–8. *civitat.*, wie c. 12, 1. — *mot. aliq.*, 33, 35, 6 u. a. — *in spec.*, s. 41, 18, 4; *praefer.*, 39, 28, 7. — *erat* ist nicht richtig, man erwartet *aderat* od. *venerat, cuius ferox erat neo falsa simulaturus* u. A. verm., Appian., die Gesandtschaft des Perseus u. der Rhodier des gleichen Verfahrens und Erfolgs wegen zusammenfassend, sagt nur nach den § 1 erwähnten Worten: Ἁρπαλόν τε πεμφθέντα παρὰ Περσέως ἐς ἀντιλογίαν Εὐμενοῦς καὶ Ῥοδίων τινὰ πρεσβευτήν, βουλομένους εἰς

ὄψιν τὸν Εὐμενῆ διελέγχειν - οὐ προσήκαντο. καὶ οἳ μὲν ἐπὶ τῷδε πρῶτον ἀγανακτοῦντές τε καὶ παρρησίᾳ χρώμενοι πολεμεῖν βουλομένους ἤδη Ῥωμαίους Περσεῖ καὶ Ῥοδίοις μᾶλλον ἐξηγρίωσαν (*exasperavit*), woraus für den Ausdruck L.'s, der die Sache genauer darstellt, Nissen 245; 251, sich nichts weiter entnehmen lässt; wahrscheinlich hatte er schon hier bemerkt, dass der princeps legationis dem König habe widersprechen wollen, etwa *obviam iturus*, s. 33, 28, 9 u. a. — *civitat.*, vgl. 2, 48, 1; d. Hs. hat *civitatis quoque sua*, was, wenn *suae* geändert wird, viell. beibehalten werden kann, s. 39, 16, 4: *huic. diurnae - par nocturna contio esse poterit*; 45, 39, 4; 3, 45, 9; Sall. C. 51, 38: *imitari quam invidere bonis malebant*; id. I. 1, 5; Iustin. 20, 1, 5: *quae gentes non partem, sed universam ferme Italiam - occupaverant*; Cic. Tusc. 3, 17, 38: *aut in omni aut in magna parte vitas*; Curt. 4, 2, 9: *contentus patrio caderet alieni imperii finibus*; Madvig verm., dass etwa *insectationem* nach *suae* ausgefallen sei. — *per patr. c. hosp.*, s. c. 19, 5, vgl. 45, 25, 3. — *libert. intemp.*, in d. hd. Lesart *lib. intemperantius* wäre

tate intemperanti invectus in regem, quod Lyciorum gentem adversus Rhodios concitasset graviorque Asiae esset quam Antiochus fuisset, popularem quidem gratam * * populis — nam eo quoque iam favor Persei venerat — orationem habuit, ceterum invisam senatui inutilemque sibi et civitati suae. Eumeni vero conspiratio adversus eum favorem apud Romanos fecit. ita omnes ei honores habiti donaque quam amplissima data cum sella curuli atque eburneo scipione.

Legationibus dimissis cum Harpalus, quanta maxima celeritate poterat, regressus in Macedoniam nuntiasset regi, nondum quidem parantis bellum reliquisse se Romanos, sed ita infestos, ut facile appareret non dilaturos, et ipse, praeterquam quod [et]

libertate als abl. modi zu nehmen, wie oft *fraude*; *voluntate* 2, 24, 5; 7, 39, 13; *loco serione* 7, 41, 3; *agmine* 1, 6, 2; *consuetudine* Caes. B. G. 7, 24, 2; Cic. Sull. 5, 14: *veritate*; Rep. 1, 2: *oratione* u. a.; zum Gedanken s. 39, 26, 7. — *graviorq.*, c. 41, 4, vgl. 39, 47, 11.

9—10. *popularem*: eine (als sie bekannt wurde) dem Volke angenehme, 34, 32, 11: *omissa populari oratione*; Cic. leg. agrar. 2, 4, 9: *quid est enim tam populare quam pax* etc.; an den Gegensatz zwischen *optimates* u. *populares* ist nicht nothwendig zu denken, s. jedoch Polyb. 27, 6. Im Folg. scheint etwas zu fehlen, was sich auf die § 1 erwähnten *civitates Asiae* (daher *civitati suae* und *conspiratio*) bezog, weshalb auch früher *populis Asiae* gelesen wurde; auf die Rhodier würde sich das in der Parenthese Gesagte nach dem, was § 6 und c. 12, 4 angedeutet ist, nicht passend beziehen; Madvig verm.: *popularibus quidem gratam*, was auch erst nach dem Bekanntwerden der Rede gedacht werden kann. — *conspiratio*, der Eumenes feindlichen Staaten; schwerlich ist an Perseus und die Rhodier allein zu denken. — *favorem*, es wird *favorem maiorem* oder *auxit* st. *fecit* verm.; wol absichtlich hat L. weggelassen, was a. a. O. Appian sagt: τῶν δὲ βου-

λευτῶν πολλοὶ τὸν Εὐμενῆ δι᾿ αἰτίας εἶχον ὑπὸ φθόνου καὶ δέους αἴτιον τοσοῦδε πολέμου γενόμενον, vgl. Plut. Cat. m. 8, 12: δῆλος ἦν ὁ Κάτων ὑφορώμενος καὶ φυλαττόμενος αὐτὸν (Εὐμενῆ). Der ganze Gedanke bei L. soll nur das Folg. vermitteln. — *omnes hon.*, ebenso Diodor. l. l. ἐλεφαντίνῳ τιμήσασα δίφρῳ (ἡ σύγκλητος); vgl. 30, 15, 11; Becker 2, 2, 79.

15—16. Mordanschlag auf Eumenes. Diod. Sic. 29, 38; App. Maced. 11; Plut. Apophth. 184 (33), περὶ ἀδελφίας c. 18; Polyb. 27, 7.

1—2. *quanta m.*, das hds. *quanta eximia* ist nicht sprachgemäss, Stürenburg zu Cic. pro Arch. p. 26. ed. I. — *appar.*, überhaupt, nicht allein, als er in Rom war. — *et ipse* bezieht sich nicht auf das Subject des Hauptsatzes, sondern nur auf *Romanos – non dilaturos (bellum)*; statt einfach zu sagen *et ipse bellum gerere statuit*, wird im Folg. *praeterquam – futur.* noch ein Motiv eingeschoben, und deshalb auch *etiam* in Bezug auf *praeterq. quod* zugesetzt, vgl. 29, 16, 2. — *cum - et ipse*, vgl. 37, 44, 6. — *et ita*, wenn *et* richtig ist, kann es nur auf den folg. Satz bezogen werden, ähnlich 37, 56, 7: *et illos*; 41, 14, 6: *quod et*; 29, 23, 4: *et nubilis*; doch kann es aus *et ipse* wiederholt sein, vgl. 35, 25, 11: *Philopoemen*,

ita credebat futurum, iam etiam volebat, in flore virium se credens
3 esse. Eumeni ante omnis infestus erat; a cuius sanguine ordiens
bellum, Euandrum Cretensem, ducem auxiliorum, et Macedonas
tres adsuetos ministeriis talium facinorum ad caedem regis sub-
ornat litterasque eis dat ad Praxo hospitam, principem auctori-
4 tate et opibus Delphorum. satis constabat Eumenem, ut sacrifi-
caret Apollini, Delphos escensurum. praegressi cum Euandro
insidiatores nihil aliud ad peragendum inceptum quam loci op-
5 portunitatem, omnia circumeuntes, quaerebant. escendentibus
ad templum a Cirrha, priusquam perveniretur ad frequentia
aedificiis loca, maceria erat ab laeva iuxta semitam paulum ex-
tantem a fundamento, qua singuli transirent, dextra pars labe

*praeterquam quod ita Quinctio pla-
ceret, et ipse* etc.; 40, 35, 6: *ita deberet*; über *iam etiam* s. 33, 39, 7.
— *volebat*, das Object ist aus *non
dilatur.* oder *futurum* zu nehmen.
— *in flore vir.*, nicht allein persönlich, sondern wie c. 11, 6 *florere
iuventute – opibus – aetate.* Schwerlich drängte Perseus so zum Kriege,
s. Zon. 9, 22: ὕστερον δὲ ὁ Περσεὺς πολέμιον ἑαυτὸν τοῖς Ῥωμαίοις ἐποίησεν. ἵνα δὲ ἀναβολὴν τοῦ πολέμου σχοίη μέχρις ἂν
παρασκευάσηται, πρέσβεις εἰς τὴν
Ῥώμην ἔπεμψεν, sondern die Römer wollen ihm zuvorkommen, s.
App. l. l. p. 263 l. 10; Schorn 337.
3–4. *Eumeni* etc. ist ohne Verbindung und Uebergang. — *Euandr.,*
c. 59, 8; 44, 43; 45, 5. — *minist.*,
c. 41, 4; 39, 34, 9; App. sagt nur
αὐτῷ τέσσαρες ἄνδρες – ἐπεβού-
λευον, L. stellt die Sache: *a cuius
sanguine* als unzweifelhaft dar, vgl.
jedoch c. 41, 4. — *Praxo*, s. 40, 4,
3: *Archo.* — *princip.*, als feminin.
ist nicht häufig; ob Praxo diese
Stellung als Priesterin oder aus einem anderen Grunde hatte, ist nicht
klar. — *Delphorum* gehört zu *principem* und man sollte *Delphis* erwarten, wenn es nicht von *Delphus*
abzuleiten ist, Iustin. 24, 7, 8f. —
praegr., ehe der König dahin kam.

5. *escendentib.*, s. 1, 8, 5; 32, 4,
4. — *Cirrha*, an der Mündung des
Pleistus, der Hafen früher von
Krisa, später von Delphi. *a Cirrh.*,
von C. her, s. 8, 17, 9 u. a., App.
ἐκ Κίρρας ἐς Δελφοὺς ἀνέβαινε;
Paus. 10, 37, 4: ἐς δὲ Κίρραν τὸ
ἐπίνειον Δελφῶν ὁδὸς μὲν στα-
δίων ἑξήκοντα ἐστι ἐκ Δελφῶν. —
freq. aed. l., der Stadt Delphi. —
ab l. iuxta s. ist unsicher, da d.
Hs. *ableuiasemitam* hat; am nächsten läge *ab l. in sem.*, natürlich von
transirent abhängig: wo man von
dem Wege auf einen Pfad hinüber-
gehen musste, s. Plaut. Cas. 3, 5,
40: *de via in semitam degredere*;
Curcul. 2, 3, 8: *sistat in via de semita*; über die Stellung von *qua* s.
c. 1, 11; doch ist es nach § 8 wahrscheinlicher, dass sich die Mauer
eine Strecke an dem Pfade hinzog u.
transire bedeutet: vorüber = vorbei-
gehen; Madvig verm. *ab l. ad sem.*;
Kreyssig *ab l. semita – extante. — a
fund.* u. *maceriae*; Mauern und Ter-
rassen an dem Wege von Crisa nach
Delphi sind jetzt noch zu sehen, s.
Abhandl. der philos.-philolog. Klasse
der Münchener Acad. d. Wissen-
schaften 1843 S. 20ff. Die Erhöhung
des Weges auf der linken Seite erklärt *proclivis* § 10. — *labe*, Iustin.
30, 4, 3: *motus terrae Rhodum –*

terrae in aliquantum altitudinis diruta erat. post maceriam se 6
abdiderunt gradibus adstructis, ut ex ea velut e muro tela in
praetereuntem coicerent. primo a mari circumfusa turba ami- 7
corum ac satellitum procedebat, deinde extenuabant paulatim
angustiae agmen. ubi ad eum locum ventum est, qua singulis 8
eundum erat, primus semitam ingressus Pantaleon Aetoliae princeps, cum quo institutus regi sermo erat. tum insidiatores exorti 9
saxa duo ingentia devolvunt, quorum altero caput ictum est regi,
altero umerus; sopitusque ex semita proclivi *ruit* in declive, mul- 10
tis super prolapsum iam saxis congestis. et ceteri quidem *
etiam amicorum et satellitum, postquam cadentem videre, diffugiunt; Pantaleon constanter inpavidus mansit ad protegendum
regem. Latrones cum brevi circumitu maceriae decurrere ad 16
conficiendum saucium possent, velut perfecta re in iugum Parnasi refugerunt eo cursu, ut, cum unus non facile sequendo per
invia atque ardua moraretur fugam eorum, *ne ex conprenso* indicium emanaret, occiderint comitem. ad corpus regis primo 2
amici, deinde satellites ac servi concurrerunt. tollentes sopitum
volnere ac nihil sentientem, vivere tamen ex calore et spiritu re- 3

gravi ruinarum labe concussit. — *in aliq.*, s. zu 29, 18, 17. — *diruta*, Dukerverm. dafür *derupta*, s. 21, 33, 7: *praecipites deruptaeque angustiae*; doch erwartetman eher eine Verbalform als ein Adjectiv, wie 21, 36, 2: *locus — recenti lapsu terrae abruptus erat*; *diruta*: auf — hin zerstört.
6-10. *tela* im eig. Sinne werden im Folg. nicht erwähnt. — *a mari* ist auffallend zwischen *primo* und das, wozu es gehört, gesetzt, viell. um es nur auf den ersten Satz zu beschränken: anfangs, vom Meere ausgehend, nicht auf *deinde* zu beziehen; Plut. περὶ φιλαδελφ. l. l.: αἰσθόμενοι βαδίζοντα πρὸς τὸν θεὸν ἀπὸ θαλάσσης; Gron. verm. *agmine*. — *circumf.* ist abl., 2, 28, 6: *circumfusa multitudo*, anders 10, 25, 2. — *regi*, c. 12, 5; zu 28, 28, 10. — *procl.* - *declive* wird sonst nicht so scharf geschieden, weshalb Crevier das eine oder andere tilgen will. — *multis - cong.* müsste, da *prolapsum* hier: gefallen bedeutet, heissen: wobei bereits,

oder: so dass dabei usw., 40, 40, 7; 25, 36, 7; doch hat d. Hs. *congestū*. — *etiam* hat nichts, worauf es sich bezieht, auch ist der Genitiv bei *ceteri* selten, s. Tac. Ann. 1, 51; wahrscheinlich ist das Wort, von dem dieser abhieng, ausgefallen. — *constanter* kann zu *mansit*, oder, was näher liegt, mit *impavidus*, s. 39, 40, 10, verbunden werden; viell. ist jedoch mit Kreyssig *constans et* zu lesen. Ein Pantaleon wird Polyb. 20, 9; 28, 4 erwähnt.
16. 1-5. *velut perf. re*, 1, 4, 5: *velut defuncti regis imperio*. — *tollentes* würde zu *concurrerunt* nicht passen, vgl. 27, 43, 3; 40, 55, 7, wenn man es nicht von der Absicht verstehen will, s. zu 21, 6, 2; es wird wol besser zum Folg. gezogen, da *vivere tamen*, so wie es wieder durch *victurum* beschränkt wird, eine Beschränkung von *sopitum* enthält. — *remanente in pr.* kann nur im Allgemeinen das noch Vorhandensein des Athems bezeichnen, dass sie an irgend einem Zei-

manente in praecordiis senserunt; victurum exigua ac prope
4 nulla spes erat. quidam ex satellitibus secuti latronum vestigia,
cum usque ad iugum Parnasi nequiquam fatigati pervenissent,
5 re infecta redierunt. adgressi facinus Macedones ut inconsulte
6 ita audacter, coeptum nec consulte et timide reliquerunt. conpotem iam sui regem amici postero die deferunt ad navem; inde
Corinthum, ab Corintho per Isthmi iugum navibus traductis
7 Aeginam traiciunt. ibi adeo secreta eius curatio fuit, admittentibus neminem, ut fama mortuum in Asiam perferret. Attalus
quoque celerius, quam dignum concordia fraterna erat, credidit;
8 nam et cum uxore fratris et praefecto arci tamquam iam haud
9 dubius regni heres est locutus. quae postea non fefellere Eumenen; et quamquam dissimulare et tacita [habere id] pati statuerat,

chen wahrnehmen; *remeante*, was näher läge, wird durch *in* ausgeschlossen. — *praecord.*, wie oft bei Dichtern: die Brust. — *ut incons.*, L. hat c. 15, 4 die Vorsicht und Ueberlegung der Mörder nachgewiesen und c. 16, 1 gezeigt, wie sie bei einiger Besonnenheit ihren Plan hätten ausführen können, weshalb Heusinger passend *ut non inconsulte* vermuthet, wenn den latrones *audacia* zugeschrieben werden konnte, so dürfte *consilium* ihnen noch weniger abgesprochen werden. Die Bemerkung, welche man eher § 1 erwartet, sollte sich wol an die gleiche Erfolglosigkeit des Nachsetzens anschliessen.
6—9. *iam*, als er schon, früher als man erwartet hatte. — *amici* mit Ausschluss der § 2 noch genannten, s. 40, 8, 4. — *traductis*, wahrscheinlich war dieses, um die weite Fahrt um den Peloponnes zu vermeiden, nicht ganz ungewöhnlich; es werden dabei nicht sehr grosse Schiffe vorausgesetzt, vgl. 25, 11, 18 f., zu 24, 40, 17. — *ab Cor.*, nach Cenchreae. — *Aeginam*, welches den Königen von Pergamus gehörte, s. 31, 25, 1. — *admittentibus*, aus *curatio* ist *curantes* zu denken, und diese sind das logische Subject zu *admittentib.*, s. 4, 60, 1: *concursum — fatentib.*, 38, 26, 7. — *quoq.*, ebenso wie die übrigen. — *concord.*, s. c. 5, 5; er hat den Beinamen φιλάδελφος, auf den hier angespielt wird, vgl. c. 55, 7. — *credid.*, und zeigte so, dass ihm der Tod erwünscht war. — *uxore*, Stratonice Strabo 13, 4, 2 p. 624, der nur die Vormundschaft des Attalus erwähnt; auch L. hat hier gemildert, vgl. Diod. l. l. μετὰ τὴν ἐπιβουλὴν τὴν κατὰ Εὐμενοῦς — Ἄτταλος ἐπεπλάκη τῇ βασιλίσσῃ προχειρότερον; Plut. Apoph.: Ἄτταλος — περιθέμενος τὸ διάδημα καὶ τὴν γυναῖκα γήμας ἐβασίλευσε. — *et praef.*, ohne Wiederholung der Präpos., s. c. 64, 7; 39, 25, 2 u. a.
— *tacita* etc. ist nicht richtig überliefert, da d. Hs. nach Kopitar *tacitehabereidpati* hat; denn *id* kann nach *quae* nicht statt haben und *tacite habere* scheint sich sonst nicht zu finden, wol aber *tacitum pati*, s. 7, 1, 5, *haud clam tulit* 31, 47, 4, vgl. 5, 28, 1; 28, 40, 2: *aperte ferre* u. ä.; wahrscheinlich ist wie *id* auch *habere* (viell. aus einem Substant. *aegritudine*?) verdorben; doch lässt sich zweifeln, ob L. sich erlaubt habe *tacita haberi pati* zu schreiben, wie Madvig

tamen in primo congressu non temperavit, quin uxoris petendae
immaturam festinationem fratri obiceret. Romam quoque fama
de morte Eumenis perlata est.
    Sub idem tempus C. Valerius ex Graecia, qui legatus ad vi- 17
sendum statum regionis eius speculandaque consilia Persei regis
missus erat, rediit, congruentiaque omnia criminibus ab Eumene
adlatis referebat. simul et adduxerat secum Praxo a Delphis, cuius 2
domus receptaculum latronum fuerat, et L. Rammium Brundisi-
num, qui talis indicii delator erat. princeps Brundisii Rammius 3
fuit; hospitioque et duces Romanos omnes et legatos, exterarum
quoque gentium insignis, praecipue regios, accipiebat. ex eo 4
notitia ei cum absente Perseo fuerat; litterisque spem amicitiae
interioris magnaeque inde fortunae facientibus ad regem profectus
brevi perfamiliaris haberi trahique magis quam vellet in arcanos
sermones est coeptus. promissis enim ingentibus praemiis pe- 5

verm. — *temper. quin*, Caes. B. G.
1, 33, 4: *nec sibi – temperaturos,
quin – exirent*; Tac. Ann. 2, 84;
3, 67; zur Sache Diod.: οὐ μὴν
Εὐμενής γε προσεποιήθη μετὰ
ταῦτ᾽ ἀνακάμψας, ἀλλὰ φιλοφρό-
νως ἀσπασάμενος τὸν ἀδελφὸν
διέμενεν ἐν τῇ πρὸς αὐτὸν εὐνοίᾳ,
vgl. Plut. — *inmatur.*, statt des
hds. *maturam*, s. 1, 26, 4; 2, 1, 3;
ib. 45, 8 u. a., gewöhnlich wird *prae-
maturam* gelesen.
    17-18, 6. Vergiftungsversuch
an römischen Gesandten; Besetzung
der illyrischen Küste. Zonar. 9, 22.
    1-3. *Valer.*, er ist c. 6 zu Per-
seus und Ptolemaeus geschickt, hier
wird, wenn man nicht annehmen
will, dass *Graecia* in weiter Bedeutung genommen sei, s. 36, 1, 6,
vgl. c. 2, 1; vorausgesetzt, dass er
eine andere Bestimmung gehabt habe, worauf auch § 2: *Delphis* u. § 8:
Chalcidem hinweist; er hat sich
also von den übrigen Gesandten getrennt, oder die Angabe c. 6 ist
nicht genau und Valerius kehrt
erst jetzt von der Gesandtschaft
41, 25 zurück. — *region. eius*, *s.*
c. 3, 6. — *Praxo*, c. 15, 3. —
Rammium, s. c. 41, 4; Appian., der
das Attentat p. 265, 4 ff. ausführlich
erwähnt, sagt p. 263, 17 nur allgemein: καὶ ἄλλας δέ τινας αἰτίας οἱ
'Ρωμαῖοι – προσελάμβανον; übrigens nennt er den Angeber 'Ερέν-
νιος, Nissen 115. — *qui talis* ist so
gestellt, als ob sogleich die Anzeige
folgen sollte, aber dann die Angabe
über die Person und die Stellung
des Rammius eingeschoben. — *ho-
spitioq.*, da nur etwas dem Rammius als princeps Zukommendes,
nicht etwas Unerwartetes angefügt
wird, auch sogleich *quoque* in d. Hs.
selbst zweimal geschrieben ist, so
ist wol *hospitioque* st. *hospitio quoque* zu lesen; in keinem Falle lässt
sich *quoque et* verbinden, s. Hand
Turs. 2, 522. — *exterar.*, die von
Osten kamen, da nach dieser Seite
Brundisium der gewöhnliche Lan-
dungsplatz war.
    4-9. *ex eo* aus *regios* zu erklä-
ren. — *absente* ist nicht blos attributiv, sondern: obgleich derselbe
entfernt, in anderen Gegenden gewesen wäre. — *litterisq.*, die Folge
der *notitia* und *absentia*; dass Perseus selbst den Brief geschrieben
habe, wird nicht gesagt. — *inter.*,
im Folg. *in arcanos sermones*, vgl.
41, 24, 3. — *inde*, in Folge davon.
— *quam vell.*, 38, 49, 13. —

300 LIBER XXXXII. CAP. 17. 18. a. u. 582.

tere institit ab eo rex, quoniam duces omnes legatique Romani
6 hospitio eius uti adsuessent, quibus eorum ipse scripsisset ut
venenum dandum curaret: cuius scire se conparationem plurimum difficultatis et periculi habere; pluribus consciis conparari;
eventu praeterea incerto esse, ut aut satis efficacia ad rem per-
7 agendam aut tuta ad rem celandam dentur. se daturum quod
8 nec in dando nec datum ullo signo deprendi posset. Rammius
veritus, ne, si abnuisset, primus ipse veneni experimentum esset,
facturum pollicitus proficiscitur. nec Brundisium ante redire
quam convento C. Valerio legato, qui circa Chalcidem esse dice-
9 batur, voluit. ad eum primum indicio delato, iussu eius Romam
simul venit. introductus in curiam, quae acta erant, exposuit.
18 Haec ad ea, quae ab Eumene delata erant, accessere, quo maturius hostis Perseus iudicaretur, quippe quem non iustum modo
apparare bellum regio animo, sed per omnia clandestina grassari
2 scelera latrociniorum ac veneficiorum cernebant. belli administra-

scrips. n. *dandum esse,* oder *ut daretur.* — *cuius* etc., die Anknüpfung ist etwas hart. — *pluribus,* s. 35, 17, 1: *plures.* — *comparari,* die Wiederholung des Begriffes ist bei L., s. 39, 5, 3, besonders hier, wo *dare* fünfmal in wenigen Zeilen sich findet, so wenig ein Grund das Wort als untergeschoben zu betrachten, als das Fehlen von *enim* gerade hier auffallen kann, da es oft nicht gesetzt wird, 34, 49, 8; 26, 49, 8 u. a.; Naegelsbach § 199, 1; aber die Worte sind abgerissen, besonders da sogleich der Plural folgt; und im Folg. ist vom Beibringen des Giftes die Rede; es ist da? her wahrscheinlich, dass etwas ausgefallen sei, vgl. Cic. Cluent. 60 f.; Quintil. 5, 7, 37: *venenum arguis; ubi emi* (bei L. *comparari*)? *a quo? quanti? per quem dedi? quo conscio?* Madvig liest: *habere pluribus consciis; eventu* etc. Andere verm. *comparati eventu praet. in incerto esse,* was theils wegen der Stellung von *praeterea,* s. Caes. B. G. 3, 20, 2; 4, 22, 3 u. a., theils wegen des Plurales nicht passend ist; auch hat das *conparatum venenum* noch keinen Erfolg, wenn es nicht beigebracht wird. — *ut* scheint durch den Begriff in *eventu esse* veranlasst: es könne nicht mit Sicherheit bewirkt werden, dass usw. — *efficacia,* der Uebergang in den Plural ist, wie die Stelle in d. Hs. gelesen wird, unvermittelt; anderer Art sind Fälle wie c. 8, 7: *bona - eius*; 37, 54, 24: *reges - quo*; Sall. C. 56, 5 u. a. — *rem - rem,* das zweite ist viell. mit Gron. zu entfernen. — *daturum - dando* in etwas verschiedener Bedeutung. — *in dando dat.,* s. 21, 21, 8. — *nec Br.,* jedoch - *nicht.* — *circa Chalc.,* schwerlich ist er dahin aus Aegypten gekommen, s. § 1. — *eam - eius,* vgl. § 4: *eo - ei.* — *introd.,* so werden um Auskunft zu ertheilen, oder aus anderen Gründen, ausser Gesandten, Deputationen u. a. Einzelne, die dem Senate nicht angehörten, in die Sitzung zugelassen.
18. 1-5. *hostis - iudic.,* wahrscheinlich nur die Absicht, kein förmlicher Beschluss, s. c. 14, 1, vgl. c. 19, 3; 30, 10. — *iustum,* hier nicht: ein gerechter, c. 23, 6, sondern ein mit erlaubten Mitteln geführter. — *cernebant* nach *quippe quem,* s. 3, 6, 6. — *administr.,* 10,

tio ad novos consules reiecta est; in praesentia tamen Cn. Sicinium praetorem, cuius inter cives et peregrinos iurisdictio erat, scribere milites placuit, qui Brundisium ducti primo quoque 3 tempore Apolloniam in Epirum traicerentur ad occupandas maritimas urbes, ubi consul, cui provincia Macedonia obvenisset, classem appellere tuto et copias per commodum exponere posset. Eumenes aliquamdiu Aeginae retentus periculosa et difficili cu- 4 ratione, cum primum tuto potuit, profectus Pergamum, praeter pristinum odium recenti etiam scelere Persei stimulante *summa vi parabat bellum.* legati eo ab Roma gratulantes, quod e tanto 5 periculo evasisset, venerunt.

Cum Macedonicum bellum in annum dilatum esset, ceteris 6 praetoribus iam in provincias profectis M. Iunius et Sp. Lucretius, quibus Hispaniae provinciae obvenerant, fatigantis saepe idem petendo senatum, tandem pervicerunt, ut supplementum sibi ad exercitum daretur: tria milia peditum, centum et quinquaginta equites in Romanas legiones, in socialem exercitum quinque milia 7 peditum et trecentos equites imperare sociis iussi. hoc copiarum in Hispanias cum praetoribus novis portatum est.

Eodem anno, quia per recognitionem Postumi consulis 19 magna pars agri Campani, quem privati sine discrimine passim possederant, recuperata in publicum erat, M. Lucretius tribunus plebis promulgavit, ut agrum Campanum censores fruendum lo-

24, 16 u. a., anders 24, 8, 7. — *Sicin.*, er ist c. 10, 8 schon nach Apulien geschickt, und soll, nach den Annalisten, noch viele Geschäfte besorgt haben, s. c. 19, 6; 22, 5; 27, 3; 8; 36, 8. — *Apoll.*, wie 31, 27, 1; ib. 40, 6. — *marit. urb.*, s. c. 36, 8; 24, 40, 4. — *per comm.*, 30, 29, 3. — *tuto* wie kurz vorher. *praeter*, c. 12, 9. Von c. 11 bis hierher scheint L. Polyb. gefolgt zu sein; bis c. 28 den Annalisten.
18, 6 – 19. Ergänzung der Heere in Hispanien; Verpachtung des ager Campanus; Gesandtschaft des Ariarathes.
6 – 7. *in ann.*, 4, 25, 8, vgl. 41, 14, 3. — *ceteris*, über Sicinius, s. c. 18, 2. — *Iunius* etc. schliesst sich an c. 10, 13 an. — *fatig.*, vgl. 40, 35, 10. — *tria mil.* wird von Anderen als Apposit. zu *supplementum* betrachtet, da aber zu dem *suppl. ad exercitum*

(nicht *ad legiones*) auch die Bundesgenossen gehören, so können diese nicht von den Römern getrennt werden; es ist daher *scribere* zu *tria m.* entweder aus dem Folg. zu ergänzen oder ausgefallen, vgl. 36, 1, 6. *social. exerc.*, 31, 21, 7; 8, 4, 3. — *iussi*, die Prätoren selbst, wie § 2, besorgen die Aushebung, nicht die Consuln, obgleich sie noch in der Stadt sind, s. c. 21, 1, wegen der c. 10 erwähnten Verhältnisse, vgl. zu 39, 20, 4; ib. 38, 10.
19. 1 – 2. *recogn.*, c. 1, 6; Durchmusterung, Prüfung, was Staats- und Privateigenthum sei. — *sine disc.*, ohne das Staatsland von dem übrigen zu unterscheiden; *passim*, an vielen Stellen. — *in publ.*, in den Besitz des Staates, so dass diesem wieder die Einkünfte zuflossen, s. 2, 5, 1. — *promulgav.*, absolut, s. 6, 39, 1: *quae ex promulgatis* –

302 LIBER XXXXII. CAP. 19. a. u. 582.

2 carent, quod factum tot annis post captam Capuam non fuerat,
ut in vacuo vagaretur cupiditas privatorum.
3 Cum *in* expectatione senatus esset bello etsi non indicto,
tamen iam decreto, qui regum suam, Persei qui secuturi amicitiam essent, legati'Ariarathis, puerum filium regis secum addu-
4 centes, Romam venerunt. quorum oratio fuit regem educendum
filium Romam misisse, ut iam inde a puero adsuesceret moribus
5 Romanis hominibusque: petere, ut eum non sub hospitum modo
privatorum custodia, sed publicae etiam curae ac velut tutelae
6 vellent esse. egregie ea legatio grata senatui fuit; decreverunt,
ut Cn. Sicinius praetor aedis instructas locaret, ubi filius regis
comitesque eius habitare possent. et Threcum legatis Maedis-
que et Astiis societatem amicitiamque petentibus et quod pete-

gratiora essent; Cic. Sest. 32, 69:
de meo reditu – promulgarunt, vgl.
32, 29, 3 *tulit*, *ut* u. a. — *fru-
end. loc.*, wie es 27, 11, 8 bestimmt
war, Niebuhr 2, 159; Schwegler 2,
409; Lange 2, 242. Der Senat
scheint mit dem Antrag einverstan-
den. — *tot ann.*, s. zu c. 1, 6. —
vacuum, was in Niemandes Besitz
ist.
3–6. *in expect.*, Cic. Fam. 10,
4, 4: *sum in expectatione omnium
rerum*, anders c. 2, 3. — *bello indicto* ist als nähere Bestimmung zu
in expect. eingeschoben und dieses
dadurch nicht ohne Härte von *qui*
getrennt. — *etsi non ind.*, wie 4,
53, 1: *quamquam*, vgl. c. 1, 12. — *qui
– qui* chiastisch geordnet, ähnlich 7,
39, 10 das Relat., über die Nachstellung des Fragpron. s. 1, 26, 1: *ex
foedere quid imperaret*, 39, 37, 2
quae – qui; ad Brut. 1, 16 in: *quae
morte qua*; Quint. 7, 4, 21. — *regum*, s. c. 29; 26, 7; App. Mac. 11
p. 263: οἱ Ῥωμαῖοι ἐς τὸν Περσέως πόλεμον, ὡς οὔπω κεκριμέ-
νον προσελάμβανον, καὶ πρέσβεις εἰς τοὺς φίλους βασιλέας,
Εὐμενῆ καὶ Ἀντίοχον καὶ Ἀρια-
ράθην καὶ Μασανάσσην καὶ Πτο-
λεμαῖον τὸν Αἰγύπτου (c. 6, 3),
περιέπεμπον, ἑτέρους δ᾽ ἐς τὴν
Ἑλλάδα – καὶ ἐς τὰς νήσους, s.
§ 7. — *Ariar.*, 40, 20, 1. — *puer.*

fil., den im Knabenalter stehenden
Sohn; ein dem Ariar. von seiner
Gemahlin untergeschobenes Kind,
Diod. Sic. 31, 28: ἐξ οὗ (nachdem
sie selbst einen Sohn geboren hat)
τοὺς ὑποβολιμαίους ἀναδιδάξα-
μένην (Ἀντιοχίδα) τἀνδρὶ τὸν
μὲν πρεσβύτερον μετὰ συμμέτρου
χρείας εἰς Ῥώμην ἀποσταλῆναι
παρασκευάσαι. — *educ.*, 1, 4, 7.
morib. R. hom., s. 22, 32, 7: *patres
Romanos populumque* u. a.; *homi-
nib.* wie 11, 3. — *sub cust.*, 1, 2,
4: *sub eodem iure*: 2, 1, 4: *sub tutela*; 1, 35, 5. — *publ. tut.*, 21, 41,
12; 5, 28, 5; Mommsen Forsch. 1,
347. — *egregie ea* ist unsicher statt
des hds. *et regem* et von Madvig
verm., viell. *et res et.* — *instructas
loc.* scheint dasselbe zu bedeuten
wie 45, 44, 7: *aedes – conductae*:
er solle eine mit allem Nöthigen
versehene Wohnung accordieren,
miethen; also eine Privatwohnung,
während sonst die *hospites* gewöhnlich in der *villa publica* wohnten, s.
Mommsen a. a. O. 344; doch wäre
bei *locare* eher *instruendas* zu erwarten.
6–8. *Threcum*, die Hs. deutet an,
dass von den *Maedi*, s. 26, 25, 6;
40, 22, 12, und etwa den *Astii*, s.
38, 40; Plin. 4, 11, 40, die Rede
war; die dritte der durch *que et*
verbundenen Völkerschaften ist

bant datum est, et munera *binum* milium aeris summae in singulos missa. hos utique populos, quod ab tergo Macedoniae 7
Threcia esset, adsumptos in societatem gaudebant. sed ut in Asia
quoque et insulis explorata omnia essent, Ti. Claudium Neronem M. Decimium legatos miserunt. adire eos Cretam et Rho- 8
dum iusserunt, simul renovare amicitiam, simul speculari, num
sollicitati animi sociorum ab rege Perseo essent.

In suspensa civitate ad expectationem novi belli, nocturna 20
tempestate columna rostrata in Capitolio bello Punico *priore posita M. Aemilii* consulis, cui collega Ser. Fulvius fuit, tota ad
imum fulmine discussa est. ea res prodigi loco habita ad sena- 2
tum relata est; patres et *ad* haruspices referre et decemviros
adire libros iusserunt. decemviri lustrandum oppidum, sup- 3

nicht zu erkennen, vieli. waren die *Sapaei*, s. zu c. 13, 6, genannt. Die hier genannten Völker gehörten wol zu den *liberi Thraces* c. 51, 7, und standen dem zu Perseus haltenden Cotys, c. 29, 12; 51, 10 usw., entgegen. — *binum m.*, s. c. 6, 11 vgl. 43, 5, 8; 6, 14; 8, 8 u. a.; an keiner von diesen und anderen Stellen ist das die Construction schleppend machende *summae* zugesetzt, vieli. ist es ein Glossem. — *ab tergo*, von Italien aus hinter Macedonien. — *in Asia* dem Festlande. — *et ins.*, *in* konnte leicht ausfallen, doch ist die Zusetzung nicht nothwendig, c. 16, 7. — *Claud.*, s. c. 45, 1; *Decim.*, vgl. c. 37, 1. — *renor. amic.*, die Rhodier hatten zwar den Krieg mit Philippus und gegen Antiochus mit den Römern geführt, s. 31, 46; 32, 16; 36, 45; 37, 9 ff., aber ein Bündniss nicht geschlossen, vgl. c. 56, 6; 45, 25, 9; daher auch nur *amicitia*; die Berührungen mit Creta sind selten erwähnt, und waren zum Theil feindliche, s. 37, 60; vgl. 41, 25, 7; was Pol. 27, 3; 6 erwähnt, ist später vorgefallen, c. 45, 3. — *socior.*, verschieden von Rhodus und Creta. — *num soll.*, vgl. c. 14, 9: *nam eo quoque* etc.

20. Prodigien.
1. *ad expectat.*, Veranlassung, s. zu c. 25, 8; 1, 7, 7: *ad deside-*

rium, 39, 51, 5; sonst der Ablat., 2, 32, 5: *metu mutuo suspensa erant omnia* u. a., vgl. 21, 20, 9: *civitas erecta expectatione.* — *columna rostr.* etc. ist in der Hs. lückenhaft; die Säule wurde, wie es scheint, dem Consul des J. 500 *M. Aemilius*, dessen *triumphus navalis* Inscptt. p. 458 erwähnt ist, errichtet, s. Mommsen l. l. p. 37; sie war mit den Schiffsschnäbeln, § 4, der erbeuteten Schiffe geschmückt, *rostrata*, die des Duilius kann nicht gemeint sein, da diese auf dem Forum stand, s. Plin. 34, 5, 20; Quint. 1, 7, 12; die Säule wird, wie dem Duilius, s. d. ang. St., dem Maenius u. Camillus 8, 13, 9 und anderen, s. 4, 17, 6; 2, 13; 11, so auch dem Aemilius vom Staate errichtet worden sein, weshalb nicht passend *ab Aemilio* oder *opera Aemilii* gelesen würde; der Genitiv wie 40, 34, 5; 1, 36, 5, obgleich an u. St., da von einer *columna* die Rede ist, der Dativ vieli. vorzuziehen ist. Der College des Aemilius scheint genannt um das Jahr zu bezeichnen. — *in Capit.*, 40, 51, 3; 37, 3, 7; Becker 1, 409. — *ad har. ref.*, 27, 37, 8 f.; 32, 1, 14; der Ausdruck *ad harusp. referre* scheint sich sonst nicht zu finden. — *lustrand. opp.*, 35, 9, 5; 21, 62, 7: *urbs lustrata*; Lucan. 1, 592: *iubet et totam — ur-*

plicationem obsecrationemque habendam, victimis maioribus sacrificandum et in Capitolio Romae et in Campania ad Minervae promunturium renuntiarunt; ludos per decem dies Iovi optimo
4 maximo primo quoque die faciendos. ea omnia cum cura facta. haruspices in bonum versurum id prodigium, prolationemque finium et interitum perduellium portendi responderunt, quod ex
5 hostibus spolia fuissent ea rostra, quae tempestas diiecisset. accesserunt, quae cumularent religiones animis. Saturniae nuntiatum erat sanguine per triduum in oppido pluvisse, Calatiae asinum tripedem natum et taurum cum quinque vaccis uno ictu
6 fulminis exanimatos, Auximi terra pluvisse. horum quoque prodigiorum causa res divinae factae et supplicatio unum diem feriaeque habitae.

21 Consules ad id tempus in provinciam non exierant, quia neque uti de M. Popillio referrent senatui obsequebantur et nihil
2 aliud decernere prius statutum patribus erat. aucta etiam invidia est Popilli litteris eius, quibus iterum cum Statellatibus Liguri-

bem ambiri et festo purgantis moenia lustro longa per extremos pomeria cingere fines pontifices; an u. St. ist *oppidum* alterthümlich für *urbs* gebraucht, s. c. 36, 1; vgl. 45, 16, 5. — *supplic. obsecr.*, ausser dem feierlichen Umgang bei den pulvinaria, bei dem zu den einzelnen Göttern gebetet, s. 31, 8, 2: *obsecratique*; 5, 18, 11, und ihnen geopfert wurde, ein feierlich von den decemviri vor- und von dem Volke nachgesprochenes Gebet, s. 4, 21, 5; 27, 11, 6; 31, 9, 6, vgl. 40, 37, 3. — *ad Min. prom.*, s. 40, 18, 8; religiöse Feierlichkeiten ausserhalb Rom werden auch sonst angeordnet, s. 21, 62, 8; 22, 1, 19. — *ludus*, 36, 2, 4.
4—6. *in bon.*, sich zum Guten wenden. — *prolat.*, c. 30, 9; 31, 5, 7. — *perduell.*, alterthümlich, 25, 12, 10; 29, 27, 3, vgl. 40, 52, 5: *duellum. — ex host.* attributiv, s. 39, 11, 4. — *cumul. rel. an.* ist hier nach der Analogie von *donare, circumdare, impertiri* u. ä. construirt, gewöhnlich *aliquam cumulare aliqua re. — in oppido* gehört zu *Saturniae*, wovon es aber auffallend

getrennt und selbstverständlich ist, man sollte eher eine bestimmte Localität in der Stadt, etwa *in foro* o. ä. erwarten, s. 40, 19, 2; 39, 56, 6; ib. 46, 5; 43, 13, 5; 24, 10, 7: *in foro boario*. Die locative *Saturniae, Cal. Aux.* (nicht *a Saturnia Cal.*), zeigen an, dass man die Anzeigen in jenen Städten erhalten hatte, s. 41, 21, 12; 32, 9, 3; 45, 16, 5 u. a., vgl. 37, 3, 3, während die Meldung nach Rom vorausgesetzt wird. — *res d. f.*, 40, 53, 4; 23, 11, 6. — *suppl. — fer.* wie 40, 19, 5; 41, 21, 11, nur *feriae* c. 2, 7; 3, 5, 13; 34, 55, 1.

21—22. Streit des Proconsuls Popillius mit dem Senate.
1—3. *in prov. n. ex.*, c. 22, 1; nach c. 10, 15 sollte man das längere Verweilen in der Stadt nicht erwarten; d. Hs. hat *provincias*, s. 39, 29, 10; doch ist hier wegen c. 22, 1 wol *provinciam* vorzuziehen, s. 40, 1, 1. — *uti ref.* scheint von dem in *obsequebantur* liegenden Begriffe des Wollens oder Thuns abzuhängen und dessen Object zu umschreiben, s. § 7; 41, 29, 11. — *statut.*, c. 10, 10. — *Popill. - eius*

bus proconsul pugnasse se scripsit ac sedecim milia eorum occidisse; propter cuius iniuriam belli ceteri quoque Ligurum populi ad arma ierunt. tum vero non absens modo Popillius, qui 3 deditis contra ius ac fas bellum intulisset *et* pacatos ad rebellandum incitasset, sed consules, quod non exirent in provinciam, in senatu increpiti. hoc consensu patrum accensi M. Marcius 4 Sermo et Q. Marcius Scylla tribuni plebis et consulibus multam se dicturos, nisi in provinciam exirent, denuntiarunt et rogationem, quam de Liguribus deditis promulgare in animo haberent, in senatu recitarunt. sanciebatur, ut qui ex Statellis deditis in 5 libertatem restitutus ante calendas Sextiles primas non esset, cuius dolo malo is in servitutem venisset, ut iuratus senatus decerneret, qui eam rem quaereret animadverteretque. ex auctoritate deinde senatus eam rogationem promulgarunt. priusquam 6 proficiscerentur consules, C. Cicereio *praetori* prioris anni ad aedem Bellonae senatus datus est. is expositis quas in Corsica 7 res gessisset, postulatoque frustra triumpho in monte Albano, quod iam in morem venerat, ut sine publica auctoritate

---

der Deutlichkeit wegen. — *Statell.*,
c. 7, 3. — *ius a f.*, 8, 5, 8: *ius fasque.* — *rebelland.*, das hds. *rebellium* würde sich nur hier finden, s. zu 23, 8, 7, und etwa mit *postulio*, weniger passend mit *consortium* u. ä. verglichen werden können.
4—5. *Sermo — Scylla*, beide Beinamen kommen viell. nur hier vor. — *multam s. d.*, s. c. 9, 4; 6, 38, 9; 25, 3, 13; Lange 1, 599. — *recitar.*, da es § 5 heisst: *ex auctoritate senatus*, so muss sich der Senat über den Gegenstand ausgesprochen haben, also befragt, und, da die Consuln diesen Antrag zu stellen sich geweigert haben, von den Tribunen befragt worden, das *recitare* des Antrags ein Theil der *relatio* gewesen sein; über das Recht des Tribunen *cum patribus agendi* s. 22, 61, 7; 27, 5, 7; Lange 1, 600. — *sancieb.*, c. 10, 10: *referebat.* — *primas*, 23, 32, 14. vgl. 35, 7, 3. — *iuratus*, 30, 40, 12; in dem Antrage sind, wie gewöhnlich in solchen publicistischen Schriften immer die Begriffe und Gedanken, welche die

folgenden bedingen, diesen vorangestellt, s. 1, 32, 11; Jhering Geist des röm. Rechts 2, 639; wir würden die Ordnung umkehren: *ut senatus — quaereret — cuius dolo — venisset, qui — non esset*; das zweifache *ut* s. c. 28, 7. — *ex auct. sen.*, diese wird jetzt gewöhnlich von den Tribunen für ihre Anträge gesucht, s. c. 19, 1; 27, 11, 8, vgl. 45, 21, 4; 21, 63, 5. — *animadv.*, 21, 19, 7: *nostra haec quaestio et animadversio in civem nostrum est*; vgl. c. 32, 3.
6—7. *senat. dat.*, ob von den Consuln, ist nicht angedeutet, s. § 8.
— *in monte Alb.*, s. Marq. 3, 2, 450. — *in morem ven.*, wie *in consuetudinem venit.*—*ut* etc., epexegetisch, Cic. Att. 12, 14, 3; Or. 2, 10, 39 u. a., folgt aber auch sonst nach Phrasen mit *mos*, s. 27, 11, 10; 32, 34, 5 u. a.; übrigens hat L. nicht viele Beispiele solcher Triumphe, s. 26, 21, 6; 33, 23, 8; 45, 38, 4; vgl. fast. triumph. p. 459: *C. Cicereius - ex Corsica in monte Albano k. Oct.*

8 fieret, triumphavit. rogationem Marciam de Liguribus magno
consensu plebes scivit iussitque. ex eo plebiscito C. Licinius praetor consuluit senatum, quem quaerere ea rogatione vellet. pa-
22 tres ipsum eum quaerere iusserunt. Tum demum consules
in provinciam profecti sunt exercitumque a M. Popillio acce-
2 perunt. neque tamen M. Popillius reverti Romam audebat, ne
causam diceret adverso senatu, infestiore populo, apud prae-
3 torem, qui de quaestione in se posita senatum consuluisset. huic
detractationi eius tribuni plebis alterius rogationis denuntiatione
occurrerunt, ut, si non ante idus Novembres in urbem Romam
4 introisset, de absente eo C. Licinius statueret ac iudicaret. hoc
tractus vinculo cum redisset, ingenti cum invidia in senatum
5 venit. ibi cum laceratus iurgiis multorum esset, senatus consultum factum est, ut qui Ligurum post Q. Fulvium L. Manlium
consules hostes non fuissent, ut eos C. Licinius Cn. Sicinius
praetores in libertatem restituendos curarent, agrumque is trans
6 Padum consul C. Popillius daret. multa milia hominum hoc senatus consulto restituta in libertatem, transductisque Padum
7 ager est adsignatus. M. Popillius rogatione Marcia bis apud C.
Licinium causam dixit; tertio praetor, gratia consulis absentis
et Popilliae familiae precibus victus, idibus Martiis adesse reum

8. *sciv. iuss.*, s. 1, 17, 11; gewöhnlich nur *sciscere* oder *iubere*,
s. 3, 55, 3; 14. — *ex eo pl.*, wie
38, 55, 1; 26, 34. 1, vgl. 38, 26, 9.
— *Licin.*, die Consuln, wenn sie
auch den Antrag zu stellen sich
weigerten, werden dem Senatsbe-
schlusse zu intercediren nicht gewagt, oder dem Volkstribunen gegenüber nicht gedurft haben; der
Senat hat, ausser dem c. 10, 12 erwähnten, so ein Mittel den Widerstand der Consuln zu brechen, ohne
selbst die Hülfe der Tribunen anzu-
rufen, Lange 2, 336. — *quaerere*,
der Prätor erhält so das Recht die
iurisdictio unbeschränkt durch das
Provocationsrecht auszuüben, s. 38,
55; 31, 12. Das hier geschilderte
Verfahren ist das regelmässige bei
der Anordnung einer quaestio extraordinaria, vgl. 39, 14, 6.
22. 2-4. *adverso s.*, 39, 41, 4;
21, 63, 3. — *ap. praet.*, 39, 6, 4. —
posita wäre ein ungewöhnlicher

Ausdruck, weshalb Drak. *proposita*
verm., vgl. jedoch 41, 23, 11: *posuerat praemium.* — *si non* etc.,
vgl. 25, 4, 9: er soll, wie durch
absente bezeichnet ist, in contuma-
ciam verurtheilt werden. — *stat.
ac iud.*, vgl. c. 21, 5. — *vinculo*,
hier ohne Zusatz wie *iuris*, *religionis* u. ä. = *necessitate*.
5-8. *Fulv. Manl.*, der Senat
geht auf d. J. 575 zurück, s. 40, 43,
4, und erklärt, obgleich er mehrere
Triumphe bewilligt hat, s. 40, 59;
41, 14, nachträglich der Kriege für
ungerecht. — *Sicin.*, s. c. 18, 2. —
trans Pad., wo im gallischen Gebiete
immer noch Land frei ist, s. c. 4, 3;
die Massregel ist der 40, 38; 41
angeordneten ähnlich. — *bis*, s. 38
52, 3, die Entscheidung wird zweimal vertagt, vgl. 2, 61, 7, wo aber
der Process vor dem Volke geführt
wird. — *tertio*, c. 34, 8; 23, 9, 11;
39, 22, 2; 43, 2, 6: *bis ampliatus
tertio absolutus est*, Rudorff. 2, 251;

iussit, quo die novi magistratus inituri erant honorem, ne diceret ius, qui privatus futurus esset. ita rogatio de Liguribus arte fal- 8 laci elusa est.
Legati Carthaginienses eo tempore Romae erant et Gulussa 23 filius Masinissae. inter eos magnae contentiones in senatu fuere. Carthaginienses querebantur praeter agrum, de quo ante legati 2 ab Roma, qui *in* re praesenti cognoscerent, missi essent, amplius septuaginta oppida castellaque agri Carthaginiensis biennio proxumo Masinissam vi atque armis possedisse: id illi, cui nihil 3 pensi sit, facile esse. Carthaginienses foedere inligatos silere: prohiberi enim extra fines efferre arma. quamquam sciant in 4 suis finibus, si inde Numidas pellerent, se gesturos bellum, illo haud ambiguo capite foederis deterreri, quo diserte vetentur cum sociis populi Romani bellum gerere. sed iam ultra superbiam 5 crudelitatemque et avaritiam eius non pati posse Carthaginienses. missos sese, qui orarent senatum, ut trium harum rerum unam ab se impetrari sinerent: ut vel ex aequo in * * socium popu- 6 lumque, quid cuiusque esset, disceptarent; vel permitterent Car-

442. — *novi*, der neue Prätor hätte erst wieder mit der quaestio beauftragt werden müssen. — *ne dicer.*, um nicht - zu können, da er dann - sein würde.
23-24. Verhandlung zwischen den Carthagern und Masinissa. Appian Lib. 70; 79.
1-4. *Gulussa*, Periocha 50; Sall. I. 5. — *de quo a.*, ob die 40, 17; 34 berichtete Verhandlung gemeint sei (die 41, 22, 1 erwähnte Gesandtschaft hat einen anderen Zweck), und ob 40, 34 das streitige Land Masinissa zugesprochen sei, ist nicht deutlich, vgl. Polyb. 32, 2. — *in re pr.*, 40, 17, 1. — *septuag. opp.*, was App. Lib. 68 erwähnt, gehört einer späteren Zeit an, da der jüngere Scipio dabei genannt und der c. 67 geschlossene 50jährige Friede durch *biennio* a. u. St. ausgeschlossen wird, obgleich man auch nach L. 40, 34, 14 keine Feindseligkeiten erwarten sollte. — *bienn.*, im Verlauf von 2 J. — *possed.*, wie c. 19, 1; 1, 6. — *pensi*, 34, 49, 7; ib. 31, 3. — *facile esse*, es sei ihm ein Leichtes, wird im Folg. begründet. — *foed. inl.*, s. 41, 24, 16. — *silere*, verhielten sich unthätig. — *extra f. eff.*, s. 30, 37, 4: Pol. 15, 18. — *quamquam* etc. Beschränkung von *extra f.*: der Kampf würde noch auf ihrem Gebiete, nur ein Vertheidigungskrieg sein. — *sciant - peller.*, 29, 1, 7; 39, 55, 2. — *diserte* ausdrücklich, verstärkt noch *haud ambiguo*; übrigens erwähnt weder L. noch Polyb. diesen Artikel des Bündnisses, s. 40, 17, 3; auch Antiochus wird nur untersagt Bundesgenossen anzugreifen, nicht, sie abzuwehren, s. 38, 38, 16, vgl. 42, 41, 10.
5-7. *miss. sese*, viell. ist *m. se esse* zu schreiben. — *ex aequo*, s. c. 30, 6; zu 37, 36, 5: *disceptatio ex aequo*: im Folg. ist die Bezeichnung des Einen der Streitenden ausgefallen; Madvig verm. *inter regem socium*, doch ist es zweifelhaft, ob dieser ehrende Titel im Munde der erbitterten Gesandten passend ist wie 40, 17, 5. — *cuiusq.*, ohne Bezeichnung von zwei streitenden

thaginiensibus, ut adversus iniusta arma pio iustoque se tutarentur bello; vel ad extremum, si gratia plus quam veritas apud eos valeret, semel statuerent, quid donatum ex alieno Masinissae
7 vellent. modestius certe daturos eos, et scituros, quid dedissent; ipsum nullam praeterquam suae libidinis arbitrio *finem* facturum.
8 horum si nihil impetrarent, et aliquod suum post datam a P. Scipione pacem delictum esset, ipsi potius animadverterent in
9 se. tutam servitutem se sub dominis Romanis quam libertatem
10 expositam ad iniurias Masinissae malle; perire denique semel ipsis satius esse, quam sub acerbissimi carnificis arbitrio spiritum ducere. sub haec dicta lacrimantis procubuerunt, stratique humi non sibi magis misericordiam quam regi *invidiam* conci-
24 *tarunt*. Interrogari Gulussam placuit, quid ad ea responderet, aut, si prius mallet, expromeret, super qua re Romam venisset.
2 Gulussa neque sibi facile esse dixit de is rebus agere, de quibus nihil mandati a patre haberet, neque patri facile fuisse mandare, cum Carthaginienses nec de qua re acturi essent nec omnio ituros
3 se Romam indicaverint: in aede Aesculapi clandestinum eos per aliquot noctes consilium principum habuisse, unde * * prae-
4 terea legatos occultis cum mandatis Romam mitti. eam causam fuisse patri mittendi se Romam, qui deprecaretur senatum, ne

Parteien, s. c. 24, 8; 2, 7, 1; 1, 6, 4. — *pio iusto*, 39, 36, 12; 9, 1, 10, vgl. c. 18, 1. — *ad extrem.*, am Ende, im äussersten Falle, vgl. 9, 8, 15; 34, 3, 2. — *veritas*, die wahre Lage der Sache. — *semel*, ein für allemal, § 10, vgl. 40, 13, 7; 25, 6, 16. — *modest.*, s. 1, 13, 3: sie würden, wenn sie das thäten, mit mehr Mässigung verfahren, als wenn sie willkürlich immer neue Bestimmungen träfen, den König schalten liessen. — *scituros*, bisher hatten sich die Römer den Schein gegeben, als ob sie es nicht wüssten, s. 34, 62, 16; 40, 17, 6; vgl. App. l. l. 69. — *nullam*, s. 4, 2, 4, ist hier nicht sicher, da in der Hs. *finem* fehlt, die Endungen oft verwechselt werden, s. im Folg. *datam* u. a.
8—10. *aliquod*, auch nur das Geringste, vgl. App. l. l. 79: πότερον οὐ δίδομεν τοὺς φόρους etc. — *expos.* ad, 22, 44, 7. — *acerb.*, das hs. *acerbissimo* wäre hier eine sehr

harte Hypallage, s. 1, 1, 4. — *spir. duc.* hier wol prägnant; das Leben fristen, hinziehen, elend leben, s. 3, 6, 8, Tac. An. 1, 42: *precariam animam inter infensos trahere*; oder: einen Athemzug thun, s. Cic. de Inv. 1, 46, 86; Fam. 10, 1, 1 u. a. — *lacrim.*, 28, 22, 10. — *procub.*, 30, 16, 4; 29, 16, 6; 28, 34, 4; 45, 25, 1 u. a.
24. 1—4. *interrogari - expromeret*, der Wechsel ist wol nicht härter als an ähnlichen Stellen, s. c. 8, 7: 3, 32, 6; 40, 30, 4 u. a., oder als der Wechsel der Subjecte sein würde, wenn man *expromere* lesen wollte. — *ad ea* s. c. 36, 4: 41, 1; 40, 36, 4; 39, 47, 1; 33, 35, 12 u. a. — *sup. q. re*, s. 40, 20, 3. — *de qua re*, als ob sie ihn hätten benachrichtigen müssen. — *Aescul.*, soll an die 41, 22, 2 erwähnten Plinie erinnern. Im Folg. fehlt ein Gedanke wie *unde nihil emanasse, nisi ...* — *mitt. se, sui* hätte hier

quid communibus inimicis criminantibus se crederent, quem ob
nullam aliam causam nisi propter constantem fidem erga populum
Romanum odissent. his utrimque auditis senatus de postulatis 5
Carthaginiensium consultus responderi ita iussit, Gulussam pla- 6
cere extemplo in Numidiam proficisci et nuntiare patri, ut de iis,
de quibus Carthaginienses querantur, legatos quam primum ad
senatum mittat denuntietque Carthaginiensibus, ut ad disceptandum veniant: se alia, quae possent, Masinissae honoris causa 7
et fecisse et facturos esse; ius gratiae non dare. agrum, qua 8
cuiusque sit, possideri velle, nec novos statuere fines, sed veteres
observare in animo habere. Carthaginiensibus victis se et urbem 9
et agros concessisse, non ut in pace eriperent per iniuriam, quae
iure belli non ademissent. ita regulus Carthaginiensesque di- 10
missi. munera ex instituto data utrisque aliaque hospitalia comiter conservata.

  Sub idem tempus Cn. Servilius Caepio Ap. Claudius Centho 25
T. Annius Luscus legati ad res repetendas in Macedoniam renun-
tiandamque amicitiam regi missi redierunt, qui iam sua sponte 2

nicht gesagt werden können. — *ob
null. a. rem*, s. c. 63, 2; 41, 24, 5
usw.
5–10. *consultus* von dem praetor
urb., c. 21, 8. — *responderi* ist hier
wol zu lesen wie 31, 5, 9 u. a., statt
respondere; anderer Art sind Infi-
nitive, die Thätigkeiten bezeichnen,
welche ein bestimmtes Subject denken lassen: *signum ferre*; *receptui
canere* u. ä. — *discept.*, verhandeln,
anders als c. 23, 6. — *se alia quae*
statt des hd. *se aliquem*; Hertz
verm. *se si aliquid*, vgl. c. 23, 8
aliquod. possent kann sich so wol
auf *fecisse*: gekonnt hätten, als auf
facturos s.: könnten, beziehen. —
ius grat. n. d., Gegensatz zu c. 23,
6: sie erlaubten der Gunst nicht
das Recht zu bestimmen, gäben ihr
keinen Einfluss auf dasselbe, vgl.
45, 44, 11; 3, 26, 7: *gratia vim
aequi habet*; 8, 32, 18: *ne id se gratiae dare – crederet*, es wird auch
non prodere verm. — *qua*, s. c. 1,
11. — *in pac. er.*, Sall. C. 12, 5. —
regulus, oft von königlichen Prin-
zen, 43, 3, 5; 45, 14, 1 u. a. —
hospit., c. 25, 13: 9, 6, 7; 21, 20,

7; 45, 20, 6, worin sie bestanden zeigt
c. 6, 11; 26, 5; da beide Parteien
mit Rom Bündnisse haben, so sind
sie *hospites*, c. 19, 5. — *conserv.*,
es lässt sich vergleichen 38, 11, 2:
maiestatem populi R. conservate,
Cic. Balb. 16, 36; doch ist *observare*
oder *servare* der gewöhnliche Ausdruck. Die scharfe Antwort des
Senates ist wol dadurch veranlasst,
dass er die Pläne des Königs durch-
schaute, s. c. 29, 9; 41, 22. Der
Erfolg der Verhandlungen ist nicht
berichtet: 43, 3 knüpfte viell. an
dieselben an.

25–26. Gesandtschaft an Perseus, Gentius usw.

1–3. *Servil.*, 41, 21; *Claud.*, c.
5, 8; *Annius*, 43, 17. — *res rep.* etc.,
s. 1, 32: 36, 3, 8, vgl. 38, 31, 5; es
sind *legati*, nicht *fetiales*, welche Ge-
nugthuung fordern und das Ultima-
tum des Senates an den König stellen; c. 40, 9 ist dieses (nach Polyb.)
schriftlich geschehen. — *redier.*,
die Absendung dieser wichtigen Gesandtschaft ist, während viele unbedeutende erwähnt werden, vorher

infestum Persei senatum insuper accenderunt relatis ordine, quae vidissent quaeque audissent: vidisse se per omnes urbes Macedo-
3 num summa vi parari bellum. cum ad regem pervenissent, per multos dies conveniendi eius potestatem non factam; postremo cum desperato iam conloquio profecti essent, tum demum se ex
4 itinere revocatos et ad eum introductos esse. suae orationis summam fuisse: foedus cum Philippo ictum esse, cum ipso eo post mortem patris renovatum, in quo diserte prohiberi eum extra fines arma efferre, prohiberi socios populi Romani lacessere
5 bello. exposita deinde ab se ordine, quae ipsi nuper in senatu
6 Eumenen vera omnia et conperta referentem audissent. Samothracae praeterea per multos dies occultum consilium cum lega-
7 tionibus civitatium Asiae regem habuisse. pro his iniuriis satisfieri senatum aecum censere reddique sibi res sociisque suis,
8 quas contra ius foederis habeat. regem ad ea primo accensum ira inclementer locutum, avaritiam superbiamque Romanis obicientem frementem*que*, quod alii super alios legati venirent speculaturi dicta factaque sua, quod se ad nutum imperiumque
9 eorum omnia dicere ac facere aecum censerent; postremo multum ac diu vociferatum reverti postero die iussisse: scriptum se

nicht berichtet; auch stimmt das hier geschilderte Verfahren des Königs nicht zu c. 36; 39 ff. — *Persei* hat d. Hs. statt des gewöhnlichen *Perseo*, vgl. Schneider Formenl. d. lat. Spr. 1, 316 f. — *insup.* nach *sua sponte*, s. 4, 58, 11. — *ordine*, § 5; 39, 14, 3. — *omnes* etc. etc., durch die sie gekommen waren, vgl. c. 15, 1. — *tum dem.*, vgl. 23, 43, 2; *postremo - tum denique*, 2, 29, 1.
4 – 7. *ipso eo*, c. 21, 8. — *extra f.* etc., vgl. zu 33, 30, 6; Nissen 146 f.; 247; ein bestimmter Krieg wird nicht angegeben, obgleich Philippus schon mehrere ohne Einsprache des Senates geführt hat, s. 39, 35, 4; ib. 53, 13; 40, 22, 12, vgl. 38, 2 f. — *socios b.*, vgl. c. 41, 10; der Artikel ist 33, 30 nicht angegeben, vgl. c. 23, 4: Polyb. 24, 1. — *quae ipsi* etc., um nicht alles bereits c. 12 Gesagte auch hier wie c. 40 zu wiederholen braucht L. diese Wendung und giebt so indirect die c. 12 u. 40 erwähnten Ursachen des Krieges an. — *quae - audiss.*, es liegt darin nicht gerade, dass sie, im Widerspruch zu c. 14, 1: *perfecto bello*, Eumenes als Gewährsmann genannt haben. — *Samathr.* etc. ist vorher nicht erwähnt, auch nicht angegeben, worin die Schuld des Königs gelegen habe: dagegen ist der Mord- und Vergiftungsversuch c. 15 – 17 übergangen. — *ius foed.*, s. § 4.
8 – 13. *ad ea*, wie c. 20, 1: *ad expectationem* zu nehmen, schwerlich mit *locutum* zu verbinden, wie *disputare ad aliquid*. — *frement.*, die Hs. hat nur *frequentem*, weshalb früher *frequenter* gelesen wurde, was jedoch nicht passt; indess kann ein anderes Adverbium verdorben sein. — *speculat.*, Andere lesen *speculatum*, 40, 25, 2. — *quod se*, das Asyndeton ist beabsichtigt. — *eorum*, der Gesandten, *aec. cens.*, s. 39, 4, 2, der Römer selbst. —

responsum dare velle. tum ita sibi scriptum traditum esse: foedus 10
cum patre ictum ad se nihil pertinere; id se renovari non quia
probaret, sed quia in nova possessione regni patienda omnia
essent, passum. novom foedus si secum facere vellent, conve- 11
nire prius de condicionibus debere; si in animum inducerent, ut
ex aequo foedus fieret, et se visurum, quid sibi faciundum esset,
et illos credere *rei* publicae consulturos. atque ita se proripuisse 12
et summoveri e regia omnis coeptos. tum se amicitiam et societatem renuntiasse. qua voce eum accensum restitisse atque
voce clara denuntiasse sibi, ut triduo regni sui decederent finibus. ita se profectos, nec sibi aut *venientibus aut* manentibus 13
quicquam hospitaliter aut benigne factum. Thessali deinde Aeto-
lique legati auditi.

Senatui, ut scirent quam primum, quibus ducibus usura res 14
publica esset, litteras mitti consulibus placuit, ut uter eorum
posset, Romam ad magistratus creandos veniret. Nihil ma- 26
gnopere, quod memorari adtineat, rei publicae eo anno consules
gesserant. magis e re publica visum erat conprimi ac sedari
exasperatos Liguris.

Cum Macedonicum bellum expectaretur, Gentium quoque 2
Illyriorum regem suspectum Issenses legati fecerunt, simul questi
fines suos eum depopulatum, simul nuntiantes uno animo vivere
Macedonum atque Illyriorum regem, communi consilio parare

script., s. c. 2, 7: 34, 33, 4. — *ad
se nih. p.*, s. c. 6, 4. — *renov.*, 40,
58. — *debere*, auch *debere et* (die
Hs. hat *deberet*) wäre nicht falsch,
da das Folg. nur eine weitere Ausführung von *convenire pr. de cond.*
ist. — *ex aeq.*, c. 23, 6; 30, 6, ein
foedus aequum, nicht wie das mit
Philipp. geschlossene, welches ihn
abhängig machte. — *summov.*, 39,
49, 9; die Verbindung mit Rom wäre
so schon aufgehoben im Gegensatze
zu c. 36, 3, wo auch von Forderungen wie die vorhergeh. nicht die
Rede ist; das Ganze, viell. die Gesandtschaft überhaupt, ist nur Erfin-
dung oder Ausschmückung der Annalisten. — *amicit. - renuntiasse*,
s. zu § 1; Mommsen Forsch. 1, 342.
— *qua voce* etc., obgleich es heisst:
proripuisse, hört er dieses doch
noch. — *denunt.*, c. 48, 3; 45, 32,
6 u. a. — *Thessali* etc. wie c. 4;
doch ist hier kein Zweck der Gesandtschaften angegeben.

26. 1. *nihil magn.*, 40, 50, 3: 3,
65, 2. — *magis e rep.*, c. 30, 4:
vgl. c. 47, 9; 31, 15, 1.

2-7. *quoque* wäre nicht verständ-
lich, wenn *cum expectaretur* zum
Vorhergeh. gezogen würde: da, als
man bereits einen Krieg mit Maced.
erwartete (der Nachdruck liegt auf
Macedonicum), erfuhr man, dass auch
von Gentius Gefahr drohe. *Iss.*,
ob L. an u. St. so oder *Issaei* geschrieben habe, ist unsicher, da d.
Hs. nur *esse*. § 4 *regessisse* bietet,
was mehr auf *Issenses* deutet, wie
43, 9, 3, vgl. 45, 26, 13 *foressens*,
dagegen c. 48, 8 *isseorum*, s. 31,
45, 10; 32, 21, 27; 37, 16, 8: Polyb. braucht 2, 11, 11 'Ἰσσαίους:
32, 18 'Ἰσσίων. — *parare R. b.*,

3 Romanis bellum, et specie legatorum Illyrios speculatores Ro-
4 mae esse Perse auctore missos, ut, quid ageretur, scirent. Illyrii
vocati in senatum; qui cum legatos se esse missos ab rege dicerent ad purganda crimina, si qua de rege Issenses deferrent,
5 quaesitum est, quid ita non adissent magistratum, ut ex instituto
loca, lautia acciperent, sciretur denique venisse eos et super
qua re venissent. haesitantibus in responso, ut curia excederent,
6 dictum; responsum tamquam legatis, ut qui adire senatum non
postulassent, dari non placuit, mittendosque ad regem legatos
censuerunt, qui nuntiarent, quid socii quererentur; senatum
existumare, non aecum eum facere, qui ab sociis suis non abs-
7 tineret iniuriam. in hanc legationem missi A. Terentius Varro
C. Plaetorius C. Cicereius.

Ex Asia, qui circa socios reges missi erant, redierunt legati,
qui renuntiarunt Eumenen in ea, Antiochum in Syria, Ptole-
8 maeum Alexandriae sese convenisse; omnes sollicitatos legationibus Persei, sed egregie *in* fide permanere, pollicitosque omnia,
quae populus Romanus imperasset, praestaturos. et civitates
socias adisse; ceteras satis fidas, solos Rhodios fluctuantis et
9 inbutos Persei consiliis invenisse. venerant Rhodii legati ad purganda ea, quae volgo iactari de civitate sciebant; ceterum senatum iis non *ante dari quam* novi consules magistratum inissent,
placuit.

vgl. c. 29, 11; 37, 2. — *quid ita*
wie § 2 *eum dep.* nach Madvig, das
hds. *ecquid ita*: ob es eine Ursache
gäbe, s. Hand Turs. 2, 353; 3, 497,
wäre nicht passend, vgl. 41, 7, 7.
— *magist.*, die fremden Gesandten
mussten sich bei dem Quästor melden. — *loca laut.*, 28, 39, 19; Mommsen Forsch. 1, 344. — *dictum, s. c.*
48, 4; 22, 25, 13; 8, 34, 4; sonst
könnte man *edictum* erwarten. —
adire - postul., Sall. I. 17, 1: *res
postulare videtur - exponere*; Curt.
6, 43, 24: *postulat deus credi*; Cic.
Fin. 3, 17, 58: *ut ratio postu-
let agere aliquid*; Fam. 11, 28, 4;
da d. Hs. *adirent* hat, so verm.
Madvig *qui ut adirent*. — *in hanc
l.*, 45, 25, 7; 21, 63, 12: *in eam legationem profecti.* — Terent., 40,
2; 45, 17; *Plaetorius* scheint, wenn
der Name richtig ist, sonst nicht erwähnt zu werden; 34, 45, 5 wird

C. Laetorius gelesen. — *Cicer.*,
c. 21.
7–9. *qui circa* etc., wahrscheinlich die c. 19, 7 genannten, vgl. c.
6, 5; zur Sache c. 29. — *qui renunt.*,
das bds. *qui redierunt* ist wol eher
dadurch entstanden, dass *redier.*
wiederholt und das richtige Wort
verdrängt, als dass *qui* zugesetzt
ist. — *in ea* müsste auf *Asia* bezogen werden, was aber theils hart,
theils nicht genau wäre, da *Asia*
wie c. 19, 7 in weiterer Bedeutung
gebraucht scheint, und da die Hs.
nur *ine* hat, ist wol ein Ortsname
verdorben. — *Alexandr.*, das hs. *in
Alexandria* ist schwerlich zu billigen, vgl. 40, 4, 10; anders 5, 52, 8:
in monte Albano Laviniogue. —
praestat., 37, 25, 2. — *solos Rh.* ist
unsicher, da d. Hs. nur *socios* hat;
doch ist *Rhodios* allein schwerlich
in *socios* verdorben worden. — *non*

Belli apparatum non differendum censuerunt. C. Licinio 27
praetori negotium datur, ut ex veteribus quinqueremibus in navalibus Romae subductis, quae possent usui esse, reficeret pa-
raretque naves quinquaginta. si quid ad cum numerum explen- 2
dum deesset, C. Memmio collegae in Siciliam scriberet, ut eas,
quae in Sicilia naves essent, reficeret atque expediret, ut Brundisium primo quoque tempore mitti possent. socios navales 3
libertini ordinis in viginti et quinque naves ex civibus Romanis
C. Licinius praetor scribere iussus, in quinque et viginti parem
numerum Cn. Sicinius sociis imperaret; idem praetor peditum
octo milia, quadringentos *equites* ab sociis Latini nominis exigeret.
hunc militem qui Brundisi acciperet atque in Macedoniam mit- 4
teret, A. Atilius Serranus, qui priore anno praetor fuerat, deligitur, Cn. Sicinius praetor ut exercitum paratum ad traiciendum 5
haberet. C. Popillio consuli ex auctoritate senatus C. Licinius
praetor scribit, ut et legionem secundam, quae maxume veterana
in Liguribus erat, et *ex* sociis Latini nominis quattuor milia peditum, ducentos equites idibus Februariis Brundisi adesse iuberet.
hac classe et hoc exercitu Cn. Sicinius provinciam Macedoniam 6
obtinere donec successor veniret iussus, prorogato in annum
imperio. ea omnia, quae senatus censuit, inpigre facta sunt.
duodequadraginta quinqueremes ex navalibus deductae; qui deduceret eas Brundisium, L. Porcius Licinus praepositus; duode- 7

ante, s. c. 52, 14; 41, 2, 10; 5, 4,
10, zu 23, 30, 4; Andere ergänzen
non dare prius q. Die Rhodier sind
c. 45, 4 noch Rom treu; nach c. 14,
6, vgl. c. 12, 4, von Ennienes verdächtigt, vgl. auch c. 19, 7.
27. Vorbereitungen zum Kriege.
Zonar. 9, 22.
1-5. *appar.*, 5, 5, 6; 2, 50, 1 u.
a. — *navalib.*, s. 40, 51, 6; hier
standen die alten Schiffe in den
Docks, s. 45, 2, 10, vgl. ib. 42, 12.
— *praetori*, wie 36, 2, 15, vgl. 40,
26, 8. — *libert. ord.*, 40, 18, 7;
Marq. 3, 2, 286; 393. — *ex civib.
Rom.* scheint nachgestellt, um es
ab sociis gegenüber mehr hervorzuheben. — *octo mil.*, der Befehl im
Allgemeinen ist schon c. 18, 2 gegeben. — *qui Brundis. acc.* hängt von
deligitur ab, was auf *Sicinius*, da
dieser schon gewählt ist, nicht passen würde; desshalb ist auch schwer-

lich statt des hds. *qui ut exercit.*
mit Madvig *qui exerc.* zu lesen und
deligitur auch auf *Sicinius* zu beziehen. — *ex auct. sen.*, c. 31, 5. —
maxume vet., die als die am längsten
im Dienste gewesene in Ligurien
stand. Sicinius erhält so gegen
18000 M., im Widerspruch mit c.
36, 8, vgl. Zonar. l. l, Γναῖον Σι-
κίνιον στρατηγὸν μετὰ δυνάμε-
ως ὀλίγης ἐξέπεμψαν, οὐ γάρ πω
τὴν μείζω παρεσκευάσαντο; wahrscheinlich ist die Zahl von den Annalisten vergrössert. Nach c. 18, 3
müsste das Heer schon in Illyrien
stehen, doch ist jene Angabe zu
früh gesetzt.
6-8. *Maced.*, in weiterem Sinne,
s. c. 2, 1. — *prorog.*, er geht nach
dieser Darstellung nicht lange vor
dem Ende des Consulatsjahres ab.
— *Porcius*, 40, 34. — *classi* in etwas
anderer Beziehung als *exercitui*. —

8 cim ex Sicilia missae. ad frumentum classi exercituique coemendum in Apuliam Calabriamque tres legati missi, Sex. Digitius T. Iuventius M. Caecilius. ad omnia praeparata Cn. Sicinius praetor paludatus ex urbe profectus Brundisium venit.

28   Exitu prope anni C. Popillius consul Romam rediit aliquanto serius quam *senatus* censuerat, cui primo quoque tempore magistratus creari, cum tantum bellum immineret, e re publica
2 visum erat. itaque non secundis auribus patrum auditus est consul, cum in aede Bellonae de rebus in Liguribus gestis dis-
3 sereret. succlamationes frequentes erant interrogationesque, cur scelere fratris oppressos Ligures in libertatem non restituisset.
4 comitia consularia, in quam edicta erant diem, ante diem duode-
5 cimum kal. Martias sunt habita. creati consules *P.* Licinius Crassus *C.* Cassius Longinus. postero die praetores facti C. Sulpicius Galba L. Furius Philus L. Canuleius Dives C. Lucretius
6 *Gallus* C. Caninius Rebilus L. Villius Annalis. his praetoribus provinciae decretae, duae iure Romae dicendo, Hispania et Sicilia et Sardinia, ut uni sors integra esset, quo senatus cen-
7 suisset. consulibus designatis imperavit senatus, ut qua die magistratum inissent, hostiis maioribus rite mactatis precarentur, ut quod bellum populus Romanus in animo haberet gerere,
8 ut id prosperum eveniret. eodem die decrevit senatus, C. Popillius consul ludos per dies decem Iovi optumo maxumo *fieri* voveret donaque circa omnia pulvinaria dari, *si* res publica decem annos

---

Digit., 41, 22; *Iuvent.*, wol ein anderer als der 34, 42 auch mit einem Digitius zum Prätor erwählte. — *ad omn. praep.*, zu lauter Vorbereitetem, s. 21, 32, 9: Alles vorbereitet fände.

28. Wahlen von Magistraten u. Priestern: Gelübde. Val. Max. 1, 1, 20.

1—4. *serius q.*, wol in Folge des Streites c. 10. — *e rep. v., s. c.* 47, 9, statt des früheren *cui – iussum erat*, vgl. 27, 16, 8. nach Crevier. — *non sec.*, 6, 40, 11, sonst mehr *aversis*, 38, 33, 14 u. a. — *de rebus - restituiss.* steht nicht mit c. 26, 1 in Einklang, da die Ligurer durch die Zurückführung am ersten wären beruhigt worden. — *duod. k. M.*, 38, 42, 2: *ante d. XII kal. Martias solito serius*, vgl. 40, 59, 5.

5—7. *Licin.*, 41, 15. *Cass.*, c. 4, 4; er ist 580 Prätor gewesen, s. 41, 21, 1. — *Lucret.*, 40, 26; *Villius*, 40, 44. — *iure dic.*, s. 31, 13, 5, ebenso auf Inschriften, s. Inscptt. latt. p. 60, XXXI, Schneider Formenl. 1, 202. — *Hispania* bildet mit dem Folg. eine neue Reihe, daher ohne *et*: viell. blieb einer der früheren Prätoren daselbst, c. 31, 9. — *quo sen. c.*, wie 35, 20, 7, sonst wird für solche Fälle der praetor peregr. bisweilen eventuell bestimmt, s. 27, 22, 3: 44, 17, 10, vgl. jedoch 35, 41, 6.

7—9. *host. mai.*, 31, 5, 3. — *prosperum*, 21, 21. 9; 37, 47, 4; das dreifache *ut* wie 39, 19, 4. — *pulvinaria*, da hiernach die Hs. nicht *si* sondern *dari* hat, so ist nicht sicher zu entscheiden, ob L. die

LIBER XXXXII. CAP. 28. 29.

in eodem statu fuisset. ita, ut censuerant, in Capitolio vovit con- 9
sul ludos fieri donaque dari, quanta ex pecunia decresset senatus,
cum centum et quinquaginta non minus adessent. praeeunte
verba Lepido pontifice maxumo id votum susceptum est.
Eo anno sacerdotes publici mortui, L. Aemilius Papus de- 10
cemvir sacrorum et Q. Fulvius Flaccus pontifex, qui priore anno
fuerat censor. hic foeda morte periit. ex duobus filiis eius, qui 11
tum in Illyrico militabant, nuntiatum alterum *decessisse*, *alterum*
gravi et periculoso morbo aegrum esse. obruit animum simul 12
luctus metusque; mane ingressi cubiculum servi laqueo dependentem
invenere. erat opinio post censuram minus conpotem
fuisse sui; volgo Iunonis Laciniae iram ob spoliatum templum
alienasse mentem ferebant. suffectus in Aemili locum decem- 13
vir M. Valerius Messala, in Fulvi pontifex Cn. Domitius Ahenobarbus
oppido adulescens [sacerdos] est lectus.
P. Licinio C. Cassio consulibus non urbs tantum Roma nec 29

Constret. gewechselt hat, oder ob
nach Perizon. *fieri voveret* zu schreiben
oder statt *dari* nach Madvig
nur *si* zu lesen sei, vgl. 40, 44,
9: 36, 2, 2: *ludos magnos Iovi voveret et dona ad omnia pulvinaria.*
— *eod. st.*, s. 21, 62, 10; 22, 10, 2
u. a. — *in Capit.* nur zu *vovit* gehörend:
im Tempel auf dem K. —
donaq., das sonst von L. nicht gebrauchte *donaria*, s. Marq. 4, 55 u.
328, steht nicht in d. Hs., sondern
donarique, was durch *dari* verdorben ist. — *dari - fieri*: 39, 28, 12;
8; 8, 37, 11: *sententia fuit necari*
u. s.
10-13. *Aemil.*, 28, 38. — *Fulv.*,
40, 42, 11. — *foeda*, ebenso vom
Erhängen Verg. Aen. 12, 604: *informe letum*, Servius ad Aen. 12,
603: *cautum fuerat in pontificalibus libris, ut qui laqueo vitam finivisset, insepultus abiceretur – et
Varro ait suspendiosis iusta fieri
ius non sit*: Plin. 7, 48, 157: *adnotare succurrit unum omnino quinquennium fuisse, quo senator nullus moreretur, cum Flaccus et Albinus censores lustrum condidere,
usque ad proximos censores, ab
anno urbis quingentesimo septua-*

gesimo nono ist der Anfang der
Censur ein Jahr früher, s. 41, 27,
der Tod des Fulvius, wenn derselbe
nicht als Selbstmord hier ausgeschlossen
wird, viell. später angesetzt.
— *in Illyr.*, sie müssten beide
im Heere des Sicinius gedient haben,
dieses bereits in Illyrien (c. 27,
6 *Macedonia*: c. 18, 3 *Epirum*) gewesen sein. — *alterum* etc., Val. 1. 1.
*alterum decessisse alterum graviter
audiisset adfectum*, wie das zweite,
so kann Valer. auch das erste Prädicat
geändert, L. *alterum mortuum
alterum* geschrieben haben. — *luctu
met.*, jenes über den gestorbenen,
dieses wegen des kranken.— *Iunon.*,
c. 3, Einleit. 20. — *oppido ad.*, 39, 47.
2; zur Sache Marq. 4, 180. — *sacerdos*
scheint Glossem, wenn man
nicht *pontificis* einschieben will; doch
sagt L. gewöhnlich *pontifex creatus est*, Merklin, d. Coopt. 92 f.
29-30, 7. Uebersicht der Verhältnisse.
App. Maced. 11; Mithrid.
2; Polyb. 27, 17.
1-4. *P. Lic.* etc., die Uebersicht
der politischen Verhältnisse, welche
L. an den Anfang des Jahres, in dem
der Krieg beginnt, gestellt hat, ist
wahrscheinlich Polyb. entnommen,

terra Italia, sed omnes reges civitates*que*, quaeque in Europa quaeque in Asia erant, converterant animos in curam Macedonici
2 ac Romani belli. Eumenen cum vetus odium stimulabat, tum recens ira, quod scelere regis prope ut victuma mactatus
3 Delphis esset. Prusias Bithyniae rex statuerat abstinere armis et eventum expectare: nam neque Romanos posse aequom censere adversus fratrem uxoris se arma ferre et apud Persea
4 victorem veniam per sororem impetrabilem fore. Ariarathes Cappadocum rex, praeterquam quod Romanis suo nomine auxilia pollicitus erat, ex quo est iunctus Eumeni adfinitate, in omnia
5 belli pacisque se consociaverat consilia. Antiochus inminebat quidem Aegypti regno, et pueritiam regis et inertiam tutorum spernens, et ambigendo de Coele Syria causam belli se habiturum
6 existumabat gesturumque id nullo impedimento occupatis Romanis in Macedonico bello. quod *ad* bellum tamen omnia et per suos legatos senatui et ipse legatis eorum enixe pollicitus
7 erat. Ptolemaeus propter aetatem alieni etiam tum arbitrii erat; tutores et bellum adversus Antiochum parabant, quo vindicarent

in diesem aber nicht erhalten. — — *non - nec*, 41, 5, 3. — *quaeq.* - *quaeq.*, c. 14, 1. — *Maced. ac R.*, 1, 28, 6: *foederis Romani Albanique*, wir: des römisch-macedonischen. — *ira* etc., da die Hs. nicht *irainquo scelere eius* hat, so ist die Vermuthung Drk's *ira in Persea* weniger wahrscheinlich; doch kann die Bezeichnung des Perseus nicht fehlen; Andere lesen *scelere Persei prope*, s. c. 30, 1: *ad regem.* — *ut vict.*, wie c. 40, 8; vgl. 18, 4. — *Prus.*, 39, 46; 51. — *uxor.*, c. 12, 3. — *victorem* ist bedingt zu nehmen. — *Ariar.*, c. 19; *iunct.*, zu c. 2, 7; zur Sache s. 38, 39, 6. — *in omnia* auf — hin, für; „hatte sich ganz der Politik angeschlossen" Naegelsbach § 2, 2.
5-7. *inmin.*, 40, 57, 6; Polyb. 27, 17: Ἀντίοχος ὁρῶν ἐκφανῶς ἤδη τοὺς κατ' Ἀλεξάνδρειαν παρασκευαζομένους εἰς τὸν περὶ Κοίλης Συρίας πόλεμον. — *puerit.*, er war etwa 6 J. alt, als sein Vater 181 v. Ch. starb. — *inert. tut.*, nach dem Tode der Mutter des jungen Königs Ptolemaeus VI

Philometor, der Cleopatra, Eulaeus u. Lenaeus, Polyb. 28, 17 ª. — *ambig.*, Streit erhob über den Besitz. — *Coele*, die Form ist wol von dem griech. Dativ ausgegangen, s. über diese und die Sache 33, 19, 8; nach den an d. ang. St. erwähnten Ereignissen war Coelesyrien von Antiochus d. Gr. seiner Tochter Cleopatra, s. vorher, die er an Ptolemaeus V verheirathete, als Mitgift gegeben worden, s. Polyb. 28, 17; App. Syr. 5; nach 2. Maccabaeer 3, 1 ff. hätte jedoch schon Seleucus, der Vorgänger des an u. St. erwähnten Antiochus, wenigstens Palaestina schon wieder in Besitz gehabt. — *gesturumq. n. bellum.* — *id nullo*, da d. Hs. *innullo* hat und in leicht aus *impedim.* entstehen konnte, so ist *id* viell. nicht nöthig; *occup. in*, 41, 3, 7; dagegen erwartet man *ad id bell.* statt *quod ad b.*, Madvig verm. *quae vellent.* — *enixe*, c. 45, 6; 37, 8, 3 u. a. — *alieni - arb.*, Umschreibung der Vormundschaft, wie man auch sagt *alieni iuris esse* = *in potestate aliena esse.* — *bell. parab.*, s. d. Stelle aus Pol. § 5. — *vindi-*

Coelen Syriam, et Romanis omnia pollicebantur ad Macedonicum bellum. Masinissa et frumento iuvabat Romanos, et auxilia cum 8 elephantis Misagenenque filium mittere ad bellum parabat. consilia autem in omnem fortunam ita disposita habebat: si penes Romanos 9 victoria esset, suas quoque in eodem statu mansuras res esse, neque ultra quicquam movendum, non enim passuros Romanos vim Carthaginiensibus adferri; si fractae essent opes Romanorum, 10 quae tum protegerent Carthaginienses, suam omnem Africam fore. Gentius rex Illyriorum fecerat potius, cur suspectus esset 11 Romanis, quam satis statuerat, utram foveret partem, impetuque magis quam consilio his aut illis se adiuncturus videbatur. Cotys 12 Thrax, Odrysarum rex, iam Macedonum partis erat. Haec sen- 30 tentia regibus cum esset de bello, in liberis gentibus populisque plebs ubique omnis ferme, ut solet, deterioris erat, ad regem Macedonasque inclinata; principum diversa cerneres studia. pars ita in Romanos effusi erant, ut auctoritatem inmodico fa- 2 vore corrumperent, pauci ex is iustitia imperii Romani capti, 3 plures ita, si praecipuam operam navassent, potentes sese in civitatibus suis futuros rati. pars altera regiae adulationis erat, 4 quos aes alienum et desperatio rerum suarum eodem manente statu praecipites ad novanda omnia agebat; quosdam ventosum ingenium, quia Perseus magis aurae popularis erat. tertia pars, 5

car., den Besitz behaupteten. — *Coelen Syr.*, 45, 11, 9.
8–12. *frumento*, wie 36, 4, 8. — *disp. hab.*, 40, 8, 15. — *ultra q. m.*, er dürfe nichts weiter unternehmen; dieses konnte er aus der Antwort c. 24, 7 entnehmen. — *vim – adf.*, 38, 20, 8 u. a. — *Gentius* etc., also ist c. 26, 2 unrichtig, besonders da auch der Erfolg zeigt, dass G. noch schwankte. — *cur*, s. 40, 37, 7. — *impetu* etc., 2, 57, 2: *ab impetu ad consultandum – avocabantur.* — *Cotys*, c. 19, 7; 51, 10: Pol. 27, 10: ὁ Κότυς ἦν ἀνὴρ καὶ κατὰ τὴν ἐπιφάνειαν ἀξιόλογος καὶ πρὸς τὰς πολεμικὰς χρείας διαφέρων – καὶ πραότητα καὶ βάθος ὑπέφαινεν ἐλευθέριον. — *Odrys.*, 39, 53. — *iam* Gegensatz zu *potius* etc., Andere lesen statt des hds. *eiad*: *Persei ac Macedonum.* — *partis*, c. 30, 1.
30. 1–3. *gentib. pop.*, s. 7, 26,
15; vgl. c. 5, 1. — *plebs*, so ist wol statt des hds. aus *gentibus* entstandenen *gens*, nicht *egens ubiq.* multitudo nach Madvig zu lesen, vgl. Niebuhr 2, 189; zum Gedanken vgl. 35, 33, 1. — *deterioris* wie § 4; 22, 50, 3 *fuit morientis*; 23, 14, 7 *plebs novarum ut solet rerum atque Hannibalis tota fuit*; ib. 39, 7; 35, 31, 14; 3, 59, 4 u. a., Andere lesen *deteriorum*; Crev. nach c. 63, 2: *ferme favens – deterioribus erat*, wo aber *erat* nicht passend stände. — *inclinata*, sonst mehr im Activ., s. 4, 25, 14; ib. 55, 4 u. a. — *effusi*, ein starker Ausdruck, vgl. 25, 20, 6; 29, 23, 4.
4–7. *reg. adul. erant*, „waren königliche Schmeichler". — *pars – quos – quosdam* scheint so zusammengestellt, dass *quosdam*, wie vorher *pauci*, die Minderzahl bezeichnet, s. 28, 33, 6: *neque ex adverso tantum illati – sed circum-*

optuma eadem et prudentissima, si utique optio domini potioris
6 daretur, sub Romanis quam sub rege malebat esse; si liberum
in ea re arbitrium fortunae esset, neutram partem volebant po-
tentiorem altera oppressa fieri, sed inlibatis potius viribus utriusque partis pacem ex aequo manere: ita inter utrosque optimam
condicionem civitatium fore protegente altero semper inopem ab
7 alterius iniuria. haec sentientis certamina fautorum utriusque
partis taciti ex tuto spectabant.

8   Consules quo die magistratum inierunt, ex senatus consulto
cum circa omnia fana, in quibus lectisternium maiorem partem
anni esse solet, maioribus hostiis immolassent, inde preces suas
acceptas ab diis immortalibus ominati, senatui rite sacrificatum
9 precationemque de bello factam renuntiarunt. haruspices ita
responderunt, si quid rei novae inciperetur, id maturandum esse:

---

vecti etiam quidam: 42, 53, 1; 41, 20, 3; sonst könnte man *quosdam aes - quosdam* wie 41, 20, 4 verm., Madvig *aliquos* od. *alios aes. — aes al.*, s. c. 5, 6; vgl. 36, 6. — *man. statu*, wie 36, 6, 2: *multorum eo statu. — aurae p. erat*, hatte sich ihr hingegeben, suchte in derselben Ruhm und Stütze; *magis*, weil in *aurae pop.* ein Adjectivbegriff liegt, s. 27, 10, 10; 34, 7, 11; es wird *a. populari serviebat* verm.: zum Gedanken s. App. Mac. 11 p. 263 l. 24: ὁ καὶ μάλιστα τοὺς Ἕλληνας ἐτάραττεν ἡδομένους μὲν τῷ Περσεῖ φιλέλληνι ὄντι. — *optuma et pr.*, nach dem Folg. die nationale Partei in Achaia; an der Spitze derselben standen Lycortas u. gleich gesinnte Männer, s. Pol. 28, 6, deren politische Richtung Polyb. vertritt. Da diesem der ganze Abschnitt entlehnt ist, so hat L. auch das Lob dieser Partei, obgleich dieselbe dem Senate gerade die gefährlichste schien, aufgenommen, vgl. c. 63, 1; Pol. 28, 7 f.; 30, 6: συνέβαινε τρεῖς διαφοράς γενέσθαι — ὧν μία μὲν ἦν τῶν οὐχ ἡδέως ὁρώντων κρινόμενα τὰ ὅλα καὶ τὴν τῆς οἰκουμένης ἐξουσίαν ὑπὸ μίαν ἀρχήν, πίπτουσαν οὔτε δὲ συνεργούντων οὔτ' ἀντι-

πραττόντων ἁπλῶς Ῥωμαίοις οὐδέν. — *inlib. vir.*, 21, 29, 6. — *ex aeq.*, c. 23, 6: 25, 11; 39, 11; 39, 37, 10; ib. 36, 1 u. a. — *inop.*, § 1: 2, 3, 4. — *sentient.*, c. 26, 10.

30, 8—31. Volksbeschluss über den Krieg: Vertheilung der Heere. Zonar. 9, 22.

8—11. *consules* etc., L. hat hier nach einem Annalisten das Resultat kurz dargestellt, welches erst nach verschiedenen Vorgängen, die c. 36, 8 ff. nach Polyb. nachgeholt werden, vorweg genommen. — *ex sen. c.* ist vorangestellt, weil es auf c. 29, 7 zurückweist, vgl. 36, 1, 1; 31, 5, 3. — *maior. p. a.*, 36, 1, 2. — *inde* kann auf *hostiis* bezogen werden: aus diesen, den Zeichen durch die exta, s. 31, 5, 7; doch ist der Ausdruck nicht klar, und da d. Hs. *suas quo* hat, die Stelle wol verdorben: wollte man mit Crev. *inde - renunt.* § 9 nach *portendi* stellen, so würde *ominati - respond.* nicht passend auf *consules* sich beziehen; vielmehr scheint L. erst die Mittheilung der Consuln, dann die nähere Erklärung der harusp. berichtet zu haben. — *rite sacr.*, s. 1, 8, 1, hier = *perlitatum*, 36, 1, 3. — *harusp. - prop.*

victoriam, triumphum, propagationem *finium portendi. patres* 10
quod faustum felixque populo Romano esset, centuriatis comitiis primo *quoque* die ferre ad populum consules iusseruut, ut
quod Perseus Philippi filius, Macedonum rex, adversus foedus
cum patre Philippo ictum et secum post mortem eius renovatum
sociis populi Romani arma intulisset, agros vastasset urbesque oc-
cupasset, quodque belli parandi adversus populum Romanum 11
consilia inisset, arma milites classem eius rei causa comparasset,
ut, nisi de iis rebus satisfecisset, bellum cum eo iniretur. haec
rogatio ad populum lata est. Senatus consultum inde factum est, 31
ut consules inter se provincias Italiam et Macedoniam compararent sortirenturve; cui Macedonia obvenisset, ut is regem Persea
quique eius sectam secuti essent, nisi populo Romano satisfe-
cissent, bello persequeretur. legiones quattuor novas scribi pla- 2
cuit, binas singulis consulibus. id praecipuum provinciae Macedoniae datum, quod, cum alterius consulis legionibus quina milia
et duceni pedites ex vetere instituto darentur in singulas legiones,
in Macedoniam sena milia peditum scribi iussa, equites treceni
aequaliter in singulas legiones. et in sociali exercitu consuli al- 3
teri auctus numerus: sedecim milia peditum, octingentos equites,
praeter eos, quos Cn. Sicinius duxisset, sescentos equites, in
Macedoniam traiceret. Italiae satis visa duodecim milia sociorum 4
peditum, sescenti equites. illud quoque praecipuum datum sorti

wie 36, 1, 4. — *finium*, s. c. 20, 4;
31, 5, 7; oder *finium imperii*, Corn.
Hann. 2, 5, Cic. prov. cons. 12, 29;
L. 36, 1, 2: *terminos propagari*,
oder nur *imperii*, 38, 60, 5, kann
ausgefallen sein. — *quod faust.*, 1,
25, 7 u. a. — *secum*, dem röm. Volke,
überhaupt. — *sociis*, c. 40. — *arma
int.*, c. 25, 4. — *nisi satisf.* sollte
man nach dem c. 25 Erzählten nicht
erwarten, s. c. 36, 3, — *latae*, die
Annahme durch das Volk ist nicht
berichtet, wird aber c. 36, 1 vorausgesetzt. Die Absendung von Fetialen,
s. 36, 3, 8, wird nicht erwähnt: eine
förmliche Erklärung des Krieges,
wenn sie nicht c. 48 angedeutet ist,
nicht für nöthig gehalten, weil Perseus das Bündniss gebrochen hat,
s. Nissen 247; 254; Mommsen
Forsch. 1, 343.

31. 1-3. comp. *sort.*, c. 4, 2;
Becker 2, 2, 120. — *sect. sec.*, 29,
27, 2. — *novas*, im vorhergeh. Jahre
sind nur für Spanien Truppen ausgehoben worden, s. c. 10; 18. —
praecipuum, wie § 4; 27, 10, 13,
oder *praecipui*, s. 34, 18, 5, vgl. 44,
21, 10, ist st. des hds. *praecipue* zu
lesen, das nur künstlich, vgl. 27, 28,
3; 37, 32, 10, erklärt werden könnte:
es konnte sowol *quod* als *ut* nach
praecipuum eintreten; nach *iussa*
fehlt wol *sunt*. — *vet. inst.*, wenigstens oft in dieser Zeit, s. 40, 1;
18; 41, 9; 8, 8 u. a. — *sena m.*, s.
43, 12, 3; 44, 21, 8; sonst 6200, s.
35, 2, 4, zu 37, 39, 7. — *sedec. mil.*
ist unsicher, die hds. Lesart deutet
eine grössere Zahl an, s. 40, 36, 6,
die sich aber nicht erkennen lässt.
— *Ital.*, Ligurien. — *sorti*, § 2:

Macedoniae, ut centuriones militesque veteres scriberet, quos
5 vellet consul, usque ad quinquaginta annos. in tribunis militum
novatum eo anno propter Macedonicum bellum, quod consules
ex senatus consulto ad populum tulerunt, ne tribuni militum eo
anno suffragiis crearentur, sed consulum praetorumque in iis
6 faciendis iudicium arbitriumque esset. inter praetores ita partita
imperia: praetorem, cuius sors fuisset, ut iret quo senatus cen-
7 suisset, Brundisium ad classem ire placuit atque ibi recognoscere
socios navales dimissisque, si qui parum idonei essent, supplementum legere ex libertinis et dare operam, ut duae partes ci-
8 vium Romanorum, tertia sociorum esset. commeatus classi le-
gionibusque ut ex Sicilia Sardiniaque subveherentur, praetoribus,
qui eas provincias sortiti essent, mandari placuit, ut alteras de-
cumas Siculis Sardisque imperarent, quod frumentum ad exer-
9 citum in Macedoniam portaretur. Siciliam C. Caninius Rebilus
est sortitus, L. Furius Philus Sardiniam, *L. Canuleius Hispaniam*,
C. Sulpicius Galba urbanam iurisdictionem, L. Villius Annalis
inter peregrinos; C. Lucretio Gallo, quo senatus censuisset, sors
· obvenit.
32   Inter consules magis cavillatio quam magna contentio de
provincia fuit. Cassius sine sorte se Macedoniam optaturum di-
2 cebat, nec posse collegam salvo iure iurando secum sortiri: praetorem eum enim, ne in provinciam iret, in contione iurasse, se
stato loco statisque diebus sacrificia habere, quae absente se recte
fieri non possent; quae non magis consule quam praetore ab-

---

provinciae, weil das Loos die Provinzen bestimmt, s. 27, 30, 11. — *cent. mil.*, die als solche schon viele Feldzüge gemacht haben und jetzt gerade vom Dienste frei sein sollten. — *quinquag.*, s. 40, 26, 7; 3, 57, 9; Lange 1, 350. — *ne suffrag. cr.*, 9, 30, 3, vgl. 44, 21, 2; 43, 12, 7; Marq. 3, 2, 276 ff.; Lange 2, 248; wahrscheinlich bezog sich auf diese Neuerung die Rede Catos *de tribunis militum*; Nonius de prp. serm. 67: *proletarii*; 195; der Beschluss wird in Tributcomit. gefasst.
6–9. *imper.*, die Heere und die Flotte. — *fuisset* vertritt das fut. exact.: geworden sein würde; 32, 30, 8: *occasio fuisset.—quo-cens.*, c. 28, 6. — *recognoscere* ist wol zu

lesen, da d. Hs. *adque*, nicht *utque* und *legere* hat; nicht *recognosceret*, s. c. 24, 1. — *recogn.*, untersuchen. ob sie tüchtig seien, vgl. c. 19, 1. — *libert.*, c. 27, 3. — *dare op.*, zu 38, 26, 1. — *tertia*, die Bundesgenossen werden also geschont. — *alteras d.*, 37, 50, 9, vgl. 41, 17, 2.
32–35. Streit der Consuln: Verhandlungen mit den Centurionen: Anordnungen für den Krieg.
1–5. *optat.*, sich ohne Loos wählen, in Beziehung auf c. 31, 1; 6, 25, 5; *ut ex collegis optaret quem vellet - optavit*, s. c. 30, 5; 26, 29, 8. — *enim* an der dritten Stelle um *praetor. eum* zu verbinden, 22, 40, 8. — *iurasse*, 41, 15, 10. — *quae* etc. enthält die Widerlegung des

sente recte fieri posse. si senatus, non quid vellet in consulatu 3
potius quam quid in praetura iuraverit P. Licinius, animadvertendum esse censeat, se tamen futurum in senatus potestate.
consulti patres, cui consulatum populus Romanus non negasset, 4
ab se provinciam negari superbum rati, sortiri consules iusserunt.
P. Licinio Macedonia, *C.* Cassio Italia obvenit. legiones inde 5
sortiti sunt: prima et tertia in Macedoniam traicerentur, secunda
et quarta ut in Italia remanerent.
 Dilectum consules multo intentiore quam alias cura habebant. Licinius veteres quoque scribebat milites centurionesque; 6
et multi voluntate nomina dabant, quia locupletes videbant, qui
priore Macedonico bello aut adversus Antiochum in Asia stipendia fecerant. cum tribuni militum, qui centuriones * *, sed 7
primum quemque citarent, tres et viginti centuriones, qui primos

Vorhergeh., s. c. 41, 5; 5, 52, 5 u.
a.: (wenn dieses so sei, wenn es in
seiner Abwesenheit nicht geschehen
könne), so könne es ebenso wenig
geschehen, wenn er als Consul, als
wenn er als Prätor abwesend sei.
Der folg. Satz *si – censeat* kann zu
quae – posse schwerlich die Bedingung enthalten, da Cassius gerade
seine Ansicht ausspricht, diese nicht
von der des Senates abhängig
machen, sondern derselben gegenüberstellen will. — *vellet – iuraverit* lässt sich hier wol ebenso halten
wie vieles Aehnliche, s. 32, 7, 11;
44, 26, 14; 28, 32, 10; 22, 32, 8;
23, 15, 4 u. a., vgl. c. 36, 3; 23, 4.
— *animadvert.*, rügen, s. c. 21, 5;
Cic. Or. 3, 12, 44: *vox – in qua
nihil displicere*, *nihil animadverti
possit.* Cassius setzt voraus, dass
der Senat das Verfahren des Licinius missbilligen müsse, wie auch
Cornelius Maluginensis wahrscheinlich des gleichen Eides wegen aus
dem Senate gestossen worden war
41, 27: wenn der Senat nicht stärker das rügen wolle, dass Licin.
als Consul eine Provinz begehre,
als dass er als Prätor den Eid geleistet habe, mehr dieses als jenes
tadele, das jetzige Verfahren desselben billige, so wolle er doch usw.
si = etiamsi, s. 7, 13, 4 u. a.; doch
Tit. Liv. IX.

ist, da d. Hs. *possent si* hat, viell.
sed (sot) si – se tamen zu lesen.
Gron. erklärt *animadvertere* durch
rationem habere, Madvig *animadvertere et spectare*; aber theils ist
diese Bedeutung nicht sicher, theils
müsste dann *non* entfernt oder *si –
non* entweder *nisi* gleichgestellt
oder dieses statt jenes gelesen,
überdiess der Satz zu dem vorhergeh. als Bedingung gezogen werden,
was nach dem Zweck der Beweisführung des Cassius nicht wol möglich ist. — *in pot. fut.*, 40, 46, 14
u. o. — *sup. rati*, vgl. 32, 7, 11. —
sortiti, also nach der Verlosung
erst werden die Legionen gebildet.
— *prima et t.*, 41, 3, 7 *secundani*.
6–8. *dilectum* hat d. Hs., weshalb
besser *intentiore cura* gelesen wird
als *dilectus – intentiorem curam*,
besonders, da auch *habere* zunächst
dilectus zum Objecte hat, anders 5,
38, 1: *intentiore dilectu habito*, s.
4, 26, 4: *intentior – cura erat.* —
Licin. etc., durch die Kriegstribunen.
— *volunt.*, 32, 2, 3. — *locupl.*, vgl.
32, 2 u. 31, 49, 5; 39, 7, 2, vom
ersten macedon. Kriege ist es nicht
bemerkt. — *qui cent.*, da so, wie es
scheint, d. Hs. hat (Kopitar hat *qui*
nicht bemerkt), so ist viell. Mehreres ausgefallen, worauf auch *sed*,
was Madvig in *essent* ändert, hin-

pilos duxerant, citati tribunos plebis appellarunt. duo ex collegio, M. Fulvius Nobilior et M. Claudius Marcellus, ad consules
8 reiciebant: eorum cognitionem esse debere, quibus dilectus quibusque bellum mandatum esset; ceteri cognituros se, de quo appellati essent, aiebant et, si iniuria fieret, auxilium civibus laturos.
33   - Ad subsellia tribunorum res agebatur; eo M. Popillius consularis, advocatus *centurionum, et* centuriones et consul venerunt.
2 consule inde postulanti, ut in contione ea res ageretur, populus in contionem advocatus. pro centurionibus M. Popillius, qui
3 biennio ante consul fuerat, ita verba fecit: militares homines et stipendia iusta et corpora et aetate et adsiduis laboribus confecta habere, nihil recusare tamen, quo minus operam rei publicae dent; id tantum deprecari, ne inferiores is ordines, quam quos,
4 *cum* militassent, habuissent, adtribuerentur. P. Licinius consul senatus consulta recitari iussit, primum quo bellum senatus Perseo

weist. — *prim. quemq.*, den ersten besten, ohne Rücksicht auf den Rang, den sie eingenommen hatten, denn wegen des Folg. kann *primus* nicht sein : jedesmal den ersten Centurio (einer Legion), s. zu 7, 41, 5: *primus centurio erat, quem nunc primi pili vocant*, vgl. *primi ordines* 44, 33, 4 u. a. — *qui prim. p. d.* kann nach c. 34, 11, vgl. 7, 41, ib. 13, 1, nur von den *primi pili* der ganzen Legionen verstanden werden, s. c. 33, 3. — *cognition.*, diese hätten zu untersuchen und zu entscheiden. — *cognitur.*, sie wollen untersuchen und berathen, ob sie die Intercession wollen eintreten lassen, 34, 56, 9; Lange 1, 606. Die Ansicht des Fulvius und Marcellus wird verworfen; denn im Folg. beginnt die Untersuchung anfangs in engerem Kreise, s. 38, 60, 3, dann vor dem Volke.
33. 1 – 2. *subsellia*, einfache Stühle, welche von Alters her die Tribunen hatten, nicht die sella curulis. — *advocat.*, wie 26, 48, 9; da die Anwesenheit des Vertreters der Centurionen schon in der ersten Verhandlung erforderlich war, so ist es wahrscheinlicher, dass nach *advoc.* etwas ausgefallen, als dass *M. Pop. cons. advocatus* mit Madvig

zu tilgen sei; *consularis* ist weniger bestimmt, als § 2: *qui biennio ante* etc., c. 10. — *cons. fuer.*, 40, 15, 2. — *postulanti*, Abl., c. 59, 8; 40, 25, 3; 36, 32, 8.
3. *mil. hom.*, 24, 23, 10: *iuvenes militares.* — *iusta*, 23, 25, 8: *qui stipendiorum legitimorum esset*; Marq. 3, 2, 286. — *confecta*, 5, 10, 9; 27, 9, 2 u. a. — *nihil* kann die Negation vertreten, oder Object und dazu *quo minus* etc. Epexegese sein, s. c. 21, 7. — *inferior. is* etc., wenn diese Forderung genau zu nehmen wäre, so hätten alle 23 primi pili zu werden verlangt, während nur zwei diese Charge in den 2 Legionen hätten erlangen können, und die Worte enthielten eine indirecte Weigerung Kriegsdienste zu thun, c. 34, 15; doch ist dieses wahrscheinlicher, als die Annahme, dass c. 32, 7 *primi pili* die Centurionen der einzelnen Manipel der Triarier, wie 8, 8, 7 die Hss. haben, nicht die Centurionen jedes ersten pilus der Triarier, d. h. die ersten je einer ganzen Legion seien, vgl. 25, 19, 9; Marq. 3, 2, 279; s. die analogen Fälle 2, 55, 4; 7, 41, 4. — *milit. hab. adtrib.* über die harte Zusammenstellung s. 38, 58, 8.
4–5. *senatus c.*, 39, 17, 1. —

iussisset, deinde quo veteres centuriones quam plurimum ad id bellum scribi censuisset nec ulli, qui non maior annis quinquaginta esset, vacationem militiae esse. deprecatus est deinde, ne 5 novo bello, tam propinquo Italiae, adversus regem potentissimum, aut tribunos militum dilectum habentis inpedirent, aut 6 prohiberent consulem, quem cuique ordinem adsignari e re publica esset, eum adsignare. si quid in ea re dubium esset, ad senatum reicerent.

Postquam consul, quae voluerat, dixit, Sp. Ligustinus ex eo 34 numero, qui tribunos appellaverant, a consule et ab tribunis petiit, ut sibi paucis ad populum agere liceret. permissu omnium ita locutus fertur. „Sp. Ligustinus tribu Crustumina ex 2 Sabinis sum oriundus, Quirites. pater mihi iugerum agri reliquit et parvom tugurium, in quo natus educatusque sum; hodieque ibi habito. cum primum in aetatem veni, pater mihi uxorem 3

primum, Adverb., da *deinde*, nicht *alterum* folgt. — *Pers. iuss.*, c. 36, 1; 9, 43, 2. — *iuss.*, vom Senate, s. 41, 27, 11, zu 36, 39, 9; der Volksbeschluss wird nicht erwähnt. Die Wiederholung des Wortes ist nicht auffallender als an vielen anderen Stellen. — *plurimum* müsste wie 3, 11, 5: *multum*: meistens bedeuten, doch verm. Gron. wol richtig *plurimos*, vgl. c. 31, 4. — *maior ann.*, c. 34, 11; 22, 11, 9. — *vacat.*, c. 34, 12; 4, 26, 12. — *ne nov.*, viell. *ne in novo*. — *propinq.*, s. 31, 7, 7. — *trib. mil.*, diese besorgen die Ausbebung unter der Aufsicht des Magistrates, c. 32, 5; Pol. 6, 19. — *consulem*, weil es sich nur um das Heer des Licinius handelt, § 1. — *ordin.*, ob in den Manipeln der Hastaten oder Principes oder Triarier, vgl. c. 34, 14. — *ad sen.* die Tribunen sollen nicht entscheiden oder der Ausbebung intercediren, c. 32, 7.

34. 1-2. *a cons.*, aus Achtung vor ihm, da er hier ebenso Partei ist wie die Centurionen, die Tribunen das Wort hätten geben müssen, s. 3, 71, 3; 8, 33, 10. — *ad p. agere*, zum Volke sprechen, anders *cum populo agere*, 3, 20, 6, obgleich auch dieses sich bisweilen in jenem Sinne findet, s. Cic. Verr. 1, 12, 36; Macrob. Sat. 1, 16, 29. — *Ligustin.*, nähere Bestimmung zu dem in *sum* liegenden Subjecte, 37, 54, 28 u. a. — *tribu Crust.*, da der als Zusatz zum Namen gebrauchte Name der Tribus, wenn auch sonst ohne *tribu*, im Abl. steht, so ist wol *tribus*, nicht *Crustumina* in *Crustuminae*, zu ändern, Cic. Fam. 13, 9, 2: *P. Rupilius P. f. Menenia*; Verr. 2, 43, 107: *C. Claudius C. f. Palatina*, oft auf Inschriften, vgl. Marq. 5, 11. Da die trib. Crustumina viele andere Bestandtheile als das crustumin. Gebiet hatte, so konnte er, obwol aus dem Sabinerlande stammend, derselben angehören. — *iugerum*, er besass also nicht das gewöhnliche heredium von 2 iugera und gehörte zu den Proletariern, Mommsen 1, 183; Lange 1, 190; 367; da dieses Grundstück die Familie nicht ernährt, so hat er einen anderen Erwerb gesucht, für Sold gedient.

3. *in aet.*, vgl. Orelli Inscpt. 4365: *dum in aetatem pervenirent*; Polyb. 6, 6, 2: εἰς ἡλικίαν ἱκόμενος, hier: das heirathsfähige Alter; Rein Privatr. 400. — *pater d.*, es

fratris sui filiam dedit, quae secum nihil adtulit praeter libertatem pudicitiamque et cum his fecunditatem, quanta vel in
4 diti domo satis esset. sex filii nobis, duae filiae sunt, utraeque iam nuptae. filii quattuor togas virilis habent, duo praetextati
5 sunt. miles sum factus P. Sulpicio C. Aurelio consulibus. in eo exercitu, qui in Macedoniam est transportatus, biennium miles gregarius fui adversus Philippum regem; tertio anno virtutis causa mihi T. Quinctius Flamininus decumum ordinem hastatum
6 adsignavit. devicto Philippo Macedonibusque cum in Italiam portati ac dimissi essemus, continuo miles voluntarius cum M.
7 Porcio consule in Hispaniam sum profectus. neminem omnium imperatorum, qui vivant, acriorem virtutis spectatorem ac iudicem fuisse sciunt, qui et illum et alios duces longa militia experti sunt. hic me imperator dignum iudicavit, cui primum hastatum

war wenigstens die Einwilligung desselben nöthig, Rein 406. — *libert.*, sie war keine Freigelassene, 39, 19, 5. — *diti*, s. zu 23, 8, 6. — *utraeq.*, s. 36, 16, 5; Caes. B. G. 1, 53, 4: *utraeque perierunt*, vgl. 41, 18, 16. — *praetex.*, 22, 57, 9. — *Sulp. Aur.*, 31, 5, 1 im J. 554 a. u. — *mil. greg.*, gemeiner Soldat im Gegensatz zu den Officieren des Heeres. — *decum. ord. h.*, er wird *centurio (ductor) decimi ordinis hastatorum*, wofür kurz auch *decimus hastatus* gesagt wurde, vgl. 25, 14, 7: *primus princeps centurio*, Marq. 3, 2, 280; da jeder Manipel 2 Centurionen hat, so sieht man an u. St. nicht, ob er *posterior*, der unterste der 60 Centurionen der Legion, oder *prior* geworden ist, aber § 7: *prioris centuriae*; § 11: *duxi*, spricht für das Erstere. — *Porcio*, Consul 559 a. u., 33, 43; Quinctius kommt erst 560, s. 34, 52, aus Griechenland zurück und triumphirt in demselben Jahre wie Cato, s. 34, 46; die deductio des Ligustinus muss also vor der Rückkehr des Quinctius geschehen sein, wie es bisweilen geschah, wenn einer mehrere Jahre nach einander gedient hatte. — *qui vivant*, weil keine bestimmten Personen gemeint sind, 23, 13, 3: *qui*

meminerimus; ib. 5, 13: *quos – nefas sit*; 6, 12, 6; Cic. Fam. 3, 9, 2: *plures habes – quos scias*; Brut. 31, 118; ib. 265 u. a. oft, *quod sciam* u. ä. — *spectator*, anders 24, 34, 2. — *prim. hast. pr. cent.*, der erste unter den Centurionen der hastati. Dass er von den § 5 bezeichneten Stelle an alle Centurionenstellen unter den hastati inne gehabt habe, ist nicht wahrscheinlich; selbst in dem stehenden Heere Cäsars kamen ausserordentliche Avancements vor, s. B. G. 6, 40, 7; B. C. 1, 46; 3, 53 u. a., viel mehr konnte ein Feldherr, der ein Heer erst bildete, wie Cato das seinige, einem centurio, *virtutis causa* § 5, einen höheren Rang anweisen. Eben so wenig ist anzunehmen, dass Lig. alle Stellen unter den *principes* bekleidet habe, ehe er *primus princeps* § 8; oder alle unter den Triariern, ehe er *primus pilus*, § 11, wurde. Dagegen liegt darin, dass die *hastati*, *principes*, *triarii* in aufsteigender Reihe genannt werden, wenigstens eine Andeutung, dass die Centurionen in diesen drei Truppenkörpern nach einander aufrückten, nicht aus dem einen in die gleiche Stelle in dem anderen (von dem *decimus hastatus* zum *decimus princeps*, dann *decimus*

prioris centuriae adsignaret. tertio iterum voluntarius miles 8
factus sum in eum exercitum, qui adversus Aetolos et Antiochum
regem est missus. a M'. Acilio mihi primus princeps prioris
centuriae est adsignatus. expulso rege Antiocho, subactis 9
Aetolis reportati sumus in Italiam, et deinceps bis quae annua
merebant legiones stipendia feci. bis deinde in Hispania mili-
tavi, semel Q. Fulvio Flacco, iterum Ti. Sempronio Graccho
practore. a Flacco inter ceteros, quos virtutis causa secum 10
ex provincia ad triumphum deducebat, deductus sum; a Ti.
Graccho rogatus in provinciam ii. quater intra paucos annos 11
primum pilum duxi, quater et tricies virtutis causa donatus ab
imperatoribus sum, sex civicas coronas accepi. viginti duo
stipendia annua in exercitu emerita habeo et maior annis sum
quinquaginta. quodsi mihi nec stipendia omnia emerita essent 12
necdum aetas vacationem daret, tamen, cum quattuor milites
pro me uno vobis dare, P. Licini, possem, aecum erat me dimitti.
sed haec pro causa mea dicta accipiatis velim: ipse me, quoad 13

pilus usw.) übergiengen, s. Marq. 3,
2, 279. — *tertio*, s. c. 22, 7, gehört
zu *mil. factus sum, iterum* zu *voluntarius.*
9–10. *quae stipendia f.*, die
Constrct. scheint zu sein *ea stipendia feci, quae annua*, wofür man
jedoch erwartet *in iis legionibus,
quae annua* etc.; noch ungewisser
ist der Sinn, denn da der Dienst der
Legionen im Felde regelmässig ein
einjähriger war, so sieht man nicht,
was für besondere Legionen hier
gemeint sind. Da seit dem zweiten
punischen Kriege besonders in Spanien, s. 40, 36, 10, die Soldaten gewöhnlich länger bei den Fahnen
behalten wurden, so könnte man
annehmen, dass an u. St. von Legionen die Rede sei, bei denen nur einjähriger Felddienst statt gehabt
habe; dass gerade die in Italien stehenden Legionen in dieser Weise
gedient haben, ist nicht zu beweisen, vgl. c. 27, 5: *maxume veterana in Liguribus*; c. 10, 12; 40, 1,
6; 39, 45, 3 u. a. — *Fulvio*, 40, 1;
36. *Sempr.*, 40, 40. — *deduct. s.*,
40, 40, 14; ib. 43, 4; er ist also
nach dem Triumphe nach Spanien

zurückgekehrt, *ii* statt *redii*.
11–12. *quater*, nicht durch nie-
drigere Stellungen unterbrochen,
wenn auch nicht gerade unmittelbar
nach einander. — *duxi*, er war centurio prioris centuriae, also *primus
pilus*, denn der centurio prior. cent.
führte und befehligte den ganzen
Manipel. — *donat.*, 6, 20, 7. — *viginti d.*, da er 554 zuerst im Felde
gedient hat, s. § 5, also wol schon
553 ausgehoben und eingeübt worden war, so hat er jetzt 30 J. gedient, ist in diesen 7–8 J. frei gewesen und hat 2 Feldzüge mehr ge
macht, als wahrscheinlich das maximum für den Dienst zu Fuss war,
Marq. 3, 2, 286. — *necdum = et
nondum*; 43, 1, 5: *coloniam novam
et infirmam necdum munitam.* —
— *pro me*, an Stellvertretung ist
nicht zu denken, es soll nur gesagt
werden, dass, wenn er selbst auch
nicht mehr diene, durch ihn genug
für den Staat gethan, seine Stelle
mehr als genügend ausgefüllt werde. — *vobis*, dem angeredeten Consul und dem Senate.
13. *sed haec*, vgl. 7, 13, 8. —
quisq., auch nur ein einziger, ob-

quisquam, qui exercitus scribit, idoneum militem iudicabit, numquam sum excusaturus. ordine quo me dignum iudicent tribuni militum, ipsorum est potestatis; ne quis me virtute in exercitu praestet, dabo operam, et semper ita fecisse me et imperatores mei et qui una stipendia fecerunt testes sunt. vos quoque aecum est, commilitones, etsi appellatione vostrum usurpatis ius, cum adulescentes nihil adversus magistratum senatusque auctoritatem usquam feceritis, nunc quoque in potestate senatus ac consulum esse et omnia honesta loca ducere, quibus rem publicam defensuri sitis." Haec ubi dixit, conlaudatum multis verbis P. *Licinius* consul ex contione in senatum duxit. ibi quoque ei ex auctoritate senatus gratiae actae tribunique militares in legione prima primum pilum virtutis causa ei adsignarunt. ceteri centuriones remissa appellatione ad dilectum oboedienter responderunt.

Quo maturius in provincias magistratus proficiscerentur, Latinae kal. Iuniis fuere; eoque sollemni perfecto C. Lucretius praetor omnibus, quae ad classem opus erant, praemissis Brundisium est profectus. praeter eos exercitus, quos consules conparabant, C. Sulpicio Galbae praetori negotium datum, ut quattuor legiones scriberet urbanas iusto numero peditum equitumque, isque quattuor tribunos militum ex senatu legeret qui praees-

gleich es eigentlich nicht sein sollte. — *ordine quo* wäre die attractio inversa, wie Verg. Aen. 1, 573: *urbem quam statuo vestra est* u. ä., vgl. c. 56, 4, da jedoch diese in Prosa sich kaum findet, so ist wol *quo ordine* zu lesen, oder, wie das folg. *est potestatis* vermuthen lässt, ein Verbum ausgefallen, s. c. 33, 6. — *trib. m.*, c. 33, 6. — *appell.*, bei d. A., indem ihr sie einlegt. — *vostr.* nach Madvig, in d. Hs. verdorben. — *senat. auct.*, weil der Senat über die Heere verfügt, wie auch jetzt ein Beschluss desselben die Verhandlung veranlasst hat. — *usquam (unquam?)*: in irgend einer Lage, vgl. 22, 61, 13; 39, 31, 5. — *honesta*, 23, 35, 8.

35. 1-2. *in sen.*, wie 27, 10, 5, vgl. 5, 7, 11. — *prim. pil*, dass der primus pilus immer zuerst sei ernannt worden, lässt sich aus diesem ausserordentlichen Falle wol nicht

schliessen, Marq. 3, 2, 282. — *remissa*, sie machten dieselbe nicht (weiter) geltend, obgleich sie zu derselben berechtigt waren, s. c. 53, 4; 40, 28, 10; 35, 45, 4. — *ad dil.* — *resp.*, Digest. 49, 16, 4, 10: *qui ad dilectum olim non respondebant*, wie *ad nomina non respondere*, 7, 4, 2; oder *respondere* 43, 14, 2.

3-7. *kal. Iun.*, nach dem Julianischen Kalender etwa im April, s. 37, 4, 4; 44, 37, 8. — *soll.*, 1, 31, 8; 27, 31, 9. — *ad class.*, s. c. 31, 9 u. 6; die Flotte ist eine andere als c. 27, 8; die Sache c. 48, 5 wiederholt. — *quatt.*, in gewöhnlichen Verhältnissen nur zwei, der Prätor hebt sie aus, weil die Consuln beschäftigt sind, s. c. 18, 7; 37, 2, 10. — *iusto*, wie c. 31, 2. — *quattuor* etc., s. 40, 41, 8; ob diese allein die Legionen commandiren, oder noch 20 in gewöhnlicher Weise erwählt werden, sieht man nicht; Crev.

sent; sociis Latini nominis imperaret quindecim milia peditum, 5
mille et ducentos equites: is exercitus uti paratus esset, quo senatus censuisset. P. Licinio consuli ad exercitum civilem so- 6
cialemque petenti addita auxilia, Ligurum duo milia, Cretenses
sagittarii — incertus numerus, quantum rogati auxilia Cretenses
misissent —, Numidae item equites elephantique. in eam rem 7
legati ad Masinissam Carthaginiensesque missi L. Postumius
Albinus Q. Terentius Culleo C. Aburius. in Cretam item legatos
tres ire placuit, A. Postumium Albinum C. Decimium A. Licinium
Nervam.

Per idem tempus legati ab rege Perseo venerunt. eos in 36
oppidum intromitti non placuit, cum iam bellum regi eorum et
Macedonibus et senatus decresset et populus iussisset. in aedem 2
Bellonae in senatum introducti ita verba fecerunt: mirari Persea
regem, quid in Macedoniam exercitus transportati essent; si im- 3
petrari a senatu posset, ut ii revocentur, regem de iniuriis, si quas
sociis factas quererentur, arbitratu senatus satisfacturum esse.
Sp. Carvilius ad eam ipsam rem ex Graecia remissus ab Cn. Si- 4
cinio in senatu erat. is Perrhaebiam expugnatam armis, Thessaliae aliquot urbes captas, cetera, quae aut ageret aut pararet
rex, cum argueret, respondere ad ea legati iussi. postquam 5
haesitabant, negantes sibi ultra quicquam mandatum esse, iussi
renuntiare regi consulem P. Licinium brevi cum exercitu futurum
in Macedonia esse: ad eum, si satisfacere in animo esset, mitteret 6

verm. *XXIV tribunos. — quindec.*, 40, 36, 6. — *quo cens.*, c. 31, 6. — *addita*, das Folg. zeigt, dass nur der Beschluss gemeint ist. — *Ligur.*, 21, 22, 2. *Cretens.*, 41, 25, 7; 37, 39, 10. — *Numid.*, 32, 27, 2; 35, 11, 4. — *Postum.*, c. 1. — *Terent.*, 39, 32. *Aburius*, vielI. der als Münzmeister erwähnte C. *Aburius Geminus*, Mommsen Gesch. d. röm. Münzw. 521; Inscrptt. n. 305. *Postum.*, 41, 27; Polyb. 27, 3. — *Decim.*, 43, 15. *Licin.*, 41, 6.

36, 1-7. Gesandtschaft des Königs Perseus.

1-3. *legati*, Appian. erwähnt zwei Gesandtschaften, die zweite wird wie bei L. aus Italien gewiesen p. 266. — *oppidum*, die Stadt, wie schon die Erwähnung des Tempels der Bellona ausserhalb dersel-

ben zeigt, s. c. 20, 3; so heisst auch Athen *oppidum*, Cornel. Milt. 4, 3; Them. 2, 8; Cic. Att. 3, 7, 1; zur Sache 33, 24, 5 u. a. — *regi*, c. 33, 4. — *in sen.*, s. 37, 41, 4; 21, 49, 3. — *mirari*, finde es auffallend, zur Sache vgl. c. 37, 5. — *exerc.*, c. 27, 8. — *satisf.*, s. c. 30, 11; nach dem Auftreten des Königs c. 25 wäre das nicht zu erwarten gewesen; die spottende Abweisung des Senates § 5: *brevi* zeigt, dass dieser, nicht der König, den Krieg will; Mommsen 1, 759.

4-8. *Carvil.*, wie 30, 42, 5; *ad eam* etc., um die nöthigen Nachweisungen zu geben. — *Graecia*, Epirus c. 27; 18. — *Perrh.*, vgl. dagegen c. 53, 8; c. 5, 7. *Thess.*, nach 41, 23, 14 ist er nur durch das Land gezogen. — *ultra*, ausser dem

legatos; Romam quod praeterea mitteret, non esse: neminem
eorum per Italiam ire liciturum. ita dimissis P. Licinio consuli
mandatum, intra undecimum diem iuberet eos Italia excedere, et
Sp. Carvilium mitteret, qui, donec navem conscendissent, custo-
diret. haec Romae acta nondum profectis in provinciam consulibus.

Iam Cn. Sicinius, qui, priusquam magistratu abiret, Brundisium ad classem et ad exercitum praemissus erat, traiectis in
Epirum quinque milibus peditum, trecentis equitibus, ad Nymphaeum in agro Apolloniati castra habebat. inde tribunos cum
duobus milibus militum ad occupanda Dassaretiorum et Illyriorum
castella, ipsis accersentibus praesidia, ut tutiores a finitimorum
impetu Macedonum essent, misit.

37   Paucis post diebus Q. Marcius A. Atilius et P. et Servius
Cornelii Lentuli et L. Decimius, legati in Graeciam missi, Corcy-

bereits Gesagten. — *nemin. - licit.*, der acc. c. inf. ist eingetreten, weil eine Person im Dativ nicht genannt wird und hier nicht gedacht werden kann, wie es auch sonst bisweilen nicht wohl möglich ist, s. ad Her. 3, 2, 2: *ut eum — liceat - consulem fieri*, vgl. Cic. Tusc. 1, 38, 91; Verg. Aen. 10, 47; um den Dativ zu gewinnen wird angenommen, dass *neminem* in *non - quemquam* aufzulösen sei, was aber sonst nicht nachweisbar ist, oder *nemini*; *nemini enim* verm.; die Form *liciturum* s. 32, 21, 35; vgl. 3, 50, 6; Cic. Att. 2, 1, 5. — *dimissis*, nicht *dimissos*, weil das *dimitti* als ein besonderes Moment bezeichnet werden soll, s. c. 63, 12; vgl. 40, 33, 2; 1, 28, 10. — *undec.*, vgl. c. 48, 3, wo dieselbe Sache, die hier nach röm. Quellen erzählt ist, nach Polyb. wiederholt wird; sonst würde c. 43, 2 nicht allein von der Sicherheit der Gesandten die Rede sein. Mit diesem Befehle sind die Verhandlungen abgebrochen, indirect der Krieg erklärt, § 6: *ad eum* etc. ist blosse Form; vgl. Nissen 249; 254; 55. — *haec* etc., bis geraume Zeit nach dem Anfange des Consulatsjahres, s. c. 35, 3. Im Folg., wo L. wieder

Polyb. folgt, geht er weiter zurück, holt Manches nach und gelangt erst c. 48 wieder an den an u. St. berührten Zeitpunkt.
36, 8-38, 7. Ereignisse in Epirus; Gesandtschaft nach Griechenland. — Zonar. 9, 22; Polyb. 27, 7; Appian. Mac. 11.
8-9. *priusq.* etc., noch im Jahr 582, c. 31, 3; 27, 8. — *Epir.*, c. 18, 3, vgl. c. 36, 2; 4. — *quinq. m.*, Polyb. hat also die Zahl der Truppen weit geringer angegeben als die Annalisten; vgl. d. Stelle aus Zon. zu c. 27, 3; Schorn 340; Nissen a. a. O. — *Nymph.*, s. c. 49, 10; 53, 2; Strabo 7, 5, 8 p. 316: *Νυμφαῖον πέτρα δ' ἐστὶ πῦρ ἀναδιδοῦσα, ὑπ' αὐτῇ δὲ κρῆναι ῥέουσι χλιαροῦ καὶ ἀσφάλτου* etc. — *Dassar.*, 31, 33; 40; vgl. 45, 26. — *ut tut.*, die Pässe nach Thessalien werden nicht besetzt, s. c. 47, 10. — *ips.*, 39, 2, 7.
37. 1-2. *pauc. p. d.*, s. 37, 38, 5, also noch im J. 582, § 3; wenigstens ein halbes Jahr vor dem c. 34 Erzählten. — *Marc.*, 40, 3 ff.; Lange 2, 252; *Atil.* 41, 28, beide und *Servius* erwähnt auch Polyb. l. l. — *P. Corn.* wird sonst nicht genannt; *Serv. Corn.*, 43, 11; *Decim.*, s. c.

LIBER XXXXII. CAP. 37.

ram peditum mille secum advexerunt; ibi inter se et regiones, quas obirent, et milites diviserunt. Decimius missus est ad 2 Gentium regem Illyriorum, quem si aliquem respectum amicitiae cum * habere cerneret, temptare, ut etiam ad belli societatem perliceret iussus *est*. Lentuli in Cephallaniam missi, ut in 3 Peloponnesum traicerent oramque maris in occidentem versi ante hiemem circumirent. Marcio et Atilio Epirus, Aetolia, Thes- 4 salia circumeundae adsignantur; inde Boeotiam atque Euboeam aspicere iussi, tum in Peloponnesum traicere; ibi congressuros 5 se cum Lentulis constituunt. priusquam digrederentur a Corcyra, litterae *a* Perseo adlatae sunt, quibus quaerebat, quae causa Romanis aut in Graeciam traiciendi copias aut urbes occupandi esset. cui rescribi non placuit, nuntio ipsius, qui litteras at- 6 tulerat, dici praesidii causa ipsarum urbium Romanos facere. Lentuli circumeuntes Peloponnesi oppida, cum sine discrimine 7 omnes civitates adhortarentur, ut quo animo, qua fide adiuvissent Romanos Philippi primum, deinde Antiochi bello, eodem adversus Persea iuvarent, fremitum in contionibus audiebant 8

45, ein anderer c. 35, 7 u. c. 19, 7; zur Sache vgl. d. Stelle aus Appian. zu c. 19, 3. — *Corc.*, 32, 6; 7. — *mille* etc., nach dem Folg. haben sie die Truppen auf ihren Reisen, wo sie aber nicht erwähnt werden, mitgenommen.

2. *Decim.*, das in d. Hs. davor stehende *P* ist wol Irrthum, s. § 4 *Marcius* etc., wie Polyb. auch sonst die Namen anführt. — *si aliq.*, c. 9, 5; 39, 28, 14. — *cum* hat d. Hs., es ist daher wenigstens wahrscheinlicher, dass etwas ausgefallen (*populo Romano? secum?*), als dass *cum* in *eum* zu ändern und *quem* mit Madvig als Glossem zu betrachten sei. — *temptare*, *ut*, d. hds. *temptaret ut* ist wahrscheinlich verschrieben, vgl. jedoch zu 32, 16, 9: wenn er sieht, dass sich Gent. noch nicht ganz zu Perseus gewendet hat, sondern noch in freundlichem Verhältnisse zu Rom steht, soll er ihn in diesem nicht allein erhalten, was sich nach dem Folg. leicht denken lässt, sondern auch usw.; es wird *retentare aut - perlicere iussus*

von Madvig; *retentaret aut - perliceret* von Hertz verm. und *iussus* entfernt. Das hier Berichtete steht in Einklang mit c. 29, 11, wo L. auch Pol. folgt, im Widerspruch mit c. 26, 2.

3—6. *Cephall.*, s. 38, 9, 10; ib. 10, 2; 37, 50, 5 u. a. — *ante h.*, im Herbste 582. — *Aetol. Thess.*, d. Hs. hat *aetolietthessalia*, s. 40, 8, 14; 39, 25, 3. — *congress.* etc., Cic. Off. 1, 10, 32: *si constitueris, te - venturum esse*. — *literae*, vor der c. 36 erwähnten Gesandtschaft. — *nuntio* ohne *sed tantum*; zu *dici* ist nur *placuit* zu denken. — *ipsius*, dessen selbst, der geschickt hat; da jedoch der Nachdruck auf den schon durch die chiastische Stellung hervorgehobenen Verben liegt, so sollte man eher *ipsi* erwarten. — *facere*, das Object u. logische Subject giebt der Zusammenhang.

7—9. *sine discr.*, ob sie feindlich oder freundlich gesinnt waren. — *fremit. - audieb.*, in d. Hs. steht *fremitum - fremebant*, dieses durch jenes veranlasst; doch liegt *audie-*

330   LIBER XXXXII. CAP. 37. 38.   a. u. 583.

Achaeis indignantibus eodem se loco esse, qui omnia a principiis Macedonici belli praestitissent Romanis et Macedonis Philippi bello hostes fuissent, *quo Messenii atque Elei, qui pro Antiocho* 9 *hoste arma adversus populum Romanum tulissent* ac, nuper in Achaicum contributi, concilium velut praemium belli se victoribus Achaeis tradi quererentur.

38   Marcius et Atilius ad Gitanas Epiri oppidum decem milia *a* mari cum escenderent, concilio Epirotarum habito cum magno omnium adsensu auditi sunt et quadringentos iuventutis eorum in Orestas, ut praesidio essent liberatis ab senatu Macedonibus,

bant näher als was verm. wird: *sentiebant, fremebant, fremitus – fiebant*, oder das sonst sich nicht findende *fremitum est*, ohne *audiebant*; dass der Unwille schon während der Reden sich Luft macht, soll die Heftigkeit desselben bezeichnen. — *a princip.* kann von dem ersten maced. Kriege nicht gelten, s. 27, 32; 29, 12, 14, vgl. 41, 27, 9; im zweiten sind die Achäer bald auf die Seite der Römer getreten, 32, 23. — *Macedonis* kann den Gegensatz zu *Ant. hoste* schärfen, wenn nicht *Macedonibus* (früher *Macedonum*) zu lesen ist. — *quo Mess. a. El.*, gewöhnlich tritt nach dem Accus. oder Nominativ auch in dem Relativsatze dieser oder jener Casus ein, s. 39, 24, 11; 8, 14, 3; doch hat sich L. auch das sonst in diesem Falle nicht gewöhnliche Particip. erlaubt, s. 34, 32, 16: *Messenen – eodem iure, quo et Lacedaemonem–acceptam*, und da *essent* leicht ergänzt wird, war auch wohl der Nominat. nach dem Accus. zulässig. *Elei*, wie 29, 12, 14; *Elii* 27, 32, 3; 7. Beide Völker, die Eleer den Aetolern stammverwandt und fast immer Bundesgenossen derselben, s. Polyb. 4, 5; 6; 9 u. a., die Messenier von Philippus verletzt, s. 31, 31, 4, sind im zweiten maceedon. Kriege Bundesgenossen der Römer gegen Philippus, vgl. 34, 32, 16; Pol. 18, 25: Ἠλείους – Μεσσηνίους – συμμάχους τότε 'Ρωμαίων ὑπάρχοντας; im Kriege mit Antiochus stehen sie denselben wie die Aetoler feindlich gegenüber, s. 36, 5, 2, während in diesem Kriege die Unterstützung der Römer durch die Achäer nicht bedeutend ist, s. 35, 50, 3 u. zu 37, 39, 9. Da L. an u. St. Polyb. folgt, der diese Verhältnisse genau kannte, so ist es wenigstens sehr gewagt nach Madvig L. gegen die Geschichte und d. Hs. schreiben zu lassen: *praest. Romanis, quo Messenii atque Elii, qui et Macedoni Philippo favissent* (nach Anderen: *Macedonis Philippi bello hostes fuissent Romanis*) *et pro Antiocho postea arma adversus p. R.* etc., während nach d. hs. Lesart die Achäer ihre Verdienste im 2. maced. Kriege der Feindseligkeit der Mess. u. El. im antiochenischen richtig gegenüberstellen. — *hostes – hoste* sind absichtlich einander gegenüber gestellt. — *in Ach.*, 36, 35, 7. — *contrib.*, 38, 3, 9; Caes. B. C. 1, 60, 1. — *vel praem.*, s. 41, 23, 11, vgl. 39, 26, 12.

38. 1. *Gitanas*, der Ort ist nicht bekannt, weshalb Gron. *Aegilipa* verm. und *ad* tilgt, da *escendere* in der Bedeutung: aufsteigen nach, sonst ohne Präpos. steht, s. 41, 22, 5; anders 44, 10, 11 u. a. — *concil.*, s. 32, 10, 2, vgl. 36, 5, 1; nach dem 36, 35 Berichteten sind also die Epiroten Rom treu geblieben; die Parteiungen unter denselben und die Intriguen des jüngeren Charops in Rom, s. Pol. 27, 13, hat L. nicht berührt. — *ab sen.*, d. Hs. hat *abse*;

miserunt. inde in Aetoliam progressi ac paucos ibi morati dies, 2
dum in praetoris mortui locum alius sufficeretur, et Lycisco
praetore facto, quem Romanorum favere rebus satis conpertum
erat, transierunt in Thessaliam. eo legati Acarnanum et Boeotorum exules venerunt. Acarnanes nuntiare iussi, quae Philippi 3
primum, Antiochi deinde bello, decepti pollicitationibus regiis
adversus populum Romanum commisissent, ea corrigendi occasionem illis oblatam; si male meriti clementiam populi Romani 4
experti essent, bene merendo liberalitatem experirentur. Boeotis 5
exprobratum societatem eos cum Perseo iunxisse. cum culpam
in Ismeniam principem alterius partis conferrent et quasdam civitates dissentientis in causam deductas, appariturum id esse
Marcius respondit: singulis enim civitatibus de se ipsis consulendi potestatem facturos. Thessalorum Larisae fuit concilium.
ibi *et* Thessalis benigna materia gratias agendi Romanis pro li- 6
bertatis munere fuit, et legatis, quod et Philippi prius et post
Antiochi bello enixe adiuti a gente Thessalorum essent. hac 7
mutua commemoratione meritorum accensi animi multitudinis
ad omnia decernenda, quae Romani vellent.

Secundum hoc concilium legati a Perseo rege venerunt, pri- 8
vati maxime hospitii fiducia, quod ei paternum cum Marcio erat.

wie L. 39, 23, 6; ib. 28, 2 die
Oresten Macedonier nennt, konnte
er es auch an u. St., wol nach Polyb., ohne zu fürchten, dass Jemand
ihn missversteheu würde, so wenig
er dieses gefürchtet hätte, wenn er
liberatis ab Macedonibus geschrieben hätte. — *dum* etc., natürlich
benutzen die Römer den Umstand
um für ihre Zwecke zu wirken. —
Lyc. pr. f., s. 37, 45, 6; 27, 34, 3;
über diesen Anhänger der Römer s.
Pol. 27, 13, 14: διαβολὰς τὰς ἐκ
τῶν περὶ Λυκίσκον; id. 32, 20ᵃ:
Λυκίσκου τοῦ Αἰτωλοῦ ταραχώδους ὄντος καὶ θηριώδους - Λυκίσκος κάκιστος ὤν etc., vgl. L.
45, 28, 7. Die Verbindung des abl.
abs. mit dem particip. durch *et* s.
22, 19, 12; ib. 28, 1, vgl. 41, 19, 10.
— *exules*, c. 43, 8; Pol. 27, 2.
3-7. *Acarn.*, 43, 17, 7. — *nuntiare* stände statt des bestimmteren
renuntiare, s. c. 39, 2, was Drak.
hier lesen will, viell. *nuntiare suis*.

— *Phil.*, 31, 14; 33, 16. *Ant.*, 36,
11. — *Boeotis*, diese sind seit dem
33, 27 Erzählten Rom abgeneigt, s.
36, 6. — *Ismen.*, s. c. 43; Pol. 27,
1 nennt noch Neon und Hippias;
über das Bündniss c. 12, 5. — *alter.*,
der macedonischen. — *deduct.*, s.
36, 7, 3, von einem aus *conferrent*
zu nehmenden *dicerent* abhängig;
zur Sache s. c. 43, 7; 44, 4. — *singulis*, so dass kein Majoritätsbeschluss gelten sollte. — *Thess.* -
conc., zu 34, 51, 6; *Larisa* war der
Hauptort, c. 47, 10; 36, 8, 2: Marq.
3, 1, 117. — *Phil.* - *Ant.* etc., Beides ist vorher nicht bestimmt berichtet, nur dass sie nicht zu Antiochus übergiengen, 36, 8ff.; die
c. 5 berührten Verhältnisse werden
nicht erwähnt. — *multit.*, die in
dem concilium versammelte.

38, 7-**43,** 3. Verhandlung mit
Perseus.

8-10. *privati*, vgl. 37, 36, 7. —
paternum, schon 473 a. u. trium-

ab huius necessitudinis commemoratione orsi petierunt legati,
9 in conloquium veniendi regi potestatem faceret. Marcius et se
ita a patre suo accepisse dixit, amicitiam hospitiumque cum Philippo fuisse: minime immemorem necessitudinis eius legationem
10 eam suscepisse; conloquium, si satis commode valeret, non fuisse
se dilaturum; nunc, ubi primum posset, ad Peneum flumen, qua
transitus ab Homolio Dium esset, praemissis qui nuntiarent regi,
39 venturos. Et tum quidem ab Dio Perseus in interiora regni recipit se levi aura spei obiecta, quod Marcius ipsius causa suscepisse se legationem dixisset; post dies paucos ad constitutum
2 locum venerunt. magnus comitatus fuit regius cum amicorum
tum satellitum turba stipante. non minore agmine legati venerunt
et ab Larisa multis prosequentibus et legationibus civitatium, quae
convenerant Larisam et renuntiare domum certa, quae audissent,
3 volebant. inerat cura insita mortalibus videndi congredientis
nobilem regem et populi principis terrarum omnium legatos.
4 in conspectu steterunt dirimente amni. paulisper internuntiando
cunctatio fuit, utri transgrederentur. aliquid illi regiae maiestati,

---

phirt *Q. Marcius* mit dem Beinamen *Philippus*, ob dessen Sohn *L. Marcius*, der Vater des an u. St. erwähnten Marcius, schon einen Gastvertrag mit Philipp geschlossen habe (*a patre*) oder der Sohn erst bei seiner früheren Gesandtschaft, 39, 48, so dass das *hospitium* nur für Perseus *paternum* gewesen wäre, ist zweifelhaft, s. Mommsen Gesch. d. röm. Münzwes. 548. Veranlasst wurde dasselbe wol durch den Beinamen *Philippus*. — *ita*, wie es die Gesandten gesagt hätten. — *commode val.*, vgl. Hor. Sat. 1, 6, 110: *commode vivere*: wenn er sich wohl befände, würde er – haben, so aber (da er nicht wohl sei) würde er, sobald er könne, zur Verhandlung kommen. — *Homol.*, Berg u. Stadt in Magnesia, nördlich vom Ossa. — *Dium*, j. Malathria, vgl. 44, 6, 14; ib. 7, 2. — *posset*, obgleich *venturos* (Marcius u. Atilius) folgt, weil Marcius allein die Ursache der Verzögerung ist.

39. 1 – 3. *quidem – post* ohne *tamen*, s. c. 49, 2; 41, 18, 11 u. a. — *interiora* ist nicht streng zu nehmen, da er nach wenigen Tagen wieder an dem Platze ist. — *recip.*, viell. *recepit*. — *levi a. sp.*, wir in anderem Bilde: ein schwacher Strahl der Hoffnung. — *quod – dixis.*, Ansicht des Königs. — *vener.*, der König und die Gesandten. — *agmine* ohne *cum*, wie oft von Heeren, 5, 34, 5. — *ab Lar. m.*, Privatleute von L. — *quae aud.*, sichere, nämlich solche, die sie selbst gehört hätten. — *inerat* ohne Partikel, die den Satz als Grund bezeichnet; daneben sollte man *insita* nicht erwarten, vgl. 44, 30, 5; 38, 10, 5; 2, 27, 1; ib. 49, 12 u. a.; zu 28, 24, 1, ib. 12, 8; auch 23, 35, 7 wird jetzt *erat* st. *inerat* gelesen; da auch d. Hs. *inerant* hat, so ist die Stelle viell. nicht richtig. — *terr. omn.*, praef. nur *terrarum*; 34, 58, 8: *principi orbis terrarum populi*, an u. St. verkürzt st. *populorum in omnibus terris habitantium*.

4–8. *in consp.* geht auf § 1 *venerunt* zurück: sie sahen sich (nur), denn usw.: *postquam*, das davor eingeschoben war, ist wol nicht nöthig. — *intern.*, dadurch dass – ent-

hi aliquid populi Romani nomini, cum praesertim Perseus petisset conloquium, existumabant deberi. ioco etiam Marcius cunctantis movit. „minor" inquit „ad maiorem et" — quod Philippo ipsi cognomen erat — „filius ad patrem transeat." facile persuasum id regi est. aliud deinde ambigebatur, cum quam multis transiret. rex cum omni comitatu transire aecum censebat; legati vel cum tribus venire iubebant vel, si tantum agmen traduceret, obsides dare nihil fraudis fore in conloquio. Hippian et Pantauchum, quos et legatos miserat, principes amicorum, obsides dedit. nec tam in pignus fidei obsides desiderati erant, quam ut appareret sociis nequaquam ex dignitate pari congredi regem cum legatis. salutatio non tamquam hostium, sed hospitalis ac benigna fuit, positisque sedibus consederunt.

Cum paulisper silentium fuisset, „expectari nos" inquit Marcius „arbitror, ut respondeamus litteris tuis, quas Corcyram misisti, in quibus quaeris, quid ita legati cum militibus venerimus et praesidia in singulas urbes dimittamus. ad hanc interrogationem tuam et non respondere vereor, ne superbum sit, et vera respondere, ne nimis acerbum audienti tibi videatur. sed cum aut verbis castigandus aut armis sit, qui foedus rumpit, sicut bellum adversus te alii quam mihi mandatum malim, ita orationis acerbitatem adversus hospitem, utcumque est, subibo, sicut medici, cum salutis causa tristiora remedia adhibent. ex quo regnum

stand; das Wort findet sich viell. nur hier; 33, 28, 11: *internuncius*. — *maiest.*, diese wollen die Römer jetzt überall anerkannt wissen, § 7: 38, 11, 2 — *cum praes.*, 3, 52, 9; ib. 72, 2; 32, 20, 6. — *minor - maior*, vom Alter, an sich aber zweideutig, besonders da *maiestati* vorhergeht. — *Philippo*, c. 38, 8. — *ambig.*, c. 29, 5; 40, 15, 4. — *vel - iub.*, sie wollen den König ihre Hoheit fühlen lassen, anders 32, 39, 8. — *dare* ist wegen der Verbindung durch *vel - vel* der hs. Lesart *daret* vorzuziehen, s. c. 31, 6; 41, 15, 11; 40, 30, 4. — *Hippian* s. 31, 40, 8, dagegen *Hippiam* c. 54, 7; 44, 23, 2. — *princ. am.*, § 2; 44, 23, 2; Beide nennt auch Polyb. 27, 8; 28, 9; 29, 2f. — *in pign.*, 39, 28, 6, *nec*: doch nicht, in Bezug auf *nihil fraudis*. — *ex dign. aeq.*: von dem Standpunkte gleicher Würde aus, s. c. 30, 7; 35, 16, 6; Quintil. 2, 19, 2: *si ex pari coeant*. — *hostium* wegen der Paronomasie, s. 36, 29, 6, schwerlich nach Polyb., da Perseus nach diesem erst c. 48 für einen Feind erklärt wird.

40. 1–3. *expectari nos* ist eben so gesagt wie 23, 10, 3: *postulare eum, ut sibi dedatur*; 33, 40, 6; Terent. Eun.1, 2, 81: *istam nunc times, ne illum - praeripiat tibi* u. ä., vgl. 39, 12, 1; *nos* wird so hervorgehoben, da man hätte erwarten können, dass Perseus, weil er die Unterredung verlangt hatte, zuerst reden würde. — *litteris*, c. 37, 5. — *quaeris*, weil der Brief noch vorliegt. — *quid ita*, c. 26, 5. — *superb.*, § 10. — *alii q. m.*, also vor dem c. 32 Erzählten; später führt Marcius den Krieg, 43, 15. — *ut cumq. est.*;

adeptus es, unam rem te, quae facienda fuerit, senatus fecisse censet, quod legatos Romam ad renovandum * * * iudicat po-
5 tius quam, cum renovatum esset, violandum. Abrupolim, socium atque amicum populi Romani, regno expulisti; Arthetauri interfectores, ut caede, ne quid ultra dicam, laetatum appareret, recepisti, qui omnium Illyriorum fidissimum Romano nomini re-
6 gulum occiderant; per Thessaliam et Maliensem agrum cum exercitu contra foedus Delphos isti; Byzantiis item contra foedus misisti auxilia; cum Boeotis, sociis nostris, secretam tibi ipsi
7 societatem, quam non licebat, iureiurando pepigisti; Thebanos legatos, Euersam et Callicritum, venientis ad nos quaerere malo, quis interfecerit, quam arguere. in Aetolia bellum intestinum et caedes principum, per quos nisi per tuos factae videri possunt?
8 Dolopes a te ipso evastati sunt. Eumenes rex ab Roma cum in regnum rediret, prope ut victuma Delphis in sacrato loco ante
9 aras mactatus, quem insimulet, piget referre; quae hospes Brundisinus occulta facinora indicet, certum habeo et scripta tibi omnia
10 ab Roma esse et legatos tuos renuntiasse. haec ne dicerentur a me, uno modo vitare potuisti, non quaerendo, quam ob causam exercitus in Macedoniam traicerentur, aut praesidia in sociorum urbes mitteremus. quaerenti tibi superbius tacuissemus, quam
11 vera respondimus. equidem pro paterno nostro hospitio faveo

praef. 3: *utcumque erit*; 37, 54, 7: *utcumque se res habet*; 44, 40, 1 u. a.
4–9. *renov.*, c. 25, 10, darnach ergänzt Sigonius: *foedus miseris, quod ipsum tamen non fuisse renovandum.* — *Abrup.* - *Arth.*, c. 13, 6. — *ne quid* etc., um dich nicht als Mörder zu nennen. — *laetat.*, aus *recepisti* kann *te* genommen werden. — *Maliens. agr.*, dasselbe, was 41, 22, 6: *per Phthiotidem Achaiam* heisst, s. c. 67, 9; 33, 34, 7, weil ein Theil der späteren Malis zum Gebiete der Phthiotischen Achäer gehört hatte, Herod. 7, 198; 216; Bursian 1, 90. — *contra f.* bezieht sich auf *cum exercitu.* — *Byzant. contra f.*, s. c. 13; nach dem Artikel des Bundesvertrages 33, 30, 6, den aber Polyb. nicht hat. — *tibi ipsi*, für dich besonders, steigert *secretam*; er hätte sich an dem gemeinschaftlichen Bündniss mit Rom

genügen lassen, nicht ein Separatbündniss schliessen sollen. — *quam non l.*, weder 33, 30 noch von Polyb. 18, 28 ist diese Beschränkung erwähnt, Nissen 147. — *Euers. etc.*, c. 13, 6. — *Aetol.*, s. zu 41, 25, 1; 42, 5, 5. — *possunt*, s. 41, 19, 6. — *Dolop.* - *evast.*, 22, 9, 5: *Marsos devastat* u. a., zur Sache s. 41, 22. — *ut vict.*, c. 29, 2. — *aras*, 41, 20, 9. — *hospes*, des Perseus, c. 17. — *scripta*, durch den Senat oder von seinen Freunden; die sogleich erwähnte Gesandtschaft findet sich bei L. nicht; viell. war es die von Appian p. 263, 4 bezeichnete.

10–11. *non quaer.*, die Apposition wie 6, 20, 8; 22, 8, 5; 24, 38, 2 u. a. — *quaerenti* wie 23, 12, 9. — *faveo or. t.*, ich leihe deiner Rede geneigtes Gehör, wünsche dass du Bedeutendes sprichst, oder: wünsche ihr Erfolg, Cic. Lig. 3, 8:

orationi tuae, et opto, ut aliquid mihi materiae praebeas agendae tuae apud senatum causae." Ad ea rex „bonam causam, si apud iudices aequos ageretur, 41 apud eosdem et accusatores et iudices agam. eorum autem, quae 2 obiecta sunt mihi, *partim* ea sunt, quibus nescio an gloriari debeam, partim ea, quae fateri *non* erubescam, partim quae verbo obiecta verbo negare sit. quid enim, si legibus vestris hodie reus 3 sim, aut index Brundisinus aut Eumenes mihi obiciat, ut accusare potius vere quam convitiari videantur? scilicet nec Eume- 4 nes, cum tam multis gravis publice ac privatim sit, alium quam me inimicum habuit; neque ego potiorem quemquam ad ministeria facinorum quam Rammium, quem neque umquam ante videram nec eram postea visurus, invenire potui. et Thebanorum, 5 quos naufragio perisse constat, et Arthetauri caedis mihi reddenda ratio est; in qua tamen nihil ultra obicitur quam interfectores eius in regno exulasse meo. cuius condicionis iniquitatem 6 ita non sum recusaturus, si vos quoque accipitis, ut quicumque exules in Italiam aut Romam se contulerunt, his facinorum, propter quae damnati sunt, auctores vos fuisse fateamini. si 7

Sull. 16, 46. — *ag. - causae*, Stoff, Gründe um deine Sache führen, dich in Schutz nehmen zu können.
41. 1—4. *ad ea* etc. Appian lässt dieselbe Rede die Gesandten des Perseus im Senate halten, s. c. 14, 1; sie ist, wie die ganze Verhandlung Polyb. entlehnt, aber bei diesem nicht erhalten. — *bonam — si*, 40, 6, 4: ich will die Sache, die, wenn sie vor billigen Richtern geführt würde, als eine gute erschiene, auch vor euch, die ihr - seid, führen, obgleich zu erwarten ist, dass sie da weniger gut erscheinen werde. — *eosdem*, vgl. 39, 36, 8; Cic. Dei. 2, 4. — *eorum — partim*, s. zu 23, 11, 11; Gell. 10, 13, 1: *partim hominum venerunt plerumque dicitur quod significat pars hominum venit*; ib. 7, 3, 16. — *verbo*, Cic. S. Rosc. 29, 82: *de quibus quoniam verbo arguit, verbo satis sit negare*: wie er es ohne Begründung vorgeworfen hat, so darf ich es ohne Gründe anzuführen in Abrede stellen. Ob nach d. St. bei Cic., wie ein ungenannter Gelehrter bei Drak.,

dem Madvig zustimmt, zu lesen sei *satis sit negare*, ist wenigstens zweifelhaft, da die Ausdrucksweise ohne *satis* bei den Dichtern zu L.'s Zeit, mit denen er in so Vielem übereinstimmt, gewöhnlich ist, s. zu Verg. G. 4, 447; Hor. Sat. 1, 2, 101; Ep. 1, 1, 32; Tibull. 1, 6, 24; 4, 3, 3; Prop. 1, 20, 21 u. a., s. Lucret. 2, 16; Cato r. r. praef. — *gravis*, c. 14, 8; 5, 5. — *minist.*, c. 15, 3. — *facin.*, d. Hs. *facinerum*, s. 23, 7, 3. — *Rammium* etc., ausführlich widerlegt App. den Vorwurf.
5—8. *et* vor *Theb.* verbindet und correspondirt dem folg. *et*, s. 30, 3, 2; ib. 42, 9. — *quos* wie *in qua* enthält zugleich die Widerlegung, c. 32, 2. — *Arthet.*, App.: Ἀρθέταυρόν τινες ἀνελόντες ἐν Μακεδονίᾳ διέτριβον. — *cuius cond.*, diesen Vorschlag, mich wegen der Ermordung des A. zu vertheidigen, will ich, obgleich er unbillig ist, annehmen, jedoch unter der Bedingung, dass auch usw.: zu *accipitis* scheint wieder *condicionem*, s. 29,

hoc et vos recusabitis et omnes aliae gentes, ego quoque inter
ceteros ero. et hercule, quid adtinet cuiquam exilium patere, si
8 nusquam exuli futurus locus est? ego tamen istos, ut primum
in Macedonia esse admonitus a vobis conperi, requisitos abire
9 ex regno iussi et in perpetuum interdixi finibus meis. et haec
quidem mihi tamquam causam dicenti reo obiecta sunt, illa tamquam regi et quae de foedere, quod mihi est vobiscum, disce-
10 ptationem habeant. nam si est in foedere ita scriptum, ut ne si
bellum quidem quis inferat, tueri me regnumque meum liceat,
mihi fatendum est, quod me armis adversus Abrupolim, socium
11 populi Romani, defenderim, foedus violatum esse. sin autem
hoc et ex foedere licuit et iure gentium ita conparatum est, ut
arma armis propulsentur, quid tandem me facere decuit, cum
Abrupolis finis mei regni usque ad Amphipolim pervastasset,
multa libera capita, magnam vim mancipiorum, multa milia pe-
12 corum abegisset? quiescerem et paterer, donec Pellam et in
regiam meam armatus pervenisset? at enim bello quidem iusto
sum persecutus, sed vinci non oportuit eum neque alia, quae
victis accidunt, pati; quorum casum cum ego subierim, qui sum

1, 9 zu denken, oder es ist: euch dazu
herbeilasst. — *omn. aliae,* er will
es als bei allen Völkern ungewöhnlich bezeichnen; App. p. 264, 25:
κοινῷ γε πάντων ἀνϑρώπων
νόμῳ, καϑὰ καὶ ὑμεῖς τοὺς ἑτί-
ρωϑεν φεύγοντας ὑποδέχεσϑε. —
int. *ceteros,* die dieses zurückwei-
sen; es schwebt dem Redner, obgleich *et vos recusabitis* vorhergeht,
vor, dass die Römer so handeln, als
ob sie dieses Verfahren nicht zu-
rückwiesen; Dobrée will *ero* tilgen.
— *cuiquam,* weil der Gedanke ist:
es würde Niemand im Exil leben
können. — *ego t.,* ungeachtet der
allgemeinen Sitte, s. Appian.
9—12. *caus. dic. reo,* als ob ich
wegen Vergehen gegen die Gesetze
angeklagt wäre; im Folg. kommen
die politischen zur Sprache. —
tamq. regi vertritt einen Adjectivbegriff, an den ein zweiter durch *et*
und das Relativ, wie gewöhnlich im
Conjunctiv, s. c. 50, 7; zu 10, 23, 9,
angefügt ist; *discept. hab.,* über *ha-*
bere s. 28, 28, 1, vgl. 39, 25, 5:
quae disceptationis erant; über das
Präsens 39, 29, 3. — *nam* nach *ille*
wie 23, 7, 3: *illa insuper — edide-*
runt: nam praefectos etc., häufiger
bei Cicero, s. Hand Turs. 4, 4; 2,
379. — *ut ne s. q.,* vgl. § 14; 4, 4,
2: *ea, ne si utilia quidem sint* u. a.,
der Artikel ist 33, 30 nicht angegeben, s. c. 40, 6; App. p. 264, 12:
Ἀβρούπολιν ἐξέβαλε τῆς ἀρχῆς.
ἐπιδραμόντα γε τοῖς ἡμετέροις
ἀμυνόμενος καὶ ταῦτ' αὐτὸς ὑμῖν
ἐδήλωσε Περσεύς, καὶ τὰς συνϑή-
κας αὐτῷ μετὰ τοῦτο ἀνενεώσα-
σϑε, vgl. c. 13, 6; das zuletzt Erwähnte ist sonst nicht bekannt. —
ex foed. lic., Antiochus, s. 38, 38,
16, war dieses gestattet, vgl. c.
23, 4. — *iure gent.,* Cic. Mil.
4, 10. — *quiescerem,* hätte ich -
sollen, Cic. Sest. 24, 54. — *et in*
reg., steigernd; *reg.* vgl. c. 51,
1; 44, 46, 4. — *at en.,* Einwurf,
der die entgegengesetzte Ansicht
als lächerlich erscheinen lässt. —

armis lacessitus, quid potest queri sibi accidisse, qui causa belli fuit? non sum eodem modo defensurus, Romani, quod Dolopas 13 armis coercuerim, quia, etsi non merito eorum, iure feci meo, cum mei regni, meae dicionis essent, vestro decreto patri adtributi meo. nec, si causa reddenda sit, non vobis nec foederatis, 14 sed iis, qui *ne* in servos quidem saeva atque iniusta imperia probant, plus aequo et bono saevisse in eos videri possum, quippe Euphranorem praefectum a me inpositum ita occiderunt, ut mors poenarum eius levissima fuerit. At cum processissem inde ad 42 visendas Larisam et Antrona et Pteleon, quia in propinquo Delphis, * sacrificandi causa, *ut* multo ante debita vota persolverem, Delphos escendi. et his criminis augendi causa cum exercitu me 2 isse adicitur; scilicet ut, quod nunc vos facere queror, urbes occuparem, arcibus imponerem praesidia. vocate in concilium 3 Graeciae civitates, per quas iter feci, queratur unusquilibet militis mei iniuriam: non recusabo, quin simulato sacrificio aliud pe-

alia, ausserdem, s. 4, 41, 8.

13-14. *coercuer.*, nach der Ansicht der Gegner, zur Sache s. 41, 22. — *etsi n. m.*, gesetzt sie hätten es nicht verdient. — *vestro d.*, dieses ist 36, 33, 1 nicht bestimmt erwähnt, aber wol das Verfahren des Consuls vom Senate gebilligt worden; App. *Δόλοψι ἐπεστράτευσεν οὖσι τῆς ἰδίας ἀρχῆς. — si causa* etc., wenn ich mein Verfahren vertheidigen müsste, so könntet ihr dasselbe am wenigsten zu hart finden. — *aequo et b.*, gewöhnlich steht in dieser Wendung nur *aequo*, in Rechtsverhältnissen ist oft *aequum et bonum* verbunden. — *Euphran.* etc., App. *ἔκτειναν δ' οἱ Δόλοπες ἡγούμενον αὐτῶν αἰκισάμενοι. — poenar.*, von dem, was sie haben leiden müssen, 21, 41, 11.

42. 1-3. *At*, alle diese Entschuldigungen sind ohne Bedeutung dem Erscheinen in D. gegenüber. — *inde*, aus der durch *Dolopes* bezeichneten Gegend; Dolopia liegt gerade westlich von Phthiotis, 41, 22, während Perseus um nach Delphi zu kommen aus Dolopia südlich gehen musste, das folg. *in propinquo*

ist also nicht zu urgiren. — *Larisa* etc., drei Städte in Phthiotis, *Antron* am Meere, gerade der Nordwestseite von Euboea, Oreos, gegenüber, *Larisa* (Cremaste), c. 56, 7; 31, 46, westlich, Pteleon, c. 67, 9; 35, 43, 4, südlich davon; das Folg. ist dem Sinne nach klar, die Worte unsicher, nach *Delphis* kann etwas ausgefallen oder das Wort aus dem Folg. genommen und das, was L. geschrieben hatte, so verdrängt sein; da nach Kopitar d. Hs. *quoinprop.* hat, kann es *quoniam propinquus D. eram* geheissen haben; Andere verm. *quia in pr. D. eram* od. *quia in prop. eram*, od. *q. i. p. Delphi erant*; sonst wird Apollo bei solchen Opfern erwähnt, s. 36, 11, 6: 45, 41, 3: *Delphis Apollini - lustra sacrificavi*; an u. St. ist das allgemeine *sacrificandi* durch *ut* etc. bestimmt. — *cum ex.*, er will nicht läugnen, dass er ein Heer bei sich gehabt habe, sondern dass darauf zu viel Gewicht gelegt werde. — *vocate* wie 38, 47, 11: das könnt ihr leicht erfahren, ruft nur; ebenso ist vor *non recus.* zu denken: wenn ihr die geringste Verletzung findet. — *milit.*, collectiv.

4 tisse videar. Aetolis et Byzantiis praesidia misimus et cum Boeotis amicitiam fecimus. haec qualiacumque sunt, per legatos meos non solum indicata, sed etiam excusata sunt saepe in senatu vestro, ubi aliquos ego disceptatores non tam aequos quam te,
5 Q. Marci, paternum amicum et hospitem, habebam. sed nondum Romam accusator Eumenes venerat, qui calumniando omnia detorquendoque suspecta et invisa efficeret et persuadere vobis conaretur, non posse Graeciam in libertate esse et vestro munere
6 frui, quoad regnum Macedoniae incolume esset. circumagetur hic orbis; erit mox, qui arguat nequiquam Antiochum ultra iuga Tauri emotum, graviorem multo Asiae quam Antiochus fuerit Eumenen esse, conquiescere socios vestros non posse, quoad regia Pergami sit: eam arcem supra capita finitimarum civitatium
7 impositam. ego haec, Q. Marci et A. Atili, quae aut a vobis obiecta aut purgata a me sunt, talia esse scio, ut aures, ut animi audientium sint, nec tam referre, quid ego aut qua mente fecerim, quam
8 quo modo id vos factum accipiatis. conscius mihi sum nihil me scientem deliquisse et, si quid fecerim inprudentia lapsus, corrigi

4—5. *Aetolis*, dass er dahin Truppen geschickt habe, war c. 40, 7 nicht bestimmt gesagt, wohl aber nach Byzanz ib. § 6; noch-mehr drängt Appian zusammen: Βυζαντίοις δὲ καὶ Αἰτωλοῖς καὶ Βοιωτοῖς οὐ καθ' ὑμῶν ἀλλὰ καθ' ἑτέρων συνεμάχησεν, und dem Folg. entsprechend: καὶ ταῦτα πρὶν ὑμῖν ἡμέτεροι πρέσβεις ἐμήνυον, καὶ οὐκ ἐμέμφεσθε μέχρι τῆς Εὐμένους διαβολῆς. Bei L. bilden die Worte *ubi aliquos* etc. nur den Uebergang zum Folg.: obgleich ich in diesem einige Beurtheiler, die nicht so billig waren, als du - fand, hatten diese doch keinen Einfluss, bevor Eum. kam; *discept.* anders c. 23, 6, s. 38, 32, 7. — *effic.*, 39, 51, 6. — *quam te*, als ob Marcius sich damals des Königs angenommen hätte, vgl. § 6: *quam* etc.

6. *circumag. h. orb.*, 3, 10, 8: *ut idem in singulos annos orbis volveretur*, Cic. Att. 2, 21, 2; weniger edel ist unser: das Blatt wird sich wenden. — *arguat* ein anderer, der ebenso verfährt wie Eumenes, aber dann die Wahrheit sagen wird. —

nequiq., vgl. c. 50, 6; 38, 47, 11; ib. 48, 1; *emotum*, ib. 53, 13 u. a. *gravior*, c. 41, 4; die drei Glieder: *nequiquam — gravior — conquiesc.* scheinen parallel und deshalb asyndetisch zu stehen, wollte man das zweite verbinden, so würde auch *et — non posse* od. *nec conquiesc.* erfordert werden; das hs. *Asiaeque* ist viell. aus *quam* entstanden, schwerlich *Graeciae* od. *Thraciae*, s. 39, 27, 2; 34, 58, 4 u. a. ausgefallen. — *supra cap. — impos.* scheint nach der Analogie von *imponere praesidium in aliquo loco*, s. 8, 23, 6; 24, 37, 8; 31, 18, 8 gesagt, sonst aber wenig verbunden zu sein, vgl. 21, 1, 5: *insuper imposito*.

7—9. *talia — ut*, eine seltene Verbindung statt *quae* od. *qualia*, die aber eintreten konnte, weil *esse* oft mit *ut*, *ita* zusammensteht, vgl. Quint. 6, 1, 36: *tale, quasi si*; der Gedanke ist derselbe, mit der App. die Rede beginnt: τοῖς μὲν προφάσεως ἐς πόλεμον δεομένοις ἱκανὰ πάντα ἐς τὴν πρόφασίν ἐστιν. — *corr. et emend.* zurechtrichten und von Fehlern befreien, Doederlein

me et emendari castigatione hac posse. nihil certe insanabile 9
nec quod bello et armis persequendum esse censeatis commisi,
aut frustra clementiae gravitatisque vestrae fama volgata per gentes
est, si talibus de causis, quae vix querella et expostulatione dignae
sunt, arma capitis et regibus sociis bella infertis."

Haec dicentem et cum adsensu Marcius *audivit et* auctor 43
fuit mittendi Romam legatos, cum experienda omnia ad ultimum
nec praetermittendam spem ullam censuisset. reliqua consultatio 2
erat, quonam modo tutum iter legatis esset. ad id *cum* necessaria petitio indutiarum videretur, cuperetque Marcius neque
aliud conloquio petisset, gravate et in magnam gratiam petentis
concessit. nihil enim satis paratum ad bellum in praesentia habe- 3
bant Romani, non exercitum, non ducem, cum Perseus, ni spes
vana pacis occaecasset consilia, omnia praeparata atque instructa

Synon. 5, 319. — *insan. nec quod,*
c. 41, 9. — *aut*, sonst, 4, 25, 11. —
gravitas würdevolles Ansehen, von
Richtern, s. zu 24, 45, 13. — *ex-
post.*, 35, 17, 2. Aehnlich App.: εἰ
δ' αἰδεῖσθε συνθήκας οἱ πολὺν
ἀξιοῦντες αὐτῶν λόγον ἔχειν, τί
παθόντες ὑπὸ Περσέως αἱρεῖσθε
πόλεμον; nach Polyb., der die von
Marcius angeführten Gründe als
blosse Vorwände oder äussere Ver-
anlassungen betrachtet, die wahre
Ursache des Krieges in der sich
wieder hebenden Macht Macedoniens
sucht, 22, 22ᵃ, vgl. L. 39, 23, 5f.
43. 1–3. *haec*, d. Hs. hat *et*; da
Marcius es ist, der den König täuschen will, so liegt es nahe ihm
auch das Motiv: *cum – censuisset*
beizulegen, wie § 2 *ad id* etc. Madvig schlägt vor: *et dicentem – audire
Marcius visus est et, cum dicendi
finem fecisset, auctor – legatos.
amici quoque regis secreto interro-
gati cum – censuissent,* obgleich in d.
Hs. keine Andeutung sich findet, dass
so viel ausgefallen sei, und *dicendi*
nach *dicentem* und nach *dicendi*
wieder *mittendi* wenigstens nicht
ohne Noth dem Schriftsteller aufge-
drungen werden darf, der auch wol
ein *consilium (amicorum)*, s. c. 50,
1: 62, 3, erwähnt hätte. — *praetermittendam* ist wegen *experienda*

omnia dem hs. *praetermittendum*
vorzuziehen, obgleich das Gerundium mit einer Präpos. nicht ohne
Beispiel ist, s. Cic. Fam. 9, 16, 2;
Scaur. § 13; Cato m. 2, 6; Quint. 4,
5, 17; Sil. It. 15, 105 u. a. — *quo
modo* etc., es ist an das Heer und
die Flotte des Sicinius gedacht;
wäre das c. 36, 6 Erzählte vorausgegangen, so hätten andere Bedenken erhoben und der Senat gebeten
werden müssen die Gesandten zuzulassen. — *indut.*, weil die Römer,
wenn auch ohne bestimmte Erklärung, factisch den Krieg begonnen
haben. — *cuperetq.*, das zu erwar-
tende *id* ist wol nicht ausgesetzt,
weil es eben vorhergegangen ist. —
gravate, s. 32, 32, 6, er machte wirklich viele Umstände und Schwierigkeiten, wenn es auch, wie das Folg.
u. § 1 *cum adsensu*, § 2 *cuperet* etc.
zeigt, zum Schein geschah. — *in
magn.gr.*, so dass er ihm dadurch —
erwies, s. 39, 26, 12. — *enim* gebt
auf *cuperet – petisset*; die Sache
selbst passt auf das J. 582, s. c. 30,
8; 32, 5; 6; 35, 2; 6. — *ni spes –
consilia* enthält die Bedingung nur
zu *suo – posset*, dem aber der Grund
bei – statt untergeordnet ist: *ni –
consilia, cum omnia – haberet, suo –
posset.* — *occaec. cons.*, sonst sagt
L. *occaecare animum*, weshalb Drak.

haberet et suo maxime tempore atque alieno hostibus incipere bellum posset.
4 Ab hoc conloquio fide indutiarum interposita legati Romani
5 in Boeotiam conparati sunt. ibi iam motus coeperat esse discedentibus a societate communis concilii Boeotorum quibusdam populis, ex quo renuntiatum erat respondisse legatos, appariturum, quibus populis proprie societatem cum rege iungi displi-
6 cuisset. primi a Chaeronia legati, deinde a Thebis in ipso itinere occurrerunt, adfirmantes non interfuisse se quo societas ea decreta esset concilio; quis legati nullo in praesentia responso dato
7 Chalcidem se sequi iusserunt. Thebis magna contentio orta erat ex alio certamine. comitiis praetoriis Boeotorum victa pars iniuriam persequens coacta multidudine decretum Thebis *fecit*,
8 ne Boeotarchae urbibus reciperentur. exules Thespias universi concesserunt; inde — recepti enim sine cunctatione erant — Thebas iam mutatis animis revocati decretum faciunt, ut duodecim, qui privati coetum et concilium habuissent, exilio multa-
9 rentur. novus deinde praetor — Ismenias is erat, vir nobilis ac potens — capitalis poenae absentis eos decreto damnat. Chalcidem fugerant; inde ad Romanos Larisam profecti causam cum

consilia tilgen will. — *suo*, 38, 45, 11; *alieno* Varr. r. r. 3, 5: *alieno tempore venditoris*; Curt. 7, 30, 10: *meliore tempore hostium quam meo*, Gron. will deshalb *hostium* lesen; s. 35, 49, 13. — *posset*, damals, als die Verhandlung stattfand.
43, 4—44. Verhandlungen mit den Böotern und Achäern. Pol. 27, 1 ff.
4—6. *fide inde int.*, das Wort darauf gegeben, der Waffenstillstand garantirt war; Caes. B. G. 5, 36, 2: *fidem interponere - conparati* ist nicht richtig, es wird *conversi, profecti* u. A. verm. — *comm. conc.* 33, 2, 6; Polyb. wollte dadurch (*iam*, ehe noch Marcius ankam, *in ipso itinere*) auf das Ungerechte dieses Verfahrens hinweisen. — *proprie*, 25, 28, 4: *neve alteri proprie sibi paciscerentur quicquam. — quis* von *responso d.* abhängig, es könnte auch *quos* heissen, was Gron. vorzieht.
7. *alio*, einem anderen Gegenstand, der Böotarchenwahl. — *comit. praet.*, nach röm. Ausdruck. — *victa p.*, die welche ihren Candidaten, einen Anhänger der Römer, nicht hatten durchbringen können, finden in ihrer Niederlage ein Unrecht, das sie glauben rächen zu müssen. — *coacta m.*, § 8: *concilium. — urb. recip.* kann, da *exules* folgt, nicht bedeuten, dass die Böotarchen als solche nicht aufgenommen werden, nicht Versammlungen halten, sondern, dass sie verbannt sein sollen; wie die Minorität (*victa pars*) dieses habe durchsetzen können, ist nicht angedeutet. Ueber die Böotarchen s. 33, 27, 8; Schoemann Griech. Alt. 2, 73. — *mutat. an.*, derer, welche in der Versammlung § 7 gestimmt hatten.—*duodec.*, die Häupter der § 6 bezeichneten Partei.— *privati*, da es nur den Böotarchen zukam. — *coet. et conc.*, 2, 28, 1; 3. — *nov. praet.*, der § 7 gewählte. — *decreto*, auf seinen Antrag wird es beschlossen, § 8 *decretum faciunt*; 32, 22, 4; schon verbannt, werden sie noch zum Tode verurtheilt, Cic. Lig. 4, 11.— *Laris.*,

Perseo societatis in Ismeniam contulerant: ex contentione ortum
certamen. utriusque tamen partis legati ad Romanos venerunt, 10
et exules accusatoresque Ismeniae et Ismenias ipse.
Chalcidem ut ventum est, aliarum civitatium principes, id 44
quod maxume gratum erat Romanis, suo quique proprio decreto
regiam societatem aspernati Romanis se adiungebant, Ismenias
gentem Boeotorum in fidem Romanorum permitti accum censebat. inde certamine orto, nisi in tribunal legatorum perfugisset, 2
haud multum afuit, quin ab exulibus fautoribusque eorum interficeretur. Thebae quoque ipsae, quod Boeotiae caput est, in 3
magno motu erant, aliis ad regem trahentibus civitatem, aliis ad
Romanos. et turba Coronaeorum Haliartiorumque eo convenerat 4
ad defendendum decretum regiae societatis. sed constantia principum docentium cladibus Philippi Antiochique, quanta esset
vis et fortuna imperii Romani, victa tandem multitudo et ut
tolleretur regia societas decrevit et eos, qui auctores paciscendae

nachdem das vor der schon c. 38, 2
berichteten Ankunft der Verbannten
Geschehene nachgeholt ist, schreitet
die Erzählung weiter fort. — *caus.
— societ.*, s. 40, 16, 3; 24, 6, 1:
vinculum cum Romanis societatis;
2, 5, 2: *spem in perpetuum cum iis
pacis* etc. — *ex cont. ort. c.*, Angabe
der Verbannten, wie c. 38, 5; der
Satz ist von einem aus *contulerant*
zu entnehmenden *dixerant* abhängig, vgl. c. 38, 5; 60, 8; 1, 19, 2:
quippe efferari etc. — *cont. - cert.*
die § 7 gebrauchten Worte in umgekehrter Ordnung; doch bezieht
sich an u. St. *contentio*, da es mit
dem Vorhergeh. in Verbindung steht,
auf den Streit über das Bündniss,
der zu einem Parteikampfe wurde, in
Folge dessen sie verbannt werden,
vgl. c. 42, 2; 39, 39, 1; 2 mit ib. 40,
1; 10, 23, 3; vgl. 1, 7, 2. — *accusat.*
scheint erklärend zu *exules* hinzugefügt zu sein. Ob Ismenias noch
in Larisa oder auf der Reise, § 6, zu
den Gesandten gekommen sei, geht
aus der Erzählung, die wol bedeutend abgekürzt ist, nicht hervor.
Nach Pol. c. 27, 1, ist Ismenias Ab-
gesandter des Neon, c. 38, 5, und in
Chalcis.

44. 1–4. *aliar.*, 41, 20, 10: *reliquorum. - quique*, 40, 5, 6; das hs. *quoque* wäre Bestimmung zu *suo*, s. 25,
17, 5; lex municip. Inscptt. p. 121.
l. 91: *quae stipendia - sui quoius-
que anni fecerit*; Varro r. r. 1, 22:
*omnia certo suo quoque loco – posi-
ta*; doch ist es an u. St. wol in Folge
der übrigen Ablative verschrieben.
proprio, 27, 38, 7: *suo proprio bello*;
4, 8, 4; Pol. sagt nur ἐγχειρίζοντες
τὴν ἑαυτῶν πατρίδα, aber statt
separatim – amicitiam § 5 heisst es:
διδόντας αὐτοὺς εἰς τὴν πίστιν
κατ' ἰδίαν ἑκάστους; *proprie* zu
schreiben ist wol nicht nothwendig,
c. 43, 5 schliesst sich dieses an *iungi*
an. — *in fid.*, 39, 54, 7; das Volk
als ein Ganzes (*gentem*) soll sich in
den Schutz der Römer begeben, Pol.:
ὁ δὲ Ἰσμηνίας κατὰ κοινὸν πάσας
τὰς ἐν Βοιωτίᾳ πόλεις διδοὺς εἰς
τὴν τῶν προσβευτῶν πίστιν. ἦν
δὲ τοῦτο ἐναντιώτατον τοῖς περὶ
τὸν Μάρκιον, τὸ δὲ κατὰ πόλιν
διελεῖν τοὺς Βοιωτοὺς οἰκειότα-
τον. — *in trib.*, ὑπὸ τὰ ξίφυρα. —
trahent., 39, 34, 4. — *ad def.* etc.,
μένειν ἔφασαν δεῖν ἐν τῇ πρὸς τὸν
Περσέα συμμαχίᾳ. —*const. princ.*,
wahrscheinlich von L. geändert;

amicitiae fuerant, ad satisfaciendum legatis Chalcidem misit fidei-
5 que legatorum commendari civitatem iussit. Thebanos Marcius
et Atilius laeti audierunt auctoresque et his *et* separatim singulis
6 fuerunt ad renovandam amicitiam mittendi Romam legatos. ante
omnia exules restitui iusserunt et auctores regiae societatis decreto suo damnarunt. ita, quod maxume volebant, discusso
Boeotico concilio Peloponnesum proficiscuntur Ser. Cornelio
7 Chalcidem accersito. Argis praebitum est iis concilium; ubi
res * * *nihil* aliud a gente Achaeorum petierunt, quam ut mille
8 milites darent. id praesidium ad Chalcidem tuendam, dum Romanus exercitus in Graeciam traiceretur, missum est. Marcius et
Atilius peractis, quae agenda in Graecia erant, principio hiemis
Romam redierunt.

45   Inde legatio sub idem tempus in Asiam ac circum insulas

Pol. Ὀλυμπίχου τοῦ Κορωνέως
πρώτου μεταθεμένου καὶ φάσκον-
τος δεῖν ἀντέχεσθαι Ῥωμαίων,
ἐγένετο ὁλοσχερὴς - μετάπτωσις
τοῦ πλήθους; das Folg. hat L. verkürzt. — *fidei l. c.*, πρεσβευτὰς
κατέστησαν τοὺς ἐγχειροῦντας
τὴν πόλιν Ῥωμαίοις καὶ κατάξον-
τας τοὺς παρ' αὐτῶν φυγάδας, die
c. 43, 9 bezeichneten.
5–6. *separatim sing.*, darauf liegt
der Nachdruck, das durch *renovand.
amicit.* angedeutete genauer von Pol.,
s. oben, bezeichnete Verhältniss soll
zwischen den einzelnen Städten,
nicht dem ganzen Bunde, und Rom
erneuert werden; doch ist bei L. *se-
par. sing.*, was man bei *renovare amicit.* erwartet, zu *auctores fuerunt*
gezogen: Pol. παρήγγειλαν πρε-
σβεύειν πᾶσι - διδόντας - κατ'
ἰδίαν ἑκάστους. — *discusso*, dass
die gänzliche Auflösung διαλῦσαι
τῶν Βοιωτῶν τὸ ἔθνος, des böot.
Bundes, der so lange bestanden hat,
s. Schoemann 2, 72, gemeint sei,
zeigt der Zusammenhang u. c. 47,
3, vgl. 2, 28, 4. Die Römer befolgen
hier dieselbe Politik, wie bei der
Auflösung des latinischen Bundes.
— *exules* etc., P. φυγάδας συνε-
βούλευσαν ἀπαγαγεῖν εἰς τὴν οἰκίαν. — *auct. - damnar.* entspricht

Pol. λυμήνασθαι τὴν τῶν πολλῶν
εὔνοιαν πρὸς τὴν Μακεδόνων οἰκίαν, nach ihm flüchtet Neon nach
Macedonien, Ismenias und Diketas
werden in das Gefängniss geworfen.
Pelop., 36, 42, 4; an u. St. kann
auch *in* ausgefallen sein. — *accers.*,
καταλιπόντες ἐπὶ τῆς Χαλκίδος.
7-8. *Argis* wie 31, 25, 2; 38, 30,
4; die c. 37, 8 erwähnten Versammlungen finden nur in einzelnen Städten statt. — *res* etc., die ausgefalle-
nen Worte lassen sich aus Pol.:
παρεκάλεσαν Ἄρχωνα τὸν στρατηγὸν χιλίους ἐκπέμψαι στρατιώ-
τους εἰς Χαλκίδα nicht entnehmen.
Ueber die Wichtigkeit von Chalcis
s. 33, 31, 4; 11; 34, 49, 5; ib. 51,
1. — *dum traic.*, das geringe Heer
des Sicinius darf seine Stellung nicht
verlassen, von den 1000 M. c. 37, 1
ist nicht die Rede. — *princ. h.*, κατὰ
χειμῶνα, des J. 582.

45. Gesandtschaft nach Asien,
Rhodus und anderen Inseln. Pol.27,3.
1–2. *Inde*, von Rom. — *Asiam*,
wahrscheinlich ist die schon c. 19,
7 nach den röm. Annalisten erwähnte
Gesandtschaft hier nach Polyb. wiederholt, wenigstens nennt er l. l.
Tiberius u. Postumius, ohne *Iunius*
jedoch, s. L. c. 9 ff., über *Claudius*

missa. tres erant legati, Ti. Claudius Sp. Postumius M. Iunius. 2
ii circumeuntes hortabantur socios ad suscipiendum adversus
Persea *pro* Romanis bellum, et quo quaeque opulentior civitas
erat, eo accuratius agebant, quia minores secuturae maiorum
auctoritatem erant. Rhodi maxumi ad omnia momenti habeban- 3
tur, quia non favere tantum, sed adiuvare viribus suis bellum
poterant, quadraginta navibus auctore Hegesilocho praeparatis,
qui cum in summo magistratu esset — prytanin ipsi vocant — 4
multis orationibus pervicerat Rhodios, ut omissa, quam saepe
vanam experti essent, regum fovendorum spe Romanam societatem, unam tum in terris vel viribus vel fide stabilem, retinerent:
bellum imminere cum Perseo; desideraturos Romanos eundem 5
navalem apparatum, quem nuper Antiochi, quem Philippi ante
bello vidissent. trepidaturos tum repente paranda classe, cum 6
mittenda esset, nisi reficere naves, nisi instruere navalibus sociis
coepissent. *id* eo magis enixe faciundum esse, ut crimina delata
ab Eumene fide rerum refellerent. his incitati quadraginta na- 7
vium classem instructam ornatamque legatis Romanis advenien-
tibus, ut non expectatam adhortationem esse appareret, osten-
derunt. et haec legatio magnum ad conciliandos animos civita- 8
tium Asiae momentum fuit. Decimius unus sine ullo effectu,
captarum etiam pecuniarum ab regibus Illyriorum suspicione infamis, Romam rediit.

s. c. 19; *Postum.* Consul 580, s. zu
41, 21, 1; Nissen 15; 246. — *circumeuntes — accurat.*, 35, 31, 1; 4.
3—4. *favere*, absolut wie 1, 25,
9; Pol. καίπερ οὐ προσδεομένων
τῶν Ῥοδίων κατὰ τοὺς τότε χρό-
νους, näml. dass die Römer sich sehr
bemühten sie auf ihrer Seite zu erhalten. — *quadrag.*, ebenso Pol. aber
in anderer Ordnung. — *prytanin*,
P. πρυτανεύων; 15, 23 πρύτανις,
aber 29, 4 πρυτάνεις und 27, 6
προτανεύοντος τὴν δευτέραν ἕξ-
μηνον zeigen, dass zwei waren und
je 6 Monate die Geschäfte leiteten;
die Aufführung ist wie 41, 20, 7; 37,
22, 5; 32, 5, 10 u. a. — *oration.*, 32,
28, 8: *his orationibus pervicerunt*,
die Zusetzung *Rhodios* an u. St. ist
ungewöhnlich, *pervincere* wird sonst
absolut gebraucht, deshalb verm.
Drak. *Rhodii*, Madvig *perduxerat*. —

vanam wol aus Pol. entlehnt, da das
Excerpt sehr verkürzt ist, Nissen
15; 252; L. hat früher dieses nicht
erwähnt, im Folg. viell. *Roman.* -
stabilem zugesetzt.
5—8. *eundem nav. app.*, 31, 47;
32, 16; 36, 43; 45; 37, 9; 22; 30;
37, 22. — *trepid.*, ἵνα ἐάν τις — γένη-
ται χρεία, μὴ τότε παρασκευάζων-
ται πρὸς τὸ παρακαλούμενον. —
paranda cl. ohne *in*, 41, 27, 13. —
id, wenn dieses fehlte, würde *ut* etc.
leicht als Object von *facere* genommen, auch hat d. Hs. *eoagirenixae*;
im Vorherg. erwartet man *tum* oder
ante bei *nisi*. — *ostend.*, vgl. 29, 22,
1 ff. — *moment. fuit*, vgl. 29, 17,
10: *magnum in omnia momentum
Syphax erat.*, 21, 4, 2; 40, 21, 2;
Madvig verm. *fecit* od. *habuit*, s.
§ 3; c. 46, 5. — *Decim.*, c. 37,
2. — *regib.*, Gentius und andere

46 Perseus cum ab conloquio Romanorum in Macedoniam recepisset sese, legatos Romam de inchoatis cum Marcio condicionibus pacis misit, et Byzantium et * * Rhodum * * et legatis ferendas
2 dedit. in litteris eadem sententia ad omnis erat, conlocutum se cum Romanorum legatis; quae audisset quaeque dixisset ita disposita,
3 ut superior fuisse in disceptatione videri posset. apud Rhodios legati addiderunt confidere pacem futuram, auctoribus enim Marcio atque Atilio missos Romam legatos: si pergerent Romani contra foedus movere bellum, tum omni gratia, omni ope enitendum
4 fore Rhodiis, ut reconcilient pacem; si nihil deprecando proficiant, id agendum, ne omnium rerum ius ac potestas ad unum populum perveniat. cum ceterorum id interesse, tum praecipue Rhodiorum, quo plus inter alias civitates dignitate atque opibus excellant; quae serva atque obnoxia fore, si nullus alio sit quam
5 ad Romanos respectus. magis et litterae et verba legatorum benigne sunt audita quam momentum ad mutandos animos habuerunt; potentior esse partis melioris auctoritas coeperat. re-
6 sponsum ex decreto est optare pacem Rhodios; si bellum esset, ne quid ab Rhodiis speraret aut peteret rex, quod veterem ami-

---

illyrische Fürsten, s. 40, 42, 1.
46. Gesandtschaften des Königs Perseus. Pol. 27, 4 f.
1. *inchoat. – cond.*, Präliminarverhandlungen. — *pacis* um ihn zu erhalten, s. § 3: *movere bellum*, gewöhnlich um ihn zu schliessen; doch denkt L. den Krieg schon begonnen, c. 43, 2: *indutiarum*. Im Folg. lässt sich aus Pol. πρὸς μὲν τοῖς ἄλλους δι' αὐτῶν τῶν γραμματοφόρων ἔπεμπε τὰς ἐπιστολάς, εἰς δὲ τὴν Ῥόδον καὶ πρεσβευτὰς συναπέστειλεν etc. nur zum Theil erkennen, was L. geschrieben habe, da das Fragment verkürzt scheint, wenigstens hat L. selbst schwerlich *Byzantium* zugesetzt, sondern fand mehrere Städte bei P. genannt; im Folg. viell. *Rhodum et litteras scripsit et legatis. — ead. sent. ad* etc. wäre nicht ohne Härte, viell. ist *scripto* od. *scriptum* ausgefallen. — *quae audiss.* etc. ist so angefügt, als ob die orat. obl. noch fortgesetzt werden, etwa folgen solle *ea fuisse* od. ä., geht aber durch *disposita* in eine andere Form über, P.: πάντα τὰ δίκαια κατέταττεν εἰς τὴν ἐπιστολὴν καὶ τοὺς ὑφ' ἑκατέρων ῥηθέντας λόγους ἅμα μὲν ὑπολαμβάνων ὑπερδέξιος φανήσεσθαι τοῖς δικαίοις.
3–4. *confidere* u. *se* oder *eum*; Pol. παρεκάλουν τοὺς Ῥοδίους κατὰ μὲν τὸ παρὸν ἡσυχίαν ἔχειν etc. — *omni gratia* (Einfluss) – *pacem*, P. nur πειρᾶσθαι διαλύειν. — *ius ac* p., 34, 57, 7; zum Gedanken s. c. 30, 6. — *quo pl.* etc., P. ὅσῳ γὰρ πλεῖον ὀρέγονται τῆς ἰσηγορίας καὶ παρρησίας καὶ διατελοῦσι προστατοῦντες – τῆς τῶν ἄλλων Ἑλλήνων ἐλευθερίας. — *serva a. obn.* auf die *dignitas* u. *opes* statt auf die Rhodier bezogen; Pol. hat den Gedanken nicht. — *respect.*, 9, 23, 12; 21, 44, 8.
5–6. *part. mel.*, νικῶντος αὐτοῖς βελτίωνος — ἠξίουν δὲ τὸν Περσέα διὰ τῆς ἀποκρίσεως (*ex decreto*) εἰς μηδὲν αὐτοὺς παρακαλεῖν τοιοῦτο, ἐξ οὗ φανήσονται πρὸς τὴν Ῥωμαίων ἀντιπράττον-

citiam, multis magnisque meritis pace belloque partam, diiungeret sibi ab Romanis. ab Rhodo redeuntes Boeotiae quoque civitates, 7 et Thebas et Coroneam et Haliartum, adierunt, quibus expressum invitis existimabatur, ut relicta regia societate Romanis adiungerentur. Thebani nihil moti sunt, quamquam nonnihil et dam- 8 natis principibus et restitutis exulibus succensebant Romanis. Coronaei et Haliartii favore quodam insito in reges legatos in 9 Macedoniam miserunt praesidium petentes, quo se adversus inpotentem superbiam Thebanorum tueri possint. cui legationi 10 responsum ab rege est, praesidium se propter indutias cum Romanis factas mittere non posse: tamen ita suadere, ab Thebanorum iniuriis, qua possent, ut se vindicarent, ne Romanis praeberent causam in se saeviendi.

Marcius et Atilius Romam cum venissent, legationem in 47 Capitolio ita renuntiarunt, ut nulla re magis gloriarentur quam decepto per indutias et spem pacis rege. adeo enim apparatibus 2 belli fuisse instructum, ipsis nulla parata re, ut omnia opportuna loca praeoccupari ante ab eo potuerint, quam exercitus in Graeciam traiceretur. spatio autem indutiarum sumpto secum ven- 3

τὲς βούλησιν, was L. frei umgestaltet hat; über *esset* s. c. 13, 5. — *diiungeret* scheint wie § 4 *quae serva* etc. auf *amicitia* bezogen statt auf die Rhodier: sie, alte Freunde, trennen; vgl. 40, 8, 15: *concordiam*, 8, 7, 18: *specimen* u. ä., an u. St. scheint der Ausdruck nicht härter, Madvig verm. *ac Rom.*
7-10. *redeuntes*, nach Pol. geht eine andere Gesandtschaft nach Böotien. — *et* vor *Thebas* tilgt Madvig; über Coron. u. Haliart. s. c. 44, 4. — *Theb. n. moti* genauer als Pol. τῶν (die 3 genannten Staaten) προθύμως ἀποδεχομένων, was verdorben oder lückenhaft ist, s. Nissen 252; 15. — *damnatis pr.*, es ist das c. 44, 6 erwähnte *decretum* oder das daselbst von Pol. bezeichnete Verfahren gegen die angesehensten Männer gemeint. — *reges*, Pol. 27, 2 εὔνοιαν πρὸς τὴν Μακεδόνων οἰκίαν, es ist deshalb nicht nothwendig *regem* zu lesen. — *ita suadere* hat die Hs., doch wird so der Gedanke unklar, *ne Rom. praeberent* leicht als das bei *vindicarent* beabsichtigte genommen, und die Nachstellung von *ut* besonders nach *qua possent* nicht motivirt, nach Pol. καθόλου δὲ αὐτοὺς παρεκάλει Θηβαίους μὲν ἀμύνεσθαι κατὰ δύναμιν, Ῥωμαίους δὲ μὴ πολεμεῖν ἀλλ' ἡσυχίαν ἔχειν, sollte man *iis suadere*, ab *Th. i.*, *si qua possent*, *ita se v.* etc. erwarten, vgl. 35, 14, 3 : *si qua posset*; früher wurde *suadere, ita* gelesen.
47. Verhandlungen im Senate. Diod. 30, 7; Pol. 27, 7; 13, 3.
1-3. *in Cap.*, in einer Senatssitzung in dem capitol. Tempel. — *renunt.*, 23, 6, 3. — *per* das hinterlistig gebrauchte Mittel, 40, 25, 7; 38, 25, 16. — *ipsis*, die Gesandten sprechen im Namen ihres Volkes; der Dativ liegt hier nahe, vgl. c. 12, 5. — *praeocc. ante*, 40, 4, 13. — *quam exerc.*, c. 43, 3. — *sumpto secum*, die Hs. hat nur *sumpto cum*, über *cum* s. 35, 4, 1: *alia ratio belli quam cum Liguribus erat*; ib. 7, 5; 41, 24, 10 u. a.; des Chiasmus wegen

turum illum nihilo paratiorem, Romanos omnibus instructiores rebus coepturos bellum. Boeotorum quoque se concilium arte distraxisse, ne coniungi amplius ullo consensu Macedonibus pos-
4 sent. haec ut summa ratione acta magna pars senatus adprobabat; veteres et moris antiqui memores negabant se in ea legatione
5 Romanas agnoscere artes: non per insidias et nocturna proelia nec simulatam fugam inprovisosque ad incautum hostem reditus nec ut astu magis quam vera virtute gloriarentur, bella maiores gessisse; indicere prius quam gerere solitos bella, denuntiare
6 etiam interdum * * finire, in quo dimicaturi essent. eadem fide indicatum Pyrrho regi medicum vitae eius insidiantem,
7 eadem Faliscis vinctum traditum proditorem liberorum. vere haec Romana esse, non versutiarum Punicarum neque callidita-

steht *venturum* voran; viell. ist auch nur *aecum certamen futurum* verdorben, es wird *in aecum venturos, ad aecum rem venturam* u. A. verm. — *distr.*, c. 44, 6. — *ne-ullo* stärker als *ut nullo*, vgl. 26, 16, 10. — *veteres* bejahrte, 1, 54, 1, *antiqui* der alten Sitte treue, 39, 11, 5. — *non per ins.* etc., L. hat hier auf politische Verhandlungen angewendet, was in Beziehung auf die Art der Kriegführung ausgeführt wird von Pol. 13, 3; ὥστ' οὐδὲ τοὺς πολεμίους ᾑροῦντο δι' ἀπάτης νικᾶν, ὑπολαμβάνοντες οὐδὲν λαμπρὸν οὐδὲ μὴν βέβαιον εἶναι τῶν κατορθωμάτων, ἐὰν μή τις ἐκ τοῦ προφανοῦς μαχόμενος ἡττήσῃ τοὺς ἀντιταττομένους. διὸ καὶ συνετίθεντο πρὸς σφᾶς μήτε ἀδήλοις βέλεσι - χρῆσασθαι κατ' ἀλλήλων, μόνην δὲ τὴν ἐκ χειρὸς - μάχην ἀληθινὴν ᾽πελάμβανον εἶναι κρίσιν πραγμάτων. ᾗ καὶ τοὺς πολέμους ἀλλήλοις προὔλεγον καὶ μάχας, ὅτε προθοῖντο διακινδυνεύειν, καὶ τοὺς τόπους, εἰς οὓς μέλλοιεν ἐξιέναι παραταξάμενοι etc. — *non - nec* wechselt, ebenso *et - que*, nicht *aut - ve*, wegen der engen Verbindung der Begriffe, c. 42, 14; 37, 53, 9; über das Fehlen der Präpos. 38, 39, 9. — *simul. fug.*, Tac. G. 6, 9. — *ad i. h. red.*, wie *domum reditus*, 22, 61, 13 u. a., an den Kampf der Reiterei ist dabei nicht gedacht, s. 1, 14, 7; 22, 47, 1. — *per insid.* etc., ἀδήλοις βέλεσι etc., vera gl. etc. μόνην τὴν ἐκ χειρός etc. — *nec ut* nach *non* wie 22, 5, 7. — *indicere pr.*, da weder *denuntiare*, nachdem bereits *indicere* vorausgegangen ist (anders Cic. Rep. 2, 17: *bellum, quod denuntiatum indictumque non esset*), noch *finire* zum Object *bellum* haben kann, so müssen die Objecte zu beiden Verben ausgefallen sein, ob aber L. *proelia* od. *proelium, pugnam, certamina* od. A. geschrieben, oder, wie oft, s. 40, 39, 8; 22, 5, 1; 33, 37, 7; 34, 19, 6; ib. 30, 5 u. a., *diem* (*tempus*) *locumque* verbunden und ὅτε προθοῖντο διακινδυνεύειν besonders ausgedrückt habe, lässt sich nicht erkennen. — *interd. etiam* steigert das Folg. *solitos* gegenüber, und *etiam* ist deshalb schwerlich zu entfernen; über *finire* s. 39, 17, 2; zum Gedanken vgl. 7, 14, 3; 22, 38, 10; 9, 17, 15; 8, 23, 10 u. a.

6-8. *Pyrrho*, 24, 45, 3. — *vere* ist unsicher, die Hs. hat *regis*, vgl. 39, 37, 9; 4, 60, 1; 22, 14, 11; 28, 35, 6; Cic. Sest. 62, 130 u. a., ähnlich 7, 6, 3; Andere verm. *religionis - Romanae*, doch würde dieser hier, vgl. 21, 4, 9, einen nicht ganz passenden Gegensatz zum Folg. bilden, wenn es auch von dem Nicht-

tis Graecae, apud *quos* fallere hostem quam vi superare gloriosius fuerit. interdum in praesens tempus plus profici dolo quam 8 virtute; sed eius demum animum in perpetuum vinci, cui confessio expressa sit se neque arte neque casu, sed conlatis comminus viribus, iusto ac pio esse bello superatum. haec seniores, 9 quibus nova ac nimis * *minus* placebat sapientia; vicit tamen ea pars senatus, cui potior utilis quam honesti cura erat, ut conprobaretur prior legatio Marci et eodem rursus in Graeciam cum quinqueremibus remitteretur iubereturque cetera, uti e re publica maxime visum esset, agere. A. quoque Atilium miserunt 10 ad occupandam Larisam in Thessalia timentes, ne, si indutiarum dies exisset, *Perseus* praesidio eo misso caput Thessaliae in potestate haberet. duo milia peditum Atilius ab Cn. Sicinio accer- 11 sere ad eam rem agendam iussus. et P. Lentulo, qui ex Achaia 12 redierat, trecenti milites Italici generis dati, ut Thebis daret operam, ut in potestate Boeotia esset.

His praeparatis, quamquam ad bellum consilia erant desti- 48 nata, senatum tamen praeberi legatis placuit. eadem fere, quae 2 in conloquio ab rege dicta erant, relata ab legatis. insidiarum

halten eines Vertrages 22, 6, 12 *Punica religio* heisst. — *versut*. *Pun*., 39, 40, 3: es gehöre an, in das Bereich von, Diod. l. l.: μὴ πρέπειν Ῥωμαίοις μιμεῖσθαι Φοινίκας ὥστε δι' ἀπάτης — τῶν πολεμίων περιγίγνεσθαι; so dass man schliessen darf, Pol. habe diesen Gedanken bei den Verhandlungen ausgesprochen, L. die Stelle aus 13, 3 herbeigezogen, und das Folg. *calliditatis Graecae* selbst hinzugesetzt, oder seiner Quelle entlehnt, worauf auch *fuerit* führt. Ueber den Wechsel *Romana - versut*. P. vgl. 3, 62, 6. Die *calliditas* wird 22, 22, 15 auch den Puniern beigelegt, vgl. Doederlein 3, 220; 5, 114. — *sed eius demum - superatum* entspricht P. 13, 3; ἐὰν μήτις - ἀντιταττομένους. — *iusto a. p*., c. 23, 6.

9. *ac nimis* hat die Hs., nach Hertz fehlt das zweite Epitheton (*callida*?) und *minus*, früher wurde *nova haec minus* gelesen. — *utilis* ist durch *honesti* veranlasst s. 5, 3, 9; vgl. 31, 13, 5: *inter aequum et*

utile. — *eod. in Gr*. s. 21, 17, 8; 37, 19, 8: *eodem Adramytteum*; 41, 17, 8 u. a. — *quinquer*., wahrscheinlich fehlt die Zahl, c. 56, 7 heisst *navibus* zu Schiff. — *duo mil*., er hätte also noch 3000 M. gehabt, s. c. 36, 8. — *accersere*, dann wäre Atil. nicht über Epirus gereist, gewöhnlich wird *accipere* gelesen. — *Lent*., c. 37, 7 sind zwei Lentuli in den Peloponnes gegangen. — *ut Thebis* etc. kurz statt: in Theben sich aufhalten und daselbst usw. Die Römer benutzen den Waffenstillstand um sich der wichtigsten Punkte zu versichern, anders Perseus, c. 46, 10.

48-49. Gesandtschaft des Perseus an den Senat. Abzug der Feldherrn von Rom. Pol. 27, 7; Diod. 30, 1; App. Mac. 11.

1-3. *ad bell. destin*: zum Kriege entschieden, Curt. 5, 28, 5: *ad omne obsequium destinatos*, anders 2, 54, 4: *ad mortem destinari*; 33, 37, 7; *opinio destinata* 28, 14, 9. — *sen. praeb*., die Gesandten (Solon

Eumeni factarum crimen et maxima cura et minime tamen probabiliter — manifesta enim res erat — defensum; cetera depre-
3 catio erat. sed non eis animis audiebantur, qui aut doceri aut flecti possent. denuntiatum, extemplo moenibus urbis Romae,
4 Italia intra tricesimum diem excederent. P. Licinio deinde consuli, cui Macedonia provincia obvenerat, denuntiatum, ut exerci-
5 tui diem primam quamque diceret ad conveniendum. C. Lucretius praetor, cui classis provincia erat, cum quadraginta quinqueremibus ab urbe profectus: nam ex refectis navibus alias in
6 alium usum retineri ad urbem placuit. praemissus a praetore est frater *M*. Lucretius cum quinquereme una, iussusque ab sociis ex foedere acceptis navibus ad Cephallaniam classi occurrere,
7 ab Reginis triremi una, ab Locris duabus, ab Uritibus quattuor. praeter oram supervectus [Italiae] Calabriae extremum promun-
8 turium in Ionio mari, Dyrrhachium traicit. ibi decem ipsorum Dyrrhachinorum, duodecim Issaeorum, quinquaginta quattuor Gentii regis lembos nanctus, simulans se credere eos in usum

und Hippias nach Pol.) scheinen gegen c. 36, 6 schon in Rom zu sein. — *et - et - tamen* 40, 47, 10; 10, 9, 11: 31, 13, 5. — *cetera def.*, das Uebrige, was sie sprachen usw., c. 13, 1; 32, 37, 1: *cetera eorum oratio - consumpta est.* — *non eis - exceder.*, Pol.: πάλαι προδιειληφότες (*destinata consilia*) ὑπὲρ τοῦ πολεμεῖν προσέταξαν αὐτοῖς ἐκ μὲν τῆς Ῥώμης εὐθέως ἀπαλλάττεσθαι καὶ τοῖς ἄλλοις ἅπασι Μακεδόσιν ὅσοι παρεπιδημοῦντες ἔτυχον, ἐκ δὲ τῆς Ἰταλίας ἐν τριάκονθ᾽ ἡμέραις ἐκχωρεῖν; die Ausweisung der übrigen Macedonier wird auch von Diod. erwähnt und von Appian. wol nach Polyb., dessen Darstellung verkürzt ist, hart getadelt; L. hat sie übergangen.

4 - 7. *denunt.*, die Wiederholung ist nicht beabsichtigt. Pol. μετὰ δὲ ταῦτα τοὺς ὑπάτους ἀνακαλεσάμενοι παρώρμων ἔχεσθαι τοῦ καιροῦ καὶ μὴ καθυστερεῖν; Diod. ἡ σύγκλητος αὐθημερὸν ἐψηφίσατο τὸν πρὸς Περσέα πόλεμον, ungenau, προδιειληφότες bei Polyb. entsprechend; viell. ist jetzt der c. 30, 10 erwähnte Volksbeschluss beantragt worden. — *dicer.*, c. 26, 5. — *Lucret.*, sein Abgang ist nach den Annalisten schon c. 35, 3 berichtet. — *quadrag.*, nach c. 27, 7 ist schon eine Flotte von 50 Schiffen in Epirus. — *ab soc.*, 36, 42, 2. — *ab Regin.* etc. könnte noch zu *acceptis* genommen werden; doch ist wahrscheinlich ein Particip., nach Drak. *exactis* ausgefallen und der Satz zum Folg. zu ziehen. — *Uritib.*, wenn der Name richtig ist, eine Bezeichnung der Sallentiner nach ihrer Hauptstadt Uria, Mommsen unterit. Dial. 61. — *supervect.* ein seltener Ausdruck statt des gewöhnlichen *superare*; auch wird derselbe sonst anders gebraucht. *Italiae* wäre hier zu spät erwähnt und neben *Calabriae* unnöthig. — *promunt.*, Strabo 6, 3, 1 p. 277: τὴν ἄκραν τὴν Ἰαπυγίαν. — *in I. mari*, näml. im I. Meere, Madvig will *in* tilgen und *Ion. mari* zu *traiecit* ziehen.

8-10. *Dyrrh.*, die Stadt ist schon lange mit Rom verbunden, Pol. 2, 11; dass sie Schiffe stellt, wird erst hier erwähnt, s. 44, 30, 10. — *Issaeor.*, c. 26, 2. — *eos - abductis*,

Romanorum conparatos esse, omnibus abductis die tertio Corcyram, inde protinus in Cephallaniam traicit. C. Lucretius praetor ab Neapoli profectus superato freto die quinto in Cephallaniam transmisit. ibi stetit classis, simul opperiens, ut terrestris copiae traicerentur, simul, ut onerariae ex agmine suo per altum dissipatae consequerentur.

Per hos forte dies P. Licinius consul votis in Capitolio nuncupatis paludatus ab urbe profectus est. semper quidem ea res cum magna dignitate ac maiestate geritur; praecipue convertit oculos animosque, cum ad magnum nobilemque aut virtute aut fortuna hostem euntem consulem prosecuntur. contrahit enim non officii modo cura, sed etiam studium spectaculi, ut videant ducem suum, cuius imperio consilioque summam rem publicam tuendam permiserunt. subit deinde cogitatio animum, qui belli casus, quam incertus fortunae eventus communisque Mars belli sit: adversa, secunda, quaeque inscitia et temeritate ducum cladis saepe acciderint, quae contra bona prudentia et virtus attulerit. quem scire mortalium utrius mentis, utrius fortunae consulem ad bellum mittant? triumphantemne mox cum exercitu victore scandentem in Capitolium ad eosdem deos, a quibus proficiscatur, visuri, an hostibus eam praebituri laetitiam sint? Persei autem regi, adversus quem ibatur, famam et bello clara Macedonum gens et Philippus pater, inter multa prospere gesta Romano etiam nobilitatus bello, praebebat; tum ipsius Persei numquam, ex quo regnum accepisset, desitum belli expectatione celebrari nomen. cum

c. 36, 7. — *Neap.*, c. 35, 3 geht er von Brundisium ab. — *quinto d.*, so dass er am 5. Tage landete. — *stetit*, lag vor Anker. Die Sendung an die Rhodier Pol. 27, 6 ist übergangen. — *terrest.*, c. 49, 5 *cladis*; c. 23, 10.
49. 1-2. *votis* etc., 21, 63, 9. — *semper q.* etc., vgl. die Schilderung 27, 40; 29, 26; 44, 22, 17; ob die hier gegebene Polyb. entlehnt ist, s. Nitzsch d. Graech. 159; Nissen 254, ist nicht sicher zu erkennen. — *praecipue* ohne *tamen* s. 36, 19, 10. — *convert.*, 26, 50, 1 u. a. — *ad*, 31, 34, 7, zu 1, 5, 7 u. a.
3-7. *contrah.* n. *eos* od. *homines.* — *officii*, 29, 26, 7. — *summam r. p.*, 38, 50, 9. — *event. b.*, c. 14, 4; *quam* bezieht sich auch auf *communis*, das den Begriff der Ungewissheit enthält. — *mentis - fort.*, 30, 42, 15, vgl. 38, 51 9: 29, 26, 6; Einleit. 21, die vorhergeh. Eigenschaften, *inscitia - virtus*, gehören der *mens*, zu der die *fortuna* kommen muss, s. Cic. de imp. Pomp. 16. — *eam*, nur über den Sieg. — *Persei* als Dativ hat die Hs. wie c. 25, 2; 52, 3; 43, 8, 6; 45, 19, 5: da in gleicher Form sogleich der Genitiv folgt, wird *Perseo* od. *Persi* gelesen. — *autem* beginnt den Untersatz: nun aber war P. ein bedeutender Gegner, folglich. — *clara*, 31, 7, 8 f.; ib. 1, 6. — *inter - etiam*, 36, 38, 4; aus *bello* ist *prospere gesta* zu erklären, wenn auch nicht gerade *bella* zu denken. — *desit.* —

his cogitationibus omnium ordinum homines proficiscentem consulem prosecuti sunt. duo consulares tribuni militum cum eo
9 missi, C. Claudius Q. Mucius, et tres inlustres iuvenes, P. Lentulus et duo Manli Acidini; alter M. Manli, alter L. Manli filius
10 erat. cum is consul Brundisium ad exercitum atque inde cum omnibus copiis transvectus ad Nymphaeum in Apolloniatium agro posuit castra.
50 Paucos ante dies Perseus, postquam legati ab Roma regressi praeciderant spem pacis, consilium habuit. ibi aliquamdiu
2 diversis sententiis certatum est. erant, quibus vel stipendium *pendendum*, si iniungeretur, vel agri parte cedendum, si multarent, quidquid denique aliud pacis causa patiendum esset, non recusandum videretur, nec committendum, ut in aleam tanti ca-
3 sus se regnumque daret: si possessio haud ambigua regni maneret, multa diem tempusque adferre posse, quibus non amissa modo reciperare, sed timendus ultro is esse, quos nunc timeret,
4 posset. ceterum multo maior pars ferocioris sententiae erat. quidquid cessisset, cum eo simul regno protinus cedendum esse
5 adfirmabant: neque enim Romanos pecunia aut agro egere, sed hoc scire, cum omnia humana, tum maxima quaeque et regna

celebrari, 5, 17, 5: 34, 41, 5; aber *desierant contemni* 6, 6, 6; 4, 35, 9; 5, 3, 2 u. a.
8–10. *consul.*, wie auch sonst in dieser Zeit, s.c. 35, 4: 36, 17, 1; 44, 37, 5; Marq. 3, 2, 278. — *missi*, wol vom Senate, der Consul hat wenig Kriegserfahrung, 41, 15, 9; vgl. 44, 21, 2; Lange 2, 249. — *Claud.* 41, 12 ff.; *Muc.* 41, 25. — *inlust. iuv.*, dazu ist nicht *missi* sondern ein entsprechendes Prädicat zu denken, da diese Senatorensöhne den Feldherrn als *contubernales* begleiten, eben so zu *exercitum* aus *travectus* etwa *profectus est* od. *venit*. — *Lent.* viell. ein Sohn des c. 37, 1; 47; 56 genannten; *M.* ist wahrscheinlich verdorben, da dieser Vorname in der gens Manlia verpönt war, 6, 20; Becker 2, 1, 43; Marq. 5, 1, 13. — *Nymph.*, c. 36, 8. — *Apollon.*, 24, 40, 15.
50–53, 3. Kriegsrath und Heerschau in Macedonien. Plut. Aemil. 13. Iustin. 33, 1.

1–3. *paucos a. d.* steht nicht mit *postquam* in Verbindung, sondern bezieht sich auf das Vorherg.: wenige Tage vor der Landung des Consuls hatte P., nachdem usw. — *praecid.*, 29, 15, 15. — *divers. s.*, durch verschiedene, da verschiedene ausgesprochen waren, 28, 26, 1; 1, 26, 6. — *stip.*, c. 6, 7. — *multar.*, 38, 48, 4. — *quidq. - patiend.* statt *quidquid - vellent* od. *imponerent*; *patiendum esse*, ist nur die Folge, aber *pat. esset* gesetzt, da sich erwarten liess, dass es drückende Bedingungen sein würden; dadurch wurde ein neues Prädic. *non recusand.* nöthig. — *in aleam*, 40, 21, 6. — *diem t.*, 22, 39, 12. — *timend. - timer.*, vgl. 3, 65, 11.
4–7. *sententiae er.*, 1, 8, 3. —: *quidquid cess.*, 34, 62, 12. — *simul - prot.*, zugleich - in einem Zuge, in unmittelbarer Folge, wie *deinde postea* 41, 24, 20 u. ä. — *pecun.* dem *stipendium* entsprechend. — *scire* n. *eos*, wegen des folg. *sese* ist

et imperia sub casibus multis esse; Carthaginiensium opes fre- 6
gisse sese et cervicibus eorum praepotentem finitimum regem
inposuisse; Antiochum progeniemque eius ultra iuga Tauri emotum; unum esse Macedoniae regnum, et regione propincum et 7
quod, [quia] sicubi populo Romano sua fortuna labet, antiquos
animos regibus suis videatur posse facere. dum integrae *res sint*, 8
statuere apud animum suum Persea debere, utrum singula con-
cedendo nudatus ad extremum opibus extorrisque regno Samo-
thraciam aliamve quam insulam petere ab Romanis, ubi privatus
superstes regno suo in contemptu atque inopia consenescat, ma- 9
lit, an armatus vindex fortunae dignitatisque suae, aut, *ut* viro
forti dignum sit, patiatur, quodcumque casus belli tulerit, aut
victor liberet orbem terrarum ab imperio Romano. non esse 10
admirabilius Romanos Graecia pelli quam Hannibalem Italia pul-
sum esse. neque hercule videre, qui conveniat fratri, adfectanti
per iniuriam regnum, summa vi restituisse, alienigenis bene parto
eo cedere. postremo ita *de* bello et pace quaeri, ut inter omnes 11
conveniat nec turpius quicquam esse quam sine certamine ces-

nicht *se* wie gewöhnlich, s. 31, 11,
5, zu denken; auch würden die Höf-
linge diesen Gedanken nicht passend als den ihrigen aussprechen.
— *imperia*, Staaten, die Magistrate
(*cum imperio*) haben, vgl. 1, 13, 4.
sub. cas. e., c. 52, 12, vgl. 30, 31, 6:
subiecta mille casibus: der Zusammenhang ist wol: die Römer eroberten nicht um sich zu bereichern,
sondern um ihr Reich zu sichern;
aber so wie sie Carth. und Antiochus überwunden hätten, könnten,
da die *imperia* eben so wie *regna*
den Wechselfällen des Glückes unterworfen wären, auch 'sie einmal
im Kampfe mit Maced. unterliegen.
— *cervic.* 22, 33, 6. — *et quod*, c.
41, 9. Was in *quia* liege, lässt sich
nicht erkennen. — *sua f.*, das ihm
eigenthümliche, die *fortuna populi
R.*, vgl. 24, 30, 7 *suaque*; 26, 41,
17: *labantem fortunam p. R. — antiq. an.*, wie zur Zeit Alexanders d.
Gr., s. 31, 18, 4; u. a., wieder
erobernd aufzutreten.
8—9. *res sint*, 40, 17, 5 (oder *sunt*

24, 19, 3); *statuere* hat Kreyssig zugesetzt. — *extor.*, 2, 6, 7. — *Sa-
moth.* in Bezug auf das 44, 46; 45,
5 Erzählte. — *superst. r.*, nach *superstes vitae.* — *an — aut — aut*,
oder ob er, ob er nicht vielmehr —
entweder — oder, Cic. Or. 1, 9, 37:
an — Romulus aut — aut; Fin. 1,
21, 72; L. 4, 40, 6: *arbitrerisne aut
— aut*: im Folg. stehen *patiatur —
liberet* unabhängig von *malim* als
selbständige Sätze. — *quodcumq.*,
substantiv., 9, 14, 7; 45, 24, 12. —
ab imper., bei Sachen steht gewöhnlich der Ablat. allein, 36, 17, 13; 40,
25, 9.
10—11. *admirab.*, auffallender.
— *videre* wie c. 12, 1. — *qui*, 39,
37, 2. — *adfect.*, 39, 24, 7. — *parto
eo = eo, postquam part. esset. — ita
de bello* usw. nach Doering u. Madvig: nur insoweit könne es zweifelhaft sein, ob Krieg oder Fr. vorzuziehen sei; in d. Hs. fehlt *de*; aber
das ähnliche *puro pioque duello
quaerendas* (*res*)*censeo* 1, 32, 12
kann wegen *pace* mit u. St. nicht

sisse regno, nec praeclarius quicquam quam pro dignitate ac maiestate omnem fortunam expertum esse.
51 Pellae, in vetere regia Macedonum, hoc consilium erat. „geramus ergo" inquit, „dis bene iuvantibus, quando ita videtur, bellum;" litterisque circa praefectos dimissis Citium — Macedo-
2 niae oppidum est — copias omnis contrahit. ipse centum hostiis sacrificio regaliter Minervae, quam vocant Alcidem, confecto cum purpuratorum et satellitum manu profectus Citium est. eo iam omnes Macedonum et externorum auxiliorum convenerant
3 copiae. castra ante urbem ponit omnisque armatos in campo struxit, summa omnium quadraginta tria milia armata fuere, quorum pars ferme dimidia phalangitae erant; Hippias Beroc-
4 aeus praeerat. delecta deinde et viribus et robore aetatis ex omni cetratorum numero duo *milia* erant; agema hanc ipsi legionem

verglichen werden. — *quicquam q.*, vgl. 40, 8, 8, da die Hs. *quicquam* allein hat, so ist viell. nur *quam* zu lesen.
51. 1. *Pellae*, in Bottiaea, Herodot. 7, 123; *vetere*, seit alter Zeit, s. c. 41, 12; 44, 10, 2; über die Lage 44, 46, 5. — *dis b. iuv.*, 6, 23, 10; 7, 32, 17 u. a. — *circa*, 21, 49, 7. — *Citium*, wahrscheinlich westlich von Pella, in Emathia, wird für das j. Niausta (Agastos) gehalten. — *sacrif.*, vgl. 35, 43, 3; 37, 9, 7, es ist eine Hekatombe, vgl. 7, 37, 1. — *Alcidem*, nach Preller gr. Myth. I, 170 ist Ἀλκίς ein Beiname der Athene, der sich aber sonst nicht findet, deshalb und weil d. H. *Alcidemconfacto* hat, und *sacrific. facere*, s. 45, 27, 8; ib. 28, 1; aber selten *sac. conficere*, vgl. 30, 12, 1: *sacrum conficere*, sich findet, wird *Alcidemon facto* verm., viell. enthielt der Name eine Anspielung auf die Abstammung der Könige von dem Alciden Herkules. — *purpur.*, 31, 35, 1; *satellites*, die *cohors regia*, 40, 6, 3, vgl. 32, 39, 9 die σωματοφύλακες.
3-6. *struxit*, s. 1, 23, 6; 24, 7, 4; vgl. c. 7, 4. — *tria* ist, wenn L. hier nicht allgemein die Zahl hat angeben wollen, ausgefallen, s. § 11,

vgl. c. 12, 8. — *milia arm.*, 28, 2, 4: *erant - quattuor milia scutata*; 32, 3, 2: *duo milia ea militum fuere*, vgl. 22, 60, 20. — *fuere*, s. 34, 22, 9; 1, 1, 3; Caes. B. G. 1, 29, 3: *summa omnium fuerunt ad milia CCC*, aber ib. § 2: *summa erat. — pars f. d.*, da im Folg. nur 17000 M. angeführt werden, zu denen § 10 noch 1000 Thraker kommen, so müsste, wenn § 11 *vndequadraginta* und die Zahlen § 5-8 richtig sind, auch nichts fehlt, die Phalanx, nicht wie sonst 16000, s. 33, 4, 4; 37, 40, 1, sondern 21000 M. stark gewesen sein; Plutarch macht alle Fussgänger zu Phalangiten; vgl. Mützell zu Curt. S. 402 f. — *phalang.*, 37, 40, 1: *XVI milia peditum more Macedonum armati fuere, qui phalangitae adpellabantur*, ib. 42, 3; 36, 18, 2: *Macedonum robur - quos sarisophorus adpellabant*, vgl. 32, 17, 11; 33, 8, 7; oft nur *phalanx*, 9, 19, 8; 31, 39, 10 u. a. — *virib. et r.*, 28, 21, 9. — *cetrat.*, 31, 36, 1. — *agema*, Pol. 5, 65; ib. 84; besonders 5, 25: ἀγήματος, ὅτι κινδυνεύουσι ὑπὲρ πάντων etc. Arrian. Anab., 2, 8, 3; 3, 11, 9: τὸ ἄγημα τῶν ὑπασπιστῶν u. a.; 37, 40, 5 ist *agema* eine Abtheilung der Reiterei, Pol. 31, 3, 8. — *legio*, Heeresabtheilung, c. 10, 5.

vocabant; praefectos habebat Leonnatum et Thrasippum Eulyestas. ceterorum cetratorum, trium ferme milium hominum, dux 5 erat Antiphilus Edessaeus. Paeones et ex Paroria et Parastrymonia — sunt autem ea loca subiecta Thraciae — et Agrianes, admixtis etiam Threcibus incolis, trium milium ferme et ipsi expleverunt numerum. armaverat contraxeratque eos Didas Paeon, 6 qui adulescentem Demetrium occiderat. et armatorum duo milia 7 Gallorum erant, praefecto Asclepiodoto. ab Heraclea ex Sintis tria milia Threcum liberorum suum ducem habebant. Cretensium par paene numerus suos duces sequebatur, Susum Phalasarneum et Syllum Gnosium. et Leonides Lacedaemonius quin- 8 gentis ex Graecia, mixto generi hominum, praeerat. regii is generis ferebatur, exul damnatus frequenti concilio Achaeorum, litteris ad Persea deprensis. Aetolorum et Boeotorum, qui non 9 explebant plus quam quingentorum omnes numerum, Lyco Achaeus praefectus erat. ex his mixtis tot populorum, tot gentium auxiliis duodecim milia armatorum ferme efficiebantur. equitum ex tota Macedonia contraxerat *tria* milia. venerat eodem 10 Cotys Seuthis filius, rex gentis Odrysarum, cum mille delectis equitibus, pari ferme peditum numero. ita summa totius exer- 11 citus undequadraginta *milia* peditum erant, quattuor equitum. satis constabat, secundum eum exercitum, quem magnus Alexan-

— *Eulyestas* ist wahrscheinlich verdorben, es wird *Elymiotas*, *Lyncestas* verm. — *Edess.*, 45, 29, 8. — *Paror.*, 39, 27, 10. — *Parastr.*, wahrscheinlich das Land am Strymon nördlich von Sintice. — *subiecta*, 41, 24, 9. — *Agrian.*, 28, 5, 12; 33, 19, 9. — *incolis* könnte bedeuten: die im Gebiete der Agr. ansässigen Thraker; doch ist viell. *accolis*, s. c. 52, 2, zu lesen, vgl. 22, 20, 10. — *expleverunt*, 38, 26, 3; 28, 22, 4; 39, 31, 18; ib. 29, 5; Madvig verlangt *expleverant*, es könnte auch, wie § 9, *explebant* heissen.
7—11. *Gallor.*, aus Pannonien oder Asien, oder Bastarner 40, 5, 10. — *ex Sintis* kann schwerlich attributiv zu *Heraclea* genommen werden = *Sintice*, 45, 29, 6, vgl. c. 56, 6; der Sinn wäre also: von H. aus dem Lande der S.; viell. ist *et ex S.* zu lesen, doch bleibt auch so das Verhältniss der *liberi Thraces*, s. c. 19,

6, unklar, da *Sintice* nach 45, 29 zu Maced. gehörte. Das Volk heisst Thuc. 2, 98; Strabo 7 Frg. 46 u. a. Σιντοί, daher nicht *Sintiis*, am unteren Strymon an dem westl. Ufer. — *Cretens.*, c. 35, 6, vgl. 37, 41; 38, 21. — *Phalas.*, aus *Phalasarna* auf Creta. — *misto g.*, § 9; c. 58, 8; 27, 38, 11; 37, 39, 12; es ist auf *gens* übergetragen, was von den verschiedenen Bestandtheilen gilt. — *regii*, wie Agesipolis 34, 26. — *concil.* ist wegen *literis* etc. als erst vor Kurzem gehalten anzusehen, s. 41, 23 ff. — *efficieb.*, machten die Summe aus, diese wurde zusammen gebracht. — *tria m.*, ebenso Plut. — *Cotys*, c. 29. — *Seuthis* nicht *Seuthac* hat die Hs., Thuc. 2, 97 Σεύθου; Xenoph. H. G. 4, 8, 26 Σεύθην, Schneider lat. Formenl. 1, 37. — *secund.*, nächst diesem, welches man, nicht in Uebereinstimmung mit 9, 19, 5, für grösser hielt.

der in Asiam traiecit, nunquam ullius Macedonum regis copias tantas fuisse.

52 Sextus et vicesimus annus agebatur, ex quo petenti Phi-
2 lippo data pax erat; per id omne tempus quieta Macedonia et progeniem ediderat, cuius magna pars matura militiae esset, et levibus bellis Thracum accolarum, quae exercerent magis quam
3 fatigarent, sub adsidua tamen militia fuerat. et diu meditatum Philippo primo, deinde et Persei Romanum bellum omnia ut
4 instructa parataque essent effecerat. mota parumper acies, non iusto decursu tamen, ne stetisse tantum in armis viderentur;
5 armatosque, sicut erant, ad contionem vocavit. ipse constitit in tribunali, circa se habens filios duos, quorum maior Philippus natura frater, adoptione filius, minor, quem Alexandrum voca-
6 bant, naturalis erat. cohortatus est milites ad bellum, iniuriam
7 populi Romani in patrem seque conmemoravit: illum omnibus indignitatibus conpulsum ad rebellandum, inter apparatum belli fato oppressum; ad se simul legatos, simul milites ad occupan-
8 das Graeciae urbes missos. fallaci deinde conloquio per speciem reconciliandae pacis extractam hiemem, ut tempus ad conparandum haberent; consulem nunc venire cum duabus legionibus Romanis, quae * * , trecenos equites habeant, et pari ferme
9 numero sociorum peditum equitumque; eo ut accedant regum auxilia Eumenis et Masinissae, non plus * septem milia pedi-

52. 1-4. *sext. et vic.*, im J. 558 war der Friede geschlossen, 33, 30. — *quieta*, ohne bedeutende Kriege. *prog.*, c. 11, 6. — *bellis*, die also nicht untersagt sind, wie es nach 33, 30, 6 sein müsste; Nissen 146. — *sub ads. t. mil.*, 25, 37, 3: *disciplina, sub qua*; zum Gedanken 39, 1. — *medit.* passiv, wie oft, und mit dem Dativ, wie *cognitus* u. ä., c. 47, 2. — *Persei*, c. 49, 7. *decursu*, 40, 6, 5. — *ne stet. t.* etc., damit es nicht den Schein habe, als ob sie, obgleich bewaffnet, nichts dem Entsprechendes gethan, sondern nur dagestanden hätten; Muret. verm. *tantum ne stet.* —*armatos*, das partic. nach *in armis*, wie nach dem verb. finit., 1, 12, 9; ib. 25, 1. *sicut er.*, 27, 43, 4.

5-9. *circa*, 40, 6, 4: *latera cingebant.* - *fil. duos*, 45, 28, 11; ib. 39, 7; Plut. Aem. 33; L. 45, 6, 9:

Philippum maximum natu ex filiis, wäre also nicht genau, wenn nicht an die 45, 28 u. von Plut. erwähnte Tochter zu denken ist. — *quorum mai.*, ist unsicher, die Hs. hat *cuius vel quorum pars*, worin Madvig *cuius paris* findet, was nicht ohne Härte ist, vgl. 8, 29, 10; 27, 34, 11. — *Phil.*, dieser ist bis jetzt noch nicht erwähnt. — *indignit.*, 22, 13, 1; 24, 22, 1, vgl. 9, 8, 4. — *fato opp.*, 21, 5, 2. — *legatos*, c. 37; *milit.*, 36, 8. — *conpar.*, 35, 45, 5, erst jetzt hat er die Hinterlist bemerkt. — *quae*, wie darnach die Zahl der Fusssoldaten ausgedrückt gewesen sei, lässt sich nicht bestimmen. — *et pari*, auch dazu ist wol *cum* zu denken, c. 47, 5, vgl. 3, 5, 8; über die Zahl c. 31, 3. — *eo ut*, gesetzt, dass dazu usw.; die Zahl ist ungewiss, etwas ausgefallen oder

tum, duo equitum futura. auditis hostium copiis respicerent 10
suum ipsi exercitum, quantum numero, quantum genere militum
praestarent tironibus raptim ad id bellum conscriptis ipsi a pueris eruditi artibus militiae, tot subacti atque durati bellis. auxilia 11
Romanis Lydos et Phrygas et Numidas esse, sibi Thracas Gal-
losque, ferocissimas gentium. arma illos habere ea, quae sibi
quisque paraverit pauper miles, Macedonas prompta ex regio ap-
paratu, per tot annos patris sui cura et inpensa facta. comme- 12
atum illis cum procul, tum omnibus sub casibus maritimis fore;
se et pecuniam et frumentum, praeter reditus metallorum, in decem annos seposuisse. omnia, quae deorum indulgentia, quae 13
regia cura praeparanda fuerint, plena cumulataque habere Macedonas. animum habendum esse, quem habuerint maiores eo- 14
rum, qui Europa omni domita transgressi in Asiam incognitum
famae aperuerint armis orbem terrarum nec ante vincere desie-
rint, quam rubro mari inclusis quod vincerent defuerit. at her- 15
cule nunc *non* de ultimis Indiae oris, sed de ipsius Macedoniae
possessione certamen fortunam indixisse. cum patre suo geren-
tis bellum Romanos speciosum Graeciae liberandae tulisse titulum; nunc propalam Macedoniam in servitutem petere, ne rex 16
vicinus imperio sit Romano, ne gens bello nobilis arma habeat.

septem verdorben.
10-11. *auditis* = *postquam audi-
vissent, quae h. c. essent.* - *quantum*
etc., Epexegese zu *suum exerc.*,
noch von dem Begriffe des Erken-
nens in *respicere* abhängig. — *tiro-
nib.*, weil nach der Regel jedes Jahr
ausgehoben wurde, c. 55, 3, vgl. c.
34 ff. — *subacti*, geübt durch An-
strengungen, Cic. Or. 2, 30, 131:
subacto ingenio; *durati*, 23, 18, 10.
— *Lyd. et Phryg.*, die Unterthanen
des Eumenes, 35, 49, 8.
11–13. *arma*, 9, 19, 6; 31, 34.
— *quae – parav.*, so war es im Allgemeinen; dass die Proletarier, wenn
sie dienten, s. c. 34, 2, die Waffen
vom Staate empfiengen, Gell. 16, 10,
13; Lange 1, 367; 2, 22; 73, und im
Kriege die Waffen aus Zeughäusern
bezogen wurden, s. 29, 22, 3; ib. 35,
8 u. a., Marq. 3, 2, 75; 239 f., kommt
nicht in Betracht. — *pauper*, also
nur schlechte, dagegen *regio - facta*,
ausgezeichnete, glänzende, s. 44,

41, 2. — *sub c. f.*, c. 50, 5, vgl. 23,
48, 2. — *praeter*, abgesehen von,
c. 12, 9. — *dec. ann.*, Iustin. 33, 1,
3: *Perseo* — *decennis belli sumptus
a patre paratus in thesauris et hor-
reis erat*.
14–16. *maiores*, Iust. 1. 1.: *veterem Alexandri gloriam conside-
rare suos iubebat*. — *Europ.*, st.
Graecia, Thracia. — *famae*, der
Kenntniss der Europäer, Griechen
u. Römer, kann zu *incognitum* und
zu *aperuerint* gezogen werden, 36,
17, 14: *Asiam – imperio Romano
aperturos*. — *rubrom.*, der persische
Meerbusen, den L. wol bis an das
indische Meer (daher im Folg. *Indiae
oris*) reichen lässt, Curt. 3, 4, 9:
Bactrianos – *et Indos ceterosque
rubri maris accolas*; L. 36, 17, 15.
— *inclus.*, vgl. 21, 43, 4. — *at herc.*,
wie 21, 41, 13. — *specios.* etc., 36,
17, 13. — *tulisse*, 35, 47, 5; praef.
7 u. a. — *bello n.*, 31, 1, 7. — *haec*
etc., das Schimpflichste für den Sol-

haec enim tradenda superbis dominis esse cum rege regnoque,
53 si absistere bello et facere imperata velint. Cum per omnem orationem satis frequenti adsensu succlamatum esset, tum vero ea vociferatio simul indignantium minitantiumque, partim iubentium bonum animum habere regem, exorta est, ut finem dicendi
2 faceret, tantum iussis ad iter parare: iam enim dici movere castra ab Nymphaeo Romanos. contione dimissa, ad audiendas le-
3 gationes civitatium Macedoniae se contulit. venerant autem ad pecunias pro facultatibus quaeque suis et frumentum pollicendum ad
4 bellum. omnibus gratiae actae, remissum omnibus; satis regios apparatus ad ea dictum sufficere. vehicula tantum imperata, ut tormenta telorumque missilium ingentem vim praeparatam bellicumque aliud instrumentum veherent.
5   Profectus inde toto exercitu, Eordaeam petens, ad Begorritim quem vocant lacum positis castris, postero die in Elimeam
6 ad Haliacmona fluvium processit. deinde saltu angusto superatis montibus, quos Cambunios vocant, descendit ad Azorum,

daten; doch ist hier auch der Verlust des Kriegsrechtes, im Folg. der Aufhebung der politischen Selbständigkeit bezeichnet.
53. 1—4. *succlam.*, hier: die Rede unterbrechendes Beifallsgeschrei, vgl. 40, 36, 4. — *tum vero*, jetzt aber erst, n. als sie die letzten Worte *haec enim* etc. gehört hatten; dass diese durch *tum v. ad haec extrema* wieder angedeutet werden, ist wol nicht nothwendig, da die Aeusserung eben gethan und die Rede noch nicht zu Ende sondern nur unterbrochen ist. — *simul ind.* etc. ist so gesagt, als ob alle umfasst würden, dann erst folgt in *partim* die Beschränkung, s. c. 30, 4: *quosdam*; 4, 33, 11: *alios*; 3, 37, 8; über *simul – que* 3, 50, 12; *indignantium* 3, 54, 10; 23, 22, 6. — *tantum*, er befahl nur noch, ehe er schloss, c. 52, 4. — *parare* wäre, wenn nicht *se* ausgefallen oder *iussi se* zu lesen ist, wie c. 52, 8 *conparare* absolut gebraucht. — *quaeq. suis*, 32, 19, 9; 5, 20, 8. — *remiss.*, c. 35, 2, da er die Gaben anzunehmen, ja zu fordern berechtigt war. — *ea*, die Bedürfnisse. *dictum* würde

man nicht vermissen. — *ut torm.*, Marq. 3, 2, 471. — *instrum.* Kriegsmaterial.
53, 5—54. **Zug des Königs nach Thessalien.**
5—6. *Eordaeam*, von *Cilium* c. 51 westlich, s. 31, 39, 7; dann südlich nach *Elimaea*, 31, 40, 1: 43, 21, 5. — *Begorr.*, ein bedeutender See in Eordaea, j. Sarijül, gelber See. — *Haliac.*, der in Elimaea entspringt und es der Länge nach durchfliesst. Der Zug rückt so weit westlich um den Olympus zu umgehen. Der König hat den westlichen Durchgang aus Maced. (ἄνω Μακεδονία) zwischen dem Titarion, dem westlich sich an den Olympus anschliessenden Gebirge, Strabo 7. Frg. 14: ἀπὸ τοῦ Τιταρίου ὄρους συμφυοῖς τῷ Ὀλύμπῳ: 9, 5, 20 p. 441, j. Tschapka, und der Ostseite der cambunischen Berge, durch das Thal eines der den Titaresios (Europus) bildenden Flüsschen, des Σαραντόπορος, von Phylake, j. Servia, nach Volustana, j. Vigla, vgl. 44, 2, 10, nicht den östlichen über Petra, 39, 26, 1, gewählt. — *Cambun.*, j. Amarbis, die von dem Olym-

Pythium [et] Dolichen — Tripolim vocant incolentes. haec tria 7
oppida paulisper cunctata, quia obsides Larisaeis dederant, victa
tamen praesenti metu in deditionem concesserunt. benigne his 8
appellatis haud dubius Perrhaebos quoque idem *facturos*, * urbem nihil cunctatis, qui incolebant, primo adventu recipit. Cy- 9
retias oppugnare coactus primo etiam die acri concursu ad portas
armatorum est repulsus; postero die omnibus copiis adortus in
deditionem omnes ante noctem accepit. Mylae, proximum oppi- 54
dum, ita munitum, ut inexsuperabilis munimenti spes incolas
ferociores faceret, non portas claudere regis satis habuerunt, sed
probris quoque in ipsum Macedonasque procacibus iaculati sunt.
quae res cum infestiorem hostem ad oppugnandum fecisset, ipsos 2

pus, zunächst dem Titariongebirge sich westlich bis an den Lakmon ziehende Gebirgskette, s. Abel Macedonien 2: Bursian 1, 42. — *Azorum*, 44, 2, 8; Strabo 7, 7, 9, 327: Ἄζωρος; Pol. 28, 11 Ἀζώριον; da L. den Ort zuerst nennt, so ist es wenigstens wahrscheinlich, dass er dem Passe am nächsten lag, auch Ptolemaeus, 3, 13, 42 Ἀζώριον, setzt ihn am weitesten westlich von den drei Städten: es ist ungewiss, ob er bei dem j. Gilgovo oder Vulvala (Bursian) oder bei Kastri (Heuzey le mont Olympe 37) stand. — *Pythium*, östlich von Azorus, auf einem Hügel bei Hag. Apostoli, in der Nähe des Dorfes Sélos, an einem befestigten Apollotempel, deckte den Zugang zu dem östlichen Passe am Olympus, s. 44, 2, 6; ib. 32, 8; Heuzey 28 f. — *Doliche*, wahrscheinlich südlich von den beiden genannten Städten: ob *et* zu tilgen sei, ist nicht sicher, s. c. 65, 14; 39, 25, 3. — *Tripol. - incol.* finden sich in d. Hs. nach *descendit*, wo sie, obgleich L. Parenthesen bisweilen freier stellt, s. 25, 16, 5, zu 33, 18, 9, kaum stehen können. Die Tripolis ist der äusserste Punkt Thessaliens zwischen dem Olympus, Titarion und den cambun. Bergen.
7–9. *Laris.*, die sich und den Römern s. c. 47, 10, den wichtigen Uebergangspunkt sichern wollen.

— *praesenti*, 36, 10, 4. — *Perrh.*, ebenso 44, 2, 8; 36, 10, 5, sonst ist die Tripolis ein Theil von Hestiaeotis. Nach der ungenauen Angabe der Annalisten, c. 36, 4, wäre Perseus schon im Besitze von Perrhäbien gewesen. Im Folg. fehlt ausser *facturos* wol nur der Name der Stadt (Erition; 36, 13 Oloosson od. a.), da *coactus* auf *nihil cunct.* zurückgeht. — *Cyret.*, 31, 41; 36, 10, 5. — *etiam* bezieht sich nicht allein auf *primo*, sondern auf den ganzen Gedanken. — *omnes*, alle Bewohner, im Gegensatz zu *armatorum*; *omnes* nach *omnibus* ist wol nicht beabsichtigt.
54. 1–5. *Mylae*, wahrscheinlich südlich von *Cyretiae* auf dem rechten Ufer des Europus; von da geht das Heer über die § 6 f. genannten Städte, von denen *Phalanna* u. *Gyrton* wahrscheinlich noch in der Nähe des Europus lagen, *Elatia* auf dem rechten Ufer des Peneus, an diesem hin bis Gonnus, s. Bursian 1, 56; 61; 65; dann südlich nach Sycurium. — *inexsup*, 39, 54, 12. — *spes*, die H., welche die Befestigung gab, vgl. 10, 4, 6. — *probr. in ips. - iacul. s.*, Quintil. 9, 2, 79: *reus - iacularetur in uxorem obliquis sententiis*, gewöhnlich *iaculari aliquid*, vgl. c. 20, 5: *cumulare*. — *oppugnata*, als ob *urbs* vorhergienge, wenn dieses nicht ausgefallen ist.

358 LIBER XXXXII. CAP. 54.

3 desperatione veniae ad tuendos sese acrius accendit. itaque per triduum ingentibus utrimque animis et oppugnata est *et* defensa. multitudo Macedonum ad subeundum in vicem proelium haud difficulter sufficiebat; oppidanos diem noctem eosdem tuentis moenia non vulnera modo, sed etiam vigiliae et continens labor
4 conficiebat. quarto die cum et scalae undique ad muros erigerentur, et porta vi maiore oppugnaretur, oppidani depulsi muris ad portam tuendam concurrunt eruptionemque repentinam in
5 hostis faciunt; quae cum irae magis inconsultae quam verae fiduciae virium esset, pauci et fessi ab integris pulsi terga *dederunt* fugientesque per patentem portam hostes acceperunt.
6 ita capta urbs ac direpta est. libera quoque corpora, quae caedibus superfuerunt, venum data. diruto magna ex parte et incenso oppido profectus ad Phalannam castra movit, inde postero die Gyr-
7 tonem pervenit. quo cum T. Minucium Rufum et Hippiam Thessalorum praetorem cum praesidio intrasse accepisset, ne temptata quidem oppugnatione praetergressus, Elatiam et Gonnum
8 perculsis inopinato adventu oppidanis recepit. utraque oppida in faucibus sunt, qua Tempe adeunt, magis Gonnus. itaque et firmiore id praesidio tutum equitum peditumque, ad hoc fossa

— *suffic.*, 21, 8, 4; 29, 17, 17 u. a., oder *ruppetebat* ist wol statt des hs. *sedebat* zu lesen. — *diem noct.*, s. 21, 28, 2; doch braucht L. sonst die Verbindungspartikel, *die ac nocte* 4, 22, 5; 24, 20, 13, vgl. 25, 39, 11; 24, 37, 4; *dies noctesque* 36, 23, 5; oder *non die non n.*; 6, 4, 10, vgl. 21, 11, 5; 32, 15, 2; *nec die nec n.* 24, 12, 5; 28, 6, 10 u. a. — *vigil.*, 36, 23, 5. — *depulsi* m. ist nicht sicher, da die Hs. *depulmoris* hat, auch wäre *fugientesque*, da die Feinde die Stadt schon in ihrer Gewalt hatten, nicht genau, doch lässt sich nicht entscheiden, ob L. ungenau erzählt oder der Abschreiber gefehlt hat; Gron. verm. *fugientesque et* (= *etiam*) *per*, Madvig *depulso hoste muris*. — *irae - fid.*, c. 57, 10; 22, 15, 2: *regio praesentis erat copiae*, 3, 62, 6; ib. 72, 5. — *libera* etc., 26, 47, 1; 2, 17, 7.

6-8. *Phalan.*, Strabo 9, 5, 19; 440: Ὀρθην δέ τινες τὴν ἀκρόπολιν τῶν Φαλανναίων εἰρήκασιν

(Hom. Il. 2, 738)· ἡ δὲ Φάλαννα Περραιβικὴ πόλις πρὸς τῷ Πηνείῳ πλησίον τῶν Τεμπῶν. *Gyrt.*, 36, 10, 2. — *Minuc.*, dieser ist vorher nicht erwähnt, viell. von Sicinius oder Atilius dahin geschickt. — *praet.*, 35, 39, 4; Niebuhr kl. Schriften 1, 246. *Gonnum*, vgl. c. 67, 6; 44, 6, 10; *Gonni* 33, 10, 6: 36, 10, 11; am Fusse des Olympus nicht weit von dem Peneus, wo er in das Tempethal tritt, dessen Zugang und so die Strasse nach Macedonien die Stadt beherrschte; Ruinen derselben bei dem Dorfe Dereli, Henzey 16. — *utraq.*, c. 34, 4. — *faucib.*, der enge Zugang der Schlucht selbst, c. 67, 6; 33, 10, 6. — *qua T. ad.*, doch deutet die Hs. noch einen Zusatz an; das Wort *Tempe* findet sich nur in dieser Form, der Scholiast zu Hor. Od. 1, 7, 4: *Tempe est numeri pluralis inflexum*, anders im Griech., s. § 6 die Stelle aus Strabo. — *magis*, n. *quam Elatia*, in Bezug auf den Adjectivbegriff in *in faucibus sunt*

triplici ac vallo munitum reliquit. ipse ad Sycurium progressus 9
opperiri ibi hostium adventum statuit, simul et frumentari passim
exercitum iubet in subiecto hostium agro. namque Sycurium 10
est sub radicibus Ossae montis; qua in meridiem vergit, subiectos
habet Thessaliae campos, ab tergo Macedoniam atque Magnesiam.
ad has opportunitates accedit summa salubritas et copia pluribus 11
circumiectis fontibus perennium aquarum.

Consul Romanus per eosdem dies Thessaliam cum exercitu 55
petens iter expeditum primo per Epirum habuit; deinde post- 2
quam in Athamaniam est transgressus asperi ac prope invii soli,
cum ingenti difficultate parvis itineribus aegre Gomphos pervenit; cui si vexatis hominibus equisque tironem exercitum du- 3
centi acie instructa et loco suo et tempore obstitisset rex, ne
Romani quidem abnuunt magna sua cum clade fuisse pugnaturos.
postquam Gomphos sine certamine ventum est, praeter gaudium 4
periculosi saltus superati contemptus quoque hostium adeo igno-
rantium opportunitates suas accessit. sacrificio rite perfecto con- 5
sul et frumento dato militibus paucos ad requiem iumentorum
hominumque moratus dies, cum audiret vagari Macedonas effusos per Thessaliam vastarique sociorum agros, satis iam refe-
ctum militem ad Larisam ducit. inde cum tria milia ferme abesset, 6
ad Tripolim — Scaeam vocant — super Peneum amnem posuit
castra. per idem tempus Eumenes ad Chalcidem navibus accessit 7
cum Attalo atque Athenaeo fratribus, Philetaero fratre relicto

s. zu c. 41, 9; doch ist die Constrct.
an u. St. härter. — *tripl.*, 37, 37, 10.
9–11. *Sycur.*, c. 64, 8; 9; 57,
9; auch *Sucur*. od. *Sicur*. in d. Hs.
geschrieben, s. c. 56, 6; 64, 7, vgl.
ib. 1; 62, 15. — *sub rad.*, an der
südwestlichen Seite. — *subi.*, c. 51,
5; *Thess.* c., 32, 4, 4. — *Magnes.*,
wenigstens den nördlichen Theil. —
perenn. aquar. kann zu *fontib.* genommen werden, ist aber auch bei
copia zu denken.
55–56, 7. Unternehmungen der
Römer zu Lande und zur See. Pol.
27, 6.
1–4. *Thess.*, von Apollonia aus,
c. 49. — *iter* etc., anders 32, 5 ff.
— *asperi a. p. i. soli*, s. 3, 27, 1;
35, 31, 14. — *Gomph.*, s. 31, 41, 6;
durch den Pass bei Argithea, 38, 2.
— *vexatis*, 40, 22, 6. — *tiron.*, c.

52, 10; 31, 4. — *Io. suo e. t.*, c. 43,
3. — *abnuunt*, wahrscheinlich hatte
Pol. dieses als Ansicht der damaligen Römer berichtet, vgl. 31, 38, 1;
44, 5, 8. — *gaud. - super.*, 29, 32,
10: *tota Africa - repleta varie animos adfecit*; Naegelsb. 1 § 30, 2.
5–6. *sacrif.*, c. 51, 2. — *consul*,
die Stellung wie 2, 46, 4; Cic. Mil.
7, 18 u. a. — *frum. dato*, vgl. 44,
2, 4: *consul menstruum iusso milite secum ferre*; Caes. B. G. 1, 16,
5: *frumentum militi metiri*; Marq.
3, 2, 75. — *socior.*, der Thessaler.
— *Scaeam*, nach c. 60, 3, vgl. c. 64,
7, lag der Ort wie Larisa selbst am
rechten Ufer des Peneus; er wird
sonst, wie es scheint, nicht erwähnt;
dagegen hiess Crannon c. 64 *Παλαι-
ολάρισα*.
7–10. *navib.*, c. 35, 39, 1. —

Pergami ad tutelam regni. Chalcide cum Attalo et quattuor mili-
8 bus peditum, mille equitum ad consulem venit; Chalcide relicta
duo milia peditum, quibus Athenaeus praepositus. et alia eodem
auxilia Romanis ex omnibus undique Graeciae populis convenerunt, quorum pleraque — adeo parva erant — in oblivionem
9 adducta. Apolloniatae trecentos equites, centum pedites miserunt. Aetolorum alae unius instar, quantum ab tota gente equi-
10 tum [erat] venerat, et Thessalorum, *quorum* omnis equitatus
speratus erat, non plus quam trecenti erant equites in castris
Romanis. Achaei iuventutis suae Cretico maxime armatu ad
mille quingentos dederunt.
56   Sub idem tempus et C. Lucretius praetor, qui navibus praeerat ad Cephallaniam, M. Lucretio fratre cum classe super Maleum
Chalcidem iusso petere ipse triremem conscendit, sinum Corin-
2 thium petens ad praeoccupandas in Boeotia res. tardior ei na-
3 vigatio propter infirmitatem corporis fuit. M. Lucretius Chalcidem adveniens cum a P. Lentulo Haliartum oppugnari audisset,
nuntium, praetoris verbis qui abscedere cum inde iuberet, misit.
4 Boeotorum iuventute, quae pars cum Romanis stabat, eam rem
5 adgressus legatus a moenibus abscessit. haec soluta obsidio
[cuius] locum alteri novae obsidioni dedit; namque extemplo M.
Lucretius cum exercitu navali, decem milibus armatorum, ad hoc
duobus milibus regiorum, qui sub Athenaeo erant, Haliartum circumsedit, parantibusque iam oppugnare supervenit a Creusa
6 praetor. ad idem fere tempus et ab sociis naves Chalcidem con-

Chalc., vgl. c. 44, 7; über die Wiederholung des W. c. 43, 8 *Thebas* u. a. —
praepos. ohne *est*, s. § 8; 27, 5, 9. —
eodem, vorher *ad consulem*. — *Aetol.* von *alae instar*, s. 26, 28, 11,
abhängig, also etwa 500, vgl. 33, 3,
9; 43, 22, 4. — *venerat* nach Madvig; da aber die Hs. *eratvenerat* hat,
so scheint die Stelle noch weiter
verdorben; *quorum* hat Drak. zugesetzt. — *trec.*, nach c. 58, 14 sind
es 400, also eine der beiden Stellen
nicht richtig, oder es sind noch 100
hinzugekommen. — *Cretico*, Schleu-
derer und sonst Leichtbewaffnete,
die c. 44, 7 erwähnten 1000 M. sind
nicht berührt. — *maxime*, c. 56,
10; 37, 12, 6, vgl. 39, 31, 16.
  56, 1-5. *C. Lucret.*, c. 48, 9. —
Maleum, so hat die Hs., wie in der

4. Decade die Bamberger, s. zu 31,
44, 1. — *praeocc. - res*, um sich
früher (als Perseus) zu Herrn der
Verhältnisse zu machen, s. 24, 7, 7.
— *tardior*, ohne Andeutung des Gegensatzes. — *adven.*, 41, 10, 13. —
Lent., c. 47, 12. — *Haliart.*, ein
militärisch wichtiger Punkt am Ver-
bindungspasse zwischen dem westlichen u. östlichen Theile Böotiens,
hat sich für Perseus erklärt, c. 46,
9. — *praet. v.*, 9, 36, 14 u. a. — *iuventute*, 3, 37. 6: *patriciis iuvenibus
saepserant latera*. — *quae p.*, 40,
31, 9. — *decem m.*, diese sind c. 31
nicht so bestimmt angegeben, vgl.
c. 27, 3. — *Creusa*, dem Hafenplatze
von Thespiae.
  6-7. *ab soc.*, scheint gesagt wie
legati ab aliquo, 44, 14, 5 u. a., oder:

venerunt, duae Punicae quinqueremes, duae ab Heraclea ex Ponto triremes, quattuor Chalcedone, totidem Samo, tum quinque Rhodiae quadriremes. has praetor, quia nusquam erat maritumum 7 bellum, remisit sociis. et Q. Marcius Chalcidem navibus venit Alope capta, Larisa, quae Cremaste dicitur, obpugnata.

Cum hic status in Boeotia esset, Perseus cum ad Sycurium, 8 sicut ante dictum est, stativa haberet, frumento undique circa ex agris convecto, ad vastandum *agrum* Pheraeorum misit, ratus 9 ad iuvandas sociorum urbes longius a castris abstractos deprehendi Romanos posse. quos cum eo tumultu nihil motos animadvertisset, praedam quidem praeterquam hominum — pecora 10 autem maxume omnis generis fuere — divisit ad epulandum militibus * * .

Sub idem deinde tempus consilium et consul et rex habúe- 57 runt, unde bellum ordirentur. regiis creverant animi vastatione 2 concessa sibi ab hoste Pheraei agri; itaque eundum inde ad castra nec dandum ultra spatium cunctandi censebant. et Ro- 3 mani censebant cunctationem suam infamem apud socios esse, maxume indigne ferentis non latam Pheraeis opem. consultan- 4 tibus, quid agerent — aderant autem Eumenes et Attalus in concilio — trepidus nuntius adfert hostem magno agmine adesse.

---

von Seiten. Wenn der Begriff *socii* genau gebraucht ist, so ist anzunehmen, dass *Heraclea*, *Chalcedon*, früher den Aetolern, Pol. 15, 23, dann Philippus unterworfen, wie Chius, s. 36, 43 u. a., nach der Befreiung der Griechen in ein Bundesverhältniss mit Rom getreten sind, s. Strabo 12, 3, 6 p. 542; Marq. 3, 1, 153; doch würde dieses in Bezug auf die Rhodier nicht genau sein, s. c. 19, 8; viell. soll *tum* § 6 andeuten, dass diese nicht zu den *socii* gehören. — *Punicae*, 36, 42, 2. — *ab Heraclea* ist wol von *convenerunt* abhängig, nicht attributiv wie 35, 32, 4: ebenso wenig *ex Ponto* Attribut von *Heraclea* = am P., sondern sie kamen von H. aus dem P., vgl. c. 51, 7: 37, 44, 4; die Stadt lag in Bithynien: Chalcedon Byzanz gegenüber. — *Chalced. - Samo*, der Abl. wie c. 55, 7; 35, 10, 9, schwerlich ist *ab* wieder zu denken. — *quadrir.*, Pol. l. l. τριήρεις, doch

verm. Nissen τετρήρεις. — *remis.*, er erliess ihnen den weiteren Dienst, c. 53, 4; P.: ἀπέλυσε τῆς χρείας; Andere: er schickte sie zurück. — *navib.*, c. 55, 7; vgl. 47, 9. — *Alope* an der Küste von Locris. — *Laris.*, c. 42, 1; die Stadt lag nicht weit vom Meere.

56, 8 - 61, 1. Erstes Reitergefecht in Thessalien: App. Mac. 12; Plut. Aem. 9; Iustin. 33, 1.

8 - 10. *undiq.* c. *ex ag.*, 28, 15, 13. — *Pheraeor.*, 32, 13, 9; es kann auch *Pheraeum agrum* geheissen haben, s. c. 57, 2; 29, 30, 10. — *quidem*, Gron. verm. *quod erat*: doch ist est wahrscheinlicher, dass der *quidem* entsprechende Satz nach *militibus*, s. c. 57, 9 u. o. (nach Madvig vor *praedam*) fehle. — *praeterq. h.*, c. 54, 6; nach röm. Verfahren, 41, 11, 8.

57. 1 - 5. *ordirent.*, *dirimerent* nach dem bd. *dirimentur*, s. 27, 30, 4; 40, 52, 5, würde wegen *unde*

5 consilio dimisso signum extemplo datur, uti arma capiant. interim placet ex regiis auxiliis centum equites et parem numerum
6 iaculatorum peditum exire. Perseus *hora* ferme diei quarta, cum paulo plus mille passus abesset a castris Romanis, consistere signa peditum iussit. praegressus ipse cum equitibus ac levi armatura, et Cotys cum eo ducesque aliorum auxiliorum prae-
7 cesserunt. minus quingentos passus ab castris aberant, cum in conspectu fuere hostium equites; duae alae erant magna ex parte Gallorum, Cassignatus praeerat, et levis armaturae centum fere
8 et quinquaginta Mysi aut Cretenses. constitit rex, incertus, quantum esset *hostium*. duas inde ex agmine turmas Threcum, duas Macedonum cum binis Cretensium cohortibus et Threcum misit.
9 proelium, cum pares numero essent neque ab hac aut illa parte nova auxilia subvenirent, incerta victoria finitum est. Eumenis ferme triginta interfecti, inter quos Cassignatus dux Gallorum cecidit. et tunc quidem Perseus ad Sycurium copias reduxit.
10 postero die circa eandem horam in eundem locum rex copias admovit plaustris cum aqua sequentibus; nam duodecim milium passuum *via* omnis sine aqua et plurimi pulveris erat, adfectosque siti, si primo in conspectu dimicassent, pugnaturos fuisse
11 apparebat. cum Romani quiessent stationibus etiam intra vallum reductis, regii quoque in castra redeunt. hoc per aliquot dies fecerunt sperantes fore, ut Romani equites abeuntium novissi-
12 mum agmen adgrederentur: inde certamine orto *cum* longius a

---

hier nicht passen. Im Folg. ist viell. das einemal *censebant* verschrieben (*sentiebant* nach Madvig), wie § 4 *placent - placet. — arma* c., n. omnes, vgl. c. 53, 1. — *iacul. ped.*, 27, 12, 9: *peditum iaculatores*; 23, 26, 11: *iaculator Maurus*.

6—9. *praegr. - praecess.* ist breit ausgedrückt, aber schwerlich *praecess.* nach Crevier zu tilgen. — *Mysi*, 37, 40, 8; 38, 39, 15. — *aut*, oder auch = theils — theils, 39, 25, 2; 24, 16, 4. — *duaeal.*, eine grössere Zahl als § 5, wenn da die Zahl richtig ist. — *Cassign.*, wie *Critognatus, Asignatus, Senognatus* u. a. celtische Namen. — *quantum*, da die Hs. *quanta* hat, verm. Madvig *quanta – host. multitudo.* — *ab hac aut i.*, 39, 34, 3; ib. 27, 4; 30, 28, 3 *aut tumult.* — *pares num.*, bei der Unbestimmtheit der Ausdrücke *ala* u. *cohors* lässt sich über die Zahl selbst nicht urtheilen, doch müssten die Römer an Reiterei überlegen gewesen sein. — *inter q.*, c. 66, 5; 6, 20, 8.

10—12. *cum aq.*, 30, 24, 5: *naves cum commeatu. — adfectosq. s.* enthält das Hauptmoment des bedingten Satzes: sie würden vor Durst schmachtend (am vorhergeh. Tage) haben kämpfen müssen. — *primo i. consp.* ist viell. nicht richtig, da sie nicht im Angesichte oder im Gesichtskreise kämpften, vgl. 24, 5, 2: *primo statim conspectu*, oder *primo congressu*; im Folg. erwartet man *quiescerent*, anders ist *quiesse*, s. 44, 22, 8, zu 2, 18, 9. —

castris eos elicuissent, facile, ubiubi essent, se, qui equitatu et
levi armatura plus possent, conversuros aciem.
Postquam inceptum non succedebat, castra propius hostem 58
movit rex et a quinque milibus passum communiit. inde luce 2
prima in eodem, quo solebat, loco peditum acie instructa equitatum omnem levemque armaturam ad castra hostium ducit. visus 3
et plurimus et propior solito pulvis trepidationem in castris Romanis fecit. et primo vix creditum nuntianti est, quia prioribus
continuis diebus numquam ante horam quartam hostis apparuerat, tum solis ortus erat. deinde ut plurium clamore et cursu 4
a portis dubitatio exempta est, tumultus ingens oboritur. tribuni praefectique et centuriones in praetorium, miles ad sua quisque tentoria discurrit. minus quingentos passus a vallo instruxe- 5
rat Perseus suos circa tumulum, quem Callicinum vocant. laevo 6
cornu Cotys rex praeerat cum omnibus suae gentis; equitum
ordines levis armatura interposita distinguebat. in dextro cornu
Macedones erant equites, intermixti turmis eorum Cretenses;
huic armaturae Midon Berocaeus, equitibus et summae partis eius 7
Meno Antigonensis praeerat. proximi cornibus constiterant regii 8
equites et mixtum genus, delecta plurium gentium auxilia; Patrocles Antigonensis hic et Paeoniae praefectus Didas erant praepositi. medius omnium rex erat, circa eum agema quod vocant, 9
equitumque sacrae alae. ante se statuit funditores iaculatoresque, 10

ubiubi, eine seltene Form, vgl. 41,
8, 10: *quibusquibus*; Cic. Att. 15,
25 *utut* (?). — *convers.*, gegen den
Feind.
58. 1–5. *inceptum*, s. 24, 19,
6: *inceptum succederet*; gewöhnlich *inceptis succedit*, weshalb Gron.
inceptu = inceptui verm. — *a q.
mil.*, 24, 46, 1. — *prop. solito*, 27,
47, 1: *maior solita*; 23, 19, 11: *citatior solito*. — *trepid. - fec.*, 21,
55, 7: *fugam faciebant* u. ä. — *deinde ut*, 22, 17, 6; 24, 14, 2 u. a.
tumultus, die Kriegszucht hat nicht
gewonnen, vgl. 41, 2 f. — *ad tent.*,
bei Tagesanbruch sollte man sie in
den Zelten erwarten. — *Callin.*, der
Ort scheint sonst nicht erwähnt zu
werden.
6-8. *laevo - praeer. cum* wie
41, 12, 1; Sall. I. 46, 7: *in postremo C. Marius - cum equitibus cu-*
rabat. — disting., 37, 40, 2, im
Folg. u. § 12 *intermixti. - Midon*,
s. 44, 32, 9; ib. 45, 2; Pol. 27, 8:
Μήδων. — *huic. arm.*, wie aus
equitibus ersichtlich ist, die Cretenser; da so die Art der Bewaffnung
bezeichnet ist, s. c. 55, 10: *Cretico
armatu*, scheint es nicht nöthig *levi*
st. *huic* zu lesen. — *summae p. e.*,
Curt. 4, 45, 8: *illi partibus copiarum, summae Orsines praeerat*: er
hatte hier den Oberbefehl. — *regii
eq.*, eine besondere, nicht näher bezeichnete Abtheilung der vorher erwähnten *Macedones equites*; Pol.
5, 65 nennt: τοὺς ἱππεῖς τοὺς πε-
ρὶ τὴν αὐλήν. — *mixtum g.*, c. 51,
9; die standen auf beiden Flügeln
nach dem Centrum zu.
9-10. *agema* wie 37, 40, 5, vgl.
c. 51, 4. — *eq. sacrae al.*, ebenso
44, 42, 2, dagegen 42, 66, 5: *ala*,

quadringentorum manus utraque numerum explebat; * * Thessalonicensem et * * Neoptolemum iis praefecit. sic regii con-
11 stiterant. consul intra vallum peditum acie instructa et ipse
12 equitatum omnem cum levi armatura emisit. pro vallo instructi
sunt. dextro cornu praepositus C. Licinius Crassus consulis
frater cum omni Italico equitatu velitibus intermixtis; sinistro
M. Valerius Laevinus sociorum ex Graecis populis equites habe-
13 bat *et* eiusdem gentis levem armaturam. mediam autem aciem
cum delectis equitibus extraordinariis tenebat Quintus Mucius.
ducenti equites Galli ante signa horum instructi et de auxiliis
14 EumenisCyrtiorum gentis trecenti. Thessali quadringenti equites
parvo intervallo super laevum cornu locati. Eumenes rex Attalusque cum omni manu sua ab tergo inter postremam aciem ac
vallum steterunt.

59   In hunc modum maxime instructae acies, par ferme utrimque
numerus equitum ac levis armaturae, concurrunt a funditoribus
2 iaculatoribusque, qui praecesserant, proelio orto. primi omnium
Thraces, haud secus quam diu claustris retentaeferae, ita concitati

quam sacram vocant, sonst scheint sich diese Bezeichnung eines besonderen Reitercorps nicht zu finden, viell. war es eine Abtheilung der ἵππος ἑταιρική (oἱ ἱππεῖς τῶν ἑταίρων), von der die erste ἴλη den Namen βασιλική oder ἄγημα führte, Arr. 3, 11, 8; ob ein Theil derselben die *regii equites* § 8 waren, s. 37, 40, 11, lässt sich nicht erkennen, vgl. Mützell zu Curt. S. 332; 396f. — *Thess.*, der Name und zum Folg. das nomen gentile sind in der Hs. verdorben, die Voranstellung des letzteren wie c. 59, 8, vgl. 40, 24, 7, an u. St. war die Ordnung chiastisch; Madvig verm. *Artemona Dolopem.*
11-14. *emisit* st. des hs. *misit*, vgl. 26, 44, 3; 40, 47, 8. — *cum o. eq.*, s. die Stelle aus Sall. zu § 6. Ob auch die römische, sonst nicht erwähnte Reiterei verstanden werden soll, s. c. 61, 4f., ist nicht deutlich; das Centrum, wenn anders ein solches gebildet wurde, wäre sehr schwach gewesen. — *velit. interp.*, 26, 4, 4; Veget. 3, 16: *quodsi equites impares fuerint, more veterum velocis-*

simi cum scutis levibus pedites-iisdem miscendi sunt, quos expeditos velites nominabant. — *Laevin.*, 40,1; 27. — *delect. eq. extraord.*, sonst erwähnt L. *equites extraordinarii* ohne den Zusatz *delecti*, s. 40,31,3; auch würde die Zahl der Reiter, wenn sie nur auserlesene aus den etwa 400 extraordinarii (von 1400 M. überhaupt c. 31, 3) wären, zu gering sein; entweder ist daher *delecti* nicht richtig oder *et del.* zu lesen und unter diesen die ἀπόλεκτοι Pol. 6, 31, 2 oder die Reiter der *cohors praetoria*, vgl. 2, 20, 5, zu verstehen; Marq. 3, 2, 307. — *Muc.*, c. 49, 9. — *Cyrt.*, 37, 40, 9. — *quadring. s. c.* 55, 10.' — *super*, über diese hinaus, an der Seite, vgl. c. 59, 4. — *ab tergo*, als Reserve.
59. 1-3. *concurr.* wird besserauf *acies*, so dass *numerus* Apposit. ist, als auf dieses bezogen. — *praecess.*, die Hs. hat *praecesserunt*, vgl. zu c. 51, 5 u. 1, 1, 1, hier wol wegen *concurrunt*. — *claustris* etc., 36, 7, 13; 35, 18, 6. — *ita* ist wegen der Beziehung auf *ut* der anderen Lesart *ira* vorzuziehen, s. 24,

cum ingenti clamore in dextrum cornu, Italicos equites, incurrerunt, ut usu belli et ingenio inpavida gens turbaretur. * * gla- 3
diis hastas petere pedites * * mque, nunc succidere crura equis,
nunc ilia suffodere. Perseus in mediam invectus aciem Graecos 4
primo impetu avertit; quibus cum gravis ab tergo instaret hostis,
Thessalorum equitatus, qui a laevo cornu brevi spatio diiunctus
in subsidiis fuerat extra concursum, primo spectator certaminis,
deinde inclinata re maxumo usui fuit. cedentes enim sensim 5
integris ordinibus, postquam se Eumenis auxiliis adiunxerunt,
et cum eo tutum inter ordines suos receptum sociis fuga dissipatis dabant et, cum minus conferti hostes instarent, progredi
etiam ausi multos fugientium obvios exceperunt. nec regii, sparsi 6
iam ipsi passim sequendo, cum ordinatis et certo incedentibus
gradu manus conserere audebant. cum victor equestri proelio 7
rex, parvo momento si adiuvissent, debellatum esse *, opportune

16, 1; anders 38, 17, 7. — *usu belli*, vgl. dagegen c. 55, 3. — *hastas* etc., vgl. c. 60, 2; 31, 39, 11.
4—6. *in med. ac.* ist, wenn nichts fehlt, eher Ungenauigkeit L.'s als Fehler der Abchreiber, Perseus hätte nach c. 58, 13 an f röm. Reiter stossen müssen; doch sind diese viell. nicht erwähnt um die Vorwürfe c. 60, 9 zu motiviren. — *gravis*, 27, 4, 1. — *inclin. re*, 22, 6, 9. — *cum eo* ist nicht ohne Härte auf *Eumenes* bezogen, aber *coniuncti* wol wegen *adiunxerunt* nicht zugesetzt. — *inter ord.*, 30, 33, 3. — *excep.*, in gutem Sinne, vgl. 22, 12, 7; 29, 34, 13, doch ist die Sache nicht klar, da auch die in den Worten: *sociis - dissipat.* Bezeichneten Fliehende waren; einfacher wäre der Gedanke, wenn es *sequentium* od. ä. hiesse. — *incedent.*, weil sie nach § 5 im Vorrücken begriffen sind; *cedentibus* würde nicht passen.
7—11. *parvo m.*, s. 21, 43, 11: *perlevi momento*; 8, 19, 8: *levi momento* u. a. — *adiuviss.* etc., da die Hs. *adiuvissetdebellatum esset* hat, so kann auch das Letztere verdorben sein, wesshalb Sigonius *debellaturus esset* ändert; leichter wäre *debellavisset*, das plsqprf. wie

31, 18, 8: *edidissent*, vgl. zu 4, 58, 3: Cic. Br. 33, 126: *habuisset*, gebraucht. L. hätte dann (nach Polyb.) einen Tadel über Perseus ausgesprochen; die röm. Legionen, s. c. 60, 3, aber ebenso verletzt wie c. 61, 6; 31, 37: *quodsi modum in sequendo habuissent non in praesentis modo certaminis gloriam, sed in summam etiam belli profectum foret*, ib. 38, 3; zum Gedanken 35, 5, 10; 23, 13, 6; 22, 41, 3 u. a.: auch wäre dann die Ergänzung eines Verbum: *diceret, crederet, clamaret* nicht nöthig. In der aufgenommenen Lesart ist *debellatum esse* gebraucht wie 3, 50, 5: *fuisse*, vgl. ib. 72, 7; 28, 34, 8. Statt *ad hortandum* hat die Hs. *adhortanti*, was aber dem Folg. widersprechen würde, da der König, wenn er jetzt schon die Reiter zu einem neuen Angriff auffordert, von der Phalanx unterstützt, diesen noch weit kühner gewagt haben würde: während in *ad hortand.* etc. sein Mangel an Entschiedenheit und Selbstvertrauen hervortritt, vgl. 36, 12, 9: *peropportune ad confirmandos animos − venit*; über den absoluten Gebrauch von *supervenire* s. 2, 6, 10; 34, 28, 4 u. a.; zum Gedanken 36, 10, 9:

ad hortandum supervenit phalanx, quam sua sponte, nc audaci
coepto deessent, Hippias et Leonnatus raptim adduxerant, post-
8 quam prospere pugnasse equitem acceperunt. fluctuanti rege
inter spem metumque tantae rei conandae Cretensis Euander, quo
ministro Delphis ad insidias Eumenis regis usus erat, postquam
9 agmen peditum venientium sub signis vidit, ad regem adcurrit et
monere institit, ne elatus felicitate summam rerum temere in non
10 necessariam aleam daret: si contentus bene re gesta quiesset eo
die, vel pacis honestae condicionem habiturum, vel plurimos belli
socios, qui fortunam sequerentur, si bellare mallet. in hoc con-
11 silium pronior erat animus regis. itaque conlaudato Euandro
signa referri peditumque agmen redire in castra iubet, equitibus
receptui canere.
60 Cecidere eo die ab Romanis ducenti equites, duo *milia* haud
minus peditum, capti sescenti ferme; ex regiis autem viginti
2 equites, quadraginta pedites interfecti. postquam rediere in castra
victores, omnes quidem laeti, ante alios Thracum insolens laetitia eminebat; cum cantu enim superfixa *hastis* capita hostium
3 portantes redierunt. apud Romanos non maestitia tantum ex male
gesta re, sed pavor etiam erat, ne extemplo castra hostis adgrederetur. Eumenes suadere, ut trans Peneum transferret castra,
ut pro munimento amnem haberet, dum perculsi milites animos
4 colligerent. consul moveri flagitio timoris fatendi; victus tamen
ratione silentio noctis transductis copiis castra in ulteriore ripa
5 communiit. rex postero die ad lacessendos proelio hostes pro-

*incerto regi inter spem metumque
legati - animos auxerunt*; Andere
lesen *si adiuvissent debellatum esse
clamaret* opp. *adhortanti*, oder *deb.
esse opportune adh.* u. A. — *fluct.*,
c. 33, 2. — *pedit. st. impeditum*, vgl.
21, 5, 10. — *sunm. rer.*, die Entscheidung des Krieges und über sein
Reich. — *aleam*, c. 50, 2. — *pron.*,
§ 7. — *rec. can.*, 37, 32, 6.
  60. 1-2. *ab Rom.*, von Seiten
d. R., 1, 12, 2; 8; Caes. B. G. 2,
25, 2. — *ducenti*, eine im Vergleich
zu dem Verluste der Fusstruppen,
da auf beiden Seiten die ganze Reiterei im Gefechte gewesen ist, geringe Zahl; Plut. l. l. giebt die
Zahl der Gefallenen auf 2500,
Apophth. 197 die der Gefallenen u.
Gefangenen auf 2800 an. — *haud m.*,

39, 18, 9. — *capti s.*, ebenso Plut.,
in d. hs. Lesart AC. *ferme CC equites* kann auch *pedites* fehlen, da,
wenn *equites* entfernt wird, es den
Schein hat, als ob alle Gefangenen *pedites* gewesen wären. — *ante al.* entspricht *quidem*, wie sonst *sed.* —
eminueb., 2, 5, 8. — *superf.*, ein sel-
tenes nur noch bei späteren Schriftstellern gebrauchtes Wort, vgl. c.
48, 7 *supervectus*; 10, 26, 11; Tac.
H. 1, 49: *caput - suffixum*; Suet.
Galba 20: (*caput*) *hasta suffixum*,
vgl. 31, 39, 11.
  3-7. *transferret* ohne bestimmtes Subj. ist sehr hart, viell. ist *consuli* vorher ausgefallen oder *trans-
ferrent - haberent* zu lesen; Eum.
räth auf das linke Ufer des Flusses zu gehen, s. c. 55, 6. — *silent.*,

gressus, postquam trans amnem in tuto posita castra animadvertit, fatebatur quidem peccatum, quod pridie non institisset victis, sed aliquanto maiorem culpam esse, quod nocte foret cessatum; nam ut neminem alium suorum moveret, levi armatura 6 inmissa trepidantium in transitu fluminis hostium deleri magna ex parte copias potuisse. Romanis quidem praesens pavor dem- 7 tus erat, in tuto castra habentibus; damnum inter cetera praecipue famae movebat. et in consilio apud consulem pro se quisque in 8 Aetolos conferebant causam: ab is fugae terrorisque principium ortum; secutos pavorem Aetolorum et ceteros socios Graecorum 9 populorum. quinque principes Aetolorum, qui primi terga ver- 10 tentes conspecti dicebantur, *Romam missi.* Thessali pro contione laudati ducesque eorum etiam virtutis causa donati.

Ad regem spolia caesorum hostium referebantur. dona ex 61 his aliis arma insignia, aliis equos, quibusdam captivos [dono] 2 dabat. scuta erant supra mille quingenta, loricae thoracesque mille amplius summam explebant, galearum gladiorumque et missilium omnis generis maior aliquanto numerus. haec per se 3 ampla laetaque multiplicata verbis regis, quae ad contionem vocato exercitu habuit. „praeiudicatum eventum belli habetis. me- 4

39, 30, 4. — *sed* geht nicht auf *peccatum*, sondern es ist dazu aus *fateb.* zu denken *dicebat*, c. 43, 10. *ut nem.*, gesetzt dass = ohne dass er Jemand. — *Roman. quid.* ist so gesagt, als ob ein anderes Subject gegenüber gestellt werden sollte, während *damnum* etc. vielmehr *praesens quidem* erwarten lässt; wenn nicht so zu lesen ist, werden die R. dem vorher erwähnten König entgegengestellt: die R. aber erst, wenn sie auch sicher waren, empfanden doch usw., vgl. 39, 27, 6. — *damnum* ist durch die Zwischenstellung von *inter cetera*, wozu auch *damna* gedacht werden kann, gehoben.

8-10. *et in c.* ist leicht angeknüpft, die Schuld des *damnum famae* soll auf die Aetoler gebracht werden. — *terr. pav.*, 27, 42, 5. — *et cet.*: auch die übrigen seien in Furcht gerathen, und so gefolgt. — *Graec. p.*, vgl. c. 58, 12: *sociorum ex Graecis p.* — *dicebant*, auf ein blosses Gerücht hin; L. hat c. 59, 2: *primi omnium* etc. angedeutet, wo die Flucht begann; Pol. 27, 13 extr.: τοὺς περὶ τὸν Ἱππόλοχον — εἶδον τοὺς Αἰτωλοὺς ἀναγομένους εἰς τὴν Ῥώμην ἀπὸ τῆς ἱππομαχίας ἀλόγως, καὶ τὰς διαβολὰς τὰς ἐκ τῶν περὶ Λυκίσκον πεπιστευμένας κατ᾽ αὐτῶν; wahrscheinlich hatte derselbe auch bei der Schilderung der Schlacht die Sache berührt; App. I. l.: Αἰτωλῶν δὲ καὶ ἑτέρων Ἑλλήνων κατεψεύσατο ὡς πρώτων τραπέντων. — *pro cont.*, 39, 31, 17.

61. 1-6. *dono* ist nach *dona* überflüssig; doch kann auch *donat* oder *donabat* in *dona* liegen. — *ampl. laetaq.*, s. c. 60, 2: *laetitia*; 9, 38, 4: *laetam famam*; 3, 38, 12 u. a., es wird auch *a. lautaq.* od. *praeclaraq.* verm. — *quae habuit*, 10, 24, 4. — *praeiud. ev.*, Tac. Germ. 10: *victoria huius vel illius pro praeiudicio accipitur*, vgl. 26, 2, 4; 39,

liorem partem hostium, equitatum Romanum, quo invictos se
5 esse gloriabantur, fudistis. equites enim illis principes iuventutis, equites seminarium senatus; inde lectos in patres consules, inde imperatores creant; horum spolia paulo ante divisimus in-
6 ter vos. nec minorem de legionibus peditum victoriam habetis, quae nocturna fuga vobis subtractae naufragorum trepidatione
7 passim natantium flumen conpleverunt. sed facilius nobis sequentibus victos Peneum superare erit, quam illis trepidantibus fuit; transgressique extemplo castra oppugnabimus, quae hodie
8 cepissemus, ni fugissent; aut si acie decernere volent, eundem pugnae pedestris eventum expectate, qui equitum in cer-
9 tamine fuit." et qui vicerant alacres, spolia caesorum hostium umeris gerentes facinora sua audivere, ex eo quod acciderat
10 spem futuri praecipientes, et pedites aliena gloria accensi, praecipue qui Macedonum phalangis erant, sibi quoque et navandae regi operae et similem gloriam ex hoste pariendi oc-
11 casionem *optabant*. *contione* dimissa, postero die profectus inde ad Mopsium posuit castra. tumulus hic ante Tempe « eminet
62 Larisae medius abestonum * * * . *Romani* non abscedentes ab
2 ripa Penei transtulerunt in locum tutiorem castra. eo Misagenes Numida venit cum mille equitibus, pari peditum numero, ad hoc elephantis duobus et viginti.
3 Per eos dies consilium habenti regi de summa *rerum*, cum

27, 5; 21, 29, 4. — *mel. part.*, vgl. 3, 61, 7; im Folg. wird mehr die politische Stellung der Ritter hervorgehoben. — *princ. iuvent.*, s. 9, 14, 16; 2, 20, 11; 10, 28, 7; Schwegler 2, 664. — *inde = ex iis*, die Söhne der Senatoren dienten als Ritter und traten dann in den Senat; nur auf diese (*equites illustres* 39, 31, 16), nicht auf die um Sold dienenden Ritter kann das hier allgemein Gesagte bezogen werden, vgl. 34, 31, 17; Lange 2, 15 ff. — *patres* nach Madvig, gewöhnl. *patrum numerum*, 2, 1, 10, weil die Hs. *patrum* hat. — *do leg. - vict.*, 8, 12, 4, vgl. 25, 29, 6.
7–11. *facil. - fuit* weit getrennt, vgl. c. 6, 2; 39, 1, 2. — *umeris*, 1, 26; 2. — *pedit.*, mit Ausschluss der Leichtbewaffneten. — *Mops.*, vgl. Strabo 9, 5, 22 p. 443: εἶναι δὲ τὸ νῦν καλούμενον Πελασγικὸν

πεδίον, ἐν ᾧ Λάρισα - καὶ Μόψιον; ib. § 20 p. 441. der Hügel (*tumulus*), auf dem es lag, konnte in der Ebene stehen, Bursian 1, 62. Die folg. W. sind verdorben und lückenhaft, in *tempesteest* liegt viell. *Tempe situs est*, vgl. 36, 10, 11; 44, 8, 9; in *abestonum* wahrscheinlich *Gonnum*, c. 54, 8; 44, 6, 10; *medius* wird zwar von L. mit dem Genit. verbunden, s. c. 58, 9; 10, 2, 15, aber anders, als wenn an u. St. *Larisae medius et Gonni* gelesen würde.
62. 1–2. *non absc.* etc., wohinwärts, ist nicht zu erkennen, c. 64, 7 stehen sie wieder südlich vom Peneus. — *Misag.*, c. 29.
62, 4–15. Friedensverhandlungen. Pol. 27, 8; App. Mac. 12; Plut. Apophth. 197.
3–7. *summa r.*, § 12; c. 59, 6;

iam consedisset ferocia ab re bene gesta, ausi sunt quidam amicorum consilium dare, ut secunda fortuna in condicionem honestae pacis uteretur potius, quam spe vana evectus in casum inrevocabilem se daret: modum inponere secundis rebus nec 4 nimis credere serenitati praesentis fortunae prudentis hominis et merito felicis esse. mitteret ad consulem, qui foedus in eas- 5 dem leges renovarent, quibus Philippus pater eius pacem ab T. Quinctio victore accepisset. neque finiri bellum magnificentius 6 quam ab tam memorabili pugna *posse, neque* spem firmiorem pacis perpetuae dari, quam quae perculsos adverso proelio Romanos molliores factura sit ad paciscendum. quodsi Romani tum 7 quoque insita pertinacia aequa aspernarentur, deos hominesque et moderationis Persei et illorum pervicacis superbiae futuros testes. numquam ab talibus consiliis abhorrebat regis animus; 8 itaque plurium adsensu conprobata est sententia. legati ad con- 9 sulem missi adhibito frequenti consilio auditi sunt. pacem petiere; 10 vectigal, quantum Philippus pactus esset, daturum Persea Romanis pollicentis; urbibus, agris locisque, quibus Philippus cessisset, cessurum primum. haec legati. summotis his cum consul- 11

vgl. 28, 8, 13 u. a.; Andere *s. belli*, s. zu 29, 4, 3. — *ab re b. g.*, in Folge, attributiv. — *ut sec.* etc., die schon c. 59, 9 angeführten Gründe. — *in condic.*, um Bed. für den Frieden zu machen; vgl. c. 59, 10; Tac. Agr. 18: *prosperitate rerum in vanitatem usus*; die hs. Lesart *in condicione* könnte viell. bedeuten bei der Verhandlung, s. 24, 30, 1. — *cas. irrevoc.*, c. 59, 9. — *mod. imp.*, 30, 42, 14. — *finiri*, s. 44, 34, 9; es wird auch *desinere* verm.; allein obgleich *bellum desinit* gesagt wird, s. Sall. I. 83; Tac. II. 4, 1, so wäre doch *b. desinit a pugna* eigenthümlich ausgedrückt. — *posse* kann nicht wol fehlen; anders ist § 12: *dari. - pertin. - pervic.*, Doederl. Syn. 4, 176 f.

8-10. *numquam - itaque*, L. hat den einfachen Gedanken bei Pol.: ταῦτα μὲν οὖν ἐδόκει τοῖς πλείοσι (wodurch § 1: ὑπέδειξαν etc. wiederholt wird) τῶν φίλων· συγκαταθεμένου δὲ τοῦ Περσέως ἐπέμποντο παραχρῆμα πρεσβευταὶ

Πάνταυχος - καὶ Μήδων umgekehrt und künstlich geordnet, indem er die Freunde sich nach der ihnen bekannten, vgl. c. 59, 10, Neigung des Königs, die als sich von selbst verstehend an u. St. nicht näher bezeichnet ist, sich bestimmen lässt; hätte der König früher seine Ansicht ausgesprochen, so wäre die Zustimmung der Freunde unnöthig gewesen; es ist daher zweifelhaft, ob mit Madvig zu lesen sei: *comprobata sententia, legati* etc. — *adhib. fr. c.*, 37, 35, 1. — *vectig.*, φόρους; nach 33, 30 hat Philipp. eine Kriegscontribution zu bezahlen, nicht einen bleibenden Tribut. — *primum* kann nicht richtig sein, Gron. verm. *et ipsum*; Andere *quam primum*, viell. *iterum*; Pol. τόπων ἐκχωρήσει τῶν αὐτῶν: zum Folg. kann es nicht wol gezogen werden, da § 14 nicht als Fortsetzung der Thätigkeit der Gesandten bezeichnet ist; auch steht *haec* besser am Anfang, s. 21, 42, 1; 35, 12, 14, vgl. jedoch 21, 24, 5.

tarent, Romana constantia vicit in consilio. ita tum mos erat, in adversis voltum secundae fortunae gerere, moderari animo in 12 secundis. responderi placuit, ita pacem dari, si de summa rerum liberum senatui permittat rex de se deque universa Macedonia 13 statuendi ius. haec cum renuntiassent legati, miraculo ignaris moris pertinacia esse, et plerique vetare amplius mentionem pacis 14 facere: ultro mox quaesituros, quod oblatum fastidiant. Perseus hanc ipsam superbiam, quippe ex fiducia virium esse, timere, et summam pecuniae augens, si pretio pacem emere posset, non 15 destitit animum consulis temptare. postquam nihil ex eo, quod primo responderat, mutabat, desperata pace ad Sycurium, unde profectus erat, rediit belli casum de integro temptaturus.

63 Fama equestris pugnae vulgata per Graeciam nudavit voluntates hominum. non enim solum qui partis Macedonum erant, sed plerique ingentibus Romanorum obligati beneficiis, quidam 2 vim superbiamque experti *Persei*, laeti eam famam accepere, non

11–12. *constant.*, vgl. 22, 61, 1: 13; ib. 37, 3, neben der Hinterlist c. 47, 9. — *ita - erat*, Cic. Sull. 7, 22: *ita sum* u. a. — *animo* st. *animos* nach Madvig, s. 4, 7, 6; 31, 44, 2. — *permitt.* etc., s. 39, 54, 7; 36, 28, 1; doch ist der Ausdruck an u. St. breiter und gesucht, da *de summa rer.* nicht wol bedeuten kann: in Rücksicht auf, sondern von *statuendi ius* abhängt und in *de se deq.* — *Maced.* einen freieren, epexegetischen Zusatz erhält; auch die Trennung und Vertheilung der W. *liberum ius* in dieser Weise ist ungewöhnlich; das Ganze ist eine freie Uebersetzung von Pol. ἐκέλευον ἐπιτρέπειν τὸν Περσέα τὰ καθ' αὑτὸν καὶ καθόλου διδόναι τῇ συγκλήτῳ τὴν ἐξουσίαν, ὡς ἂν αὐτῇ δοκῇ βουλεύεσθαι περὶ τῶν κατὰ τὴν Μακεδονίαν, der gewöhnliche Ausdruck ἐπιτρέπειν περὶ τῶν ὅλων u. ä. ist weiter ausgeführt um die Grösse der Forderung stärker hervortreten zu lassen; Plut. l. l. ἐκέλευσεν ὁ νενικημένος τὸν νενικηκότα Ῥωμαίοις ἐπιτρέπειν τὰ καθ' αὑτόν.
13–15. *miraculo*, zu 41, 11, 3. — *ignaris*, Leuten die usw., allgemei-

ner als bei Pol. τινὲς ἐκπληττόμενοι τὴν ὑπερηφανίαν; *moris*, der § 11 bezeichneten; doch ist viell. *Romanorum* od. nach Madvig *Romani* ausgefallen; zur Sache s. 33, 11, 7. — *quippe*, s. 2, 45, 9: *accendunt – ferocius multo - quippe inpune se insulturos*; 3, 50, 14 u. a; es ist wol, wenn auch an u. St. *timere* nachsteht, weder *ratus* hinzuzudenken noch *quippe quae - esset* zu lesen; zum Gedanken s. 30, 29, 4. — *summa pec.*, § 10 *vectigal*. — *ex eo - mutab.*, 38, 11, 8; 37, 20, 8.
63. 1–2. Stimmung in Griechenland. Pol. 27, 7ᵃ.
1–3. *nudav.*, c. 13, 3. — *partis Mac.*, c. 12, 1, vgl. c. 30, 1. — *sed pl.*, wie *sed omnes* u. ä., 39, 24, 8. — *quidam – experti* lässt sich nicht auf die Römer beziehen, denn schwerlich hat L. hier, an einer unpassenden Stelle, den Römern diesen Vorwurf gemacht, der auch nicht entfernt würde, wenn man eine Parenthese annähme; auch Pol. sagt nichts der Art; der Satz enthält vielmehr den Gegensatz zu dem Verfahren der Römer, und nach *experti* ist *Persei* od. *regis* ausgefallen. Bei der Art, wie L. solche

ob aliam causam quam pravo studio, quo etiam in certaminibus ludicris vulgus utitur, deteriori atque infirmiori favendo. Eodem tempore in Boeotia summa vi Haliartum Lucretius 3 praetor oppugnabat; et quamquam nec habebant externa auxilia obsessi praeter Coronaeorum iuniores, qui prima obsidione moenia intraverant, neque sperabant, tamen ipsi animis magis quam viribus resistebant. nam et eruptiones in opera crebro faciebant, 4 et arietem admotum nunc *saxis ingentibus*, nunc libramento plumbi gravatum ad terram urguebant et, si qua declinare nequiverant ictum, pro diruto muro novum tumultuario opere raptim ex ipsa ruinae strage congestis saxis extruebant. cum operibus len*tior oppugna*tio esset, scalas per manipulos dividi 5 praetor iussit [ut] corona undique moenia adgressurus, eo magis suffecturam ad id multitudinem ratus, quod qua parte palus urbem cingit nec adtinebat oppugnari nec poterat. ipse ab ea parte, 6 qua duae turres quodque inter eas muri fuerat ∗, duo milia mi-

---

Verhältnisse behandelt, kann es nicht entgegenstehen, dass Perseus die Griechen zu gewinnen gesucht hat, s. 41, 23 f.; 42, 12, 5 ff., und das hier Gesagte mehr von Philippus galt. — *ob al. c. q. studio*, s. 38, 39, 10; 21, 2, 3. — *pravo st.*, L. hat in wenige Worte zusammengedrängt, was Pol. ausführlich behandelt, und das Verfahren der Menge, weil er selbst auf Seiten der Römer steht, als eine verkehrte Neigung, *pravum studium* bezeichnet, während Pol. nur sagt: *ἐν ἐκείνοις (τοῖς γυμνικοῖς ἀγῶσι) ὅταν πρὸς ἐπιφανῆ καὶ ἀήττητον ἀθλητὴν εἶναι δοκοῦντα συγκαταστῇ ταπεινὸς καὶ πολὺ καταδεέστερος ἀνταγωνιστής, εὐθέως ἀπομερίζει τὰ πλήθη τὴν εὔνοιαν τῷ καταδεεστέρῳ καὶ θαρρεῖν παρακαλεῖ*; *deteriori atq. inf.* entspricht nur *ταπεινὸς καὶ πολὺ καταδεέστερος*. Die Vergleichung wäre selbst sehr unklar, wenn nicht vorher zwei Parteien bezeichnet worden wären. — *favendo*, indem sie, dadurch dass sie, stände in näherer Verbindung mit dem Relativsatz als mit *pr. studio*, wozu es nur hart als Appos. genommen werden könnte, s. 2, 47, 12; 32, 37, 1, weshalb Gron. *favendi* verm.

63. 3—12. Einnahme von Haliartus.

3—5. *Haliart.*, c. 56; darin liegt das Subj. zu *habebant*. — *Coronaeor.*, c, 46, 9; die hs. Form *Coronitarum* wäre neben *Κορωνεῖς* Pol. 27, 1 ungewöhnlich, vgl. c. 44, 4; 67, 12; Z. § 256. — *prima*, im Anfang, nicht bei der früheren Belagerung, *priore*. — *ipsi* um den Gegensatz zu *externa* zu schärfen. — *saxis ing.*, vgl. 38, 5, 4; im Folg. ist *nequiverant* unsicher. — *raptim* soll *tumultuario* noch steigern. — *ruinae str.*, die beim Einsturz der Mauer übereinandergefallenen und so da liegenden Steine, vgl. 31, 17, 1; ib. 46, 15; 35, 30, 5. — *per man.*, s. 26, 44, 6; 28, 19, 9: *scalas electis per manipulos viris dividi iubet*. — *operibus* verträte den Gedanken: wenn sie durch Belagerungswerke betrieben würde; doch ist viell. noch mehr ausgefallen. — *suffect.*, c. 54, 3. — *palus*, eine sumpfige Stelle des Kopaissees.

6—9. *fuerat*, ob darnach *ruerat*, 21, 11, 9; 33, 17, 9; *prociderat* 21, 8, 5; ib. 14, 2; *corruerat*;

litum delectorum admovit, *ut* eodem tempore, quo ipse transcendere ruinas conaretur, concursu adversus se oppidanorum facto scalis vacua defensoribus moenia capi parte aliqua possent.
7 haud segniter oppidani vim eius arcere parant. nam super stratum ruinis locum fascibus aridis sarmentorum iniectis stantes cum ardentibus facibus accensuros eam se saepem minabantur, ut incendio intersaepti ab hoste spatium ad obiciendum interio-
8 rem murum haberent. quod inceptum eorum fors inpediit: nam tantus repente effusus est imber, ut nec accendi facile pateretur
9 et extingueret accensa. itaque et transitus per distracta fumantia virgulta patuit et in unius loci praesidium omnibus versis moe-
10 nia quoque pluribus simul partibus scalis capiuntur. in primo tumultu captae urbis seniores inpubesque, quos casus obvios obtulit, passim caesi; armati in arcem confugerunt et postero die, cum spei nihil superesset, deditione facta sub corona venierunt;
11 fuerunt autem duo milia ferme et quingenti. ornamenta urbis, statuae et tabulae pictae, et quidquid pretiosae praedae fuit, ad
12 naves delatum; urbs diruta a fundamentis. inde Thebas ductus exercitus; quibus sine certamine receptis urbem tradidit exulibus et qui Romanorum partis erant, adversae factionis hominum fautorumque regis ac Macedonum familias sub corona vendidit. his gestis in Boeotia ad mare ac naves rediit.

prorutum erat, 32, 24, 3 vgl. 34, 29, 5, ausgefallen sei, lässt sich nicht bestimmen; das homoeoteleuton wäre bei allen nicht schön. — *ipse*, obgleich es vorausgegangen ist, stellt den Anführer den eben Erwähnten entgegen; diese sollen einen etwa frei gewordenen Punkt erstürmen. — *strat. r.*, 21, 8, 7; ib. 12, 2. — *fasc. ar. sarm.*, 22, 16, 7. — *accendi*, vgl. 6, 2, 9. — *distracta, postquam dist. sunt*, vgl. 25, 36, 9; 40, 28, 3. — *moen. quoq.*, weil sie auf der einen Seite durch die Bresche eingedrungen waren.
10–11. *tumultu c. u.*, zu 41, 11, 6. — *senior. inp.*, s. 2, 13, 10, vgl. 1, 43, 2; die Männer sind im Kampfe, 26, 46, 10. — *obvios obtul.*, 4, 40, 3: *obviam — occurrerent*: 22, 6, 4. — *sub cor.*, c. 54, 6: der Verkauf erfolgt ungeachtet der deditio, s. 2, 17, 6, weil sie durch Waffengewalt erzwungen war. — *statuae* etc., s.

27, 16, 7, die Stadt ist seitdem verfallen, s. Pol. 30, 18; Strabo 9, 2, 30 p. 411: Ἁλίαρτος δὲ νῦν οὐκέτι ἐστί, κατασκαφεῖσα ἐν τῷ πρὸς Περσέα πολέμῳ, τὴν χώραν δ' ἔχουσιν Ἀθηναῖοι δόντων Ῥωμαίων.
12. *quibus* etc., darnach ist er mit dem Heere, ungeachtet die Stadt sich an Rom angeschlossen hat, s. c. 44, 46, vor dieselbe gezogen; ob durch besondere, nicht berichtete Verhältnisse bewogen, oder blos um an der macedon. Partei Rache zu nehmen, ist nicht angedeutet. — *exul.*, nach dem c. 44, 6 Berichteten sollte man erwarten, dass diese schon zurückgekehrt seien. — *sub cor. vend.*, sie werden als Bundesbrüchige wie im Krieg mit den Waffen in der Hand gefangene Feinde behandelt. — *famil.*, wahrscheinlich nicht allein Sclaven und Güter, sondern auch die Familienglieder.

Cum haec in Boeotia gererentur, Perseus ad Sycurium sta- **64**
tiva dierum aliquot habuit. ubi cum audisset raptim Romanos **2**
circa ex agris demessum frumentum convehere, deinde ante sua
quemque tentoria spicas fascibus desecantem, quo purius fru- **3**
mentum tereret, ingentis acervos per tota castra stramentorum
fecisse, ratus incendio opportuna esse, faces taedamque et mal-
leolos stuppae inlitos pice parari iubet; atque ita media nocte
profectus *est*, ut prima luce adgressus falleret. nequiquam. pri- **4**
mae stationes oppressae tumultu ac terrore suo ceteros excita-
verunt signumque datum est arma extemplo capiendi; simulque
in vallo, ad portas, miles instructus erat. et * * oppugnationis **5**
castrorum Perseus et extemplo circumegit aciem et prima impe-
dimenta ire, deinde peditum signa ferri iussit. ipse cum equitatu et levi armatura substitit ad agmen cogendum, ratus, id quod
accidit, insecuturos ad extrema ab tergo carpenda hostis. breve **6**
certamen levis armaturae maxime cum procursatoribus fuit; e-
quites peditesque sine tumultu in castra redierunt.

Demessis circa segetibus Romani ad Crannona, intactum **7**
agrum, castra movent. ibi cum securi et propter longinquitatem
et viae inopis aquarum difficultatem, quae inter Sycurium et

64 - 66. Kriegsoperationen in Thessalien, Polyb. 27, 9; App. Mac. 12.

2-3. *frument.* etc., um es in die Magazine zu liefern, aus denen sie ihren Bedarf erhielten, c. 55, 5. — *fascibus* ist Dativ.: von den Getreidebündeln; Stat. Silv. 2, 2, 85: *Graiis - desecta metallis saxa*; gewöhnlicher ist *de* od. *a*, Andere lesen *falcibus*. — *malleol.* etc., 38, 6, 2; 21, 8, 10: *stuppa circumligabant* (*ferrum*) *linebantque pice*. — *est* scheint ausgefallen. — *adgressus* = *si adgressus esset*, s. 41, 16, 2; *adgressurus* zu lesen scheint nicht nöthig. — *fallere*, 38, 7, 6.

4-6. *nequiquam*, s. Cic. Att. 4, 6, 2: *quid? si cessare libeat? nequiquam*; Hirt. B. G. 8, 19, 6: *fugam quaerunt. nequiquam*; *nam* etc., ähnlich Curt. 3, 13, 12; *frustra* Flor. 2, 21 (4, 2), 9; Hor. Od. 3, 7, 21 u. a., Madvig verwirft die Absonderung des Wortes als unlateinisch und nicht prosaisch, und zieht *nequiq*. zu

dem folg. Particip.— *simulq*., vgl. 21, 49, 10. — *in v.*, *ad port.*, das Asyndeton entspricht der übrigen Darstellung, s. 41, 3, 1. — *oppugn.*, davor hat die Hs. *inconste*, was bis jetzt noch nicht mit Sicherheit verbessert ist; früher wurde *et intentus oppugnationi* gelesen; Andere verm. *erat * * et inconsultae oppug'., ita deceptus in consilio opp.*; viell. *et non institit oppugnationi*. — *carpenda*, 6, 32, 11 u. a. — *procursator* findet sich viell. nur hier, vgl. 34, 15, 9: *detractor*; 7, 32, 11; 9, 13, 2: *adhortator*; *procursatio*; *procursus*; *procursare* hat L. mehrfach.

7-10. *Crannona*, die Hs. hat *Crannonam*, was, da sogleich *Crannona* folgt, nicht zulässig ist, s. 1, 18, 2; die Stadt, s. c. 55, 6, lag über 2 Meilen südlich von Larisa, Bursian 1, 67; die Römer sind also wieder über dem Peneus gegangen, s. c. 62, 1. — *longinq.*, Crannon lag am südwestlichen, Sycurium am

8 Crannona est, stativa haberent, repente prima luce *in* imminentibus tumulis equitatus regius cum levi armatura visus ingentem tumultum fecit. pridie per meridiem profecti ab Sycurio erant;
9 peditum agmen sub luce reliquerant in proxuma planitie. stetit paulisper in tumulis, elici posse ratus ad equestre certamen Romanos; hi postquam nihil movebant, equitem mittit, qui pedites
10 referre ad Sycurium signa iuberet, ipse mox insecutus. Romani equites modico intervallo sequentes, sicubi sparsos ac dissipatos invadere possent, postquam confertos abire signa atque ordines servantes viderunt, et ipsi in castra redeunt.

65   Inde offensus loginquitate itineris rex ad Mopsium castra movit, et Romani demessis Crannonis segetibus in Phalannaeum
2 agrum transeunt. ibi cum ex transfuga cognosset rex sine ullo armato praesidio passim vagantis per agros Romanos metere, cum *mille* equitibus, duobus milibus Thracum et Cretensium profectus, cum quantum adcelerare poterat effuso agmine isset, in-
3 proviso adgressus est Romanos. iuncta vehicula, pleraque onu-
4 sta, mille admodum capiuntur, sescenti ferme homines. praedam custodiendam ducendamque in castra trecentis Cretensium dedit;
5 ipse revocato ab effusa caede equite et reliquis peditum ducit ad proximum praesidium, ratus haud magno certamine opprimi
6 posse. L. Pompeius tribunus militum praeerat, qui perculsos milites repentino hostium adventu in propinquum tumulum recepit, loci se praesidio, quia numero et viribus impar erat, defensurus.
7 ibi cum in orbem milites coegisset, ut densatis scutis ab ictu sagittarum et iaculorum sese tuerentur, Perseus circumdato armatis tumulo alios ascensum undique temptare iubet et comminus proe-
8 lium conserere, alios eminus tela ingerere. ingens Romanos ter-

---

östlichen Ende der pelasgischen Ebene. — *repente* nach *cum* s. Iustin. 43, 5, 4, wie nach *dum* 29, 9, 5, vgl. *extemplo* 39, 39, 9. — *imminent. tum.*, Crannon lag in der Nähe der Hügelreihe, welche die thessalische Ebene durchschneidet, s. 32, 4, 4. — *per mer.*, vgl. 2, 18, 1: *per ludos*, oft *per bellum* u. ä. — *sub l.*, 25, 24, 7, vgl. 38, 30, 8. — *stetit*, das Subject ist aus dem Zusammenhange und *regius* deutlich, *Perseus* od. *rex* zuzusetzen scheint nicht nöthig. — *hi* ist unsicher, d. Hs. hat *quattuor* (IIII). — *signa a. o. serv.*, wie 8, 34, 10: *non signa, non ordines servant*, genauer 24, 48, 11: *signa sequi et servare ordines docuit*, 30, 35, 6.

65. 1–6. *Mopsium*, c. 61, 11; *Phal.* c. 54, 6. — *quant. adcel.*, 27, 28, 15. — *iuncta*, 34, 1, 3. — *mille adm.*, s. 27, 30, 2; 21, 36, 2. — *reliq. ped.*, wie *pauci, multi*, 6, 10, 7 *aliqui* u. a. mit dem Genitiv., obgleich selten, vgl. c. 15, 10: *ceteri*. — *oppr.*, c. 64, 4.

7–8. *in orb.*, 22, 29, 5, vgl. 1, 17, 6. — *densatis*, wie 10, 29, 6, vgl. 31, 39, 10; anders 34, 39, 6. — *ictu* ist hier passend, nicht *iactu*, s.

ror circumstabat; nam neque conferti * propter eos qui in tumulum conitebantur poterant, et ubi ordines procursando solvissent, patebant iaculis sagittisque. maxime cestrosphendonis 9 vulnerabantur. hoc illo bello novum genus teli inventum est. bipalme spiculum hastili semicubitali infixum erat crassitudine digiti; huic abiegnae breves pinnae tres, velut sagittis solent, circumda- 10 bantur; funda media duo scutalia inparia habebat. cum maiore nisu libratum funditor habena rotaret, excussum velut glans emicabat. cum et hoc et alio omni genere telorum pars vulnerata militum 11 esset nec facile iam arma fessi sustinerent, instare rex, ut dederent se, fidem dare, praemia interdum polliceri. nec cuiusquam ad deditionem flectebatur animus, cum ex insperato iam obstinatis mori spes adfulsit. nam cum ex frumentatoribus refugientes 12 quidam in castra nuntiassent consuli circumsideri praesidium, motus periculo tot civium — nam octingenti ferme, et omnes

30, 10, 13. — *conferti*, viell. ist darnach *stare* oder *resistere, se tutari* ausgefallen: nach Anderen *pugnare* od. *propellere*, wobei man aber nicht sowol *propter eos* als *eos* erwartet, da die Aufrückenden gerade abgehalten werden sollen, vgl. 28, 14, 19. — *coniteb.*, s. 21, 36, 8.

9–10. *cestrosph.*, *cestro* enthält eine Bestimmung zu *sphendone*: die Schleuder, mit der (nichtSteine sondern) mit Eisen zugespitzte Pfeile, κέστροι, geworfen werden. Die Schilderung derselben aus Polyb. hat Suidas u. d. W. κέστρος erhalten; der Name ist von L., obgleich seine Schilderung mangelhafter ist, richtiger überliefert. — *novum - est*, ebenso Pol. — *bipalme* 5,65 Zoll, P. διπάλαιστον 5,89 Zoll. Den Zusatz ἴσον ἔχον τὸν αὐλίσκον τῇ προβολῇ, mit einer der Länge der Spitze entsprechenden Röhre, hat L. übergangen. — *hast. semic.*, τούτῳ (dem αὐλίσκος) ξύλον ἐνήρμοστο, τῷ μὲν μήκει σπιθαμιαῖον, d. h. 8,84 Zoll, *semicub.* 8,48 Z. — *abiegnae brev.*, c. 50, 6: *praepotentem finitimum*; 21, 8, 10, P. εἰς τούτου τὸ μέσον ἐσφήνωτο πτερύγια τρία ξύλινα βραχέα παντελῶς; *velut sag.* hat L.

zugesetzt oder Suidas übergangen. — *funda med.*, τοῖτο (der Pfeil) δυοῖν κώλων ἀνίσων ὑπαρχόντων τῆς σφενδόνης εἰς τὸ μέσον ἐνηγκυλίζετο τῶν κώλων εὐλύτως, die *funda media* ist also ein (vertiefter) Raum in der Mitte der *funda*, zwischen den beiden Schwungriemen; dass diese Bedeutung (anders 38, 28, 6: *triplex scutale*) das an u. St. unsichere *scutalia* habe, zeigt der Zusammenhang, dass es 2 waren, der Zusatz *inparia*; zwischen beiden wurde das Geschoss befestigt. — *nisu*, Verg. Aen. 3, 37: *maiore hastilia nisu aggredior*, Sil. It. 15, 754: *maiore* als sonst bei der Schleuder nöthig ist, P. λοιπὸν ἐν μὲν τῇ περιαγωγῇ τεταμένων τούτων (den Schleuderriemen) ἔμενεν, ὅτε δὲ παραλυθείη θάτερον τῶν κώλων κατὰ τὴν ἄφεσιν, ἐκπίπτον ἐκ τῆς ἀγκύλης καθαπερεὶ μολυβδὶς ἐκ τῆς σφενδόνης ἐφέρετο, wodurch die von L. übergangene Art des Abschleuderns etwas deutlicher wird.

11–14. *pars*, Perizon. verm. nicht unwahrscheinlich *pars magna*. — *fid. d.*, 22, 6, 11. — *circumsid.*, bezeichnet zugleich den Angriff von

Romani erant — cum equitatu ac levi armatura — accesserant nova auxilia, Numidiae pedites equitesque et elephanti — castris egreditur et tribunis militum imperat, ut legionum signa sequan-
13 tur. ipse velitibus ad firmanda levium armorum auxilia adiectis
14 ad tumulum praecedit. consulis latera tegunt Eumenes, Attalus et Misagenes, regulus Numidarum.
66 Cum in conspectu prima signa suorum circumsessis fuerunt, Romanis quidem ab ultuma desperatione recreatus est ani-
2 mus; Perseus, cui primum omnium fuerat, ut contentus fortuito successu, captis aliquot frumentatoribus occisisque, non tereret
3 tempus in obsidione praesidii, secundum, ea quoque temptata utcumque, cum sciret nihil roboris secum esse, dum liceret intacto abire, et ipse hostium adventum elatus successu mansit, et
4 qui phalangem arcesserent propere misit; quae et serius quam res postulabat et, raptim acta, turbata cursu adversus instructos et praeparatos erat adventura. consul anteveniens extemplo proe-
5 lium conseruit. primo resistere Macedones, deinde, ut nulla re pares erant, amissis trecentis peditibus, viginti quattuor primoribus equitum ex ala, quam sacram vocant, inter quos Antimachus
6 etiam praefectus alae cecidit, abire conantur. ceterum iter prope ipso proelio tumultuosius fuit. phalanx abs trepido nuntio accita cum raptim duceretur, primo in angustiis captivorum agmini
7 oblata vehiculisque frumento onustis haesit. ingens ibi vexatio

allen Seiten, c. 66, 2. — *access.*, schon c. 62, 2, erwähnt. — *leg. signa*, 28, 14, 10. — *latera teg.*, 40, 6, 4. — *et Misag.*, c. 53, 6.

66, 1-4. *Roman. quid.*, vgl. c. 60, 7. — *ab - recreat.*, 2, 50, 10: *respirandi a pavore*; 7, 1. 7: *a bello quietis rebus* u. a. — *prim. o. fuerat*, gewesen wäre, hätte sein sollen; die Bedingung ist unterdrückt. — *ut* nach *primum fuerat*, dagegen im Folg. nach *secundum* der Infinitiv, vgl. Cic. Or. 2, 72, 293: *unum, ut - nihil respondeam - alterum est illud, quod non tam elaborare soleo*; L. 27, 33, 9; 33, 31, 11. — *utcumq.*, s. § 7; zu 32, 3, 4; 29, 15, 1. — *roboris*, schwere, Kerntruppen. — *liceret* n. *ei, s.* c. 36, 6. — *elatus*, c. 59, 9. — *mansit*, 2, 40, 9. — *propere* könnte zu *arcesserent* und zu *misit* gezogen werden. — *quae* ist wahrscheinl. mit Madvig st. *qua* zu lesen, da die Hs. zwar *turbati*, aber *adventura* hat und der Wechsel von *acta* u. *turbati* sehr hart wäre, obgleich bei der früheren Lesart *qua* ein Widerspruch nicht statt findet, da das verspätete Aufbrechen sehr wohl mit dem raschen Marsche vereinigt sein konnte; das Entgegengesetzte 7, 37, 6: *confestim signa mota - raptim agitur agmen*, vgl. 31, 21, 4: *raptim agmen ductum erat*; 26, 5, 3 u. a. — *anteven.*, vor der Ankunft der Phalanx.

5-7. *primorib. eq.*, vgl. c. 58, 9. *inter q.*, c. 57, 9. — *abs*, 26, 15, 12. — *angustiis*, im Folg. *per praeceps*, deutet die Beschaffenheit des Terrains nur an. — *haesit*, vgl. 34, 15, 5: *suomet ipsi agmine in arto haerentes*, vgl. 1, 37, 1; 33, 44, 8; 29, 33, 7; 22, 5, 5;

partis utriusque fuit nullo expectante, *dum* utcumque explicaretur agmen, sed armatis deicientibus *per* praeceps inpedimenta — neque enim aliter via aperiri poterat —, iumentis, cum stimularentur, in turba saevientibus. vix ab incondito agmine captivo- 8 rum expedierant sese, cum regio agmini perculsisque equitibus occurrunt. ibi vero clamor iubentium referre signa ruinae [quoque] prope similem trepidationem fecit, ut *si* hostes intrare angustias ausi longius insecuti essent, magna clades accipi potuerit. consul 9 recepto ex tumulo praesidio, contentus modico successu, in castra copias reduxit. sunt, qui eo die magno proelio pugnatum auctores sint: octo milia hostium caesa, in his Sopatrum et Antipatrum regios duces, vivos captos circiter duo milia octingentos, *signa* militaria capta viginti septem. nec incruentam victoriam 10 fuisse: supra quattuor *milia* et trecentos de exercitu consulis cecidisse, signa sinistrae alae quinque amissa.

Hic dies et Romanis refecit animos et Persea perculit, ut 67 dies paucos ad Mopsium moratus sepulturae maxume militum amissorum cura, praesidio satis valido ad Gonnum relicto in Macedoniam reciperet copias. Timotheum quendam ex regiis 2 praefectis cum modica manu relinquit ad Philam, iussum Magnetas ex propinquo temptare. cum Pellam venisset, exercitu in 3 hiberna dimisso ipse cum Cotye Thessalonicam est profectus. eo fama adfertur Autlebim, regulum Thracum, *et* Corragum, Eu- 4

10, 36, 13. — *utriusq. p.* der Phalanx und der Cretenser mit den Wagen. — *expect.*, ob darnach *ut*, 23, 31, 7, od. *dum*, 10, 36, 2, ausgefallen ist, lässt sich nicht bestimmen. — *deicient.*, 21, 33, 7.
8—10. *incond.*, 44, 39, 1. — *regio*, dem mit dem König kommenden; *perculsisq.* ist explicativ. — *ruinae pr. s.*, s. 21, 33, 7; 44, 5, 1; ib. 41, 7. — *sunt - sint*, 4, 26, 6; 10, 26, 6: L. stellt der Angabe des Polyb. die weniger glaublichen und übertreibenden der Annalisten oder des Valerius Antias gegenüber, Nissen, 93; 65. Die im Folg. genannten konnten auch in einem minder bedeutenden Gefechte fallen. — *in his*, § 5. — *supra* etc., zu 40, 40, 11; 27, 42, 7. — *de exerc.* 40, 48, 7. — *signa s. a.*, 27, 12, 17: *de ala.*
67. Einzug in die Winterquartiere.
1—5. *dies* statt des an dem T. Geschehenen. *percul.*, Tac. Ann. 14, 41: *percullit is dies Pompeium*; vielleicht *ita* darnach ausgefallen, schwerlich *perpulit, ut* zu lesen. — *Mops.*, c. 65, 1. — *cura*, 1, 34, 1 u. o. — *ad Gonn.*, in Gonnus, ebenso *ad Philam*, 39, 53, 14: *ad Philippopolin*; 6, 2, 8: *ad Maecium*, häufiger bezeichnet *ad* bei Städtenamen die Nähe, s. 24, 20, 2; ib. 36, 7 u. a., in anderen Verhältnissen auch den Ort, wo, s. 28, 18, 2: *ad penates*: 1, 20, 5: *ad templa*; an u. St. kann auch die Umgegend mit umfasst sein; vgl. c. 12, 1: *apud*. — *regiis* ist zwar nicht nothwendig, aber nicht zu entfernen. — *Philam* unmittelbar nordöstlich hinter Tempe, j. Pyrghéto, Heuzey 80f., nur durch das Peneusthal von Magnesia getrennt,

menis praefectum, in Cotyis fines impetum fecisse et regionem
Marenem quam vocant cepisse. itaque dimittendum Cotyn ad
sua tuenda ratus magnis proficiscentem donis prosequitur. ducenta talenta, semestre stipendium, equitatui numerat, cum primo
annuum dare constituisset.
    Consul postquam profectum Persea audivit, ad Gonnum ca-
stra movet, si potiri oppido posset. ante ipsa Tempe in faucibus
situm Macedoniae claustra tutissima praebet, et in Thessaliam
opportunum Macedonibus decursum. cum et loco et praesidio valido inexpugnabilis arx esset, abstitit incepto. in Perrhaebiam
flexis itineribus Malloea primo impetu capta ac direpta, Tripoli
aliaque Perrhaebia recepta Larisam rediit. inde Eumene atque
Attalo domum remissis Misageni Numidisque hiberna in proxu-
mis Thessalis urbibus distribuit et partem exercitus ita per totam Thessaliam divisit, ut et hiberna commoda omnes haberent
et praesidio urbibus essent. Q. Mucium legatum cum duobus
milibus ad obtinendam Ambraciam misit, Graecarum civitatium
socios omnes praeter Achaeos dimisit consul. cum exercitus
parte profectus in Achaiam Phthiotim, Pteleum desertum fuga

daher *ex propinquo*, s. 28, 3, 4. —
praefectum liegt hier, da von Kriegs-
verhältnissen die Rede ist, wie § 2,
näher als *praetorem*, s. 40, 21, 9,
vgl. 31, 43, 1 u. a. — *Corragum* viell.
der 38, 13, 3 schon genannte. —
Marenem, scheint nicht weiter bekannt zu sein. — *talenta*, wol at-
tische, 38, 38, 3; die Rechnung nach
Talenten zeigt, dass L. hier Polyb.
folgt, 41, 28, 6. Gegen *Cotys* ist
Perseus freigebig, um ihn auf seiner
Seite zu erhalten, gegen die Soldaten wie sonst, s. 44, 26 f., geizig. —
semestre wie *annuum* nach röm.
Weise, s. 40, 43, 7.
    6—8. *si*, s. c. 62, 14. — *in fauc.*,
c. 54, 8. — *Mac. claustra*, der Ver-
schluss Mac., der Zugang zu M.
kann durch die Besetzung dieses
Passes geschlossen werden, so wie
der, welcher denselben beherrscht,
in Thess. einrücken kann, s. 6, 9,
4. — *arx*, s. 32, 25, 5: *collem - Larisam eam arcem vocant*; 28, 3, 3;
doch hat d. Hs. *res.* — *Perrh. -
Mall.*, s. 36, 13, 3; Bursian 1, 56.

— *Tripoli*, die c. 53 von Perseus
besetzten Städte. — *aliaq.*, die übrigen Theile Perrhaebiens, zu dem also
hier, vgl. c. 53, 7, wie auch von Polyb. 28, 11, die Tripolis gerechnet
wird, vgl. L. 33, 34, 6. — *domum*,
d. Hs. hat *romam*, viell. st. *Pergamum.* — *Thessalis urb.*, wie c. 58,
14: *Thessali - equites*, ib. § 6: *Macedones - equites*; 9, 19, 5.— *distrib.*,
2, 39, 9: *loca distribuere*: er wies
(bei der Vertheilung) an. — *et p.
exerc.*, ausserdem, od. auch, es ist
besonders an das eigentlich röm.
Heer zu denken, s. § 9.
    9—12. *legat.*, als L., c. 49, 9 ist
er Kriegstribun, konnte aber von
dem Oberfeldherrn mit einem stell-
vertretendem Commando für eine
specielle Expedition beauftragt werden, vgl. zu 36, 17, 1. — *Ambrac.*,
38, 4 ff. — *parte*, davor könnte man
ipse erwarten, wenn dieses nicht
durch das an das Ende des vorhergeh. Satzes gestellte *consul* ersetzt
wird. — *Achaiam* etc., c. 42, 1; die
Städte sind also zu Macedonien

oppidanorum diruit a fundamentis, Antrona voluntate incolentium recepit. ad Larisam deinde exercitum admovit. urbs deserta erat; in arcem omnis multitudo concesserat; eam oppugnare adgreditur. primi omnium Macedones, regium praesidium, metu excesserant; a quibus relicti oppidani in deditionem extemplo veniunt. dubitari inde, utrum Demetrias prius adgredienda foret an in Boeotia aspiciendae res. Thebani, vexantibus eos Coronaeis, in Boeotiam arcessebant. ad horum preces, quia hibernis aptior regio quam Magnesia erat, in Boeotiam duxit.

übergegangen und vom König besetzt worden; *Larisa* scheint Marcius, s. c. 56, 7, nicht eingenommen zu haben. — *incolent.*, (früher wurde *colentium* gelesen wie 45, 29, 7; 38, 18, 12; 24, 49, 5) ist wahrscheinlicher, weil d. Hs. *voluntatemcolentium* hat, s. 40, 41, 3 u. a. — *excesser.*, noch ehe der Consul vor der Stadt ankam; Madvig will *excesserunt*; dagegen ist *primi* in Rücksicht auf das folg. *veniunt* nicht genau, und dabei wol mehr an die Beides veranlassende Furcht (*metu*) gedacht. — *dubitari*, dazu müssten die Römer als Subject gedacht werden, vgl. 4, 26, 12: *agi - apparari*; 5, 41, 10, doch liegt hier und sonst, s. c. 60, 4; 6, 11, 7: *fer-* *ri*; 7, 33, 2: *vincere ac vinci* u. a. das Subject näher, und da dieses auch bei *duxit* nicht steht, so wird passend *dubitantem* (Andere *dubitare*) verm. — *adgredienda f.*, s. 39, 25, 3; ib. 35, 6. — *aspic. res*, sonst durch Gesandte, s. 39, 48, 5; die Härte der Römer c. 63 hatte wahrscheinlich Aufregung hervorgerufen. — *Thebani - eos*, c. 36, 7. — *Coron.*, c. 46, 7; 63, 3. — *Magnes.*, in dem Demetrias, s. 39, 25, 9, das also Perseus wieder besitzt, lag und andere Städte nach § 2 bedroht waren. — *aptior*, Magnesia ist zum grossen Theil gebirgig, während Böotien, wo auch Quinctius 33, 27, 5 überwinterte, viele Vortheile darbot.

TITI LIVI
AB URBE CONDITA LIBRORUM PERIOCHAE.

EX LIBRO XXXIX.

M. Aemilius consul Liguribus subactis viam Placentia usque Ariminum perductam Flaminiae iunxit. initia luxuriae in urbem introducta ab exercitu Asiatico referuntur. Ligures, quicumque citra Apenninum erant, subacti sunt. Bacchanalia, sacrum Graecum et nocturnum, omnium scelerum seminarium, cum ad ingentis turbae coniurationem pervenisset, investigatum et multorum poena sublatum est. a censoribus L. Valerio Flacco et M. Porcio Catone, et belli et pacis artibus maximo, motus est senatu L. Quintius Flamininus, T. frater, eo quod, cum Galliam provinciam consul obtineret, rogatus a Poeno Philippo, quem amabat, scorto nobili, Gallum quendam sua manu occiderat sive, ut quidam tradiderunt, unum ex damnatis securi percusserat rogatus a meretrice Placentina, cuius amore deperibat. extat oratio M. Catonis in eum. Scipio Literni decessit, et, tamquam iungente fortuna circa idem tempus duo funera maximorum virorum, Hannibal a Prusia, Bithyniae rege, ad quem victo Antiocho confugerat, cum dederetur Romanis, qui ad exposcendum eum T. Quintium Flamininum miserant, veneno sibi mortem conscivit. Philopoemen quoque, dux Achaeorum, vir maximus, a Messeniis occisus veneno, cum ab iis bello captus esset. coloniae Potentia et Pisaurum et Mutina et Parma deductae sunt. praeterea res adversus Celtiberos prospere gestas et initia causasque belli Macedonici continet; cuius origo inde fluxit, quod Philippus aegre ferebat regnum suum a Romanis imminui, et quod cogeretur a Thracibus aliisque locis praesidia deducere.

EX LIBRO XXXX.

Cum Philippus liberos eorum, quos in vinculis habebat, nobilissimorum hominum conquiri ad mortem iussisset, Theoxena, verita pro liberis suis admodum pueris regis libidinem, prolatis in medium gladiis et poculo, in quo venenum erat, suasit iis, ut imminens ludibrium morte effugerent, et cum persuasisset, et ipsa se interemit. certamina inter filios Philippi Macedoniae regis, Persen et Demetrium, referuntur; et ut fraude fratris sui Demetrius fictis criminibus, inter quae accusatione parricidii et adfectati regni, primum petitus, ad ultimum, quoniam populi Romani amicus erat, veneno necatus est, regnumque Macedoniae mortuo Philippo ad Persen deve-

nit. item res in Liguribus et Hispania contra Celtiberos a conpluribus feliciter gestas continet. colonia Aquileia deducta est. libri Numae Pompili in agro L. Petilli scribae sub Ianiculo a cultoribus agri arca lapidea clusi inventi sunt et Graeci et Latini. in quibus cum pleraque dissolvendarum religionum praetor, ad quem delati erant, legisset, iuravit senatui, contra rem publicam esse, ut legerentur servarenturque. ex senatus consulto in comitio exusti sunt. Philippus aegritudine animi confectus, quod Demetrium filium falsis alterius filii in eundem delationibus impulsus veneno sustulisset, de poena Persei cogitavit voluitque Antigonum potius amicum suum successorem regni sui relinquere, sed in hac cogitatione morte raptus est. regnum Perseus excepit.

EX LIBRO XXXXI.

Ignis in aede Vestae extinctus est. Ti. Sempronius Gracchus proconsul Celtiberos victos in deditionem accepit, monumentumque operum suorum Gracchurim oppidum in Hispania constituit. et a Postumio Albino proconsule Vaccaei ac Lusitani subacti sunt. uterque triumphavit. Antiochus Antiochi filius obses Romanis a patre datus, mortuo fratre Seleuco, qui patri defuncto successerat, in regnum Syriae ab urbe dimissus. qui praeter religionem, qua multa templa magnifica multis locis erexit, Athenis Iovis Olympii et Antiochiae *Capitolini*, vilissimum regem egit. lustrum a censoribus conditum est; censa sunt civium capita CCLVIII CCXCIIII. Q. Voconius Saxa tribunus plebis legem tulit, ne quis mulierem heredem institueret. suasit legem M. Cato; extat oratio eius. praeterea res adversus Ligures et Histros et Sardos et Celtiberos a conpluribus ducibus prospere gestas et initia belli Macedonici continet, quod Perseus Philippi filius moliebatur. miserat ad Carthaginienses legationem, et ab iis nocte audita erat. sed et alias Graeciae civitates sollicitabat.

EX LIBRO XXXXII.

Q. Fulvius Flaccus censor templum Iunonis Laciniae tegulis marmoreis spoliavit, ut aedem, quam dedicaverat, tegeret. tegulae ex senatus consulto reportatae. Eumenes Asiae rex in senatu de Perseo Macedoniae rege questus est, cuius iniuriae in populum Romanum referuntur. ob quas bello ei indicto P. Licinius Crassus consul, cui mandatum erat, in Macedoniam transiit levibusque expeditionibus, equestribus proeliis, in Thessalia cum Perseo *parum felici* eventu pugnavit. inter Masinissam et Carthaginienses de agro fuit *lis*. dies eis ad disceptandum a senatu datus. legati missi ad socias civitates regesque rogandos, ut in fide permanerent, dubitantibus Rhodiis. lustrum a censoribus conditum est; censa sunt civium capita CCLXVII CCXXXI. res praeterea adversus Corsos et Ligures prospere gestas continet.

VERZEICHNISS DER STELLEN,
AN DENEN CONIECTUREN AUFGENOMMEN SIND.

XXXIX, 1, 5. *ipsa* Schelius, ipsis. 2, 1. *C. Flaminius* Gelen.*), Flaminius. 4, 2. *haberi* [*iuberent*] Gr., haberi iuberent. 5. *tum Fulvius* Muret, Fulvius. 8. *posse aequi* Gel., aequi. 13. *se et* Gel., et. 5, 14. *tetrachma* Becker, tetracina. 6, 5. *successorem ipsum* Kr., successor ipse. 7, 1. *tetrachnum* Becker, tetracinum. ib. 2. *centurioni triplex equiti* – *et in equites* W., centurioni – triplex in equites. 6. *L.* Gel., Cn. 8, 6 *animos* ▸ *et nox* Duker, animos et nox. 11, 2. *excetrae* Fr. 1., exterae. 12, 8. *ac per se ed* Mog., ac. 14, 4. *ne quid* Gel., quid. ib. *quemque* Gr., quisque. 15, 2. *Quirites* Ald., quidem. 9. *vigiliis*, Crev., vigiles. 11. *eductus* Grut., edictus. 16, 3. *necdum* Fr. 2., nec. 6. *quoque*, Fr. 2., quod. 17, 6. *M. et C. Atinios* Sig., m. et l. catinios. 18, 1. *multis actiones*, Gel., multae sanctiones. 8. *duceret* Asc., duceret et. 8. *id omittere* (so ist zu lesen) Gel., id dimittere. 19, 6. *fieret ea* Fr. 2., fierent. ea. 21, 2 u. 6. *C. Atinius* Sig., catinius. 6. *in provinciam ierat* Gel., in provincia erat. 22, 1. *causa adparatos*, Fr. 2., causa decem adparatos. 23, 2. *Afranius*, Fr. 1., aranius. 12. *gentem* Fr. 2., gentes. 24, 7. *iam Aeni et Maroneae affectari*, Gel., eum aeni et maroniae affectare. 14. *aduentum*, Fr. 2, aduentu. 25, 3. *Philippopolis Tricca, Phaloria et Eurymenae* Gel., philippopolistrica phaloria et euronomen. ib. *circa*[*eas*] Crev., circa eas. 4. *aetolis ademisse eas* Gel., etodisseacdimisisseea. 9. *eo* edd., in eo. 17. *Poetneum*, Fr. 2, penneum. 26, 1. *in Pieria* Fr. 1, imperiam. 14. *querantur* Fr. 2., querebantur. 27, 4. *suis quod* Mog., suis quo. 6. *aut merito* Fr. 2., merito. 28, 1. *Maronitis* Mog., maronitanis. 11. *calumniae* Gel., peccine calumniae. 29, 2. *in integro* Gel., in integrum. 30, 5. *in stativis* W., histativis. 12. *locatas* Fr. 2., locata. 31, 4. *Thalnam* Sig., talnam. 11. *coactique* Fr. 2., coacti. 18. *fibulis* Mog., fistulis. 32, 8. *repulsis* Gr., repulsi. 8. *novus* Gel., unus. ib. 13. *vi Claudiana* Gel., ut claudiana. 34, 3. *inde* W., id. 35, 2. *quia tamen* Mog., quidumquia. 6. *usos; nunc* edd., ausos tunc. 36, 3. *Compasium* Crev., Drk., conflictum. 8. *credam* Fr. 1, credebam. 37, 15. *Achaici* Gr., achei. 38, 2. *C. Decimius Flavus* Fr. 1., decimus flavius. 11. *in legiones* Gr., legiones. ib. *discripsissent* Hz., descripsissent. ib. *quo* Mg., quod. 39, 2. *Cn. Sicinius* Fr. 2., (M) sicilnius. 40, 6. *idem* Fr. 2., et idem. 41, 1. *prensantem* Lipsius, praesentem. ib. *praeter* Gel., praetore (apud praetorem). 42,

---

*) In wie weit die Verbesserungen des Gelenius bloss auf Conjunctur oder auf Handschriften beruhen, lässt sich nicht immer mit Sicherheit unterscheiden.

9. *per lasciviam* Asc. 1513, lasciviam. 43, 1. *et libidine et crudelitate* Ald., et libidini et crudelitati. 5. *sin* ed. vet., qui. 44, 2. *deciens* (X) *pluris in* Huschke, in. ib. *iussi* Fr. 2., iussit. 3. *deciens* Budaeus, decem. 45, 2. *Sicinius* Gel., sulpitius. 46, 2. *visceratio* Gel., visceratione. 49, 1. *Coronen* Fr. 2., coronam. ib. *profectus atque ibi in* Fr. 2., Hz., in. 8. *clauserat* Fr. 2., clauserant. 9. *aeque* Walch, atque. 11. *conlatae* Duker, conlata. 50, 11. *duarum* Gel., duobus. 51, 3. *ut gratificaretur* Fr. 2., gratificaretur. 7. *est nunciatum* Ald., nuntiatum (est enuntiatum). 52, 1. *Valerio L. Valerium* Hz., valerio. 53, 12. *avertendos etiam* Gel., etiam avertendos (praevertendos). 14. *Deuriopo* Sig., derriopo. 54, 1. *dum haec* Fr. 2., haec. 12. *quam qui* Sig., qui. 55, 7. *agro* Fr. 2., agrum. 9. *Stollio* edd. vv., stelo. 56, 2. *ulterior* Glarean., citerior. 5. *P. Manlius* Ald., p. aemilius.

XXXX, 2, 6. *primae* Crev., prima. 7. *et Achaeorum* edd. vv., achaeorum. 3, 1. *fecisse eum* Fr. 2., fecisse. 4, 6. *libidini* Sig., libidinis. 9. *Aeniam* Mog., aeneam. 10. [*in*] *Thessalonicam* Gr., in thessalonicam. 11. *retrahendam* I. Perizon., pertrahendam. 5, 6. *tempus agenda* Gel., tempus. 7. *ad rem* W., ad spem. ib. *singulos* Gel., in singulos. 10. *redierant* edd., redierunt. ib. *forte, quos* W., quos forte. 11. *in fraude* Crev., fraude. 8, 1. *cum primum* Asc., quam primum. 2. *de lucro* Sig., pe ludicro. ib. *scito* Curio, scio. 14. *a tam* Mg., aquam. 9, 1. *et eadem*, Fr. 2., eadem (eiusdem). 4. *sit inpune* edd. vv., inpune. 8. *more iam* Dobree, iam. 11. *nihil mihi* W., nihil. ib. *periculi* Gr., periculum. 12. *inimicus* Fr. 2., ut inimicus. 10, 1. *incesse* A. Rubenius, hinc esse. 6. *si* Fr. 2., sed si. ib. *ne ea* Gr., nec ea. 11, 8. [*filio*] *solus* [*orbatus*] Duker Mg., filio solus orbatus. 12, 4. *conloquia* ed. v., conloquens. 10. *ab hac vana* Gel., ac vana. 11. *per se quaereretur* Mg., persequeretur. 13, 3. *soli tua tegentes* Fr. 2., solituategentis. 4. *mentem* Vascos., gentem. 14, 2. *gaudio* Gel., odio. 5. *nihil arguo* Fr. 2., neque arguo. 6. *erit te fateri* Gel., erit. 11. *fuerunt* Bauer, fuerint. 15, 2. *fit* Fr. 2., fuit. 10. *meo, ubi* Mg., Crev., in eo ubi (in eo *ist im Texte zu tilgen*). 13. *ac meditata* W., meditata. 16, 3. *nimiam* edd., nimium. 6. *placere, nisi* Mg., placerent si. ib. *consules* Glar., consulem. 7. *ab A* W., Mg., a. 8. *Urbicuam* Asc., uthicnam. 17, 4. *quod primo* edd., quod more. 18, 2. *Rusca* Wex, pusca. 5. *quae quina* Gel., quina. 8. *inde dextram* W., in dextram. 19, 3. *ad funera* W., tunc. 10. *L.* Ald., t. 21, 1. *Maedicam* Fr. 1., Sig., macedoniam. 2. *verticem* Asc., vertice. 5. *cum in ... secum* edd., in .... secum cum. 8. *patri* [*tutum*] W., patri tutum. 22, 4. *altis locis est* Mg., W., aliis locis esset. 9. *Dentheletos* Drk., dentiletos. 24, 1. *arguebatur* Gel., arguebantur (arguebant). 3. *Astraeum* Glar., astreum. 7. *Beroeaeus* Sig., bereus. 25, 1. *duxit* Drk., introduxit. 7. *Cn. Baebium proconsulem* Glar., m. baebium consulem. 26, 5. *sese ituros* Drk., esse ituros (ituros se). 8. *Matienoque cuius* Gel., cuiusque. 27, 3. *praetoria* Klenze, W., extraordinariis(ios) a. 4. *Servilius ... Sulpicius tribuni ... praepositi* Gel., servilium ... sulpicium tribunos ... praepositis. 6. *Aurelius* Fr. 1., valerius. 13. *devios* Gel., in devios. 14. [*militum*] *clamor* Gr., militum clamor. 29, 2. *prope* Muret., pro se. 4. *et fugientium* edd. vv., effugientium. 7. *qui in praedatoriis* Crev., qui praedatores. 29, 2. *memoriae* Gel., memoria. 8. *accomodata fide* Gel., accomodat fidem. 11. *id integra* edd. vv., integra. 12. *se* Fr. 2., eis (eius, se et). 14. *igne a victimariis* Gel., igneavictimabis. 30, 4. *quam proxime* Fr. 2., proxime. 8. *et ab* Mg., ab. 31, 5. *equestrem* Gr., equestrium. 7. *salis abstractos* edd. vv., satis. 9. *captis* Mg. castris. 32, 1. *ardere* Gel., arderent. 2. *accidebat* Gel., accendebat. 33, 8. *qui palati e fuga* Fr. 2., quidam latini qui e fuga. 9. *oppugnando donec* W., oppu-

gnandonec (oppugnavit donec?). 34, 1. *agro* Doering, Mg., agrum.
14. [*cum*]*iis* Gr., cum iis. 35, 2. *Mammula* Pighius, mamercus. 3. *Q. Fulvie*
ed. v., q. 11. *utique* Fr. 1., utile (ut illum). 36, 3. *qui scire possit* Gel.,
quo possit. 11. *eos si* edd., quos si. 13. *Gallia* edd., galliam. 37, 6. *ei e
matre* ... *adiecisse* Fr. 1., etiam hac re ... adiecisset. 38, 1. *obpressi* Fr.
2., oppressi sunt. 2. *Taurasinorum fuerant.* eo cum Sig. W., taurasinorum
3. *Apuani de montibus descenderent* Muret, abanidomontibus descendere.
6. *sedes* Crev., aedes. 9. *hostiae ductae* Mg., hostes ducti. ib. *quod* ..
quod ... *quod* Pighius, quid ... quid ... quid. 39, 5. *omissis* Fr. 1., omissis-
que. ib. *Flaccum* Fr. 2., flaccus. 9. *ignobilem* Fr. 2., nobilem. 40, 3. *pertulere impetus suos* Crev., perculere impetu suo. 11. *quattuor milia* Drk.,
tria millia mille. ib. *cum signis ... septem, equis prope DC. nullis* W.
ducentis septuaginta septem cum signis .. equis prope mille centum . in illis
13. *cum his* Fr. 1., in bis. 15. *exauctoratis* Fr. 1., ex authoritate. 41, 2. *Ballistam suismontiumque* Fr. 1., vallis verum tum tamquam. 3. *impositos* Fr. 2.
imposita. 6. *oram* Fr. 1., amarram. 7. *indictus* Sig., ductus. ib. *et fratei*
Fr. 1., frater. 8. *erat is* Fr. 1., is erat. 9. *Aulo* Sig., fabio. 10. *senatusconsultum factum est, ut M. Fulvius* Fr. 1., factum est ut cos. fulvius. 42
1. *superiore* * * *ex* Mg., W., superiore ex. 4. *quae inimici detulissen*.
Fr. 2., quintius ad ea dedisset. 5. *placuit* Fr. 2., placere. 7. *P.* Ald., C.
11. *Cloelium* Fr. 1., coelium. ib. *nominatus* Rubino, inauguratus. 12. *indi
pontifex maximus M. Aemilius* W., in (ante) pontificem maximum aemylius
43, 1. *Popillii* Fr. 1., porcii. 3. *deserendum* Sig., defendendam. 6. *unum
* * et* Glar., Mg., unum et. 44, 1. *Villio* Sig., iulio. 2. *quae* Vascos., qui
ib. *Cn ... C.* Sig., c ... l., ebenso §. 7. ib. *Q. filii* Sig., p. filii. 10. *facient*
Fr. 2., faciendi. 11. *Cn.* Glar., C. 45, 1. *saeva* et Fr. 2., et saeva. 3. *prostravit* ein Gelehrter bei Drk., constravit. ib. *Albam* Fr. 1., alue. 5. *e,
[fulminibus ... Iovis*] Mg., et fulminibus ... iovis. 7. *atrocibus* Fr. 1., civi-
bos atrox. 8. *confectis ut traditum* Fr. 1., confecti sunt traditus. 46, 2. *ma
lint* Fr. 1., malit. 6. *fueritis ... inplicaverint* Sig., Kr., fueritis inplicaverint. 7. *hac* Fr. 2., hos. 8. *legatis* ibid., eligatis. 9. *nuncupabitis* ibid., nu
cupatishis. 12. *inmortales mortales* Fr. 1., immortales. 14. *alia tum bi.
Fr. 1., allatumuis. ib. *se certo* ibid., secreto. 15. *instantibus qui aderan
ibid., stantibus qui aderant dederant. ib. *cura* ed. Bas. 1555., quum. 16. *ute
rentur adtribuerentur* Fr. 1., uterentur. ib. *annuum* Fr. 1., annum. 47
1. *reverteretur ... ibi bellum esset*; *Gracchus*, W., reverteretur, si Grac
chus maius sibi bellum esset. 2. *is Mundam* Mg., W., mundam. ib. *agro*.
Fr. 2., deinde agros. *praevalidam* ibid., pervalidam. 4. *accienda* T. Faber.
accipienda. 8. *tribunisque ... iubeant* Fr. 2., tribunoque ... iubeat. 9. *noct
e Duker, nocte. 48, 2. *inmittendo* Fr. 2., mittendo. 3. *sensit* Fr. 1., issen
sit. 49, 1. *depopulandam* Gr., Mg., depopulandum. 6. *sibine* Gr., ne sibi
7. *ad me* * * *suspicere* Glar., ad me propiuat suspicere. 50, 1. *Ergavica* Glar.
ergavia. 2. *cam* Fr. 1., iam. 3. *magnopere* * * *crederes* Sig., magnopere
herbicecrederes. ib. *quod ... lacessierint proelio manentes* Gr., qui ..
accessierint manentes proelio. ib. *intra vallum, spolia ... legisse* Gr., spolii
intra vallum ... legisset. 5. *debellatum* Fr. 1., bellatum. ib. *fluxa ut ante*
ibd., ut fluxa ante. ib. *fecisse* Sig., fuisse. 6. *l'accaeis* Sig., brachis. ib. *expugnasse* Gr., oppugnasse. 51, 1. *legerunt* Fr. 1., elegerunt. ib. *lectu.
Duker, electus. 2. *inseruerunt* Duiat., insuerat. 3. *et proscenium* Fr. 1.
ut proscenium. 6. *et ad aedem* Preller, aedem. 7. *praeterea* Sig., praetores
8. *publica[que sua]* Hz., W., publicaque sua. ib. *essent paterentque* Fr. 1.,
paterent essentque. 52, 4. *undecim* Sig., quadraginta. 5. *causa* Drk., caput.

AUFGENOMMENE CONIECTUREN. 385

ib. *ad pugnam* Ritschl, haec pugna. ib. *filio * * auspicio* Sig., filio auspicio.
ib. *Samum Chiumque* Glar., camacbumque. 6. *cum exercitu* G. Hermann,
exercitu. ib. *antea invicta* W., anteasicvicta. ib. *quadraginta* Glar., sexaginta. ib. *regnumque * * eius* Sig., regaumque eius. 53, 3. *celeriter * *
et* W., celeriter et. 54, 2. *suae Florebellus*, suae quae. 4. *et cum* Fr. 2.,
cum. 7. *regni ventura* ibd., ventura regni. 8. *adsoleat* ibd., adsolet. 9. *ut
ministri* Bekker, et ministri. 55, 2. *perductus* Fr. 1., productus. 4. *oblatum*
T. Faber, vocatum. 6. *missi* Fr. 1., misit. 7. *vulgatum* Fr. 2., negatum.
ib. *negantem ... Xychus ... adfirmant* Fr. 1., negant ... Xychum ... adfirmabant. 8. *alter superesset quam quod alter* Mg., alter. 56, 1. *Perseus
certior factus omnia* Fr. 2., omnia perseus certior factus. 2. *is spe* W.,
spe. 3. *Antigonum* Fr. 1., antiochus eum. ib. *neque* ibd., et neque. 4. *custoditum* ibd., concustoditum. 9. *agitarent cum diris* Drk., cum diris agitarent. 10. *haud * * statim* Glar., haud statim. 11. *dispositos * ita* Sig.,
dispositos ita. 57, 3. *Cotto; Cotto* W., cotto. ib. [*ea res*] Hz., ea res.
ib. *saepius* W., saepeiunius. ib. *inde certi* Drk., incerti. 4. *praestaret* Fr. 2.,
daret. 5. *sedes* Fr. 1., se. 7. *moribus* [*aequales*] Duker, moribus aequales.
8. *prospere rem* Drk, prospere. ib. *aversis* Fr. 1., reversis. 58, 1. * * ingressi* W., Fr. 1., digressi, ib. *agmine* Fr. 1., agro. ib. *digressu deinde* Mg.,
W., deinde. *sed* ib., et | ib. *adfamam* W., famam. ib. *neque Bastarnae* Fr. 1.,
bastarnae. ib. *empto contenti* ibd., evito contentio. ib. *esse ... contineri
poterant* W., esse poterant ... contineri. 3. *quo cum subire* W., quo ubi
ire. 4. *fulguribus* Fr. 1., fulgoribus. 7. *procella cum* ibd., procellarum.
ib. *plerique semiermes* ibd., proeliique se inermes. ib. *consultari* ibd., consultarique. 8. *hominum in Dardaniam, quo* W., Mg., hominum. ib. [*Apolloniam*] *mediterraneam* W., Apolloniam meridianam. 9. *dum firmaret res*
Gel., tum firmare tres. 59, 2. *trecenos* ed. v., tricenos. 4. *A. Manlius* Fr. 1.,
m. attilius. 7. *fanis* Duker, foris. 8. *lanxque ... adposita* G. Cuper., lanaque ... opposita.

XLI, 1, 3. *tuendae ... maris superi oras* Muret., tuendā ... mari superiore. 6. *Histriam versus* Gr., in histriamq. suum. 8. *haud* Florebellus, ant.
2, 3. *forum* Scaliger, eorum. ib. *inermi* Gr., inermis. 8. *armati alii* W.,
armati. 11. *direptisque* Drk., direptis. 3, 5. *nuntius missus* W., nuntius.
5, 6. *Ti.* Sig., t. 6, 4. *Ti.* Fr. 2., t. ib. *meritos * ut*, Gr., Mg., *meritosut.*
9. *fuisse se* Drk., fuisse. ib. *publice* Duker, publico. 10. *ipsos* W., iustos.
11. *alii cuiquam* Herald., alicuiquam. 7, 2. *Ti.* Fr. 2., t. 8. *quando* [*id
bellum*] Gr., quando id bellum. 9. *fuerit caesum* Crev., fuerit. 8, 1. *Ti.*
Fr. 2, t. ib. *L. Mummius* Sig., c. mummius. 5. *et L.* Clericus, l. 6. *fatigaverant* Gr., fatigaverunt. 8. *dilectu* Duker, dilectum. 9. [ac]*nominis* Drk.,
ac nominis. 10. *fierent * * postea* Duker, Walch, fierent postea. 12. *esset,
civis ne esset* Sig., Duiat., esset. 9, 4. *lucum* Cluver., lacum. 9. *ex senatus consulto* Gr., senatus consulto. ib. *socii* [ac] Schmidt, socii ac.
* *tumconsulis*(cons.)sc. adiectum | nuncessetaput, *Mommsen, Mg.* |

---

* *Mit* tum cons. *beginnt jetzt die Wiener Handschrift. In der folgenden Zusammenstellung der Lesarten dieses Codex ist die für die Weidmannsche Buchhandlung von Kopitar veranstaltete, durch später von ihm
Kreyssig mitgetheilte Zusätze vervollständigte Collation zu Grunde gelegt,
welche, was sich nach den Anführungen Bekkers und selbst Kreyssigs kaum
erwarten lässt, nicht allein die meisten abweichenden Lesarten (nur die in
der Hds. selbst durch Zusetzung von fehlenden oder Punctirung von zu
tilgenden Buchstaben verbesserten Worte sind zum Theil, wie es scheint*

AUFGENOMMENE CONIECTUREN.

quemmann, *Crev.* | mitteren, *über en steht* i, quidnoniurare, *Heerwagen* | causaiussique, *Mg.* | claudicons.claudio, *Gryn.*, *Mg.* | 10, 1. fuerantquiaquileiae (hibernaes .. nt) | histriorum | ueri | 2. effuso | (cernente) | duosesseexercitusexciuid, *Hz.* (duos .... citusid) | exercitus — romana [„*textus fere deletus velustate*"] | 4. aciae | (ceteri ... isso) | [.. opsides] | ... haec, *davor leerer Raum* (*für* 7 *Buchstaben*) | 5. cognitis | prouinciamexercitum, *Vahlen.* | adimerent | paludatis (pabulatis) | 6. manlioaduersus | iactassetingessitsed, *Kr.* | 7. cummilitum (cumillitum) | futurosesse | cumbis | (ess..) | 8. questore | catena | uinctosquese | maliūquaemisnistrans | 9. fabens | adnosparendum | 10. in*iu(lu)*ridebant | (aquileia)redit | 12. (a)collegae, *Mg.* | breuisquae | 13. (moratis) | aequaeampliuspraecipiti, *Florebellus.* | 11, 1. manliusquae | oppidumetmattius | uioppugnanteo, *W.* | 2. [dunouis] | interditā] | amnemque | 3. erant | noua | 4. abscisaquaeet | m͞co(meo)resinpacis | facinoresse | 5. puerorumquae | captitumuliex | 8. incendiinopi [U]capitum(AC)triginta | (et, e *über d. Zeile*) | 9. omnesquae | (populis) 12, 1. aput | t., *Sig.* | fuerant | consecta | (liguresimul) | 4. suplicatio | etaltero | cons. iissemprouio | sardiniam | gest*ia* | 5. illiensium | illiensiumuenerant | [xii] milia | 7. [t.claudietsc.] | 8. cultennam | [xn] caesaplusditaut | capiti | etl (efl) | 9. populantiquae | pacatisque, *Hz.* | euertit]. 13, 1. auen | san(sā |)gualen, *Harduin, Hz.* | 2. (cā |) pāniam | aene | pecora | 3. ipsos | suplicatio | publicae | syracusanumquae | suplicarentur | 4. pontusex(pontusfex) | (mortus) | etunacolonia | [C I͡Ↄ C I͡Ↄ] ciuium | 5. aeliuslegibuscn, *Kr.* | deligures, *Hz.* | 6. aburbe | histra | [ligiribusque] | prosperecstispostulati | 7. denaria c͞c͞cuu (ccc.vii.) | [lxxxv dccvii] | (auingulos) | denari | 8. ciuitabus | itaquae | iratus | currus (14, 1) triumphus, *Dr. IV.* 14, 1. adductum, *Gr.* | t., *Sig.* | solut | 2. tras (n *üb.* as) uersosmilites | digressi, *Gr.* | 3. (baberi) | creatisquae | prouincia | exhostibus, *Kr.* | censsisenatus | 4. hispalusquepetiliuspuri*u*nus | 5. popilius, *Sig.* | aquilius, *Sig.* | 6. histriquidem, *Kr.* | 7. petilio | (diē) | hostiaquaeq. petiliussacrificabit | 8. consultumsenatusipsaed) | 9. pise | [magistratum] | 10. uinas (scriberet) | et$\overline{\text{ccc}}$ | etDC, *Dr.* | c. claudio, *Sig.* | 15, 1. rebussenatu | camplo, te *üb. ca* | redit | uouissescenaris | iocurdefluxisse, *I. Perizonius.* 2. aquaefundi | iusse | etuidisse*etuid* | inenarrabilitateabsumptum, *Kr.* 3. territuseaprodigia | negabit | 4. hostis | petilium | praetoresquae | pisa | paetilio | 5. l. paetiliusmaso' | preregrinos | maluinensis, c *üb.* ni. | 6. depraecati | graccum | et c. ebutium, *Gr.* | 7. ipsi | 8. imperi | successorisq.noscendis | inpuenda | oecansionesintercedere | 9. grassus | sacrificis | 10. iure | utiiureiurando | 11. iureiurarunt, *Crev.* | etfonteius | hi | c͞cv milium | et $\overline{\text{ccc}}$ | 16, 1. [iii] non. mai. | ianinus [s *am Ende üb. d. Zeile*] | prae-

---

absichtlich, übergangen), sondern auch die zahlreichen orthographischen Verschiedenheiten der Drakenb. Ausgabe (cum statt quum, causa, nuntio etc.) enthält. Mit derselben ist die von Hertz veröffentlichte Collation Vahlens verglichen; das beiden Gemeinschaftliche ohne Zeichen angeführt, von Vahlen allein bemerkte Abweichungen von der aufgenommenen Lesart, so wie Abweichungen von den Angaben Kopitars sind durch ( ), nur von Kopitar angegebene Lesarten durch [ ] bezeichnet. Als zu tilgend in der Hs. punctirte Buchstaben sind cursiv gedruckt; || deutet das Ende der Zeile an. Wo schon Grynaeus die hds. Lesart verbessert hat, ist nur diese angeführt; wo die in den Text aufgenommene Verbesserung anderen Gelehrten angehört, sind deren Namen mit denselben Zeichen wie in den früheren Büchern zu der hds. Lesart hinzugefügt.

catus [p. r.] quiritiumlegioni | 2. es*t*set | seiecisset | rectaefacte | lanuinos | instauratiessent | 3. adlegionencn. | ingrabescente | 4. mortus | 5. [petilius] | indiemmnonsextilesinaddiemmidus, *Sig.* | 6. gab ‖ gauis | tactaepatres | utin |7. instaurationes(ne),*Kr.*| 8. (recepta) | 9. [VIII]ibilign(cn)rom | litteraequae | iamsicalpishostemproagrique, *Gryn.*, *Ruperti* | 17, 1. etc. sempronius, *Sig.* | (sardiniam) | [xu] hostium | 2. stipendiaris | iumperatum | ceteris | 3. opsidibusque | excota | [CCXXX] | quoque | c. semproniusprospere | decedent | secundaeportare | 4. aditissuplicationem | t. sempronium | 5. subrogandiantediem III non., *Sig.* | [erat] | (consecta) | 6. t. petilius | m. ʼualeriumleuinum, *Sig.* | iisetiamdiu, *Mg.* | paludatuslitteris, *Duker.* | atumultus | 8. eodemipsas, *Kr.* | edq. paetilius | exercitumedixerat | 9. parme | subitaris | 18, 1. cultennam | defensurus | laetum | murosque | amplexitardius, *Duker.* | 2. ad[ClƆ]et D | 3. que | 4. que | adufigunt | ornamentoinspeciem, *H. Meurer.* | factamq. paetilius | 6. eodemtempore, *Fr.* 2 | 7. copiisquomcongrederentur, *Fr.*1 | utrimque | 8.[petilio] | nitio,*Mg.* | ipseoporteret, *W.* | 9. inde (in) | [petilius] | ballistasetlaeti | eomontes | 10. uerbisomniatum | ses (sei)eodie[laetum]facturum | 11. ipsae | quidemetiamfuga | caecidit | 13. ad [u.] milia | caeciderunt | 14. hominis | auditum(se)uitium | audita [*damit endigt eine Seite, die folgende beginnt*]: 19, 1 deduxit | (appenuum) | [bergates] | appeninum | cl. mucius, *Sig.* | 2. ligureibusq. gestas (*i*gestas) | suplicationes | 3. hantmagnusconatus | 4. subibant | perseointerbarbarosbastarnasque | insdardania | 5. autoreeoquidquam | 6. neliberare | culpe | adque | haberet – esse, *I.Gr.* | 7. (suiss) tracum | aliquod | temerare | erantconueniens (conuenienst) | 8. amni | elerant, ge *üb.* er | traces | adiberent | etcolos | bifarias | ad]et | [cōpelluntur] inurbeque | [fert. XII.] milia | aberant | 10. confestimuticiurcumsidunt | (expugnari) | bartarnarum, s *üb.* r | praedio | relic, *so endigt die Seite*, *die folg. beginnt*: 20, 1. more | 2. adherebat | 3. sedealiosqueae | quibushonoratis | aesce | 4. quidsi*ui*dbi | uiderire | dubiaeinseanebantin | et (eorum) cultum | thegeteamagnificum | 7. cyzicipryταneum | urbisurbipublicae | quibusinhonos | rodisnihil | utquaquae | eorumutquapostulauerunt | 8. uerein | olympi | incontum | potestesse | 9. delomaris, *Ger. Voss.* | anthiociae | capitoli | 11. primoi(mot)maiores | uoluntate | 12. tenuis | familiar*ie* | studiorum | iu*i*uenum | praedis, *Kr.* | access[esss]ere | suo *am Ende d. S., die folg. beginnt*: 21, 1. pioinater, *Sig.* | 2 [.v.] milibus | [CCC] | optineret | 3. cepioni | philoniciteriorem(re) | peditumromanorumpeditum | equites[CL.] | [.v.] milia | [CCC] | cladio]suine | 4. [.x.]milia | [DC] | 5. ingraeret | uerteret, *Sig.* | honummorbos | morbos | 6. (nē ‖ qliberorumqui*bus*dem | 7. cadaneta (cadaue, ra *am Rande weggefallen,*) | acuolneribustabes | illosnecpriore*i* | intaicta (straige) | 8. cepio | t. semproniustitifilius[longius.x. uir], *I. Periz.* | et.t., *Fr.* 2 | atfellius(attellius)aemiliuscurionnaximus.m., *Fr.* 2 | tuditanuspontifices | 9. galbainlocumtuditani, *Sig.* | gracci | gracchussempronianus, *I. Periz.*, *Drk.* | inpelliq. aelius | c.x. air | 10. sybyllinos | 11. suplicatio | uotus | furiasacsuplicationem | 12. iouenienti | sinuesseunimanus .., *es fehlen 2 Buchst.*, oximi. *Die Hds. ist bis c. 23 am Rande verstümmelt, das in ( ) Eingeschlossene hat Vahlen noch erkannt*. 13. e(t)faces) | labsaeet(labsaesuntet)inlanuinoceritesque | iunatūnnisb(o)uem | constabat (bat). 22, 1. [le]gati .IX. mil. ex , *Sig.* | (qui) | (car) | (certus) | aliqunutoq. cartagine | (essent) ‖ ab (ab) | regescierunt (rant | (scartha) | 2. conpertamen (dfirmaue) | (enis) | iisque (quo) | innede[aes]culari | cartagi(nele)gatos | et | re (x) | parentumconstanter(ons)tanter) | 4. etnequibus | iusiu(diu)diciumque | co(go)egit(in)gentem | 5. etaeosmō(t)es

25*

AUFGENOMMENE CONIECTUREN.

| oracium | praebuissetin | reg(e)m | tumultuo ... misit(misi), *W*. | 6. thiotidem | tessaliamque(tes(salia)mque) | (agroru)mperquorumiter | reg. ... edit (reg(aumr)edit | ciuita(tiomp)er | habu(itanim)os | (au)tlitterasdimisit | nediuti(ussim)utatum | quecum | fuis(s)ent | 8. integresseinstituendam | aceorum | quaerebant.

23, 1. ateniensium | interdicerete | 3 animaduertissent | [conprēsis] | literaeceterum [*in der Mitte d. Seite, ohne Zeichen der Lücke*] | recitantis | moderatae | adquehis, *Kr*. | pmancipia | 5. galligrates | quineo | crederet | uiolatum | inquid | achei | 6. maxumegrauissimamomniumque,*Ruperti*|modoo | 7. manerequeid, *Crev*. | conthionantem | (probaimus) | 8. fcre | (caecis) | inaescamuretseruolorum | praetiirecipiendum | temptare | 9. foedusqua | omnia*m* | (futuram) | 10. philippumdetrium | (pretitit, s *üb*. et | 11. demetrio | quempopuloromanopriuspaenae, *Crev*., *Heerwagen* | 12. parabit | omniumdardaniam, *Gr*. | saedem | grecia | habeat, *W*. | 13. debepulsus | (tam) | consiliomisit | usiuere | dolopiams | necprouinciisde, *Gr*. | audiuit, *Sig*. | (transs)gressus | graecia | 14. quo(uis)spectare | tessaliam | 15. (mist) | relicuum | poeloponneso | 16. delpis | interfuitfretus | poloponnensum | inmiscemur | 17. certumdirigantur, *Gr*.| 18. macedonos | deeopericulosum | 24,1. arco,*Duker*. | senarchi | calligrates | 2. efficit | (uenire)autcuriamregum | interesse | occultae | 4. futurae | fuerant, *Gr*. | 5. fuerat, *Sig*. | accomodari | 6. acceptoalegatosromanosuenisseadregemperseaadp. r.appellatum | 7. paucisautores | inexpiabiles | 8. opportunitate | macedonia | subiecit, *Kr*. | dolopessimocontra | uiribusu] | re*l*gionis | 9. sumus, *Walch*. | thaessali | nihilopusfidei | adque | 10. tessalis | sitcumexsecrabilisistanobissitcurexsecrabilisistanobis | 11. filippus | cam | insuriae | simustates | sumus, *Gr*. | 12. quaquam | tantae | iniuriam | qua, *im Texte ist* quae *zulesen* | 13. mortemcumclassis | cencristaberet | uelatiaecsset | sequemur | 14. fecerat, *Vascos*. | idquoderat, *W*. | uetusta*te* | rerummerita | 15. ualeantacnunc | set | praecipuaeinimicissimus | calligrates | simulaucrimusacnemonoui, *Koch*, *Fr*. 1. | 16. derependique | nostrosquoqucetnossegniarceamus | 17. quodboc | parbamapertamet | sciemus | 18. quidaut | romanibabemus | inuisosufficimus, *Alschefski*. | erat | (sumus) | pacem | odiofiniunturintermittantur, *Kr*. *Mg*. | 19. adsentierant, *Freinsheim* | legationi(*t*)e | imperaret | megalopolim | aput.

25, 1. uipsos | furorum '| utuisedibus | 2. que | ueteras | hypateis, *Sig*. | proximierant | fidesquaedatae | 4. [LXXX] inlustreshominibus | benigne, *Crev*. | uocantes | 5. ualeriuslenius | pulcer | (popilius) | 6. aput | ortobula | est]et | abit | eratspempaucis, *Hz*. | indutiaetantum[etantum] sex | 8. rodis | quoqueque | opere | a [pr.] | resscribere. | 26, 1. celtibericeltiberi | set.t.graccho, *Fr*. 2. | titinio[pr.]oppugnan(nā)teprouinciam | claudiosique | classe(*clsse*) trorum | |2. inpballoquinque[*p*]inportarum | 3. adpaucis, *Kr*. | adhortatis | edixit | quiapraeterangustiasnonomens | 4. ali | secutieuaserunt, *Walch*. | exequaricirenibus; o *üb*. ci | hostibusquibus, *Kr*. | possentutexrauallum(ut) pandercaciemetexequaricoruibushostibuscircumibanturpossentita [4 *Zeilen wiederholt*] | (ruperunt) | (sustincri) | 5. [.xv.] miliacapta | adempti | dbellatumquenaqui. | 27, 2. (magulinensis) | quisibieunio | *Liurisdictio* | .l.fului | consorsetiamconsortiserat | 3. consulisnotisetiā(etiam)etiamin | enegotium | benetia | factionem | 4. (sierant) | *afuit* | agere | redit | 5. glaria | substruenda*ms* | etacscenam | § 6 *u. auf der Rückseite* § 12 *ist die Hds. verstümmelt*. | (et)carceres | nua ad no(tas) curriculisnumeran . . . . dametmetastran(s) . . ., *es fehlen etwa* 10, *im Folg*. 12, *dann* 9 *Buchst*. etcabeasferrea(sie) . . . . intromittere(ntu) . . .

AUFGENOMMENE CONIECTUREN. 389

ferreisinmonte, *Sig.* | 7. silices | capitoliumad, *Heber.* | 8. emptoriumlapidem |stipitibusquaesepserunt | [reiiciendam] | 9. etextra, *I. Periz.* | silices | 10. oximi | (pecunia) | reducta | 11. exaliisflauiusflaccus(faccus, l *iib.* ac) | positumius | populibe | ipsarum | pecuniaiouis *Sig.* | po. entiacetiam, *W.* | [adducē. am] | 12. [silicem] | ster. e. am | sinuessamaga, *Th. Mommsen.* | dauiariaeinhisetclo .... umcircumducen ... etforumetporticustabernisque[caudendum] | etinmnostris | 13. multi. | 28, 1. pin | auspicioqueaputclaudi | 2. suplicatio | [libereque] | terre | nuntiatum | 3. *t(i)*decreuit | 4. (multitudine) | l.(p.)postumius | [popilius]laeuases | 5. cn.fabius, *Sig.* | *sc.*cicereius | cl.(ci.)furiusgrassuspars | cl ... us(cl.uius, *die IIds. ist hier u. im Folg. lückenhaft.* | 6. comitisperf...[s]ap. | cento | urbe | [x mil]decemmilia | (arg)enti | [v.]miltib. s (miltib. s) | auri [auri i] aerarium tu(litflum)en | 7. cor(ne)lius | 8. tabulam | aedem, *Sig.* | t.semproni, *Fr.* 2. - gracci | [exercitusiq.] | Lxxx]milia | 9. [rep]felicissimume | adqueliberatisuectigalibus, *Sig.* | saluomq | redit | 10. autque | aliquod | datamuueragladiatorumuuum | 11. magnitamcnmuneris, *Walch.* Titi Lv. ab urbe condita || lib. xLI expl. .... inc. lib. xLII ||| f lici ... r, *d. IIs. lückenhaft.*

Lib. xLII, 1, 1. [L. Postumius *bis* rettulissent *ist mit rolher Dinte geschrieben, eine Ueberschrift nicht da.* popilius] | prouincis[exsercitibus](exercitus), *Vahlen* | absenatum | 2. optinerent | dc, *Drk.*et[.ā.]pedites | centumequitibus c̄c̄ | iussa | 4. prouincia | optineret | 5. cn. fabius, *Sig.* | m.matienus, *Hz.* | crassiper(pen)siciliam | 6. priusquamin | contrabat | 7. quodcumeopriuataspaulatimproferendofinescoustabathicpraenestinisquodcumeopriuatus | sacrifici | publicae | publicae | esset | 8. soci(socii ||)inulla | 9. aliostrumento | aput | aliquot | 11. quaefaciunt(i)dum | romano | 12. iniuriaconsulis, *Schelius* | minis | tumidumpenestinorumiussu(iusu) uelut. | 2, 1. macaedoniam | (conuenendi) | obessecumalii | 2. nonbellum | aultra | iret | aetoliam | discereindies | 3. praecationib. queediti, *Gr.* | 4. lanui | terrenaet(natet)in[uerenti]aput | pomtinum | uelutnouibus ; | 6. edictumquem | decemuirisetexquibus | hosteiis | suplicatioque | 7. fieretanlteraque, *Mg.* | prioreanualetudinis | uotaetesse | utiferiaeque, *Hz.* | itasacrificatumque, *W.* | decemuiris | 3, 1. eodemeo | hispaniam[p̄r.]bello | studiouullum | auta | essett | 2. ornantum, *Mg.* | ettemplo, *Kr.* | iratus | liciniae | 3. fueruntque | adquaeesportarent | 4. reditteguleexposite | esset | fremituscius [*das letzte* s *iib. d. Zeile*]. 5. ortusestex, *W.* | 6. ciuseius, *iib. d. ersten* us *stehl* .·. | annibal | habuisse sidetexisset | diruaisset | 7. detrectatum | columen(mem) | tectum, *Duker.* | parere | putrefaciendumidcensorem, *W.* | gereadicreatum | (publi || is) | etlocatuendamoremaiorumtraditumtraditum,*Duker.*| 8. possetidemimmortaliumdemolientem, *Fr.* 1, *Curio.* | 9. rui/nis | ali | exornantique | 10. apparerent | legationefacta | ierant | templumiaeularique| 11. regionem | potuerint| 4,1.cn.fabius,*Sig.* | ire | nuntiatummassiliensibus] | 2. quibusin,*iib.* si *steht* .·., hispaniamiretitaquecumidnuntiatummassiliensibuslegatisesset, .·. *iib. et*, succedebatur | (sortirentiur) | optineret | 3. fuitp.s(i)uriusidem, *Pighi.* | eaproiuincia | bellum[sc.]sitfactum, *Kr.* | [isacer] | 4. eamex | ebutiumparrum, *Pighi.* | cethegumqueetl. | salinium | 5. sociiis(iii) | seditionibussuisqueettbessalis | que | ger*ii(ru)*entur | 5, 1. iambellum, *Mg., Hz.* | magnaepariterhominum, *Kr.* | faborem | inclinatianitietaliquantoo | 3. utquesub || urbesnullus, *Curio, Fr.* 1. | 4. perseanfamum | patriss | uxoremaousua | ap(app)ellem ||| me | adque | quesitum | suppliciumexultantem,*W.* | tanta | 5. intestinis[extremique?]praeea | propisquos | ta || munifico | 6.spernendum, spernendam *nach Alschefski Jahn Jbb.* 40, 317. | obiecta, *W.* |

AUFGENOMMENE CONIECTUREN.

7. tessali | inperregiam | 8. tessalus | nuntiatumest, *Gr.* | 9. ca(ga)stigatis | fenore | onerant | inzannorum, *W.* | 10. eundem[appuon]ineodemq. | interrcbia | delpis | gesserant [nt *verschlungen*], gesseran *nach Walch.* 11. [utrique] | adque | utri*u*squepetit | abstinerent(rentin)bello | praetorum | 12. corynthusutubi, *Mg.* | connenitur, *Kr.*
6, 1. delpis | [aetoli]concilio | peloponnensiumtraiecitquoaceis, *Fr.* 1, *Crev.* | 2. persedonumromanorum | 3. quout [conmentarium | quodeappari- toribusbelli | 4. abregem | ptolemenm | 5. hii | cercoquebebiussulia | marcus | 6. etantbioco | excusabitquostipendium | quoaddiem, *Gr.* | pretaret | 7. aferre | 8. adque | imperaretquaesibi[p͞r.]que | 9. (insenatus) | orri(orn)dinibus | 10. antiocoquecum | praetor(urb) | 11. eique | quelegato | libere | essent | 12. legatiquein | maxime | aput | 7, 1. haecc.cercius[pr.]in*s*, *Fr.* 1., *Kr.*] [VII.] milia | amplius[CIƆ *halbverlöscht*]et[Dcc]uouerant | iunonis, *Sig.* | 2. cere | miliaputo(put) | si(gi)cereins | 3. statellaci | liguram | 4. popilio [cons.] | oppugnaturam | cernebat | 5. quesisse | 6. aequitibusuteoquos | itumultu. 7. [aequitum]media | inectus | 9. [.x.]milia | septingentipassim capti, *Mg.* | [t.xxxii]incruenta | 10. caedentibus | (x) | 8, 1. hac | [X·]milia | diderunt | 2. tumenastrocius | conss. | seuiturum | 3. ad | oppidumruit | uendit | 4. ecognoscendis | (icampania) | 5. satellites | 6. innoxorum | (iplorantia) | possumo | romanipacatos, *Heusinger.* | 7. [popilium]consules- leigurespraetio | quiquodeius | 8. quoquetemporefierinec, *Drk.* | oppugnantis, *Clericus.* | [seuiendo] | 9, 1. conss. | parendumfuitsenatuihabuit | exemplo | hibernacul*i*amissiiratus | infectuspraetori*b*, *Fr.* 1., *Sig.* | [redit] multisque | inuectusinp*l*aetorem, r *iib.* l | 3. camorbembellonabene(bellne- bene) | debuisse | histibus, o *iib.* is | 4. ditaquemultaeisedicere | 5. suplicatiouemque | absentesex, *Pithoeus.* | praesentes | honores | aliquod | 7. estateincognoscendisagrisnenaquidem | 8. [cons.]c.[polilium]lenatemp.ae- milium | lucretiusp.cluuius | siciniussicterum | 10, 1. q.fulus(lius)albinus, *Fr.* 1., *Sig.* | capitea | 3. [quia]socium | [[sus]ciuitatibus[conserentur] | 4. etserepublica | quibusquequosdemerunt(nt *verschlungen*) | 5. aequestris | uo*x*uerat | annos, *Lentz.* | pos | quam | dedicanitutscaenicos | 7. tantenu- besamantrepente | operirentur | 8. adquem | imperioapuliam | (absū | sit) 9. quoq.c.[popilius] | 10. et(ci)conss. | [popilius] | 11. paritercons., *Mg.* bellum | decernuutur, *Bekker.* | 12. negantdem.[popilio] | nouus | iuniocite- riorem | 14. (scliam, i *iib.* sc *u.* cl. | feris | habituros | rep.
11, 1. uidisseromam | depersonacrimina | 2. sed]et | ingentia(q)in | existimant | 3. uiuendi | quorum(rū |)q |utcoronam |4. philippiconsulisnecem | romani | 5. haeccūmuoluntatem, *Fr.* 1. *W. Woelfelin* | animopressum | hereditariumpatre | 6. iubentute | que | adque | 7. nonin | 8. que | philippos | successum | 9. adcessisse. | 12, 1. nonapud | adqueasiaeciuesuereri | proquam | tantumettribuatur | certumesseutrum | 2. quodam | faborem | 3. phrysiaepraecantiadoranti, *Kr.* | celebratares || sentransque | gratulatione- donis, *Hz.* | 4. [uelrut] | boetoe(i)rum | aptatam | 6. (alter) | adsidenum | *t*(*i*)delpbisinacaico | aeorum(rū |))prope | 7. ad | priuatisnā | publicae | 8. hiis | adque | haberenonutexpertisnon | [xxx.]milia | [.v.]milia | frumentum- praepareut | 9. decemmilia, *Gr.* | annum | 10. tribustantum, *Sig.* | arma- mentariam | [concessisse] | per*f*(*t*)enni | theri(erci)am | 13, 1. [reliquo] | inquid | adduos[p͞e]sed | explorata .... haudsecum, *vor* haud *leerer Raum für 7 Buchst.* | 2. uanoaduosfecistisadferendo | adrogarem | nouilissimas | graecie | denudatis | penitendum | haberem | quenisauigi | 5. bellumnos, *Gr.* | parere | 6. adque | arthetarum | sociumidemadque | 7. [gallicritum] | boetorum | (que) | 8. byzantis | bellaintulit, *Gr.* | 9. co(con)ditet | tessa-

AUFGENOMMENE CONIECTUREN. 391

liaperthebiaque | (ot || noxia) | 10. occursumrum | uobistumaut(haut) | 11. quamesciumadpraedicendisautcaueretis || 12. adque | uteideos | praeterut [ra *durchstrichen*] | etnouis | adque | 14, 1. turia | [manauere] | 2. etdefensio, ∴ *iib*. io, etdefensioet, ∴ *iib*. et, depraecatio | erespondebatur | 3. ferociaanim*ai* | prin(pri |)cipes | 4. causamuelcausambelliqua || ri | forte | conmunem | 5. ciuitatium | adque | (curaerat) | 6. legatiorhodiorumerathacfalsaituras, *Gr.*, *Drk.* | dubiusquemeumenesciuitatisquoquesua | 7. senatusquerebat | 8. cum(cū)contigisset, *Duker*. | intemperautius, *Gr.* | anthiocus | popularemquidem(dē)quidemingratampopulisnam | 10. aput | (oita) | donaquecuiquam | adque | 15,1. quanta(quant)eximia, *Muret*. | 2. ipsae | etita, *W.* | 3. oriens | ministris | facinerum | cedem | (literasque?) | 4. eumēut | apollinedelposen(*i*)*s*censurum | progressi, *Gr.* | (circumeuntesquarebat](circumeuntesquerebat) | 5. escendentibus(tib) | cirraprimusquam | loca*i*macerierat ableuiasemitampaulumextautem, *W.* | 6. maceria | 7. eundeerat | regis, *Vascos*. | 9. exortasuaduo | deduouunt(olunt) | 10. sopitusquiexemitaprocliuit(cliui)in, *Kr.* | congestū | quidemetiam, *W.* | cedentem | constar.

16, 1. maceriem | *add* | adque | eorumex, *Fr.* 1., *Kr.* | occiderunt | 2. tollentesoppidumuoluere | 3. remanentem | uictorum | pronulla | 4. quidemex | sicutlatronum. | 4. reinfesti*a*uenierant | 5. coeptumneconsulte || 6. iamasui | adcorinthiopersthmi, i *iib*. rs | 7. adeos | asia | quoqueceteriumquam | 8. fratri | au*dt* | 9. que | qua || quam | tacitehabereidpati(haberepati) | congressuunotemperauit | petendaematuram, *W.* | famam | 17, 1. [graecia || legatus[|| *zwischen* a *u.* l]quiad | concilia | regiseiuserat | [redit] | rammum | indici | brundisi | 3. hospitioquoquect, *W.* | quoque(quoq.)gentiumiusignisquoque | 4. perfamiliam | sermonesetcoeptum | 5. romanibostioeius | 6. peragendamadtuta | 7. daturamquenec | signodefendiposset | 8. nisi | experi*f*(r*ii*)mentum | circaalcidem | 9. insueiussuromam | curiamq. acta. | 18, 1. eaqab | appellarebellum | clamdestina | scelere | beneficiorum | 2. c.sicinium | 3. ducit | |traiceretur | 4. aegine | [simulante]ui | 5. romastimulantesquod | 6. maconcumbellum | dilatum est | (prouincia) | fatigatissepe, *Kr.* | cum [p̄r.] nouis | 19, 1. secognitionem | quam | consederantlucruperata | 2. annisnonpost | uacaretur | 3. cumexpectatione | quiregnum | ariatis | 5. tutele | 6. etregemetlegatio, *Mg.* | praetur ... aedis, *vor* aedis *eine halbe Zeile leer* | habitarerecpossent, [*mit* rec *endigt d. Seite*] etre(ettre)cumlegatissediscepnatisqueetsatissocietatem, *W.* | muneramilitumaeris | tra(trae)ciae | 7. t.claudium, *Sig.* | rhodium | 20, 1. (tempestate*i*) | (prostrata) | punicoconsulis, *Sig. Pigh.* | 2. patresetharuspices, *Kr.* | habendamuictissimusoppidismaloribus | per[.x.]diesiouisūmprimo | 4. (puerduellium) | que | 5. saturnie | caleteiaea | tripidem | uacchis | fluminisexaminatosoximi | 6. quique | supplicationumdiem. | 21,1. prouincias, *Ruperti.* popilioreferre | et]ut | 2. popullitteris | siiterum | satellatis | (procons)acse- .x.milia, *I. Periz.* | queque | 3.iusactambellum | (intulissetpacatos) | adrebellium *Grut.* | 4. [etconsulmultam] | 5. satellis | [promulgarent] | 6. cicereioprioris | datusext | 7. frustriumpho | triumfauit | 8. plebis(bi)sciuitatisiussici(ti)que | liciniusproconsuluit | querereexrogatione | querere | [iusserant].

22, 1. ceperunt, *Gr.* | 2. (reuuerti) | aput | positā | 3. detractioni | rogationi | 5. postquamful(flu)uium | popilius | 6. ager(et)adsignatus | 7. popiliusrogationemmarciauisaput | etpopillio | praecibusuictulaudibusmartis | rerum | honoremediceretisqui | fallaciaelusaest | 23, 1. eo]et | masilissae(lisae) | contiones | 2. cartaginienses | aegrum | quirepresenti, *Sig.* | castellaquae | masinissamqueuiadque | 3. prohibere | extrafinesextrafines | 4. (pellent) | aut | [quod]deserte | 5. setiam | superuiamcredulitatemque |

cartaginienses | missosesse, *Gr.* | triumpharumrerum | imperari | 6. (net) | exequoinsociumpopulumque, *Gryn. Mg.* | essent | aput | (ualerei) | 7. quiddedissentquidipsumoullam | arbitriofuturum | 8. aliquamsuum | datum | dilectum | 9. tutamiouentutemetsub | 10. perirenequesemelipsesatiusipsecsse, *Fr.* 1, *Vahlen.* | aceruissimo | misericordiamque [*Ende der Seite, dann*] reisinterrogari (c. 24, 1) | 24, 1. adeas | repraeromam | 2. cartaginienses | iturus | 3. necinaede | clamdestinum | aliquod | (principium) | undepraeterea, *Clericus* | 4. quis(quii)depraecaretur | (inimicitis) | (criminantuibus) seromamqueque(romamquem)ob | constantenfidemi(p)ergapr(pro)odissent .... bis, *vor* bis *leerer Raum für* 9 *Buchst.* | 5. utrumque | cartaginiensiumconsultis | respondere, *Duialius.* | 6. cartaginienses | 7. sesliquempossent, *W.* | mosissehosnoris | 8. statuerent | obseruari, *Gr.* | 9. agrosconcisisse | iniuriamq.iure | admissent | 10. cartaginiensesque | conseruata, *darnach leerer Raum für etwa* 10 *Buchst.* | 25, 1. cento, *Sig.* | regis | 2. quia | infestus | que | quequeaudentuidissese | macaedonumsummiuiparari | 3. (uocatos) | 4. ictumsecum, *Hz. Mg.* | prohibere | prohibere | 5. que | 6. famotrace | 7. (satisfaii(aii)eri) | censeri | habebat | 8. auaritiamsuper | queromanis | frequentemquodali, *Mg.* | superatiosilegati | speculati, *Ruperti.* | 10. comita[uellesibi] | abse | renouare | probare | passurum | 11. nouofoedusseisecum | deberet, *Mg.* | inducereutexequofidus | crederepconsulturos | 12. adque | summoneriegregiaomniscuoeptoscum | amicitiamesocietatemsenuntiasse | uoce | adque | triduos | 13. profectus | sibiautmanen (nent)ibiquidquam | 14. tessali | senatum | usurarepesselitteras | eorumesset, *Gr.* | uenissetu.

26, 1. magnopere | adtinead | consulis[cesserant] | exasperathosacliguris | inbellum | 2. (iregem) | susceptamesselegati | simulquaestiones(ne)suosecundopopulatum, *Fr.*1, *Mg.* | adque | 3. speciem | 4. illyri | (regea) | deregessissedifferentquesitumetquid, *Fr* 1, *Mg.* | 5. (institiuto) | acceperet | superdereuenissebesitantibusre[rebu]sponso | 6. adirent | adremlegatos | quissocii *Hz.* | senatumexustumarenonaecum | 7. [c̄p.letorius] (c.pletorius), a *üb.* le, *Sig.* | regem | redieruntlegatiquiredierunteumeneineanthiocum | ptolemeum | inalexandria, *Gr.* | 8. sedegraeciae[fide](infide) | omniaque[p.r.] | fidassociosfluctuatis | consilis | 9. rodi | eaq.uolgoia(la) ctari | iisnoniuconsules, *Hz.*, *W.* | 27, 1. (quinqueremicbus) | subditisque | 2. que | siciliam | essem | adque | 3. liberti | licinio[pr.] | [.v̄īīī.c̄c̄c̄c̄]acsociis, *Fr.* 1, *Kr.* | 4. brundisiocceperetadque | seranus | 5. quiutexercitum, *Kr.* | (parandum) | popilio | que | etsocis, *Hz.*, *Mg.* | [īīīī]peditum | brundisiadessehacclasseiuberetet | 6. optinere | que | inpigro | 7. deducta | eos | licinius, *Sig.* | missise[dicitius]t.iubentius | 28, 1. popilius | redit | quamcensuerat | imminererepulsum(sū)erat | 2. auditumest | aedem | 3. oppressus | 4. quamdenictaerantdiemad[.XII. kal. mart.] , *Fr* 1., *Sig.* | 5. [cons.] liciniusgrassus | cassinius | lucretiusc.caniniusreuilus | iuniusannalis, *Sig.* | 6. rome | 7. enimperauit | hostibusmaioribus | praecarentur | 8. popilius | maxumououeret, *I. Periz.* | puluinariadari(e.p.·X·)annos | eode | 9. donariquedari, *Mg.* | [decressset] | praeunde | 11. perit | tuminlyrico | nuntiatumalterumgraui | morte | 12. (depenidentem) | conpetem | aemiliocum[·X· uir] | oppidaadulescenssacerdosest | 29, 1. licinius | cassius | cinitatesquaequeineuropa | 2. cumrecensiraquoscelereeiuspropeutuictummactatum | 3. bytiniae | armisequitumeuen(uē)tum(expectaret) | uxorisarma, *W.* | aput | 5. anthiocus | 6. gesturumqueinnullo, *Vahlen.* | (im) | quodbellum, *Vahlen.* | eorumexine, *Kr.* | 7. ptolemeus | arbitrierant | anthiocum | coelem, *Vascos.* | 8. romanoseauxilia | elepantis | mansurasse, *Kr.* | quidquam | 10.

sifretaessent | cartaginienses | 11. illyorum | utramforet | impetumque
iis, *Gr.* | illius | 12. cothysstraxodysarum(rū)rexeiadmacedonum, *Fr.* 1, *II*.
| 30, 1. liberi | populisquegensubique | soletdeterioribuseratobregem, *Fr.*
1., *Gr.* | principumaduersacernerestudia | imperiromano | futurosrapipars
4. praecipientesad | (nouandae) | ueatorum | persea | 5. utiqueoptimodo-
mini | (mallebat) | 6. liberumindearbitrium, *Vahlen.* | esse | alteramoppres-
sam | inliuatam | utrisque | exeomanere, *Gr.* | utrasque | foreprotegente
[*so durch Correctur, die alte Schrift unleserlich*] | 7. [sententis] | 8. ex
[sc.]cum | hostis | praecessuasquoacceptas(acreptasquo?) | praecationemque
| 9—10. prorogatiofelixque, *l. Periz., W*. | 10. comitis | primodifferread |
secus | uastaret | 11. aduersuspraetoremconsiliainisseot | (claussem).

31,1. sortirenturque | satisfecissem | persequerebatur | 2. legationes-
quattuor | praecipue, *Lipsius.* | legationibusquino | ducenipedites | mace-
donia | iussaaequites | 3. (ete) | [cons.]alterauctus | numerus[DECCCequites
CCLƆƆƆ.LƆƆƆ](DECCC.CCLIII.LIII)peditumoDCCCequites | 4. [·XII·]milium
| 5. macaedonicum | suffragis | arbitriumquae | 6. praetorcuius | quod(quos)
senatus | 7. adque | recognosceret—daret, *Bekker.* | 8. [sardinia] | prae-
toribuscas | alceras | utquodframentum, *Vahlen.* | 9. m.caniniusregilius |
sardiniamc.sulpicius | (iurisdicionem, t *üb.* ci) | iuliusannalis | sc.lucretius
| 32, 1. sineforte | macaedoniam | oppugnaturum, *Rubenius.* | 2. eumenie-
nim(enien)prouinciam, *Vahlen.* | contionemiurasset | (statuisque) | que |
possentq.non | 3. inpraetura(pr.)iurauerint | futurus | 5. macedoniacassio |
primaetertiainmacaedoniam | italiam | intentioremquamaliascuram, *Kr.* | 6.
(macedoniaco) | anthiocum | stipendiaferebantcum | 7. centurionessedpri-
mum | primomspilosdeduxerant | m.fuluiusnouiliorem.fuluiusnobilioretm. |
[coūs.] | 8. (essret) | ciuibusstaturos | 33, 1. subselliatribusres | [popilius]
| aduocatuscenturiones, *Hz.* | 2. cos.indepostulantis | popilius | 3. corpore |
habent | recusarent | dentiolantumdepraecari | quosmilitassent[habuisset] |
adtribuerant | 4. sc.recitari | quod | senatusperscio | [quodueteres] | 5. de-
praecatusestdeindedein(deindein)nouo | potentissim | 6. cuiquem | (adsigna-
rei) | (ein) | reiecerunt | 34,1. que | quitr.[p.pellauerant](ppellauerant), a *üb.*
pp | tribunopetit | 2. tribuscrastumina, *W*. | exosabinus | (ingeruim) | reli-
quid | hodiecumque | 3. (pri*i*mum)in(aeteatem) | deditq.secum | fili | 4. fili
| [IIII] | c.(aur.)consulibus | 5. ma(mad)caedoniam | graegarius | mihimibi |
6. uolumtarius | 7. acrioris | (adsignare) | 8. uolumtarius | factum | an-
thiocum | am.caelio, *Sig.* | 9. antbiocosubactolisaetolis | initaliae(lia) | que
| ti.sempronio | 10. prouinciaextriumiphum | atitogracco, *Fr.* 2. | prouin-
cia | 11. ettries | emeritabeo | 12. mihinestipendia | uocationem | promeo-
uobisdaret | dimittis | 13. quodad | iudicab(au)itnusquamsuom | 14. ordine |
(iudicaent) | ipsorumetpotestatis | fecissemutimperatores | 15. appellatio-
nemuosusurpatis, *Mg.* | isquamfecertis(tais) | potestate[ac]senatusqueaucto-
ritatemusquam(quā ‖)feceritisnuncquoqueinpotestateacsenatusconsultumes-
seet | 35, 1. ubisitisconlaudatum | p.con(coin)sul, *Kr.* | 2. graeciae | ad-
signarent | praemissa | 3. prouinciasmagisproficiscerentur | iuniaefuer*fe*
(erie) | quead | 4. practoreos | scribereturuanas | 5. socii | imperarent
| [xu]peditum | isexercitusis | 6. societatemque | sagittari | numida | creta-
mitt(mit)erentlegatorosire | decium, *Sig.*

36, 1. (legatoi) | 3. (impetrarie) | asenatuessetut | arbitrator | 4. car
(cal)uirilius | graeciam | senatueratueratisperrebiam | tessaliaealiquod|cete-
raqueaut | pararet | re(ire)sponderi | 5. hesitabant | quidquam | licinius | 6.
mittereoe(roe) | romamquopreterea | esset | 7. mandatumettra.XI.diem |
na(no)bem | custodirent | 8. .v.(·V·)peditumCCC | nymfaeum | 9. cum.II.

milia | occupandassaratiorum | tuitiores | impetum | 37, 1. marcibus | obirem | 2. p.decimius | amicitiaecumhabere, *W*. | temptaretutetiam | perligeretiussus, *Fr.* 1, *W*. | 3. cepallaniam | peloponneusum | 4. aetoliet[tessalia]circumeundem, *Fr.* 1., *Mg*. | (adsignanteur) | boetiamadque | peloponnensum | 5. lentuli | litteraeperseo | querebat | 6. romanas | 7. peloponneosi ‖ adiuuassent, *ed. Lugdun.* 1553. | anthioci | 8. contionibus[audicbant?]fremebantacheis | etmacedonisphilippobellohostesfuissentmesseniadqueaelipreanthiocopostearomaaduersus | 9. acheis | quaererentur | 38, 1. [marcius] (m)et | gitanae(nac)eripi · 'X·mari | (sunteqaudriugentos) | absemacedonibus, *W*. | 2. sibi | [suffigeretur] | fauorerebusdatisconpertum | tessaliam | 3. acarnanisetboetorum | 3. anthioci | regis | 5. boetisexprobrantum | iunxisseeoscum, *Kr.* | conferent | aperitarum | tessalorum | 6. ibitessalis | libertatibus | antiociuello | agentessalorum | 7. essentautmutua | 8. priuatum | hospiti | quodetpaternom | (*i*huius) | 9. hospitiumquae | mini*m*ummemorem | abomonodiumesset | 39, 1. adio, b *üb.* ad | 2. cogitatus | ciuitatiumq.conuenerant | que | 3. inerant | uinendicongredientibus | dirimene | 4. fuitatitransgrederentur | maiestatialiquid[p̄r.] | 5. loco | cunctantibus | inquidadmaiores | philippuipsocongnomencratp*h*filius | 6. fa ‖ lepersuasum | sumquam | comitiatu | iuucu(eb)ant | daret, *Gr.* | 7. hippauianetpantacum | deditnetam | 8. salutatis | ospitalis.

40, 1. inquid | misistisinquibusq ‖ risquidsitalegatis | 2. superuum | aceruum | 3. tealiquam | aceruitatem | adbibensa | 4. adeptusest | teq.facienda | (furit, e *üb.* er) | gens ‖ et | renouandumiudicat | 5. abrypolim | adque | artetauri | cede | quiut | romanumiiregulamocciderat | 6. byzantis | foedus[delphos]misisti | boetiissociissocinostris| (ipsoi) | 7. legatoseruametcalcicritum | uenientisaneo, *Mg.* | innetobellum | dolopers | 8. (sacratoa) anteoras | 9. etlegatosrenuntiasseetlegatostuosbaec | 10. modouiderepotuisti | traicerentaraputpraesidia | 11. nostro *dann leerer Raum für* 16 *Buchst.* hospitio | materiem, *IIs.* | aput | 41, 1. ealex | aput | equos | aput | agaut | 2. mihipartimea | debeameaquaefaterierubescam | 3. conuiciantur | 4. grauidaepublicae | aliu*mm*) | (quaemquam) | rammum | 5. thabanorum | arcetauri | (gaedis) | exsolasse | 6. sumereaccusaturus | facinerum | 7. etaliaegentis | 8. egotami ‖ istout | macedoniam | (reg*nio*) | 10. abrypolim | 11. hocestex | propulsantur | abrypolim | amphypolim | 12. paterem | ad | iustosumpserecuiassed | nequealiquae, *W*. | quisubarmis | quaeri | 13. coercuerint | iusrefeci | 14. nonnouisnecfoederis[ed]iisquiinseruos | adque | eupanorem | utmores | 42, 1. ar(ac)cum | [praccessissem] | antronase!pycleon | quo(qua)inpropinquodelphissacrificanda*i*causamultoantedebituotapersoluerendelphosescendiethis | 2. exercitumesseadicitur, *Kr.* | quodnumuos | quaeror | occupare | orcibusopponere | 3. quaeratur | simulatos | 4. byzantis| boetis| tequemarci | 5. calumniainomuiaretorquendoquesuscepta | (libertaste) | quoregnum | incolumeesesset, *darnach leerer Raum f.* 6 *Buchst.* | 6. his | nequidquam | antbiocumultralegatanremotum | grauioremultoasinaeque | antiocus | eumenen(ene)necesse | (pegami, r *üb.* eg) | 7. haecquaem.et | accipiathis | 8. (edeliquisse) | 9. nequod | grauitatisquae, / quaerellaetpostulationedigna. | 43, 1. etdicentem, *W*. | cumadsensum marciusauctor, *W*. | romamlegatiessentcum, *Hearne.* | praetermittendum, *Grut.*| censuissent | 2. idnecessaria | grauataeetiammagnam[ā] | 3. (aratu*m*, p *üb.* ar) | presentia | nosexercitum | oeccasset | adque| instructaet | adque | 4. adhoc | boetiam | 5. descen(ce)dentibusinsocietatem | consiliboetorum | (propulis) | [propriaesocietate] | 6. primiaceronia | athenis | itineri | (*hquis*) | (respom*n*so) | calchidem | 7. comitiapraetorisboetarum | eoacta | thebis-

AUFGENOMMENE CONIECTUREN. 395

sinebello [*durch Correctur*] | etarcenrbibus | 8. tespias | tebas | priuatis |
9. calchidem | hismeniam | 10. iismeniae.

44, 1. calcidem | alarum | suoquoquepropriodecretopropriamsocietatem, *Kr.* | aspernata | sediungebant | boetorum | 2. (eab) | 3. ipse | boetiae | inmagnotuerant,*Kr.* | aliiadregem | alis | 4. aliatiorumqueconuenerat, *Vascos.*, *Kr.* | defendum | constantiae | anthiocique | imperi | uicta[eadem] (ea)multitudo, *Mg.* | calcidem | conmendari | 5. leti | bisseparatim, *Bekker.* | 6. boetico(boeti)conciliopponnensum | serg., *Fr.* 2. | calchidemarcersito | 7. argi | estii | ubiresaliud, *Fr.* 1, *Hz.* | aceorum | 8. calcidem | 45, 1. asiamcircum, *W.* | 2. t.claudius, *Sig.* | p.postumius, *Dr.* | adueruspersearomanis | ciuitates | agebantqua(inqua) | 3. rhodimaximum | monimenti | adiuuarentuiribus,*Fr.* 1, *Hz.* | hegesiloco, *Ursinus.* | 4. magistratum | multi | rodios | saepeunaexperti | societationemunatum | stabiles | imminerentumperso | 5. anthioci | 6. essenisireuicere | nstruere, i *üb.* n) | coepissenteoagirenixae | estsent | 7. ortanamque | (*a*)romanis | adornationem | 8. (*si*)llyriorum | redit | 46, 1. ad, *Kr.* | deincobor(hora)tiscum | byzantiumetrhodumetlegatiferendas, *Crev.* | 2. andissentqquae | 3. aput | assederunt | adque | missosromanossi | opepenitendum | rhodis | 4. depraecan*t*(*i*)do | praecipuae | quiplus,*Crev.* | adque | que | adque | obnoxiaforesnullus | 5. potentiorisse | 6. separaretaut | rexquid | parta. 7. boetiae | coroneammetaliaromam (ma)adierunt | inuitiis | adiungeretur | 8. suntetquamquamnibil | 9. haliarte | 10. adrege | ad[tebanorum] | (romanisc) | 47, 1. quemdecepto | 2. abeoenim | 3. sumptohaecumuenturum, *W.* | boetorum | distraxissentneconiugi | 4. adprobat | mores | arces | 5. nocturnas | nesimulatam | improbieosque | bellamagisquammaiores | (indice) | cerere | denuntiareetiaminterdumfinire, *F.* 1. | 6. pyrromegimedicum | libererorumregisbaec, *W.* | 7. publicarum, n *üb.* b). | graeciae | aputfallereq.hostem | 8. (pilus) | sit[*se*]nequepartenequecasus | essebellum | 9. nouaacnimisplacebat, *Hz.* | tanenea | utilius (iutilis) | legatiom.et | 10. exissetpraesidio | .II. duopeditum[atillius] | cn.] (cōs.) | accens*d*ereaa(ad)eam | (CCCE) | boetia(ae) | 48, 2. que | manisestenim | depraecatio | 3. (quia) | romaeitaintra[XXX]diem | 5. cumXLV. remibus | namrexrefectis | 6. fraterlucretius, *Gr.* | quinquereme(*s*iuna) | iussusquae | cepaliam, *Hz.* | classe | 7. [*si*]uperuectusitaliaecalabriae, *W.* | dyrracium | 8. dyrracinorum[XII]isseorum[LIIII]genti | conparatus | adductis(us) | cepaliam | 9. neab | quintopercepallaniam | 10. utterresutterrestris | onerariaeetsgmine.

49, 2. quaeriturpraecipuae | (uirtute, davor scheint f zum Theil radiert) | coñss. | 3. offici | curam | 4. animi | 5. quecontra | 6. uictoremstantemin, *Fr.* 1, *Kr.* | 7. regis | fama | clarammacedonum[cens]etphilippus | 8. cogitationum | 9. manliacili | manli(man ||)filius | 10. adque | nympheum | apollinio . magro, *Kr.* | 50, 1. romapraegressipraeciderint(rant)spepaucis | aliquamdiuersis, *Sig.* | 2. erat | stipendiumsi | adaliudpaucis | inaliatanti | 3. possessiautambigua | ultro(isset)[isessel] | 5. agrosegeressed | (hum*m*ana)| (maxime)| 6. ceruibus | antiocum | iugaturient(tarier)motum, *Gr.* | 7. macaedoniae | regionem | etquodquiasictibip̄rsua | uidebatur | 8. integraeputanimumsum, *Fr.* 1, *Kr.* | samotraciam | supertes | contentuadque | 9. consenescatmilitariaarmatus | dignitatisquaesuaeautuiro, *Kr.* | [patiaetur] | liberartorbem | 10. restituisse | 11. itabello, *Doering*, *Mg.* | cessisse | [quicquampro]diguitatesdmaiestate | 51, 1. pelle | inquid | bellumutterisquae | titium | omniscontraipsa | hostis | alcidemconfacto | manus | (macedeonum)externorum, *Hz.*, *Vahlen.* | 3. poniomnisarmatosque | [XL]milia | bereas, *Sig.* | 4. deindeutuiribus | (cetratiorum) |

duoeranthagema, *Kr.* | trasippum | 5; millium | anthipilusaedissaeus | exparona, *Sig.* | parstrymonia, *Mg.* | traciaeetagri(cri)ones | trecibus | millium | 6. armauerant | didaspheonqui | 7. [ll]milia | praefectus | exintris, *Fr.* 1, *Kr.* | trecum | parmeneonmerus | (suoss) | [susü] | 8. lacaedemonius | graeciammissogenere | regisgenerisferebat | (exuls) | acheorum | depressis | 9. aetolumetboetorum | (quam*i*) | lycoaceus | [Xll]milia | contraxeratmilia | 10. coteseuthis filius, *Fr.* 1, *Hs.* | XXXVlllpeditum | 52, 2. cuiusmacedoniamagna | tracum | que | 3. (bellumu) | effecerant | 4. motam | duoscuius ‖ uelquorumparsphilippus | 6. patremseo(seco)mnemorauit | 7. dignitationibus | 8. deindein, *Bekker.* | baberetco͞s. | romanisqueitricenos, *Sig.* | habebant | 9. (eoeut) | nonplusseptem | 10. (d*ei*tironibus) | adque | belli | 11. phygos | tracas | armatplioshabere | eaque | macedona | 12. commeatu |(procul*i*) | preter | 13. (omnia*m*)| fuerant, *Duker.* | 14. animum hnsbabendum | initialiamincognitum | aperuerunt | terrarumneganteuincere | inclusa | defuerint | 15. ad | nuncde | indicae, *Vascos.* | fortuua | 16. peterentrexuicinus(vicir*ius*) | bellonobisarma | haecintradenda | regnoquaeabsistere.
53, 1. facere | 2. parere | nympheoromanosdimissa | (legati*s*ones) | 4. satisregionibusapparatus |imperataaut | telorumquae | bellicumquaealium | 5. sordeam | locum | helymeam | haliam(cam)mona | 6. [motibus] | desvenditadtripoliumuocantadzorispytolumetdoscenimcoleatis, *Fr.* 1, *Sig.*, *W.* 7. oppic(pi)paulisper | 8. perrebos | idemurbem | 9. agri | conrepulsus | copiisadhortatusin | 54, 1. ferocioris[es]facere | clauderegi[gis] | 2. tuendosesseacrius | 3. estdefensa *Kr.* | difficultersedebat, *Mg.* | 4. cum (cumetcum)scalae | vii | depulmorisad | 5. pauccefluⅠsiab | tergafugientemqueper(r*i*)patentem | 6. (sub*i*)perfuerunt | philinnam | diecyptonem | 7. ruf(li)umetlippium | intrase | nepugnataquidem | uelatiasetconnum | 8. quaetempestateadeunt, *Kr.* | magiscon(nn)ustaqueet | (opequitum) | reliquid | 9. succurium | 10. succurium | ossaemortis | tessaliae | adque | 11. hos | 55, 1. tessaliam | 2. achamaniam | asperis | inuisolis | (difficultatem) | aegrecompos | 3. si, i *über* s *gesetzt* | ctquisque | locasua | cladeuisse | 4. com(con)pos | peri(per ‖)culosos(so)saltus | contentus | adegoignorantium | 5. (frume ‖ to) | elfuso | thessalia | 6. [lll]milia] adessea*i*tripolisceam, *Fr.* 1, *Gr.* | paeneum | 7. calcidem | adtaloadqueatheneo | philatero | (tutelam *aus* telem *corrig.*) | calchide | 8. calchide | atheneuspraetorpraepositusaliaeteodem | pleraquaeadeoparuerunt | 9. app(ap)oloniata[CCC]equites | aetolorummaleunius | adtota, *Kr.* | [equitem]eratuenerant | 10. tessalorumomnis, *Drk.* | separatus(partus)erat, *Drk.* | quam[CCC]erantadquein | romanos | millead(.d.)ederunt | 56, 1. maleum[mallum]calcidem | peteret | corintium | prooccupandas | boetia | 2. tardioreminauigatio | 3. calcidem | (oaudisse) | abscendereminde | 4. boetoruminuentutem | earem | 5. obsidiocuiuslocum | exemplo | [.X.]milibus | atheneoerantaliar(t)um | (oiam) | 6. idemfaceretempus | calchidem | duoab | calcedone |totidemamotumquinque | 7. phas[p͞r]quia | calcidem | aenithalopeticacapta, *Gr.* | darisadquecremaste | 8. inhisinboetia | succurium | uastandumphereorummisit | reprehendi | dimisitadaepulandummilitibus(57,1)sub, *W.* | 57, 1. bellumdirimerentur | 2. regiscreuerunt,*Crev.* | pereiagri | 3. cunctationemcunc ‖ suam | (aput, u. *üb.* p., *aus* o *corr.*) | maxumere(re*i*), *Mg.* | latumphereis | 4. trepidatus | exemplo | arma | placent(ceat)interim | 5. regis| 6. perseusferme, *Sig.* | quartoa | (p*i*aulo) | (*i*consistere) | 7. aleae | cassisignatus | missiant [gretenses] | 8. constituit | quantaessetduosesseduos | trecum | cretensibusincohortibus | trecum | 9. proeliumessetcum | incertamuictoriam | quossi-

gnatus | sycirium | 10. (adpmouit)plaustrisquacumsequentibus | passuumomnisine | adfectusq | 11. (stationibi) | regi | aliquod | romaniquiesabeuntium | 12. ortolongius | posseconueros.
59, 1. proprius | [passü]communi | 2. (ie)quitatatum | plurimum, *Kr.* | proprior | nuntiatam | 4. aporcis | discurrio | 5. quam | 6. leuo | rexpraeferat | 7. midonuereeiusequitibus | 8. cornicibus | regi | poeuniae | 9. equitumsacraequeale | 10. antedet(antesei)statuit | inculatoresqueequitum- (tū ‖) quaeequitum | explebatrationemtessalonicensemetcertimanoptolopemum, *Fr.*1,*W.* | regi | 11. consules | misit, *Grut.* | 12. (conss) | (omn)italico | utuelitisintermixtissinixtro | leuinus | habebateiusdem | leuiem) | 13. (equit)- quintusm*i*nucius | auxilis | gyrtiorum | 14. pauo,r*üb.* au | cornum | eumenis | attalusquae | 59, 1. parsferme | lacuis | praecesserunt, *Mg.* | 2. tracesutsccusquidamdiu | (fere) | ita [*halb verwischt*] | in(i)dextrumcornü | incurreruntetusu | 3. |§ 3 *halb verwischt*] | turbaretur..(*leerer Raum für* 12 *Buchst.*, *ebenso im Folg.*) dis(is)hastaspe ‖ terepedites .. mquei ‖ nuncsucciderecrur (uraequi *auf Rasur*). nunc ‖ ilia | 4. [tessalorum] | uialaeuocornu (*auf Rasur*) | (coracursum) | maxumusui | 5. hostesstarent | [autsi] | 6. regi | (se*i*quendo) | incendentibus | 7. siadiuuissetdebellatumesseetopportuneadhortantisuperuenitpalanx, *Fr.* 1, *W.* | deesset, *Sig.* | adduxerat | 8. fluctuantiregi actautae | eumeni | usususus | agmeupeditum, *I. Peris.* | 10. honestaet | plurimus | (sequere ‖ tur) | prunior | caneretre | 60, 1. [11]haut | capti.ac.ferme·CC·equites, *Mg.* | regis | lati | laetitiaminabat | superfixacapita, *Gr.* | 3. aput | maestia | paeneum | manem | 4. rationes | communiri | 5. rex ‖ ex | (castra) | (pridi *auf Rasur*) | instituisset | 6. fluminum | 7. praesensfauor | decasc [*in* t *verwandelt*] | intoto | datnum | praecipuaefame | 8. aputconsules | causa | secutus | 10. dicebanturthessali, *Kr.* | 61, 1. armainsiciliualiquisequos | domo, n *üb.* m, dabant, *Drk.* | supra.[CID]a.loricae | gladioque | 3. perseampletaquae, *W.* | que | 4. esselocriabantur | 5. feminarium | patrum, *Mg.* | [cōns.] | (pimp) | (an*th*ie) | 6. ucminorem | nocturnam | trepidationem | 7. paeneum | (tr(ctr)ausgressiqueexemplocastramoppugnauimus | 8. fuerit, *Ituperti.* | [umeris *„linea semideleta"*] | 9. gerentesan ‖ ora(facinora)sua | etexquoeoacciderat | futuripraeponentes | 10. praecipuaeque | nauandaereioperae | occasionedimissa | 11. mopselum, *Sig.* | tumulushycautetempeste ‖ esteminetlarisaemediusabestonum(62,1)nonabscendentesadripapaenei | 62, 3, regisdesummacum, *Crev.*, *W.* | secundae | condicione, *Gr.* | 4. i ‖ poneret | nec[minus] | serenitate | praesentisfortunaepraesentisho(b*o*n) miniset(et*i*)essetmitter'ead | 5. fratereius[apac*ē*bt]quinctio | 6. nequesinerebellum | aptamemorabilipugnaspem, *Fr.* 1, *Crev.* | que | 7. romana | 8. pluriumadsensum | 9. consṡ.[spissi]adbibitofrequenticonsilioadhibitofrequenticonsilio | 10. petere, *I. Peris.* | pollicentibus | (quibusc) | caesarumprimum | 11. constantiauiditinconsidio | aduersus | cerere | animos, *Mg.* | 12 (rumma, s *üb.* r) | permittit | 13. haecum | morispertinaciamoris esse | uetari | quaesiturus | 14. praetio | animum[contemptare] | 15. respoderantmutabant | paceassarium | redit.
63, 1. expertilaeti, *W.* | abaliam | adqueinfirmiore | 3. boetiam | uialiarumlucretius | oppugnarat, *Duker.* | externiauxili | coronitanorum | 4. (crebaro) | admotumnunclibramento, *Kr.* | declinarentquiauguerant, *Vahlen.* | (*i*muro) | (opera, e *üb.* a) | operibuslentioesset, *Fr.* 1., *Vahlen.* | 5. utcorona, *Drk.* | (urebem) | 6. duaeuttresquoque | fueratduo | admouiteodem | factio | 7. oppidanit*ū*eius | (iniect*a*is) | fascibus | eamsesaepe, *Mg.* | (minabantur*i*) | 8 inpedit | esteffu(infu)susest | (accendendi) | 9. omnibusuerbismoenia | (*i*capiuntur) | obuiusoptulit | caissi | ṙfacta | 11 [CID CID] ferme

et[.a.] | statuaetabulaeetpictae | praetiose | urbis | 12. inttebanos | recepti | (romano*s*rum) | (aduersa) | boetia(am) | redit (*d*redit) | 64, 1. boetia | perseusassy(au)rium | aliquod | 2. audissent | spiciasfas(s*i*)cibus | 3. terereet | castromentorumfecisse | essefastaedamque | malleolus | adque | fallere | 4. nequicquam, *W.* | etinconsteoppugoationis | acie | 7. adgrannonam | cactramouentibusibicumibicumsecuri | proptercumlongiotate | sicurium | granniana | 8 luceimmineotibus | sycirio | lucereliquerat | planitiae | 9. romanosquattuorpostquam, *W˝.* | equites | sycirium | insecuti | 10. adque | 65, 1. itineri | mopselum | grannonis | polanneum | 2. cumequitibus | tracum | issent, *Doering.* | pleraquehonesta | .ac.ferme | 5. aut | (posset) | 6. propinquam | imperatdefensurus | 7. densatissecutis | abiectussagittarum, *Duker.* | (circumdatio) | alio | aliosseminus | 8 religesromanus, *Kr.* | confertipropter | tumulumconabanturpoterant, *W.* | soluissentputabant | 9 cestrospendonis | bellum | bipalmal(*i*)e | astilisemicuitali | diciti | 10. huicablegebraeuepinnae, *Kr.* | circumfundabantur | duocumaliainpari, *I. A. Ernesti.* | maiorissinu, *Kr.* | funditur | 11. armi | praemi | opstinati*ti* | 12 [a̅c̅c̅c̅] ferme | 13. (aid) | praecedentis | 14. mysace(ge)nes.

66, 1. inspectū | abultu | 2. [capitis]aliquod | terere | 3. utcumquesecum | aduentu | phalange | 4. qua, *Mg.* | raptimaptaturturbaticursus | erant, *Fr. 1., Mg.* | antueniensexemplo | 5. [nulla] | primoribuspeditumexaliaquam | aleae | 6. phalans | uebiculisquae | onustiiscaesisingens, *Bekker.* | (bi, i *ib.* b | expectanteutrumque, *Fr.* 1., *Gr.* | armatisde*i*tineatibus(tib)praeceps | auiaperiri | iumentisnequeeuimcum | 8. cum*a*regiosgmine | ruinaequoqueprope, *Bekker.* | uthostesintrore, *Fr.* 1., *Mg.* | auxilongius | 9. modicoconcessu | auctoressunt, *Sig.* | [v̅i̅i̅i̅] hostium | [CI͡Ͻ CI͡Ͻ] aCCC | supra [IIII et CCC] | sinistraaleae | 67, 1. mopselum | curu*a*m | connum | 2. moteumquendam | regis | relinquid | iussu | etpropinquo, *Kr.* | 3. tessalonicam | [antlembim, s *ib.* m] (autlebim) | (tracum) corrachum, *Fr.* 2. | praefectum (pr.) | (fecisset) regionem | 5. equitatuinumera | anum | 6. [con] postquam | connum | potiori | ipsam | macaedoniae | tessaliam | 7. inexpugnabilisres, esset, *W.* | perrebiamflexit | aliquaeperrebia | redit | 8. eumemenenadque | attaloromamremissis | missa(isa)chin, *Mg.* | tessalis | tessaliam | hibernamcommodam | habent | 9. optinendam | sociis | acheos | cö*s.* | pthiotimetheleum |(dirs*i*uit) | antronasuoluntatemcolentium, *Mg.* | 11. excesserat | (rlicti, e *üb.* rl) | in(im)boetiam | 12. tebani | eiuscoronaeis | boetiamarcessebantethorumpraeces | magnesiae | boetiam.

TitiLiviaburbecondita || lib. XLII epx. inc. || lib. XLIII feliciter.

Berichtigungen.

S. 35. Z. 2 l. *idomittere.* S. 108. Z. 10. l. *dimiserint.* S. 139. Z. 5. l. meo. ubi. S. 184. Anm. 6. Z. 16. l. *nicht oft belegt.* S. 262. Z. 11. l. *siquae.* S. 275. Z. 4. l. [*non*] *bellum parari.* S. 298. Anm. a. Z. 22. l. *traductis*, vgl. Thuc. 8, 7; Strabo 8 p. 380: δίολκος πρὸς τὴν ἑτέραν ἠόνα, *wahrscheinlich.* S. 329. Z. 5. l. *porliceret, iussus.* S. 335. Z. 5. l. mihi partim non *und* Z. 6. *partim ea.*

Verlag der Weidmannschen Buchhandlung (J. Reimer) in Berlin.

Druck von Carl Schultze in Berlin, Kommandanten-Strasse 72.

www.ingramcontent.com/pod-product-compliance
Lightning Source LLC
Chambersburg PA
CBHW020741020526
44115CB00030B/729